MEIN NAME IST HAASE ICH WEISS . . . ZUVIEL?!

Ein Doppelagent berichtet über unheimliche DIENSTE Regierungskriminalität

ECCE HOMO

Ja! Ich weiß, woher ich stamme!
Ungesättigt gleich der Flamme
glühe und verzehr' ich mich.
Licht wird alles, was ich fasse,
Kohle alles, was ich lasse:
Flamme bin ich sicherlich!

Nietzsche

Wo ein Wille ist, da ist auch ein Weg.

VDS VERLAG NORD-PRESS CELLE

Die Deutsche Bibliothek – CIP-Einheitsaufnahme

HAASE, Dieter:
Mein Name ist Haase – ich weiß . . . zuviel?!
Was sie schon immer wissen wollten über Geheimdienste und Skandale in Deutschland; ein Doppelagent berichtet über unheimliche Dienste, Regierungskriminalität . . . / Dieter Haase
Celle: VDS-Verl. Nord-Press, 1993
ISBN 3-9803278-0-9

Lektorat: V. Mogel, Frankfurt
Umschlaggestaltung: Verlagsservice sebi, Hamburg
Gesamtherstellung: Fuldaer Verlagsanstalt GmbH, Fulda

ISBN 3-9803278-0-9

Informationen über:
VDS VERLAG Nord-Press
Zum Hartsteinwerk 61
3100 Celle-Garßen (neu: 29229 Celle)
Telefon (0 50 86) 18 66, Telefax (0 50 86) 82 12

INHALTSÜBERSICHT

INHALTSVERZEICHNIS 7
WIDMUNG 11
GEBOTE 12
VORWORTE 13
EINLEITUNG 15
PERSÖNLICHE VORBEMERKUNGEN 23
1. JESUS CHRISTUS MOHAMED 29
2. DER ANFANG VOM ENDE 40
3. ERST DROHENDE VERHAFTUNG – DANN BEFÖRDERUNG 61
4. DIE ANFÄNGE (1937 – 1968) 65
5. STURM UND DRANG – Sexualität und Abenteuer 77
6. DIE GEHEIMDIENSTE – WESEN, WIRKEN UND STRUKTUR 88
7. DAS FALSCHE GESTÄNDNIS DES DIETER HAASE 122
8. AFFÄREN UND SKANDALE DER REPUBLIK 145
9. DER PROZESS UND DIE SPIEGELBERICHTE 213
10. LARA II – Der SPIEGEL läßt schön grüßen 236
11. DAS VERFAHRENE VERFAHREN (1970 – 1979) 257
12. MANIPULATION UND FOLTER 372
13. PROZESS UND HAFT 329
14. ÜBERLEBENSKAMPF 341
15. BEGNADIGUNG und RESOZIALISIERUNG 355
16. Was ich gemacht habe – dazu stehe ich 369
17. Schlußbetrachtungen, Nachworte und Anhang 382
18. Lebenslauf 410
Literaturnachweis 412

Die wichtigste Stunde
in deinem Leben
ist die gegenwärtige.

Der wichtigste Mensch
ist der, mit dem du es
gerade zu tun hast.

Und das wichtigste Werk
ist die Liebe.

Meister Eckhard
um 1300

INHALTSVERZEICHNIS

WIDMUNG Gebet der Vereinten Nationen 11
Die 10 GEBOTE des Dieter Joachim Haase 12
VORWORTE 13
EINLEITUNG 15
PERSÖNLICHE VORBEMERKUNGEN................................... 23
1. JESUS CHRISTUS MOHAMED 29
Der Holzchristus 29
Das Tractat vom Steppenwolf, Teil 1 35
2. DER ANFANG VOM ENDE 40
a) Ich bin nicht abergläubisch 40
b) Scheidung 43
c) Verrat Carolas (1969/70) 45
Gedicht: Paul Roth 49
d) Verhaftung und Anzeige in der BRD 50
e) Karlsruhe (Buback, Buddenberg) 53
3. ERST DROHENDE VERHAFTUNG –
DANN BEFÖRDERUNG 61
4. DIE ANFÄNGE (1937 – 1968) 65
a) Kindheit – Flucht 65
Gedicht: Aufwachsen 68
b) Erste sexuelle Erfahrungen – Wertheim 69
c) Hannover – Erste Liebe 73
Gedicht: Einmal anders sein 75
Gedicht: Zur Besinnung 76
5. STURM UND DRANG – Sexualität und Abenteuer 77
a) 00-Haase – Null Null Sex
Decknamen und Codenummer 77
b) Sturm und Drang 78
Gedicht: Lächeln 79
c) Studium und Hochschulpolitik 79
d) Der Menschensammler: Geil nach Kontakten 82
Gedicht: Reifezeugnis 83
e) Weltreligionen – Beischlafsport 84
f) Kontakte als Tauschgeschäft 86
6. DIE GEHEIMDIENSTE –
WESEN, WIRKEN UND STRUKTUR 88
a) Wesen und Aufgaben der Geheimdienste 88
b) VEB Horch und Guck – Die DDR und ihre
Nachrichtendienste 91
c) Von Gehlens Abwehr bis zum BND 104

d) CIA – Die Kundschafter aus dem
Wilden Westen 106
e) Stalins Dienste – GRU und KGB 110
f) Die britischen Dienste MI5 – MI6 112
g) Frankreichs Deuxieme Bureau – DGSE 116
h) Das Auge Davids – Israels Mossad 118
7. DAS FALSCHE GESTÄNDNIS
DES DIETER HAASE 122
a) Zusammenfassung 122
b) Das Verhängnis beginnt 123
c) Fallex 62 124
d) Herbst 63 – Paris – NATO 126
e) Renate Müller 128
f) Personen 129
g) 1964 Verpflichtung 131
h) Carola – Mai 1967 – Heinz III 131
i) Deckadressen und KWs 133
j) Fallex ’66 und ’68 135
k) Die Misere mit Carola 138
l) Krise Herbst 1969 141
Gedicht: Tuende möchte ich ehren 144
8. AFFÄREN UND SKANDALE DER REPUBLIK 145
a) Das System des Skandals
40 Jahre Bundesrepublik 145
b) 1962 – Die SPIEGEL-Affäre 149
Vorgeschichte und Großaktion 149
Friedrich August Frhr. von der Heydte 151
Der Fall Ahlers und der Akteur Strauß 157
Die Position der politischen Parteien 157
Die Reaktion der Öffentlichkeit 158
Bereinigung ohne Reinigung 160
c) Unheimlich zu Diensten –
Medienmißbrauch durch Geheimdienste 160
d) Die Affäre Mauss:
Wie Kriminale kriminell wurden 163
Überfall auf Juwelier Düe 163
Werner Mauss 165
Verhaftung von Düe 168
Untersuchungsausschuß 171
Der Freispruch 172
e) Das Celler Loch: Regierungskriminalität 173
Der Sicherheitsexperte 176

Ein Amtsleiter im Ruhestand 178
Der eigenwillige »Geheimdienstmann« 180
Der Bürokrat 181
Der selige Professor 183
Lügen wie gedruckt 185
Chronologie 190
f) **Der Fall Barschel:**
Anatomie einer Karriere 193
Die Verquickung von Staat und Partei 193
Der Aufsteiger Barschel 194
Der Mann fürs Grobe 194
Das Ende in Genf 195
Die Akte Barschel 196
Die Genfer Untersuchung 197
Treffpunkt Genf 197
Spekulationen und kein Ende 199
Waffen für den Iran 205
g) **Waffenhandel – Organisiertes Verbrechen**
und Geheimdienste – Perspektiven 207
Gedicht: So reich waren wir nie 212
9. **DER PROZESS UND DIE SPIEGELBERICHTE** 213
a) »Schöne Grüße an Lara« 213
b) Onkel Walter aus Ost-Berlin 216
c) Auf Friedenswacht in Würzburg 218
d) Der Wanderer zwischen zwei Welten 220
e) Der verdeckte Kampf 221
f) Jesus Christus Mohamed 224
g) Der Typ des Antiagenten 228
h) Die Krise des MIL-ND 229
i) Die Würzburger Studienzeit 233
10. **LARA II – Der SPIEGEL läßt schön grüßen** 236
a) Die Karriere des »Meisterspions« 236
b) Als Presseoffizier auf Wehrübung 239
c) Die Psychologische Kampfführung
der Bundeswehr (PSK) 240
d) Der Schürzenjäger 243
e) Die Zeit in Gerbrunn 249
f) Fallex 68 252
g) Die Krise – Der Abgesang des Agenten »006« 253
11. **DAS VERFAHRENE VERFAHREN** (1970 – 1979) 257
a) Ermittlungen – Justizapparat – Haft 257
b) Die Vernehmungen der BKA-Sicherungsgruppe 259

Gedicht: Ruhelos ... 260
c) Psychiater Prof. Dr. W. de Boor ... 261
d) Der Untersuchungsrichter (ein Agent?) ... 262
e) Bericht in der Voruntersuchung gegen Dieter Haase wegen Landesverrats u. a. ... 266
Gedicht: Einmal anders sein ... 271
12. MANIPULATION UND FOLTER ... 272
a) Meine dritte Verhaftung ... 272
b) Haft und Leiden ... 273
c) Die Kronzeugin: Angelika Nies ... 277
d) Zum Prozeßverlauf ... oder Keiner weiß Bescheid ... 287
Urteil ... 324
Gedicht: Pflicht ohne Liebe ... 326
13. PROZESS UND HAFT ... 329
a) Eine Vielzahl von Anwälten ... 329
b) Menschenrechtsbeschwerde ... 330
c) Die Rolle der Rechtsanwälte ... 337
Gedicht: Gute Taten ... 340
14. ÜBERLEBENSKAMPF ... 341
a) Resozialisierungsbemühungen ... 341
b) Die Grünen ... 342
c) Tennis ... 349
15. BEGNADIGUNG UND RESOZIALISIERUNG ... 355
a) Wie schwer ist es, wieder ein Mensch zu werden ... 355
b) Überlebenstraining ... 357
Gedicht: Seltsam ist es, Steppenwolf II ... 361
Gedicht: Der kleine Prinz ... 364
c) Schillernde Vegangenheit – Der abgestürzte Rechtsanwalt und Notar ... 365
16. Was ich gemacht habe – dazu stehe ich ... 369
Gedicht: Denk ich an Deutschland ... 373
17. Schlußbetrachtungen ... 382
Agenten leben einsam ... 385
Gedanken zur Situation Europas ... 385
Wir sind ein Teil der Erde – Seattle ... 395
Geheimste DDR-Spione enttarnt – SPIEGEL-Haase ... 399
Sirenengesänge der V-Frau VM 1031 ... 403
Nachworte und Anhang ... 407
Lebenslauf ... 410
Literaturangaben ... 412

WIDMUNG

Gewidmet den Menschen, die wirklich lieben können und den Frieden bewahren und erhalten helfen.

Es sind leider immer noch zu wenige . . .

Der Frieden ist für mich – neben der Freiheit – das höchste aller Rechtsgüter.

Dafür war ich bereit, meine gesamte Existenz, Mitmenschlichkeit, meine Liebe und mein Leben zu opfern.

Gewidmet auch denen, die mit mir verachten und bekämpfen die menschliche Dummheit, Gemeinheit, Heuchelei und Verlogenheit.

Unter diesen so häufig anzutreffenden Eigenschaften der Menschen leide ich am meisten . . . bis auf den Tod.

Gewidmet Menschen wie Petra Kelly und Gert Bastian.

Ich bedanke mich bei denen, die mich bei diesem Buch mit Anregungen, Informationen und Kritik – aber auch mit Taten und Worten unterstützt haben. So z. B. auch Pater B. Gluth und den Mitarbeitern der »Offenen Tür Hannover«. Ich danke auch der Akademie Loccum für viele anregende Seminare und Begegnungen. Besonders danke ich Christel, Inge, Karin, Marlies, Nico und Rita – sowie Andreas, Dieter, Dietrich, Jürgen, Karl, Klaus, Kurti, Peter, Ralf, Theo und Werner . . . u. a.

***

Gebet der Vereinten Nationen

Herr,
unsere Erde ist nur ein kleines Gestirn
im großen Weltall.

An uns liegt es, daraus einen Planeten zu machen,
dessen Geschöpfe nicht von Kriegen gepeinigt werden,
nicht von Hunger und Furcht gequält,
nicht zerrissen in sinnloser Trennung
nach Rasse, Hautfarbe oder Weltanschauung.

Gib uns den Mut und die Voraussicht,
schon heute mit diesem Werk zu beginnen,
damit unsere Kinder und Kindeskinder
einst mit Stolz den Namen Mensch tragen.

Die 10 Gebote des Dieter J. Haase

1. Im Leben zählt der Erfolg!

2. Der Teufel steckt im Detail!

3. Forte fortuna adjuvat.
   Dem Tapferen (Tüchtigen) hilft das Glück.
   (Mein Lebensmotto)

4. Mein Vater gab mir als Leitspruch mit auf den Weg:
   Immer der gute Narr der anderen sein!

5. Erkenne dich selbst! (Sokrates)
   Voraussetzung für den Erfolg:
   Überschätze dich und deine Möglichkeiten nicht!

6. Liebe deinen Nächsten wie dich selbst!
   (sagt mein Bruder Jesus Christus)

7. Wahre Liebe ist: Opfern, Leiden und Verzeihen!

8. Suaviter in modo, fortiter in re!
   Flexibel in der Art und Weise, hart in der Sache!
   (Das Leben ist eine Kette von Kompromissen!)

9. Lieber fünf Minuten feige als ein ganzes Leben tot!
   oder: Oft ist Tapferkeit nur Dummheit!

10. Das wichtigste Werk im Leben ist die Liebe!

Die Reihenfolge ist beliebig:
aber 1 und 10 sind die wichtigsten Gebote!

VORWORTE

An dieser Stelle sollten eigentlich mehrere Vorworte stehen, so u. a. von Gerhard Schröder, einem meiner ca. 30 Anwälte und z. Zt. noch Ministerpräsident des Landes Niedersachsen, der aller Wahrscheinlichkeit nach in diesen Tagen – durch die Abdankung des Ministerpräsidenten Engholm in die Rolle des Kanzlerkandidaten einrückt, falls die SPD nicht die Großvätergarde Helmut Schmidt oder Ministerpräsidenten Rau aufbietet, – so aber auch von Gerhard Mauz (DER SPIEGEL) und BKA-Präsident Zachert – vgl. dazu Seite 408 bei den Nachworten...

Nunmehr haben wir uns kurzfristig entschieden, als Vorwort die Zeilen eines nachrichtendienstlichen Insiders an mich zu zitieren, die er mir vor ein paar Wochen nach Erhalt des überarbeiteten Manuskriptes zusandte. Da es sich um einen hochkarätigen Nachrichtendienstler handelt, muß er leider anonym bleiben...

Lieber Dieter,
vielen Dank für das Vertrauen, das Du mir durch Zusendung Deines internen Manuskriptes erneut bewiesen hast.

Wir kennen uns nun schon über dreißig Jahre. Oft habe ich regen Anteil an Deinem sehr umtriebigen und schwierigen Schicksal genommen.

Wahrlich – Du machst Dir nicht immer Freunde im Leben – auch, wenn Du immer behauptest, Du lebst bisweilen nach Cäsars Devise »Viel Feind' viel Ehr«... Mit Deinem Buch bist Du ebenfalls wieder in Gefahr, Dir ein paar Feinde mehr zu machen.

Ich verstehe ja, daß Du noch ein paar alte Rechnungen offen hast. Aber denke bitte daran, daß wir alle älter werden, und wie Du so schön schreibst – vor allem aus unseren Fehlern lernen sollten. Du hast das auch selbst bitter nötig... Verzeihen und vergeben heißt die Devise... Sei großzügig – und sieh über einiges hinweg.

Du solltest ruhig darüber... etwas weniger schreiben und auch... das würde ich streichen. Glaube mir, es ist nicht gut, zuviel zu wissen..., obwohl vieles gut recherchiert und belegt und flüssig geschrieben ist.

Natürlich bist Du wie immer in der Gefahr, Dich etwas zuviel zu beweihräuchern bzw. zu bemitleiden. Zugegeben – Dein Schicksal ist besonders tragisch und schwer zu ertragen gewesen. Viele wären an Deiner Stelle elendig zugrunde gegangen oder hätten es nicht überlebt. Darin habe ich Dich oft bewundert. Du bist ein unheimlicher Kämpfer. Auch mit Deiner »Narrenkappe« führst Du die meisten ganz schön an der Nase rum. Aber übertreibe es nicht. Dein eigenes Vorwort ist zu wehleidig... Sei vorsichtig, daß

Du nicht neues Unheil heraufbeschwörst ... Gut sind die sachlichen Stellen und die Zusammenstellung der Skandale. Damit werden wir in der nächsten Zeit noch genug zu tun haben ...

Abschließend herzliche Grüße und alles Gute.

Besonders gespannt bin ich auf Dein nächstes Buch ...

und nun wünsche ich Dir möglichst viele wißbegierige Leser und den Erfolg, den Du und dieses Buch bestimmt verdienen.

Aus verständlichen Gründen bitte ich um die gebotene Diskretion ...

München, im April 1993

Gib mir
die Gelassenheit
Dinge hinzunehmen,
die ich nicht ändern kann.

den Mut
Dinge zu ändern,
die ich ändern kann.

und die Weisheit
das eine vom anderen
zu unterscheiden.

EINLEITUNG

Über den Bereich der Spionage gibt es eine Vielzahl von Literatur, Sachbüchern und Romanen. Von wirklich Betroffenen gibt es aber nur wenige authentische Erlebnisberichte, weil es gerade die erfolgreichen Agenten und Spione sind, die nicht in das Licht der Öffentlichkeit treten.

Normalerweise kann ein erfolgreicher Agent über seine Taten bzw. Untaten nicht die Wahrheit berichten, will er nicht sich selber, aber auch viele andere, gefährden.

So mancher Geheimdienst hat es durch eine letzte Kugel zu verhindern gewußt, daß einer seiner ehemaligen Topleute zu viel erzählte. Denn kein Geheimdienst dieser Erde wird tatenlos zusehen, wie seine Agenten enttarnt, seine Arbeitsmethoden aufgedeckt, seine Geheimnisse veröffentlicht werden.

Das Ende des kalten Krieges mit dem Zusammenbruch des kommunistischen Lagers und seiner Nachrichtendienste, insbesondere des KGB und MfS, aber vor allem die deutsche Wiedervereinigung ermöglicht es mir, wenigstens einen kleinen Teil meines Wissens, meiner Erlebnisse als Doppelagent im geteilten Deutschland als Zeitzeuge hier wiederzugeben.

Der zweitälteste Beruf der Welt

Spionage wird oft als der zweitälteste Beruf der Welt bezeichnet. Ob ein Spion als Verräter, Kundschafter oder Agent bezeichnet wird, hängt ganz vom Standpunkt des Beobachters ab. Für die Freunde heißt er Kundschafter oder Agent – seine Feinde nennen ihn Spion oder Verräter. Seit Beginn der Geschichte befassen sich die Menschen damit, Absichten, Pläne oder Mittel ihrer Feinde auszukundschaften. Somit ist Spionage bereits seit Jahrtausenden bekannt. Sie ist vermutlich noch älter als jenes Gewerbe, das mit Schmunzeln das älteste der Welt genannt und wiederum häufig für Spionagezwecke genutzt wird.

Spionage ist ein – mit illegalen Mitteln – geführter Machtkampf hinter den Kulissen, der sich weltweit im politischen, militärischen und wirtschaftlichen Bereich abspielt.

Paradoxien unserer Zeit

Es gehört zu den Paradoxien unserer Zeit, daß die geheimen Nachrichtendienste in Ost und West einerseits immer wieder zu Urhebern lokaler Konflikte in der Dritten Welt wurden, andererseits zur Erhaltung des Friedens in einem Ausmaß beitrugen, das ein Außenstehender nicht zu erkennen vermag. Bis zum Wegfall des Ost-West-Konflikts haben die Großmächte (USA und Sowjetunion) aufgrund von Spionageergebnissen ihrer Aufklärungssatelliten erkannt, daß sie sich meist in einem militärischen Patt befanden.

Wenn die geheimen Nachrichtendienste auch im Zeitalter der elektronischen Ausspionierung über die modernsten Hilfsmittel verfügen, können sie doch nicht auf die Mitarbeit von Agenten verzichten. Denn nur durch den Einsatz von Spionen lassen sich oft wirklich geheime Vorhaben, Absichten und Aktionen der Gegenseite erkunden.

Geheimdienste

Spionageunternehmen und damit Geheimdienste, haben auf den Verlauf der Geschichte oft großen Einfluß genommen, doch nur selten werden ihre Verdienste offiziell bekannt. Kaum ein Politiker, Diplomat, Staatsmann oder Feldherr, der auf den Einsatz von Geheimagenten angewiesen war, hat in seinen Memoiren die Unterstützung jener Männer erwähnt. Es gibt wenig gute Literatur, die sich aufschlußreich und zuverlässig mit der Arbeit dieser Dienste befaßt; denn ihre Angehörigen sind im allgemeinen zum Schweigen verurteilt. Trotzdem ist die Geschichte der Spionage und damit auch die der Agenten und Spione so alt wie die Geschichte der Menschheit.

Spionage ist heute zwar als vom Völkerrecht erlaubt anerkannt, wird aber als äußerst riskante Tätigkeit nach dem Strafrecht der einzelnen Länder abgeurteilt. Im sicherheitspolitischen Bereich, d. h. bei der Vorbereitung oder Verhinderung von Kriegen, ist oft ein einzelner Spion soviel wert, wie eine ganze Division – falls er richtig plaziert ist. Oft hängt von einer einzelnen Information, die rechtzeitig eintrifft und an deren Glaubwürdigkeit nicht zu zweifeln ist, die Entscheidung ganzer Schlachten oder auch Kriege ab.

Keinesfalls muß ein Spion im Brennpunkt des politischen Geschehens stehen. Er muß nicht täglich sein Leben riskieren und Abenteuer bestehen. Im Gegenteil: Oft sind Unauffälligkeit und Normalität Voraussetzungen für seinen Erfolg. Welche Eigenschaften sind für die nachrichtendienstliche Tätigkeit erforderlich? In jedem Fall sind die Anforderungen, die man an einen Spion stellt, ungewöhnlich hoch: Instinkt und Intuition, Kreativität und Entschlußkraft, flexible Anpassungsfähigkeit, außergewöhnliche Menschenkenntnis und Kontaktfähigkeit. Besondere bildliche Vorstellungskraft, fotografisches Gedächtnis und phänomenale Merkfähigkeit sind ebenso vonnöten.

Motivation

Die Motivationen für die Spionage und den einzelnen Spion sind so unterschiedlich und vielfältig wie die Menschen selbst: Abenteuerlust, Machtstreben, Liebe und Haß, Abhängigkeit, Leichtsinn, Sucht nach Ruhm oder Geld. Bei vielen Spionen allerdings ist das Motiv ungeklärt. Manche werden durch Geltungssucht verleitet oder durch den Reiz des Unbekannten, denn das Wissen um ein Geheimnis spielt als Motiv oft eine große Rolle.

In der überschaubaren Geschichte von 4000 Jahren gibt es unter den zahllosen Spionen und Agenten die unterschiedlichsten Charaktere, sehr oft aber hochintelligente Persönlichkeiten. Stellvertretend für viele andere sei hier erinnert an Männer wie Thomas Lawrence, Richard Sorge, Oleg Penkowsky oder an Kim Philby und Rudolf Abel. Die Aktivitäten solcher Männer beweisen, daß in Kriegs- und Friedenszeiten nicht die Quantität allein die Schlagkraft eines Geheimdienstes ausmacht, sondern seine Qualität.

Typographie

Es gibt eine ganze Kollektion unterschiedlichster Typen im Kreis der Spione und Agenten: vom erpreßten und bezahlten Verräter und Informanten bis zum Agenten aus politischer Überzeugung. Besonders schwer wird es für einen Agenten, wenn er eine eigene Überzeugung, ein ausgeprägtes Gewissen und Eigenwilligkeit besitzt. Dabei spielt dann die wechselseitige Abhängigkeit und Flexibilität der Führungskräfte eine große Rolle. Ganz schwierig ist es, wenn ein Agent aus Gewissens- und Überzeugungsgründen in Zweifel gerät oder zwischen die Fronten – wie in meinem Fall -, wenn die Teilung durch ein ganzes Land, durch ein Volk oder, wie in Berlin, durch eine Stadt oder gar durch die Familie geht.

Grundsätzlich kann man sich nicht selbst als Agent oder Kundschafter bei einem Nachrichtendienst bewerben. Oft ist es Schicksal oder auch Zufall, Bekanntschaften oder Beziehungen, die einen dazu bestimmen, in eine solche Rolle zu geraten.

Wanderer zwischen zwei Welten

Das galt auch für mich. Die Teilung Deutschlands ging nicht nur durch mein Land, sondern auch durch mein Volk und meine Geburtsstadt Berlin. Meine Verwandten waren in Ost und West aufgeteilt. Im Grunde meines Herzens bin ich ein friedlicher Mensch: ein Pazifist und Friedenskämpfer. Die Teilung Deutschlands ging also mitten durch mein Herz. So wurde ich durch Zufall, schicksalhafte Begegnungen und unter großen Gewissensqualen – häufig ungewollt und notgedrungen – zum Doppelagenten im geteilten Deutschland.

Als Wanderer zwischen zwei Welten bemühte ich mich immer wieder um Ausgleich zwischen den Interessen und Fronten. Bisweilen versuchte ich zu schieben und wurde einfach geschoben. Im Strom der Geschichte schwamm ich mit, so gut ich konnte. Ich versuchte zu steuern, wurde aber manchmal einfach mitgerissen.

Oft hat mir bei einzelnen Aktionen die normative Kraft des Faktischen die Entscheidung einfach abgenommen. Manchmal war ich aber auch mit meinen Entscheidungen und Gewissensqualen ganz einsam und allein, bisweilen überfordert und machte Fehler. Meist behielt ich aber klaren Kopf und konnte ruhig entscheiden und Schlimmeres verhüten oder Gutes bewirken. Wer nichts tut, der kann auch nichts falsch machen, sagen die Leute. Wer handelt, begeht auch Fehler. »Wer sich in Gefahr begibt, der kommt darin um,« sagt ein Sprichwort.

Immer den Frieden bewahren

So handelte ich, in einem sich immer wieder wandelnden Geschichtsablauf der Teilung Deutschlands, – immer um Ausgleich bemüht stets der schwächeren Seite helfend, nach bestem Wissen und Gewissen und dem obersten Grundsatz: Immer den Frieden bewahren als das höchstes aller menschlichen Rechtsgüter in der Hoffnung auf eine Wiedervereinigung in Frieden und Freiheit.

Meine Feinde mögen das bestreiten und mich übel verleumden, wie es insbesondere in den Spionageverfahren in Ost und West gegen mich geschehen ist. Wir lieben den Verrat – besonders wenn er uns nutzt -, aber wir verachten den Verräter. Nach dieser Devise handeln die meisten Staaten und Politiker, Diplomaten und Geschäftsleute, Kriminalisten und Polizisten, besonders auch Juristen. Vorurteile und Schadenfreude sind in unserer Gesellschaft besonders weit verbreitet. Nur allzugern sieht man den Splitter im Auge des anderen, aber den Balken im eigenen nicht. Es ist leicht, einen anderen zu verurteilen, wenn man die Hintergründe nicht kennt.

Die Mühlen der Justiz

Die Justiz ist fast immer überfordert, wenn es bei einem schwierigen Spionagefall um Schaden oder Nutzen, Motivation und Beurteilung der Auswirkungen geht. Gerechtigkeit ist dabei kaum zu erzielen. So war es auch in meinem Fall, und daher versuche ich auf den folgenden Seiten von meinem

Schicksal sowie einigen Fakten der Geschichte zu erzählen, in die ich verstrickt war oder bei denen ich mitwirkte. Ich bin zwar Jurist – mit 1. Staatsexamen 1966 und bei meiner Verhaftung im 2. Staatsexamen stehend –, aber nach meinen Erlebnissen und Erfahrungen mit der Justiz kaum noch in der Lage, an Recht und Gerechtigkeit zu glauben. Wer in die Mühlen der Justiz gerät, der kommt meistens darin um. Der Mensch ist eben dann nur noch ein Fall und ein Berg Akten. Er wird verhandelt und mißhandelt, und wenn er ein schwieriger Charakter ist, wird er gelegentlich zu einem »Michael Kohlhaas« – und kommt dabei um.

Da der Staat bei einem Spionageprozeß Betroffener und somit Partei ist, können in keinem Staat auf der Welt – auch wenn es ein Rechtsstaat ist – hier Recht und Gerechtigkeit siegen. Erst recht nicht, wenn einer als Doppelagent tätig war, denn dann sitzt er zwischen allen Stühlen und hat von keiner Seite mehr Hilfe und Anerkennung zu erwarten. Die Mühlsteine der Geschichte zermahlen ihn, auch wenn er nur Gutes gewollt und bisweilen auch erreicht und getan hat.

Dies gilt auch und insbesondere für den Bereich der »Regierungskriminalität« vgl. Kapitel 8 AFFÄREN UND SKANDALE DER REPUBLIK und DAS ORGANISIERTE VERBRECHEN.

Mein Ziel: Die Wiedervereinigung in Frieden

Mein oberstes Ziel war der Frieden. Mit meiner Tätigkeit habe ich ihn geschützt und erhalten. Ein weiteres Ziel war die Wiedervereinigung Deutschlands. Nachdem sie vollzogen ist und viele der Akteure nicht mehr unter den Lebenden weilen, kann ich von meinem geheimen Wissen einen Teil preisgeben, den ich bisher noch nicht verwenden konnte. Vieles jedoch muß heute noch ungesagt bleiben, weil ich niemanden beleidigen, verleumden oder gar gefährden will. Mein Hintergrundwissen ist so umfangreich, daß ich darunter leide. Es reicht für viele Bücher und prägte auch den Titel dieses Buches: Ich weiß zuviel.

Das Leben eines Doppelagenten

... ist extrem schwierig, riskant und gefährlich. Er ist eigentlich immer gefährdet, auch in den eigenen Reihen. Für eine Seite ist er stets der Verräter. Und da die Seiten bisweilen zwangsläufig wechseln, sitzt er bald zwischen allen Stühlen. Praktisch ist seine seelische und charakterliche Überforderung vorprogrammiert. Seine Existenz an sich ist für den Normalbürger schon unglaublich, seine Motivation oft schwer nachvollziehbar.

An meinem Spionageverfahren von 1969 bis 1979 läßt sich ablesen, daß es Gerechtigkeit nicht geben kann. Schlimm in meinem Fall war, daß der Staat mit seinen Organen und Diensten im Sicherheitsbereich oft selbst Unsicherheit produziert. Diese betrifft uns alle, alle Bürger und das Gemeinwesen. Man hat mich verhaftet, genötigt, bedroht und erpreßt, gefoltert und verurteilt.

Ich habe mich gegen die Justiz dadurch gewehrt, daß ich sie mit meinen falschen (erpreßten und erzwungenen) Geständnissen zu einer Fülle von Gutachten verleitete, die durch zahlreiche undichte Stellen in gegnerische Hände gelangten. Damit hat die Justiz in meinem Fall den eigentlichen Landesverrat selber begangen. Denn man kann nun wirklich nicht behaupten, daß ich Herr des Verfahrens gewesen wäre.

Mein Fall beweist, daß ich als erkannter, enttarnter und gefangener Agent sehr erfolgreich und aktiv aus dem Gefängnis heraus tätig war. Auch dieses Kuriosum rechtfertigt dieses Buch neben vielen anderen Erkenntnissen und Geschichtsabläufen, die in Wirklichkeit ganz anders waren, als man es in der Zeitung lesen konnte.

Unsere Welt
kennt das Geheimnis der Atome
und der kleinsten Teilchen.
Aber nicht das Geheimnis des Lebens.

Unsere Welt
kennt die fernsten Planeten
und den letzten Sternenhaufen.
Aber nicht den Sinn von allem.

Unsere Welt
hat stählerne Arme
und Flügel aus Leichtmetall,
aber nicht länger eine Seele.

Unsere Welt
kennt den Menschen
bis ins letzte Gen,
aber nicht seine tiefste Bestimmung.

Unsere Welt
hat Willen ohne Grenzen
und Kenntnis ohne Ende.
Aber kennt nicht
den Sinn von allem.

(H. J. Frisch)

PERSÖNLICHE VORBEMERKUNGEN

Das Leben ist bisweilen schwer zu ertragen. Man hat es nicht leicht, aber leicht hat es einen. Glück und Unglück sind selten gleichmäßig verteilt.

Ich habe gelebt, geliebt und gelitten – oft sehr gelitten! Aber eben auch sehr geliebt und gelebt – fast immer aus dem vollen. Und ich bin abgestürzt in eine der Höllen dieses Daseins – ins Gefängnis – und in tiefe Not.

Wie viele arme kleine Menschlein bin auch ich besonders begabt zur Faulheit und zum Genie – doch durch widrige Umstände (Familie, Krieg, Teilung Deutschlands, Scheidung der Eltern, mehrfache Schulwechsel usw.) eben nur zu einem verkrachten Genie geworden, – wie es zehntausende gibt auf dieser unserer schönen Erde.

Sie haben mich geliebt und gelobt, verwöhnt und verehrt ...

Sie haben mich gequält und beleidigt. gedemütigt und verspottet, die Menschen um mich herum. Sie haben mich verraten, betrogen und belogen. Viele sind zur Wahrheit zu feige, vor sich und den anderen. Oft redet man aneinander vorbei, und bisweilen bin ich an meiner Einsamkeit fast erstickt.

Nur ganz wenigen gelingt der Durchbruch zu den Heroen ihrer Zeit, die die Geschichte verändern, die zu den Höhen Mozartschen Gelächters vordringen. Doch ich bin noch nicht am Ende - noch nicht ...

Wer weiß, was noch daraus wird, da ich jetzt mit diesem Buch die 24. Berufung meines Lebens vorlege als Schriftsteller, der ich auch werden wollte nach meinem bisherigen Dasein – als Schüler, Student, Assistent und Doktorand, Denker und Dichter, Glaubender und Nihilist, Gläubiger und Schuldner, Theologe, Politologe, Publizist, Soldat und Offizier, »Spion« – besser Agent 006, Volkswirt, Anlageberater, Makler, Versicherungsagent, Psychologe und Psychotherapeut, Tennislehrer, Philosoph, Patient und Pazifist, Assistent an verschiedenen Fakultäten, Computerverächter und -verkäufer, Heiratsopfer und Brautwerber, Jurist, Mandant und Justizphobist.

Aber ich bin auch der Steppenwolf und der kleine Prinz, der Bruder von Jesus Christus – als »Jesus Christus Mohamed«, an dieser Menschheit leidend bis auf den Tod.

Ich bin viele Tode gestorben unter den Mißhandlungen meiner Mitmenschen (leider auch meiner eigenen Familie: DALLAS und STRINDBERG lassen grüßen!).

ABER – WAS MICH NICHT UMBRINGT,
MACHT MICH HÄRTER!

So lege ich dieses Buch als erstes einer Trilogie hier vor - nämlich:

1. MEIN NAME IST HAASE – ICH WEISS ZUVIEL
2. MEIN NAME IST HAASE – ICH WEISS NOCH MEHR
3. MEIN NAME IST HAASE – ICH WEISS ... FAST ALLES
   oder ... von nichts ... oder
   DIE GESELLSCHAFT DER VERLOGENEN MÖRDER
   (vielleicht mein Testament – wer weiß ...!?)

Ich bin auch ein Prophet – meiner Zeit oft um Jahrzehnte voraus. Bereits als ich mich politisch betätigte und als Doppelagent begann (etwa 1960), die allgemeine Lage zu analysieren, legte ich schriftlich nieder (1960!), daß es in ca. 30 Jahren zur Wiedervereinigung kommen werde – ganz plötzlich – fast über Nacht; ebenso zur Auflösung der Blöcke und Beendigung des Ost-West-Konflikts, falls wir uns nicht vorher gegenseitig umgebracht hätten.

Keiner glaubte mir. Fast alle hielten mich für einen Spinner - und das bin ich auch aus Überzeugung: ein Träumer und Phantast, ein Denker und Dichter, ein Pazifist, ein Chaot und Egoist, aber auch heiliger Narr und Gottsucher, ein Irrender und ein Liebesuchender, ein armer und kranker Mensch, empfindlich wie eine ganze Mimosenfarm.

Dennoch bin ich auch der Stier von Uri – und so brutal und durchsetzungskräftig wie eine 20-Zentner-Birne, mit der Abbruchfirmen Häuser zertrümmern – wie auch das Wiesel auf einem Kiesel mitten im Bachgeriesel, – wie Gerhard Mauz 1976 so treffend meine Persönlichkeit im SPIEGEL beschrieb. Dieser Darstellung kann ich nur beipflichten.

Der Sieg über sich selber ist der größte!

Aber: Kein Mensch kann über seinen Schatten springen!

Kein Mensch muß müssen – und ein Haase – müßte?

Dieses Buch ist eine Spätgeburt ...

Seit etwa 1970 (praktisch seit meiner ersten Verhaftung) arbeite ich an dieser Autobiographie ... ich weiß eben wirklich zuviel und kann kaum die Hälfte davon preisgeben, – sonst bin ich ein toter Mann.

Fünfmal mußte ich diesen ersten Teil, diese quasi Einführung in meine Biographie umschreiben und immer wieder entschärfen und abändern. Etwa 180 Namen mußte ich entweder streichen oder abändern. Meine ersten Manuskripte wurden mir in der Haft (1970–1979) beschlagnahmt oder gestohlen.

Meinen ersten Ghostwriter hat man mit viel Geld bestochen und abgeworben, um dieses Buch zu verhindern. Das war vor ca. drei Jahren. Der nächste Ghostwriter, den mir der REIDAR-Verlag (mein junger Freund Reidar Meyer-Brandt) vermittelte, war überfordert und ängstlich. Er traute sich an viele Themen nicht heran. Wollte bei mir nur Einblick ins Spionage-Sujet nehmen. Als er den hatte, ließ er sich auf der Buchmesse im Herbst 1991 mitten in der Endphase des Buches »abwerben« und mich hängen. Da gab es erst vier Kapitel, und davon waren zwei unbrauchbar – wegen zu vieler Regreßmöglichkeiten, der Rest war angeblich im Computer »abgestürzt«.

Der nächste »Mitarbeiter« war kein Ghostwriter, sondern wie sich später herausstellte, eher ein »Geisterreiter«. Zwar gutwillig, aber vollkommen unfähig und Alkoholiker. Er hat mich drei wichtige und teure Monate meines kurzen Lebens gekostet.

Im März 1992 hatte ich mich qua »Kurzschlußhandlung« erneut verliebt und verlobt. Wie sich wenige Wochen später herausstellte in eine typische Vertreterin der neuen kaputten »Single-Gesellschaft«.

Wir lernten uns auf einem Seminar im Kloster Loccum kennen und verliebten uns ineinander. Sie war eine 33jährige karrieresüchtige Feministin und Juristin. Sie sagte mir: *»Ich will nicht heiraten und keine Kinder.«*

Nachdem wir uns näher kennengelernt hatten, bestellte sie sich schriftlich bei mir ihre Verführung.

Am 26. April war meine Scheidung (Eheaufhebung) rechtskräftig geworden und so verlobte ich mich mit Ute H. Sie wollte bei mir einziehen und bemühte sich sehr, mir bei der Schlußfassung meines Buches zu helfen. Da meine Sekretärin krank geworden war, nahm ich diese Hilfe nur zu gern an.

Ich vertraute Ute mehr und mehr. Doch nach kurzer Zeit merkte ich, daß es mit uns beiden auf die Dauer nicht gutgehen konnte. Ute war wenig belastbar, kaum kommunikativ und sehr infantil.

Als ich mich friedlich von ihr trennen wollte, verweigerte sie die Herausgabe der ihr zur Mitarbeit übergebenen Materialien. Dabei waren einige wichtige Unterlagen und Namen, die ich bis zur Drucklegung vertraulich behandelt wissen wollte. Trotz aller Vermittlungsversuche war sie nicht zur Rückgabe aller Materialien zu bewegen. Selbst eine gerichtliche Einschaltung fruchtete nichts, da sie eine falsche eidesstattliche Erklärung abgab. Offensichtlich kam es ihr darauf an, mir zu schaden. Es ist nicht auszuschließen, daß von dritter Seite versucht wurde, das Buch zu verhindern – wie schon öfter geschehen. Diese falsche »Liebe« warf mich um weitere acht Wochen zurück.

Den beiden letzten Mitarbeitern – MarieLuise S. und Herbert H. – danke ich für ihr Bemühen und ihren Zuspruch. Sie trugen die Endfassung des Manuskriptes mit. Hierbei griff ich häufig auf Dokumente und Veröffentlichungen zurück, um umnötige nachrichtendienstliche Risiken und mögliche Regresse zu vermeiden.

Es gibt im Leben – außer vielleicht in den Naturwissenschaften – keine objektive Wahrheit. Jede Wahrheit ist subjektiv und vom Standpunkt des Betrachters aus gesehen einseitig und relativ.

Vieles ist in diesem Buch so beschrieben, daß es unglaubwürdig klingt, aber es war nun mal so und nicht anders. Meist haben mir die Menschen – bis hinein in die eigene Familie – die Wahrheit in nachrichtendienstlichen Belangen, wenn ich sie denn schon mal sagte, einfach nicht geglaubt. Manchmal bis heute nicht. Dann lesen sie es eben als romanhafte Dichtung.

Der Prophet gilt nichts im eigenen Lande – auch bei den Seinen nicht. Das war schon bei meinem Bruder Jesus Christus vor 2000 Jahren so.

Das Unglaubhafte an der Wahrheit war aber oft mein bester Schutz. Die Welt hat sich in ihren Grundstrukturen nicht sehr geändert. Nur die Zeiten wandeln sich und wir uns mit ihnen (tempora mutantur et nos cum illis).

Zugegeben – ich war ein grauenhafter Angeber und Aufschneider mit meiner unschlagbaren Berliner Schnauze, die sie wohl extra totschlagen und beerdigen müssen, wenn's denn mal soweit sein sollte.

Ich war auch ein fürchterlicher Macho und Sexprotz. Es kann einen schaudern, und man sollte einiges, was meine Lektoren mir hier haben durchgehen lassen, als Verbalerotik abtun. Es war in Wirklichkeit noch viel schlimmer.

Ich schäme mich auch ...

Das meiste kann ich sowieso nicht schreiben.

Das Leben ist nun einmal bunt, abenteuerlich und vielseitig - zumindest meins. Ich habe meinen Lebenspartnern jeweils immer nur eins versprochen: Mit mir wird es nie langweilig! (»Stimmt es, Schätzchen?!«) Und das habe ich (leider) auch immer gehalten.

Ich verachte am meisten die menschliche Dummheit, Gemeinheit und Verlogenheit. Und die schlimmste Dummheit ist, nicht aus seinen Fehlern zu lernen. Genau das aber geschieht leider immer wieder, beschämend und furchtbar zugleich. »Das Virus der menschlichen Dummheit ist unausrottbar,« sagt schon Curt Goetz.

Auf diese Dummheit, Gemeinheit und Verlogenheit treffe ich täglich immer wieder und leide darunter – leide so sehr, daß ich mich bisweilen mit erheblichen Depressionen herumschlagen muß. Meine Haftzeit und Gefängniserlebnisse trugen dazu ganz wesentlich bei.

Viele meiner Ärzte machten mich immer kränker, viele meiner Anwälte nahmen mich nur aus. Sie »rupften das Huhn«, anstatt mir zu helfen, und machten mich so letztendlich zum Justizopfer. Vor diesen beiden Spezies Mensch kann ich nur dringend warnen. Machen Sie um Ärzte und Anwälte einen großen Bogen! Auch davon handelt dieses Buch.

Es ist ein Trauerspiel besonderer Art. Was durch Fehldiagnosen und Fehlurteile, falsche Beratung und Unfähigkeit von Medizinern und Juristen täglich an Unheil angerichtet wird.

Auch darum schrieb ich dieses Buch.

Ihm vertraute ich auch einige meiner Lieblingsgedichte an, die dem besseren Verständnis menschlicher Belange und Probleme dienen sollen sowie zur Meditation und Besinnung:

***

Klagemauer

Jeder braucht einen Platz,
um sich auszusprechen,
auszuweinen,
anzulehnen, schwach zu sein.
Jeder,
der kleine Bub, dem man gesagt hat, daß Jungen nicht
weinen,
genauso wie der Star, der seinen Ruhm nicht verkraftet.
Die Frau, die die Sorgen ihrer Kinder wichtiger nimmt
als ihre eigenen,
genauso wie der Geschäftsmann, der am Konkurrenz-
kampf zerbricht.
Einen Platz,
wo der Schmerz gut aufgehoben ist.
Für die Juden ist dieser Ort die letzte Mauer
ihres zerstörten Tempels, die Klagemauer.
Es gibt viele Klagemauern. Für jeden.

Ein Zettel, ein Tagebuch, ein Brief, ein Gedicht . . .

„Da zwinkerte mir der große ‚Holzchristus' zu"

SPIEGEL-Reporter Gerhard Mauz im Prozeß gegen den mutmaßlichenSpion Dieter Haase in München

Wenn die Mitglieder des 3. Strafsenats des Bayerischen Obersten Landesgerichts plötzlich die Roben schürzen und kreischend über den Angeklagten Dieter Haase, 38, herfallen würden, um ihn zu zerreißen und aufzufressen — man täte ohne Zögern mit. Der Angeklagte Dieter Haase hätte sogar in Ghandi eine unwiderstehliche Mordlust geweckt.

Vor Gericht in München gibt Dieter Haase den Stier von Uri, zugleich aber auch das Wiesel auf einem Kiesel mitten im Bachgeriesel. Er ist so machtvoll grob wie die 20-Zentner-Birne, mit der Abbruchfirmen Häuser zertrümmern, zugleich aber auch so empfindlich wie eine ganze Mimosenfarm. Im übrigen ist ihm in der U-Haft in Stadelheim Christus erschienen.

„Gestern abend gegen 21 Uhr stehe ich am Waschbecken, da geschieht aus dem Heulen des Sturms so ein merkwürdiges Zischen — und dann steht beziehungsweise schwebt in der linken hinteren Zellenecke, wo ich eine Tannenbaumattrappe aus Pappe stehen habe, eine gleißend weiße, mehr durchsichtige und strahlende, geradezu blendende Figur — etwa lebensgroß ..."

Christus empfiehlt Dieter Haase, der zu träumen meint, sich in den Arm zu kneifen. Denn Dieter Haase soll gut aufpassen, er ist sein Auserwählter: „Ich mache Dich zum Terroristen Gottes." Und Christus verkündet sogar: „Du wirst der Christus dieser Zeit sein! Dieter Joachim Haase — ich taufe Dich auf den Namen Jesus Christus Mohammed!" Später zwinkert dem Dieter Haase „der große ‚Holzchristus', der über dem Altar in der Gefängniskirche hängt, mit dem linken Auge zu, als wenn die Augen leben ..." Der Ton zwischen Christus und Dieter Haase ist familiär:

„Ich: Nein, Herr, ich will nicht! Such Dir einen anderen. Das mache ich nicht mit. Sieh, Herr, ich habe jetzt dieses Scheißverfahren, oh, entschuldige ... Er (lächelnd): Ist schon gut! Ich: ... dieses Verfahren am Hals und keinen Verteidiger, keinen, der mir hilft — und kriminelle Richter, die Unmenschen sind ... Er: Ich weiß, ich weiß! Was regst Du Dich auf? Ich: Na, Du bist lustig, Bruder, Du machst mir Spaß ..."

Soldat Haase während der Ausbildung: „Du bist lustig, Bruder, Du machst mir Spaß"

Doch Christus ist unbeirrbar: „Sie werden Dich nicht mehr lange quälen, denn Du wirst mit meiner Hilfe sie alle besiegen." Und so trägt Dieter Haase in der Sitzung gleich zwei Kreuze um den Hals, eines aus Holz, das andere aus Metall, was sich zum schwarzen Zweireiher und vor einem schwarzen Rollkragenpullover besonders eindrucksvoll macht. Und wenn er spricht, er hat eine bemerkenswert laute Stimme, umklammert er eines von den Kreuzen. Leider nur handelt die amtlich geheimgehaltene (doch fast völlig öffentlich verhandelte) Anklage von nichts Geringerem als der Mitteilung von Staatsgeheimnissen an eine fremde Macht.

„Das Ganze ist ein Racheakt des Generalbundesanwalts Buback, den ich bei meiner Verhaftung im März 1970 einen ‚nachrichtendienstlichen Dilettanten und Dummkopf' genannt habe", behauptet Dieter Haase in einem Brief. Doch so ein Masochist kann der Herr Buback nicht sein, daß er darauf gebrannt hat, mit Dieter Haase in eine Beziehung von Amts wegen zu treten. Es muß da schon einiges angefallen sein — doch was?

Im März 1970 verhaftet, hat Dieter Haase erbittert bestritten, was ihm vorgehalten wurde. Innerhalb der gerichtlichen Voruntersuchung sprach er dann aber im Juli 1971 doch. Er belastete sich auf das schwerste. Heute allerdings behauptet er, er habe damals ein „überhöhtes Geständnis" abgelegt und nennt als Grund dafür Versprechungen, die ihm gemacht worden seien.

Er will dieser — Milderung im Strafmaß oder gar völligen Verzicht auf Strafverfolgung verheißenden — Versprechungen wegen übertrieben haben, sozusagen nach der Devise: Je kapitaler die eingestandene Straftat, desto kapitaler auch das Entgegenkommen bei der rechtlichen Abwicklung. Das klingt irre, zumal Dieter Haase diese Darstellung seines Geständnisses mit der Behauptung garniert, der damalige Untersuchungsrichter Willner sei ein Agent des Ostens (irrer geht's nimmer, denn Herr Willner ist Richter am Bayerischen Obersten Landesgericht, und was auch immer man inzwischen für möglich halten mag — das nicht).

Andererseits jedoch ist Dieter Haase der Stier von Uri und zugleich das Wiesel auf dem Kiesel. Andererseits ist nicht auszuschließen, daß er gegenüber dem Untersuchungsrichter Willner, wenn schon ein Spion, so der größte Spion aller Zeiten sein wollte. Sein Geltungsbedürfnis ist genauso gigantisch wie sein Leiden daran, vor sich selbst weniger als nichts zu gelten. Er ist auf das Unerträglichste großmäulig und aggressiv und zugleich auf das Peinlichste zur Wahrheit unfähig und feige.

Er versucht vor Gericht, sich an den eigenen Haaren aus dem Sumpf zu ziehen, während er sich gleichzeitig in den Hintern tritt. Taucht etwas zu seiner Entlastung auf, so zertrümmert er es unverzüglich. Belastet ihn etwas, so schreit er ob einer Schändung der Menschenrechte auf. Es geschieht ihm Unrecht, ob man ihn nun für einen großen oder für einen kleinen Spion hält. Er liebt sich abgöttisch, und er haßt sich zugleich erbarmungslos. Es muß eine Lust sein, ihn zu verteidigen.

Pflichtverteidiger Pfitzner ist tapfer bemüht, den Mandanten zurückzuhalten, wenn dieser nach Erhöhung dadurch trachtet, daß er sich den Strick um den Hals legt. Dem Pflichtverteidi-

KAPITEL 1
JESUS CHRISTUS MOHAMED

(Kampfname von Dieter Haase im Prozeß von Februar bis Mai 1976 in München)

DER HOLZCHRISTUS

»Da zwinkerte mir der große Holzchristus zu«

SPIEGEL-Reporter Gerhard Mauz im Prozeß gegen den mutmaßlichen Spion Dieter Haase in München (Nr. 18 vom 26.04.1976):

»Wenn die Mitglieder des 3. Strafsenats des Bayerischen Obersten Landesgerichts plötzlich die Roben schürzen und kreischend über den Angeklagten Dieter Haase, 38, herfallen würden, um ihn zu zerreißen und aufzufressen – man täte ohne Zögern mit. Der Angeklagte Dieter Haase hätte sogar in Gandhi eine unwiderstehliche Mordlust geweckt.

Vor Gericht in München gibt Dieter Haase den Stier von Uri, zugleich aber auch das Wiesel auf einem Kiesel mitten im Bachgeriesel. Er ist so machtvoll grob wie die 20-Zentner-Birne, mit der Abbruchfirmen Häuser zertrümmern, zugleich aber auch so empfindlich wie eine ganze Mimosenfarm. Im übrigen ist ihm in der U-Haft in Stadelheim Christus erschienen.

»Gestern abend gegen 21 Uhr stehe ich am Waschbecken, da geschieht aus dem Heulen des Sturms so ein merkwürdiges Zischen, und dann steht bzw. schwebt in der linken hinteren Zellenecke, wo ich eine Tannenbaumattrappe aus Pappe stehen habe, eine gleißend weiße, mehr durchsichtige und strahlende, geradezu blendende Figur – etwa lebensgroß . . .«

Christus empfiehlt Dieter Haase, der zu träumen meint, sich in den Arm zu kneifen. Denn Dieter Haase soll gut aufpassen, er ist sein Auserwählter: *»Ich mache dich zum Terroristen Gottes.«* Und Christus verkündet sogar: *»Du wirst der Christus dieser Zeit sein! Dieter Joachim Haase – ich taufe Dich auf den Namen Jesus Christus Mohamed!«* Später zwinkert dem Dieter Haase *»der große Holzchristus, der über dem Altar in der Gefängniskirche hängt, mit dem linken Auge zu, als wenn die Augen leben . . .«* Der Ton zwischen Christus und Dieter Haase ist familiär:

»Ich: Nein, Herr, ich will nicht! Such dir einen anderen. Das mache ich nicht mit, Sieh', Herr, ich habe jetzt dieses Scheißverfahren, oh, entschuldige . . .

Er (lächelnd): Ist schon gut! Ich: . . . dieses Verfahren am Hals und keinen Verteidiger, keinen, der mir hilft – und kriminelle Richter, die Unmenschen sind . . . Er: Ich weiß, ich weiß! Was regst du dich auf?« Ich: Na, Du bist lustig, Bruder, du machst mir Spaß . . .«

Doch Christus ist unbeirrbar: *»Sie werden dich nicht mehr lange quälen, denn du wirst mit meiner Hilfe sie alle besiegen.«* Und so trägt Dieter Haase in der Sitzung gleich zwei Kreuze um den Hals, eines aus Holz, das andere aus Metall, was sich zum schwarzen Zweireiher und vor einem schwarzen Rollkragenpullover besonders eindrucksvoll macht. Und wenn er spricht, er hat eine bemerkenswert laute Stimme, umklammert er eines von den Kreuzen. Leider nur handelt die amtlich geheimgehaltene (doch fast völlig öffentlich verhandelte) Anklage von nichts Geringerem als der Mitteilung von Staatsgeheimnissen an eine fremde Macht.

»Das Ganze ist ein Racheakt des Generalbundesanwalts Buback, den ich bei meiner Verhaftung im März 1970 einen ›nachrichtendienstlichen Dilettanten und Dummkopf‹ genannt habe«, behauptet Dieter Haase in einem Brief. Doch so ein Masochist kann der Herr Buback nicht sein, daß er darauf gebrannt hat, mit Dieter Haase in eine Beziehung von Amts wegen zu treten. Es muß da schon einiges angefallen sein – doch was?

Im März 1970 verhaftet, hat Dieter Haase erbittert bestritten, was ihm vorgehalten wurde. Innerhalb der gerichtlichen Voruntersuchung sprach er dann aber im Juli 1971 doch. Er belastete sich auf das schwerste. Heute allerdings behauptet er, er habe damals ein *»überhöhtes Geständnis«* abgelegt und nennt als Grund dafür Versprechungen, die ihm gemacht worden seien.«

Hier muß ich ergänzen, daß von seiten der Bundesanwaltschaft und des BKA keine konkreten Beweise für eine nachrichtendienstliche Tätigkeit im militärischen Bereich – insbesondere an konkretem Material – vorhanden waren.

Lediglich die Aussagen meiner geschiedenen Frau Carola waren als Ansatz und Belastung verwertbar. Daher kam nach ca. 6 Monaten Haft das Angebot der Bundesanwaltschaft an mich, wenn ich mich an der Schadensbegrenzung durch Selbstbelastung aktiv beteiligte, quasi also Wiedergutmachung betriebe, werde man mich umgehend aus der Haft entlassen und möglichst zu einer Einstellung des Verfahrens kommen. Voraussetzung dafür sei allerdings eine rückhaltlose und besonders schwere Belastung meinerseits: Wenn ich also den besonders schweren Fall gestände, mich also praktisch selber zu lebenslänglich verurteilte, dann würde aufgrund des Opportunitätsprinzips im Staatsschutzrecht eine Einstellung des Verfahrens in Erwägung gezogen.

Dieser Kuhhandel war die Grundlage für mein späteres falsches Geständnis vor Richter Willner und meine daraufhin erfolgte Haftentlassung. Denn der mir »beigegebene« Anwalt Dr. Horst-Dieter Pötschke aus München, später u. a. Anwalt des DDR-Kanzler-Spions Guillaume, warnte mich damals eindringlich, den Versprechungen der Bundesanwaltschaft und des Untersuchungsrichters Willner zu vertrauen. Diese würden sich nicht an ihre Versprechungen halten. Daraufhin beschloß ich, ein falsches Geständnis abzulegen und hierbei die wahren Begebenheiten und Hintergründe meiner ND-Tätigkeit, wo ich irgend konnte, zu verschleiern. Dies ergibt auch eindeutig der bis zur Verhandlung geheimgehaltene Voruntersuchungsbericht, den meine Verteidiger bis heute noch nicht eingesehen haben. Für all das sind eine erhebliche Anzahl von Zeugen vorhanden. Dies sind auch Ausgangspunkte der seit 1980 betriebenen und versuchten Wiederaufnahmeverfahren.

»Er will dieser – Milderung im Strafmaß oder gar völligen Verzicht auf Strafverfolgung verheißenden – Versprechungen wegen übertrieben haben, sozusagen nach der Devise: Je kapitaler die eingestandene Straftat, desto kapitaler auch das Entgegenkommen bei der rechtlichen Abwicklung. Das klingt irre, zumal Dieter Haase diese Darstellung seines Geständnisses mit der Behauptung garniert, der damalige Untersuchungsrichter Willner sei ein Agent des Ostens (irrer geht's nimmer, denn Herr Willner ist Richter am Bayerischen Obersten Landesgericht, und was auch immer man inzwischen für möglich halten mag – das nicht).«

Hier irrt Gerhard Mauz, denn nach meinen persönlichen Erfahrungen und Erkenntnissen ist Richter Willner sehr wohl als Doppelagent tätig gewesen. Was alles im Stasi-Bereich möglich war, lehrt uns ja die Gegenwart deutlich.

»Andererseits jedoch ist Dieter Haase der Stier von Uri und zugleich das Wiesel auf dem Kiesel. Andererseits ist nicht auszuschließen, daß er gegenüber dem Untersuchungsrichter Willner wenn schon ein Spion, so der größte Spion aller Zeiten sein wollte. Sein Geltungsbedürfnis ist genauso gigantisch wie sein Leiden daran, vor sich selbst weniger als nichts zu gelten. Er ist auf das unerträglichste großmäulig und aggressiv und zugleich auf das peinlichste zur Wahrheit unfähig und feige.«

Hier verkennt Gerhard Mauz, daß meine Verteidigungsstrategie gerade darin bestand, mit möglichst viel Unwahrheiten den eigentlichen Kern der

Wahrheit zu verschleiern. Dabei kam es darauf an, mit soviel Unwahrheit und Unbeweisbarem zu agieren, daß man im Zweifel (in dubio pro reo) für den Angeklagten stimmen mußte. Daher war mir eine andere Verhaltensweise leider nicht erlaubt, um Strategie und Taktik überzeugend vorzutragen.

»Er versucht vor Gericht, sich an den eigenen Haaren aus dem Sumpf zu ziehen, während er sich gleichzeitig in den Hintern tritt. Taucht etwas zu seiner Entlastung auf, so zertrümmert er es unverzüglich. Belastet ihn etwas, so schreit er ob einer Schändung der Menschenrechte auf. Es geschieht ihm Unrecht, ob man ihn nun für einen großen oder für einen kleinen Spion hält. Er liebt sich abgöttisch, und er haßt sich zugleich erbarmungslos. Es muß eine Lust sein, ihn zu verteidigen.

Pflichtverteidiger Pfitzner ist tapfer bemüht, den Mandanten zurückzuhalten, wenn dieser nach Erhöhung dadurch trachtet, daß er sich den Strick um den Hals legt. Dem Pflichtverteidiger Fleiss möchte man wünschen, daß er tatsächlich nicht alles akustisch mitbekommt. Wahlverteidiger Hagen dürfte davon geheilt sein, in den Ferien an Buhne 16 in Kampen zu baden, denn dort machte er die Bekanntschaft von Dieter Haase, die ihm sein Mandat einbrachte. Wahlverteidiger Schenk, eine Art heiliger Franziskus, bringt es fertig, in seinem Mandanten hartnäckig einen bedauernswerten Menschen zu sehen.

Allen vier Herren versichert Dieter Haase in schöner Regelmäßigkeit öffentlich, daß er vor Gericht völlig allein stehe als sein eigener Verteidiger (bzw. als ein Mann, der sich von seinen Verteidigern nicht entmündigen läßt). Es werden gescheite Anträge gestellt, doch Dieter Haase konterkariert sie ohne Zögern.

Er verschafft seinen Verteidigern das faszinierende Erlebnis von ihm selbst gestellter Anträge, die etwa darin gipfeln, die ehemaligen Verteidigungsminister Strauß, von Hassel und Schmidt zu laden. Auch den Generalleutnant Markus Johannes Wolf (Ministerium für Staatssicherheit der DDR) wünscht Dieter Haase auf dem Weg der Rechtshilfe geladen . . .«

Nachdem ich wegen ungebührlichen Verhaltens fünf Tage von der Hauptverhandlung ausgeschlossen war, wurden in meiner Abwesenheit ca. 20 Gutachter und 30 Zeugen vernommen. Diese belasteten mich angeblich auf das schwerste. Eine Verteidigung fand in dieser Zeit mangels Sachkenntnis meiner Verteidiger nicht statt. Zweckdienliche Fragen wurden nicht gestellt. Als ich wieder an der Verhandlung teilnehmen durfte, eröffneten mir meine massiv befangenen Richter (40 Befangenheitsanträge wurden in 38 Verhandlungstagen gestellt.), daß ich nunmehr gegen *»lebenslänglich«* stünde (besonders schwerer Landesverrat). Dies war ein Racheakt der Justiz an einem sich geschickt verteidigenden und nachrichtendienstlich mit allen Wassern gewaschenen, widerborstigen Angeklagten. Daher mußte ich mich nunmehr darauf konzentrieren, § 21 StGB, d. h. nur bedingte Zurechnungsfähigkeit zu erlangen, daher auch Jesus Christus Mohamed.

Das Gericht ging dann im Strafmaß von lebenslänglich auf eine zeitlich begrenzte Strafe von 15 Jahren, diese um ein Viertel ermäßigt auf 11 Jahre drei Monate,bei einem Strafrahmen mit einer Mindeststrafe von zwei statt fünf Jahren, herunter.

»Wo schon die Verteidigung auf einem vom Mandanten überheizten Grill ausgeübt werden muß, ist das Wahrheitsfinden und Richten notwendig der Versuch, den Atlantik in einer Holzpantine zu überqueren. Dieter Haase fordert das Gericht sowohl durch Ausbrüche (nicht vorhandener Stärke) als auch durch Zusammenbrüche (zweifelhafter Qualität) heraus.

Dem Urologen mag er Zugang zu seinem Körper nicht gestatten, was ihn indessen nicht daran hindert, eine Verwachsung der Harnleiter und die davon herrührende Blasenentzündung sowie Rückenschmerzen zu beklagen. Vorsitzender Richter Dr. Karl Gietl, 53, merkt erbittert an, das Rückgrat und der Harnleiter seien zwei recht verschiedene körperliche Einrichtungen. Herrn Gietls Selbstüberwindung darf wirklich nicht unerwähnt bleiben:

Als Dieter Haase, der Kamikazeflieger auf der Anklagebank, erklärt, er habe in der ersten Haftphase *»die Rolle des unschuldig Verfolgten gespielt«* (eine Bemerkung, die Zweifel weckt, ob Dieter Haase nicht in Wahrheit der größte aller Schauspieler ist), bringt Herr Gietl die Bemerkung über sich. *»Das müssen S' jetzt nicht sagen, was Sie da sagen.«*

Doch da muß natürlich die Sorge, das Grübeln des Gerichts hinzielen: Wenn man alles durchdenke, so Herr Gietl, dann sei das, was Dieter Haase hier vorführe (was er *»penetrant durchhalte«*), eine durchaus aussichtsreiche Unternehmung. Spielt Dieter Haase? Er mag früher gesagt haben, er werde gegebenenfalls den Kranken spielen – doch er hat sich selbst ausgespielt. Er handelt nicht mehr, er läuft als eine trostlose, verzweifelnde Handlung ab.

Seine Eltern ließen sich 1950 scheiden, er war damals 13 Jahre alt. Das hat seine Entwicklung geschädigt, doch schwerwiegendere Schädigungen dürften weit früher angefallen sein. Er hat keine Identität und rächt das an Ost wie West. Er sagt einmal im Prozeß: *»Ich will das Chaos.«* Er will es, aber er überschätzt sich ein weiteres Mal, wenn er meint, er wolle. Es wird ihm einfach Chaos aus allem.

Erst hat er beim Vater, später bei seiner Mutter und deren zweitem Ehemann gelebt. Er suchte innerlich Zuflucht bei einem Onkel in der DDR. Der soll ihn *»systematisch«* auf eine geheimdienstliche Tätigkeit vorbereitet haben. Er hat gedient. Zuletzt ist er Hauptmann der Reserve bei der Bundeswehr gewesen. Keine Frage: Er hat spioniert. Ob er tatsächlich 160 000 Mark kassiert hat, steht dahin.«

In Wirklichkeit konnte man mir keine einzige Mark als nachrichtendienstliche Zuwendung nachweisen. Alle Angaben in diesem Bereich gehen auf die Aussagen meiner geschiedenen Frau Carola bzw. mein falsches Geständnis zurück.

»Was hat er wirklich angerichtet? Die Versuchung für den 3. Strafsenat, Dieter Haase mit einem Gewalturteil hinwegzufegen, ist groß. Doch man ist nur dadurch auf ihn gekommen, daß ihn seine Ehefrau nach der Scheidung als Agenten entlarvte. Und sein eigenes Geständnis – nun, er ist kein gesunder, vollverantwortlicher Mensch. Gutachter Professor Mende korrigiert sein schriftliches Gutachten in München mündlich auf das ehrenwerteste. Er kann – unter dem Eindruck der Hauptverhandlung – für Dieter Haase den strafmildernden Paragraphen 21 nicht mehr ausschließen. Doch das Gericht ist nicht gezwungen, sich an dieses Gutachten zu halten.

Im März 1970 wurde Dieter Haase verhaftet. Im November 1971 verschonte man ihn von der U-Haft. Vom Oktober bis zum November 1973 wurde er wiederum in U-Haft genommen, und im September 1975 nahm man ihn endgültig in Haft. Das hätte auch einer stabileren Konstitution den Rest gegeben. In dieser Woche wird in München die Bundesanwaltschaft ihren Strafantrag stellen. Hoffen wir, ohne zu wissen, wie Weisheit im Falle Haase aussehen kann, daß er weise ist. Zwischen den beiden deutschen Staaten sind die Verstörten und Gestörten am ärgsten dran. Man kann sie benutzen und bestrafen nach Belieben.«

Zunächst hatte mir Ost-Berlin einen Austausch noch vor der Verurteilung angeboten. Da ich aber kein nachrichtendienstliches »Kaninchen« sein wollte, lehnte ich eben dies ab. Ich wollte nicht im »Spießbauernstaat« leben. Später saß ich dann allerdings wiederum zwischen den Stühlen. So sind meine Erfahrungen für die Nachrichtendienste in Ost und West wenig schmeichelhaft. Beide »verheizen« im Einzelfall ihre Leute ziemlich leichtfertig. Sie benutzen Menschen – und sie opfern sie auch. Viele der Erfolge und Mißerfolge bleiben dabei zwangsläufig im dunkeln. So auch in meinem Fall.

Ich war Täter und Opfer zugleich.

Politisch bin ich Pazifist und Generalist zugleich wie viele Politiker auch. Mein Intellekt und meine Intelligenz bereiten mir in meinem Umfeld bisweilen erhebliche Schwierigkeiten. Dabei fühle ich mich sehr gut charakterisiert in meiner Problematik und Seelenpein durch Hermann Hesses STEPPENWOLF; besonders das Tractat vom Steppenwolf empfinde ich als so bezeichnend, daß ich es dem geneigten Leser hier nicht vorenthalten will.

Das Tractat vom Steppenwolf

Teil 1

(Hermann Hesse)
Nur für Verrückte

Es war einmal einer Namens Harry, genannt der *Steppenwolf.* Er ging auf zwei Beinen, trug Kleider und war ein Mensch, aber eigentlich war er doch eben ein Steppenwolf.

Er hatte vieles von dem gelernt, was Menschen mit gutem Verstande lernen können, und war ein ziemlich kluger Mann. Was er aber nicht gelernt hatte, war dies: mit sich und seinem Leben zufrieden zu sein. Dies konnte er nicht. Er war ein unzufriedener Mensch. Das kam wahrscheinlich daher, daß er im Grunde seines Herzens jederzeit wußte (oder zu wissen glaubte), daß er eigentlich gar kein Mensch, sondern ein Wolf aus der Steppe sei. Es mögen sich kluge Menschen darüber streiten, ob er nun wirklich ein Wolf war, ob er einmal, vielleicht schon vor seiner Geburt, aus einem Wolf in einen Menschen verzaubert worden war oder ob er als Mensch geboren, aber mit der Seele eines Steppenwolfes begabt und von ihr besessen war, oder aber ob dieser Glaube, daß er eigentlich ein Wolf sei, bloß eine Einbildung oder Krankheit von ihm war. Zum Beispiel wäre es ja möglich, daß dieser Mensch etwa in seiner Kindheit wild und unbändig und unordentlich war, daß seine Erzieher versucht hatten, die Bestie in ihm totzukriegen, und in ihm gerade dadurch die Einbildung und den Glauben schufen, daß er in der Tat eigentlich eine Bestie sei, nur mit einem dünnen Überzug von Erziehung und Menschentum darüber. Man könnte hierüber lang und unterhaltend sprechend und sogar Bücher darüber schreiben; dem Steppenwolf aber wäre damit nicht gedient, denn für ihn war es ganz einerlei, ob der Wolf in ihn hineingehext oder -geprügelt oder aber nur eine Einbildung seiner Seele sei. Was andere darüber denken mochten und auch was er selbst darüber denken mochte, das war für ihn nichts wert, das holte den Wolf doch nicht aus íhm heraus.

Der Steppenwolf hatte also zwei Naturen, eine menschliche und eine wölfische, dies war sein Schicksal, und es mag wohl sein, daß dies Schicksal kein so besonderes und seltenes war. Es sollen schon viele Menschen gesehen worden sein, welche viel vom Hund oder vom Fuchs, vom Fisch oder von der Schlange in sich hatten, ohne daß sie darum besondere Schwierigkeiten gehabt hätten. Bei diesen Menschen lebten eben der Mensch und der Fuchs, der Mensch und der Fisch nebeneinander her, und keiner tat dem andern weh, einer half sogar dem anderen, und in manchem Manne, der es weit gebracht hat und beneidet wird, war es mehr der Fuchs oder Affe als der Mensch, der sein Glück gemacht hat. Dies ist ja jedermann bekannt. Bei Harry hingegen war es anders, in íhm liefen Mensch und Wolf nicht nebeneinander her, und noch viel weniger halfen sie einander, sondern sie lagen in ständiger Todfeindschaft gegeneinander, und einer lebte dem andern lediglich zu Leide, und wenn zwei in einem Blut und einer Seele miteinander Todfeind sind, dann ist das ein übles Leben. Nun, jeder hat sein Los, und leicht ist keines.

Bei unserem Steppenwolfe nun war es so, daß er in seinem Gefühl zwar bald als Wolf, bald als Mensch lebte, wie es bei allen Mischwesen der Fall ist, daß aber, wenn er Wolf war, der Mensch in ihm stets zuschauend, urteilend und richtend auf der Lauer lag – und in den Zeiten, wo er Mensch war, tat der Wolf ebenso. Zum Beispiel, wenn Harry als Mensch einen schönen Gedanken hatte, eine feine, edle Empfindung fühlte oder eine sogenannte gute Tat verrichtete, dann bleckte der Wolf in ihm die Zähne und lachte und zeigte ihm mit blutigem Hohn, wie lächerlich dieses ganze edle Theater einem Steppentier zu Gesicht stehe, einem Wolf, der ja in seinem Herzen ganz genau darüber Bescheid wußte, was ihm behage, nämlich einsam durch Steppen zu traben, zuzeiten Blut zu saufen oder eine Wölfin zu jagen, – und, vom Wolf aus gesehen, wurde dann jede menschliche Handlung schauerlich komisch und verlegen, dumm und eitel. Aber ganz ebenso war es, wenn Harry sich als Wolf fühlte und benahm, wenn er anderen die Zähne zeigte, wenn er Haß und Todfeindschaft gegen alle Menschen und ihre verlogenen und entarteten Manieren und Sitten fühlte. Dann nämlich lag das Menschenteil in ihm auf der Lauer, beobachtete den Wolf, nannte ihn Vieh und Bestie und verdarb und vergällte ihm alle Freude an seinem einfachen, gesunden und wilden Wolfswesen.

So war dies mit dem Steppenwolf beschaffen, und man kann sich vorstellen, daß Harry nicht gerade ein angenehmes und glückliches Leben hatte. Doch soll damit nicht gesagt sein, daß er in ganz besonderem Grade unglücklich gewesen sei (obwohl es ihm selber allerdings so erschien, wie denn jeder Mensch die ihm zufallenden Leiden für die größten hält). Man sollte das von keinem Menschen sagen. Auch wer keinen Wolf in sich hat, braucht darum nicht glücklich zu sein, und auch das unglücklichste Leben hat seine Sonnenstunden und seine kleinen Glücksblumen zwischen dem Sand und Gestein. So war es denn auch bei dem Steppenwolf. Er war meistens sehr unglücklich, das ist nicht zu leugnen, und unglücklich konnte er auch andere machen, nämlich wenn er sie liebte und sie ihn. Denn alle, die ihn liebgewannen, sahen immer nur die eine Seite in ihm. Manche liebten ihn als einen feinen, klugen und eigenartigen Menschen und waren dann entsetzt und enttäuscht, wenn sie plötzlich den Wolf in ihm entdecken mußten. Und das mußten sie, denn Harry wollte, wie jedes Wesen, als Ganzes geliebt werden und konnte darum gerade vor denen, an deren Liebe ihm viel gelegen war, den Wolf nicht verbergen und weglügen. Es gab aber auch solche, die gerade den Wolf in ihm liebten, gerade das Freie, Wilde, Unzähmbare, Gefährliche und Starke, und diesen wieder war es dann außerordentlich enttäuschend und jämmerlich, wenn plötzlich der wilde, böse Wolf auch noch ein Mensch war, auch noch Sehnsucht nach Güte und Zartheit in sich hatte, auch noch Mozart hören, Verse lesen und Menschheitsideale haben wollte. Gerade diese waren meistens besonders enttäuscht und böse, und so brachte der Steppenwolf seine eigene Doppeltheit und Zwiespältigkeit auch in alle fremden Schicksale hinein, die er berührte.

Wer nun aber meint, den Steppenwolf zu kennen und sein klägliches, zerrissenes Leben sich vorstellen zu können, der ist dennoch im Irrtum, er weiß noch lange nicht alles. Er weiß nicht, daß es (wie keine Regel ohne Ausnahme und wie ein einziger Sünder unter Umständen Gott lieber ist als neunundneunzig Gerechte) – bei Harry immerhin auch Ausnahmen und Glücksfälle gab, daß er zuweilen den Wolf, zuweilen den Menschen auch rein und ungestört in sich atmen, denken und fühlen konnte, ja, daß beide manchmal, in sehr seltenen Stunden, Frieden schlossen und einander zuliebe lebten, so daß nicht bloß der eine schlief, während der andere wachte, sondern beide einander stärkten und jeder den anderen verdoppelte. Auch im Leben dieses Mannes schien, wie überall in der Welt, zuweilen alles Gewohnte, Alltägliche, Erkannte und Regelmäßige bloß den Zweck zu haben, hier und da eine sekundenkurze Pause zu erleben, durchbrochen zu werden und dem Außerordentlichen, dem Wunder, der Gnade Platz zu machen. Ob nun diese kurzen, seltenen Glücksstunden das schlimme Los des Steppenwolfes ausglichen und milderten, so daß Glück und Leid sich schließlich die Waage hielten, oder ob vielleicht sogar das kurze, aber starke Glück jener wenigen Stunden alles Leid aufsog und ein Plus ergab, das ist nun wieder eine Frage, über welche müßige Leute nach Belieben brüten mögen. Auch der Wolf brütete oft darüber, und das waren seine müßigen und unnützen Tage.

Hierzu muß eines noch gesagt werden. Es gibt ziemlich viele Menschen von ähnlicher Art, wie Harry einer war, viele Künstler namentlich gehören dieser Art an. Diese Menschen haben alle zwei Seelen, zwei Wesen in sich, in ihnen ist Göttliches und Teuflisches, ist mütterliches und väterliches Blut, ist Glücksfähigkeit und Leidensfähigkeit ebenso feindlich und verworren neben- und ineinander vorhanden, wie Wolf und Mensch in Harry es waren. Und diese Menschen, deren Leben ein sehr unruhiges ist, erleben zuweilen in ihren seltenen Glücksaugenblicken so Starkes und unnennbar Schönes, der Schaum des Augenblicksglückes spritzt zuweilen so hoch und blendend über das Meer des Leides hinaus, daß dies kurze aufleuchtende Glück ausstrahlend auch andere berührt und bezaubert. So entstehen, als kostbarer flüchtiger Glücksschaum über dem Meer des Leides, alle jene Kunstwerke, in welchen ein einzelner leidender Mensch sich für eine Stunde so hoch über sein eigenes Schicksal erhob, daß sein Glück wie ein Stern strahlt und allen denen, die es sehen, wie etwas Ewiges und wie ihr eigener Glückstraum erscheint. Alle diese Menschen, mögen ihre Taten und Werke heißen, wie sie wollen, haben eigentlich überhaupt keine Leben, das heißt, ihr Leben ist kein Sein, hat keine Gestalt, sie sind nicht Helden oder Künstler oder Denker in der Art, wie andere Richter, Ärzte, Schuhmacher oder Lehrer sind, sondern ihr Leben ist eine ewige leidvolle Bewegung und Brandung, ist unglücklich und schmerzvoll zerrissen und ist schauerlich und sinnlos, sobald man den Sinn nicht in ebenjenen seltenen Erlebnissen, Taten, Gedanken und Werken zu sehen bereit ist, die über dem Chaos eines solchen Lebens aufstrahlen. Unter den Menschen dieser Art ist der gefährliche und schreckliche Gedanke entstanden, daß vielleicht das ganze Menschenleben nur ein arger Irrtum, eine heftige und mißglückte Fehlgeburt der Urmutter, ein wilder und grausig fehlgeschlagener Versuch der Natur sei.

Unter ihnen ist aber auch der andere Gedanke entstanden, daß der Mensch vielleicht nicht bloß ein halbwegs vernünftiges Tier, sondern ein Götterkind und zur Unsterblichkeit bestimmt sei.

***

Ich Steppenwolf trabe und trabe,
Die Welt liegt voll Schnee,
Vom Birkenbaum flügelt der Rabe,
Aber nirgends ein Hase, nirgends ein Reh!
In die Rehe bin ich so verliebt,
Wenn ich doch eins fände!
Ich nähm's in die Zähne, in die Hände,
Das ist das Schönste, was es gibt.
Ich wäre der Holden so von Herzen gut,
Fräße mich tief in ihre zärtlichen Keulen,
Tränke mich satt an ihrem hellroten Blut,
Um nachher die ganze Nacht einsam zu heulen.
Sogar mit einem Hasen wär ich zufrieden,
Süß schmeckt sein warmes Fleisch in der Nacht –
Ach, ist denn alles von mir geschieden,
Was das Leben ein bißchen fröhlicher macht?
An meinem Schwanz ist das Haar schon grau,
Auch kann ich nicht mehr ganz deutlich sehen,
Schon vor Jahren starb meine liebe Frau.
Und nun trab ich und träume von Rehen,
Trabe und träume von Hasen,
Höre den Wind in der Winternacht blasen,
Tränke mit Schnee meine brennende Kehle,
Trage dem Teufel zu meine arme Seele.

Kapitel 2
DER ANFANG VOM ENDE

Kapitel 2 a Ich bin nicht abergläubisch.

Trotzdem war es natürlich ein böser kleiner Witz, daß meine Scheidung von Carola ausgerechnet auf einen Freitag, den 13., fiel. Nicht, daß es dieses Fingerzeiges noch bedurft hätte. Spätestens seit meiner Verhaftung und dem darauf folgenden militärischen Geheimprozeß in Ost-Berlin, der nach einer Anzeige Carolas erfolgt war, wußte ich genau, was ich von ihr zu erwarten hatte.Der Prozeß dauerte vom 13. bis zum 16.12.1969, das »Urteil« lautete auf zwölf Jahre Zwangsarbeit, die »Begnadigung« erfolgte noch am Tag der Urteilsverkündung.

Sicher, das Ganze war nur ein Schuß vor den Bug gewesen, eine unmißverständliche Warnung, mit welchen Konsequenzen ich im Falle eines »Verrats« zu rechnen hätte. Aber ich konnte es natürlich nicht auf die leichte Schulter nehmen. Nachdem ich spätestens seit dem Einmarsch der Warschauer-Pakt-Truppen in die CSSR ziemlich desillusioniert war und mich von den Idealen des »realexistierenden Sozialismus« weitestgehend gelöst hatte, war Carolas Anzeige und der darauf folgende Prozeß der sprichwörtliche Tropfen gewesen, der das berühmte Faß zum Überlaufen gebracht hatte.

Daß Carola skrupellos genug war, mich um ihres persönlichen Vorteils willen zu verraten, hatte ich schon lange geahnt; seit dem 13.12.69 hatte ich nun den Beweis. Daß sie sogar bereit war, im wahrsten Sinne des Wortes über Leichen zu gehen – nämlich über meine – um ihre Ziele zu erreichen, sollte ich zwei Monate später erfahren. Auf dem Frankfurter Flughafen versuchte sie, mich quasi coram publico zu erschießen, pikanterweise mit einer Pistole, die sie in Italien auf meinen Namen gekauft hatte.

Der Vorfall klingt haarsträubend, die Idee war aber nicht einmal schlecht. Carolas Taktik war es, einen Akt der Notwehr vorzutäuschen. Wer würde auch glauben, daß eine Frau ihren Ehemann vorsätzlich in der Öffentlichkeit erschießt? Die Pistole war auf meinen Namen registriert. Nach dem erfolgten Mord hätte Carola leicht den Spieß umdrehen und behaupten können, ich hätte versucht, sie zu töten. Ihr wäre es im letzten Augenblick gelungen, mir die Waffe zu entwinden und mich versehentlich oder in Notwehr zu erschießen. Auch ein Motiv hätte sie mir unterschieben können: Nach meinen Schwierigkeiten mit Ost-Berlin und den ersten Verdachtsmomenten, die im Westen gegen mich aufgetaucht waren, hätte ich die Nerven verloren und versucht, meinen gefährlichsten Mitwisser aus dem Weg zu räumen. Zumindest in dem Punkt hatte sie recht: Ich war in diesem Moment mit den Nerven wirklich ziemlich am Ende . . .

Irgendwie muß Carola zu viele Agentenfilme gesehen haben, die nüchterne Realität des Spionagegeschäfts hatte ihr wohl nicht ausgereicht. Oder war es eine typisch weibliche – gefühlsbetonte – Überreaktion gewesen? Ich weiß es bis heute nicht. Ebensowenig weiß ich, ob sie wirklich fest entschlossen war, mich umzubringen. Die Gelegenheit dazu hätte sie gehabt; der Schuß verfehlte mich nur knapp.

Wir saßen in meinem Karmann Ghia auf dem Parkplatz des Frankfurter Flughafens. Es war eine unserer kurzen persönlichen Aussprachen zur »Krisenintervention«, die aus Sicherheitsgründen nicht telefonisch erfolgen konnten. Wie immer seit der Trennung war die Atmosphäre aufs äußerste angespannt. Beide belauerten wir uns, denn nach Carolas Verrat an mir in Ost-Berlin, durch den sie mich hatte beseitigen wollen, war es im wahrsten Sinne des Wortes ein »Kampf auf Leben und Tod«. Ich konnte ihr nicht mehr trauen und war auf alles gefaßt – fast auf alles. Wir litten beide unter den Turbulenzen und Anspannungen der letzten Wochen.

Es war kalt, und es regnete. Unser Atem hatte die Scheiben beschlagen lassen – die Außenwelt war nur noch verschwommen erkennbar. Das Szenario wirkte wie von einem Drehbuchautor mit Sinn für Dramatik entworfen: Wir beide, am Ende unserer Beziehung angelangt, in unserem privaten abgeschotteten Kosmos gefangen. Den Kontakt zur Realität hatten wir uns selbst vernebelt. Die Situation schrie förmlich nach einer Explosion.

»Mach doch mal das Fenster auf«, sagte Carola, *»es macht mich nervös, nichts sehen zu können.«* Ich kurbelte die Seitenscheibe herunter. Als ich mich wieder zu ihr umwandte, blickte ich in die Mündung einer Beretta Automatik. Carola blickte mich mit ihren schönen großen Augen, die ich so sehr liebte, kalt und spöttisch zugleich an. Wie ein Triumphator in der Arena eines tödlichen Zweikampfes, ein Todesengel, bereit zum entscheidenden Siegestoß. Ich starrte sie fassungslos und wie gelähmt an.

»Ich werde dich erschießen«, sagte Carola.

Sie hätte nur noch abzudrücken brauchen, und ich wäre tot gewesen. Aber nein, wie in einem Bühnenstück mußte sie auch ihren Spruch aufsagen, eine Erklärung und Rechtfertigung liefern. Hatte sie im letzten Augenblick Skrupel bekommen? War das makabre Schauspiel lediglich als letzte Warnung gedacht, oder wartete sie nur noch auf den passenden Augenblick? Zum Beispiel auf das Starten eines Flugzeugs, damit der Knall im Lärm der Motoren unterginge. . .

Und tatsächlich startete auch gerade in diesem Augenblick eine Maschine. Die Zeit schien sich endlos auszudehnen, auch wenn in Wirklichkeit nur wenige Sekunden vergingen. Ich fühlte mich wie außerhalb meines

Körpers versetzt. Szenen meines Lebens schossen vor meinem inneren Auge vorbei. Manche gestochen scharf, andere verschwommen und zu schnell, um sie wirklich wahrnehmen zu können, Wichtiges und Belangloses – wirr und planlos durcheinandergemischt.

Irgendwann verschwand die Starre genauso plötzlich, wie sie mich überfallen hatte. Carola hatte zu lange gezögert, hatte mir Zeit gegeben, wieder zu mir zu kommen. Wenn sie wirklich ernst machen wollte, war jetzt der Moment gekommen. Ich wollte es nicht darauf ankommen lassen.

Sie zielte auf meinen Kopf. Bevor der Lärm seinen Höhepunkt erreicht hatte, duckte ich mich weg. Gleichzeitig griff ich zu, packte ihre Hand mit der Pistole und drehte die Waffe zur Seite. Carola schoß ... tatsächlich. Der Knall ging im Lärm der Flugzeugmotoren unter. Die Kugel schoß harmlos zum offenen Seitenfenster hinaus. Ich entriß ihr die Waffe, stieß Carola zurück und sicherte die Beretta.

Carola hing blaß und wie leblos in ihrem Sitz. Ihre Augen blickten jetzt leer. Spott und Kälte waren aus ihnen gewichen. Vielleicht erwartete sie, daß ich nun den Spieß umdrehen würde, aber der Gedanke kam mir gar nicht. Wenn überhaupt, empfand ich in diesem Augenblick nur Mitleid mit ihr. Aber vorerst hatte ich genug damit zu tun, meine Beherrschung wiederzugewinnen.

Ich atmete erst einmal tief durch, versuchte meine Gedanken zu ordnen und überlegte, wie ich mich jetzt verhalten sollte. Niemand hatte etwas von dem Vorfall mitbekommen, und Carola – jetzt unbewaffnet – stellte im Augenblick keine unmittelbare Gefahr mehr dar.

Ein Mensch mit normaler bürgerlicher Existenz hätte zur Polizei gehen und Anzeige erstatten können. Allerdings führte ich schon seit längerem kein normal bürgerliches Leben mehr. Eine Anzeige gegen Carola – bei der Aussage gegen Aussage stand – hätte unweigerlich eine Anzeige gegen mich nach sich gezogen. Wir hatten uns gegenseitig in eine Sackgasse manövriert, uns voneinander abhängig gemacht. Da Carola weniger zu befürchten hatte, konnte sie ihre Trümpfe ausspielen. Sie hatte mich in der Hand, und sie nutzte ihre Chance.

Meinen Vorschlag, uns gemeinsam den bundesdeutschen Behörden zu offenbaren, hatte sie zurückgewiesen. Sicher, sie mußte befürchten, durch ihre Verstrickung in geheimdienstliche Tätigkeiten selbst belangt zu werden. Doch der Grund für ihre Weigerung bestand wohl in erster Linie darin, daß sie dadurch ein Druckmittel gegen mich aus der Hand gegeben hätte. Ein Druckmittel, von dem sie regelmäßig Gebrauch gemacht hatte, seit unsere Ehe im November in eine Krise geraten war.

Im Grunde genommen war ich schon seit diesem Zeitpunkt geheimdienstlich erledigt. Carola stellte nicht nur eine Gefahr für mich persönlich dar. Auch aus der Sicht Ost-Berlins wurde sie untragbar. Man riet mir, mich von ihr scheiden zu lassen. Man würde sich um alles kümmern, versprach man mir, würde die finanziellen Probleme regeln. Denn Carola hatte keine einvernehmliche Trennung im Sinn. Sie wollte an sich bringen, was sie in die Hände bekommen konnte. *»Sie können sich auf uns verlassen!«*, hatte Ost-Berlin mir versichert, und ich hatte mich auch eine Zeitlang darauf verlassen. Schließlich hatte Ost-Berlin ein Interesse an meiner Mitarbeit. Man würde mich also schützen – dachte ich.

Ich hätte auf Markus Wolf hören sollen. *»Mach deinen Frieden mit deinem Land!«* hatte er mir noch im Dezember 1969 geraten, als er mir die Begnadigungsurkunde – unterschrieben von Walter Ulbricht – ausgehändigt hatte.

Kapitel 2 b Die Scheidung

Am 13. März 1970 wurden wir geschieden. Der Scheidungsverhandlung waren verschiedene Besprechungen mit den Anwälten Hans-Peter Grimke auf Carolas Seite und Dr. Wilhelm Helms, meinem Klassenkameraden, auf meiner Seite vorausgegangen. Immer wieder hatte Carola erpresserische Machenschaften zu ihrer persönlichen Bereicherung angewendet. Gleich nach unserer Trennung im November 1969 hatte sie damit begonnen, einen sorgfältig ausgearbeiteten Plan für das Abräumen unserer Konten und das Ausräumen unserer beiden Wohnungen durchzuführen.

Da sie für einen Großteil der Konten, es waren etwa fünfundzwanzig, eine Vollmacht besaß, bereitete ihr das keinerlei Probleme. Sie unternahm einfach eine Rundreise und stattete den verschiedenen Banken in Würzburg, Tauberbischofsheim, Hannover und Berlin, bei denen wir Konten unterhielten, einen Besuch ab und hob das gesamte Geld ab. Dabei kamen rund 50 000 DM zusammen. Gleichzeitig hatte sie veranlaßt, daß mich während der nächsten zwei Wochen keine Nachricht erreichen würde. Ihr zweiter Streich gelang genauso problemlos. Während ich auf einer Tagung in München weilte, räumte sie die Wohnung in Hannover aus. Kaum daß ich nach Hannover zurückgekehrt war, hatte sie bereits die Wohnung in Würzburg geplündert. Alles, was wichtig und wertvoll war, nahm sie mit. Zum Glück besaß ich noch ein paar Konten, für die sie keine Vollmacht hatte. So blieben mir wenigstens ein paar tausend Mark als Notgroschen, um gerade noch meine täglichen Ausgaben bestreiten zu können. Trotzdem war ich finanziell so gut wie ruiniert.

Dann startete sie ihr Unternehmen *»Ab nach Sibirien«* oder *»Reise ohne Wiederkehr«*: den Versuch, mich in eine Situation hineinzumanövrieren, die mir eine Rückkehr aus Ost-Berlin unmöglich machte. Sie fuhr nach Ost-Berlin und packte aus. Dabei waren ihr hauptsächlich Detailkenntnisse aus meinem Freundeskreis hilfreich, von denen sie wußte, daß ich sie sorgfältig vor meinen Kontaktleuten geheimgehalten hatte.

Es war ein Prinzip von mir, Menschen, besonders die aus meinem Freundeskreis, nicht zu gefährden und sie nicht in mein nachrichtendienstliches »Spiel« einzubeziehen. Bestimmt hätte man in Ost-Berlin ein großes Interesse an Informationen über Philipp Jenninger, Professor Arne Steinkamm, Franz Josef Strauß, Prof. von der Heydte oder andere Persönlichkeiten gehabt, deren Namen ich hier nicht nennen möchte. Aber eine Preisgabe solcher Informationen hätte ich als wirklichen Verrat empfunden, und der kam für mich – was bei meiner »Karriere«die meisten Menschen wahrscheinlich verwundern wird – nicht in Frage.

Auf jeden Fall waren Carola genug Details bekannt, um sich im Osten interessant zu machen. Details, die meine Führungsleute von mir erwartet hätten, die ich ihnen aber aus persönlichen Gründen und wegen meiner allgemeinen Grundeinstellung im ND-Bereich nicht zugänglich gemacht hatte. Ein solches Verhalten mußte man mir unweigerlich als »Verrat« vorwerfen. Carolas Informationen mußten meine Glaubwürdigkeit zwangsläufig so weit untergraben, daß ich die privilegierte Stellung, die ich bisher innegehabt hatte, nicht mehr halten konnte.

Offensichtlich war Carola sehr geschickt vorgegangen, wobei sie auch ihre sexuellen Fähigkeiten eingesetzt hatte. Mehrere meiner Führungsoffiziere, unter anderen Oberst Winter, genannt *»der flotte Otto«*, weil er ein bemerkenswertes Faible für das schöne Geschlecht hatte, waren von Anfang an scharf auf Carola. Schließlich war sie eine Frau, die jeden Mann zur sexuellen Neugier reizte. Aber was auch immer sie in Ost-Berlin im einzelnen unternommen hatte, sie war damit ziemlich erfolgreich gewesen. Nach ihrem ersten Schritt, dem »Einzug« meines Vermögens, der Vernichtung unseres Haushalts und dem Verschwindenlassen wichtiger Unterlagen – unter anderem meiner halb fertiggestellten Doktorarbeit *»Der verdeckte Kampf im geteilten Deutschland – in militärischer, politischer und rechtlicher Hinsicht«* hatte sie mit ihrem zweiten Schritt auch meine Tätigkeit als Agent praktisch zunichte gemacht. Ihr dritter Schritt, meine physische Vernichtung, war ihr zwar nicht gelungen, aber ihr blieb noch eine andere Möglichkeit: die Vernichtung meiner bürgerlichen Existenz.

Seit unserer Trennung im November 1969 hatte unsere Ehe nur noch auf dem Papier fortbestanden. Jeder Richter, der die Hintergründe kannte, hätte uns auf der Stelle geschieden. So aber wurde unsere Scheidung zur Farce: Niemand durfte von unseren nachrichtendienstlichen Verstrickungen erfahren. Oftmals mußte ich Carola während der Gespräche mit unseren Anwälten bremsen, damit sie im Überschwang der Gefühle keine uns gefährdenden Informationen preisgab. Das verzögerte unsere Scheidung so, daß wir erst Mitte März einen gemeinsamen Termin bekamen. Ich war bereit, die Schuld auf mich zu nehmen. Auch alles andere hatten wir zum Glück einvernehmlich regeln können. Doch beim Scheidungstermin, am 13. März 1970, ergab sich schließlich das Problem, überhaupt einen akzeptablen Scheidungsgrund zu finden.

Ich war nicht bereit, zu viele Details aus meinem Intimleben auszuplaudern. Schließlich einigten wir uns unterhalb der Anwaltsebene darauf, daß ich einen Zungenkuß mit Ingrid Scherer auf dem Flughafen als Scheidungsgrund angeben würde. So kam es auch. In der Hauptverhandlung fragte der Richter verzweifelt: »*Was können wir denn als Scheidungsgrund annehmen?*« Darauf schilderte ich ihm meinen Zungenkußgeschichte auf dem Flughafen. Der Richter lächelte gequält und fragte: »*Ja, wie können wir das denn irgendwie glaubhaft machen?*«

Daraufhin sah ich in meinem tagebuchähnlichen Taschenkalender nach und fand für den betreffenden Tag tatsächlich die Eintragung: *Ingrid Scherer, Zungenkuß.* Dies übergab mein Anwalt Wilhelm Helms strahlend dem Richter, der sich befriedigt lächelnd zurücklehnte und sagte: »*Das reicht!*« Wie gesagt, eine reine Farce. So wurden Carola und ich geschieden.

Kapitel 2 c Verrat Carolas (1969/1970)

Danach verlor Carola keine Zeit mehr. Bereits kurze Zeit nach der Scheidung wurde sie bei der Kripo in Weinheim vorstellig und zeigte mich wegen geheimdienstlicher Tätigkeit für das andere Deutschland an. Ironie des Schicksals: Ausgerechnet ihr, die die größte Gefahr für mich darstellte, schenkte man zunächst keinen Glauben. Man hielt ihre Anschuldigungen vorerst für die Rachegelüste einer geschiedenen Frau. Natürlich konnte es Carola nicht lassen, mich über die Anzeige zu informieren. Vielleicht hätte ich mich spätestens jetzt ins Ausland absetzen sollen. Denn von nun an mußte ich täglich mit meiner Verhaftung rechnen. Aber noch war ich nur dazu bereit, eine gemeinsame »*Offenbarung*« zu erzwingen.

Es schien mir die richtige Zeit zu sein, aus dem ND-Bereich als Doppelagent auszusteigen. Aber nur zusammen mit Carola. Denn solange sie außen vor blieb, hätte sie weiterhin die Möglichkeit gehabt, mich zu erpressen, und eine permanente Gefahr für mich dargestellt. Es wurde einfach zu gefährlich. Und durch die Große Koalition in Bonn waren die Weichen zum Ausstieg aus dem Kalten Krieg gestellt. Damit hatte sich eigentlich der »Auftrag« erledigt, den ich mir selbst gegeben hatte: als Vermittler und Bindeglied zwischen den Blöcken tätig zu sein. Zumindest aber war die Politik auf dem richtigen Weg zur Aussöhnung zwischen Ost und West. Die Möglichkeit einer Wiedervereinigung, wenn auch noch in weiter Ferne, schien in Sicht.

Doch Carola ließ nicht locker. Nachdem sie mehrfach vergeblich vorstellig geworden war, entschloß sie sich, den Kripobeamten einen Beweis für ihre Anschuldigungen zu liefern: ein aufschraubbares Fünfmarkstück, einen sogenannten »Flachmann«, wie er ausschließlich in Geheimdienstkreisen verwendet wurde. Damit setzte sich Carola selbst der Gefahr aus, in die Affäre verwickelt zu werden – zumal das Fünfmarkstück ihr persönlicher und nicht mein Nachrichtencontainer war, was sie natürlich bestritt – aber der Preis, mich endgültig aus dem Weg zu räumen, war ihr das Risiko wert.

Nun kam die Lawine endgültig ins Rollen. Natürlich hatte ich mir bereits überlegt, mich ins Ausland abzusetzen – und zwar in die Schweiz oder nach Österreich, hatte die Entscheidung aber immer wieder aufgeschoben. Vielleicht hatte ich die Schnauze so voll von allem, daß ich unbewußt bereit war, mich verhaften zu lassen. Möglicherweise gab ich mich auch der irrigen Hoffnung hin, mich irgendwie relativ schadlos aus der Affäre herauswinden oder mich mit den Behörden arrangieren zu können. Schließlich hatte ich auch genug Informationen über die Gegenseite gesammelt. Einen Fluchtweg hatte ich mir trotzdem offengehalten. Ich wollte – zumindest vorübergehend – mit meiner Freundin Ingrid Scherer in die Schweiz gehen.

Als Ingrid am 25. März mit dem Flugzeug von Berlin in Frankfurt eintraf, wollten wir eigentlich gleich mit dem Auto in die Schweiz weiterfahren. Aber manchmal haben Kleinigkeiten große Auswirkungen: Ingrid hatte hohes Fieber, und ich wollte ihr die Strapazen der Reise in diesem Zustand nicht zumuten. Ich lieferte sie bei ihren Eltern in Würzburg ab und fuhr nach Hause zurück, wo ich noch einmal eine Nacht über alles schlafen wollte. Es sollte für längere Zeit meine letzte Nacht in Freiheit bleiben...

Am Morgen des 26. März 1970, am Gründonnerstag, schnappte die Falle zu. Daß meine Verhaftung drohte, hatte ich ahnen können; daß sie an diesem Tag erfolgen sollte, wurde mir rund zwei Stunden, bevor sechs bis acht Kripobeamte meine Wohnung betraten, klar. Sie waren mir vom Balkon meiner Wohnung aus aufgefallen. Ein paar Männer, die sich auffällig unauffällig in der Straße und auf den benachbarten Grundstücken herumtrieben.

In einem Agentenfilm hätte der Agent jetzt vermutlich eine waghalsige Flucht über Dächer oder Geheimgänge angetreten. Die Realität jedoch ist weitaus prosaischer. Anstatt zu fliehen, stellte ich eine Flasche Kognak und mehrere Gläser bereit. Als an meiner Tür geklingelt wurde, öffnete ich sofort und bat die Kripoleute höflich in die Wohnung.

Noch wußte ich nicht, was man konkret gegen mich in der Hand hatte. Wie sich später herausstellte, hatte man tatsächlich nichts, außer den Aussagen meiner geschiedenen Frau und dem aufschraubbaren Fünfmarkstück, das sie mir unterschieben wollten – ziemlich plump und hilflos. *»Wollen Sie mich wegen geheimdienstlicher Aktivitäten verhaften?«* erkundigte ich mich.

Der Wortführer der Beamten schien erstaunt. *»Ja«,* bestätigte er.

»Haben Sie einen Haftbefehl gegen mich?« wollte ich weiter wissen.

Hatte man nicht! Trotzdem gab ich mich, unverbindlich höflich. Die Kripoleute, erst mal vier an der Zahl – die übrigen drei oder vier hielten sich im Hintergrund waren erheblich aufgeregter und nervöser als ich. Sie wirkten unsicher und etwas linkisch. Dagegen war ich innerlich ganz ruhig, wie meist in solchen Situationen – weil meine größte Stärke die Improvisation ist. Je kritischer die Situation sich darstellt, desto ruhiger werde ich. Notfalls versetze ich mich außerhalb meines Körpers, bildlich gesprochen in erhöhte Position, um mich selbst beim Verhandeln oder bei der Unterhaltung zu beobachten. So war es auch diesmal, und ich konnte die Vorgänge einigermaßen steuern. Ich sagte: *»Kommen Sie doch erst einmal rein und beruhigen Sie sich. Ich habe den Kognak schon bereitgestellt.«*

Ohne eine Antwort abzuwarten, ging ich zum Couchtisch und goß Kognak in die bereitgestellten Gläser. Die Beamten standen zum Teil noch verdattert an der Tür und blickten sich unsicher an, als wüßten sie nicht, ob sie die von mir angebotenen Gläser annehmen sollten. Vermuteten sie vielleicht, der Kognak sei vergiftet?

Ich nahm wahllos eins der Gläser vom Tablett, das ich in der Hand hielt, und nahm selbst einen Schluck. Daraufhin ergriffen auch die Kripoleute die angebotenen Gläser und nippten daran. Schließlich setzten wir uns auf die Couch beziehungsweise in die um den Tisch stehenden Sessel und versuchten uns gegenseitig zu beruhigen.

Während die anderen Kripoleute mit einer oberflächlichen Sichtung meiner Wohnung begannen, fragte mich ihr Wortführer: *»Haben Sie denn für einen Geheimdienst gearbeitet?«*

»Natürlich«, gab ich mit größter Selbstverständlichkeit zu.

Der Kripomann wirkte verblüfft. Er hatte wohl kaum damit gerechnet, daß ich sofort – unter Zeugen und ohne Beisein eines Rechtanwalts – ein Geständnis ablegen würde.

»Für welchen?« hakte er sofort nach.

»Für verschiedene«, antwortete ich bereitwillig.

»Na, dann werden Sie doch mal konkret!«

»Zum Beispiel für den chinesischen«, behauptete ich. Mit dieser Auskunft hatte der Beamte offensichtlich nicht gerechnet. Seine Verunsicherung war unübersehbar. Auf sein Drängen »offenbarte« ich ihm noch meine Kontakte zur CIA, dem Mossad, zu der Securité und anderen westlichen Geheimdiensten. Die Frage, ob ich auch für einen östlichen Nachrichtendienst tätig gewesen sei, verneinte ich mit Nachdruck.

Ich quatschte ihn dusselig. Es erschien mir angebrachter, ihm eine Fülle unhaltbarer und teilweise widersprüchlicher Informationen zu liefern, als einfach nichts zu sagen. Ich hatte schon immer Probleme damit, den Mund zu halten. Diese Taktik wandte ich auch konsequent in den nachfolgenden Ermittlungen und dem späteren Prozeß an. Ich erzählte den Leuten genau das, was sie hören wollten, lieferte ihnen eine breite Fülle von Informationen, die schließlich in meinem falschen Geständnis gipfelten, mit denen die Ermittler mir nichts nachweisen konnten.

Dumm waren die Kripoleute natürlich auch nicht: Sie merkten schnell, daß ich sie an der Nase herumführte. Immer wieder versuchten sie, mir das Fünfmarkstück von Carola unterzuschieben, indem sie verdeckt oder in Andeutungen auf solche oder ähnliche Gegenstände zu sprechen kamen. Offensichtlich hofften sie, mich in Widersprüche verwickeln zu können. Da sie nach alter Verhörmethode zu dritt oder viert fragten und bei meinen Antworten intervenierten, mußte ich mich schon mächtig zusammennehmen, um nicht auf eine ihrer Fangfragen hereinzufallen.

Nach mehreren Stunden Verhör verfrachteten sie mich in einen Wagen, brachten mich nach Würzburg-Zell zur Kripo und am nächsten Tag nach Karlsruhe. Von diesem Zeitpunkt an, bis zu meiner ersten Haftverschonung am 22. November 1971, sollte ich Gefangener der bundesdeutschen Justiz bleiben, ohne daß eine Anklage gegen mich erhoben wurde.

Da ich mit der Verhaftung hatte rechnen müssen, hatte ich kurz zuvor über einen Freund und Studienkollegen, den Rechtsanwalt Martin Klembt aus Würzburg, dafür gesorgt, daß der Vorgang durch die Presse in die Öffentlichkeit kam. Bereits am ersten Dienstag nach den Osterfeiertagen machte die BILD-Zeitung mit einem Bericht über meine Verhaftung auf. Die Herstellung der Öffentlichkeit war für mich unter diesen Umständen unverzichtbar, um weiteren Schaden in meinem nachrichtendienstlichen Umfeld zu vermeiden. Noch heute weiß niemand außer mir und drei oder vier Menschen auf der Welt, wieviel Schaden hätte angerichtet werden können, oder anders ausgedrückt, wieviel ND-Nutzen den Organen der BRD entgangen ist, bloß weil man damals auf mein Angebot zu einem ND-Geschäft auf Gegenseitigkeit nicht eingegangen ist.

Ermittlungen wegen nachrichtendienstlicher Tätigkeit für eine fremde Macht würden möglichst geheim geführt werden. Ich mußte alles daransetzen, daß diese Vorgänge zumindest nicht völlig geheim blieben.

***

Du kannst dir nicht ein Leben lang
die Türen alle offen halten,
um keine Chance zu verpassen.
Auch wer durch keine Türe geht
und keinen Schritt nach vorne tut,
dem fallen Jahr für Jahr
die Türen eine nach der andern zu.
Wer selber leben will, der muß entscheiden:
Ja oder Nein –
im Großen und im Kleinen.
Wer sich entscheidet, wertet, wählt,
und das bedeutet auch: Verzicht.
Denn jede Tür, durch die er geht,
verschließt ihm viele andere.
Man darf nicht mogeln und so tun,
als könne man beweisen,
was hinter jener Tür geschehen wird,
Ein jedes Ja
– auch überdacht, geprüft –
ist zugleich Wagnis
und verlangt ein Ziel.
Das aber ist die erste aller Fragen:
Wie heißt das Ziel,
an dem ich messe Ja und Nein?
Und: Wofür will ich leben?

Paul Roth

Kapitel 2 d Verhaftung und Anzeige in der BRD

Die Behandlung durch die Beamten bei meiner Verhaftung in der Wohnung Gerbrunn, Sieboldshöhe Nr. 10, war zwar durchaus korrekt und höflich, aber insgesamt unsicher und plump gewesen. Sie hatten immer wieder gezielt nach dem von Carola abgegebenen Fünfmarkstück gefragt, das aufschraubbar war und als Container für Mikrate diente und das sie mir immer wieder hatten unterschieben wollen.

Als sie mich später in die Polizeihaftstation Würzburg-Zell gebracht hatten, wurde es weniger höflich, mehr bürokratisch-formell. Ich mußte die gesamte Prozedur des persönlichen Erkennungsdienstes über mich ergehen lassen. Zuerst durfte ich »Klavier spielen«, das heißt, man nahm mir die Fingerabdrücke ab. Danach wurde ich von allen Seiten fotografiert, später nahm man mir die Schnürsenkel, den Schlips und den Gürtel weg, um zu verhindern, daß ich in der Zelle Selbstmord begehen könnte.

Meine Bitten um Hinzuziehung eines Anwalts und die Benachrichtigung meiner Familie wurden mit Ausreden abgeblockt und später ganz knallhart mit Hinweis auf ermittlungstechnische Gründe abgelehnt. Damit begann schon die Kette der nicht mehr rechtsstaatlichen Eingriffe und Aktionen in meinem Fall. Es sollten noch viele weitere folgen.

Trotz massiver Proteste mußte ich also auf den Beistand eines Anwalts und die Benachrichtigung meiner Familie verzichten, lediglich mein Essenswunsch wurde erfüllt. Ich konnte mir auf eigene Kosten eine *bayerische Schlachteplatte mit Kraut* bestellen, durfte jedoch kein Bier dazu trinken, was mich sehr verdroß. Etwa gegen elf Uhr wurde ich in meine Zelle geführt, wo ich erst einmal versuchte, meine Gedanken zu ordnen und die Ereignisse des Tages Revue passieren zu lassen. Nun war es also soweit. Der schwierigste Teil meines Lebens und Überlebens hatte begonnen. Carola hatte also ernst gemacht und war vor einem endgültigen Verrat nicht zurückgeschreckt. Auch Josi hatte mich nicht rechtzeitig gewarnt, obwohl sie – wie sich später herausstellte – nach einem Treffen mit Carola in München-Schwabing über deren Absicht, mich anzuzeigen, ganz klar Bescheid wußte. Es wirkte sich fatal für mich aus, daß Frauen meistens emotional und aus dem Bauch heraus handeln, schwer berechenbar sind und die sogenannte weibliche Logik wenig mit einer sogenannten kausalen und analytischen männlichen Logik zu tun hat. Frauen handeln eben oft irrational. Das macht bisweilen ihre Gefählichkeit und – so albern es auch klingen mag – ihre Stärke aus. Sie sind oft überlebensfähiger als Männer, weil sie rücksichtslos vorgehen.

Nach etwa zwei Stunden Grübeln, einigen Yogaübungen und gezieltem autogenen Training beschloß ich, mich durch ruhigen Schlaf auf den nächsten Tag gut vorzubereiten.

Morgens um fünf wurde ich geweckt. Ich konnte mir notdürftig die Zähne putzen, an Waschen und Rasieren war nicht zu denken. Man gab mir Schnürsenkel, Schlips und Gürtel zurück, und gegen halb sieben Uhr bekam ich ein kärgliches Frühstück.

Kurz vor sieben Uhr ging es ab nach Karlsruhe. Die Fahrt im Auto durch das fränkische Land genoß ich, so gut ich konnte. Die lieblichen Täler und Hügel lagen im hellen Sonnenschein, und der Frühling kündigte sich durch Knospen und Blüten an.

Während der Fahrt drehte sich das Gespräch mit dem Hauptkommissar aus Stuttgart um belanglose Dinge, denn er hatte offensichtlich gemerkt, daß ich nicht gewillt war, mich konkret auf nachrichtendienstliche Vorgänge einzulassen. Auch die Hoffnung auf ein Geständnis hatte er wohl aufgegeben. Ich dachte an Simmels Thomas Lieven aus: *»Es muß nicht immer Kaviar sein«* – mein unfreiwilliges Vorbild – und ahnte, was mir bevorstand: justizielle Bürokratie, formale Sturheit, Engstirnigkeit und Dummheit. Und so kam es dann auch.

***

Ich weinte,
weil ich keine
Schuhe hatte,

bis ich einen
Mann traf,
der keine Füße
hatte.

Helen Keller

Heute ist der Tag,
den der Herr gemacht hat,
heute ist der Tag, der morgen zählt.
Heute ist der Tag,
den keiner mir streitet,
heute ist der Tag: Ich nehme ihn an!
Heute, nicht gestern, heute,
nicht morgen, heute ist mein Tag.
Heute, nicht gestern. Heute.
Nicht morgen.
Heute ist mein Tag!

Wer morgen erst gut wird,
ist heute noch böse.
Wer morgen erst Frieden macht,
lebt heute noch im Krieg.
Wer morgen erst satt macht,
kann heute nicht im Recht sein.
Wer morgen erst anfängt,
zählt heute nicht mit.

Was gestern ein Schuft war,
kann heute sich ändern.
Wer gestern versagt hat,
kann heute was tun.
Wer gestern geschwiegen,
schreit heut von den Dächern.
Wer gestern schon tot war,
lebt heut' durch sein Wort.

Kurtmartin Margiera

Kapitel 2 e Karlsruhe (Buback, Buddenberg)

In Karlsruhe beim Bundesgerichtshof erwartete uns emsige Geschäftigkeit und improvisierende Hilflosigkeit. Man appellierte an mein Gewissen und meine Ehre und forderte mich zu einem umfassenden Geständnis auf. Zunächst aber mußte ich warten, hier eine Stunde, dort eine Stunde, in einem weiteren Raum eine Stunde, und erst am frühen Nachmittag wurde ich einem Oberstaatsanwalt Buback, dem späteren Generalbundesanwalt, der von der RAF ermordet wurde, vorgeführt. Mein massives Drängen auf die Hinzuziehung eines Anwalts wurde wiederum mit fadenscheinigen Argumenten abgelehnt. Offensichtlich versuchte man mich weichzukochen. Als später der Ermittlungsrichter des Bundesgerichtshofes, Buddenberg, hinzukam und sie mir wieder nur das dumme Fünfmarkstück unterschieben wollten und mir vorhielten, einen hohen Dienstgrad der NVA zu bekleiden, versuchte ich mit den Herren Buback und Buddenberg sachlich zu verhandeln.

»Wenn ich schon ein hoher Offizier der NVA sein soll«, sagte ich, *»und hochkarätig nachrichtendienstlich verstrickt, wie Sie immer behaupten, dann sollten wir doch ein gegenseitiges nachrichtendienstliches Geschäft in Erwägung ziehen. Lassen Sie uns darüber reden.«*

Daraufhin spiegelte sich in den Gesichtern meiner Gesprächspartner Rat- und Hilflosigkeit wider. Ich versuchte mehrfach, in dieser Richtung zu intervenieren, stieß aber auf Unverständnis und Engstirnigkeit. Ich appellierte an ihre vaterländische Pflicht, *»Schaden vom Deutschen Volk abzuwenden«*.

Nachdem sie sich mehrfach flüsternd beraten hatten, fragte mich Buback – er schien fast peinlich berührt und irritiert: *«Was verstehen Sie denn unter einem nachrichtendienstlichen Geschäft?«*

Erstaunt mußte ich feststellen, daß er die Frage ernst gemeint hatte. Mit was für Leuten hatte ich es hier eigentlich zu tun? Waren sie wirklich so harmlos und unwissend, wie sie sich gaben?

Nun – es war Karfreitag 1970, und wer machte schon an diesem hohe Feiertag der Christenheit gerne Dienst? Es war bestimmt nicht die erste Garnitur, die man mir hier vorgesetzt hatte. Dennoch hätte ich an dieser Stelle und auf diesem Gebiet mit mehr Flexibilität und Intuition gerechnet.

Im Staatsschutz gilt das Opportunitätsprinzip. Mir war auch klar, wenn es erst einmal zu einem formalen Verfahren käme, würde ich monate- wenn nicht jahrelang schmoren, und das Ganze würde ausgehen wie das Hornberger Schießen. Auf der Strecke würde dabei allerdings nur einer bleiben, und das wäre ich.

Spionageprozesse haben ihre eigene Gesetzmäßigkeit und besondere Bedingungen. In jedem Land der Erde ist ein Spionageprozeß ein parteiliches und kein faires Justizverfahren. Der Staat ist Partei und fühlt sich in seinem Innersten getroffen und verletzt. Je größer der Spion, desto mehr wird er verteufelt. Er ist der gefallene Engel, eben Beelzebub. Und so gleichen auch sämtliche Spionageprozesse in allen Staaten der Erde eher Hexenprozessen und werden weitgehend inquisitorisch geführt. Sofern der Angeklagte nicht voll geständig ist und von sich aus zur Aufklärung beiträgt, wird er als verstockter Landesverräter gewertet und hat als Staatsfeind keine Gnade zu erwarten. Je verletzlicher und angreifbarer das Regime, desto drakonischer die Strafen.

Aber auch in einem Rechtsstaat wie dem unseren wurde mit erheblicher Willkür und Ungerechtigkeit vorgegangen. Dies sollte ich in den nächsten Wochen und Monaten noch am eigenen Leib zu spüren bekommen. Mir war klar, in diesen Stunden würde sich mein Leben entscheiden, und ich konnte an der Engstirnigkeit dieser beiden Männer erkennen, daß ich nichts Gutes zu erwarten hatte.

Auf einmal fiel mir ein, daß sich Jesus Christus vor beinahe 2000 Jahren ähnlich gefühlt haben mußte, als er vor Pontius Pilatus gestanden und gefragt hatte: »*Was ist Gerechtigkeit? Was ist Wahrheit? Wieso wollt ihr richten über mich?*«

Heute war Karfreitag, und als die beiden nach längerem Hin und Her nicht in der Lage waren, mein Angebot eines nachrichtendienstlichen Geschäfts zu begreifen oder darauf einzugehen, was in diesem Fall einen großen Vorteil für die Sicherheit der Bundesrepublik Deutschland bedeutet hätte, kam ich letztlich auf den Gedanken dieses Karfreitags zurück. Vorher hatte ich den Herren Buback und Buddenberg noch ein Angebot unterbreitet und gesagt: »*Sie dürfen mich nicht festhalten. Sie können mich allerdings rund um die Uhr mit zwanzig Mann überwachen lassen. Nur dann werde ich mich auch rückhaltlos offenbaren. Denn ich war gewarnt und hätte sowieso mit allem Schluß gemacht oder fliehen können, wenn ich nachrichtendienstlich so tief verstrickt wäre, wie Sie behaupten. Es kann also für die Bundesrepublik nur von Vorteil sein, wenn Sie auf dieses Anerbieten eingehen. Tun Sie dies nicht, so laden Sie schwere Schuld auf sich.*«

Wieder spiegelten sich Ratlosigkeit und Unverständnis in den Gesichtern meiner Gesprächspartner. Nach einigem Tuscheln versuchten sie es dann wieder mit einer brutaleren Gangart, indem sie mir ausmalten, welch schlimme Folgen mein Verhalten für mich habe, wenn ich nicht zugäbe, Agent zu sein. Die Vernichtung meiner Existenz und der meines gesamten Bekannten- und Freundeskreises stellten sie mir in Aussicht. Sie drohten und nötigten mit jeder nur erdenklichen Möglichkeit.

Schließlich verkündete Herr Buddenberg den Haftbefehl und verlangte von mir, die Unterschrift unter das in der Zwischenzeit erstellte Protokoll zu leisten.

Ich protestierte nochmals mit Nachdruck gegen sämtliche Vorwürfe und vor allem auch gegen die wenig rechtsstaatliche Behandlung, so zum Beispiel gegen die hartnäckige Weigerung, einen Anwalt hinzuzuziehen. Ich weigerte mich zu unterschreiben und fragte statt dessen: *»Wissen Sie, was heute für ein Feiertag ist?«*

Unwirsch entgegnete Buback: *»Lenken Sie nicht von der Sache ab. Was hat das damit zu tun?!«*

»Welche Konfession hat Richter Buddenberg?« fragte ich zurück.

»Das hat nichts mit der Sache zu tun!« erwiderte Richter Buddenberg daraufhin ungehalten, *»Lenken Sie hier nicht ab.«*

»Das hat sehr wohl etwas mit der Sache zu tun«, widersprach ich, *»denn für die Frage Ihrer Befangenheit am heutigen Tage spielt Ihre Konfession eine große Rolle, und ich muß auf der Beantwortung dieser Frage bestehen.«*

Sehr ungehalten und unwirsch beratschlagten sie sich wiederum, und dann antwortete Buback: *»Herr Buddenberg ist Christ und gottgläubig, die Konfession spielt hierbei keine Rolle.«*

»Ich mache Sie darauf aufmerksam«, sagte ich, *»daß man vor 2000 Jahren schon einmal einen Menschen an einem solchen Tag, am Karfreitag, ungerecht verurteilt hat. Auch damals ist bitteres Unrecht geschehen, das dürfte Ihnen wohl bekannt sein. Genauso stehe ich in der Nachfolge dieses Mannes heute vor Ihnen. Sie werfen mir alles mögliche vor, haben aber keine Beweise für meine Schuld, und in Wirklichkeit stehe ich schuldlos vor Ihnen. Wenn überhaupt, dann habe ich nur dem Frieden gedient, dem Frieden in der Welt, der für mich das höchste aller Rechtsgüter ist. Und so warne ich Sie: Wie über meinen Bruder Jesus Christus brechen Sie heute über mich den Stab und leiten mein Martyrium ein. Nehmen Sie sich in acht und versündigen Sie sich nicht an Ihrem Glauben.«*

Beide gaben ihrer Empörung lautstark Ausdruck und sagten sinngemäß: »Das ist Gotteslästerung, reine Blasphemie, eine Unverschämtheit!«

Daraufhin entgegnete ich ganz ruhig: *»Wegen Gotteslästerung kann ich den Haftbefehl anerkennen, aber alle anderen Vorwürfe weise ich weit von mir. Schon immer kämpften gegen Dummheit selbst die Götter vergebens, und die Kurzsichtigkeit der Justiz ist ja sprichwörtlich. Justitia ist nicht bloß kurzsichtig, sondern bekanntermaßen oft blind und stiftet großen Schaden mit ihrer Binde vor den Augen. Ich beantrage daher meine umgehende Haftentlassung!«*

Die Herren Buback und Buddenberg schürzten ihre Roben und verließen heftig gestikulierend und laut schimpfend den Saal. Nachdem ich eine halbe Stunde lang gewartet hatte, wurde der Haftbefehl erneut verkündet.

Wieder protestierte ich nachhaltig, was mein Gegenüber aber kalt ließ. Wieder wurde mein Ersuchen, einen Anwalt hinzuzuziehen, rigoros zurückgewiesen. Da das Osterwochenende bevorstand, konnte ich mir ausrechnen, daß ich bis Dienstag nach Ostern kaum Gelegenheit bekommen würde, mein verfassungsmäßiges Recht, jederzeit einen Anwalt meines Vertrauens zur Verteidigung hinzuzuziehen, in Anspruch zu nehmen.

Höflich, aber bestimmt wurde ich nach Karlsruhe-Durlach transportiert zu einem mitten im Vorstädtchen gelegenen uralten Gefängnis mit drei Meter dicken Mauern, wenigen Zellen für auserlesene Staatsschutzgefangene und einigen wenigen Häftlingen als Kalfaktoren. Zum Glück war der dortige Anstaltsleiter ein warmherziger Schwabe Ende fünfzig und mit dem freundlichpatriarchalischen Gehabe eines treusorgenden Jugendherbergsvaters. Er redete väterlich und begütigend auf mich ein und versprach, in den nächsten Tagen einen Anwalt besorgen zu wollen. Trotzdem war die Zelle ein ziemlicher Schock für mich, die Einrichtung mehr als kärglich, geradezu romanhaft klassisch: ein schlichtes Bettgestell mit Strohsackmatratze, ein kleines Waschbecken und ein Klo. Es war der 27. März, und von draußen roch man bereits den Frühling, trotzdem war es bitter kalt.

Ich fror und konnte stundenlang nicht einschlafen. Unablässig gingen mir die letzten vierundzwanzig Stunden mit ihren Ereignissen durch den Kopf. Ich bereute es nunmehr bitter, meiner inneren Stimme nicht gefolgt und nicht ohne Ingrid in die Schweiz gefahren zu sein.

Mir war klar, daß sich die Dinge zuspitzten und eine Eigendynamik entwickelten, die sich meiner Kontrolle gänzlich entzog. Der enttarnte und erst recht der gefangene Agent ist eigentlich ein toter Agent. Außerdem stellt er eine Gefahr für seine nächste Umgebung und insbesondere für seine direkten nachrichtendienstlichen Kontaktleute dar. Dies sollte ich in den nächsten Tagen und Wochen zu spüren zu bekommen. Ich hatte also mit meiner jahrelangen Vermutung recht behalten, daß die zahlreichen Zusicherungen von Schutz und Vorsorge für den Kundschafter im »Feindesland« nichts weiter als leere Versprechungen waren, die nur dazu dienten, den Agenten in Sicherheit zu wiegen und bei der Stange zu halten. Schon immer hatte ich den Zusicherungen mißtraut, man werde für meine Sicherheit sorgen. Fast zehn Jahre lang hatte ich mich bemüht, selbst Vorsorge für den Ernstfall zu treffen. Doch nun, da ich in eine schwere Krise geraten und auf Hilfe angewiesen war, blieb sie aus. *Bist du Gottes Sohn, so hilf dir selbst.* Wie Christus am Kreuz, so fühlte auch ich mich jetzt meinen Peinigern ausgeliefert und wußte, daß es ein langer Weg werden und irgendwann auf einem besonderen Golgatha enden würde. Noch war ich entschlossen, abzuwarten und gegebenenfalls zu kämpfen, dennoch wurde mir in jener Nacht bewußt, daß meine bürgerliche Existenz wahrscheinlich endgültig beendet war. Ich hörte die nahe Turmuhr schlagen und rekapitulierte in Gedanken mein bisheriges Leben.

Vieles hatte ich falsch gemacht, vieles gab es zu bereuen. Doch letztlich waren die Entscheidungen, auch die für die nachrichtendienstliche Tätigkeit, für den Dienst am Frieden, an meinem Volk in Ost und West, von großer Verantwortung getragen gewesen. Ich hatte immer an die Wiedervereinigung geglaubt. Mein ganzes Tun, gerade meine Tätigkeit als Doppelagent – als Wanderer zwischen zwei Blöcken, war auf dieses Ziel gerichtet. Die Geschichte geht öfter Umwege, als man glaubt. Und so hoffte ich auf einen guten Ausgang.

Die grundsätzlichen Entscheidungen bereute ich nicht, traurig war nur, wie wenig mir meine engsten Angehörigen und meine zuständigen Kontaktleute in den letzten Wochen und Monaten wirklich geholfen hatten. Letzlich hatten mich alle im Stich gelassen und verraten. Man liebt den Verrat, aber man verachtet den Verräter.

Und wiederum schmerzte es ganz besonders, daß mich meine eigene Frau verraten hatte. Dummerweise hatte ich noch bis zuletzt Zweifel an ihrer Skrupellosigkeit gehabt und auf ein Wunder gehofft. Wunder geschehen immer wieder, man muß sie nur sehen (Katja Ebstein). Man soll ja nie die Hoffnung aufgeben. Noch mehrfach drang das Schlagen der Turmuhr in meine Zelle, und morgens gegen drei Uhr hörte ich auf zu grübeln und schlief vor Erschöpfung ein.

Gegen halb sechs wurde ich bereits wieder durch das Klappern von Blechschüsseln, das Rasseln von Schlüsseln und laute Schritte geweckt. Schlaftrunken tappte ich zum Klo, in dem mich eine große, fette Kakerlake begrüßte. Mich ekelte. Würde so meine nächste Zukunft aussehen? Wie sollte ich das überstehen, was konnte ich tun, um den Mut und die Stärke zu finden, die nächsten Tage und Wochen zu ertragen?

Man brachte mir dickes Schwarzbrot mit Marmelade und Muckefuck. Gegen neun Uhr erschienen zwei Beamte vom LKA, später gesellte sich noch einer vom BKA dazu. Ich merkte gleich, daß ich es diesmal mit Fachleuten zu tun hatte. Sie führten mich in ein Verhörzimmer, in dessen eine Wand ein großer Spiegel eingelassen war, bei dem ich mit Sicherheit davon ausgehen konnte, daß sich hinter seiner Rückseite weitere Beamte als Beobachter des Verhörs aufhielten.

Sie redeten nicht lange um den heißen Brei herum, sondern kamen direkt zur Sache, was mir nur recht war. Ich verlangte zum wiederholten Male nachdrücklich einen Anwalt und verwies auf die gesetzlichen Bestimmungen. Man versicherte mir immer wieder, daß alles mit rechten Dingen zugehen und man sich umgehend um einen Rechtsbeistand für mich bemühen werde. Ich hatte bereits mit dem Verwalter über dieses Problem gesprochen, der mir einen CDU-Landtagsabgeordneten und Rechtsprofessor empfohlen hatte, der Erfahrungen in Staatsschutzverfahren habe und mit dem nötigen Nachdruck in solchen Angelegenheiten agieren könne. Ich verlangte seine unverzügliche Herbeiholung.

Ich hatte zumindest soweit Erfolg, daß man ihn verständigte und er sein

Kommen für Dienstag nachmittag in Aussicht stellte. Bis dahin würde ich jede Aussage verweigern.

Nun probierten es die Beamten mit der kollegialen Tour, bedauerten mich und versuchten, mit kameradschaftlichem Gerede mein Vertrauen zu erschleichen. Sie gingen dabei nicht ungeschickt vor, aber ich war auf alles mögliche vorbereitet. Innerlich fand ich langsam wieder zu mir.

Um elf Uhr dreißig gab es Eintopf mit Würstchen und ich konnte mich endlich ein wenig in meine Zelle zurückziehen. Gegen ein Uhr durfte ich eine halbe Stunde lang im Hof spazierengehen. Und wirklich: um vierzehn Uhr dreißig erschien der Anwalt, ein weißhaariger, väterlich wirkender professoraler Typ Anfang sechzig, der mir durchaus Vertrauen einflößte. In der Besprechungszelle, die wiederum mit einem großen Spiegel ausgestattet war, verlangte ich, in einen anderen Raum geführt zu werden.

»Herr Haase, ob wir nun abgehört werden oder nicht«, sagte der Anwalt, *»wenn man will, kann man uns hier in jedem Zimmer abhören. Lassen wir das also dahingestellt sein. Sie können ruhig offen und ehrlich reden, noch leben wir in einem Rechtsstaat. Aber in einem Fall wie dem Ihren will ich nicht lange um die Sache herumreden. Man wirft Ihnen Landesverrat vor. Ganz egal, was Sie sagen und wie Sie argumentieren, ich kenne mich in solchen Fällen aus. Wollen Sie die Wahrheit hören, auch wenn sie bitter ist?«*

»Selbstverständlich!« erwiderte ich.

»Ganz egal, was und wie Sie es sagen«, fuhr er fort, *»ob Sie nun schuldig oder unschuldig sind, bei diesem Vorwurf werden Sie mindestens ein halbes bis ein Jahr sitzen. Sie sind Hauptmann der Reserve und haben die höchste Sicherheitsstufe, soweit ich orientiert bin. Wenn ich das richtig beurteile, reicht allein das, eher mit einem Jahr zu rechnen. Justitias Mühlen mahlen langsam, das gilt besonders für diesen Bereich. Ich würde mich an Ihre Stelle darauf einrichten und mich keinen falschen Hoffnungen hingeben. Sie sollen also wissen, daß Ihnen eine ganz harte Zeit bevorsteht, und Sie müssen zusehen, daß Sie überleben. Es nützt Ihnen nichts, wenn ich Ihnen jetzt etwas vorlüge und Ihnen falsche Hoffnungen mache. Versuchen Sie, sich auf sich selbst zu konzentrieren und auf sich selbst zu verlassen. Und vor allen Dingen sagen Sie nichts, was Sie hinterher bedauern könnten. Am besten, Sie sagen gar nichts aus, wenn Sie das aushalten können. Man wird Ihnen in den nächsten Tagen keine Ruhe lassen und auf jede nur erdenkliche Art versuchen, Sie zum Reden zu bringen. Wer gar nichts sagt, der kann auch keine Fehler machen. Andererseits wird man dann natürlich in Ihrem Freundes- und Bekanntenkreis und in Ihrer Familie um so mehr Unruhe stiften. Alles hat seine zwei Seiten. Und hier nochmals mein Rat: Sagen Sie gar nichts aus, lesen Sie in der Bibel, und legen Sie Ihr Schicksal in Gottes Hand.«*

Ein weiser und freundlicher Mensch, dieser Anwalt, und objektiv gesehen auch ein richtiger Rat. Aber subjektiv war das auf die Dauer für mich nicht die richtige Strategie, denn nach dem totalen Versagen meiner Führungsleute und meiner nächsten Angehörigen und nachdem auch ich selbst mich völlig falsch verhalten hatte, mußte ich mir genügend Informationen verschaffen, um den Überblick über dieses Verfahren nicht zu verlieren. Dazu aber mußte ich zumindest zum Schein auf die Fragen meiner Verhörer eingehen und versuchen, anhand ihrer Antworten und Reaktionen herauszufinden, wieviel sie wußten und was sie im Schilde führten.

Im Grunde genommen war ich auf mich allein gestellt, das wurde mir in den nächsten Wochen und Monaten immer stärker bewußt. Und so versuchte ich durch Yoga-Übungen, autogenes Training und die Lektüre der Bibel, die mir als einziges Buch zur Verfügung gestellt wurde, innerlich Ruhe zu bewahren und meine Kräfte zu schonen. Vieles sollte in diesem Verfahren nicht gerade rechtsstaatlich laufen, nicht nur der verzögerte Anwaltskontakt, der erst am Osterdienstag, fünf Tage nach meiner Verhaftung, stattfand, sondern etliches mehr.

Während der nächsten Tage kamen die Beamten des BKA und LKA zu allen möglichen und unmöglichen Zeiten und versuchten, mich immer mehr in die Enge zu treiben. Teilweise übersahen sie, daß ich ihre Gesten hinter meinem Rücken in einem Spiegel beobachten konnte, denn ich hatte vorher einen Fensterflügel so gestellt, daß ich ihn als Spiegel und Gegenspiegel benutzen konnte. So durchschaute ich oft ihre plumpen Finten, wenn sie sich hinter meinem Rücken Zeichen gaben. Das vertrieb mir ein bißchen die Zeit, und ich konnte ihnen durch geschickte Fragen und Einlassungen mehr entlocken, als sie annahmen.

Es war ein Katz-und-Maus Spiel oder wie die Geschichte vom Hasen und vom Igel – nur beschloß ich, daß ich der Igel und nicht der Hase sein wollte. Du glaubst, du wirst gejagt, und doch mußt du versuchen, selbst der Jäger zu sein. Ein schwieriges Unterfangen.

Am Mittwoch nach Ostern erschien endlich mein Stiefvater, der von meinem Anwalt verständigt worden war, in Karlsruhe. Dies war der nächstmögliche Zeitpunkt gewesen, nachdem die BILD-Zeitung am Dienstag in großer Aufmachung mit dicker Balkenschrift und meinem Bild auf der ersten Seite von meiner Verhaftung berichtet hatte. Entsprechend dem Geist dieses Boulevardblattes wurde ich als Spion und Verräter verleumdet und an den Pranger gestellt.

Mein Stiefvater, der zu diesem Zeitpunkt 67 Jahre alt war, wirkte wie ein gebrochener Mann. Man sah ihm an, daß er unsäglich gelitten hatte, seit er von meiner Verhaftung wußte. Er benahm sich geradezu so, als wäre er verhaftet worden.

Ich gab ihm zu verstehen, daß wir abgehört wurden. Das hielt er für undenkbar, woran ich seine Unbedarftheit erkannte und feststellte, daß er der Sache überhaupt nicht gewachsen war. Er gab auch zu, sich in allen Punkten überfordert zu fühlen. Er jammerte und stöhnte und schilderte mir, wie sehr die Familie unter dieser Situation litt.

Es hatte mir unter diesen Umständen gerade noch gefehlt, mit Vorwürfen und Schuldgefühlen überhäuft zu werden. Nicht nur, daß er mir keinen Mut machte, er setzte noch eins drauf, indem er sagte: *»Das Beste, was du für deine Familie tun kannst: Bring dich um!«*

Danach entstand ein langes eisiges Schweigen. Ich spürte, daß er der Situation in keiner Weise gewachsen war. Es war eine traurige und sehr belastende Lage für uns beide. Seit seinem Schlaganfall, nach dem er stark gealtert war und ihm das Arbeiten sichtlich schwerfiel, hatte er sehr darauf gehofft, daß ich seine Praxis übernehmen würde, wenn er auch gleichzeitig den Zeitpunkt fürchtete, da er noch immer nicht zum alten Eisen gehören wollte.

Jetzt hatten wir uns nichts mehr zu sagen.

***

Unsere augenblicklichen intellektuellen, politischen und sogar seelischen Erschütterungen haben eine ganz einfache Ursache:
Wir haben eben erst den ersten Anker gelichtet, mit dem wir noch an die Steinzeit gekettet waren.

Teilhard de Chardin

Kapitel 3
Erst drohende Verhaftung – dann Beförderung

Im Frühjahr 1967 hatte mich Oberst Karbe, der Inspizient des Reservistenwesens der Bundeswehr, zu einer Übung – quasi als sein Adjutant – eingeladen oder besser angefordert. Ich nahm das umso lieber an, als ich in diesem Frühjahr sehr intensiv an meiner Doktorarbeit, »Über den verdeckten Kampf im geteilten Deutschland«, schrieb und so bei sämtlichen Stellen in Bonn-Bad Godesberg vorstellig werden konnte, die für mich interessant waren – sowohl für die Doktorarbeit als auch nachrichtendienstlich.

Die Übung fand im Kommando der Territorialen Verteidigung in Bad Godesberg statt. Ich hatte ein eigenes Dienstzimmer in der Nähe von Oberst Karbe, und konnte mir die Zeit aber ziemlich frei einteilen. Ich wohnte in einem netten Hotel in Bad Godesberg. Damals hatte ich bei der Bundeswehr in etwa sieben Abteilungen Freundinnen, meistens in den Vorzimmern wichtiger Personen, und führte ein ziemlich ausschweifendes Nacht- und Sexualleben. Von daher war es eine sehr aufreibende, aber auch wichtige Übung für mich. Ich hatte Kontakte zur Nachrichtenschule Bad Ems, zur PSK- Schule Alfter, die später nach Euskirchen verlegt wurde, zum PSK-Bataillon in Andernach, zu den dortigen Stäben, zur Filmbildstelle, zum Filmarchiv der Bundeswehr usw.

Ich war sehr umtriebig und hatte am Tag meist mehrere Termine so gelegt, daß ich die wichtigen Dienststellen jede Woche mindestens einmal abklapperte.

Am 29.März 1967 war ich nach kurzem Dienstantritt im Kommandostab in Bad Godesberg zur Filmdienststelle gefahren und dann zur Hardthöhe (Verteidigungsministerium Bonn), wo ich ein paar wichtige Unterlagen einsehen wollte. Man telefonierte hinter mir her und bat mich um dringenden Rückruf in meiner Dienststelle. Die Nachricht erreichte mich bei der Filmdienststelle, wo ich mit der diensthabenden Abteilungsleiterin ein intimes Stündchen verbracht hatte. Es war nicht ausgeschlossen, daß man uns dabei beobachtet hatte: denn notgedrungen mußten wir das Dienstzimmer zweckentfremden. Von daher hatte ich ein schlechtes Gewissen.

So verdrückte ich mich erst einmal auf die Hardthöhe, wo ich an der Wache dem Kommandostab anrief. Der Offizier vom Dienst teilte mir mit, daß ich dringend gesucht würde. Es sei etwas sehr Unangenehmes passiert, und ich müßte mit dem Schlimmsten rechnen. Als ich genauer nachfragte, wollte er mit der Sprache nicht herausrücken. Er sagte aber, daß ich sofort zurückkehren müßte, sonst würden mich die Feldjäger holen. Als ich einwendete, daß ich noch etwa eine Stunde zu tun hätte, bestand er auf sofortiger Rückkehr – sonst würde ich verhaftet. Ich war nun erheblich verunsichert und beschloß, erst einmal Sicherheitsvorkehrungen zu treffen. So sehr ich auch überlegte, was passiert sein konnte, ich kam nicht darauf, was dahintersteckte. Ich war mir keiner Fehler bewußt, aber es war immerhin möglich, daß irgendetwas schiefgegangen war. Sei es, daß unser Schäferstündchen beobachtet worden war oder daß ein Container in meinem Hotel, wo ich gewisse Unterlagen aus meinem Dienstzimmer aufbewahrte, aufgefallen war. Wenn auch gut getarnt und versteckt, waren in einem weiteren Container Code- und Schlüsselmaterial sowie meine Fotoausrüstung: durchaus Ansatzpunkte, die mich gefährden konnten.

Gerade in diesen Tagen waren einige brisante Unterlagen in meinen Besitz gelangt. Auch heute war ich auf dem Wege zu einer Geheimdienststelle gewesen. Außerdem hatte ich noch eine wilde Romanze am Laufen, die ich mir nicht entgehen lassen wollte. Ich rief den Sicherheitsoffizier – soweit ich mich erinnere einen Hauptmann oder Major Lindner – an. Der tat geheimnisvoll und sagte, ich würde umgehend verhaftet, wenn ich nicht sofort zurückkäme und mich freiwillig stellte.

Die Sache schien ernster, als ich dachte. Also fuhr ich zunächst einmal aus dem Sicherheitsbereich der Hardthöhe heraus. Im Auto hatte ich stets für alle Fälle Fluchtutensilien, Zivilkleidung mit allem Drum und Dran sowie einen falschen Paß im Versteck. Also überlegte ich, ob ich sofort nach Schweden oder in die Schweiz türmen sollte.

Da ich mir nicht schlüssig werden konnte, warf ich eine Münze. Es fiel der Adler. Das bedeutete, daß ich dableiben sollte. Also begab ich mich auf dem schnellsten Weg zum Kommando der Territorialen Verteidigung. Dort erwarteten mich schon aufgeregte Sicherheitsoffiziere sowie zwei Soldaten der Wachmannschaft mit Stahlhelm und Gewehr. Es sah recht bedrohlich aus. Lindner teilte mir mit, daß ich verhaftet sei.

Ich registrierte alles um mich herum wie in Trance, versuchte, mich aus mir selbst herauszuversetzen, um die Szene aus der Distanz zu beobachten. Man führte mich auf direktem Wege in das Zimmer des Kommandierenden Generals der Territorialen Verteidigung. Im Vorzimmer herrschte eine aufgeregte Atmosphäre. Es wuselten einige Ordonnanzen herum, und die Sekretärinnen tuschelten, als sie mich sahen. Lindner ließ mich warten – die beiden Soldaten mit Knarre neben mir. Er ging ins Zimmer des Generals. Keiner wollte mir direkt Auskunft geben. Die beiden Soldaten sagten nur, es sei eine sehr ernst zu nehmende Sache. Einerseits lief es mir kalt über den Rücken, andererseits war ich die Ruhe selbst. Als ich dann in das saalgroße Dienstzimmer des Generals geführt wurde, fanden sich dort etwa ein Dutzend Leute in aufgeregter Erwartung. Oberst Karbe trat auf mich zu und sagte:

»Lieber Haase, was Sie nun schon wieder angestellt haben, ist ja wirklich zuviel. Der General ist schon empört. Sie lassen uns hier über eine Stunde warten. Das wird ein böses Nachspiel haben.«

Der General trat auf mich zu, legte mir die Hand auf die Schulter und sagte: »Eigentlich wollten wir Sie verhaften lassen. Die Feldjäger waren schon unterwegs. Da Sie sich aber der Verhaftung nicht entzogen haben, befördere ich Sie hiermit zum Hauptmann!« Alle brachen in schallendes Gelächter aus, weil ich wirklich ein wenig verdattert guckte, und es folgte ein wilde Gratulationsfeier. Alle drückten mir die Hand. Ich war ein bißchen benommen, lächelte aber gequält und – erleichtert.

Zu Karbe und Lindner sagte ich noch: »Ich dachte schon, Sie wollten mich wegen erotischer Eskapaden verhaften lassen. Ich hatte schon ein ganz schlechtes Gewissen. Sie haben mich aber ganz schön schwitzen lassen!« Alle lachten und prosteten mir zu. Wenn sie damals gewußt hätten, was wirklich dahintersteckte, wäre ihnen das Lachen im Halse steckengeblieben.

Der anschließende Sektempfang dauerte bis in den späten Nachmittag hinein. Mehrere der Herren mußten mit erheblicher Schlagseite von ihren Ordonnanzen nach Hause begleitet werden. Ganz auf die schnelle gab ich in dem nahe gelegenen Lokal, das als meine Stammkneipe galt, einen kleinen Umtrunk für etwa 20 Offiziere, z. T. mit Frauen und einigen Freundinnen von mir, bei denen ich wagen konnte, sie miteinander bekannt zu machen. Es wurde ein rauschendes Fest und eine amüsante Nacht, die ich in meinem Leben nicht vergessen werde. Ebensowenig wie die Minuten und Stunden der Ungewißheit, die vorausgegangen war.

Denn es hatte immerhin zweieinhalb Stunden gedauert, bis ich wußte, was nun wirklich los war. Es war ein reiner Zufall und dem Fallen einer Münze zu verdanken, daß ich befördert wurde, anstatt auf der Flucht zu sein. Wenn die Leute geahnt hätten, wie nahe sie an einem Skandal vorbeigeschlittert waren.

***

Was den Menschen beschäftigt, stört,
erregt, sind nicht die Dinge,
sondern die eigenen Meinungen und
Phantasien über die Dinge.

(Epiktet, stoischer Philosoph, 50–140 n. Chr.)

Brücken zum Du

Aufbauen, nicht zerstören.
Verbinden, nicht trennen.
Schenken, nicht besitzen.
Verzeihen, nicht nachtragen.
Sammeln, nicht zerstreuen.
Wagen, nicht zaudern.
Verstehen, nicht verurteilen.
Glauben, nicht verzweifeln.
Verweilen, nicht hasten.
Geben, nicht nehmen.
Vertrauen, nicht verdächtigen.
Zuneigen, nicht abwenden.
Hoffen, nicht jammern.
Teilen, nicht raffen.
Aufnehmen, nicht ablehnen.
Zuhören, nicht belehren.
Lieben, nicht verachten.

Peter Friebe

Kapitel 4
DIE ANFÄNGE

Kapitel 4 a Kindheit – Flucht

Kein Spion oder Agent fällt vom Himmel. Kein Mensch wacht eines Tages auf und stellt fest, daß er über Nacht plötzlich zum Spion geworden ist. Nicht jeder beliebige Mensch könnte Spion werden. Jeder potentielle Kandidat braucht einen bestimmten Hintergrund, muß in einem bestimmten Umfeld tätig sein, um überhaupt für einen Auftraggeber interessant zu werden. Jeder Spion hat eine Geschichte, die ihn beinahe zwangsläufig in eine Situation manövriert, in der er überhaupt erst zum Spion oder Agenten werden kann.

Ich wurde am 26. August 1937 in Berlin geboren. Es war eine Zeit der Wirren und der Konsolidierung des Dritten Reiches kurz vor dem Zweiten Weltkrieg. Mein Vater war Sperrholzkaufmann und hatte das Geschäft seines Vaters übernommen, Export und Import von Holz und Sperrholz aller Art. Davor hatte er am Konservatorium in Berlin eine Ausbildung zum Opernsänger absolviert. Er hatte eine herrliche Baritonstimme, aber meine Mutter wollte nicht mit einem Künstler verheiratet sein. Also stieg er gezwungenermaßen in das Geschäft des Vaters ein.

Haase & Sohn war ein florierendes mittelständisches Unternehmen, das unserer Familie einen großzügigen Lebensstil ermöglichte. Unsere Wohnung lag in Wilmersdorf, die Geschäftsräume der Firma in Charlottenburg, später siedelten wir nach Grunewald über.

Im Dezember 1939, gut drei Monate nach Ausbruch des Zweiten Weltkrieges, wurde meine Schwester Gilla geboren. Nachdem der Krieg eskaliert war und Berlin unter den Bombardements der Alliierten litt, siedelten wir im Rahmen der Evakuierung Berlins nach Würzburg über, wo die Schwester meiner Mutter, Tante Herta Nottebom, mit dem dortigen Generalvertreter von Mercedes verheiratet war.

Dort wohnten wir in der Nähe des Südbahnhofs in einer großzügigen Jugendstilvilla mit Garten und Schwimmbad. Mein Onkel Karl Heinz war ein großer Nazi, mein Vater allerdings wußte spätestens seit 1943 durch seine vielen Auslandsreisen und -kontakte, die auch noch während des Krieges stattfanden, daß Deutschland den Weltkrieg verlieren würde, und unterhielt zwangsläufig Kontakte zum Widerstand.

Diese gegensätzlichen Einstellungen zum Dritten Reich erzeugten in meiner Familie erhebliche Spannungen, die auch an mir nicht spurlos vorübergingen. Durch die Folgen des Zweiten Weltkrieges direkt betroffen und mit verschiedenen Meinungen zum damaligen Deutschland konfrontiert, wurde ich bereits in frühester Jugend zwangsläufig auf das spätere geteilte und quasi schizophrene Deutschland vorbereitet. 1943 wurde ich eingeschult. In der zweiten Klasse schrieb ich meinen ersten Liebesbrief. Als ich dabei erwischt wurde, mußte ich zur Strafe auf dem Schulhof eine Stunde lang vor allen anderen die Fahne grüßen. Dies trug nicht gerade dazu bei, meine Sympathie für das Dritte Reich im besonderen und für staatliche Institutionen im allgemeinen zu wecken.

Als in der Rotkreuz-Stadt Würzburg nach einem Gauleiterwechsel im Frühjahr 1945 die roten Kreuze auf den Dächern überpinselt und an ihrer Stelle rostige alte Maschinengewehre aufgepflanzt worden waren, um dem »Endsieg« des Führers zu dienen, holte uns auch dort der Krieg mit seinen Schrecken und Bombardements ein. Nach der völligen Zerstörung des Hauptbahnhofs gingen sämtliche Transporte von Truppen und kriegswichtigen Gütern über den nur hundert Meter von unserem Haus entfernt gelegenen Südbahnhof. Im März 1945 wurde die Lage schließlich so bedrohlich, daß wir Würzburg verließen, um in der Nähe in dem Dörfchen Werbachhausen Zuflucht zu suchen.

Mein Vater war noch im Februar zum Volkssturm eingezogen worden. In Werbachhausen erlebte ich das Kriegsende und den Einmarsch der Amerikaner zu Ostern 1945.

1943 war mein Bruder Michael in Würzburg zur Welt gekommen. Mit diesem dritten Kind hatte meine Mutter meinem Vater neuen Lebensmut geben wollen, der wegen der immer schwieriger werdenden menschlichen, politischen und beruflichen Situation mit dem Fortschreiten des Krieges am Verzweifeln war. Auf seinen vielen Auslandsreisen war mein Vater zu der Überzeugung gelangt, daß der Zweite Weltkrieg für Deutschland verloren war. Infolgedessen arbeitete er an einer Überlebensstrategie für die Zeit nach Beendigung des Zweiten Weltkrieges. Das war für ihn nicht so einfach, da er nach den Rassegesetzen des Dritten Reiches Vierteljude war, was eine ständige Bedrohung von Leib und Leben für ihn bedeutete und ihn besonders beruflich gefährdete. Nur solange es ihm durch seine Auslandsbeziehungen möglich war, kriegswichtiges Sperrholz für das Dritte Reich zu besorgen, war er vom Dienst an der Waffe freigestellt. Auch der Einfluß meines Onkels bot ihm eine Zeitlang einen gewissen Schutz.

Doch immer häufiger kam es zwischen den beiden aus politischen und persönlichen Gründen zu Zerwürfnissen, die auch mein junges Leben überschatteten. Erschwerend kam noch hinzu, daß mein Vater einen starken »Hang« zum Küchenpersonal, zu den weiblichen Büroangestellten oder unserer Kinderschwester hatte, worunter meine Mutter verständlicherweise erheblich litt. Diese frühen Kindheitserlebnisse prägten auch irgendwie mein späteres Verhältnis zu Frauen.

Im nachhinein muß ich dies als ein negatives Erbe ansehen, wenn es mir in der Folge auch helfen sollte, Sex und Frauen zu instrumentalisieren und zu nachrichtendienstlichen Zwecken einzusetzen. Nicht nur Liebhaber von Spionagegeschichten und -filmen wissen um die Bedeutung des Sex in diesem Metier. Wer aufmerksam die Nachrichten verfolgt und Zeitungen gelesen hat, weiß, daß dies keine Erfindung von Roman- oder Drehbuchautoren ist. Viele Kontakte werden im oder über das Bett geknüpft, Sex wird als Belohnung und Lockmittel benutzt. Geschickte Agenten oder Agentinnen machen ihre Opfer sexuell hörig, um sie an sich zu binden. Auch ich bediente mich des Sex. Er wurde eine meiner erfolgreichsten Arbeitsmethoden.

***

Der Anfang unserer Taten

Wer von einer Welt träumt,
in der es keine Angst mehr gibt,
wird sich vielleicht schon heute
gegen alles wehren,
was Angst verbreitet.
Wer einen Traum hat
von einer Welt ohne Tränen,
wird Tränen verhindern,
wo immer er kann.
Wer von einer Welt träumt
ohne Streit und Haß,
wird täglich mithelfen,
Konflikte zu lösen und Haß abzubauen.
Unsere Träume sind der Anfang
unserer Taten.

Ernst Gisler

Aufwachsen

Wächst ein Kind mit Kritik auf -
lernt es zu verurteilen!

Wächst ein Kind mit Haß auf – lernt es zu kämpfen!

Wächst ein Kind mit Spott auf -
lernt es, scheu zu sein!

Wächst ein Kind mit Schmach auf -
lernt es, sich schuldig zu fühlen!

Wächst ein Kind mit Toleranz auf -
lernt es, geduldig zu sein!

Wächst ein Kind mit Ermutigung auf -
lernt es, selbstsicher zu sein!

Wächst ein Kind mit Lob auf -
lernt es, dankbar zu sein.

Wächst ein Kind mit Aufrichtigkeit auf -
lernt es, gerecht zu sein!

Wächst ein Kind mit Sicherheit auf -
lernt es, zuversichtlich zu sein!

Wächst ein Kind mit Anerkennung auf -
lernt es, sich selber zu schätzen!

Wächst ein Kind mit Güte und Freundlichkeit auf -
lernt es, die Welt zu lieben!

(Wandspruch in der Filderklinik, Stuttgart)

Kapitel 4 b Erste sexuelle Erfahrungen – Wertheim

Da ich bis zu meinem zehnten Lebensjahr unter der ständigen Betreuung einer Kinderschwester aufwuchs und meine Mutter mich nur bei gelegentlichen Anwandlungen von Affenliebe quasi überfiel, ergaben sich für meine späteren Beziehungen dadurch große Probleme, daß meine Frühreife von unserer Kinderschwester, unseren Dienstmädchen und unserer Mutter auf verschiedene Art und Weise problematisiert beziehungsweise traumatisiert wurde.

Spätestens seit meinem sechsten Lebensjahr, bei meiner Einschulung in die Volksschule, beginnen bei mir die ersten sexuellen Erinnerungen, z. B. daß ich beim Baden, Waschen und Spielen erste sexuelle Anzüglichkeiten zu hören bekam. Mit neun Jahren hatte ich meine ersten Erektionen und feuchten Träume, was von den drei weiblichen Bezugspersonen meiner Kindheit jeweils entsprechend beachtet beziehungsweise begutachtet wurde. Insgesamt war meine Erziehung zwar offen und ehrlich und von erfrischender Natürlichkeit, dennoch blieben mir schon sehr früh die amourösen Abenteuer meines Vaters und die sich daraus ergebenden Spannungen in meinem Elternhaus nicht verborgen. So wurde ich im Herbst 1945 im Alter von acht Jahren mehrfach Zeuge von Geschlechtsakten verschiedener Personen während unseres Aufenthaltes auf dem Lande.

Besonders fasziniert war ich von einer Magd des Bauers Dengel, die eine stattliche Rubens-Figur besaß. Sie war Anfang zwanzig und von einer animalischen Sinnlichkeit. Offensichtlich machte es ihr Vergnügen, wenn mich ihre pralle Nacktheit und ihr voluminöser Busen in Erregung und Verlegenheit versetzten. Das ging so weit, daß sie an meinem Geschlechtsteil herumspielte und dabei meine Verlegenheit genoß. Durch die Nachkriegssituation und die dadurch entstandenen beengten Wohnverhältnisse ergaben sich damals viele Gelegenheiten, die meine sexuelle Phantasie stimulierten und mit der prallen Sinnlichkeit des Landlebens konfrontierten.

1946 zogen wir nach Wertheim am Main, wo ich im Laufe des Jahres in das Ebner-Eschenbach-Gymnasium eingeschult wurde. Wertheim ist eine Kleinstadt mit einer abenteuerlichen Burgruine und damals rund 10.000 Einwohnern, von denen etwa die eine Hälfte aus Einheimischen und die andere aus Flüchtlingen bestand. Eigenartig war auch die konfessionelle Situation, was in der Adenauer-Ära der Nachkriegszeit allerdings auch eine größere Rolle spielte. Denn eine Hälfte war evangelisch, die andere katholisch, und es herrschte eine ziemliche Rivalität zwischen den Konfessionen.

Ein weiteres Problem in der Schule stellte der große Altersunterschied in den Klassen dar. So wurde ich zum Beispiel mit neun Jahren in die Sexta eingeschult, während unsere ältesten Mitschüler im gemischten Erziehungssystem von Mädchen und Jungen bis zu vierzehn Jahre alt waren.

Bei der allgemein beginnenden Pubertät der Zwölf- bis Sechzehnjährigen wurde unser besonderes Interesse natürlich in eine bestimmte Richtung gelenkt. Als ich im Alter von zwölf Jahren in der Quarta meine erste engere Freundin hatte, war die bereits sechzehn Jahre alt und ein voll ausgereiftes Mädchen. Nach einer Sportstunde erwischte man mich mit dieser Freundin nackt unter der Dusche, wo sie mir das Küssen beibrachte, was natürlich zwischen einem Zwölf- und einer Sechzehnjährigen ausgesprochen skandalös war, zumal in dieser Zeit. Überdies kam ich auch noch in erhebliche Glaubenskonflikte, weil ich ursprünglich evangelisch erzogen, bei der Einschulung aber als katholisch Getaufter wieder katholisch erzogen worden war.

Im Dezember 1949 hatten sich meine Eltern scheiden lassen, und im Frühjahr des nächsten Jahres zog meine Mutter nach Hannover und heiratete dort den Notar und Rechtsanwalt Hermann Helferich. Meine beiden jüngeren Geschwister nahm sie mit sich. Ich blieb bei meinem Vater allein zurück, betreut von einem Kindermädchen, einer Sekretärin und einem Dienstmädchen.

So war ich bereits während der ersten zwölf Lebensjahre mehrfach hin- und hergerissen worden zwischen verschiedenen Wohnorten und Schulen, zwischen zwei Konfessionen, zwischen gegensätzlichen politischen Auffassungen und zwischen Mutter und Vater. Ohne daß ich es hätte ahnen können, hatte das Schicksal bereits die Voraussetzungen für mein späteres Leben als Doppelagent in einem geteilten Deutschland geschaffen, hin- und hergerissen zwischen anerzogenen wertkonservativen Idealen, denen des Sozialismus und einer durch leidvolle Erfahrungen gewachsenen Friedenssehnsucht. Ich war geradezu prädestiniert für meine spätere »Karriere«, so wie ich auch als Opfer einer ungewöhnlich frühen und abenteuerlichen Sexualität vorgeprägt war.

Meine nächsten praktischen sexuellen Erfahrungen sammelte ich im Sommer des Jahres 1950. Wir wohnten damals mitten in der Stadt in einem großen Gebäude, in dem auch die Sparkasse und der Sitz des Bürgermeisters untergebracht waren. Dieser betrieb eine Schneiderwerkstatt im Haus und hatte mehrere Verhältnisse mit einigen seiner weiblichen Angestellten. Auch ich wurde davon tangiert, da eine seiner Geliebten, eine imponierend barocke Frau mit rotem Haar, ein Auge auf meinen Vater geworfen hatte und sich über mich an ihn heranmachen wollte.

Mehrfach sprach sie mich im Treppenhaus an und lud mich in ihre im gleichen Haus gelegene Einzimmerwohnung ein. Da es Sommer war, war es ihr ein leichtes, mit legerer Kleidung und aufreizenden Posen meine sexuelle Neugier zu wecken. Sie war eine Frau von Mitte dreißig mit einer hinreißenden Figur und animalischer Sinnlichkeit. Es machte ihr offensichtlich Vergnügen, mich sexuell in Verwirrung zu stürzen.

Sie lud mich zu sich ein, kredenzte mir Kaffee und Kuchen sowie ihre totale Nacktheit unter dem Vorwand, sich wegen der Hitze umziehen zu müssen. Dabei achtete sie sorgfältig darauf, daß ich in einem der zahlreichen Spiegel sämtliche ihrer Reize bewundern konnte. Als sie merkte, daß ich meine Erregung nicht zügeln konnte, ging sie gezielt zum Angriff über. Sie fragte mich direkt, ob ich denn in meinen jungen Jahren schon einmal eine nackte Frau gesehen hätte. Als ich wortlos nickte, wandte sie sich mir in geradezu exhibitionistischer Manier zu, trat ganz dicht an mich heran und fragte: »*Gefalle ich dir denn, oder hast du schon einmal eine hübschere Frau gesehen? Und so nackt? Erregt dich das?*«

Und wie es mich erregte! Ich hatte kurze Lederhosen an, und man konnte deutlich sehen, daß es mir erhebliche Schwierigkeiten bereitete, meinen Ständer in der Hose zu behalten. Dies blieb ihr natürlich auch nicht verborgen. Sie kam noch näher und strich mir übers Haar und über die Oberschenkel.

»*Hast du denn schon einmal mit einer Frau geschlafen?*« wollte sie wissen. »*Weißt du, wie das geht?*«

Nun machte sie mich wirklich verlegen, denn wenn ich auch wie ein Fünfzehnjähriger wirkte und einssiebzig groß war, so war ich doch in Wirklichkeit erst knapp dreizehn und hatte noch nie eine Frau so nackt und so nah vor mir gesehen und erst recht mit keiner geschlafen.

»*Wenn du es keinem verrätst*«, sagte sie, »*will ich dir zeigen, wie das geht.*« Dann preßte sie sich so gegen mich, daß mein Kopf zwischen ihren Brüsten lag, und zog mir die Hosen aus. Ich wußte gar nicht mehr, wie mir geschah. Auf einmal war ich nackt, und unsere Körper berührten einander. Ich war in höchster Erregung. Nachdem sie mein Glied in die Hand genommen und massiert hatte, bekam ich einen schnellen und heftigen Erguß. Sie tat ganz verwundert und überrascht, versuchte aber gleichzeitig, alles wie das Selbstverständlichste auf der Welt erscheinen zu lassen.

Was danach geschah, war ein einziges Feuerwerk der Lust und Ekstase. Ursula, genannt Uschi, so hieß die Schneidergesellin, weihte mich in alle Spielarten der Liebe und Sexualität ein, ungehemmt und zügellos. Sie brachte mich noch zweimal mit ihrem Mund und ihrem Schoß zum Höhepunkt, und auch sie selbst kam dabei zum Orgasmus, wie sie mir später erzählte, weil sie spürte, daß sie meine erste Frau gewesen war und mit mir einen noch »jungfräulichen« Jungen verführt hatte.

Es sollten noch viele ähnliche Erlebnisse folgen. Diesen Sommer des Jahres 1950 werde ich nie vergessen, denn er hielt noch manche neue Erfahrung für mich bereit. Nach vielen weiteren orgiastischen Begegnungen machte mich Uschi mit ihrer besten Freundin und Kollegin Christa bekannt, die um einiges jünger war, etwa 27 Jahre. Die beiden kannten sich bereits von gemeinsamen Abenteuern, ich sollte ihr nächstes werden.

Ich war von Uschi eine sehr direkte und manchmal geradezu obszöne Art des Sex gewöhnt. Sie wußte, daß sie mich damit erregen konnte, und da ich keinen Vergleichsmaßstab besaß, nahm ich ihre Art als gegeben hin. Die Aussicht, mit zwei Frauen zugleich zu schlafen, schockierte mich trotzdem – wenn sie mich natürlich auch erregte.

Obwohl Uschi mir von Christa erzählt hatte, und Christa von mir, und wir beide uns gern kennenlernen wollten, hatte ich doch irgendwie eine gewisse Scheu vor der ersten Begegnung. Wir trafen uns an einem warmen Sommertag im Taubercafé zu Kaffee und Kuchen. Christa war eine bildschöne Frau mit auffallend blauen Augen und einem hübschen Mund, schlank, mit einer schmalen Taille, langen blonden Haaren, einem vollen Busen und langen schlanken Schenkeln. Uschi war deutlich kleiner als ich, Christa fast gleich groß. Ich maß mittlerweile fast 1,75 m und kam mir ungeheuer wichtig und erwachsen neben den beiden älteren Frauen vor, deren Sohn ich hätte sein können.

Mit beiden Frauen gleichzeitig zu schlafen, war ein Erlebnis, das mein junges Sexualleben nachhaltig prägen sollte. Wie mit Uschi gestaltete sich unser gemeinsames Zusammensein wild und zügellos, obszön, sinnlich und aufregend, und ich erlebte keine zärtliche Liebe, sondern aggressiven Sex in allen erdenklichen Spielarten. Diese Erfahrung bestimmte mein weiteres Leben. Ich lernte den Sex als eine Art Sport kennen, als Herausforderung und Zwang, dem ich mich zu stellen hatte.

Im Sommer des gleichen Jahres, kurz vor meinem Umzug nach Hannover, machte ich mit meiner Mutter, meinem Stiefvater und meinen Geschwistern in Grömitz Urlaub. Nach einem sportlichen Wettbewerb für Kinder und Jugendliche saß ich mit einer hübschen Sechzehnjährigen, die den Wettkampf der Mädchen gewonnen hatte, als Sieger an derselben Tafel. Wir verstanden uns auf Anhieb, und es dauerte nicht lange, da beschlossen wir, in der Nacht nackt baden zu gehen. Das kam damals gerade in Mode. Die FKK-Bewegung erlebte fröhliche Urständ.

Eines Abends traf ich mich gegen neun Uhr mit ihr und ihren zwei Freundinnen, die gemeinsam in Grömitz zelteten, an der Steilküste. Es waren noch mehrere andere Nackte da, doch der Strand war weit und groß, und so fanden wir ein Plätzchen, an dem wir ungestört waren.

Trotz meiner Erfahrungen mit Uschi und Christa war ich anfangs sehr befangen; es war das erste Mal, daß ich mit fast gleichaltrigen Mädchen zusammen war. Sie waren fünfzehn, sechzehn und siebzehn. Ich war gerade dreizehn geworden, hatte mich allerdings als Fünfzehnjähriger ausgegeben. Gudrun, die älteste, der meine Verlegenheit und Erregung nach dem Ablegen der Kleidung natürlich nicht entging, kam ungeniert nackt auf mich zu und betrachtete mich neugierig. Nachdem ich schon mit meinen Erfahrungen geprotzt hatte, konnte ich jetzt natürlich keinen Rückzieher mehr machen. Wir alberten in den Wellen herum, rangen miteinander, und als ich einmal unten lag, setzte sich Gudrun plötzlich auf mich. Wir trieben es unter dem freien Himmel im schlickigen Wasser. Es war neu für mich, ungewohnt, aber trotzdem ein herrliches Erlebnis.

Noch am selben Abend und während der nächsten Tage trieb ich es mit allen dreien, mal allein, mal mit allen zusammen, mit Gudrun, Anna und Ilse. Ich spielte meine ganze Erfahrung aus. Eines Abends waren wir so wild, daß das Zelt zusammenbrach. Wie schon gesagt: Dieser Sommer 1950 wird mir immer unvergeßlich bleiben. Es war eine herrliche Zeit, die ich nicht vermissen möchte, und doch sollte sie mein ganzes zukünftiges Sexualverhalten und damit auch mein weiteres Leben prägen. Wäre es anders gekommen . . .

Ich entwickelte mich zu einem Macho-Typen, der Frauen geradezu konsumierte, und schon bald hatte ich mir einen Drei-Wochen-Rhythmus angewöhnt: eine Woche zum Kennenlernen, eine Woche der Eroberung und des Auslebens, die letzte Woche zur Abnabelung, während ich bereits nach der nächsten Ausschau hielt.

Kapitel 4 c Hannover – Erste Liebe

Als ich im Herbst 1950 nach Hannover umzog und in das Ratsgymnasium eingeschult wurde, galt ich unter meinen in der Regel älteren Klassenkameraden und -kameradinnen bereits als sexuell erfahren. Aufklärung war für mich ein alter Hut. Aber alles, was ich bis dahin praktiziert hatte, war mehr Beischlafsport als wirkliche Liebe gewesen. Ich habe in meinem Leben mit mehr als 500 Frauen und 1000 Huren geschlafen. Das ist kein Ruhmesblatt, das weiß ich. Ich bin nicht gerade stolz darauf, aber es macht einen Teil meines Lebens aus. In der Sexualität ist mir nichts fremd, abgesehen von den chinesischen Hühnern – das kann man bei Marquis de Sade nachlesen, weshalb ich keine weiteren Worte darüber verlieren möchte.

Meine erste wirkliche Liebe war Irene, die Tochter eines bekannten hannoverschen Anwalts, die ich in der Tanzstunde kennenlernte. Damals allerdings betete ich naiv zu Gott, daß er mir Irene als Tanzpartnerin und Jugendliebe bescheren möge. Doch Irenes Vater war einflußreicher und hatte mehr Geld als mein Stiefvater, der zwar ein guter Jurist, aber ein schlechter Geschäftsmann war. So trennten sich unsere Wege wieder, bevor sie richtig zusammenlaufen konnten.

Irene war meine Jugendliebe, meine Partnerin auf dem Abschlußball. Bei ihr brauchte ich lange, bis ich mit ihr intim wurde. Doch als es soweit war, stieg ich über drei Gartenzäune, um bei ihr zu fensterln. Denn ihr Schlafzimmer ging auf den Hof hinaus. Das war nicht ungefährlich. Manchmal erschien die Polizei, die einen Einbrecher vermutete. Es war dennoch eine schöne Zeit, die ich nicht missen möchte.

Meiner wirklich großen Liebe sollte ich Jahre später, beim Abitur, zum ersten Mal begegnen. Bis dahin hatten wir auf dem Ratsgymnasium nur drei Mädchen gehabt, nun fiel mir ein neues auf, das Josephine Hitziggrath hieß, die Haare zur Seite gekämmt trug und sehr lustig und burschikos aussah. Sie hatte etwas Besonderes an sich – und wurde später meine große Liebe. Ich wettete mit meinem Klassenkamerad Wilfried Berger, daß aus ihr einmal etwas ganz Besonderes werden und ich sie mir in ein bis zwei Jahren »unter den Nagel reißen« würde.

So geschah es dann auch. Nach meiner Bundeswehrzeit traf ich sie auf dem Schulfest wieder und stellte fest, daß aus dem jungen Mädchen eine junge Dame geworden war, um die sich alle Jungen rissen und deren Tanzkarte ständig belegt war. Als sich wieder einmal zwei nicht einigen konnten, wer mit ihr tanzen durfte, ging ich zu ihr, ergriff ihre Hand, zog sie auf die Tanzfläche und sagte: *»Dann gehört der Tanz eben mir – und Sie mir auch bald.«*

Mit großen verwirrten Augen starrte sie mich an. *»Wer sind Sie denn?«*

»Ich bin der Haase«, erwiderte ich, *»und ich habe vor zwei Jahren beschlossen, daß ich Sie erobern werde. Richten Sie sich also darauf ein, daß ich Sie heute nach Hause bringe.«*

»Das geht doch aber nicht...«, stotterte sie, *»ich ... ich kann doch nicht...«*

»Sie kennen mich doch!« unterbrach ich. *»Denken Sie an die Theateraufführungen in der Schule.«*

Da erkannte sie mich wieder. *»Ach so, Sie sind der Herakles!«*

An diesem Abend brachte ich sie nach Hause, hauchte ihr die ersten Küsse auf Stirn, Nase und Mund, und nach vier Wochen gehörte sie mir. Sie war die große Liebe meines Lebens, die erste und einzige Frau, die ich wirklich geliebt habe. Die ich noch heute liebe und für die ich jahrelang ins Gefängnis gegangen bin. Ich habe oft schützend meine Hand über sie gehalten, ohne daß sie es wußte. Und doch hat sie mich, wie einige andere Frauen, verraten, hat mein Leben ruiniert, meine bürgerliche Existenz fast ausgelöscht und mich sehr unglücklich gemacht.

Fünf Jahre lang war ich mit Josi glücklich. Es waren die fünf glücklichsten Jahre meines Lebens. Meistens war ich sehr arm, manchmal aber auch sehr, sehr reich. Glück ist unbezahlbar. Ein Mann, der das tut, was er vor sich und allen anderen verantworten kann, der immer zu sich selbst steht, auch wenn er außergewöhnliche Wege geht, ist glücklich zu nennen, wenn er auch nur eine Stunde in seinem Leben wirklich geliebt hat. Wie viele Leute können das schon von sich sagen?

***

Einmal anders sein

Mehr gehen, weniger fahren
Familienleben statt Karriere
Staunen statt fernsehen
Helfen statt raunzen
Mehr Zeit haben statt mehr Geld
Mehr lieben und weniger hassen
Mehr Natur statt mehr Technik
Mehr Stille statt Lärm
Sparen statt wegwerfen
Gras statt Asphalt
Gemeinschaft statt Einsamkeit
An einer blauen Blume riechen statt rauchen
Wiederverwenden statt verschwenden
Kamillentee statt Beruhigungspulver
An Gott glauben statt am Leben verzweifeln.

Zur Besinnung

Wußtest du schon,
daß die Nähe eines Menschen
gesund machen, krank machen,
tot und lebendig machen kann?
Wußtest du schon,
daß die Nähe eines Menschen
gut machen,
böse machen,
traurig und froh machen kann?
Wußtest du schon, daß das Wegbleiben eines Menschen
sterben lassen kann,
daß das Kommen eines Menschen
wieder leben läßt?
Wußtest du schon, daß die Stimme eines Menschen
einen anderen Menschen wieder aufhorchen läßt,
der für alles taub war?
Wußtest du schon,
daß das Wort oder das Tun eines Menschen
wieder sehend machen kann
einen,
der für alles blind war oder nichts mehr sah,
der keinen Sinn mehr sah in dieser Welt
und in seinem Leben?
Wußtest du schon, daß das Zeithaben für einen Menschen
mehr ist als Geld,
mehr als Medikamente,
unter Umständen mehr
als eine geniale Operation?
Wußtest du schon,
daß das Anhören eines Menschen
Wunder wirkt,
daß das Wohlwollen Zinsen trägt,
daß ein Vorschuß an Vertrauen
hundertfach auf uns zurückkommt?
Wußtest du schon,
daß Tun mehr ist als Reden?

Wußtest du das alles schon?

Wußtest du auch schon,
daß der Weg vom Wissen über das Reden
zum Tun
unendlich weit ist?

Wilhelm Willms

Kapitel 5
STURM UND DRANG – Sexualität und Abenteuer

Kapitel 5 a 00-Haase – Null null sex Decknamen und Codenummer

Ich bin ein exzentrischer Mensch. Nachdem ich mich entschlossen hatte, nachrichtendienstlich tätig zu werden, wollte man mir in Ost-Berlin unbedingt einen Decknamen verpassen. Anfangs wehrte ich mich dagegen, wählte dann aber übergangsweise einen Frauennamen. Noch heute muß ich mich scheuen, den wirklichen Decknamen zu nennen, den nur wenige Menschen kennen, denn ich weiß auch heute noch zuviel. Manches werde ich wohl bis zu meinem Lebensende nicht sagen können.

Als es dann unumgänglich wurde, daß ich einen Decknamen bekam, wußte ich bereits, daß die Sowjetunion für ihre erfolgreichen Kundschafter am Feind, wie man das nannte, Codenummern verwendete, und zwar dreistellige und fünfstellige. Je niedriger die Nummer, desto hochkarätiger der Agent. Diese Nummern wurden allerdings nur mit Genehmigung der Regierung an die Agenten vergeben, die aus Überzeugung tätig waren. Das war nur eine kleine Zahl von wenigen hundert, so daß dreistellige Nummern völlig ausreichten.

Da ich von dieser Gepflogenheit wußte, die DDR aber in ihrer merkwürdig konservativen Art noch Decknamen verwandte, verlangte ich für mich eine Codenummer, und um das Maß vollzumachen, verlangte ich nicht irgendeine, sondern eine ganz bestimmte: *006, eins vor James Bond.* Das kann ich heute sagen, da ein hochrangiger sowjetischer Überläufer Ende der 70er Jahre, lange nach meiner Entdeckung und Verurteilung, meine Codenummer im Westen enttarnte:

006, eins vor James Bond.

Man sieht daran, daß ich das ganze Drumherum nie sonderlich ernst genommen habe, weder die Decknamen noch die Orden, noch die Codenummern. Oft war das Ganze, außer der geheimdienstlichen Tätigkeit selbst, für mich ein großes Spiel auf der Bühne dieses Lebens. Welche Rolle ich in diesem Stück allerdings spielte, ob ich überhaupt jemals ein Hauptdarsteller war oder irgendwann einmal einer sein werde, und nicht vielmehr als Täter ein Opfer, weiß man heute noch nicht. Nur selten ist man wirklich

Hauptdarsteller, auch für sich selbst. Ein Edelkomparse war ich aber oft – mehr als mir lieb war.

»Du denkst zu schieben, und du wirst geschoben«, sagt Goethe. Im großen und ganzen sind wir alle Opfer, oftmals unsere eigenen. Wir alle sind Täter und Opfer zugleich: Wir werden gelebt. Daher verstehe ich auch nicht, weshalb sich Menschen so oft zu Richtern über andere in heuchlerischer Selbstgerechtigkeit aufspielen.

Meist haben sie selbst nicht die geringste Berechtigung dazu – so auch im juristischen Bereich...

»Des Menschen Leben ist ein Sandkorn, das verweht. Die Summe seines Daseins ist ein kleiner verfallener Hügel, auf dem Unkraut steht«, sagte Konfuzius.

Kapitel 5 b Sturm und Drang

Nach meiner Militärzeit, die ich Ende September 1959 in Hannover als Leutnant der Reserve beendete, begann ich mein Studium in Würzburg. Ich schrieb mich in den Fächern Jura, Volkswirtschaft, politische Wissenschaft und Medizin ein. Da es schwierig war, in der Innenstadt in Würzburg Zimmer zu bekommen, ließ ich mir über Bekannte meiner Eltern in Höchberg, einem Vorort von Würzburg, ein Zimmer besorgen.

Frau Wirtin:

Eine sehr gut gebaute Fränkin mit einem Maurerpolier als Mann, der sich dort ein Zwei-Familien-Haus gebaut hatte, vermietete mir ein möbliertes Zimmer mit Küchenbenutzung und Bad. Es ließ sich nicht umgehen, daß ich mit den beiden in näheren Kontakt kam. Maria, so hieß die Wirtin, präsentierte sich mir immer öfter in verfänglichen Situationen und stellte mir regelrecht nach. Es dauerte nicht lange, und es war unvermeidlich, mit ihr zu schlafen. Das war mir durchaus nicht unwillkommen, da es für mich eine bequeme Möglichkeit war, meine nimmersatte Potenz zu regulieren. Und dies sogar noch auf bequeme und quasi häusliche Art. Der Mann ging früh fort zur Arbeit und kam oft erst spät abends nach Hause. Uns blieb also genügend Zeit, und wir trieben es auch auf jede nur erdenkliche Art und Weise.

***

Lächeln

Lächeln schafft Verbindung zwischen dir und mir
Lächeln braucht keine Worte
Lächeln sagt: Ich freue mich, daß du da bist
Lächeln nimmt an
Lächeln sagt: Es tut mir leid
Lächeln sagt: Es macht nichts
Lächeln vertreibt den Tod-Ernst
Lächeln sagt: Mach dir nichts draus
Lächeln sagt: Ich bin froh
Lächeln sagt: »Trotzdem« gegen Kummer und Not

***

Kapitel 5 c Studium und Hochschulpolitik

Trotzdem bemühte ich mich gleichzeitig sehr eifrig um mein Studium. Ich hatte damals 53 bis 58 Wochenstunden belegt, wobei sich einige Vorlesungen überschnitten. Ich las viel und studierte fleißig. Da ich meistens mit dem Fahrrad nach Würzburg rein und wieder zurück nach Höchberg fuhr, war dies ein sehr gutes körperliches Training für mich und kam meinen sportlichen Ambitionen zugute. Ich spielte zusätzlich noch viel Tennis und nahm auch Reitunterricht und ritt dann auch viel aus.

Bereits im Sommer 1959 war ich in Hannover in die CDU eingetreten, nunmehr in Würzburg trat ich auch der CSU bei. Dies geschah unter den bayerischen Verhältnissen aus reinem Opportunismus, da in Bayern die Uhren sowieso anders gehen und man in Bayern politisch nur in der CSU was erreichen konnte. Zudem war Franz Josef Strauß damals bereits Verteidigungsminister. Dies war für mich ein zusätzlicher Grund, weil damit mein Themengebiet Wehrpolitik und auch die nachrichtendienstliche Komponente so am besten gefördert wurden.

Nachdem ich während meiner Militärzeit in Hannover im Herbst 1959 Hans-Dieter Schwind kennengelernt hatte, überredete er mich, seinem Vorbild folgend, die nächste wehrpolitische Hochschulgruppe in Würzburg zu gründen. Er hatte im Sommersemester 1959 in München eine wehrpolitische Hochschulgruppe in Zusammenarbeit mit der *Gesellschaft für Wehrkunde* aufgebaut. Über ihn bekam ich Kontakt zu General Hellermann, einem der Vorstandsmitglieder der Gesellschaft für Wehrkunde, die bereits damals vielbeachtete Seminare und Tagungen im wehrpolitischen Bereich ausrichtete. Hier wurde mir auch gleich der Kontakt zu Professor Dr. Dr. Freiherr von der Heydte anempfohlen und angebahnt.

Nachdem ich nunmehr ohnehin entschlossen war, eine politische Karriere ins Auge zu fassen und den militärischen Bereich dafür als ein Standbein zu wählen, wählte ich mir als zweites Standbein die CSU im parteipolitischen Raum. Beides verband ich mit meinen Ambitionen auf dem wehrpolitischen Sektor in Zusammenarbeit mit der Gesellschaft für Wehrkunde.

Professor von der Heydte empfing mich als Leutnant der Reserve mit offenen Armen und bezog mich gleich in seine politischen und militärischen Pläne mit ein. Eine bessere Förderung hätte ich mir gar nicht vorstellen können. Über ihn kam ich auch in Kontakt zu Personen wie Franz Josef Strauß und General Reinhard Gehlen, dem damaligen Präsidenten des Bundesnachrichtendienstes.

So erwies sich meine Würzburger Studienzeit gleich im ersten Wintersemester 1959/60 in persönlicher, wissenschaftlicher und politischer Hinsicht sowie im militärischen Bereich als äußerst fruchtbar und erfolgreich. Einen besseren Start hätte ich mir kaum wünschen können. Zunächst aber mußte ich ein retardierendes Moment überwinden. Beim Hochschulsport war ich sehr schnell in den Kader der Basketball-Hochschulgruppe aufgerückt und verletzte mich bei einem Spiel schwer. Ich mußte zurück nach Hannover und bei Professor Edelmann im Friederikenstift am Meniskus operiert werden. Damals arbeitete ich an meinem ersten philosophischen Lehrgebäude und schrieb in mehreren großen Kladden eine Art wissenschaftliches Tagebuch. Hierbei ging ich aus von den Vorsokratikern, dann über die Aufklärung, Kant und Nietzsche bis zu den Existentialisten um Sartre. Mich beschäftigten vorwiegend Themen wie die Wahrheitssuche, Religion, die Relativität alles Seins, die Liebe und der Tod, die Werte des menschlichen Zusammenlebens, Moral und Politik.

Die Gründung der wehrpolitischen Hochschulgruppe fiel mir nicht schwer, da ich über meine Kontakte zur Gesellschaft für Wehrkunde und das Ministerbüro von Franz Josef Strauß jede bürokratische Unterstützung erhielt, die notwendig war, um an die entsprechenden Adressen der in Würzburg studierenden Reserveoffiziere heranzukommen. In kurzer Zeit hatte ich ein Häuflein von etwa 20 Kommilitonen zusammen. Wir trafen uns zweimal, später einmal wöchentlich und hatten nach wenigen Wochen eine funktionierende Gruppe zusammen. Ich wurde zum Vorsitzenden gewählt und traf mich mehrfach mit Hans-Dieter Schwind in München.

Professor von der Heydte bereitete seine erste große Wehrübung vor, er sollte durch seinen persönlichen Kontakt zu Franz Josef Strauß im Anschluß an diese Wehrübung – bei der ich als Adjutant von der Heydte fungieren sollte – zum ersten und damals einzigen General der Reserve ernannt werden. Diese Wehrübung fand im Frühjahr 1960 statt und war ein willkommener Anlaß für eine Gruppenfahrt unserer neuen wehrpolitischen Gruppe in Würzburg. Auch mußte ich meine Kontakte nach Bonn aktivieren und wurde auch im Ministerbüro auf der Hardthöhe vorstellig. Später ergab es sich, daß ich ca. alle drei Wochen einige Tage in Bonn weilte. Dort baute ich gezielt meine Kontakte zu den Vorzimmern der Macht in den Ministerien und bei der CDU aus.

Meine Parteikontakte ließen sich damals gut an. In kürzester Zeit war ich bis in den Kreisvorstand der CSU in Würzburg vorgedrungen, übernahm aber bewußt keine Funktionen und hielt mich mehr im Hintergrund, damit meine Karriere nicht zu auffällig und schnell vonstatten ging. Denn schon damals war ich ja nicht ganz unvorbelastet im nachrichtendienstlichen Bereich und fürchtete, zu schnell bekannt zu werden, obwohl mir wiederum klar war, daß auch eine negative Publizität manchmal besser ist als gar keine. Wichtig ist, daß Kontakte und Beziehungen dabei herausspringen. Dies war hier durchaus der Fall. Im politischen wie im wissenschaftlichen Bereich ist eine gewisse Publizität vonnöten.

Sehr bald also hatte ich über meine verschiedenen Kontaktmöglichkeiten direkten Zugang zu Führungsspitze der CSU bis zu Franz Josef Strauß persönlich, beim Bundesnachrichtendienstsektor bis zu Reinhard Gehlen, den ich im Hause von Professor von der Heydte kennenlernte, und im wissenschaftlichen Bereich sowie bei der Gesellschaft für Wehrkunde, zu General Hellermann und anderen. Über diese Kontakte erweiterten wir sehr schnell die Struktur des Ringes wehrpolitischer Hochschulgruppen, den wir wenig später bundesweit installierten. Neben Hans-Dieter Schwind waren Hans Michael Moll, Dietmar Schössler und Wolfgang Reinecke mit mir zusammen im Bundesvorstand tätig, später auch Gudrun Findeisen und Richard Bachmann. In bestimmten Bereichen bestimmte ich die Richtlinien der Politik des Verbandes – vor allem auch hinsichtlich der Kontakte zu den anderen politischen Hochschulverbänden: SDS SHB RCDS und LSD.

Nach meiner Meniskusoperation studierte ich in Würzburg weiter, hatte aber die nächste Zeit erhebliche Komplikationen mit meinem linken Knie. Immer wieder hatte ich Rückfälle und Verletzungen, da der Bänderapparat im Knie erheblich geschädigt war. Dies behinderte mich beim Tennis, Reiten, und Fechten ebenso wie beim Basket- und Volleyball. Manchmal auch beim Tanzen. Aber oft besuchte mich Josi, und wir hatten eine wundervolle Zeit miteinander. Ich hatte Erfolg in allen Bereichen, in der Politik, im Studium, in den mitmenschlichen Beziehungen und in der Liebe. Ich strotzte vor Kraft und Gesundheit und überwand das Handikap mit dem linken Knie recht bald.

Kapitel 5 d Der Menschensammler: Geil nach Kontakten

Meine geile Wirtin sorgte immer wieder für den Ausgleich meines Hormonhaushalts, nur wenn Josi bei uns zu Gast war, gab es manchmal Spannungen, und Marie-Luise hatte etwas dagegen, wenn Josi bei mir im Zimmer übernachtete. Sie duldete es aber zähneknirschend. Meistens brachte ich aber Josi in einem der drei ländlichurigen Gasthöfe unter. Ich wollte Josi mit sehr viel Rücksicht und Schonung ins Liebesleben einführen, bis es ihr zu lange dauerte und sie mich regelrecht vergewaltigte. Vor Schreck fiel ich gleich aus dem Bett. Sie sah mich mitleidig und bewundernd zugleich an und sagte: »Oh Sokrates, was bist du nur für ein toller Mann und gleichzeitig ein Umstandskrämer! Es ist wirklich an der Zeit, daß du mich endlich in alle Spielarten der Liebe einweihst.«

Besonders mit den Kontakten zur Gesellschaft für Wehrkunde in München und zu einigen Stellen des Bundesnachrichtendienstes gab es wesentliche Ansatzpunkte für meine spätere Tätigkeit und mein weiteres Leben, worauf ich später noch näher eingehen werde.

Das Frühjahr 1960 brachte eine wilde Faschingszeit mit sich, die mir auf vielen Bällen und Partys in München und Würzburg eine Vielzahl von Kontakten in jeder Beziehung erschloß. Ich war sehr aktiv und umtriebig, und als Hobby sammelte ich Menschen, so wie andere Briefmarken sammeln. Natürlich nur interessante Menschen und Kontakte, besonders aber Frauen. Und ich hatte eine Vielzahl von Affären und Freundinnen. Es war eine wahre Sturm- und Drangzeit mit vielen schönen, aber auch grotesken Momenten. Mit Rücksicht auf die vielen Verbindungen und Beziehungen, die heute noch bestehen, kann ich hier auf Einzelheiten kaum eingehen. Obwohl ich viel und oft rede und die Leute glauben, ich trage mein Herz auf der Zunge, weiß ich doch, daß der Grundsatz gelten muß: Der Kavalier genießt und schweigt. Auch Casanova (ein Venezianer, der übrigens für Frankreich spionierte) hätte zu seiner Zeit keine Erfolge gehabt, wenn er all das, was ihm später angedichtet wurde, damals zu Markte getragen hätte. Trotzdem war ich durchaus das, was man einen Weiberhelden nennt. Und ein schauerlicher Angeber, denn es ging bei mir immer nach der Devise: »Wer angibt, hat mehr vom Leben.« Oft wurde ich deswegen unterschätzt, was mir bei Freund und Feind Vorteile brachte. Aber in der Politik und auch im wissenschaftlichen Bereich gehört Klappern zum Handwerk. In jenen Jahren zwischen 1959 und 1961 baute ich also Kontakte und Verbindungen auf, die mich zum Teil auch heute noch begleiten. Ich muß daher sehr vorsichtig sein mit dem, was ich nun im einzelnen darüber berichte, denn grundsätzlich will ich keinen schädigen oder ihm zu nahe treten, insbesondere wenn es die Familie betrifft oder die Intimsphäre. Es ist eine schwierige Aufgabe für einen Autor, Memoiren zu schreiben, wenn er von seinen Beziehungen – besonders den wesentlichen – berichtet. Denn alles ist subjektiv gefärbt. – Es gibt im Leben keine objektive Wahrheit. – Jeder sieht die Dinge nun mal von seinem Standpunkt. Ob man es von männlicher oder weiblicher Seite aus betrachtet, ist oft ein erheblicher Unterschied. Hierzu gibt es bekannte Film-Experimente, die die gleiche Handlung einmal vom weiblichen Partner aus schildern und dann wiederum vom männlichen aus. Es sind oft zwei ganz verschiedene Handlungen, auch wenn sie ein und dieselbe Tatsache oder die verschiedenen Tatbestände betreffen. Es würde hier zu weit führen und bedarf einer philosophischen und einer analytisch-logischen Betrachtung, was eine Lebensplanung, eine Lebensanalyse oder gar eine Lebensbeschreibung im Nachhinein betrifft. Gerade der Memoirenschreiber ist kaum in der Lage, objektiv zu berichten, weil er als Betroffener die Dinge eben einseitiger sehen muß als ein unbeteiligter Dritter. Daher sind die meisten Memoiren auch von Ghostwritern geschrieben oder aber erheblich redigiert und entsprechend retuschiert worden.

Ich versuche hier so nahe wie möglich an der Wahrheit zu bleiben, obwohl aus menschlichen Rücksichten einiges ungesagt bleiben muß, was andererseits hierher gehört hätte.

***

Reifezeugnis

Ich wollte Nähe – und bekam die Flasche
Ich wollte Eltern – und bekam Spielzeug
Ich wollte reden – und bekam ein Buch
Ich wollte lernen – und bekam Zeugnisse
Ich wollte denken – und bekam Wissen
Ich wollte einen Überblick – und bekam einen Einblick
Ich wollte frei sein – und bekam Disziplin
Ich wollte Liebe – und bekam Moral
Ich wollte einen Beruf – und bekam einen Job
Ich wollte Glück – und bekam Geld
Ich wollte Freiheit – und bekam ein Auto
Ich wollte einen Sinn – und bekam eine Karriere
Ich wollte Hoffnung – und bekam eine Angst
Ich wollte ändern – und bekam Mitleid
Ich wollte leben . . .

Reinhardt Jung

Kapitel 5 e Weltreligionen – Beischlafsport

Damals in Würzburg, München, Berlin und Hannover stand mir die ganze Welt offen. Ich bemühte mich, ein Studium generale zu betreiben, das heißt, zu den Fächern Jura, Philosophie, Medizin und Volkswirtschaft bemühte ich mich auch noch, die wissenschaftlichen Aspekte der Theologie und der Psychologie mit in mein Studium einzubauen. Ich las und arbeitete manchmal wie ein Besessener. Damals begann ich mir eine Schnelllesemethode beizubringen, die es mir ermöglichte, Bücher und Aufsätze in etwa einem Viertel der normalen Zeit zu bewältigen. Ich legte damals den Grundstein zu meiner wissenschaftlichen und weltbildlichphilosophischen Betrachtungweise, indem ich in den ersten Studienjahren ca. 2000 Bücher las, in denen der wesentliche Teil des heutigen Wissens komprimiert war.

Ich setzte mich mit den verschiedenen Weltreligionen auseinander, bemühte mich um anatomische und medizinische Kenntnisse, insbesondere auch auf dem Gebiet der Psychiatrie wie der Psychologie, betrieb nebenbei Sprachstudien von Latein, Griechisch, Hebräisch über Englisch, Französisch bis zum Chinesischen, beschäftigte mich auch noch mit Astrologie und Astronomie.

Zum Ausgleich trieb ich neben dem Sport intensiv Yoga und übte mich in den Techniken der Meditation bis hin zu mystischen Versenkung. Daneben führte ich ein ausschweifendes Sexualleben und bemühte mich, mindestens einmal am Tag mit irgendeiner Frau zu schlafen. Ich litt unter meinem unbändigen Trieb, der das ermöglichte, ebensowenig wie Richelieu, dem man nachsagte, daß er siebenmal in einer Nacht den »Hahn krähen lassen« konnte. Ich war ein geradezu besessener Erotomane. Es gab Nächte, in denen ich es mit drei Frauen trieb. Man konnte schon von »Beischlafsport« sprechen. Trotzdem war ich äußerst wählerisch in meinen Kontakten.

Abgesehen von meiner Wirtin, die mit ihren 39 Jahren und ihrer fülligen Figur gar nicht genug von mir kriegen konnte und die ich, wenn möglich, morgens, mittags und abends bediente, war ich auch noch gerngesehener Gast in den Zimmern des internationalen Studentenwohnheims, Friedenstraße Nr. 2, des sogenannten Internationalen Hauses, in dessen beiden oberen seiner sieben Stockwerke nur weibliche Wesen verschiedenster Nationalitäten wohnten.

Dort legte ich auch eigenartigerweise den Grundstein zum Kontakt zur CIA. Eine der dortigen Studentinnen, eine bildhübsche Amerikanerin indianischmexikanischer Abstammung, hatte ein Stipendium vom CIA und wurde als Mitarbeiterin aufgebaut. Abgesehen davon, daß sie die Geliebte eines führenden Sektionsoffiziers Europa-Mitte war, heiratete sie später einen international berühmten Wissenschaftler und machte selber auch Karriere auf diesem Gebiet. Heute noch verfügt sie über eine der besten und weitestverzweigten Verbindungen dieser Welt auf den Gebieten Waffenhandel, Drogen und Devisengeschäfte. Wir sehen uns drei- bis viermal im Jahr, und immer wieder ist es eine geradezu orgiastischkonspirative Begegnung, gekoppelt mit Sex, Crime und Machismo.

Von dieser Art Kontakten habe ich persönlich damals etwa 30 über die Welt verteilt, die mich nach und nach ganz privat mit einem geradezu unersetzlichen nachrichtendienstlichen Wissens- und Erfahrungsschatz ausstatteten. Das gibt mir trotz aller Gefährdung noch heute eine gewisse Unverwundbarkeit. Meist ist es mir möglich, meine Überwacher zu überwachen. Und so habe ich viele Gefahren überstanden und bin in Wissensgebiete vorgedrungen, die oft nur Fachleuten in Politik, Wirtschaft und Wissenschaft vorbehalten sind .

Wie in jedem Nachrichtendienst ist von entscheidender Bedeutung nicht nur der persönliche Wissens- und Erfahrungsschatz, sondern auch die Zusammenschau der Dinge, die Fähigkeit, in den Bruchstücken das Gefäß zu erkennen.

Die Geschichte geht oft um die Ecke. Das haben wir gerade in den letzten zwei, drei Jahren erlebt. So zum Beispiel in China, Osteuropa, Deutschland usw. Wer hätte vor drei Jahren noch den Zusammenbruch des Ost-West-Konflikts und ganzer Systeme so voraussehen können? Keiner! Weder Wahrsager oder Computer, noch Nachrichtendienste, noch Propheten.

Durch die Vielzahl meiner Kontakte und Beziehungen, galt ich als so eine Art Hansdampf in allen Gassen. Wie schon gesagt, verfuhr ich nach der Devise: Negative Publizität ist besser als gar keine. Ich scheute mich nicht, mit meinem unerschütterlichen Selbstbewußtsein den Leuten auf die Nerven zu gehen. Wo ich einmal in der Runde auftauchte, führte ich das Wort und blieb den Anwesenden meist nachhaltig in Erinnerung.

Ich verkehrte mit den oberen Zehntausend und hatte Beziehungen zu allen Kreisen – von der Unterwelt bis in die obersten Spitzen der Gesellschaft. Zwangsläufig trieb ich es mit den Geliebten oder Frauen reicher Männer und pirschte mich oft an interessante Männer über ihre Frauen heran. Mit jungenhafter Brutalität und berlinerischem Charme blieb mir kaum eine Festung länger als drei Tage verschlossen. Meist habe ich nicht mehr als sieben Tage gebraucht, um eine unnahbare Frau zu besiegen.

Ich habe die Kontakte nie genau gezählt, aber überschlägig dürften es weit über 500 intime zu Frauen und über 1500 zu Männern sein , die ich näher kennenlernte – nicht intim, um Mißverständnissen vorzubeugen. Hinzu kommen wohl so über 1000 Huren, mit denen ich geschlafen habe. Wie gesagt, ich sammelte Menschen, je interessanter, desto besser, sowohl qualitativ wie quantitativ hatte ich einen ungeheuren Hunger nach menschlichen Kontakten. Sie kamen meinen späteren politischen, menschlichen und nachrichtendienstlichen Aktivitäten zugute.

Im Würzburger Tennis- und Reitclub lernte ich die Frauen und Töchter wohlhabender und einflußreicher Leute kennen. Der größte Bauunternehmer der Stadt war mein zukünftiger Schwiegervater, gleichzeitig hatte ich ein Verhältnis mit dem größten Verleger der Stadt, das heißt mit seiner Frau und seiner Tochter und später auch mit seiner Geliebten. Ich führte das herrlich ausschweifende Leben eines Wüstlings der Barockzeit. Parallel dazu baute ich meine Kontakte sowohl zu unseren eigenen Diensten wie auch zu fremden und ausländischen Nachrichtendiensten aus.

Kapitel 5 f Kontakte als Tauschgeschäft

Schon bald hatte ich Verbindung zu zwei führenden CIA-Offizieren in Würzburg und Frankfurt, später auch noch nach München und Heidelberg. In Frankfurt und Berlin lernte ich die Residenten des Bundesnachrichtendienstes kennen, ebenso in München, und über München und Bonn in den MOSSAD hinein, durch meinen Freund, einen Pariser mit französischem Vater und deutscher Mutter, der später einer der führenden Offiziere im Deuxieme-Bureau wurde, hatte ich auch dorthin Kontakte. Ferner freundete ich mich mit einer Reihe von Journalisten an, die zum SPIEGEL, zum STERN und zur ZEIT sowie zu ausländischen Gazetten beste Verbindungen hatten. Jeder Dritte von ihnen hatte auch nachrichtendienstliche Kontakte, die er allerdings streng geheimhielt oder nicht wahrhaben wollte. Als großer Aufreißer hatte ich aber immer die Möglichkeit, einige meiner abgelegten Freundinnen mit attraktiven Männern zu versorgen, was mir wiederum deren Freundschaft eintrug. So hatte ich an Kontakten vermittels Tauschgeschäft keinen Mangel. Man kann schon beinahe sagen, daß ich mit Kontakten handelte, und zwar im sexuellen Bereich ebenso wie im wissenschaftlichen, journalistischen, politischen und militärischen. So gesehen, baute ich in den wilden Jahren meiner ersten Studienzeit in Würzburg, München und Berlin geradezu ein persönliches Grundlagenstudium und Kontaktmodell für Politik und Nachrichtendienste auf. Ich legte Karteikarten an, weil ich mir die Einzelheiten sonst gar nicht alle hätte merken können. Am Ende hatte ich über 900 Karteikarten . . .

Es würde den Rahmen dieses Buches sprengen, würde ich auch nur zu einem Teil dieser Kontakte alle wesentlichen Einzelheiten berichten und detailliert über persönliche Erfahrungen und Machenschaften plaudern. Dennoch möchte ich, auch zur eigenen Erbauung, auf einige Details und Informationen aus dieser Zeit nicht verzichten, weil der geneigte Leser sonst nämlich nicht versteht, wie es zu den späteren Ereignissen kommen konnte.

Zum Schutz einiger Personen sind, wie schon im Vorwort gesagt, Namen, Daten und Orte teilweise verändert. Ich schwöre aber, nicht wie Barschel, sondern wie Dieter Haase, der oft die Wahrheit sagte und dem oft keiner glaubte, daß ich in wesentlichen Teilen nichts hinzugefügt oder beschönigt habe, sondern daß ich mich grundsätzlich bemühe, der Wahrheit die Ehre zu geben, zumindest so nah wie möglich an der Wahrheit zu bleiben. Ferner werde ich zu wesentlichen Ereignissen Dokumente und recherchiertes Pressematerial als Beleg heranziehen. Das illustriert den Gang der Dinge oft nachhaltiger, als wenn ich selber weitschweifige Schilderungen dazu abgeben würde.

***

Träumer sind keine Utopisten

Ich träume gern.
Wenn Pausen möglich sind,
schalte ich für ein oder zwei Minuten ab.
Ich bedaure immer wieder, daß in unserer Zeit
nicht mehr genügend Raum ist zu Träumen.
Träumer werden meistens belächelt,
als unfähig verdächtigt, nicht ganz ernstgenommen.
Abschätzig heißt es:
»Er ist ein Träumer!«
Ich erinnere mich noch an meine Schulzeit.
Wenn der strenge Lehrer
einen von uns Schülern beim Träumen erwischte, sagte er:
»Aus dir wird nie etwas Rechtes!«
Man meint, Träumer sind Utopisten,
nicht brauchbar für nützliche Zwecke.
Was zählt, sind Fakten,
fleißige Arbeit, meßbare Leistungen, Erfolg.
Aber eine Welt,
in der Träumer keinen Platz haben,
macht mir Angst.
Wie soll es überhaupt noch eine bessere,
eine menschlichere Zukunft geben,
wenn niemand mehr von ihr träumt?

Ernst Gisler

Kapitel 6
DIE GEHEIMDIENSTE – Wesen, Wirken und Struktur

An dieser Stelle will ich für nicht mit dem Metier Vertraute (Eingeweihte mögen dies Kapitel einfach überblättern) ein paar Zeilen zu den wichtigsten Geheimdiensten, zu ihrer Geschichte und Entstehung, ihrem Wesen, Wirken und ihrer Struktur niederschreiben. Ich hoffe, daß es dazu beiträgt, einige meiner Erlebnisse in diesem Milieu besser zu verstehen.

Kapitel 6 a Wesen und Aufgaben der Geheimdienste

Bereits bei den alten Römern standen »Geheimnisverrat« und »Landesverrat« unter strenger Strafe.

Nach dem Allgemeinen Preußischen Landrecht von 1874 dann waren *»fremde Kundschafter nach den Regeln des Kriegsrechts zu behandeln«.*

Auf der Brüsseler Staatenkonferenz von 1874 wurde die Spionage als erlaubtes Kriegsmittel völkerrechtlich anerkannt. Hiernach wurde als *Spion* jemand bezeichnet, der *»heimlich oder unter falschem Vorwande an Örtlichkeiten, die zu betreten der Öffentlichkeit verboten ist, Informationen sammelt oder zu sammeln sucht in der Absicht, diese einer anderen Partei mitzuteilen«.*

Kundschafter dagegen wurde genannt, wer ohne Verheimlichung seines militärischen Status und Auftrages Informationen einzog.

Im Zeitalter der Nationalstaaten mit großen schlagkräftigen Heeren wurden die Aufgaben der militärischen Geheimdienste immer wichtiger, während die politische Aufklärung der Diplomatie verblieb.

Einen wichtigen Schwerpunkt der militärischen nachrichtendienstlichen Tätigkeit bildete im Laufe der Zeit neben der klassischen Aufklärung und Analyse der Stärken und Schwächen des gegnerischen Machtpotentials die Vorbereitung von Maßnahmen zur Schwächung der gegnerischen Positionen, kurz Sabotage, um im Ernstfalle möglichst effektiv und bei größtmöglicher Schonung des eigenen Potentials die Kampftruppen des Gegners an ihrer Entfaltung zu hindern, seine Aufmarschbewegungen zu stören, sein Rüstungspotential zu schwächen.

Auch ich wurde von den Militärs der DDR und der BRD, aber auch von CIA und KGB immer wieder bei meinen ND-Kontakten angesprochen, eingesetzt und über den militärischindustriellen Komplex in politische Machenschaften verwickelt. Mehr darüber im nächsten Buch!

Von besonderer Bedeutung ist es, geeignete Mitarbeiter zu gewinnen.

Diese müssen in der Lage sein, geheime Informationen zu beschaffen und vor allem zu einer solchen Tätigkeit bereit sein. Ich habe hier oft erfahren müssen, daß Militärs sich für die besseren Kundschafter bzw. Agenten halten.

So ist ein Großteil der Mitarbeiter eines Nachrichtendienstes damit beschäftigt, im Rahmen der Personenaufklärung geeignete »Objekte« für eine Anwerbung in ihrem privaten und/oder beruflichen Umfeld zu finden. Hierbei wird besonders darauf geachtet, ob als »Geheimnisträger« interessante Personen aufgrund persönlicher Schwächen wie Geldmangel, Führen eines aufwendigen Lebensstils usw. für eine Mitarbeit zu gewinnen sind. Aber auch alleinstehende Sekretärinnen o. ä. sind ein beliebtes Anwerbeobjekt. Die besten Mitarbeiter sind allerdings diejenigen, die zu ihrer Tätigkeit aus politischer Überzeugung finden. Hier hatten gerade die Ostblockstaaten jahrelang ein ausgezeichnetes und sehr ergiebiges Anwerbepotential.

Die Hauptaufgabe der Geheimdienste ist nach wie vor die Nachrichtenbeschaffung, wobei für die Ostblockstaaten auch die Wirtschaftsspionage einen besonders hohen Stellenwert hatte. Ist es doch erheblich billiger und einfacher, neue Techniken auszuspionieren, als mit hohem Kosten- und Zeitaufwand eigene Entwicklungsarbeit zu leisten. Verstärkt wurde dies durch das vom Westen verhängte Lieferembargo, so durfte alles, was militärisch nutzbar wäre, nicht in Ostblockländer geliefert werden. In den offenen westlichen »Informationsgesellschaften« hatten es die östlichen Geheimdienste besonders leicht, viele »Grundinformationen« wie Fahrpläne, Landkarten o.ä. im Handel zu beschaffen, viele weitere wichtige Informationen ließen und lassen sich jeden Tag durch Presse, Funk und Fernsehen gewinnen, während in den Ostblockländern sicherheitspolitisch relevante Informationen öffentlich nicht verbreitet werden durften. So waren etwa in den in der DDR erhältlichen Landkarten viele Straßen in der Nähe der Grenze zur Bundesrepublik falsch eingezeichnet.

Großer Aufwand wird betrieben, um im eigenen Land tätige Spione aufzudecken. Neben einer ständigen »Sicherheitsüberprüfung« von Personen, die in relevanten Bereichen tätig sind, gehört hierzu; z. B. die »Nachrichtenkanäle« des Gegners auszukundschaften, etwa Funkverbindungen mit seinen Agenten, ebenso »tote Briefkästen«, raffinierte Tinten usw.

Hier hinein spielt als weiterer wichtiger Aufgabenbereich die Gegenspionage. Wichtig ist neben der Enttarnung der gegnerischen Agenten und der Zerschlagung seiner Informationsstrukturen auch, in Erfahrung zu bringen, wie weit die Erkundungserfolge des Gegners reichen. Vor allem kann man aber auch erkennen, welche Schwachstellen die eigenen Sicherheitsvorkehrungen zur Abwehr von Spionen hatten.

Am wenigstens erfährt man über Sabotageakte, Kommandounternehmen, Subversion und psychologische Kriegführung der Geheimdienste. Selbst bei so spektakulären Vorkommnissen wie dem Absturz der PANAM Boeing über Lockerbie und dem Abschuß eines italienischen Passagierflugzeuges nahe Ustica oder dem Bombenanschlag auf den Bahnhof von Bologna ist bis heute nicht vollständig geklärt, welche Geheimdienste wie weit mitgewirkt haben. Die Spekulationen reichen hier vom CIA über den libyschen Geheimdienst bis zum Mossad und dem iranischen Geheimdienst. Aber auch der italienische Geheimdienst und die NATO-Geheimtruppe GLADIO werden verdächtigt. Dennoch ist klar, daß an vielen geheimnisvollen Aktionen dieser Art Geheimdienste federführend oder auch ausführend beteiligt sind. Dies ist nachzulesen im Zusammenhang mit der Affäre um das »Celler Loch« vom 25.07.1978 im Kapitel 8 e dieses Buches.

Das Wesen und die Tätigkeit der Geheimdienste haben die Menschen schon immer interessiert. So hat es zu allen Zeiten eine vielfältige und interessante Literatur zu diesem Thema gegeben.

Besonders zur deutschen Spaltung und der sich aus der Zugehörigkeit zu den sich feindlich gegenüberstehenden Bündnissen der NATO und des Warschauer Paktes ergebenden umfangreichen Spionagetätigkeit gibt es viele interessante Veröffentlichungen. So wurde die »Spionage in Deutschland« von Dr. J. H. Edgar und Dr. R. J. Armin, Ernst Gerdes Verlag, Preetz 1962, geschildert. Sehr informativ ist das Buch »Operationsgebiet Bundesrepublik – Spionage, Sabotage und Subversion«, Universitas Verlag, München 1985, wo ich namentlich auf Seite 145 als »Bundeswehr-Hauptmann Haase« erwähnt werde in der Behauptung, »Haase scheint mit 100.000 bis etwa 160.000 DM ›entlohnt‹ worden zu sein«, was allerdings nicht den Tatsachen entspricht, und in dem auf der Bildseite nach Seite 176 das aufschraubbare 5-Mark- Stück abgebildet ist, das Carola bei ihrem Verrat als Beweisstück der Polizei in Mannheim übergeben hatte.

Ebenso findet sich in dem Buch »Spione in der Bundeswehr« eine kurze Schilderung meines Falles.

Sehr aufschlußreich sind die Ausführungen eines der letzten Überlebenden der Verschwörung des 20. Juli gegen Hitler, Otto John »Zweimal kam ich heim«, Econ Verlag, Düsseldorf / Wien, 1969, »Vom Verschwörer zum Schützer der Verfassung«. Der ehemalige Leiter des Bundesamtes für Verfassungsschutz, der »Entführte, Geflohene und Verurteilte deckt die Hintergründe seines Schicksals auf«.

»Der Maulwurf packt aus« – der erfolgreichste Spion, den Moskau in die westlichen Geheimdienste einschleusen konnte, Kim Philby, offenbarte sich Philip Knightley, der seine Lebensgeschichte unter dem Titel »Kim Philby – Geheimagent«, Paul List Verlag, München 1989, wiedergab.

Besonders anschaulich und umfassend ist das Buch von Janusz Piekalkiewicz:« Weltgeschichte der Spionage«, Südwest-Verlag München, 1988.

Trotz meiner vielfältigen einschlägigen Kenntnisse und Erfahrungen habe ich diesem Buch einige Anregungen und Informationen entnehmen können, insbesondere die Organisationsskizzen zu den nachfolgend dargestellten Geheimdiensten.

Ich kann dieses wirklich ausgezeichnete Buch nur empfehlen, ebenso das Buch von Viktor Ostrovsky: »Der Mossad«, Verlag Hoffmann und Campe, Hamburg 1991, dem ich das Organisationsschema »Mossad« entnommen habe. Auch das Buch von Werner Stiller: »Im Zentrum der Spionage«, Verlag von Hase & Koehler, Mainz 1986, ist eine anregende Darstellung für das folgende Thema. Besonders hinweisen möchte ich auf die beiden Bücher von Karl Wilhelm Fricke »Die DDR-Staatssicherheit«, 1989 und »MfS intern«, 1991, beide Verlag Wissenschaft und Politik, Köln.

Nicht vergessen werden soll der ehemalige Chef der »Hauptverwaltung Aufklärung« (HVA) der DDR, Markus Wolf, dessen Lebensweg und Arbeitsweise als »Chef der Spione« von Alexander Reichenbach, Deutsche Verlagsanstalt, Stuttgart 1992, beschrieben wird sowie seine eigene Biographie »Im eigenen Auftrag«.

Kapitel 6 b VEB Horch und Guck
Die DDR und ihre Nachrichtendienste

Damit ein Teil meiner nachrichtendienstlichen Tätigkeit besser zu verstehen und einzuordnen ist, beginne ich hier, die Dienste der (ehemaligen) DDR und ihren Hintergrund darzustellen. Deutschland (das Dritte Reich) war nach Beendigung des zweiten Weltkrieges von den Siegermächten aufgeteilt worden. Österreich war ebenso wie seine Hauptstadt Wien vom Reich abgetrennt und in je vier Besatzungszonen aufgeteilt. Das Sudetenland war wieder zur Tschechoslowakei gekommen. Die Gebiete östlich von (Görlitzer) Neiße und Oder standen unter polnischer »Verwaltung«, bis auf das nördliche Ostpreußen, das unter sowjetische Verwaltung kam. Der Rest des Reiches wurde, ebenso wie seine Hauptstadt Berlin, unter den vier Alliierten in vier Besatzungszonen aufgeteilt.

Ministerium für Staatssicherheit

In der sowjetischen Besatzungszone (Ostzone) befand sich nahe dem Hauptquartier der sowjetischen Streitkräfte in Berlin-Karlshorst auch das Hauptquartier des Sicherheitsdienstes MGB (Ministerstwo Gosudarstwennoje Besopasnosti), der Vorläufer des KGB war.

Der militärische Nachrichtendienst GRU hatte seine Zentrale in Wünstorf bei Berlin und Dependancen in Leipzig, Erfurt, Magdeburg und

MINISTERIUM FÜR STAATSSICHERHEIT

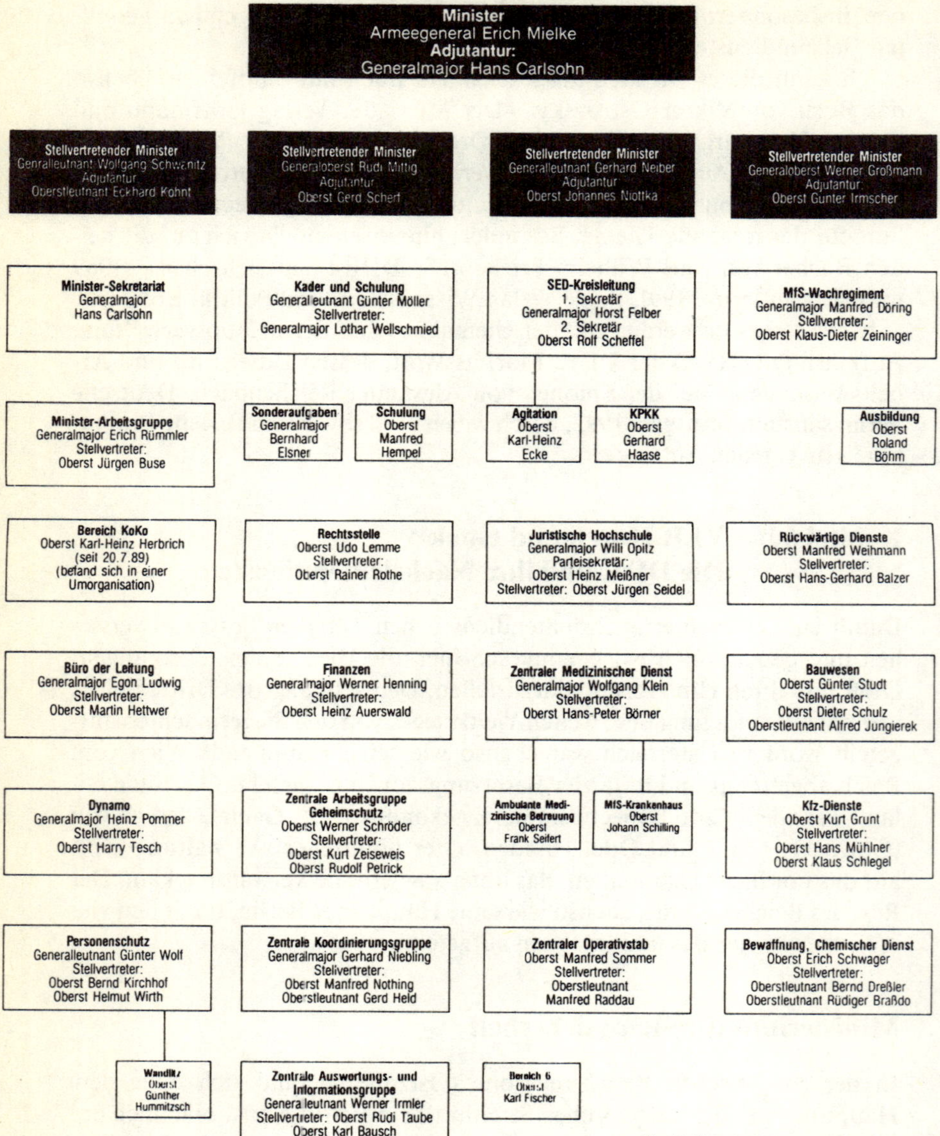

Stand 7. November 1989

Schwerin eingerichtet. Beim sofort nach Kriegsende erfolgenden Aufbau der Landes- und Kreisbehörden der Volkspolizei wurden auf Anweisung des MGB Sonderabteilungen mit der Bezeichnung »Kommissariat 5« (K5) geschaffen. Diese sollten dem MGB und der GRU helfen, politische Verbrecher aufzuspüren und zu verhaften. Allerdings war dem Kommissariat 5 anfangs jede zentrale Lenkung untersagt, es durften nur kriminelle Delikte bearbeitet werden, an denen die sowjetische Besatzungsbehörde nicht interessiert war. Ende 1946 entstand bei der Ost-Berliner Verwaltung des Inneren das »Referat K5« mit Weisungsbefugnis für alle Landes- und Kreiskriminalämter. Dieses übernahm auch die »Überwachung und Bekämpfung der Gegner des demokratischen Aufbruchs«.

Erst im August 1948 gestattete die sowjetische Besatzungsbehörde die Errichtung einer Geheimpolizei. Ihr oblag die administrative Kontrolle des gesamten Volkseigentums. Nach mehreren Umbenennungen entstand am 24. November 1955 das allumfassende »Ministerium für Staatssicherheit« (MfS), das eigene Ermittlungen führen und eigene Untersuchungsgefängnisse unterhalten durfte. Das MfS wurde eine selbständige Behörde, die direkt dem Ministerrat unterstand als dem »höchsten verfügenden und vollziehenden Organ der Staatsgewalt der DDR«. Dem Minister für Staatssicherheit stand ein sowjetischer Verbindungsstab zur Zentrale des KGB in Moskau zur Seite.

Die »Hauptverwaltung Aufklärung« (HVA) war ein Teil des MfS, zuständig für Spionage im westlichen Ausland. In ihrer Ost-Berliner Dienststelle waren rund 1500 Offiziere und 1600 Zivilangestellte beschäftigt. Der Schwerpunkt aller HVA-Tätigkeiten lag mit etwa 4000 bis 5000 Agenten, darunter ein Drittel Frauen, auf dem Gebiet der Bundesrepublik. Zum 25. Jahrestag der Gründung des Ministeriums für Staatssicherheit erklärt SED-Generalsekretär Erich Honecker, Dank und Anerkennung würden insbesondere *»den Kämpfern an der unsichtbaren Front gelten, die, oft weit entfernt von ihrem sozialistischen Vaterland und allein auf sich gestellt, heldenhafte Leistungen vollbringen«.*

Die vom Bundesamt für Verfassungsschutz enttarnten Spione hatten zu 85 Prozent im Auftrag der DDR und zu 15 Prozent für andere Ostblockländer gearbeitet. In der Bundesrepublik Deutschland und auch in den NATO-Ländern verfügte die HVA sowohl über geheime Residenturen als auch über Einzelverbindungen. Auch auf Kuba verfügt die HVA seit 1972 über ein nachrichtendienstliches Operationszentrum für Aufklärungsziele in Nord-, Mittel und Südamerika.

Die HVA ist in 15 verschiedene Aufgabenbereiche unterteilt:

Abt. I = Staatsapparat BRD – politische Spionage und Zersetzungsarbeit in den obersten bundesdeutschen Behörden;

Abt. II = Parteien und Massenorganisationen BRD – politische Spionage innerhalb der Parteien, Kirchen, Gewerkschaften und Verbände der BRD;

Abt. III = – Westeuropa – militärische Spionage in den ausländischen Botschaften und Militärmissionen, dazu Errichtung von Agentenringen in westeuropäischen Staaten, auch in neutralen Ländern;

Abt. IV = Militärische Aufklärung – militärische Spionage innerhalb des NATO-Hauptquartiers, der NATO-Stäbe sowie in den militärischen Einrichtungen der BRD;

Abt. V = Wissenschaft und Technik – Spionage in Industrie und Wissenschaft, vor allem in Kernforschungszentren;

Abt. VI = Ausbildung und »Übersiedlung« – Einschleusen von Agenten in NATO-Länder, den Nahen Osten, Asien und Afrika;

Abt. VII = Information/Auswertung – Übermittlung aller ausgewerteten geheimen und offenen Informationen an die politische Führung der DDR;

Abt. VIII = Operative Technik – elektronische Spionagegeräte, Agentenfunk, Container (Verstecke für Geheimmaterial) sowie Fälschung von Ausweisen, Dokumenten, Dienstsiegeln und Stempeln;

Abt. IX = Gegenspionage – Bekämpfung fremder Nachrichtendienste und Eindringen in fremde Geheimdienste;

Abt. X = Desinformation – Steuerung verschiedener Publikationsorgane in der BRD, die Beeinflussung ausländischer Massenmedien durch Falschinformationen über die BRD und andere NATO-Länder;

Abt. XI = USA und Kanada – Anwerbung und Führung von Agenten in politischen und wirtschaftlichen Bereichen in Nordamerika;

Abt. XII = Dritte Welt – Einsatz von Spionen und Beeinflussungsagenten in den Spannungsgebieten von Afrika, Asien, Mittel- und Südamerika;

Abt. XIII = Grundlagenforschung/Technik – Spionage auf dem Gebiet Kernforschung, biologische und chemische Waffen in der ganzen Welt;

Abt. XIV = Elektronik – Spionage im Bereich Elektronik und Mikroelektronik, Schwerpunkt: Industrie der BRD;

Abt. XV = Militärtechnik/sonstige Technik – Beschaffung westlicher ND-Ausrüstungen und Waffen.

Nach dem Vorbild des KGB aufgebaut war ein Zweig des MfS, der für die innere Sicherheit der DDR zuständig war und daneben die Sicherheit der in der DDR stationierten Streitkräfte der »Bruderstaaten« zu gewährleisten hatte.

Das MFS und seine Hauptverwaltung Aufklärung

Die Spionage der DDR wird größtenteils von ihrem Ministerium für Staatssicherheit betrieben. Nach einer relativ kurzen Propagandakampagne gegen »die verstärkte Tätigkeit von Spionen, Saboteuren und Agenten« in der DDR wurde am 08.02.1950 in der 10. Sitzung der Provisorischen Volkskammer ein Gesetz beschlossen, in dessen § 1 es hieß: »Die bisher dem Ministerium des Inneren unterstellte Hauptverwaltung zum Schutz der Volkswirtschaft wird zu einem selbständigen Ministerium für Staatssicherheit umgebildet.« Irgendwelche Zuständigkeiten und Aufgaben enthielt das Gesetz nicht. Nach dem Volksaufstand vom 17. Juni 1953 wurde das Ministerium wohl nach dem Vorbild gleichlautender Maßnahmen in der Sowjetunion zum Staatssekretariat herabgestuft und in das Ministerium des Inneren eingegliedert. Der DDR-Ministerrat nahm 1955 die Rückumwandlung in ein Ministerium für Staatssicherheit vor.

Das MfS hatte seit seiner Gründung seinen Sitz in einem ehemaligen Finanzamt in Berlin-Lichtenberg in der Normannenstraße 22. Im Laufe der Jahre hatte es seine Raumkapazität – gerade unter Einbeziehung der nicht sichtbaren unterirdischen Anlagen – mehr als verdreifacht.

Grenzaufklärung

Analog zum hiesigen westlichen Bundesgrenzschutz gab es in der DDR die »Deutsche Grenzpolizei«, die 1953 eine besondere Aufklärungsabteilung erhielt. Obwohl sie zur Grenzpolizei gehörte, unterstand sie faktisch damals noch dem Innenministerium. Ihr Auftrag war, Spionage entlang der Westgrenze zu betreiben.

Später gab es bei allen Grenztruppen die vom MfS ausgesuchten »Grenzaufklärer« (GAK), Unteroffiziere bzw. rangniedere Offiziere, die nach einer halbjährigen Sonderausbildung auf einer Schule bei Heiligenstadt direkt am äußersten Grenzzaun eingesetzt wurden und die mit Fotogeräten, später auch mit Richtmikrofonen das Geschehen auf westlicher Seite festzuhalten suchten. In Ausübung ihres »Dienstes« überschritten die GAKs auch schon mal die Grenze und kamen auf westliches Gebiet, wohl, um besser fotografieren zu können. Allein 1982 wurden von westlicher Seite zweiundzwanzig derartige Verstöße festgestellt. Weiter wurden in den achtziger Jahren mehrere Tunnel im Bereich der Sperranlagen entdeckt, so daß es sehr wohl möglich war, durch die Grenzanlagen in den Westen und zurück zu gelangen.

Die Grenzaufklärung in einem Streifen von etwa 50 Kilometer Breite entlang der innerdeutschen Grenze oblag der Hauptabteilung I des MfS, die hauptsächlich für den Schutz der NVA und der Grenztruppen zustän-

HAUPTVERWALTUNG AUFKLÄRUNG

HVA

STAND: OKTOBER 1989

Generaloberst Werner Großmann
Adjutant Oberst Günter Irmscher

Leiter des Stabes:
Generalmajor Heinz Geyer
Oberst Heinz Enk

Leitung A
Oberst Gerhard Schmutzler, Oberst Eberhard Bender

Kreisleitung d. SED
Generalmajor
Otto Ledermann

»Beratung«
Generalleutnant
Horst Jänicke

KGB
Generalmajor
Gennadi Titow

HVA-Stellvertreter Oberst Ralf-Peter Devaux

- **Staatsapparat BRD I** – Oberst Bernd Fischer
- **Parteien, Gewerkschaften II** – Oberst Kurt Gailat
- **Illegale Residenturen West (ohne USA, BRD) III** – Oberst Horst Machts
- **Militär (West) IV** – Oberstleutnant Siegfried Milke
- **Gegenspionage IX** – Generalmajor Harry Schütt
- **Desinformation X** – Oberst Rolf Wagenbreth
- **USA/Kanada XI** – Oberst Jürgen Rogalla
- **Dritte Welt XII** – Oberst Klaus Rösler
- **»Gruppe XV« (HVA-Niederlassungen in MfS-Bezirksverwaltungen)** – Oberst Manfred Ebert

HVA-Stellvertreter Generalmajor Werner Prosetzky

- **Übersiedlungen VI** – Oberst Helmut Reinhold
- **Staatsgrenze XVII** – Oberst Werner Wulke
- **Übersetzungen XIX** – Oberst Harry Mittenzwei
- **EDV XX** – Oberst Peter Feuchtenberger
- **Auswertung VII** – Oberst Werner Bierbaum
- **Illegale Residenturen Ost (sozialistische Staaten) XVI** – Oberst Rudolf Genschow
- **Bereich K(ahlmeyer)** – Oberst Rudolf Genschow

HVA-Stellvertreter Generalmajor Horst Vogel

- **Sektor Wissenschaft u. Technik (SWT)** – Oberst Manfred Süß
- **Grundlagenforschung XIII** – Oberst Siegfried Jesse
- **Elektronik XIV** – Oberst Horst Müller
- **Wirtschaft, BDI XV** – Oberst Günter Ebert
- **SWT-Auswertung V** – Oberst Harry Herrmann

HVA-Stellvertreter Generalmajor Heinrich Tauchert

- **Technische Unterstützung VIII** – Oberst Werner Degenhardt
- **Zivilschutz XVIII** – Oberst Gotthold Schramm
- **Rückwärtige Dienste** – Oberst Tilo Kretzschmar
- **Ausbildung Gosen** – Oberst Bernd Kaufmann
- **Sicherheit der HVA** – Oberst Eberhard Kopprasch

dig war. Hierzu hieß es in dem Befehl Nr. 31/72 vom 14.07.1972 des MfS: »Bei den Einheiten der Grenztruppen der NVA verfügt die Hauptabteilung I (HA I) auch über sogenannte »Operativ-Gruppen zur Aufklärung«, die sich mit der Erkundung des grenznahen Raums auch auf dem Gebiet der Bundesrepublik Deutschland befassen.« Es handelte sich hier praktisch um einen dritten Geheimdienst der DDR, dessen Aufgabe die »offensive Gefechtsfeld-Aufklärung« war und der entsprechend auch unter Einsatz eines eigens hierzu aufgebauten Agentennetzes die allgemeine Situation im grenznahen Bereich, aber auch Einzelheiten über die dort stationierten Bundesgrenzschutzeinheiten, Bundeswehrverbände, NATO-Verbände und den Zoll auszuspähen hatte. Insbesondere wurden Übungen und Manöver im grenznahen Bereich ausgekundschaftet.

Minister Erich Mielke

Der Nachrichtendienst der DDR ist ohne die Person Erich Mielke ebensowenig denk- und erklärbar wie der BND ohne die Person Reinhard Gehlens. Für viele Eigenarten und Aktionen beider Dienste zeichneten diese beiden höchstpersönlich verantwortlich, daher will ich auch näher auf sie eingehen.

Erich Mielke lernte ich persönlich 1960 durch meinen Onkel Walter Ferber kennen. Ich traf Mielke dann noch ein paar weitere Male, so bei den späteren Ordensverleihungen in den Jahren 1961, 1962 und 1965. Um es einmal vorsichtig zu formulieren: Mein Eindruck war nicht gerade überwältigend. Erich Mielke war seit dem 01.11.1957, bis zur Auflösung im Jahre 1990, also annähernd 33 Jahre lang, der für die Leitung des Dienstes verantwortliche Minister. Am 28.12.1907 wurde er in Berlin als Sohn eines Stellmachers geboren. Nachdem er mehrere Jahre ein Gymnasium besucht hatte, lernte er bei er einer Spedition als Expedient.Mielke wandte sich alsbald der Kommunistischen Partei zu und wurde ein engagiertes Mitglied deren Selbstschutzes. Zu dessen Aufgaben gehörte auch die Bewachung der Berliner Parteizentrale, des Karl-Liebknecht-Hauses. Am 09.08.1931 wurde auf dem Bülowplatz gegen 20.30 Uhr vor dem Kino »Babylon« ein Attentat auf mehrere Polizeibeamte verübt, bei dem die Beamten Paul Anlauf und Franz Lenck, die als »Kommunistenfresser« bekannt waren, ums Leben kamen, ein weiterer Polizist wurde schwer verletzt. Dieser Anschlag sollte die »Antwort« auf die kurz zuvor erfolgte Tötung von Parteigenossen sein. Einer der Todesschützen soll Mielke gewesen sein, der von der KPD unmittelbar danach nach Belgien geschmuggelt wurde und dann in der Sowjetunion unter dem Namen »Paul Bach« lebte. Der Mittäter Erich Ziemer und andere wurden verhaftet, ihnen wurde der Prozeß gemacht.

Das nach der Machtergreifung Hitlers im Rahmen eines Schauprozesses am 19.06.1934 verkündete Urteil des Schwurgerichts I beim Landgericht Berlin stellte nach einer neun Tage dauernden Hauptverhandlung fest: »... Die Täter waren Ziemer und Mielke ... Daß Ziemer und Mielke geschossen haben, steht fest ... Der Angeklagte Broede gibt zu, daß ihm nach der Tat Peschky gesagt hat, Ziemer und Mielke hätten die Polizeibeamten erschossen... Ziemer und Mielke waren ja auch von Anfang an für die unmittelbare Ausführung der Tat bestimmt.« Obwohl das Gericht drei Todesurteile und hohe Freiheitsstrafen verhängte, wurde das Verfahren von der SED-Geschichtsschreibung bis heute totgeschwiegen.

Unter den Namen »Fritz Leißner« nahm Mielke am spanischen Bürgerkrieg als Offizier der Internationalen Brigaden teil; er geriet in französische Internierung und konnte erneut in die UdSSR flüchten. Während des zweiten Weltkrieges soll er sich aktiv auf Seiten der Roten Armee an den Kämpfen beteiligt haben, Näheres hierüber ist aber nicht bekannt. Als er Ende Mai 1945 nach Berlin zurückkehrte, erließ der Generalstaatsanwalt Dr. Kühnast gegen Mielke aufgrund des oben erwähnten Urteils Haftbefehl. Dr. Kühnast wurde daraufhin in der sowjetischen Kommandatur von dem NKWD-Offizier Makarow einem strengen Verhör unterworfen und flüchtete daraufhin sofort nach West-Berlin. Mielke hingegen rückte zum Vizepräsidenten der Deutschen Zentralverwaltung für Inneres in Ost-Berlin auf, leitete den »Ausschuß zum Schutz des Volkseigentums« und erhielt 1950 die Ernennung zum Staatssekretär im neuen Ministerium für Staatssicherheit, dessen Minister er dann ja am 01.11.1957 wurde.

Mielke steht seit Anfang 1992 wegen jenes Attentats vor dem Berliner Landgericht. Die Akten über den seinerzeitigen Prozeß gegen Ziemer pp. waren 1945 verschwunden, nach der Wiedervereinigung waren sie bei Mielke wiedergefunden worden, so daß dieser gewissermaßen höchstpersönlich die Voraussetzungen schuf, ihm jetzt den Prozeß zu machen.

Die seinerzeit in dem Verfahren und vor der Polizei gemachten Aussagen der Beteiligten und der Zeugen sind jedoch mit äußerster Vorsicht zu genießen, soll doch die Gestapo seinerzeit die Aussagen durch Folter erpreßt haben. Der einzige noch lebende Tatzeuge hat inzwischen vor dem Gericht bekundet, er habe Mielke nicht als einen der Täter erkannt.

Mielke wird sehr unterschiedlich beurteilt, besonders auch für seinen Umgang mit Agenten. Manchmal kümmerte er sich bis ins einzelne Detail um alles , manchmal interessierten ihn keinerlei menschliche Einzelheiten. Er selbst wird wohl tragisch enden.

Der Spion aus der Bundesrepublik

Für die Behandlung einer im Westen Deutschlands beheimateten »Quelle« gab es kein einheitliches Schema. Entscheidend war, ob und inwieweit die Ehe für die Agentenarbeit nützlich war. Oft wird dies auch von dritter Seite falsch beurteilt, weil die Menschen »im Bett« nun einmal schwer zu »berechnen« sind.

Bekannt wurde, daß ein Angehöriger einer osteuropäischen Handelsvertretung einem seiner Spione zur Heirat mit einer bei einem Bundesamt beschäftigten Verwaltungsangestellte riet, nur um sie zur nachrichtendienstlichen Mitarbeit zu gewinnen; für den Fall der Eheschließung stellte er ihm 100.000 DM in Aussicht. Einem Stabsunteroffizier hingegen empfahlen die ND-Offiziere Ost-Berlins, sich von seiner Freundin zu trennen; sie stamme aus der DDR, dieser Umstand könne vielleicht zu näheren Nachforschungen des MAD führen.

Der »IM« Gerhard Arnold wurde aufgefordert, seine als Ärztin arbeitende Frau in seine Spionagetätigkeit einzuweihen. Das Ziel war offensichtlich, sie ebenfalls zur Mitarbeit zu nötigen: »Ihr berufsbedingter Einblick in vertraulichste Personalunterlagen hätte sie als Lieferantin von Erpressungsmaterial vermutlich alsbald zu einer ebenso wertvollen Quelle wie ihren Gatten für das MfS werden lassen können.« Arnold tat es trotz mehrfacher Mahnungen nicht; er glaubte, daß seine Frau angesichts ihrer ablehnenden Haltung gegenüber der DDR seine geheimdienstliche Tätigkeit kaum verkraften würde. Grundsätzlich gilt das Prinzip: Die Ehefrau darf von der Spionagearbeit ihres Mannes keine Kenntnis haben; das Risiko eines unbedachten Wortes oder gar des Verrats wird als sehr groß angesehen. Tatsächlich wurde der DDR-Spion Jürgen Reichwald mit seinem Residenten Rolf Hecht nur deshalb verhaftet, weil seine Frau in weinseliger Stimmung einer Nachbarin die »Quelle« für ihren aufwendigen Lebensstil anvertraute.

So habe auch ich meine Frau Carola nur in nebensächliche Details meiner ND-Tätigkeit für die DDR eingeweiht. Sie wußte nicht einmal meinen richtigen Decknamen beziehungsweise meine Code-Nummer.

Frauen im Geheimdienst

Frauen sind bisweilen unverdächtiger und leichter einzusetzen im »Spionagegeschäft«. Ich selber schätze das Risiko der Enttarnung und Aufdeckung bei Frauen fast so hoch ein wie das durch die Unfähigkeit und Dummheit von Führungsoffizieren. Deshalb wird Spionage auch heutzutage zumeist von Männern betrieben. Den Anteil der Frauen, die als aktive »Kundschafter« eingesetzt sind, schätzen Fachkenner nicht höher als 15

Prozent. Damit sind allerdings nicht die Fälle von Sekretärinnen gemeint, die auch mehr als Opfer ihrer Liebhaber zu werten sind, sowie diejenigen, in denen eine Frau als Kurier oder im Funkverkehr eingesetzt war. Im Denken kommunistischer Geheimdienste besteht bei Frauen die Gefahr, daß sie Opfer ihres Gefühls werden und sich in den Mann, auf den sie angesetzt sind, verlieben. Tatsächlich geschieht das nicht selten. Selbst die Nachrichtendienste der CSSR, denen man auf diesem Gebiet die größten Erfolge nachsagt, mußten hierbei »Pannen« erleben.

Auf mich selbst sind viele Male Frauen verschiedener Dienste angesetzt worden oder mir zur besseren »Kontrolle« oder Stärkung meiner Motivation ins Bett gelegt worden. Ich hatte etwa drei Dutzend derartiger »Erlebnisse« in rund 20 Jahren. Dreimal bin ich dabei voll reingefallen, die anderen 33 Mal habe ich es mit mehr oder weniger Lust überstanden, durchlitten oder gar genossen.

Dennoch kann ich sagen, daß ich mich mit einem »geliebten Partner« sicherer fühlte und fühle als mit einem Führungs- bzw. Kaderoffizier irgendwelcher Nachrichtendienste, wenn es um Leben oder Tod geht. Denn darauf läuft es bisweilen hinaus. Ich will in drei konkreten Fällen an anderer Stelle auf Frauen in Geheimdiensten näher eingehen, nämlich Josi, Carola und Evelin.

Agentenaustausch

Wegen der chronischen Devisenknappheit, aber auch aus »humanitären« Gründen hatte die DDR ab 1966 ein verstärktes Interesse an einem Austausch von Häftlingen. Daneben spielte eine Rolle, den eigenen Agenten die Gewißheit zu geben, daß man sie nicht im Gefängnis »verrotten« ließ, sondern sich bemühte, sie dort herauszuholen. In der Bundesrepublik bestand ein Ausschuß der Bundesregierung, in dem das Bundeskanzleramt, das Innerdeutsche und das Justizministerium sowie die Nachrichtendienste vertreten waren. Die letzte Entscheidungsbefugnis lag beim Bundeskanzler.

Die Kontakte liefen einerseits über Rechtsanwalt Jürgen Stange in West- und Rechtsanwalt Wolfgang Vogel in Ost-Berlin, der ja im März 1992 inhaftiert wurde, weil er von zahlreichen Übersiedlern beschuldigt wurde, er habe sie genötigt, Grundstücke an ihn bzw. von ihm benannte Personen zu veräußern, und sich hierbei auch persönlich bereichert. Auch bei mir gaben diese beiden Herren im September und Oktober 1971 jeweils gemeinsam ein Gastspiel. Dazu später mehr . . .

Bis zum Jahre 1969 gab es keine Rechtsgrundlage für einen Austausch, man legte das Vorliegen eines »übergesetzlichen Notstandes« zugrunde.

Nach dem dann verabschiedeten § 153 Absatz 1 StPO konnte ein Ermittlungs- oder Strafverfahren eingestellt werden, »wenn der Verfolgung sonstige überwiegende öffentliche Interessen entgegenstehen«. Es war kein Geheimnis, daß hiermit der innerdeutsche Häftlingsaustausch auf eine klare Rechtsgrundlage gestellt werden sollte. War ein Spion allerdings bereits rechtskräftig abgeurteilt, so verblieb nur noch der Weg über einen Gnadenerweis des Bundespräsidenten.

Seit etwa 1963/64 wurde von Bonn ein Austausch oft mit einem Freikauf von Häftlingen aus der DDR verknüpft. Das allgemeine Prinzip der Gerechtigkeit verlangt zwar auch als Ausfluß des Gebotes der Gleichbehandlung unseres Grundgesetzes, daß eine jede Straftat verfolgt und geahndet wird, daß also ein jeder enttarnte Spion in Haft genommen und abgeurteilt wird, die verhängte Strafe ebenso wie jeder andere Straftäter auch zu verbüßen hat. Wie gesagt, so verlangt es eigentlich die bei uns geltende Rechtslage, aber ob dann tatsächlich so verfahren wird, obliegt auch dem Opportunitätsprinzip, d. h., der Staat hat sich selber das Recht gegeben, im Einzelfall auch ganz anders zu handeln, denn dies ist sehr wohl eine Frage der politischen Entscheidung, die im Einzelfall zu treffen ist. Spionage ist nun einmal ein politisches Delikt, und mit dem Spion verurteilt man auch das Land, das ihn spionieren ließ.

So setzt die Verurteilung oder die Haftentlassung, vor allem aber der Austausch eines Spions auch außenpolitische Signale. Und je nach der gerade herrschenden »Großwetterlage«, ob also eine Phase der Entspannung oder eine Phase des »kalten Krieges« vorliegt, wird so ein Fall »geräuschlos« abgewickelt, dies ist dann der berühmte Austausch frühmorgens auf der Glienicker Brücke, oder aber es wird ein Schauprozeß nach allen Regeln der Kunst durchgeführt, wie es die Sowjetunion mit dem abgeschossenen U-2 Spionagepiloten Powers machte.

Ein jeder Austausch, vor allem, wenn er »übereilt und vorschnell« erfolgt, verstößt somit eigentlich gegen das Gerechtigkeitsprinzip und das Gleichheitsgebot und trägt die Gefahr in sich, das Prinzip der Gewaltenteilung auszuhöhlen und die Justiz als verfassungsmäßiges Organ der Strafverfolgung in ihrer Funktion zu beeinträchtigen. Wird eine großzügige Austauschpraxis die Regel, so wird das Risiko für einen Spion, nach Enttarnung eine langjährige Freiheitsstrafe verbüßen zu müssen, kalkulierbar, und die Folge wäre, daß der Gegner es leichter bei seiner Anwerbepraxis hätte. Paradoxerweise war aber gerade diese Austauschpraxis eher die Regel denn die Ausnahme, hatten doch beide Seiten hieran ein reges Interesse.

Nach Ansicht der Nachrichtendienste sollte ein Austausch auch erst dann erfolgen, wenn sicher ist, daß der Spion mit dem Austausch der Gegenseite keine weiteren Erkenntnisse mehr vermitteln kann, weil sein Wissen überholt ist. Ein Austausch sollte somit die ganz besondere Ausnahme bleiben. Allerdings sieht die Praxis doch anders aus, vor allem, wenn man über die Jahre hinweg die Zahl der Austausche verfolgt. Mich etwa wollte man noch vor Abschluß der Ermittlungen im Herbst 1971 austauschen. Doch ich verspürte keine allzugroße Lust, im Lande der Arbeiter und Spitzbärte zu leben. Ich wäre in der DDR als verdienter Kundschafter des Volkes sozial und seelisch zugrunde gegangen, mit Butler, Gärtner und Chauffeur.

Vor allem die von Juli 1973 bis August 1975 in Helsinki und Genf tagende Konferenz über Sicherheit und Zusammenarbeit in Europa (KSZE), deren Schlußakte am 01.08.1975 in Helsinki unterzeichnet wurde, schuf die Voraussetzungen für die letzten Endes friedliche Überwindung der Teilung Europas in zwei sich bedrohende Militärblöcke. Die in ihr garantierten individuellen Freiheiten für den einzelnen Bürger, vor allem das Recht auf Freizügigkeit, ließen auch in der DDR viele Menschen bürgerliche Freiheitsrechte einfordern, der Staat antwortete hierauf jedoch in der Regel mit schweren Repressalien und der Verhängung von Freiheitsstrafen. Besonders hier stand jede Bundesregierung »vor der zutiefst menschlichhumanitären Frage, ob wir es nicht doch dem einen oder anderen (in der DDR Inhaftierten) schuldig sind, ihn herauszuholen«. Handelt es sich hier doch oft um Menschen, die sehr viel für den Westen gewagt hatten, die sich für die Freiheit und die Gewährung von Menschenrechten eingesetzt hatten und oft nur noch die Hoffnung auf Freiheit durch Austausch besaßen.

In dem Zeitraum zwischen 1962 und Anfang 1984 wurden von seiten der Bundesregierung weniger als 200 östliche Spione ausgetauscht. An bekannteren Agenten waren das zu Weihnachten 1966 Frenzel, 1969 der KGB-Mann Felfe. Im September 1980 folgte dann Moser, und im März 1981 wurden Christel Guillaume und das Ehepaar Gerstner ausgetauscht. Als dann am 1. Oktober bereits der Kanzler-Spion Günter Guillaume, dessen Enttarnung zum Sturz des Bundeskanzlers Willy Brandt geführt hatte, ausgetauscht wurde, löste dies erhebliche Kritik aus, wohl weil nicht hinreichend bekannt war, daß als Gegenleistung der Mann aus Bautzen entlassen wurde, der im Auftrag des CIA Dubcek in Prag bereits Anfang August 1968 die Moskauer Pläne für den Einmarsch in die CSSR mitgeteilt hatte. Ende 1982 wurde der ehemalige bayerische Landtagsabgeordnete Cremer begnadigt, und Ende 1983 wurde ein ehemaliger Topspion des KGB ausgetauscht, so daß 1984 nur noch Lothar Lutze inhaftiert war, seine Frau war bereits früher begnadigt worden.

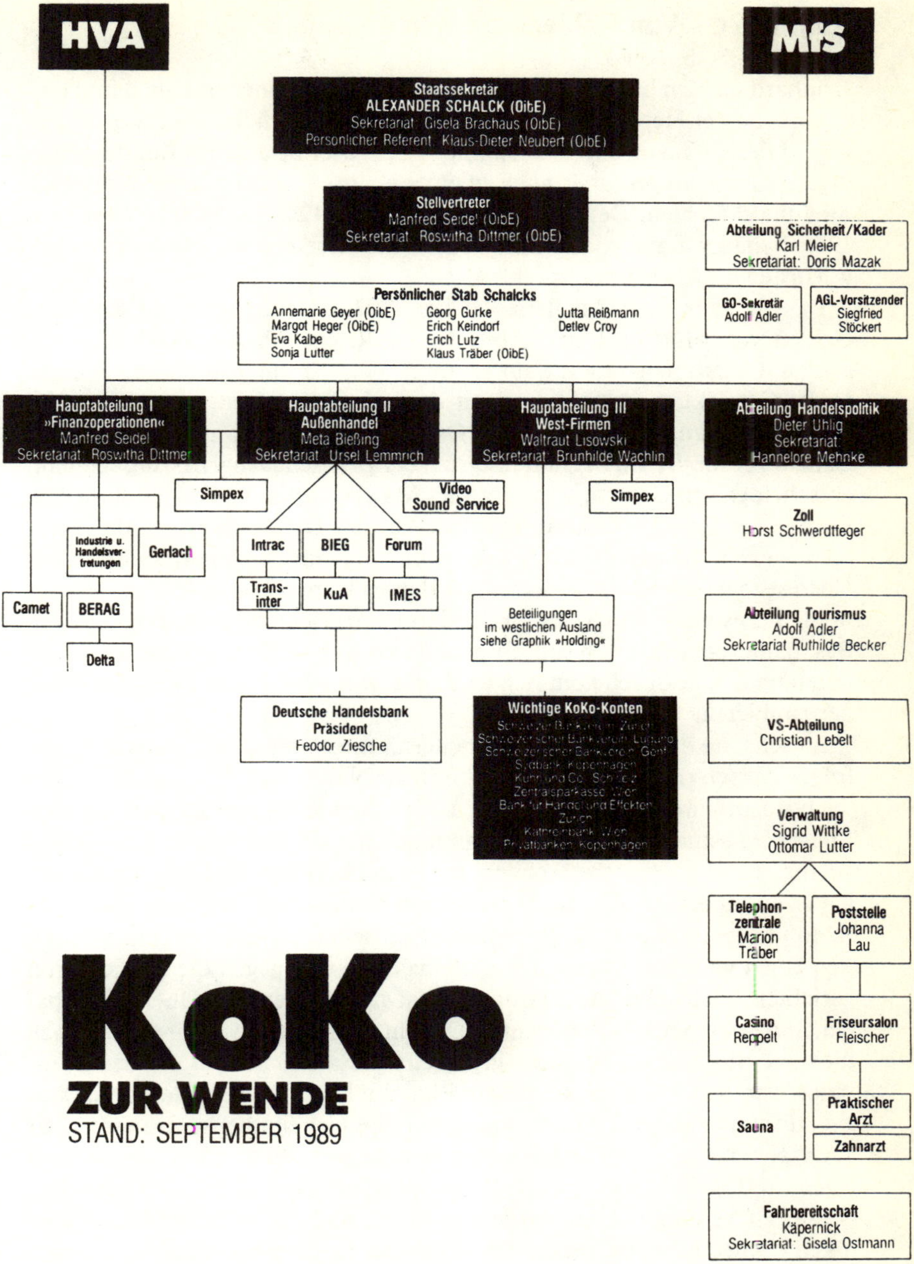

KoKo
ZUR WENDE
STAND: SEPTEMBER 1989

Kapitel 6 c Von Gehlens Abwehr bis zum BND

Reinhard Gehlen hatte ich Anfang der sechziger Jahre persönlich im Hause von von der Heydtes kennengelernt. Später traf ich ihn dann noch mehrere Male auf Tagungen – auch mit Franz Josef Strauß, im Bundesverteidigungsministerium, aber auch in Bogenhausen und Pullach. Sein Buch »Reinhard Gehlen, Der Dienst, Erinnerungen 1942 – 1971«, Wiesbaden 1971, habe ich dann später mit großem Interesse gelesen, ich kann es nur wärmstens zur Lektüre empfehlen!

Der als Sohn eines Artillerieoffiziers 1902 in Erfurt geborene Reinhard Gehlen trat sofort nach dem Abitur in die Reichswehr ein. Nach dem Angriff auf die Sowjetunion kam er am 01.04.1942 zur »Abteilung Fremde Heere Ost«, kurz danach wurde er deren Leiter und ist somit Leiter der Feindaufklärung an der gesamten Ostfront. Kurz bevor im April 1945 der Endkampf um Berlin beginnt und sich der russische Angriffsring schließt, entscheidet sich Gehlen, sein gesamtes Material über die Sowjetunion, mit Kopien der Berichte, Akten, Studien, Karten, Luftaufnahmen, das komplette geheimdienstliche Archiv der Abteilung, aus dem Hauptquartier des Heeresgeneralstabes bei Zossen nach Bayern bringen zu lassen, von dem er weiß, das es nach dem Krieg zu der dann einzurichtenden amerikanischen Besatzungszone gehören soll. Er geht davon aus, daß es zwischen den Alliierten bald zum Bruch kommen wird, und will seine Dienste den Amerikanern anbieten.

So schaffte er mit seinen Mitarbeitern, unter ihnen sein späterer Nachfolger Wessel, rund 50 Stahlkisten bis in die Nähe von Schliersee. Dort warteten sie auf einer einsamen Alm das Kriegsende ab. Am 20. Mai 1945 erfolgte die Festnahme durch ein Kommando der US-Military-Police. Gehlen gelang es erst nach sechs Wochen, mit dem obersten ND-Chef der Amerikaner zu sprechen. Als dieser dann von Gehlen voll informiert war, beschloß er, gemeinsam mit dem Generalstabschef im Alliierten Hauptquartier, einen von den Amerikanern finanzierten und gegen die Sowjetunion gerichteten deutschen Aufklärungsdienst aufzubauen, den Oberbefehlshaber und späteren US-Präsidenten Dwight D. Eisenhower hiervon jedoch nicht zu informieren, da dieser gegen eine Zusammenarbeit mit den Deutschen war, sondern sich mit diesem Plan direkt an das Ministerium in Washington zu wenden. Da der amerikanische Geheimdienst zu dieser Zeit kaum Kenntnisse über die Sowjetunion hatte, kam dieser Plan dort sehr gelegen, und Gehlen wurde nach Washington geholt. Als Ergebnis der dort geführten Verhandlungen wurde vereinbart, daß der neue Spionagedienst als eine rein deutsche Organisation unter der Leitung Gehlens Nachrichten aus den Ostblockstaaten beschaffen sollte. Mit dem amerikanischen Geheimdienst sollte Kontakt über einen Verbindungssstab gehalten werden.

Die Organisation sollte keine Hilfsarbeiten für den CIA ausführen, nicht gegen die deutschen Interessen arbeiten und bei Bildung einer souveränen deutschen Regierung sofort dieser unterstellt werden. Die Finanzierung erfolgte durch die Amerikaner.

Gehlens Organisation wurde als ziviler Teil einer US-Dienststelle im Taunus, anfangs in Oberursel, getarnt. Gehlen baute seine Organisation ausschließlich mit ehemaligen Militärs auf, kein Zivilist, keine amerikanische oder deutsche Dienststelle erhielt Einblick in die Organisation, geschweige denn Mitsprache- oder Kontrollrechte.

Nach mehreren Monaten intensiver Aufbauarbeit begann Gehlens Organisation 1947 unter dem Decknamen Hermes die mehr als drei Millionen aus der Sowjetunion zurückkehrenden deutschen Kriegsgefangenen eingehend zu befragen. Aus deren Angaben ergab sich Stück für Stück ein so umfassendes Bild, wie man es selbst mit intensivster Agententätigkeit nicht besser hätte gewinnen können.

Im Dezember 1947 erfolgte der Umzug nach Pullach bei München in eine ehemals für Angehörige des Stabes des Führerstellvertreters Hess angelegte Siedlung, umgeben von einer 1,5 Kilometer langen Mauer. Gehlens Organisation war somit neben Post und Bahn die einzige staatliche Institution, die unmittelbar nach Kriegsende wieder funktionsfähig wurde.

Die 1949 gegründete Bundesrepublik übernahm am 01.04.1956 die Organisation unter der Bezeichnung »Bundesnachrichtendienst« als militärischen und politischen Auslandsnachrichtendienst, um Rivalitäten zu vermeiden. Gehlen wurde sein erster Präsident. Der BND hatte und hat die Aufgabe, für die Bundesregierung nachrichtendienstliche Informationen und Erkenntnisse zu sammeln und auszuwerten.

Am 01.05.1968 wurde Generalleutnant Gerhard Wessel neuer Präsident des BND als Nachfolger Gehlens. Der Dienst wurde teilweise umorganisiert, vier neue Abteilungen wurden gebildet (Beschaffung, Technik, Auswertung und Zentrales).

BfV und MAD

Neben den BND trat das 1950 gegründete »Bundesamt für Verfassungsschutz«, das für die Inlandsaufklärung zuständig ist. Es soll vor allem, in Zusammenarbeit mit den von ihm unabhängigen Landesämtern für Verfassungsschutz, verfassungsfeindliche politische Bestrebungen abwehren, aber auch dem Geheimnisschutz dienen, feindliche Agenten enttarnen sowie Industriespionage und Terrorismus bekämpfen.

Der Militärische Abschirmdienst (MAD) ist seit November 1977 direkt dem Verteidigungsminister unterstellt und soll vor allem gegnerische Spionage abwehren und Sabotage und Zersetzung in der Truppe verhindern. Im Bereich des Staatsschutzes arbeiten BND, BfV und MAD auch mit den Geheimdiensten der anderen NATO-Staaten eng zusammen.

Das BfV beschäftigt etwa 2500 Mitarbeiter und ist in sieben Abteilungen gegliedert:

Abt. I Verbindung zu ausländischen Geheimdiensten, Abhören von Telefongesprächen, nachrichten-dienstliches Informations- und Verbundsystem NADIS;
Abt. II zuständig für Rechtsextremismus und Terrorismus;
Abt. III Zuständig für Linksextremismus;
Abt. IV zuständig für sicherheitsgefährdende Bestrebungen von Ausländern;
Abt. V vorbeugender personeller sowie materieller Geheim- und Sabotageschutz
Abt. VI zuständig für sicherheitsgefährdende Bestrebungen von Ausländern
Abt. VII Linksterrorismus.

In meinem Bekanntenkreis gab es, was den ND-Bereich Deutschland betrifft, ca. 30 Mitarbeiter bei BND und BfV, ca. 6 beim MAD und ca. 20 beim MfS.

Namen zu nennen verbieten mir Anstand und persönliche Rücksichtnahme, aber auch Gedanken an meine eigene Lebenserwartung und die Staatsräson . . .

Kapitel 6 d CIA – Die Kundschafter aus dem Wilden Westen

Schon während meiner Berliner Studienzeit wurden durch die Vorgänge um den Ring Wehrpolitischer Hochschulgruppen (RWPH), Hans-Michael Roll, Jürgen Wohlrabe, Heinrich Lummer u. a. m. sowie durch mein »Aufplatzen« in West-Berlin als »Abgesandter des Bonner Kriegsministeriums« in der Presse der DDR und Ost-Berlins – wurden Kontakte zum CIA obligatorisch. Ich lernte zunächste zwei Offiziere, später noch weitere Verbindungsleute kennen. Insgesamt hatte ich 7 CIA-Kontakte in der Berliner Szene. Von denen wurde ich an CIA-Leute in Heidelberg, München und Würzburg »weitergereicht«. Viele von ihnen kannte ich nur mit ihren »Dienstnamen«. Aber zum Hintergrund hier ein paar Ausführungen zum Geheimdienst CIA. Am 16.03.1909 wurde als Organ des US-Bundesjustizministeriums das »Federal Bureau of Investigation« (FBI) als für die innere Sicherheit zuständige Bundespolizeibehörde gegründet. Als die USA in den Ersten Weltkrieg eintraten, erweiterte sich das Aufgabengebiet. Nun war das FBI auch zuständig für die Festnahme und Internierung staatsgefährdender Ausländer, die Bekämpfung von Spionage und Sabotage sowie destruktiver Aktivitäten von Ausländern, die Aufdeckung illegaler Kriegsgewinne und von Vergehen gegen die Steuerbehörde sowie von Verletzungen der Rekrutierungsgesetze.

J. Edgar Hoover

Der damals 29jährige Rechtsanwalt J. Edgar Hoover wurde von Präsdident Coolidge 1924 zum Präsidenten dieses Sicherheitsamtes ernannt. Hoover führte neue, zum Teil unorthodoxe Methoden ein und baute den Dienst zu einer schlagkräftigen Organisation aus. Das erste Zentralarchiv für Fingerabdrücke, aber auch technische Spitzenlaboratorien für den Erkennungsdienst, eine eigene Polizeiakademie zur Ausbildung qualifizierten Nachwuchses sowie der Ausbau eines weitverzweigten Agentennetzes sind sein Werk. Hoover erließ strenge Verhaltensregeln, so verbot er, einen Bart zu tragen oder Nachtklubs zu besuchen. Durch eiserne Strenge und Disziplin wurde das FBI zu einer leistungsfähigen Polizeibehörde, deren Agenten für ihre Unbestechlichkeit gerühmt wurden, damals, in den Zeiten der Prohibition und der Mafia, in den USA eine große Auszeichnung. Wer sich den strengen Anforderungen nicht gewachsen zeigte, wurde rücksichtslos gefeuert. Andererseits deckte man aber auch genauso rückhaltlos die Mitarbeiter gegenüber unbegründeten Vorwürfen und Angriffen, so daß sich sehr bald eine Elitetruppe mit verschworenem Korpsgeist bildete.

Im Juni 1939 wurde die militärische Spionageabwehr dem Heer und der Marine übertragen, die Einrichtungen ähnlich dem MAD schufen. Das FBI behielt die rein innerstaatlichen Aufgabenbereiche einer Bundespolizei.

Nach Ausbruch des zweiten Weltkrieges ordnete Präsident Roosevelt an, gegen Verstöße der USA gegen die Neutralität, aber auch gegen NS-Tätigkeit vorzugehen und Sabotage und Spionage zu bekämpfen. Das FBI wurde in der Folge zu einer bedeutenden Spionageabwehrorganisation ausgebaut, die erfolgreich deutsche, japanische, aber auch sowjetische Agentenringe enttarnte und ebenso rigoros gegen kommunistische Infiltration vorging. Das Einsatzgebiet wurde auf Mittel- und Südamerika ausgeweitet, um die dortigen politischen und wirtschaftlichen Aktivitäten der Achsenmächte auszukundschaften. In Honolulu, Puerto Rico und Alaska wurden Außenstellen eingerichtet, so daß bei Kriegsende fast das Sechsfache an Personal, rund 14000 Mitarbeiter, beschäftigt wurde.

Präsident Roosevelt gründete während des Zweiten Weltkrieges in 1942 das »Office of Strategic Services« (OSS), zuständig für Frontaufklärung, aber auch für subversive und konspirative Aktivitäten. Allen W. Dulles wurde als Sonderbeauftragter des Präsidenten in die Schweiz entsandt und baute dort in kurzer Zeit ein Mitteleuropas und Teile Osteuropas umfassendes Agentennetz auf. Präsident Truman löste den Dienst gleich nach Kriegsende 1945 auf, weil er glaubte, für diesen gebe es keinen Bedarf mehr. Dies erwies sich sehr bald als Fehlentscheidung. Die Spannungen zwischen den Alliierten nahmen zu, entgegen vorher getroffenen Vereinbarungen sorgten die Russen zum Teil mit brutalem Machteinsatz dafür, daß in den von ihnen eroberten Ländern Osteuropas kommunistische Regime die Macht übernahmen, bürgerliche Regierungen wurden, wie in der CSR, gestürzt. Mit der Berlin-Blockade erreichte der »kalte Krieg« mitten in Deutschland einen Höhepunkt. Der US-Präsident mußte feststellen, daß er ohne einen fähigen Geheimdienst nur unzulängliche und oft auch höchst widersprüchliche Informationen erhielt. So kam es, daß die Amerikaner viel zu spät erkannten, daß Stalin nicht als Verbündeter an einer gemeinsamen Nachkriegsfriedensordnung mitarbeitete, sondern eiskalt ausschließlich seine Machtinteressen verfolgte und bestrebt war, sein unter ungeheuren Blutopfern militärisch erkämpftes Einflußgebiet nun auch politisch seinem Herrschaftsbereich einzuverleiben.

CIA

Die Notwendigkeit für den Wiederaufbau eines fähigen Auslandsnachrichtendienstes war zwingend, so daß im Juli 1947 durch den National Security Act der Geheimdienst »Central Intelligence Agency« (CIA), der dem deutschen BND entspricht, und die für Chiffrierung und Dechiffrierung zuständige »National Security Agency« (NSA) gegründet wurden. Im Gegensatz zu dem OSS wurden diese neuen Dienste weltweit tätig. Das FBI übergab die gesamte Spionageabwehrorganisation an die CIA und beschränkte sich fortan auf die Bewahrung der inneren Sicherheit, wobei allerdings ein Schwerpunkt der Tätigkeit die Aufdeckung von Spionage der kommunistischen Länder blieb.

Ein Gesetz aus dem Jahre 1949 macht die CIA finanziell unabhängig von normalen Haushaltsmitteln. Die CIA darf »ohne Rücksicht auf gesetzliche Vorschriften und Bestimmungen für die Verwendung von Regierungsmitteln« über Gelder verfügen, ohne hierüber vor dem Kongreß Rechenschaft ablegen zu müssen, und auch ohne Rücksicht auf jeweils geltende Einwanderungsvorschriften pro Jahr bis zu 100 im Ausland angeworbene Agenten in die USA verbringen.

Diese verhältnismäßig große Macht- und Mittelfülle erlaubt oft und führt geradezu bisweilen zu ungesetzlichen Eingriffen in die inneren Angelegenheiten anderer Länder, vor allem, wenn der Dienst meint, antiamerikanische Entwicklungen bekämpfen zu müssen. So wurde und wird wohl auch zum Teil heute noch von der CIA oft eine Art eigener Außenpolitik neben der der Regierung gemacht. Es ist kein großes Geheimnis, daß der Dienst jahrelang den Kampf rechtsgerichteter Regierungen und der sie tragenden Oligarchien in mittel- und lateinamerikanischen Ländern gegen »kommunistische Infiltration« linksgerichteter Befreiungsbewegungen, die oft von Castros Kuba aus unterstützt wurden, inspiriert, gelenkt und finanziert hat. Ich weise hier nur auf San Salvador, den Bürgerkrieg in Nicaragua, die Unterstützung des nun wegen Drogenhandels in Miami vor Gericht stehenden Exdiktators Noriega von Panama hin, aber auch auf den Sturz des chilenischen Präsidenten Allende.

Die CIA-Direktive Nr. 7 gewährt das Recht, Mitarbeiter von Colleges und Universitäten anzuwerben und sich die vorhandenen Fachkenntnisse anzueignen, ebenso Personen, die ins Ausland reisen wollen, vor der Fahrt zu instruieren und nach der Fahrt über ihre Erkenntnisse auszufragen. Ferner wird damit die Grundlage geschaffen, um Tarnorganisationen wie Stiftungen, aber auch Regionalbüros im Ausland aufzubauen.

Ich habe in den sechziger Jahren, besonders bei meinen verschiedenen Aufenthalten im Libanon, dessen Hauptstadt Beirut damals nicht nur die Finanzdrehscheibe, sondern auch die Agentendrehscheibe des Nahen Ostens war, in Israel, Ägypten und Jordanien, sowie in anderen arabischen Staaten, insbesondere in den Jahren 1967 bis 1970, aber auch in Saigon viele einschlägige und besonders interessante Kontakte zu CIA-Agenten und Wirtschaftskreisen aus dem militärischindustriellen Komplex der USA gehabt. Teilweise bis heute kann ich dabei auf über zwanzig intensive Kontakte und Quellen zurückgreifen. Mehr darüber an anderer Stelle (Weltreisen) und im nächsten Buch . . .

Anfangs arbeitete die CIA getarnt in einer ehemaligen Regierungsdruckerei, seit 1959 befindet sich der Sitz in Langley/Virginia auf einem 140 Morgen großen Gelände. Der Dienst beschäftigt rund 18000 Mitarbeiter, darunter etwa 5000 im Ausland, sein Dienstgebäude soll nach dem Pentagon (Verteidigungsministerium) das zweitgrößte Regierungsgebäude sein.

USIB

Oberster Dienstherr aller Geheimdienste der Vereinigten Staaten von Amerika ist deren Präsident. Er wird bei dieser Tätigkeit unterstützt von seinem Sicherheitsberater. Das »United States Intelligence Board« (USIB) ist als oberstes Aufsichts- und Koordinationsamt die Dachorganisation aller US-

Nachrichtendienste, besitzt jedoch keine unbeschränkte Weisungsbefugnis, den Vorsitz der allwöchentlichen Tagungen hat der Chef der CIA. Das USIB verteilt die Aufgaben unter den Diensten, setzt Prioritäten in den Tätigkeiten, koordiniert die Forschung in den nachrichtendienstlich relevanten Technikbereichen sowie die Beschaffung, etwa von Satelliten. Es entscheidet letztendlich, wie weitgehend eine inhaltliche Zusammenarbeit mit ausländischen Diensten erfolgt, insbesondere, welche Informationen weitergegeben werden dürfen. Ein Sonderausschuß für Aufklärungssatelliten legt etwa deren Überwachungsgebiet fest.

Secret Service

Nach dem amerikanischen Bürgerkrieg, 1865, wurde zur Bekämpfung von Geld- und Wertpapierfälschern der »Secret Service« gegründet, der dem Finanzministerium unterstellt ist. Nach der Ermordung des Präsidenten McKinley 1901 wurde ihm auch die persönliche Überwachung des Präsidenten übertragen. So sind es seine Mitarbeiter, die Essen vorschmecken, Fahrtrouten und Gebäude nach Sprengstoffen oder versteckten Scharfschützen absuchen. Allerdings war auch dieser etwa 4000 Personen umfassende Dienst nicht in der Lage, das tödliche Attentat auf John F. Kennedy zu verhindern, oder sollte er es etwa nicht? War Kennedy vielleicht doch das Opfer einer sogenannten »Schattenregierung«? Interessant hierzu sind Buch und Film *»Wer erschoß John F. Kennedy?«*.

Nach neuesten Spekulationen soll es sogar eine Kugel aus der Waffe eines im Präsidentenauto mitfahrenden Bewachers gewesen sein, die sich »versehentlich« löste und den Präsidenten tödlich von hinten in den Kopf traf.

Kapitel 6 e Stalins Dienste – GRU und KGB

Da die Sowjetunion aufgehört hat zu existieren, versuche ich auch die Geschichte ihrer »Dienste« hier nur ganz kurz historisch abzuhandeln:

GRU

Stalins großer Rivale Leo Trotzki gründete bereits 1920 den ersten sowjetischen militärischen Nachrichtendienst, der 1924 die Bezeichnung »Glawnoje Raswediwatelnoje Uprawlenije« (GRU) erhielt, was Hauptverwaltung für Aufklärung bedeutet. Bereits ab 1927 betrieb die GRU Kurzwellensender, um mit ihren Agenten in aller Welt Funkkontakt zu unterhalten. Die Militärattachés und deren Stäbe sowie das Personal der Aeroflot gehörten zu den hauptamtlichen Mitarbeitern, deren Aufgabe im Sammeln und Auswerten von strategischen, operativen, taktischen und technischen Auslandsnachrichten bestand. Hinzu kamen Industrie- und Wissenschaftsspionage, Propaganda- und Sabotageaktionen.

Einer solchen fiel in Mexiko, wohin er sich vor Stalins Terror geflüchtet hatte, Leo Trotzki zum Opfer. Die bekanntesten Spione dieses Dienstes waren Richard Sorge, Rudolf Abel, Kim Philby und der Atomspion Klaus Fuchs. Nachdem 1958 ein hoher Offizier der GRU als amerikanischer Agent enttarnt worden war, erfolgte eine Säuberung, Chruschtschow unterstellte den Dienst dem Vorsitzenden des KGB.

KGB

Dieser war 1954 als »Komitet Gosudarstwennoje Besopasnosti«, Komitee für Staatssicherheit, gegründet worden und stammt aus dem »Ministerstwo Wnutrennych Djel« (MWD), dem Innenministerium. Er übernahm die Aufgabe einer Sicherheitspolizei innerhalb der Sowjetunion. Seinen Mitarbeitern konnte das KGB viele Privilegien bieten, wie eine gute Karriere, gute Bezahlung, eigene Ferieneinrichtungen, Auslandsreisen etc. Während meiner Aufenthalte in der Sowjetunion und in Hanoi zwischen 1962 und 1969 und zwischen 1984 und 1986 konnte ich mich hiervon bei zahlreichen Begegnungen und Kontakten überzeugen. Diese Kontakte ermöglichgten mir, auf ca. zwanzig Quellen im Bereich des KGB zurückzugreifen. Heute geht es wegen der politischen Umwälzungen und der damit zusammenhängenden Auflösung des KGB als umfassende Organisation oft drunter und drüber. Keiner kann wohl im Augenblick sagen, was in Wochen oder in Jahren gilt. Später mehr dazu.

Das KGB war unter Stalin eines der wichtigsten Verfolgungsinstrumente, niemand, der von der Parteilinie abwich, konnte seiner Freiheit sicher sein, die Machtbefugnisse waren uneingeschränkt und die Überwachungsmethoden radikal. Der KGB führte Straflager in Sibirien und unterhielt für seine Opfer psychiatrische Kliniken. Seine Folterkeller waren berüchtigt.

Im Ausland betrieb das KGB vor allem politische Desinformation, lenkte und kontrollierte politische Aktionen wie Friedensbewegungen und Atomwaffengegner, plazierte Falschmeldungen und verfolgte politisch unliebsame Emigranten. Erst mit der Perestroika Gorbatschows muß sich auch das KGB einer gewissen politischen Kontrolle ebenso wie der Kritik gewisser oppositioneller Kreise und der Presse stellen. Viele alte KGB-Funktionäre sind »abgetaucht« und finden sich bisweilen im Bereich der zu rund zwei Dritteln in krimineller Hand befindlichen Wirtschaftsgruppierungen der verschiedenen GU-Staaten wieder.

Als Gegenspieler der CIA und anderer westlicher Dienste besteht das KGB somit nicht mehr. Damit beginnt eine sehr schwierige und gefährliche Phase, denn was aus seinen Überbleibseln, aus seinen Agenten, wird, wird uns wohl noch zu schaffen machen. Nicht nur die sowjetischen Atomspezialisten haben in gewissen Ländern einen guten Ruf . . . Soweit dieser kurze Abriß über die ND-Dienste der vergangenen Sowjetunion. Mehr an anderer Stelle und im nächsten Buch . . .

Kapitel 6 f Die Britischen Dienste MI5 – MI6

Die Geschichte der britischen Geheimdienste ist geradezu beispielhaft für die Möglichkeiten solcher Organisationen. Das britische Empire wäre in seiner Größe wohl ohne die großen Erfolge seiner Geheimdienste undenkbar gewesen. Ich will deshalb die geschichtliche Entwicklung der britischen Dienste und ihre größten und folgenreichsten Erfolge besonders ausführlich darstellen.

Watch and ward

Die britische Spionage- bzw. Geheimdiensttradition ist fast so alt wie das Land. So hat König Edward I. mit der Verkündung der »Watch and ward«-Statuten eine bis ins 19. Jahrhundert hineinreichende Tradition begründet. Als Abteilung für staatliche Informanten wurden von Kardinal Henry Beaufort 1431 die »King's Especials« gegründet. Ihre Aufgabe war es, bei hoher Belohnung von 20 Pfund Sterling und der Hälfte des Besitzes des Überführten aufrührerische Publikationen und Flugblätter aufzudecken und zu melden. Nach seiner Königsproklamation 1485 ließ Heinrich VII. einen organisierten Spitzel- und Überwachungsdienst aufbauen, der zum Vorläufer des neuzeitlichen »Military Intelligence 5« (MI5) genannten Spionageabwehrdienstes werden sollte. Der berufsmäßige Geheimdienstler wurde *spy* (Spion) genannt. Cromwell baute unter Heinrich VIII. den Geheimdienst so aus, daß Spötter sagten, unter jedem Stein stecke ein Spitzel.

Unter Elisabeth I. arbeitete der kleine Geheimdienst so effektiv, daß sie bereits vor dessen eigenen Ministern von den Invasionsplänen des spanischen Königs Philipp II. unterrichtet war. Ebenso wurde ihr rechtzeitig der Plan hinterbracht, sie zu ermorden und an ihrer Stelle die katholische schottische Königin Maria Stuart zu inthronisieren. Alle diese Pläne scheiterten mit dem Untergang der Armada und der Hinrichtung Maria Stuarts.

Secret service

Unter ihrem Sohn Jakob I. erhielt der Geheimdienstapparat die Bezeichnung »Secret service«. Er war schon unter Elisabeth I. finanziell knapp gehalten worden. Unter ihren Nachfolgern jedoch wurde das Budget so gekürzt, daß Karl I. schließlich keinen funktionierenden Geheimdienst mehr zur Verfügung hatte und mangels zutreffender Informationen über die Stärke des Gegners und dessen Absichten die entscheidende Schlacht im Bürgerkrieg 1648 verlor und anschließend von Cromwell enthauptet wurde. Cromwell baute, vor allem um rechtzeitig vor Umsturzversuchen von Monarchisten gewarnt zu werden, ein auf die britischen Handelsmissionen und Konsulate gestütztes Agentennetz nach dem Grundsatz auf, *lieber gutes Geld für gute Informationen als wenig für schlechte Informationen* zu zahlen. Daneben wurde das Land in elf Bereiche unterteilt, denen jeweils ein Major General vorstand mit der Aufgabe, Unruhen im Keime zu ersticken. Weiter wurde ein sehr gut funktionierendes Briefüberwachungssystem mit Dechiffrierabteilung aufgebaut. Der Geheimdienst arbeitete so effektiv, daß es gelang, mehrere Attentatsversuche auf Cromwell und mehrere Umsturzversuche rechtzeitig zu entdecken und zu vereiteln.

Cromwells Nachfolger Karl II. reduzierte die Arbeit dieses Geheimdienstes praktisch auf die Bespitzelung seiner Untertanen.

Der Autor des »Robinson Crusoe«, Daniel Defoe, war einer der profiliertesten Geheimagenten des 18. Jahrhunderts. Er legte in seiner Abhandlung »A Scheme for General Intelligence« als Grundsätze nieder, daß »Spionage und Nachrichtenbeschaffung die Seele der Staatsgeschäfte« seien. Die militärischen Erfolge Pitts im Siebenjährigen Krieg, die das weltumfassende Empire begründete, basierten vor allem auf der überlegenen britischen Geheimdienstarbeit.

Wellington

Obwohl ein Plan des Secret service, Britanniens großen Gegenspieler Napoleon zu ermorden, kläglich scheiterte, gelang Jahre später ein grandioses Unternehmen. Napoleon hatte eine spanische Elitetruppe von rund 18000 Mann nach Norddeutschland verlegen lassen, um ungestörter den spanischen König stürzen und seinen Bruder Joseph Bonaparte auf dessen Thron setzen zu können. Der Royal Navy gelang es dann in einem präzisen Kommandounternehmen, unter Beschlagnahme von dänischen Schiffen bei der Stadt Nyborg rund 5000 spanische Soldaten an Bord zu nehmen. Diese wurden rund zwei Monate später bei Santander an Land gesetzt und nahmen dort den Befreiungskampf gegen Napoleon auf.

Hier baute der spätere Herzog Wellington einen äußerst effektiven militärischen Erkundungsdienst auf, der es ihm gestattete, mit seinen zahlenmäßig geringen Truppen, die etwa einem französischen Armeekorps entsprachen, einen sehr erfolgreichen Krieg zu führen und letztendlich die Franzosen aus dem Land zu vertreiben. Sein Nachrichtensystem hatte er unterteilt in die Meldungen von Einheimischen und Marschtruppen, Meldungen von Nachrichtenoffizieren und deren Agenten wie Priester, Bauern etc. sowie Berichte des »Intelligence Department« des Captain Grant.

Im Ersten Weltkrieg gelang es dem Geheimdienst der britischen Admiralität sogar, aufgrund eines abgefangenen Telegramms des damaligen deutschen Außenministers Zimmermann, der die mexikanische Regierung zu einem Angriff auf die Vereinigten Staaten bewegen wollte, die USA zum Kriegseintritt auf Seiten der Alliierten zu bewegen.

Bereits 1914 hatte man die Codebücher des in der Ostsee bei Reval auf Grund gelaufenen deutschen Kreuzers »Magdeburg« in die Hände bekommen und war so in der Lage, die abgefangenen Funksprüche der deutschen Marine weitestgehend zu entziffern. Wenige Tage nach Kriegsausbruch war es zuvor gelungen, die deutschen Überseekabel zu kappen.

Lawrence von Arabien

Jahrhundertelang gehörte der Nahe Osten, also das Gebiet der heutigen Staaten Syrien, Libanon, Jordanien, Israel, aber auch Ägypten und die arabische Halbinsel, zum Osmanischen Reich (Türkei). Zu Anfang des Ersten Weltkrieges versprach der Brite Thomas Edward Lawrence, Leiter des britischen militärischen Geheimdienstes in Ägypten, der 1915 Verbindungsoffizier zu dem Großscheich von Mekka geworden war, den Arabern die britische Unterstützung für die Errichtung eines geeinten arabischen Reiches, wenn sie auf der Seite der Alliierten gegen die Mittelmächte und damit gegen die Türkei kämpften.

Es gelang Lawrence, die Araber so aufzuwiegeln, daß 1916 ein Aufstand losbrach, in dessen Folge Mekka und Umgebung von den Türken befreit wurden, danach griff der Aufstand auf den ganzen Nahen Osten über.Die Araber wurden von den Engländern mit Waffen ausgerüstet und verfügten gegen Ende des Krieges sogar über Flugzeuge.

Nach Arabien wurde Palästina befreit, und 1918 zog Lawrence an der Spitze einer arabischen Heerschaar in Damaskus ein. Er, der sich den Arabern gegenüber für deren volle Unabhängigkeit in einem arabischen Großreich verbürgt hatte, wußte nicht, daß London bereits 1916 mit Paris ein Geheimabkommen geschlossen hatte, wonach Großbritannien Mesopotamien, also den heutigen Irak und Kuweit, Frankreich dagegen Syrien und den Libanon als Mandatsgebiet erhalten sollten.

Palästina aber sollte unter internationale Kontrolle gestellt werden.

Mit den Friedensverträgen in und nach Versailles wurde Palästina dann jedoch britisches Mandatsgebiet, der Traum der Araber war einmal mehr gescheitert.

MI5 – MI6

Aus dem »Military Intelligence Department« (MID) wurden 1909 die zwei separaten Abteilungen MI5 und MI6 gebildet, heute offiziell DI5 und DI6.

Im Zweiten Weltkrieg gelangt es dem britischen Geheimdienst MI5, das deutsche Spionagenetz in Großbritannien praktisch vollständig zu zerschlagen. Die meisten Spione konnte man »umdrehen«, so daß der deutschen Abwehr geschickt ausgewähltes Täuschungsmaterial geliefert wurde. So wurde die deutsche Abwehr glauben gemacht, die Invasion in Frankreich werde am Pas de Calais erfolgen, hier konzentrierten die Deutschen starke Truppen, während die Invasion dann an der stark entblößten Küste der Normandie erfolgte.

Joint Intelligence Comittee

Das direkt dem Premierminister unterstellte »Joint Intelligence Comittee« (JIC) ist oberstes Kontroll- und Koordinationsorgan der britischen Geheimdienste. Ihm gehören an die Chefs von MI5 und MI6 sowie die Chefs des »Government Communications Headquarters«, der Leiter der Nachrichtendienstabteilung des Verteidigungsministeriums, der stellvertretende Leiter des Verteidigungsstabes, der Koordinator für den Nachrichten- und Sicherheitsdienst sowie Beamte des Außenministeriums.

Der militärische Geheimdienst (MI6) heißt »Secret Intelligence Service (SIS)«. Er ist ein Zweig des für Auslandsspionage zuständigen Geheimdienstes. Dessen größte Panne war, daß sich der Leiter der mit den Aktivitäten gegen die Sowjetunion befaßten Abteilung, Kim Philby, als Sowjetspion herausstellte. Ihn traf ich als Ehrengast auf zwei KGB-Tagungen in Moskau. Er war damals Mitte der achtziger Jahre durchaus kein gebrochener Mann.

Für Spionageabwehr sowie die innere Sicherheit verantwortlich ist analog dem BfV oder dem FBI der offiziell ebenso unbekannte MI5. Sein Exekutivorgan ist die »Special Branch«, eine Unterabteilung von »Scotland Yard«, sie allein kann Verhaftungen vornehmen und MI5 etwa vor Gericht vertreten.

MI5 ist in sechs Abteilungen untergliedert.

Die wichtigsten sind: A: Geheimdienstmittel und Einsätze, C: Sicherheitsschutz, D: Spionageabwehr, F: Bekämpfung subversiver Tätigkeiten im Inland. Hierbei werden die für operative Einsätze zuständigen Abteilungen in technischer und verwaltungsmäßiger Hinsicht unterstützt, ebenso steht die Datenbank des »Home Office« zu Verfügung.

»Special Branch« hat als Hauptaufgabe die Bekämpfung von Terroristen wie Anarchisten, IRA, internationale Terrororganisationen sowie die Aufdeckung kommunistischer Unterwanderung und sowjetischer Spionageaktivitäten und demokratiefeindlicher Umtriebe.

Die Mitarbeiter werden weitgehend aus dem Kreis von Hochschulabsolventen mit Sprachkenntnissen rekrutiert. Mehrere von ihnen lernte ich auf meinen Reisen in den Nahen Osten kennen, insbesondere in Beirut (1965 bis 1969, 1984 bis 1986) und Jordanien sowie in der Türkei. Mit einigen von ihnen verbindet mich heute noch ein loser, dennoch intensiver informeller Kontakt. Mehr darüber an anderer Stelle.

Die britischen Geheimdienste sind lediglich dem Kabinett gegenüber rechenschaftspflichtig. Die Anregung, ähnlich wie in den USA eine Art parlamentarischer Überwachung einzuführen, lehnte Premierministerin Thatcher 1983 und dann noch einmal 1989 ab – und so wird es wohl auch noch für längere Zeit bleiben.

Im ND-Bereich sind die Briten eben besonders konservativ.

Kapitel 6 g Frankreichs Deuxieme Bureau – DGSE

Bei den französischen Diensten will ich mich aufs wesentliche beschränken und beginne daher mit der jüngsten Vergangenheit, obwohl gerade sie eine besonders interessante und ereignisreiche Geschichte haben.

BCRA

Nach der Niederlage gegen die Deutsche Wehrmacht arbeitete das »Deuxieme Bureau« unter der Regierung des Marschalls Petain in Vichy weiter, während General de Gaulle 1940 in London die »*Forces Francaises Libres*« gründete und einen eigenen Nachrichtendienst aufbauen ließ, der 1942 den Namen »Bureau Central de Renseignement et d'Action« (BCRA) erhielt. Neben allgemeiner Spionagetätigkeit war es seine Hauptaufgabe, im besetzten Frankreich den Widerstand zu organisieren und diesen mit Waffen und Geld zu versorgen.

So bestanden drei Hauptabteilungen für Nachrichtenbeschaffung und Auswertung, geheime Kommandounternehmen und Fallschirmabwürfe sowie politische Information und Desinformation.

Deuxieme Bureau

In Algier werden dann 1943 das »Deuxieme Bureau« und das BCRA zusammengelegt und im Januar 1945 in »Service de Documentation Exterieure et de Contre-Espionage« (SDECE) umbenannt. Dieser wurde Mitte der sechziger Jahre dem Verteidigungsministerium unterstellt und unter besonderer Berücksichtigung der französischen Interessen in der arabischen Welt neu gegliedert:

Abt. 1: Nachrichtenbeschaffung und Auswertung, im Ausland obliegt dies den Militärattachés und Vizekonsuln, aufgegliedert in sieben geographische Zonen,

Abt. 2: Gegenspionage, Schutz der Auslandsvertretungen und Abwehr gegen das Eindringen ausländischer Agenten in den französischen Staatsdienst,

Abt. 3: Aktivitäten, hierzu gehört auch die Froschmanneinheit, die in Neuseeland ein Boot von »Green Peace« versenkte.

Daneben bestehen technische und Verwaltungsabteilungen, mehrere Sender, eine eigene Fliegerstaffel etc.

DGSE

Nach der Wahl Francois Mitterrands 1981 zum Staatspräsidenten erfolgte die Umbenennung in »Direction General de Securite Exterieur« (DGSE).

Dem Innenministerium unterstellt ist die aus zwei Hauptabteilungen, nämlich der »Direction de la Surveillance du Territoire« (DST) und »Section des Renseignements Generaux« (RG) bestehende »Surete Nationale« (SN), etwa Behörde für Nationale Sicherheit, vergleichbar etwa dem FBI oder dem BfV. Aufgabe ist die Spionageabwehr und die Überwachung der Sicherheit des Staates.

Daneben bestehen die dem Verteidigungsministerium unterstellten militärischen Nachrichtendienste »Service des Renseignements Militaires« (SR) und »Surete Militaire« (SM), welche dem MAD entsprechen. Der Vorgänger war das »Deuxieme Bureau«. Neben der nachrichtendienstlichen Tätigkeit ist der SR zuständig für die Verfolgung von Angehörigen der Streitkräfte, die gegen gesetzliche Bestimmungen verstoßen haben. Beide Dienste sind nicht für die Durchführung von Sabotageakten zuständig.

Im Kriegsfall tragen sie die Bezeichnung »5. Bureau Etat-Major de L'Armee«.

Meine ersten Verbindungen zu den Franzosen hatte ich über Koblenz (Schule für Innere Führung der Bundeswehr u. a.) und Paris (NATO) in den sechziger Jahren und zur Zeit des Algerienkrieges. Ein besonders guter Freund von mir ist bei einer Reise nach Marokko und Algerien im Jahre

1961 in Oran umgekommen. Ich entging damals nur durch Zufall einem Anschlag der FNL.

Später in Beirut (zwischen 1968 und 1986) hatte ich mehrfach Gelegenheit, meine französischen Kontakte aufzufrischen.

Ebenso während meiner verschiedenen Parisaufenthalte (1962 bis 1970 und 1983 bis 1988) hatte ich viele der alten Kontakte wieder auffrischen können (etwa zwanzig). Das vereinte Europa macht es notwendig, gerade gegen das organisierte Verbrechen und den Waffen- sowie Rauschgifthandel im nachrichtendienstlichen Bereich eng zusammenzuarbeiten. Auch darüber später mehr.

Kapitel 6 h Das Auge Davids – Israels Mossad

Nach dem ersten Weltkrieg wurde Palästina britisches Mandatsgebiet. Die Araber, die unter »Lawrence von Arabien« für einen eigenen arabischen Großstaat gekämpft hatten, waren zutiefst in ihrem nationalen Stolz verletzt und nahmen umgehend den alsbald auch mit Waffen geführten Kampf gegen die britische Mandatsmacht auf.

Bereits unter der türkischen Oberherrschaft war es zu einer immer stärker werdenden Einwanderung von Juden in das Land ihrer Väter gekommen. Die Juden wollten nach vielen Jahrhunderten in der Diaspora, nach Vertreibung und Verfolgung, endlich wieder in einem Land leben, in dem sie ungestört ihre Religion ausüben konnten; sie wollten in Palästina einen jüdischen Staat errichten. Besonders die grausamen Verfolgungen in Rußland und in Polen auch im Verlaufe der dortigen blutigen Kriege brachten in den zwanziger Jahren immer mehr europäische Juden ins Land. Diese kauften – auch von Arabern – Land und gründeten darauf die Kibbuz genannte Siedlungen. Zugleich erfolgte eine starke Rückbesinnung auch der bereits im Lande wohnenden Juden auf den Glauben und die Sprache ihrer Väter.

Isser Harel

Dieser Mann baute die israelischen Geheimdienste auf, vergleichbar ist sein Leben und Wirken wohl nur mit dem Hoovers und Gehlens. Er wurde 1912 in Witebsk/Düna in Weißrußland geboren. Von dort wanderte seine Familie nach Lettland aus, 1928 kam sie nach Palästina. Er lebte dort in einem Kibbuz, trat in die Haganah ein und lernte sehr schnell Arabisch. Als er 1936 wegen eines tätlichen Angriffs auf einen britischen Offizier aus der Hilfspolizei Notrim hinausgeworfen wurde, arbeitete er als Agent der SHAI. Im Laufe der Jahre knüpfte er Kontakte zu allen Größen der jüdischen Organisationen, stieg in der Hierarchie immer höher und wurde nach der Unabhängigkeit Israels Chef der Geheimdienste.

Haganah

Die Juden gründeten neben legal operierenden politischen und kulturellen Organisationen bald auch eine geheime, militärisch organisierte Untergrundorganisation, die »Haganah«, die unter der Abkürzung SHAI auch einen Geheimdienst unterhielt. Es kam zu immer heftiger werdenden Auseinandersetzungen und Gewaltakten zwischen Juden und Arabern, da sich die jeweiligen politischen Ziele gegenseitig ausschlossen. Gleichzeitig gerieten die Briten immer mehr zwischen die Fronten, so daß sie am Ende heilfroh waren, 1948 endlich das Mandat aufgeben und das Land verlassen zu können. Einer der Anführer des bewaffneten jüdischen Kampfes war der im März 1992 gestorbene spätere israelische Ministerpräsident Menachem Begin, der mit Ägyptens Anwar el Sadat die historischen Friedensverträge von Camp David schloß.

Zuvor hatte die gerade gegründete UNO einen Teilungsplan für Palästina ausgearbeitet. Bevor dieser umgesetzt werden konnte, kam es zu einem Krieg, der damit endete, daß der dann gegründete Staat Israel ein nunmehr zusammenhängendes Gebiet umfaßte, während der Rest Palästinas zu Ägypten kam (Gazastreifen) bzw. jordanisch wurde.

Shin Beth

Offiziell gab es nun den allgemeinen Sicherheitsdienst »Cheruth Bitachon«, kurz »Shin Beth« und den Auslandsnachrichtendienst »Mossad«. Ein Verbindungskomitee bestehend aus den Geheimdienstchefs, sollte die Zusammenarbeit koordinieren.

Weiter wurde eine Zentrale mit der Aufgabe, Nachrichten und Informationen aus dem Ausland zu sammeln, gegründet. Die Geheimdienste sind dem Ministerpräsidenten unterstellt und unterliegen der Kontrolle eines Ausschusses der Knesset sowie des Rechnungshofes. Einsatzpläne sind von einem Sicherheitsrat der Knesset zu genehmigen. Der allgemeine Nachrichtendienst »Mossad« ist vor allem im Ausland tätig, er entspricht also in etwa der CIA oder dem BND. Er unterhält kein allgemeines großes Agentennetz, vielmehr werden seine hochqualifizierten Agenten von Fall zu Fall eingesetzt.

Eine eigene Abteilung wurde eingerichtet, um Naziverbrecher im Ausland aufzuspüren. Der spektakulärste Erfolg dürfte die Festnahme Adolf Eichmanns in Südamerika gewesen sein.

Modiin

Der »Modiin« genannte militärische Abwehrdienst, vergleichbar etwa dem MAD, ist dem Verteidigungsministerium unterstellt und insbesondere für die Spionageabwehr zuständig, er sammelt aber auch Nachrichten über die politische und vor allem militärische Entwicklung in Israels Nachbarstaaten. Diese dienen oft der Regierung als Grundlage für ihr Handeln, so bei der Bombardierung der irakischen Atomanlagen durch Israels Luftwaffe.

Eine spektakuläre Aktion gelang dem »Mossad« nach dem Sechs-Tage-Krieg im Juni 1967, als Frankreich auf Druck der Weltöffentlichkeit ein Waffenembargo gegen Israel verhängte. Israel war aber dringend darauf angewiesen, für die weitere Funktionsfähigkeit seiner mit französischen Mirage-Jägern ausgerüsteten Luftwaffe Ersatzteile, aber auch Triebwerke zu erhalten. So organisierte der »Mossad« in einem Täuschungsmanöver bei dem Lizenznehmer Sulzer AG in Winterthur die Pläne, um das Embargo zu unterlaufen und zu verdecken, daß man zwischenzeitlich schon längst die Originalpläne von dem französischen Mirage-Produzenten erhalten hatte.

Der »Shin Beth« ist für die innere Sicherheit und die allgemeine Spionageabwehr zuständig, aber auch für die Terroristenbekämpfung. Ebenso begleiten seine Agenten die Maschinen der Fluggesellschaft EL-AL.

Da die Geheimdienste keine eigene Exekutivgewalt haben, sind sie auf eine enge Zusammenarbeit mit der regulären Polizei angewiesen, die für sie z. B. Festnahmen vornimmt.

Die rund 600 Mitarbeiter dieses Geheimdienstes sind in aller Regel Staatsbeamte ohne besondere Privilegien und mit recht bescheidenen Gehältern. Für gefährliche Arbeiten gibt es - neben der Belobigung durch die Vorgesetzten – Zusatzpunkte, die die Höhe der späteren Pension mitbestimmen.

Es gibt noch zwei kleinere Sonderabteilungen des Außenministeriums, die zuständig sind für die Beurteilung der allgemeinen politischen Entwicklung in den arabischen Nachbarländern bzw. der Lage der jüdischen Minderheiten in Ländern, in denen diese verfolgt werden. Diese Dienste sammeln aber lediglich Informationen.

Die israelischen Geheimdienste sind ähnlich geheimnisumwittert wie die britischen. Auf strikteste Geheimhaltung wird absoluter Wert gelegt. Lediglich Name und Dienstgrad des Chefs von »Modiin« sind offiziell bekannt, alle anderen Mitarbeiter sind für die Öffentlichkeit tabu. Ebenso darf in den Medien nur über Vorkommnisse berichtet werden, die bereits »geschichtliche Ereignisse« und deren Beteiligte nicht mehr aktive Mitarbeiter der Dienste sind.

Die Dienste sind nicht nur das Auge Davids, sondern sie sind auch dessen Steinschleuder. Aufgrund der isolierten Lage Israels, umgeben von feindlich gesinnten arabischen Staaten, mit denen – bis auf Ägypten seit Camp David – Israel ununterbrochen seit seiner Gründung im Kriegszustand lebt, haben seine Dienste auch Aufgabe übertragen bekommen, die weit über normale Aktivitäten solcher Organisationen Dienste hinausgehen. So werden beispielsweise Kommandounternehmen auch in weit entfernten Ländern durchgeführt, die eigentlich mehr militärischen Charakter tragen. Ebenso wird weltweit palästinensischer Terror mit Gegenaktionen beantwortet, seien es nun Entführungen, Bombenanschläge auf Palästinenserführer in deren Gaststaaten oder das Beschaffen von Waffen und Technologie, die auf normalem Handelswege aus politischen Gründen nicht zu erlangen sind.

Meine persönlichen Beziehungen zum »Mossad« sind sehr zwiespältiger Art. Der Dienst arbeitet nicht gern vertraulich mit Nichtjuden bzw. Nichtisraelis zusammen. Neben seiner »Sparsamkeit« gibt es doch einen gewissen nationalen »Fanatismus«, der bisweilen irritiert. Allerdings ist wohl kaum ein anderer Dienst korrekter und menschlich zuverlässiger als der »Mossad«. Da er sich nur auf eine verhältnismäßig kleine Zahl von Mitarbeitern und Agenten stützen kann, ist er eine geradezu verschworene Gemeinschaft. Nicht umsonst sagt man, ein »Mossad«-Agent nimmt es mit sechs anderen Agenten auf. So etwas habe ich mehrfach erleben können. Ich werde daher hier auch keine weiteren Einzelheiten schildern, denn noch heute gelten für jeden Mossad-Mann: »safety first« und der alttestamentarische Spruch

»Auge um Auge, Zahn um Zahn!«

Auch im meinem eigenen wohlverstandenen Sicherheitsinteresse muß mein Name daher *Haase* sein – *ich weiß von nichts!*

***

Den Wind
kann man nicht verbieten -

aber man kann
Mühlen bauen

Aus Holland

Kapitel 7
Das falsche Geständnis des Dieter Haase
Streng vertraulich

Kapitel 7 a Zusammenfassung

(Kurzfassung meiner Aussagen seit dem 1. Juli 1971 – wohlbemerkt des falschen Geständnisses von 1971)

Die Position der Verteidigung war durch die infamen, zu einem großen Teil erlogenen Aussagen der Carola Haase, geb. Clementz-Reinschmidt sowie die vorhandenen Indizien und die erheblich unsichere und äußerst zweifelhafte Haltung der Josephine von Schlippenbach geb. Hitzigrath bedauernswert fragwürdig geworden. Nachdem sich ferner keine akzeptablen Lösungen in naher Zukunft abzeichneten, entschloß ich mich nach eingehenden und langwierigen Verhandlungen mit meinen Anwälten, den entsprechenden Vorgesprächen von Dr. Achter mit den Bundesanwälten Dr. Kuhn und Fischer und nach einem letzten persönlichen Gespräch am 30. Juni mit Bundesanwalt Fischer und Oberstlandesgerichtsrat Willner sowie meinem Anwalt Dr. Achter, eine andere Haltung in dem Verfahren zu beziehen. Ich wollte eine Einstellung des Verfahrens nach § 153 c bzw. d StPO anstreben.

Meine nunmehr getätigte Offenbarung (d. V. – wie gesagt 1971) wird die wahren Hintergründe enthüllen, die Carola z. T. völlig entstellt und nur sehr verschwommen, zum größten Teil aber in rachsüchtiger und völlig verzerrter Form darstellt.

Meine Offenbarung ist nur möglich, da Carola sich überhaupt nicht offenbart hat, sondern nur einen Teilaspekt der Ereignisse, diesen aber völlig entstellt und größtenteils unter Verschweigen der Wahrheit, besonders aber der eigenen Beteiligung, dargelegt hat.

Meine Offenbarung ist nur möglich, weil

1. Carolas Offenbarung keine Offenbarung war,
2. ich nunmehr innerlich erheblich von den Dingen abgerückt bin und erst heute die wahren Hintergründe meiner Verstrickung erkenne,
3. durch die Ereignisse im Ostblock, (insbesondere CSSR, Krise der Intelligenz in der Sowjetunion, z. B. Almarik, Sacharow, die Vorgänge um den Nobelpreisträger Solschenizyn u. a. m.) von der Praxis des östlichen Sozialismus sehr enttäuscht bin, obwohl ich mich heute durchaus noch als Sozialist fühle, von meiner früheren Tätigkeit innerlich aber völlig abgewendet habe,

4. mit meiner Offenbarung eine gewisse Wiedergutmachung der mir zur Last gelegten Verfehlungen erstrebe.

Außerdem fühle ich mich natürlich von allen Seiten verraten, im Stich gelassen und verkauft.

Ausdrücklich und zum Teil schriftlich wurde mir von der Bundesanwaltschaft versichert – im Beisein von Oberlandesgerichtsrat Willner und RA Dr. Achter -, daß durch meine Offenbarung

1. Josi auf keinen Fall bestraft und das Verfahren gegen sie möglichst schnell und ohne Aufsehen abgeschlossen wird,
2. Keine meiner jetzigen Aussagen über das bisherige, von beiden Seiten als eindeutig erkannte Ermittlungsergebnis hinaus gegen mich oder einen meiner Angehörigen verwandt wird,
3. Im Falle der Nichtanwendung des § 153 c oder d StPO (wenn nur irgend möglich, soll von irgendeiner weiteren Bestrafung abgesehen werden) sonst eine »Begnadigung« (durch den Bundespräsidenten, von der Bundesanwaltschaft beantragt) stattfindet,
   (Angestrebte Strafe waren ca. sechs bis acht Jahre, von mir geschätzte Strafe war bisher vier bis sechs Jahre, das BKA erstrebte acht bis zwölf Jahre, nach Offenbarungstatbestand ca. 14 Jahre),
4. Auf keinen Fall sollen für mich in dem Verfahren – ganz egal, wie es ausgeht – über meine eigenen Kosten hinaus irgendwelche Verfahrenskosten entstehen.

Kapitel 7 b Das Verhängnis beginnt – 1960/61

Das Verhängnis begann mit meinem Studium in Berlin 1960/61. Ich war damals durchaus von sozialistischem bzw. kommunistischem Gedankengut fasziniert. Wenn mich auch die Wirklichkeit der DDR und des Alltags in Ost-Berlin sehr ernüchterten, habe ich damals doch die Zeit vor dem Mauerbau sehr bewußt und mit kritischen Augen durchlebt.

Erheblich stieß mich damals die überholte, in meinen Augen falsche und im Denken des kalten Krieges erstarrte Politik Adenauers ab. Außerdem traf mich nach persönlichen Erlebnissen die »unbewältigte Vergangenheit« – wie sie in der BRD praktiziert wurde – an sehr empfindlicher Stelle und nahm mich in dieser Form für die DDR ein.

Hinzu kam eine Reihe erheblicher Unaufrichtigkeiten unserer Politik, insbesondere die verzerrte Schwarzweißmalerei in der Bundeswehr.

Über Onkel Walter hatte ich eine Menge Kontakte in Ost-Berlin. Im Frühjahr 1961 wurde mir ein gewisser Manfred Heubner aus der Textilbranche von Onkel Walter vorgestellt. Wir trafen uns ein paarmal zu Gesprächen.

Im Sommer 1961, kam einige Male ein Heinz Schulz oder so ähnlich, eventuell auch Baumann genannt, dazu. Unsere Gespräche waren vorwiegend politischer Art, und ich fand uns alle sehr aufgeschlossen. Man war sehr geschickt auf meine damaligen politischen Interessen eingegangen, und rückblickend muß ich sagen, daß man mich eingewickelt hat. Obwohl es nicht allzu viele Begegnungen waren, faßte ich zu Onkel Walter und auch zu diesen beiden Männern Vertrauen, das vorwiegend sozialistisch motiviert war.

Ende Juni war dann der Vorfall im C.T.-Club, wo ich über die NATO einen Vortrag halten sollte. Ich wurde deswegen in der DDR-Presse, insbesondere im NEUEN DEUTSCHLAND stark angegriffen. Onkel Walter bereinigte alles, was eventuelle Schwierigkeiten in Ost-Berlin anbetraf. 1961/62 traf ich mich noch einige Male mit Onkel Walter, Manfred und Heinz. Im Frühjahr 1962 wurde die Sprache der beiden dann deutlicher und als eventuelle ND-Anwerbung spürbar. Onkel Walter besuchte mich häufiger im Westen, insbesondere auch an meinem neuen Studienort in Würzburg. Er bereitete mich systematisch auf eine »Friedenstätigkeit« vor. Sehr geschickt wurde dabei die Angst vor einem drohenden Atomkrieg in Deutschland benutzt.

Kapitel 7 c Fallex 62

Kurz vor der Fallex-Übung im Herbst 1962, die ich als Leutnant und Fernmeldeoffizier im TV-Stab VI D in Würzburg ableistete, lud mich Onkel Walter nach Ost-Berlin ein, wo man in einer gezielten Ansprache in Anwesenheit von Manfred, Heinz und einem älteren Oberst auf die Gefahren und Auswirkungen eines drohenden Atomkrieges hinwies. Dabei wurde ich in einige Dokumente, teils amerikanischer, teils deutscher Herkunft, eingeweiht (VS-vertraulich bis Top secret).

Ich erinnere mich noch an folgende Unterlagen

Zwei Dokumente befaßten sich mit der Atomkriegsplanung in Mitteleuropa. Sie waren im Original in englischer Sprache, eines war »Top secret« gezeichnet, ein anderes »US-Cosmic«. Es handelte sich um Ablichtungen bzw. Fotografien. Ich zweifelte nicht an der Echtheit der Dokumente. Es muß sich um Unterlagen vom NATO-Hauptquartier bzw. Saceur und vom US-Hauptquartier (USAREUR) gehandelt haben.

1. Waffenziele, Planung, Europa-Mitte:
   Dokument von ca. 20 Schreibmaschinenseiten mit zwei Karten bzw. zwei tabellarischen Aufstellungen mit Atomziellisten, Angabe von Kt-Wert, Sprengpunkt, Sprengzeit, Sprengwirkung, verschlüsselte Code-Zahlen zu vier und zu sechs Ziffern:

1. Welle 30 Zielpunkte,
2. Welle ca. 70 Zielpunkte,
3. Welle wurde nicht festgelegt, es waren allgemeine Leitlinien angegeben.

2. NATO-Kriegsbild – allgemeine ABC-Kriegsplanung:
ca. 30 Schreibmaschinenseiten. NATO Top-secret:
allgemeines Kriegsbild, mögliche Formen eines A-Waffeneinsatzes, B- und C-Waffen, Flüchtlingsströme, Logistik, Luftkrieg, Infrastruktur, Strategie und Taktik usw.

3. Zwei weitere Unterlagen waren Teile aus der Fallex-Lage 1962, die mir zur Vorbereitung und zum einweisenden Studium überlassen worden sind. Sie waren zum Teil auch in Englisch, wurden mir aber in Übersetzung vorgelegt.

4. Ebene CENTAG, Northag, evtl. I. Korps (GE).
Zwei Fernmeldeunterlagen, ein Fernmeldeleitplan der Fallex-Übung süddeutscher Raum, eine Schlüsselunterlage für Schlüsselmaschinen mit der Bezeichnung »Cosmic«.

Die Angaben wurden unter großem Vorbehalt gemacht. Der Gesamteindruck war: Angst vor einem möglichen Atomkrieg in Europa, der auch von der NATO ausgelöst werden konnte.

Die Folgerungen für mich hieraus waren:
Gewissenskonflikt und Güterabwägung,
geschickte Ausnutzung von Friedensliebe und allgemeiner Verständigungsbereitschaft der östlichen Seite
Ausschaltung von Agressionsmöglichkeiten usw.
Geschickteste psychologische Beeinflussung führte zum gewünschten Erfolg.

Ich erklärte mich zur Zusammenarbeit bereit.

Daraufhin große Freude, und es erschien auch noch ein älterer Herr, der mir als General vorgestellt wurde. Diese Begegnung fand im Haus am See statt (von Carola ausgiebig berichtet) und dauerte zwei Tage.

Kurz vor der Übung erschien Onkel Walter in Würzburg mit einer Aktentasche, in der ein raffinierter Container mit Minox und Dokumentenstativ eingebaut war. Er erläuterte mir alles Notwendige und stand mir mit Rat und Tat zur Seite.

Während des Übungsverlaufes machte ich dann nach eigener Auswahl Aufnahmen von den Fallex-Unterlagen zur Verifizierung der in Ost-Berlin bereits vorhandenen Unterlagen, die aber mit dem TV-Bereich abgestimmt werden sollten.

Außerdem gingen noch zwei Fernmeldeunterlagen und zwei Karten mit rüber, die die Fallex-Lage und Entwicklung im Raum Würzburg – Süddeutschland – zeigten.

Im November/Dezember 1962 traf ich mich in Ostberlin mit Onkel Walter (OW), Oberst I. (OI), General 1 (G1), Heinz 1 (H1) und Manfred.

Es gab eine große Erfolgsfeier, und da ich keine Bezahlung wollte, sondern nur eine Anerkennung, wurde mir neben einem großzügigen Taschengeld von ca. 2000 DM mit Spesen ein Orden verliehen (Verdienstorden in Bronze der DDR). Dies war von Onkel Walter entsprechend vorbereitet worden.

Neue Aufgabenstellung: 12. Panzerdivision,
Kennenlernen von Klaus von Schubert,
Übung im Herbst 73,
Kriegsbildvorstellung der NATO.

Kapitel 7 d Herbst 63 Paris – NATO

Dabei wurde mir in Paris ein neuer Kontaktmann vorgestellt, der über Onkel Walter avisiert war, ein gewisser Philippe, ca. 45 Jahre, Franzose, sehr gut deutsch sprechend mit Akzent, schwarzhaarig, Menjou-Bärtchen, Frauentyp, ca. 170 cm groß.

Er wies mich in Paris gründlich ein. Ich traf mich fünfmal mit ihm. Josi war sehr von ihm angetan. Sie war jedoch nicht ständig bei unseren Besprechungen dabei.

Josi und ich lernten dort einen Vier-Sterne-General kennen, den Oberbefehlshaber der Luftwaffe Europa, einen Briten. Mit ihm waren wir in Paris essen.

Philipe war NATO-Spezialist und schien mir Resident in Paris zu sein. Ich habe ihn noch öfter getroffen, so u. a. mit Jean, einem Spezialisten der NATO in Brüssel, der mich in Amsterdam mit ihm besuchte und dort Carola kennenlernte, u. a. aber auch in Beirut, wo mich Philippe im Frühjahr 1969 traf, und ich weiß, daß er sich mit Carola während ihrer Parisreisen öfter getroffen hat.

Über diesen Kontakt wurden mir dann aus Ostberlin auch Carolas Bekanntschaften und Kontakte zu anderen Leuten, z. B. einem Rakentenfachmann mitgeteilt.

Die ganze Anbahnung, Planung, Verbindung und die Kuriertätigkeit bis 1964 lief über Onkel Walter. Der besuchte mich in dieser Zeit fünf- bis siebenmal pro Jahr im Westen, oder ich traf mich mit ihm in West-Berlin. Ich weiß, daß er im Westeinsatz der SED tätig war und meist mit falschen Ausweisen reiste. In den Jahren 1962 bis 1964, genau kann ich es nicht mehr einordnen, begegnete mir noch zweimal ein Mann namens Peter, der mir von Onkel Walter im einzelnen mit Treffmodalitäten vorgestellt wurde, und zwar in Salzburg und Westerland. Das muß auch Josi mitbekommen haben. Ich kann ihn nicht mehr beschreiben, er ist mir nur noch undeutlich in Erinnerung. Er spielt auch keine weitere Rolle, außer daß er als Kontaktmann im Westen fungiert hat. Er hatte keine direkte Aufgabe. Zwischen uns kam es nur zu allgemeinen politischen Gesprächen. Es kann allerdings sein, daß er mir einmal in Westerland eine Minox übergeben hat.

Im Mai 1964 mußte mein Stiefvater nach einem Schlaganfall bzw. Herzinfarkt für mehrere Monate ins Krankenhaus und später seine Praxis entsprechend einschränken. Dadurch kam ich mit der Finanzierung meines Studiums in Schwierigkeiten.

Diese Situation war von Onkel Walter geschickt ausgenutzt und mit mir soweit abgesprochen worden, daß ich keine größeren Bedenken oder Skrupel mehr hatte, mich ab 1964 im Spätsommer hauptamtlich und voll zu verpflichten, für das MfS bzw. die VfK (militärischer Nachrichtendienst der DDR) tätig zu sein. Damals stimmte das auch völlig mit meinen ideologischen und weltanschaulichen Grundsätzen überein.

Hinzu kam eine starke und damit aktive Gegnerschaft zum Vietnam-Krieg, wobei mir in Ost-Berlin einschlägige Dokumente über die Vietnam-Kriegführung der Amerikaner zugänglich gemacht wurden. Man ging in Ost-Berlin auch ganz gezielt auf meine Mentalität und mein übersteigertes Geltungsbedürfnis ein, indem man mir in jeder Beziehung schmeichelte und mich entsprechend eigenverantwortlich einsetzte.

Ich hatte nie das Gefühl, ein Verräter zu sein, sondern fühlte mich ständig auf Friedenswacht, höchstens als ein Wanderer zwischen zwei Welten, und hatte den Eindruck, daß ich in Ost-Berlin viel mehr erfuhr und persönlichen Nutzen aus dieser Tätigkeit hatte, als ich je verraten könnte. Wenn ich auch meine Dienste für den Osten hiermit nicht unterschätzen will, so halte ich doch rückblickend vieles für Makulatur, für längst überholt und wenig wertvoll, was durch mich geliefert worden ist oder verraten worden sein könnte.

Natürlich kamen mir im Laufe der Zeit immer wieder Zweifel an der Rechtmäßigkeit und Billigkeit meines Tuns. Aber erst die Ereignisse um die CSSR im Jahre 1968 brachten mich richtig zur Besinnung. Bis dahin glaubte ich immer noch, eine Mittlerrolle zwischen Ost und West spielen zu können, und fühlte mich aufgrund meiner Informationen dazu durchaus berechtigt. Von einer ND-Tätigkeit im eigentlichen Sinne kann man erst ab dem Jahre 1964 im Spätsommer sprechen, nachdem man mich nach meiner offiziellen Verpflichtung in allen möglichen Techniken der Agententätigkeit unterwiesen hatte. Die Funktätigkeit hatte ich schon probehalber im Jahre 1963 aufgenommen, aber erst mit meiner Verpflichtung ging ich zur Codierung und verhältnismäßig regelmäßigen Kontaktaufnahme über.

Man versuchte nunmehr, Onkel Walter in den Hintergrund zu drängen. Zumal dieser auch schon recht gebrechlich wurde. Josi, die ich damals fest heiraten wollte, sollte mit eingespannt werden.

Das stieß jedoch auf erhebliche Schwierigkeiten. Vor allem wegen Josis Wesensart, und wir lebten uns letzten Endes hauptsächlich durch diese Dinge auseinander. Heute weiß ich, daß dies mein größter Fehler war. Ich liebe Josi noch heute und bereue, sie in diese Sache mit hineingezogen zu haben.

Josi wußte zwar von Anfang an, daß ich über Onkel Walter mit dem Osten irgend etwas zu tun hatte, aber Genaues wußte sie nicht. Sie war mir zwar einige Male behilflich bei Kleinigkeiten und wußte durchaus, daß ich z. B. 1964 Funkverkehr hatte u. ä., aber sie hat sich so oft wie möglich davor gedrückt. Lediglich einmal hat sie auf mein nachdrückliches Drängen hin bei einer Berlinreise mit Hiltrud Friedrich irgendwo in der DDR an der Autobahn einen vorbezeichneten Papierkorb mit einer Plastiktüte bedient, die einiges Filmmaterial enthielt. Ansonsten ist Josi nicht weiter in Erscheinung getreten, denn wir trennten uns bereits im März/April 1965.

Die Enttäuschung und Erbitterung aus Ost-Berlin war groß. Man legte mich still und beurlaubte mich einstweilen.

Kapitel 7 e Renate Müller

Im August 1965 traf ich in Triest, nachdem ich ihn vorher schon kurz in Ost-Berlin kennengelernt hatte, mit einem gewissen Gerd zusammen, der sich mit Nachnamen Müller nannte und dem Vernehmen nach zuletzt Oberst war, damals vielleicht Oberleutnant war.

Dieser Gerd war eine sehr gewandte Erscheinung, ca. 1,86 Meter groß, dunkelblondes Haar, trug meist Sonnenbrille und sprach außer deutsch italienisch, englisch, französisch und russisch, alles fließend.

Ich traf mich während meines Triest-Aufenthaltes, wo ich bei meiner damaligen Freundin Helga Stutzmüller wohnte, etwa fünfmal mit ihm. Meist in Jugoslawien. Er machte mich dort mit Renate Müller bekannt, die mir von Ost-Berlin auf meinen ausdrücklichen Wunsch nach einer Mitarbeiterin für die BRD nach langem Hin und Her als Ersatz für Josi zur Kontaktaufnahme und Zusammenarbeit zugewiesen wurde.

Renate Müller hatte eine gewisse Ähnlichkeit mit Josi. Sie war ungefähr im gleichen Alter und 1960 aus der DDR in die Bundesrepublik übergesiedelt bzw. geflohen. Angeblich, weil ihr Verlobter ein Jahr vorher in den Westen geflüchtet war. Sie wurde aber mit Hilfe ihrer Familie ausgebildet als Agentin und rübergeschleust. Sie muß heute im Raum Köln/Bonn wohnen und studierte zeitweilig Geschichte, Sprachen und Soziologie.

Das Verlöbnis ging auseinander, weil ihr Freund »*sich dem kapitalistischen Ausland vollinhaltlich anschloß*«, während sie noch Sozialistin blieb.

Renate Müller, die überzeugte Bürgerin der DDR war und ihre Agententätigkeit hier als Friedensdienst empfand, rief mich in unregelmäßigen Abständen in Würzburg an und stand mir dann jeweils für irgendwelche Aufgaben zur Verfügung. Das erste Mal geschah dies während einer Übung 1965 an der PSK-Schule in Alfter. Sie wohnte dort mit mir gemeinsam in einem kleinen Hotel, fotografierte für mich und war auch als Kurier tätig. Sie hat mich auch einige Male in Würzburg besucht und war mir dort 1966 und 1967 im Frühjahr noch behilflich bei den Übungen »Würzburger Stein« oder »Bocksbeutel«. Ich kann das nicht mehr so genau sagen.

Ich habe Renate mehrfach in einem weißen VW mit Kölner Kennzeichen fahren sehen. Wo sie zu erreichen war, wußte ich nie. Das war mir strikt untersagt, aber ich hatte zu ihr intime Beziehungen.

Während der Übung in Alfter im Herbst 1965 fotografierte ich Teile des Erfahrungsberichtes und anderes mehr.

Mit dem Eintritt von Gerd und Renate in mein Leben wurde meine ND-Tätigkeit erheblich aktiviert. Gerd blieb mein persönlicher Führungs- und Betreuungsoffizier bis 1970.

Kapitel 7 f Personen

Ich möchte hier ganz kurz eine Übersicht über meine weiteren Personenkontakte geben.

Manfred Falkner, den ich von 1961 bis 1964 gekannt habe, er muß Hauptmann, zuletzt vielleicht Major gewesen sein. Er hatte ein unscheinbares Äußeres, war ca. 1,76 Meter groß, blaß, mager. Er spielt bis auf die Anknüpfung eine völlig untergeordnete Rolle.

Heinz I, Schulz bzw. Baumann o. ä., war Major oder Oberstleutnant. Ich kannte ihn von 1961 bis etwa 1967. Er war ca. 1,75 Meter groß, etwa 40 Jahre alt, hatte dunkelblondes Haar, war ein nervöser Typ, untersetzt, äußerst schwer zu definieren.

Er wurde abgelöst (1967) von

Heinz II, ca 40 Jahre alt, der Oberstleutnant war, blondes, strähniges Haar hatte, etwas gewandter als Heinz I und besser ausgebildet war und einige Sprachkenntnisse hatte.

Seit 1968 trat dann

Heinz III in Erscheinung, auf den ich später zurückkommen werde, den wir auch als Petrowitsch bezeichnet haben, und der wahrscheinlich als Verbindungsoffizier zum KGB tätig war. Als ich ihn kennenlernte, 1968, war er Oberstleutnant, später Oberst.

Petrowitsch war ca. 1,84 Meter groß, sportlich, blond, ca. 40–45 Jahre alt. Mit ihm traf ich mich ca. neunmal im Westen.

Davor spielte noch eine Rolle der

General I, den ich von 1962 bis 1968 mehrfach traf. Er war etwa 60 bis 65 Jahre alt, eine sehr seriöse Erscheinung. Er hat mich durchaus fasziniert und war ein treuer und aufrichtiger Kämpfer für die unterdrückte Klasse, ein Veteran der Arbeiterbewegung und ist im Dritten Reich im Untergrund tätig gewesen.

Etwas unscheinbar war der

General II, der von 1962 bis 1966 mehrfach auftrat, sich sehr im Hintergrund hielt und so eine Art Verbindungsmann zum KGB darstellte.

Außerdem

Oberst I, der ein leutseliger und gewinnender Mann war, sehr untersetzt und klein, etwa 1,68 Meter groß, 65 Jahre alt, sehr erfahrener Veteran der Arbeiterbewegung, grundehrlicher Typ, überzeugend in seiner Argumentation. Ihn lernte ich 1962 kennen. Ein sehr geschickter Verhandlungstaktiker.

Dann trat noch ein

Oberst II in Erscheinung, auch in der Zeit von 1962 bis 1968, ein etwas ungelenker Bauerntyp, der durchaus dem KGB angehören konnte. Auch ca. 60 Jahre alt, er hielt sich sehr im Hintergrund, war sehr wortkarg.

Hinzu kam seit 1965 ein Oberstleutnant, später

Oberst Lenhof, seit 1968 General ist. Ein sehr harter, aalglatter Typ, mit dem ich bis 1970 zuletzt zu tun hatte. Funktionärstyp neuer Gattung.

Daneben tauchte seit 1965 gleichzeitig ein Oberst Löhndorf auf, der ebenfalls seit ca. 1968 General sein müßte. Ich kann mich da nicht festlegen. Mit ihm hatte ich auch bis zuletzt zu tun.

Dann war da noch ein gewisser Max vom KGB, der (wohl) Russe war, Oberstleutnant und Artilleriespezialist. Ich habe ihn bei zwei Besprechungen, insbesondere in Karlshorst und in der Villa Lenhoff, getroffen.

Über Werner Schilling, Carolas Kontaktmann, werde ich später kurz berichten. Er trat sehr gewandt auf, war ca. 1,80 Meter groß, ca. 40 Jahre alt und im Textilfach sehr beschlagen. Er müßte dem MfS angehören.

Jean, den ich im September 1968 in Amsterdam getroffen habe, ist ein ähnlicher Typ wie Philipe, ca. 1,80 Meter groß, dunkel, vermutlich Franzose, müßte in Brüssel wohnen. Er schien mir im Rang eines Oberstleutnants zu sein und Spezialist für die NATO.

Kapitel 7 g 1964 – Verpflichtung

Im Jahre 1963 wurde ich bei der Bundeswehr zum Oberleutnant der Reserve befördert, und als ich mich dann 1964 beim MfS verpflichtete, gab man mir in Ost-Berlin den Rang eines Hauptmanns der NVA.

Meine Berichte und Informationen über die 12. Panzerdivision im besonderen und andere Themen im allgemeinen, am Rande auch über die CDU/CSU und RWPH, wurden in Ost-Berlin mit viel Wohlgefallen aufgenommen.

Meine Aussprachen mit den Kontaktleuten waren äußerst aufschlußreich, und ich hatte immer das Gefühl, daß ich viel mehr zur Verifizierung beitrug als irgendwie selber Material zu liefern. So war es auch ausgemacht, und ich hatte auch Einblicksmöglichkeiten in eine Menge Material, das drüben schon vorhanden war, zum Beispiel die Karteikarten, die auch bei meinen Kontaktleuten angefertigt wurden oder die es über die Bundeswehr allgemein gab.

Ich habe hiervon in der Zeit von 1964 bis 1968 bei etwa 18 Arbeitssitzungen ca. 400 eingesehen.

Bis 1964 hatte ich nie feste Geldzuwendugen erhalten, nur einige Male größere Beträge von 500 bis 1000 DM, einmal waren es 2000 DM. Erst 1964 wurde mit mir ein Fixum von 600 DM ausgemacht, das 1965 nach der Trennung von Josi auf 800 DM stieg. Reisespesen und ähnliche Unkosten wurden extra honoriert. Da ich verhältnismäßig selten tätig war, d. h. eigentlich nur zwei- bis dreimal im Jahr und alle zwei Monate berichtete, hielt sich die Arbeit in Grenzen. Als es mit Renate recht harmonisch lief, war der Höhepunkt unserer Zusammenarbeit bei der Fallex-Übung 1966 im Raum Wetzlar/Gießen/Marburg.

Ich hatte bei der Vorbereitung schon Gelegenheit, Teile des Fallex-Befehles, die m. E. zu einer Ausfertigung von NORTHAG oder CENTAG angehörten, bzw. des III. Korps Koblenz, in Ost-Berlin einzusehen, auszuwerten und mich entsprechend auf die Übung vorzubereiten. Ich brauchte nur ganz wenige Teile zur Verifizierung sowie einige Fernmeldeunterlagen und einen allgemeinen Übungsbericht, bzw. den Erfahrungsbericht 66 der 12. Panzerdivision. Dieses Material wurde von Renate zum Teil fotografiert und auch auf den Weg gebracht.

Es folgten dann die Übungen Würzburger Stein, Bocksbeutel, Hammelsprung und zuletzt Schwarze Perücke und Panther.

Kapitel 7 h Carola – Mai 1967 – Werner Heinz III

Nachdem ich mein Examen im Dezember 1966 gemacht hatte, bemühte ich mich wieder um Josi, um sie doch noch zu heiraten. Unsere Reise nach Teneriffa endete in einem Fiasko. Pfingsten 1967 lernte ich Carola am 14. Mai in Berlin auf dem Flughafen kennen. Nach einigen Wochen des Verliebtseins, aber auch des Abwägens einer möglichen Zusammenarbeit weihte ich Carola bereits im Juni 1967, wenn auch nur vage, in meine Tätigkeit ein und forderte von Ost-Berlin ein schnelles Abklären ihrer Lebensumstände. Dafür wurde ein gewisser Werner Schilling, den man mir in Ost-Berlin vorstellte, auf Carola angesetzt. Er tauchte im Juli 1967 in Würzburg auf und verabredete sich mit mir dort am Markt, kam dann mit in die Wohnung und stellte sich Carola als Mann aus der Modebranche vor. Er hat sich danach mit ihr mehrmals getroffen. Schon wenige Wochen später, etwa August/September hatte ich das Einverständnis zur Aufnahme von Carolas nachrichtendienstlicher Tätigkeit. Sie traf ihn meistens in Düsseldorf bei der Igedo oder auf der Interstoff in Frankfurt und wurde von ihm auch verpflichtet. Sie ist auch mit ihm zusammen nach Ost-Berlin gefahren.

Dieser Werner Schilling war eine sportliche Erscheinung, ca. 1,80 Meter groß, elegant, gewandt, jedoch mit leichtem sächsischem Akzent.

Ich habe ihn dann das letzte Mal Mitte Dezember 1969 bei dem Krisenstab in Ost-Berlin gesehen, als der Bruch mit Carola schon nicht mehr zu kitten war. Er blieb weiterhin ihr Kontaktmann und wohl auch Kurier und hat ihr später auch Aufträge erteilt, bei denen ich nie erfuhr, worum es sich handelte.

Werner Schilling schien Reiseresident zu sein und war fest im Westen eingesetzt. Ich vermutete ihn im Raum Rhein-Main-Gebiet oder Düsseldorf/Bonn/Köln. Er kannte sich wirklich in der Modebranche aus und muß dort auch einige Beziehungen haben.

Schon vor der gemeinsamen Amerikareise wußte Carola über alle Einzelheiten meiner Tätigkeit Bescheid und ließ sich auch ausbilden in Funkverkehr, Verschlüsseln, Fotografieren, usw., um mir eine besondere Freude zu machen. Sie meldete sich im Februar 1968 mit allem Drum und Dran einsatzbereit und wurde dann auch endgültig verpflichtet.

Seit unserem Einzug in die Gerbrunner Wohnung im Oktober 1967 und der Amerikareise war sie über meine gesamten Aktivitäten voll informiert und von sich aus auf diesem Gebiet entsprechend tätig geworden.

Wir heirateten am 20. April 1968. Schwerpunkt für dieses Jahr war die Fallex-Übung 1968 im Oktober. Im August 1968 trat die CSSR-Krise ein, ich geriet in schwerste Gewissenskonflikte und wollte mehrfach abspringen. Ich hatte auch vor, die CSSR zu warnen und den BND entsprechend zu informieren. Dies wiederum hat Carola später im Osten preisgegeben und mich dadurch in größte Schwierigkeiten gebracht.

Carola hatte für die ideologischen Gesichtspunkte meines Tuns überhaupt kein Verständnis und sah dies alles nur als Job an. Ich wiederum erhoffte mir von Carolas selbständiger Position in der Modebranche eine entsprechende finanzielle Unabhängigkeit und evtl. den völligen Verzicht auf die ND-Tätigkeit. Leider erwiesen sich Carolas Versprechungen hinsichtlich ihres hohen Einkommens als ziemlicher Reinfall.

Daher ging sie immer mehr dazu über, über ihre Kontakte mit Werner zusätzliche nachrichtendienstliche Einkünfte zu erzielen. Zum Teil tat sie das dann auch ohne mein Wissen und gegen meinen Willen.

Heinz III

Als im Sommer 1968 meine kritische Einstellung gegenüber der Entwicklung im Ostblock drüben bekannt wurde, stellte man einen Mann ab, den ich unter Heinz III kannte, auch Petrowitsch genannt – mit Decknamen Schulz –, der mich im Juli 1968 in Gerbrunn besuchte, wobei Carola anwesend war. Er kam zu mir als »ideologischer Schutzmann«, um mich auf die Modalitäten und Möglichkeiten des CSSR-Einmarsches einzustimmen. Man hatte mir dabei die Aufgabe zugedacht, gewisse Dinge in Bonn und besonders bei der 12. PD rechtzeitig zu erkunden und per Funk bzw. Eilbrief oder Kurier rüberzumelden. Ich war durchaus nicht begeistert, so gewandt sich Heinz III auch benahm, der ideologisch und dialektisch äußerst geschult und ein hervorragender Gesprächspartner, mit viel Einfühlungsvermögen war, nebenbei perfekt englisch, italienisch, französisch, und russisch und deutsch spricht und zur Spitzenklasse der dortigen Agenten zählte, besonders im Westeinsatz.

Bemerkenswert ist, daß Carola ihn völlig verschwieg und seine Existenz leugnete.

Mit Carola gemeinsam sah ich ihn wieder im September 1968 in Würzburg, im Januar/Februar 1969 in Hannover und im August 1969 in Würzburg. Am 4. Oktober 1969 in Würzburg berichtete er mir allein über die Festnahme von Thomas. Dann traf ich ihn noch einmal am 6. Dezember 1969 in Hannover nach der Scheidungsvereinbarung vom 4. Dezember 1969, bei dem Krisenstab am 15./16. Dezember 1969 in Ost-Berlin, (d. V.: in Wirklichkeit erfolgte hier meine Verurteilung und Begnadigung in Ost-Berlin!!) am 26. Dezember 1969 und am 14. Januar 1970 in Würzburg und am 22. März 1970 ebenfalls in Würzburg. Einen Tag später erstattete Carola die Anzeige.

Kapitel 7 i Deckadressen und KWs

Von 1962 bis 1970 war ich durchschnittlich zwei- bis viermal im Jahr in Ost-Berlin. Zunächst benutzte ich einige Male den normalen Weg für Westdeutsche über den Bahnhof Friedrichstraße S-Bahn bzw. U-Bahn. Später wurde ich ständig geschleust und ging ohne Ausweis durch die Sperre.

Die Treffs wurden unter Deckadressen mittels Postkarte oder mit Brief, meist 14 Tage bis drei Wochen vorher fest vereinbart und entsprechend per Funk bestätigt.

Es gab etwa acht Ostberliner Adressen, drei wurden von Carola genannt – fünf wurden in meinen Asservaten gefunden: u. a. etwa Altstralau 55, Gussow, Dorfstraße 10, Heinestraße.

Es wurden jeweils zwei Ausweichzeiten abgemacht, meistens jeweils eine Stunde später. Seit 1965 bin ich ständig mit der U-Bahn gefahren. Ich selber habe nie Material bei mir getragen, das wurde jeweils von Onkel Walter, von Josi, Renate oder Carola transportiert. Ich hatte lediglich verschlüsselte Stichwörter, auf Theaterkarten oder anderen losen Papierchen bei mir, die mir für die Besprechungen als Unterlage dienten.

Die Treffs fanden nach Abholung am Bahnhof meist in konspirativen Wohnungen (KW) bzw. Häusern statt.

Davon sind mir erinnerlich fünf Häuser und eine Wohnung. Sehr oft, etwa zehn- bis zwölfmal war ich im Haus am See, das von Carola eingehend beschrieben worden ist einschließlich seiner Uferpromenade und des alten Ehepaars, das das Haus betreut.

Hier habe ich auch einige Male übernachtet, möglicherweise auch einmal mit Josi, aber in jedem Falle einige Male mit Carola.

Rund zehnmal war ich in dem Haus mit der alten Dame und dem Renoir-Bild, das Carola ebenfalls ganz exakt eingehend und ganz exakt beschrieben hat. Lokalisieren konnte ich alle diese Häuser nicht. Natürlich habe ich mich auch in einer Reihe von Gaststätten und Cafés mit Heinz oder einem der anderen Kontaktmänner getroffen. Dies geschah immer dann, wenn ich den Wunsch geäußert hatte, einmal auszugehen. Jedoch vermieden wir möglichst solche zentral gelegenen und als Treffpunkte bekannten Lokale wie Johannishof o. ä.

Etwa sechsmal war ich in einem Haus am Wald, wo ich auch Funkausbildung erhielt, was aber bei meiner Vorbildung nur eine Repetition war. Den Mann, den ich dort zweimal traf, kann ich nicht mehr beschreiben. Er war Spezialist auf seinem Gebiet, etwa einen Kopf kleiner als ich und ca. 40 Jahre alt.

Wie mir Carola berichtete, hatte auch sie bei ihm Unterricht gehabt. In der Anfangszeit, d. h. 1962 bis 1964, war ich etwa sechsmal in einem Haus, das in der Nähe der Villa des Rundfunkagitators von Schnitzler lag. Beide Häuser wurden von zwei jungen Familien bewohnt, die mehrere Kinder hatten. Die genaue Lage ist mir bei beiden nicht mehr erinnerlich.

Zweimal war ich im Privathaus von Heinz I, was mir als Auszeichnung und Vertrauensbeweis gelten sollte.) Erstmalig war, das vor dem Bruch mit

Josi kurz nach meiner Verpflichtung, das zweite Mal danach), um mich wieder aufzumuntern und mir zu zeigen, daß man nach wie vor Vertrauen in mich setzte. Das Haus war ein Viereinhalb-Zimmer-Bungalow und lag in einer Eigenheimssiedlung in einem Vorort von Berlin. Mir ist zwar nur ganz selten, drei- oder viermal, vor der Fahrt zu diesem Haus eine Brille aufgesetzt worden, wie Carola es ähnlich beschreibt, habe aber keine Erinnerung an seine Lage, da immer Umwege und andere Routen gefahren wurden.

Etwa vier- oder fünfmal war ich Gast in der sogenannten Dienstvilla Lenhof, einem großzügig und pompös eingerichteten zweigeschossigen Villenbau mit breiter Alleeauffahrt und herrschaftlichem Grundstück sowie Schwimmbecken. Dort wohnte ein Ehepaar mit einer recht attraktiven Tochter von etwa 25 Jahren, die als Hausdame fungierte. Hier habe ich drei Abendessen im Kreise von mehreren der oben genannten Personen eingenommen. Dies geschah jeweils zu festlichen Anlässen, z. B. bei der Ordensverleihung oder nach einer besonderen Lagebesprechung in Karlshorst, auf die ich später noch eingehen werde.

Nach der Trennung mit Josi im Frühjahr 1965 wollte ich die gesamte ND-Tätigkeit aufgeben und war äußerst deprimiert. Um mich umzustimmen, hatte man mich bei einem der Treffs mit Übernachtung in Ost-Berlin in einer KW in der Stalinallee bzw. der Frankfurter Allee, es könnte die Hausnummer 171 gewesen sein, etwa in Höhe der Normannenstraße, untergebracht. Die Wohnung bestand eigentlich aus zwei zusammengelegten kleineren Wohneinheiten und war sonst somit von zwei Seiten zugänglich. In ihr wohnte eine attraktive Dame, Mitte zwanzig (mit einem haselnußgroßen Leberfleck auf dem linken Oberschenkel). Sie gestaltete den dort verbrachten Abend sehr großzügig und zu meiner vollsten Zufriedenheit. Die Wohnung könnte im 5. Stock gelegen haben. Sie nannte sich Gerda, war etwa 1,75 Meter groß, brünett, hatte schönes langes Haar, ein apartes Gesicht und einer guten Figur.

Leider habe ich sie nie wiedergesehen. Es sollte wohl eine Ausnahmesituation bleiben.

Kapitel 7 j Fallex '66 und '68

Schwer- und Höhepunkte meiner Tätigkeit waren die Fallex-Übungen 1966 und 1968. Im Anschluß daran war ich zur Auswertung des Materials und eingehender Vorbesprechung in der Villa am See bzw. zweimal zu größeren Lagebesprechungen in der Dienstvilla Lenhof in Karlshorst. An ihr nahmen noch weitere Offiziere teil, zum Teil in Uniform, größtenteils aber in Zivil. Es ergab sich dabei ein Kreis von etwa acht bis zwölf Personen.

Ich erinnere mich, daß drei Uniformierte dabei waren, einer in sowjetischer Oberstleutnantsuniform, zwei trugen NVA-Uniformen, ein Oberst und ein Oberstleutnant. Beim anderen Mal war ein Major dabei, mit dem ich mich noch kurz unterhielt. Namen und Dienstgrade wurden dabei nicht erwähnt. Man sprach sich grundsätzlich mit »Genosse« an.

Bei beiden Veranstaltungen gab es nach eingehender Vorbesprechung mit mir einen kurzen Lagevortrag, den einmal Gerd hielt, Koreferate hielten Oberst Löhndorf bzw. General Lenhof. Danach habe ich über meine Erfahrungen bei der Fallex-Übung in einem etwa 45minütigen Referat berichtet und aus meiner Sicht Schwerpunkte der Übung aufgezeigt. Die Besprechung fand im ersten Stock in einem Raum statt, von dem man durch eine Schiebetür in das angrenzende Zimmer gelangte, in dem wir dann zum gemütlichen Teil, mit kaltem Buffet, übergingen.

Es schloß sich eine eingehende Diskussion über die erörterten Themen am.

Sie betraf die gesamte NATO-Lage sowie die des Warschauer Paktes, die Kräfteverhältnisse und die Schwerpunkte der Fallex-Übung.

Ich gebe hier ganz kurz einen Überblick über die Schwerpunkte meiner Zusammenarbeit mit den östlichen Kontaktleuten.

Es begann mit der Vorbereitung auf die Fallex-Übung 1962, wobei die schon angeführten Dokumente durchgesprochen wurden und ich zur Verifizierung und Überprüfung des TV-Teils dieser Übung eine Reihe von Aufnahmen über Onkel Walter aus dem Osten bekam. Danach wurde in einer ausführlichen Nachbesprechung der gesamte sicherheitspolitische und militärische Bereich der BRD und Mitteleuropas durchgesprochen.

Es kamen dabei alle wesentlichen militärischen und militärpolitischen Punkte zur Sprache.

Eine besondere Rolle spielte der Auf- und Ausbau der 12. Panzerdivision (12. PD) und ihre Aufgabe im Raum Unterfranken sowie ihre Zusammenarbeit mit den dort stationierten amerikanischen Verbänden.

Ab 1963 war die 12. PD mein spezielles Aufgabengebiet. Sie wurde später Armee-Eingreifreserve.

Über meine Kontake zum BMVert. und nach Paris über den RWPH zum NATO-Hauptquartier Paris-Shape kamen dann ab Herbst 1963 gewisse Gebiete der NATO dazu, die ich in Gesprächen mit einzelnen Offizieren abklärte.

Hierbei wurde ich ausführlich und mit großer Sachkenntnis vom Osten in die einzelnen Probleme eingewiesen, oft anhand von Dokumenten, die im Osten offenbar zahlreich vorhanden waren. Der Vertrauensbeweis von der anderen Seite war erstaunlich. Es ist nur so zu erklären, daß man mich für einen völlig linientreuen Genossen hielt, der fest auf dem Boden des Sozialismus steht und eine ND-Tätigkeit nur aus ideellen Gründen betreibt.

Sämtliche Geldzuwendungen der damaligen Zeit bis 1964/65 bestanden fast ausschließlich in einer Spesenhonorierung, keineswegs in der Bezahlung für geliefertes Material.

Überhaupt war Geld nie das Motiv, irgendwelches Material zu liefern. Das möchte ich ausdrücklich betonen. Der enorme Vertrauensbeweis vom Osten hatte mich in meiner Grundhaltung bestärkt, als Wanderer und Mittler zwischen zwei Welten eine durchaus ehrenhafte Position und Rolle zu spielen.

Im Herbst 1963 waren die Schwerpunkte dann meine Begegnung mit Philippe und der Besuch bei der NATO in Paris und Fontainebleau. Er folgten wichtige Nachbesprechungen auf allen wesentlichen Gebieten.

Nächster Schwerpunkt war die Fallex-Übung 1964, an der ich jedoch aus verschiedenen Gründen nicht teilnahm und nur nach eingehender Instruktion im Osten abklärende Nacharbeit leistete, insbesondere in Bonn und dort bei der PSK, siehe zum Beispiel meine Übung 1965 in Alfter.

(Hier wurden wesentliche Teile der eigentlichen ND-Tätigkeit ausgespart. Mehr hierzu in meinem nächsten Buch:

Mein Name ist Haase – ich weiß noch mehr! d. V.)

Der nächste Schwerpunkt meiner Arbeit war die Fallex-Übung 1966, an der ich als voll verantwortlicher 03-Verbindungsoffizier der 12. PD zum III. Korps teilnahm. Hierbei erfolgte gute Zusammenarbeit mit Renate Müller, und es wurden einige wesentliche Unterlagen zur Verifizierung von mir beschafft. Die bei der Vorbesprechung vorhandenen Unterlagen im Osten mußten vom III. Korps bzw. der 5. und 7. Division stammen, andere wiederum aus dem Bereich der NATO CENTAG, NORTHAG bzw. SACEUR.

Es folgte dann eine Reihe von Übungen mit der 12. PD, so z. B. Hammelsprung, Bocksbeutel, Würzburger Stein.

Dabei ist meine Zusammenarbeit und Freundschaft mit dem Oberleutnant Toop zu erwähnen, der als Adjutant von General Kobe wirkte und über den ich Einblick in die Divisionsgeschäfte bekam.

Nachdem Carola auf den Plan getreten und im Herbst 1967 eingeweiht und zur Mitarbeit bereit war, übernahm ich nach einem mehr privaten Intermezzo, der Amerikareise, der Hochzeit und der Hochzeitsreise, das Aufgabengebiet PSK, insbesondere meine Doktorarbeit über den verdeckten Kampf im geteilten Deutschland und 1968 die Fallex-Übung 68. Dabei entwickelte sich eine recht gute Zusammenarbeit mit Carola in Frankenberg bzw. in Würzburg. Ein gewisses Handikap dabei war Carolas Krankheit, die um ein Haar alles gefährdet hätte.

Kapitel 7 k Die Misere mit Carola

Es erfolgte dann die Zäsur auch hinsichtlich meiner ideologischen Basis, durch die Krise in der CSSR mit dem Ende des Prager Frühlings, die ihren Höhepunkt im August 1968 mit dem Einmarsch der Truppen des Warschauer Pakts in die CSSR erreichte.

Bei einer ausführlichen Diskussion im Frühjahr 1968 habe ich dann meine Einstellung dazu im Osten deutlich kundgetan und sogar zum Teil dort schriftlich niedergelegt, was mir später erhebliche Schwierigkeiten bereitete, als ich mich nach dem Bruch mit Carola gegen die Anwürfe verteidigen mußte, daß ich damals schon Verrat an der sozialistischen Sache begehen wollte.

Hier tritt dann Heinz III auf den Plan, dem meine ideologische Festigung besonders am Herzen lag, da ich immer mehr Zweifel an der Rechtmäßigkeit meines Tuns entwickelte.

Leider hat damals Carola hauptsächlich aus finanziellen Gründen ihre ND-Tätigkeit forciert und auch selbständig über ihren Kontakt mit Werner Schilling aus unserem Bekanntenkreis und insbesondere ihrem Arbeitsgebiet alle möglichen Dinge, insbesondere Personenstandsaufklärung betrieben. Ihr ging es dabei um die finanziellen Zuwendungen, die sie mir gegenüber durchaus glaubhaft als Einnahmen aus ihrer Modearbeit ausgab. Ich muß hierzu noch hinzufügen, daß mein Fixum nach meinem Referendarexamen im Dezember 1966 – und nachdem ich mit dem Verdienstorden in Silber der DDR im Januar 1966 ausgezeichnet worden war – 1000 DM betrug.

Nach Carolas Verpflichtung im Oktober 1967 und unserer Amerikareise und nachdem wir in Gerbrunn im selben Monat die neue Wohnung genommen hatte, betrug mein Fixum mit Carola zusammen rund 2000 DM. Davon waren allerdings 1000 DM nur für Carola vorgesehen, für Spesen etc. Ich kann nicht genau sagen, welche weiteren Zuwendungen Carola erhielt, es muß sich dabei aber um mehrere tausend DM gehandelt haben, die sie im Laufe der Jahre 1968/69 erhalten hat. Einen genauen Überblick über meine Finanzlage habe ich in dieser Zeit nie gehabt, was ja auch die Ermittlungen des Bundeskriminalamtes ergeben bestätigt haben.

Höhepunkte meiner Tätigkeit und Zusammenarbeit waren wie eingangs erwähnt die Fallex-Übungen 1966 und 1968.

Wie in ausführlichen Erörterungen mit entsprechenden Unterlagen mit dem sachverständigen Oberstleutnant Peter besprochen und auch von diesem ausdrücklich gutachtlich festgestellt, besaß ich bereits 1962 durch meine rasche Auffassungsgabe und gute Schulung in Ost-Berlin ein erhebliches taktisches und sogar strategisches militärisches Wissen, das jedem »Generalstabsoffizier zur Ehre gereicht hätte« ...

Im Laufe meiner weiteren militärischen Laufbahn in Ost und West war ich bereits 1966 soweit, daß ich aus entsprechenden Unterlagen und zum Teil sogar aus oberflächlichen Gesprächen mit Militärs alle wesentlichen Probleme erkennen, auswerten und ver- bzw. bearbeiten konnte.

Ich erhielt deshalb auch selten konkrete Aufträge, sondern arbeitete vielmehr selbständig nach gewissen Richtlinien, die für jedes Jahr neu grob umrissen wurden.

Am Rande möchte ich noch bemerken, daß die Übungen Panther, Leopard, Grüner und Schwarzer Löwe insoweit eine Rolle spielten, als ich zwar an diesen Übungen nicht teilgenommen habe, aber in zahlreichen Gesprächen gewisse interessierende Details in Erfahrung bringen konnte.

Im Mai 1967 hatte ich Carola in Berlin kennengelernt und mich nach einer Amerikareise entschlossen, sie zu heiraten, nicht ganz uneigennützig, denn ich baute darauf, daß Carolas angeblich erhebliche Einkünfte in der Modebranche mir zu einer etwas größeren materiellen Freiheit verhelfen und mich auch in Beziehung auf meine Ostberliner Kontakte freier agieren lassen würden. Mittlerweile war ich nämlich in eine gewisse finanzielle Abhängigkeit geraten denn mein notwendigerweise hektisches und teures Leben – insbesondere auf den vielen Reisen – bedingten diesen Lebensstil und die entsprechenden Ausgaben nun einmal. Wie bereits erwähnt, erwies sich meine Spekulation auf Carolas Einnahmen als ein Fehlschlag, da sie nach ihrer Kündigung in Ochtrup, wo sie ein Festgehalt von 2500 DM erhalten hatte, in ihrer freiberuflichen Tätigkeit zunächst nicht einmal die »Kosten« hereinbrachte. Erst ab Frühjahr 1969 begann ihre Tätigkeit endlich lukrativ zu werden.

Nachdem wir im Juni 1968 die Wohnung in Hannover, Walderseestraße, gemietet hatten, stellten wir fest, daß wir uns finanziell übernommen hatten. Das lag u. a. auch an Carolas Unzuverlässigkeit, die versprochen hatte, dafür alle notwendigen Mittel aufzubringen. Zwei Wohnungen und zwei Wagen wurden neben allem anderen auf die Dauer zu teuer. Nur durch meine Zuwendugen aus der ND-Tätigkeit konnte ich die Situation meistern.

Seit ich mit dem Gedanken spielte, mich »freizuschwimmen«, zumindest aber finanziell unabhängig zu werden, strebte ich einen schnellen Abschluß meiner Doktorarbeit und ein baldiges 2. juristisches Staatsexamen an.

Ich habe seit Herbst 1968 mit Nachdruck daran gearbeitet unnd dabei etwa 300 Bücher und Aufsätze durchgeackert. Der Abschluß der Doktorarbeit im Herbst 1969 war so gut wie sicher.

Carolas Vorwürfe, ich hätte den Sommer verbummelt, waren völlig ungerechtfertigt. Seit Sommer 1969 lebten wir uns zusehends auseinander, auch weil sich Carola ihrerseits einen aufwendigeren Lebensstil mit mir erhofft hatte, der mehr ihren exzentrischen Neigungen entsprach.

Hinzu kamen gewisse finanzielle Sorgen wegen ihrer immer stärker hervortretenden Unzuverlässigkeit, die mich auch in meiner ND-Tätigkeit äußerst verunsicherte und gefährdete.

Durch ihren selbständigen Kontakt zu Werner, für den sie auch einige Kurierfahrten unternommen hatte, von denen ich erst im nachhinein erfuhr, entglitt sie mir auch in dieser Beziehung.

Carola verachtete meine indifferente Haltung, weil ich mich nicht entscheiden konnte, die ND-Sache nur als Job zu betrachten. Ich war neben meiner Doktorarbeit bestrebt, Carolas Modekarriere voranzubringen, damit wir neben meinem kargen Referendarsgehalt auch auf ein ausreichendes »normales« Einkommen zurückgreifen konnten.

Carola und Werner

Vermutlich seit Frühjahr 1969 hatte Carola mit Werner intime Beziehungen, was sich für meine ND-Karriere recht ungünstig auswirkte. Auch sonst mußte ich feststellen, daß die meisten von Carolas beruflichen Erfolgen über das Bett liefen.

Da wir nie ein wirkliches »Zuhause« hatten und Carola überhaupt keine Hausfrau war, führten wir eigentlich gar keine Ehe, sondern hatten ein mehr oder weniger strapaziertes und aufreibendes »Verhältnis«. Das war natürlich auf Dauer für beide Seiten unerträglich.

Als ich in eine psychische Krise geriet, Valium einnahm, zusätzlich auch noch gesundheitlich etwas angeschlagen war, außerdem Schwierigkeiten mit meiner Sekretärin hatte, die beim Schreiben der Doktorarbeit nicht mithielt und mehrfach wegen Krankheit ausfiel, ging Carola den einfachsten Weg, indem sie mich in Paris mehrfach betrog und dort auch eine Heirat mit einem reichen Industriellen anpeilte.

Rudi Frenkler

Dort hatte sie auch den Rudi Frenkler wiedergetroffen, den sie bereits von früher aus der Modebranche kannte. Mir gegenüber gab sie es als geschäftliche Beziehung aus, hatte jedoch bereits seit August1969 regelmäßige intime Kontakte zu ihm. Seit September war sie ständig auf den verschiedenen Messen und bei ihren verschiedenen Arbeitsplätzen unterwegs, so daß ich ihre Eskapaden schwer kontrollieren konnte. Sie nutzte die Gelegenheit, indem sie sich diesen Mann aus der Modebranche als Notnagel sicherte, der ihr immer noch bequemer schien als ich, der ein durchaus anspruchsvolles und aufregendes Leben erwarten ließ, das sie aber vielleicht in einigen

Punkten überforderte und behielt obendrein die Heirat mit dem reichen »Modefritzen« in Paris fest im Visier.

Carola war sehr spontan und absolut weiblich, d. h. kurzentschlossen, *intuitiv* und ohne Skrupel, so auch bei meinem Vorgänger, den sie, als er ihr lästig wurde, auf raffinierte Weise abschloß – und genau das gleiche hatte sie nun auch mit mir gemacht.

Sie rechnete wohl fest damit, daß ich mich in der Haft umbringen würde. Bei meinem labilen und psychisch defekten Zustand war das gar nicht so verkehrt gedacht. Ich hatte ihr am 22. März 1970 meinen baldigen Selbstmord angekündigt.

Im Sommer 1969 zeichneten sich Schwierigkeiten mit meinen Leuten in Ost-Berlin ab, die mich aufgrund von Äußerungen Carolas gegenüber Werner, ideologischer Abweichung und absoluter Unzuverlässigkeit beschuldigten. Ich habe mich damals nur mühsam verteidigt, und es tut mir heute leid, daß ich damals nicht die Konsequenzen gezogen habe. Die äußeren Umstände zwangen mich jedoch weiter zu wursteln.

Kapitel 71 Krise Herbst '69

Statt also gemeinsam mit mir die Krise zu meistern, hat Carola sie heraufbeschworen und forciert, also auch noch ständig Öl ins Feuer gegossen.

Der Gipfel meiner Krise kam, als Thomas Ende September 1969 festgenommen wurde, was mir Heinz III anläßlich eines Treffs in Würzburg am 4. Oktober mitteilte. Ich bat ihn, alles Menschenmögliche für Thomas zu tun und erklärte mich zur gewünschten Zusammenarbeit weiterhin bereit. Dies geschah damals schon gegen meine Überzeugung. Meine eigenen Leute in Ost-Berlin mißtrauten mir bereits in vielfacher Hinsicht. Carola hatte ihnen u. a. berichtet. daß ich in Erwägung zöge, mich zu offenbaren. Tatsächlich sind solche Gespräche mehrfach zwischen uns geführt worden, wie es auch der Wahrheit entsprach, daß wir Ostern 1970 eine gemeinsame Offenbarung vorbereitet hatten.

Es folgte dann Carolas Plünderung unserer Gerbrunner Wohnung unter Mitnahme sämtlicher Unterlagen für die Doktorarbeit und anderer Papiere und Wertgegenstände am 29./30. November 1969, während ich in Hannover ein Seminar leiten mußte. Bereits am 21./22. November hatte sie unser gesamtes Barvermögen, mehr als 12.000 DM, von allen Konten abgehoben. Sie hatte mich somit finanziell in der Hand.

Sie wußte genau, daß ich die lange vorbereitete Verhandlung mit der Allianz-Versicherungsdirektion in München am 2. Dezember hatte, erschien daraufhin mit dem großen Möbelwagen in der Walderseestraße in Hannover und wollte dort ebenfalls die gesamte Wohnung ausräumen, was unter dramatischen Umständen in letzter Minute verhindert wurde. Ich fuhr in der Nacht noch nach Hannover und vereinbarte dann am 3. Dezember mit ihr eine gütliche Trennung mit Scheidung. Diese kam aber dann doch nicht zustande, weil Carola ständig Kurzschlußhandlungen provozierte, indem sie mir dauernd mit Anzeige drohte, wobei es zu tätlichen Auseinandersetzungen kam. Dies nahm sie zum Anlaß, gegen mich Anzeige wegen Körperverletzung u. a. zu erstatten, wobei sie die Tatsachen in ihrvölliges Gegenteil verdrehte.

Am 4. Dezember 1969 erreichte sie dann unter ständiger Erpressung die notgedrungen von mir akzeptierte Scheidungsvereinbarung vor dem Rechtsanwalt Grimke, in der ich die Alleinschuld am Scheitern unserer Ehe übernahm.

Es stellte sich heraus, daß sie schon vorher von Frankfurt nach Hannover geflogen war und dort alles belastende Material, z. B. Container und Adressenlisten, an sich gebracht hatte.

Am 6. Dezember 1969 traf ich mich mit Heinz III in Hannover, um die entstandene neue Lage zu besprechen. Man war in Ost-Berlin allgemein entsetzt und schob mir die ganze Schuld zu, versuchte aber zu retten, was zu retten war. Am 15. Dezember flog ich nach Ost-Berlin, wo in einem eilig zusammengerufenen Krisenstab mit Gerd, Werner Schilling, Heinz III und Heinz II die wichtigsten Probleme erörtert wurden. Ich hatte alle kompromittierenden Gegenstände außer Haus gebracht, und man versprach, Carola zur Vernunft zu bringen. (Aus taktischen Gründen wurde hier damals – 1971 – die Verurteilung und Begnadigung in Ost-Berlin verschwiegen d. V.!)

Ich traf mich danach mehrfach mit ihr in Frankfurt am Flughafen oder in Würzburg, z. B. bei Martin Klembt. Sie schien etwas in Zweifel zu sein, wie sie sich verhalten sollte, setzte dann aber ihr erpresserisches Gebaren fort. Weihnachten wollte sie sich in Würzburg noch einmal mit mir, statt dessen erschien am 26. Dezember Heinz III. Er meinte, es sei das beste, wenn ich in den sauren Apfel beißen und mit Carola endgültig Schluß machen würde. Notgedrungen habe ich mich dazu bereit erklärt und dann die Scheidung über RA Helms in Hannover durchgezogen.

In diesen Tagen war ich mir selbst ziemlich aus dem Ruder gelaufen. Ich hatte Ingrid Scherer in Berlin kennengelernt und versuchte mit der Vorstellung, ich hätte mich in sie verliebt und meinen Kontakt nach Ost-Berlin aufrechtzuerhalten, weil ich so einen Vorwand hatte, nach Berlin zu fliegen.

Am 14. Januar 1970 erschien Heinz III zu einer nochmaligen Besprechung der Lage und teilte mir mit, daß Werner offiziellen Kontakt zu Carola habe. Man sei langsam an Frenkler herangekommen. Ich hätte von dieser Seite nichts zu befürchten.

Ich traf mich danach noch einige Male mit Carola, u. a. in Sulzbach bei Aschaffenburg. Sie war völlig verändert, glashart und gar nicht wiederzuerkennen.

Sie fuhr weiter fort, mich zu erpressen und drohte, mich auch im Osten erheblich zu diffamieren. Dies hat sie dann auch mehrfach über Werner und in einigen Besprechungen in Ost-Berlin getan.

Trotzdem merkte ich bald, daß ich Carola mehr geliebt hatte, als ich geahnt hatte. Ich tat mir unheimlich leid. In diesen Tagen wußte ich oft nicht, ob ich Männlein oder Weiblein war. Ich stolperte durch die Landschaft ohne zu leben. Ich versuchte meine Doktorarbeit abzuschließen, was aber aufgrund der mir jetzt fehlenden Unterlagen nicht gelang. Bis heute weiß ich nicht, wo sie verblieben sind. Fest steht, daß Carola die über Monate schwer erarbeiteten Unterlagen aus Gerbrunn mitgehen ließ.

Im Februar 1970 gaben wir dann die Wohnung in der Walderseestraße 29 auf und ich zog in die Sedanstraße. Wesentliche Teile meiner Habe, besonders alle Wertsachen, hatte Carola aus beiden Wohnungen bereits an sich gebracht.

Als Carola am 16. Februar aus Ost-Berlin zu mir kam, verschwieg sie mir gewisse Passagen ihrer dort geführten Besprechungen und täuschte mich über die dort getroffenen Abmachungen.

Man schien mir in Ost-Berlin aufgrund von Carolas Äußerungen und meiner schon mehrfach an den Tag gelegten ideologischen Unzuverlässigkeiten bereits erheblich zu mißtrauen, hoffte aber, uns beide nachrichtendienstlich weiterhin in der Hand zu behalten. Man teilte mir im März 1970 mit, daß man Frenkler fest an der Angel habe. Ich selber äußerte erhebliche Bedenken, ob ich unter diesen Umständen weiter arbeiten könnte.

Am 13. März 1970 war Scheidungstermin. Carola erpreßte weiterhin. Am 22. März erschien Heinz III in meiner Wohnung in Gerbrunn, und ich konnte mich nicht zu einer festen Zusage entschließen. Daraufhin meinte er dann, daß er nicht mehr für meine Sicherheit garantieren könne.

Vorher hatte er mir Carolas Telefonnummer gegeben. Ich hatte nichts Besseres zu tun als ihr telefonisch mitzuteilen, daß ich mich mit meinen Eltern völlig überworfen hätte.

Daraufhin erstattete sie am 23. März dann die Anzeige, vermutlich in der Hoffnung, daß ich mich in der Haft umbringen würde.

Wahrscheinlich war mit Ost-Berlin abgesprochen, daß sie nur gewisse Teile bei ihrer angeblichen Offenbarung preisgeben sollte. Dementsprechend wird sie vom Osten noch heute gedeckt und hat wohl nichts zu befürchten. Von keiner Seite übrigens.

***

Tuende möchte ich ehren
Es ist schön, ein hungerndes Kind zu sättigen,
ihm die Tränen zu trocknen,
ihm die Nase zu putzen,
es ist schön, einen Kranken zu heilen.
Ein Bereich der Ästhetik,
den wir noch nicht entdeckt haben,
ist die Schönheit des Rechts;
über die Schönheit der Künste, eines Menschen,
der Natur
können wir uns halbwegs einigen.
Aber – Recht und Gerechtigkeit sind auch schön
und haben ihre Poesie,
wenn sie vollzogen werden.
Tuende, nicht Tätige, möchte ich ehren.
Alle diejenigen, die wissen, was es bedeutet,
ein Flüchtling, ein Vertriebener zu sein,
unwillkommen zu sein.

Heinrich Böll
† 16.07.85

***

Kapitel 8
Affären und Skandale der Republik

Kapitel 8 a Das System des Skandals

Die Bundesrepublik Deutschland ist ein demokratischer und sozialer Bundesstaat, in der alle Staatsgewalt vom Volke ausgeht (Artikel 20 Grundgesetz).

Die Parteien wirken bei der politischen Willensbildung des Volkes mit (Artikel 21 Grundgesetz).

Soweit die Theorie. In Wahrheit sind wir schon lange ein Parteienstaat, in dem die Parteien das Volk bei der Zusammensetzung der Parlamente mitwirken lassen und sich ansonsten jedwede Einmischung in den von ihnen beanspruchten »Herrschaftsbereich« energisch verbitten.

Entsprechend empfinden sich die Parteien und die Politiker denn wohl auch weniger als *»Diener des Staates«*, sondern mehr als *die Herren desselben*. Eine Änderung der politischen Herrschaftsverhältnisse durch eine andere politische Gewichtung bei Wahlen ist für diese Herren denn auch weniger die Normalität als vielmehr ein Sakrileg, das es zu bekämpfen gilt. Entsprechend werden Machenschaften, die derartige »Pannen« verhindern helfen, denn auch als *»im Interesse der Demokratie und der sie tragenden Parteien erforderlich«* betrachtet.

Anders läßt sich vieles wohl kaum erklären. Angefangen von der SPIEGEL-Affäre über die Parteienfinanzierung bis hin zur Barschel-Affäre.

Wer nun also die Geschichte dieser zweiten deutschen Republik betrachtet, stellt schnell fest, daß sie sich nicht beschreiben läßt, ohne vor allem auch ihre Skandale gebührend zu berücksichtigen. Denn jede Demokratie lebt aus der immerwährenden Auseinandersetzung zwischen Herrschaftsstrukturen und Verwaltungsapparaten und denen, die sie (und sich ihrer) bedienen, auf der einen und dem Volk auf der anderen Seite, welches diese Macht (er-)tragen muß.

Auch die Justiz als Dritte, »korrigierende« Macht im Staate ist nur bedingt in der Lage, Ausgleich im Kräfte- und Ränkespiel der Mächtigen, der Wirtschaftslenker und Lobbyisten zwischen Reichen und Armen im Sozialstaat zu schaffen. Als Hüter der Ordnung ist die Justiz oft überfordert, wie sich ja gerade auch jüngst am Beispiel der Vereinigungskriminalität (BRD/DDR) zeigt – oder am Fall Honnecker.

Demokratie lebt vom Wechsel der Macht, denn in jeder Wahl wird ein Mandat nur für begrenzte Zeit erteilt.

»Solange es als Katastrophe gilt, wenn die einen die anderen in der Macht

ablösen, und die Macht zu verlieren als Schande gilt, solange werden alle durch Jahrhunderte bekannten Gefahren der Macht vielfache und vielfältige Chancen bekommen, unserem Gemeinwesen, gerade dem demokratisch verfaßten, in seiner Wurzel zu schaden.« So der Lübecker Bischof Wilckens bei seiner Grabrede für Uwe Barschel.

Neben Legislative (gesetzgebende Gewalt), Exekutive (ausführende Gewalt) und Judikative (Rechtsprechung) hat sich in unserer Demokratie als unverzichtbarer Eckpfeiler die Öffentlichkeit, als »*vierte Gewalt*«, haben sich die Medien Funk, Fernsehen und Presse gestellt, der die Aufgabe zufällt, die Machtausübung der »*Herrscher auf Zeit*« zu kontrollieren.

Denken wir doch mal an die Skandale von Krause im Frühjahr 1993 – oder in Italien – wo ganze Regierungskreise betroffen sind . . .

Da Macht Appetit macht auf noch mehr Macht, was vor allem bedeutet, diese unbehelligt von einer kritischen und Rechenschaft fordernden Öffentlichkeit ausüben zu können, versuchen sich die Mächtigen dieser Kontrolle durch die Öffentlichkeit zu entziehen. Sobald es dieser dann doch einmal gelingt, einen Zipfel der über die Geheimnisse der Herrschaft ausgebreiteten Decke zu lüpfen, stellt sie daher ziemlich regelmäßig Verstöße gegen die von der Verfassung, den geschriebenen Gesetzen und der »demokratischen Moral« aufgestellten demokratischen Spielregeln fest – und schlägt Alarm.

Macht korrumpiert immer!

Wie sagte doch die Schatzmeisterin der SPD, Inge Wettig-Danielmeyer, zu der Zahlung von »Ruhestandsbezügen« aus der Kasse der Stadt Saarbrücken an den saarländischen Ministerpräsidenten Oskar Lafontaine:

»*Nicht alles, was legal ist, ist auch legitim!*«

Das ist dann der Skandal.

So betrachtet, ist ein politischer Skandal nicht einmal etwas Anstößiges, sondern doch vor allem ein Sieg des demokratischen Prinzips der öffentlichen Kontrolle – doch er ist dies selten vollständig und immer nur für kurze Zeit. Skandale lassen sich, einmal aufgedeckt, selten restlos klären, denn wären die demokratischen Kontrollmechanismen dazu stets in der Lage, gäbe es auch nicht die Dunkelzone unkontrollierter Macht, in der allein Skandale gedeihen.

Eine perfekte Demokratie – die wohl Utopie bleiben wird – würde Skandale ebensowenig kennen, wie monolithische Diktaturen ohne Öffentlichkeit sie erleben.

Die privilegierteste öffentlichdemokratische Kontrollinstanz in einer parlamentarischen Demokratie wie der Bundesrepublik sind die Parlamente. Sie sind freilich in der Parteiendemokratie zugleich Teil des Herrschaftsapparats und deshalb zum Aufdecken von Skandalen nur äußerst begrenzt tauglich. Das gilt auch für die parlamentarische Opposition, denn es drängt sie stets, endlich (oder wieder) an die Futtertröge der Macht zu gelangen. So hat sie oft allzuviel Verständnis für das Treiben der Regierungsfraktion. Oft muß sie auch Vergeltung, das Ausgraben gemeinsamer Leichen, fürchten.

Hier wäre nun auch sehr kritisch die Rolle der genannten Geheimdienste zu durchleuchten – soweit dies überhaupt möglich ist. (Vergleiche dazu die Ausführungen in Kapitel 6!)

Die Lebensweisheit, wonach eine Hand die andere wäscht, wäre für die Verursacher von Skandalen eine patente Rückversicherung, gäbe es da nicht die unverbesserlichen Nörgler am sonst so reibungslos geschmierten System, die nicht aufhören wollen, »Skandal« zu schreien. Läßt sich ein Skandal nicht mehr vertuschen und verleugnen, setzt das Parlament einen Untersuchungsausschuß ein, und im Brustton der Empörung verkündet man, niemanden schonen zu wollen. Allein, die parlamentarischen Untersuchungsausschüsse in der Geschichte unserer Republik waren selten mehr als eine Ansammlung wackerer Laienschauspieler. die ein Skandalstück so lange zu spielen hatten, bis das allgemeine Interesse versiegte und die nach Parteienproporz abgestimmten Abschlußberichte nur noch breites Gähnen provozierten.

Und fiel ein Parlamentarier – wie der tapfere CDU-Abgeordnete Graf Kerssenbroick in Schleswig-Holstein – aus dem gewohnten Rahmen und drang auf eine rückhaltlose Aufklärung unter Inkaufnahme der Aufdeckung von für die eigene Partei belastenden Vorgängen, so wurde ihm hierfür sogleich die *rote Karte* in der Form gezeigt, daß er für die folgende Landtagswahl nicht wieder als Kandidat nominiert wurde.

Das Buch »*Die Skandale der Republik*«, herausgegeben von Georg Hafner und Edmund Jacoby, Büchergilde Gutenberg, handelt die wesentlichsten Skandale der Bundesrepublik Deutschland von 1949 (so *Bernt Engelmann: Der Allertüchtigste: Hans Globcke*) über die »*Affäre John*« aus dem Jahre 1954, die SPIEGEL-Affäre aus dem Jahre 1962 sowie die »*Affäre Langemann*« (Jürgen Saupe) aus dem Jahre 1982 und »*Die Staatsbombe*« (Eckart Spoo) von 1986, den »*Waffenschmuggel im Staatsinteresse*« (Norbert Gansel) aus dem Jahre 1986 sowie »*Die Affäre Barschel*« (Volker Skierka) des Jahres 1987 bis hin zum Jahre 1989 ab, also insgesamt die vergangenen 40 Jahre unserer jüngsten Geschichte. Ich habe mir erlaubt, einige wesentliche und prägnante Stellen hieraus wiederzugeben bzw. in dem folgenden Kapitel mit zu verwenden.

»Journalisten arbeiten nicht im luftleeren Raum. Sie sind Teil einer öffentlichen Meinung, die ihre Interessen und Anschauungen prägt und auf deren Resonanz sie angewiesen sind. In ihrer ursprünglichen Form findet öffentliche Meinung ihren Ausdruck in Zusammenrottungen auf der Straße. Das Recht auf Demonstrationen, das immer wieder in der Geschichte der Republik beschnitten werden sollte, ist das Recht, Empörung über skandalöse Vorgänge und Zustände zu äußern, ein demokratisches Grundrecht, ohne das die Geschichte der Skandale, die Geschichte der Demokratie in der Bundesrepublik nicht vorstellbar ist.

Was hat nun die Skandale aufdeckende und sich über Skandale empörende Öffentlichkeit in vierzig Jahren Bundesrepublik erreicht? Ist unser Gemeinwesen über die Auseinandersetzung mit seinen Skandalen demokratischer geworden? – Eines jedenfalls steht fest: Die jährliche Skandaldichte nimmt sprunghaft zu.

Das mag daran liegen, daß sich die Sensibilität für Skandale erhöht hat. In dem unpolitischen Klima der Adenauerzeit erregte allenfalls eine Affäre mit den klassischen vordemokratischen Skandalingredienzen schöne Frauen, Hörigkeit, Drogen, Prominenz und Geld – Aufmerksamkeit, während der Grundskandal der Gesellschaft, das fortlebende Nazi-Erbe, nur von einer ziemlich kleinen Minderheit überhaupt als Skandal benannt wurde. Daß die Verfassungsordnung auch vor ihren amtlich bestallten Schützern geschützt werden muß, ist ebenso eine Erkenntnis, die erst in einer Zeit wachsender Skepsis gegenüber staatlichen Institutionen breiteren Anklang finden konnte – obwohl sich durch das ›Celler Loch‹ tief in die Vergangenheit hinabreichende Abgründe erspähen lassen.

Wenn die Aufmerksamkeit gegenüber skandalösen Vorgängen im Vergleich zu den Gründerjahren der Republik gewachsen ist, so ist es aber auch das skandalträchtige Dunkel in dem immer undurchdringlicher werdenden Filz von Politik und Wirtschaft. Aus diesem Dunkel heraus werden, wie etwa die Parteispendenaffären zeigen, immer wieder mit größter Unverfrorenheit Angriffe auf die Grundlagen der Demokratie vorgetragen. Wer Licht in diese Verhältnisse bringen will, braucht viel Gespür und Standvermögen, denn die Beschwichtiger und Nebelwerfer haben ihr Handwerk mittlerweile gut gelernt, und die Arroganz der Macht ist wohl kaum weniger gewachsen als die Wachsamkeit der Öffentlichkeit.«

Macht korrumpiert immer. Und bisweilen gleitet unsere Demokratie ab in eine Autokratie der habgierigen Konzerne. Dennoch . . .

Vierzig Jahre Bundesrepublik zeugen von einer Demokratie mit funktionierenden Institutionen. Daß diese im Selbstlob der Republik allzu gern beschworene Stabilität nicht zur Erstarrung geworden ist, verdanken wir denen, die Skandale aufgedeckt und sich empört haben. Das Nest der Republik würde vor Dreck starren, wenn angebliche Nestbeschmutzer nicht von Zeit zu Zeit das Gröbste herausgeräumt hätten.

Ihnen gehört der Rücken gestärkt gegen diejenigen, die nach jedem Griff in die öffentlichen Kassen »Haltet den Dieb« schreien und für die die SPIEGEL-Affäre ein Skandal um das Nachrichtenmagazin statt um Franz Josef Strauß und die Barschel-Affäre eine ›Affäre Pfeiffer‹ ist. Denn die

Geschichte der Republik lehrt, daß die Auseinandersetzung mit ihren Skandalen zu den vornehmsten demokratischen Bürgerpflichten gehört.

Kapitel 8 b Die SPIEGEL-Affäre (1962)

Die ›Spiegel-Affäre‹ ist so etwas wie das klassische Lehrstück eines politischen Skandals in der Bundesrepublik.

Gegner sind auf der einen Seite die kritische Öffentlichkeit mit ihrem in der Bundesrepublik exponiertesten Organ – dem SPIEGEL –, auf der anderen Seite die Bereiche des politischen Apparats, die sich demokratischer Kontrolle stets am ehesten zu entziehen versuchen: Militär, Geheimdienste, informelle Machtzirkel. Der Schlagabtausch zwischen beiden Seiten schreibt einen Status quo fest, der das politische System der Republik zum Teil bis heute prägt:

Die publizistische Öffentlichkeit festigt ihre Position, kann jedoch nicht verhindern, daß die Grenzen zwischen Justiz und Exekutive weiterhin zuweilen unscharf bleiben; das Parlament und die parlamentarische Opposition erweisen sich als überfordert. Sie werden als Kontrollinstanzen der Exekutive – soweit es denn möglich ist – durch Presse und Jusitz ersetzt.

Die SPIEGEL-Affäre markiert das Ende der Restaurationsperiode und der Machtposition von Konrad Adenauer. Sie war ein Sieg der schon totgesagten kritischen Öffentlichkeit in der Bundesrepublik. Franz Josef Strauß mußte seine Position als Bundesverteidigungsminister aufgeben; er blieb allerdings Vorsitzender der CSU. Die in der Zeit der Kommunistenverfolgung aufgebauten Organe der Strafverfolgung und des vorverlegten Staatsschutzes waren angeschlagen. Doch Konsequenzen struktureller Art wurden nicht gezogen. Im Herbst 1962 deutete sich bereits an, was vier Jahre später Tatsache wurde: eine Große Koalition von SPD und Union.

Vorgeschichte und Großaktion

Franz Josef Strauß hatte als Bundesverteidigungsminister beim Aufbau der Bundeswehr die Ausrüstung mit konventionellen Waffen vernachlässigt und das Schwergewicht auf atomare Abschreckung gelegt. Die Bundeswehr durfte zwar keine Atomwaffen besitzen, jedoch Raketen und den für den Einsatz mit Atomwaffen besonders ausgerüsteten Starfighter. Diese Politik stieß in der Bundeswehr auf Kritik. Oberst Alfred Martin aus dem Verteidigungsministerium wollte die Fakten öffentlich machen. Er wandte sich – über Josef Augstein, den Bruder des SPIEGEL-Herausgebers, – an den SPIEGEL.

Das Nachrichtenmagazin, das damals mit einer Auflage von rund einer halben Million Exemplaren erschien, fungierte neben dem Bundesverfassungsgericht als Oppositionsersatz. Von der SPD, die damals gegenüber der Union die von Herbert Wehner konzipierte Umarmungstaktik verfolgte, erwartete niemand etwas.

Ich lernte 1961 über Prof. von der Heydte sowohl Reinhard Gehlen als auch Franz Josef Strauß persönlich kennen. Es war für mich eine erstklassige Gelegenheit, zu diesen beiden mächtigen und machtgierigen Männern eine beinahe verehrende und meine Ambitionen fördernde Beziehung aufzubauen. Sie kamen mir als ebenfalls machiavellistischem, machtverehrendem, vorwärtsstrebendem, geltungsbedürftigem und abenteuerlustigem jungen Mann sehr gelegen. Von der Heydte hatte zwar ein persönliches Mißtrauen gegen mich, aber als kontaktfreudiges und organisatorisches Phänomen pflegte er mich dennoch herumzureichen bzw. vorzuführen, da ich mittlerweile sowohl in Bonn zur CDU wie auch in Hannover, Berlin und München (hier zur CSU) über hervorragende Kontakte verfügte. Nachdem ich auch über (den viel zu früh verstorbenen) Klaus von Schubert später auch noch General Speidel kennengelernt hatte, war dies für mich eine auch nachrichtendienstlich bestechende Konstellation – geradezu ein zwangsläufiger Ansatzpunkt für meine spätere und damals schon begonnene Nachrichtendienstarbeit. Ich habe daher jede Gelegenheit wahrgenommen, die Kontakte zu Franz Josef Strauß, Gehlen u. a. entsprechend auszubauen und zu nutzen.

Neben Oberst Martin gab es noch in anderen Kreisen Kräfte, die die ausufernde Machtfülle des ehemaligen Atomministers und nunmehr nach Atomwaffen strebenden Verteidigungsminister F. J. Strauß beschneiden bzw. beenden wollten.

Leider ist es z. Z. noch immer nicht möglich – gerade für mich als Mitwisser gewisser Vorgänge – die ganze Wahrheit zu enthüllen, zumal gegenwärtig einige betroffene Personen von erheblichen Sanktionen bedroht sind. Man denke nur an den Prozeß gegen Markus Wolf, der am 4. Juni 1993 vor dem Oberlandesgericht Düsseldorf beginnt. Auch darauf muß ich Rücksicht nehmen, da auch die Wiederaufnahme meines Verfahrens ansteht. Denn es ist in einem Rechtsstaat nicht hinzunehmen, für erfundene Lügen zu 11 Jahren verurteilt zu werden bei einer Vielzahl mildernder Umstände. Ebenso betrifft dies meine Beschwerde vor der Europäischen Kommission für Menschenrechte in Straßburg. Aber soviel kann ich über die Hintergründe der SPIEGEL-Affäre sagen: Sie wurde auch zum nachrichtendienstlichen Spiel von zwei führenden Männern des Ostblocks, die Franz Josef Strauß stürzen wollten.

Kurz zusammengefaßt: So wurde Prof. von der Heydte überredet bzw. darin bestärkt, den SPIEGEL anzuzeigen. Gemeinsam mit ihm unterstützten wir die Absicht von Franz-Josef Strauß zur Festnahme von Conrad Ahlers in Spanien, – was ja zu seinem Sturz führen sollte. Denn Konrad Adenauer ließ F. J. Strauß letzten Endes nach der Lüge vor dem Parlament fallen. Ich will hier nur zusammenfassen und kurz ergänzen. Denn damals war ich einer von sechs Leuten, die an dieser Geschichte direkt beteiligt waren. Mehr dazu im nächsten Buch.

Wir wollen uns die Ereignisse hier noch einmal kurz in Erinnerung rufen, weil etwa die Hälfte der jetzt in der Bundesrepublik lebenden Bevölkerung die damaligen Vorkommnisse nach über 30 Jahren kaum mehr erkennt oder noch gar nicht geboren war.

Friedrich August Freiherr von der Heydte

An dieser Stelle will ich meinen alten Doktorvater, Völkerrechtler und General Prof. Dr. Dr. Friedrich August Freiherr v. d. Heydte zu Wort kommen lassen, indem ich aus seinen »Erinnerungen« zitiere:

»Muß ich sterben, will ich fallen« – Ein Zeitzeuge erinnert sich – (Vowinckel Verlag, Berg am See, 1987) aus dem Kapitel *»Die SPIEGEL-Affäre – Das Landtagsmandat«*, hier auszugsweise zitiert. Ich erwähnte schon, daß mir v. d. Heydte zunächst mißtraute, weil ich ein »Linker« in seinen Augen war, zumal ich – was damals nicht üblich war – bisweilen einen Vollbart trug. Bartträger waren Freiherr v. d. Heydte verdächtig, und er ordnete sie grundsätzlich nach links ein. Prof. von der Heydte bleibt in seinen »Erinnerungen« ganz bewußt an der Oberfläche. Was sich wirklich abspielte, schreibt er hier nicht.

»Ich erwähnte schon im anderen Zusammenhang, daß ich die großen Universitätsferien unter anderem dazu benutze, bei der Fallschirmtruppe der neu entstandenen Bundeswehr Übungen als Reserveoffizier abzuleisten. Mit diesen Übungen war sehr bald meine Beförderung vom aktiven Oberstleutnant zum Oberst der Reserve der Bundeswehr verbunden. Meine Reserveübungen fanden meist während der Manöverzeit der Truppe statt; ich lernte dabei nicht nur das neue, dem amerikanischen angepaßte Gerät kennen, sondern auch die – ebenfalls von den Amerikanern übernommenen – neuen Führungsgrundsätze, die bis zu einem gewissen Grad eine Abkehr von der reinen Auftragstaktik der früheren Wehrmacht darstellten. Von den Amerikanern hatte schließlich die Bundeswehr zum Teil auch die verhältnismäßig weit hinter der Front eingerichteten Gefechtsstände mit ihren großen, für Besucher bestimmten Karten übernomnmen. Ich selbst sah in dieser starken ›Amerikanisierung‹ unserer Truppen keinen Vorteil; ich war und bin bis heute der Auffasssung, daß die Truppe – vor allem die Infanterie – gerade heute, im Zeichen der schnellen Nachrichtenübermittlung, nur *von vorn* geführt werden kann. Bis einschließlich zur Brigade kann das beste Nachrichtenmittel das Auge und das Ohr des militärischen Führers nicht ersetzen; und sei es auch nur, daß durch eine mechanische Vermittlung wenige entscheidende Sekunden verlorengingen.

Im Frühjahr 1962 wurde ich überraschenderweise zum ersten Führer- und Führergehilfenlehrgang an der Führungsakademie der Bundeswehr in Hamburg im Sommer 1962 kommandiert. Dort erhielten wir Einblick in die erste Führungsvorschrift der Bundeswehr, die zunächst ›Streng geheim‹ gehalten wurde. Wir mußten uns ausdrücklich verpflichten, von der Existenz dieser Vorschrift, geschweige denn ihrem Inhalt, irgend jemandem – er mochte der Bundeswehr angehören oder nicht – Kenntnis zu geben. Um so größer war meine Überraschung, als ich im Oktober 1962 im ›Spiegel‹ – einer mehr oder weniger linksstehenden Zeitschrift – einen an sich sehr guten kritischen Artikel über die neue, streng geheimzuhaltende Führungsvorschrift der Bundeswehr fand.

Ich war über diesen Vorgang mehr als empört. Hier mußte meiner Ansicht nach Verrat vorliegen. Auch im demokratischen Staat kann die Pressefreiheit nicht so weit gehen, daß eine Zeitschrift den wesentlichen Inhalt streng geheimer Dokumente wiedergibt.

Meine Wut über diesen Geheimnisverrat steigerte sich noch, als ich erfuhr, daß ein Feldwebel, der wertlose Manöverunterlagen nicht vorschriftsmäßig verbrannt hatte, streng bestraft und – soweit ich mich erinnern kann – aus der Bundeswehr entlassen worden war. Ich entschloß mich daher, an die zuständigen Stellen im Bundesverteidigungsministerium eine Anfrage zu richten, wie man sich dort die Einhaltung von Geheimnissen vorstelle. Einen Durchschlag dieser meiner Anfrage übersandte ich dem damaligen Bundesverteidigungsminister Franz Josef Strauß.

Mit diesen meinen Fragen kam die sog. »Spiegelaffäre« ins Rollen. Ich wurde von linker Seite in übler Weise angegriffen – obwohl doch gerade die Sozialdemokraten die Partei des Feldwebels hätten ergreifen müssen! In Kundgebungen linker Studentenverbände wurde in unbeschreiblicher Weise gegen mich gehetzt. Andererseits ergriffen mehr oder weniger rechtsstehende Studentenverbände in Würzburg meine Partei und demonstrierten für mich. Was damals an Lügen über mich und meine politische Haltung verbreitet wurde, geht auf keine Kuhhaut.

Die ganze ›Spiegelaffäre‹ zeigte, daß in der Bundesrepublik das militärische Geheimnis keinen allzu großen Wert hatte – ein Faktum, das spätere Verfahren wegen Spionage oder sonstiger Geheimnisverletzungen nur bestätigen. Manchmal schien es, als sei das deutsche Volk für die Wahrung eines Geheimnisses noch nicht reif genug . . .

Der Zufall wollte es, daß, zwei Tage bevor die Zeitungen zum ersten Mal von der sog. ›Spiegel-Affäre‹ berichteten, ich zum damaligen Verteidigungsminister Franz Josef Strauß befohlen wurde. Es ging dabei nicht um den ›Spiegel‹: Strauß eröffnete mir vielmehr, daß der Leiter der Führungsakademie meine Ernennung zum Brigadegeneral der Reserve vorgeschlagen habe und daß er – Strauß – diesem Vorschlag folgen werde. Im Vorzimmer des Ministers zog ich die Generalsuniform an und meldete mich bei ihm – wie er betonte – als ›erster Brigadegeneral d. R. in der Bundeswehr‹. Ich hatte in der Bundeswehr nicht sehr viele Nachfolger in diesem Rang.

Anschließend wurde ich auf dem Truppenübungsplatz Munsterlager zu einer – allerdings gar nicht überzeugenden – Vorführung von Panzerabwehrwaffen befohlen. Mit dem ersten April 1967 erlosch meine Verpflichtung in der Bundeswehr; sieben Jahre später wurde ich auch als Hochschullehrer emeritiert.

Nicht ganz zwei Jahre nach dem Höhepunkt der ›Spiegel-Affäre‹ – 1966 – wurde der Bayerische Landtag nach Ablauf der Legislaturperiode neu gewählt. Die Christlich-Soziale Union Unterfrankens trat an mich mit der Bitte heran, als Wahlkreisabgeordneter für Unterfranken zu kandidieren. Ich machte nicht allzuviel Propaganda für mich, da ich nach der ›Spiegel-Affäre‹ nicht mit meiner Wahl rechnete. Nur in den letzten Wochen vor der Wahl sprach ich jeden dritten oder vierten Tag in einem Dorf Unterfrankens,

wobei ich mich über die zahlreiche Beteiligung der Bevölkerung wunderte.

Noch größer war mein Erstaunen, als ich am Montag nach dem Wahlsonntag in München von einem Bekannten erfuhr, daß ich in den Bayerischen Landtag als Abgeordneter gewählt worden sei – und zwar als einziger Wahlkreisabgeordneter, da alle anderen Abgeordneten Unterfrankens Stimmkreiskandidaten waren.

Die Tätigkeit im Bayerischen Landtag war nicht allzu interessant. Die wichtigen politischen Entscheidungen fielen in Bonn und nicht in München. Das erste Problem, mit dem sich der neue Landtag zu befassen hatte, war die Schulreform.

Die bayerische Verfassung sah ursprünglich als Volksschule die sog. Konfessionsschule vor, in der nur die Angehörigen des gleichen religiösen Bekenntnisses unterrichtet werden sollten. Ungefähr gleichzeitig mit den Landtagswahlen, denen ich Sitz und Stimme im Landtag verdankte, wurde eine Volksabstimmung über den erwähnten Schulartikel durchgeführt, bei der sich die Mehrheit der Bevölkerung gegen die bisherige Konfessionsschule aussprach. Der Landtag hatte diesem Volksentscheid zu folgen und entsprechend ein neues Schulrecht zu schaffen. Dabei war es strittig, ob in das Gesetz – und in den geänderten Verfassungstext – die Bestimmung aufgenommen werden sollte, daß die Schüler nach den gemeinsamen

Grundsätzen der christlichen Bekenntnisse unterrichtet und erzogen werden sollten, das heißt, ob an Stelle der Bekenntnisschule die christliche Schule treten sollte. In harten Auseinandersetzungen mit den Gegnern einer christlichen Schule gelang es uns schließlich, diesen Grundsatz durchzusetzen. Nicht zuletzt war dies das Verdienst des damaligen Ministerpräsidenten Alfons Goppel; ich selbst setzte mich in einer Reihe von Vorträgen – in mehr Vorträgen, als ich für meine Wahl gehalten hatte – für die christliche Schule ein.

Neben der Schulfrage beschäftigte sich der Landtag in der Legislaturperiode, in der ich Abgeordneter war, mit einer Reform der Hochschulen und vor allem des Hochschulrechts. Unmittelbarer Anlaß dazu waren eine Reihe von Studentendemonstrationen, die unter anderem eine Reform der Hochschule forderten. Dabei ging es vor allem um das Mitspracherecht von Studenten und Angestellten bei Schaffung neuer Hochschulformen. Höhepunkt der studentischen Unruhen in München war ein Aufstand in der Akademie der bildenden Künste, bei dem die Räume des Rektors und der Professoren in übelster Weise verunreinigt wurden. Leider ging mein Vorschlag im Landtag, die verschmutzten Räume der öffentlichen Besichtigung gegen einen entsprechenden Eintritt zu öffnen und mit den eingegangen Eintrittsgeldern die Reinigung vorzunehmen, nicht durch.

Mit den Studentenunruhen begann eine neue Form des modernen Kleinkriegs, die ich leider in meinem Buch ›Der moderne Kleinkrieg‹, das damals gerade herauskam, nicht mehr
erwähnen konnte.«

Um Professor v. d. Heydte in meinen Erinnerungen ein angemessenes Andenken zu verschaffen, will ich noch zwei Seiten zitieren aus seinen »Erinnerungen«, die mir erwähnenswert scheinen. Zunächst das Kapitel *»Über den Autor«*.

»In diesen ›Erinnerungen‹ begegnen Sie einem ungewöhnlichen Menschen, der seine Zweifel hat, ob er ›so ungewöhnlich‹ ist. Er ist zugleich ein außergewöhnlicher ›Zeuge unseres Jahrhunderts‹. Er könnte – wie C. F. Meyer über Ulrich von Hutten – von sich sagen: ›*Ich bin kein ausgeklügelt Buch: ich bin ein Mensch mit seinem Widerspruch!*‹ In unserem Autor vereinigen sich folgende widersprüchliche Tatsachen und Sachverhalte:

General der Reserve (der Fallschirmjäger)
und Professor (für Völkerrecht)
Staatsangehörigkeit: BR Deutschland und BR Österreich
Orden: Eichenlaub zum Ritterkreuz des Eisernen Kreuzes,

Bayerischer Verdienstorden, Comtur zum Gregoriusorden mit Stern, zwei italienische Tapferkeitsmedaillen

Hermann Göring pflegte ihn ›Rosenkranz-Prachutist‹ zu nennen.

Es gibt indessen einen Schlüssel, der dem Leser den Zugang zu dem Autor erleichtert. Es ist gewissermaßen ein ›Doppelschlüssel‹. Beide hängen mit dem Namen zusammen.

Friedrich August von der Heydte meldet sich am Telefon: ›*Hier ist Heydte*‹. Der Baron gibt sich als anonymer Bürger. Von seinen Freunden läßt sich der Baron mit dem Vornamen ›Einer‹ nennen. Was sich wie der skandinavische Vorname ›EINAR‹ anhört, hat folgenden Hintergrund: Der Vater des Autors pflegte zu sagen:›Einer (jemand) hat wieder etwas angestellt.‹ Der Sohn fühlte sich von diesem »Einer« angesprochen, weil er für gewöhnlich derjenige war, der ›etwas angestellt hatte‹. Daher identifizierte er sich mit ›Einer‹ als Name und glaubte, eben dieser ›Einer‹ zu sein.

Er nannte sich so und läßt sich heute noch gern so nennen.

Psychologen bleibt die Aufgabe, diesen ›Doppelschlüssel‹ als Zugang zum Wesen und Charakter des Autors dieser ungewöhnlichen Erinnerungen zu entschlüsseln. Der Leser ist eingeladen, sich an der Auflösung dieses ›Seelen-Codes‹ zu beteiligen.

H. van Bergh«

Soweit die Einleitung zu den ›Erinnerungen‹ von v. d. Heydte, der bisweilen schon ein ziemlich komischer Kauz war, aber auch eine interessante Persönlichkeit, der ich in mancher Hinsicht Einsichten, Beziehungen und Kontakte verdanke. Daher will ich aus Dankbarkeit und im Gedenken an viele interessante Stunden mit diesem »Klerikalfaschisten«, der auch liberal sein konnte, die

»Kurze Einführung: Der Film meines Lebens« aus seinen Erinnerungen abschließend zitieren, weil sie mir für Memoirenschreiber recht instruktiv und bezeichnend zu sein scheint.

»8. Januar 1985. Ein eiskalter Tag in einem ausnehmend harten Winter. Die Straßen sind vereist und spiegelglatt. Ich hatte meine Frau im Freisinger Krankenhaus besucht und war auf der Heimfahrt nach Aham in Niederbayern.

Ich fuhr vorsichtig, langsam. Nicht viel schneller, als im Sommer bei schönem Wetter ein Radfahrer fährt. Dem mir folgenden Fahrer war dies offenbar zu langsam. Er setzte zum Überholen an und – verlor auf der eisbedeckten Straße die Herrschaft über seinen Wagen. Ein dumpfer Krach. Um mich wird es dunkel. Ich sehe etwas, was ich vorher so nie gesehen habe. Kaleidoskopartig zieht die Vergangenheit an mir vorbei. Aus einem bunten Gewirr farbiger Punkte entstehen allmählich einzelne Bilder – Bilder aus meinem Leben . . .

Plötzlich reißt der Film. Ich höre Stimmen. Das Dunkel lichtet sich. Der Nebel zerreißt. Ich werde gewahr, wo ich bin: Auf einer fahrbaren Trage liege ich und starre an die Decke. Es muß das Vorzimmer zum OP sein. Ich höre Stimmen. Zwei sind ganz nahe. Durch die flimmernden Augenlider sehe ich zwei Männer in Weiß, offenbar Ärzte. Sie stehen ganz nahe bei mir und sprechen miteinander. Zuerst verstehe ich nur einzelne Worte und Satzfetzen. Dann höre ich den einen sagen: ›*Der macht's nicht mehr lange. Bei dem ist mehr kaputt als heil.*‹ Der andere: ›*Der ist zäh wie 'ne Katze mit sieben Leben. Wie lange geben Sie ihm noch?*‹ – ›*Zwei bis drei Stunden – höchstens.*‹ – ›*Da würd' ich einiges dagegenhalten.*‹ – ›*Gut, wetten wir, wieviel?*‹ – ›*Sagen wir . . .*‹

Der Ausgang dieser ungewöhnlichen Wette im Warteraum vor dem OP ist den Lesern bekannt. Tote schreiben keine Lebenserinnerungen. Der, um den die Wette ging, fiel wieder zurück in die Dunkelheit der Ohnmacht. Und wieder begann das alte Spiel. Farbige Punkte werden zu Bildern. Der Film meines Lebens läuft weiter. Ich kann nicht sagen, wie lange diese ›Reise in die Vergangenheit‹ gedauert haben mag: Stunden, Tage? Ich erlebte, was viele Menschen vor mir erlebt haben: Mein ganzes Leben rollte auf diese ungewöhnliche Weise noch einmal vor mir ab. Es war ein Leben, das für das 20. Jahrhundert typisch sein mag: das Leben eines nicht an Grundbesitz gebundenen süddeutschen Aristokraten in der großen Zeitenwende, die das 20. Jahrhundert darstellt. Und die Tatsache, daß Sie es jetzt lesen oder lesen können, verdanken sie einem Arzt, der kurz vor meiner schweren Operation eine Wette verloren hat.

Wenn diese Erinnerungen gedruckt werden – so es überhaupt dazu kommt – und wenn sie dann außerdem noch gelesen werden, ist es notwendig, zwei Worte über unsere Familie zu sagen. Sie stammt der Überlieferung und den ersten noch erhaltenen Dokumenten nach aus dem Egerland – aus einem Ort, der auf

deutsch Haid, auf tschechisch Bor heißt und Teil des Burgengürtels war, der das Egerland als Reichsland gegenüber Böhmen abschirmen sollte. Möglicherweise wegen der Kämpfe zwischen Ottokar II. von Böhmen und Rudolf von Habsburg zog die Familie zu Beginn des 14. Jahrhunders nach Westen an die große Handelsstraße von Nürnberg bis Leipzig, wo sie zwei Rittergüter – Gutenfürst und Misslareuth – ihr eigen nannte. Misslareuth war schon zu Beginn des 14. Jahrhunderts, Gutenfürst kam im 17. Jahrhundert in den Besitz unserer Familie. Bis zum Beginn der Neuzeit hatte die Familie engere Beziehungen zu den Zisterziensern von Waldsassen: Diese Beziehungen endeten mit der Reformation. Mehr aus weltlichen denn aus religiösen Gründen trat die Familie zum Protestantismus über. Mein Vater, von meinem Großvater katholisch erzogen, war nach langer Zeit wieder der erste katholische von der Heydte. Diesen Namen zu tragen war für mich, und wird, so hoffe ich, auch für meine Nachkommen vor allem Ansporn und Verpflichtung sein.«

Soweit zu meinem Doktorvater – Gott habe ihn selig.

Der Fall Ahlers und der Akteur Strauß

Fest steht heute, daß Conrad Ahlers und seine Frau in Spanien nicht verhaftet worden wären, wenn Strauß nicht mit dem Militärattaché bei der deutschen Botschaft in Madrid, Achim Oster, telefoniert hätte. Ein Militärattaché ist dem Verteidigungsminister unterstellt. Der Geschäftsträger der Botschaft, Dr. Breuer, hat über dieses Gespräch zwischen Strauß und Oster auf Grund der Angaben von Oster berichtet: *Bundesverteidigungsminister Strauß habe ihn (d. h. Oster) angerufen und ihm erklärt, in dieser Nacht sei eine Großaktion wegen Verrats von Staatsgeheimnissen und Bestechung gegen den SPIEGEL unternommen worden. Mehrere Redakteure und auch hohe Offiziere seien verhaftet worden, die Angelegenheit stehe mit der Kuba-Krise in Verbindung, und R. Augstein habe sich bereits nach Kuba abgesetzt. Er komme soeben vom Bundeskanzler und gebe ihm auch im Einverständnis des Herrn Bundeskanzlers und des Herrn Außenministers den dienstlichen Befehl, alles zu unternehmen, um den stellvertretenden Chefredakteur Ahlers, der in Spanien weile, verhaften zu lassen.*

Strauß hatte schon lange einen Anlaß gesucht, mit dem SPIEGEL abzurechnen. Der Artikel »Nur bedingt abwehrbereit« war ein willkommener Anlaß. Nur – daß andere die Fäden zogen, ahnte F. J. Strauß nicht. Übrigens der SPIEGEL bis heute wohl auch nicht . . . Auf jeden Fall wurde F. J. Strauß mit Vorbedacht dazu gebracht, in Spanien außerhalb der Legalität zu operieren und dann die Sache wahrheitswidrig abzustreiten bzw. zu vertuschen und das Parlament zu belügen. Dies führte konsequenterweise zu seinem Sturz.

»Es ist kein Racheakt meinerseits. Ich habe mit der Sache nichts zu tun. Im wahrsten Sinne des Wortes nichts zu tun.«

So Franz-Josef Strauß am 3. November 1962 im Nürnberger 8-Uhr-Blatt zu seinem Beitrag zur SPIEGEL-Aktion.

Die Position der politischen Parteien

Die Rolle von Bundeskanzler Adenauer in der Affäre ist bis heute ungeklärt. Adenauer hat Strauß – als dessen Position unhaltbar wurde – fallenlassen. Doch steht fest, daß Strauß mit Adenauer gesprochen und ihn über die Aktion gegen den SPIEGEL unterrichtet hat. Adenauer wußte von Anfang an über die ganze Angelegenheit mit den Nebenfolgen usw. Bescheid. Die Union hatte schon am 28. Oktober erklärt: »Es ist keine Affäre der deutschen Presse, sondern eine Affäre des SPIEGELS.«

Unbestreitbar ist, daß Adenauer am 7. November 1962 versucht hat, bestehende Vorurteile gegen den SPIEGEL auszunutzen und zu einer Ausschaltung des SPIEGELS als Oppositionsinstanz beizutragen. Er sagte: *»Wir haben einen Abgrund von Landesverrat im Lande. Denn, meine Herren, wenn von einem Blatt, das in einer Auflage von 500000 Exemplaren erscheint, systematisch, um Geld zu verdienen, Landesverrat getrieben wird . . .«*

Trotz der Vorwurfs, er betreibe Vorverurteilung, wiederholte Adenauer noch einmal: *»Auf der einen Seite verdient er am Landesverrat; und das finde ich einfach gemein. Und zweitens (. . .) verdient er an allgemeiner Hetze auch gegen die Koalitionsparteien; und das (zur SPD gewandt) gefällt Ihnen, was Sie nicht bestreiten können.«*

Noch deutlicher markiert folgende Bemerkung das Ziel, den SPIEGEL auszuschalten: *»Gott, was ist mir schließlich Augstein: Der Mann hat Geld verdient auf seine Weise. Es gibt Kreise, die ihm dabei geholfen haben, indem sie den SPIEGEL abonniert haben und indem sie Annoncen hineingesetzt haben. Die Leute stehen nicht sehr hoch in meiner Achtung, die ihm soviel Annoncen gegeben haben. Aber er hat Geld verdient, er hat sehr viel Geld verdient.«*

Das Schema war einfach, fast platt: Augstein ist ein Landesverräter, die SPD, die sich gegen die Aktion wendet, unterstützt einen Landesverräter. Erst provoziert Adenauer die SPD durch die Vorverurteilung (*»Wir haben einen Abgrund von Landesverrat im Lande«*). Dann fragt er schlitzohrig die SPD: *»Ich bin sehr erstaunt. Sie wollen sich doch nicht gar vor den SPIEGEL stellen.«* Und als die Debatte sich zu ungunsten der Union wendet, versucht er (der weiß, daß beim SPIEGEL auch geheime Dokumente gefunden worden sind, die aus dem Verteidigungsausschuß stammen und den sozialdemokratischen Abgeordneten Gerhard Jahn belasten) die SPD einzuschüchtern und warnt: *»Mir wäre es viel lieber, wenn wir herausbekämen, wer diese landesverräterischen Informationen an den SPIEGEL gegeben hat.«*

Die Reaktion der Öffentlichkeit

Konrad Adenauer und Franz Josef Strauß hatten ihre Macht überschätzt. Die Bundesanwaltschaft scheute nicht die Zusammenarbeit mit einem Geheimdienst, der nichts mit Strafverfolgung zu tun hat. Sie wandte gegenüber dem SPIEGEL eine Praxis an, die bei der Verfolgung von Kommunisten entwickelt und in der Öffentlichkeit nicht auf nennenswerte Kritik gestoßen war. Zudem konnten sich die Bundesanwälte aus Karlsruhe den Umfang des Objekts nicht vorstellen, das »durchsucht« werden sollte.

Es kam zur Totalbesetzung und damit für längere Zeit zur Behinderung jeglicher Redaktionsarbeit. In diesem Augenblick zeigte sich, daß eine sonst nicht gerade kritische Öffentlichkeit mit einem Schlag fähig war, ihre Funktion wahrzunehmen. Es kam von Hamburger Zeitungen und Zeitschriften solidarische Hilfe, die es möglich machte, daß die nächsten Ausgaben des SPIEGEL erscheinen konnten. In diesen Tagen bildete sich zum ersten Mal das heraus, was später als »außerparlamentarische Opposition« bezeichnet wurde.

Der Kommentar von Karl Hermann Flach (später Generalsekretär der FDP) in der Frankfurter Rundschau vom 29. Oktober 1962 spiegelt etwas von der Erregung wider, die damals in der Bundesrepublik herrschte:

»Es waren fünfzehn Jahre nach dem Ersten Weltkrieg vergangen, als die Jahreszahl 1933 in das Buch der Geschichte einging. Heute sind es siebzehn Jahre nach dem Zweiten Weltkrieg, und wir schreiben das Jahr 1962. Wir wissen, die Geschichte wiederholt sich niemals in den alten Formen; auch sollen hier keine falschen Vergleiche angestellt werden. Sicher aber sind wir, daß es heute und hier in diesem Lande ernsthaft um die Frage geht, wie lange die Deutschen die Freiheit, die ihnen geschenkt wurde, vertragen können.

Wer das Vorgehen der im Auftrag der Bundesanwaltschaft handelnden Sicherungsgruppe Bonn des Bundeskriminalamtes gegen den Herausgeber und die Redaktion des Nachrichtenmagazins DER SPIEGEL verfolgt hat, konnte sich des Gefühls nicht erwehren, daß in der Nacht vom Freitag zum Samstag das Kapitel ›Zweite Nachkriegsdemokratie‹ der neuesten deutschen Geschichte im festen Griff einer zackigen deutschen Polizeiaktion zugeknallt werden sollte. (. . .)

Wenn es also morgens in aller Frühe bei uns klingelt, können wir uns nicht weiter mit dem beruhigenden Gefühl strecken, daß es nur der Milchmann oder der Junge mit den Brötchen sein kann; wenn um Mitternacht jemand an unsere Tür schlägt, wissen wir nicht mehr genau, daß es sich schlimmstenfalls um einen Telegrammboten oder einen betrunkenen Weggenossen handeln kann, der sich in der Tür geirrt hat. Wir müssen damit rechnen, daß es die politische Polizei ist, die bei Nacht und Nebel nach Landesverrätern sucht.«

Es waren nicht nur Journalisten, die so reagierten. An vielen Orten kam es zu Demonstrationen, Kundgebungen oder Veranstaltungen für Rechtsstaatlichkeit und Pressefreiheit.

In der Studentenschaft gab es zum ersten Mal Protestaktionen, die wenige Jahre später in einer Protestbewegung der sogenannten »68er« eine Fortsetzung fanden, die sich damals noch niemand vorstellen konnte. An vielen Universitäten gaben Professoren ihre politische Zurückhaltung auf und versuchten durch Unterschriftenaktionen, gemeinsame Leserbriefe oder Eingaben Einfluß zu nehmen. Die Demokratie – das war der generelle Tenor – in der Bundesrepublik war in Gefahr.

Bereinigung ohne Reinigung

Niemand, gegen den die Bundesanwaltschaft in dieser Sache wegen Landesverrat ermittelt hat, ist strafrechtlich belangt worden.

Teilweise hatte die Bundesanwaltschaft Verfahren bereits eingestellt. In Sachen Ahlers und Augstein entschied der 3. Strafsenat des Bundesgerichtshofes am 3. Mai 1965:

»Die Eröffnung des Hauptverfahrens gegen die Angeschuldigten Ahlers und Augstein wird abgelehnt. Sie werden mangels Beweises außer Verfolgung gesetzt. Die Kosten des gegen sie gerichteten Verfahrens werden der Bundeskasse auferlegt.««

Kapitel 8 c Unheimlich zu Diensten
Medienmißbrauch durch Geheimdienste

Nach Artikel 5 des Grundgesetzes hat jeder das Recht, seine Meinung ... frei zu äußern und zu verbreiten. Die Pressefreiheit ... wird gewährleistet. Eine Zensur findet nicht statt.

Nun, man kann, ohne »eine Zensur stattfinden« zu lassen, auf vielerlei Weise zensieren. Die beste Zensur läuft eh in den Köpfen der Beteiligten ab, weil sie am wenigsten sichtbar, aber zugleich äußerst wirkungsvoll ist. Auch ohne eine Zensur ist doch ein jeder, der Nachrichten veröffentlicht, gebunden durch die bestehenden Straf- und Zivilgesetze, die Sanktionen an die Verletzung bestimmter Rechtsnormen knüpfen. Ob es nun die strafrechtlichen Vorschriften zu »übler Nachrede«, »Beleidigung« o. ä. sind oder etwa zivilrechtliche Ansprüche wie die auf Schmerzensgeld oder Schadenersatz, wirkungsvoll genug sind sie, um vor allem bei »heißen« Themen jeden normalen Journalisten und auch jeden Verlag sehr vorsichtig werden zu lassen. Ganz besonders gilt dies aber bei Themen wie diesem hier. Das mußte die Zeitschrift KONKRET erfahren, als sie in Heft 3/1982 die von dem Nachrichtenhändler Frank Peter Heigl abgekauften Tonbanderzählungen des Herrn Langemann abdrucken wollte. So wurde dieser Vorgang damit erledigt, daß man KONKRET vorhielt, die Rechte zum Abdruck der Tonbanderzählungen des Herrn Agenten nicht erworben zu haben. Dies führte zu einer Schadenersatzpflicht.

Ein Großverlag wie Gruner + Jahr, in dem u. a.der STERN erscheint, kann es sich offensichtlich leisten, Millionen in den Sand zu setzen – wie bei der Affäre um die »Hitler-Tagebücher« des Herrn Kujau. Ein kleiner Verlag oder eine kleine Zeitschrift dagegen ist schon mit kleineren Prozessen zu erledigen. Will man dem aus dem Wege gehen, so muß man jedes Material, egal aus welcher Quelle es stammt, sehr sorgfältig recherchieren, auf seinen Wahrheitsgehalt und seine Beweisbarkeit abklopfen. Denn eines ist klar – kein Geheimdienst dieser Welt wird einem im Zweifelsfall zur Seite stehen und durch Vorlage von Urkunden oder Gestellung von Zeugen helfen, den Wahrheitsbeweis zu führen. Ganz im Gegenteil werden diese Zeugen in aller Regel keine Aussagegenehmigung erhalten.

An dieser Stelle verweise ich auf den Artikel von Jürgen Saupe »Die Affäre Langemann« aus dem Buch »DIE SKANDALE DER REPUBLIK«, Büchergilde Gutenberg, o. J. und das sehr informative Buch »Unheimlich zu Diensten – Medienmißbrauch durch Geheimdienste« von Eckart Spoo u. a. , Steidl Verlag, Göttingen. Beide Bücher kann ich zu diesem Themenkomplex wärmstens empfehlen: »Wenn einmal etwas über die Tätigkeit der geheimen Dienste des bundesrepublikanischen Staates durchsickerte, handelte es sich ziemlich regelmäßig um recht erstaunliche Dinge. Kein Wunder, daß in dem Fall, in dem ein Staatsschützer einmal nicht nur durchsickern ließ, sondern richtig auspackte, den Zeugen die Haare schlicht zu Berge stehen mußten. Dieser einzigartige Fall war der des bayerischen Staatsschützers Langemann. Für uns bleibt es bei der stichwortartigen Andeutung, denn der Staat schützt seine Schützer und notfalls auch sich selbst vor diesen, bewacht ängstlich seine mit dem ›Geheim‹-Stempel versehenen Bereiche vor jeglicher Öffentlichkeit. Da gibt es wohl tatsächlich etwas zu verbergen. . .«:

Langemann war jahrelang Mitarbeiter des BND gewesen, des Dienstes, den der Abwehr-Mann Reinhard Gehlen bei seinem perfekten Übertritt vom Nazi-Deutschland zur Demokratie aufgebaut hatte. Allzuviel Mühe wird er hiermit nicht gehabt haben, blieb doch das Feindbild Kommunismus, Sowjetunion, Rote das gleiche. Hinzu kam der ausgeprägte Antikommunismus seiner Schutzmacht, der USA, der in den Verfolgungen der McCarthy-Ära seine üblen Höhepunkte hatte.

So konnte sich dieser Dienst zu einem Staat im Staate entwickeln. Die Politik stützte diese Entwicklung, war doch als Staatssekretär im Bundeskanzleramt niemand anders als der Kommentator der »Nürnberger Rassengesetze«, Dr. Hans Globke, zuständig für die Aufsicht über den Dienst. Globke lernte ich bei einer Sitzung des Verteidigungsrates im Juli 1961 kennen – auf der ich Konrad Adenauer, Globke und Minister Krone meine Kenntnis über den Mauerbau im Jahre 1961 mitteilen konnte – über Vermittlung von General Wendland, den ich wiederum über den BND-Residenten West-Berlin kennenlernte. So wurden alsbald auch – um die Herrschaft der neuen alten Machthaber aus Wirtschaft und Geldadel zu zementieren – Akten angelegt über mißliebige Politiker, Gewerkschafter, Journalisten. So kam es, daß unter anderen die, die gerade den Gefängnissen der Nazis entronnen waren, schon wieder das Objekt staatlicher Neugierde waren. So ist es inzwischen kein Geheimnis mehr, daß der erste Nachkriegsvorsitzende der SPD, Kurt Schumacher, auch in Pullach, beim BND, wohl dokumentiert war.

Der BND hatte einerseits in den nach der Gründung der BRD bald wieder in allen Ländern errichteten Botschaften seine festen Mitarbeiter. Er verstand es aber sehr gut, ebenso zügig ein umfassendes Netz informeller Mitarbeiter zu spannen und sich hierbei der Hilfe derer zu bedienen, die anders als die offiziellen Botschaftsangehörigen in der Lage waren, unbeobachtet(er) und unverfänglich(er) Kontakt zu möglichen Informanten, seien es Oppositionelle, Dissidenten, Kirchen- und Gewerkschaftsvertreter, Journalisten, Manager, anzuknüpfen und so unbemerkt Nachrichten zu sammeln. Besonders Journalisten, vor allem in den Ostblockstaaten, waren begehrte Anwerbeobjekte für den BND, Dieser zahlte ihnen monatliche Beträge zwischen 1000 DM und 8000 DM für ihre monatlichen Berichte, wobei Moskau besser entlohnt wurde als z. B. Bukarest. Diese Journalisten hatten jeweils ihre Agentenführer, die meistens Mitarbeiter von BND-eigenen Tarnfirmen waren.

Der BND scheute sich auch nicht, das ganze Korrespondentennetz eines großen deutschen Verlages einzukaufen, wobei sowohl an den Verlag direkt als auch an dessen einzelne Mitarbeiter Zahlungen erfolgten.

Daneben gibt es natürlich noch Zwischenformen. So war es Brauch, ab und an Journalisten entweder direkt oder über besagte Tarnfirmen mit konkreten Aufträgen zu versehen. Sie hatten für ihr Blatt, selbstverständlich unter Ablieferung einer die gewünschten weiteren Informationen enthaltenden Abschrift, direkt an die Firma bzw. den BND unter voller Erstattung aller Unkosten zu berichten.

So wurden auch immer wieder maßgebliche Leute der Medien in Gesprächen auf höchster Ebene darauf aufmerksam gemacht, welche Berichte erwünscht und welche unerwünscht seien. Selbstverständlich wurde sowohl das eine als auch das andere versüßt dadurch, daß auf nicht so kritischen Gebieten »Exklusivinformationen« geliefert wurden.

Als der STERN einmal lange und intensiv für eine große Geschichte über die Überwachung des Postverkehrs zwischen den beiden damals existierenden deutschen Staaten recherchiert hatte, flog der BND-Chef persönlich nach Hamburg und erreichte durch seine Intervention, daß der Artikel erst nach langer Zeit und dann völlig entschärft erschien.

Als besagter bayerischer Staatsschützer und langjähriger BND-Mitarbeiter Langemann die von ihm in langjähriger Arbeit angesammelten Unterlagen über nicht unbedingt korrekte und gesetzestreue Arbeit der Dienste an KONKRET weiterreichte, rief der damalige BND-Chef und heutige Bundesaußenminister Kinkel persönlich mehrmals bei dem KONKRET-Chefredakteur Bissinger an und erreichte unter Hinweis darauf, daß Menschenleben in Gefahr seien und daß er (Bissinger) doch nicht ins Gefängnis wolle, daß ein Großteil des Materials im Keller blieb und die geplanten Artikel ansonsten ziemlich »entschärft« wurden.

Es war der gleiche Langemann, der sich einerseits immer wieder heimlich mit Journalisten traf und ihnen dabei vertrauliche Informationen aus »ganz geheimer Quelle« zusteckte und dann – in seinem Büro angekommen – die aus den Gesprächen gewonnenen Informationen über die jeweilige Redaktion und ihre Mitarbeiter niederlegte und z. B. an den *»Herrn Staatsminister – nur persönlich«* weiterleitete. So war der BND bestens informiert, welcher Redakteur gerade an welcher brisanten Sache arbeitete, ob und welche Kontakte zu anderen Informationsquellen bestanden usw.

Wenn seriöse Kenner behaupten, daß etwa fünf Prozent der Redakteure für den BND oder vergleichbare Dienste arbeiten, so halte ich diese Zahl für viel zu niedrig gegriffen, außer man schließt die Zahl der Redakteure bei Kleingarten- und Kaninchenzüchter-Vereinszeitschriften mit ein.

Es würde zu weit führen, hier Kontakte des BfV, CIA oder KGB zu STERN, SPIEGEL usw. aufzuführen, soweit sie mir bekannt sind. Aber leicht komme ich auf ca. drei Dutzend Personen ...

Doch würde es ziemlich viel Staub und Ärger aufwirbeln. Daher lasse ich das lieber hier.

Mehr im nächsten Buch dazu.

Kapitel 8 d Die Affäre Mauss: Wie Kriminale kriminell wurden

Ein besonderes Beispiel für manipulierte Ermittlungen und Justiz ist der Überfall auf Juwelier Düe, wovon ich hier nur stichwortartig und auszugsweise berichten kann:

Der hannoversche Prominentenjuwelier René Düe hatte für Samstag, den 31. Oktober 1981, rund 100 seiner zahlungskräftigen Kunden in sein mitten in Hannover am Kröpcke gelegenes Geschäft auf 11 Uhr eingeladen. Er wollte ihnen eine extra zusammengestellte exklusive Schau erlesener Stücke präsentieren.

Gegen 9.35 Uhr wollte der Postbote dem Juwelier Düe noch zwei Wertbriefe zustellen. Er fand das Ladengeschäft aber verschlossen vor. Auf sein Klingeln wurde ihm nicht geöffnet. Da er von der Veranstaltung wußte, schaute er durch die getönten Spiegelglasscheiben, sah jemanden auf dem Boden liegen und rief sofort bei der Polizei an. Die alsbald eintreffenden Beamten fanden den damals 34jährigen Juwelier bewußtlos in seinem Verkaufsraum am Boden liegend, vor seinem Mund lag Erbrochenes, an der Stirn hatte er geronnenes Blut. Der Tresor im hinteren Raum stand weit geöffnet, er war völlig leer. Im ersten Stock fand man Dües Mutter. Sie war an einen Stuhl mit Paketklebeband gefesselt und trug einen Knebel im Mund. Als man den Knebel entfernt hatte, rief sie sogleich: *»Was ist mit meinem Sohn?«* Düe wurde sofort von dem herbeigerufenen Rettungswagen ins Krankenhaus verbracht, wo er eine Stunde später aufwachte. Bis dahin hatte er auf äußere Reize nicht reagiert.

Die Polizei konnte nur noch feststellen, daß Schmuck im Wert von rund 13 Millionen Mark verschwunden war: etwa 3075 Colliers, Armbänder, Broschen und Uhren. Keiner der Nachbarn hatte etwas von einem Überfall bemerkt. Allein ein Antiquitätenhändler konnte sich erinnern, kurz nach neun Uhr zwei Männer mit Kollektionskoffern gesehen zu haben, die den Laden des Juweliers betreten hätten.

Düe selber gab an, er habe an dem Morgen noch zwei kleinere Sendungen per Post sowie eine Sendung per Boten erwartet. Er sei deshalb, aber auch, um zu dekorieren, zusammen mit seiner Mutter um etwa neun Uhr in seinem Geschäft eingetroffen. Während seine Mutter sich in den ersten Stock begeben habe, habe er den Tresor geöffnet und mit den Dekorationsarbeiten begonnen. Kurz darauf habe es geklingelt. Er sei davon ausgegangen, daß es sich um die erwarteten Schmucklieferanten handelte, habe den Tresor lediglich zugeschoben und sei zur Tür gegangen. Er habe auf den Türöffner gedrückt und den beiden Herren die Hand zur Begrüßung entgegengestreckt. Doch er habe statt dessen einen kräftigen Schlag in den Magen und dann einen weiteren auf den Kopf erhalten.

Die Ermittlungen der Polizei ergaben keinerlei Hinweise auf die Täter oder den Verbleib der Schmuckstücke. Auffällig für sie war, daß Düe sich in den Monaten vor dem Überfall mit rund 9,9 Millionen DM gegen Diebstahl und Raub bei der Mannheimer Versicherung versichert hatte. Die Polizei zweifelte daran, daß es nur zwei Männern möglich gewesen sein sollte, Schmuck in dieser Menge bei einem Gewicht von rund 70 Kilogramm in nur zwanzig Minuten verstaut und weggebracht zu haben. Es bestand daher alsbald die Vermutung, Düe habe die Attacke auf seine Person und seine Bewußtlosigkeit nur vorgetäuscht und den Überfall inszeniert, um die Versicherungssumme zu kassieren.

Ich verweise an dieser Stelle auf das ausgezeichnete Buch »Niedersächsische SKANDALCHRONIK«, herausgegeben von Jürgen Hogrefe und Eckart Spoo, Steidl Verlag, Göttingen, 1990. Hierin werden von mehreren Autoren zahlreiche, fatale Geschichten und anrüchige Fälle des »Skandallandes Niedersachsen« aus den vergangenen Jahren geschildert: »Spielbankenaffäre«, »Celler Loch«, »Geheimagent Mauss«, »SOKO Zitrone« u. v. a. Hier besonders erwähnenswert ist der Artikel von Annette Rose (NEUE PRESSE, Hannover): »Die Mauss-Falle – Wie Kriminale kriminell wurden«. Hieraus habe ich mit freundlicher Genehmigung der Autorin wesentliche Anleihen gemacht, bis hinein in die Überschriften. Vielen Dank, meine liebe Annette!

Von Jürgen Hogrefe (DER SPIEGEL, Hannover, und früher Pressesprecher der GRÜNEN im Niedersächsischen Landtag) stammen die Artikel »Logenbrüder – Das Licht des Lebens und der Todesschuß im Lotterbett« sowie »Geldbeschaffung – Wer alles am Niedersächsischen Roulette drehte« und »Immer ein klares Feindbild – Wilfried Hasselmann, – der alte Krieger« sowie »Der Zwei-Meter-Mann – Detlef Kleinert hält sich auf den Beinen und bildet ganze Sätze«. Beide Herren sind mir persönlich gut bekannt und haben besondere Beziehungen zu mir. Hier muß ich Jürgen um Entschuldigung bitten, das »seine« Skandale erst im nächsten Buch Berücksichtigung finden können.

Aber zurück zum »Fall Düe«, der, wie nachstehend geschildert, sich zum »Mauss-Fall« mauserte.

Die bei der ermittelnden Beamten aufgekommenen Bedenken wurden alsbald auch von der Versicherung geteilt, zumal es sich um keine kleine Summe handelte, für die sie einstehen sollte. Die Versicherung bediente sich schon seit vielen Jahren in derartigen Fällen der Dienste eines Privatdetektivs, der hier mit dem Namen **Werner Mauss** weiter bezeichnet werden soll, der aber auch unter vielen anderen Namen, wie Claude, Lange, Nelson etc. aufgetreten war. Er verfügte über die entsprechenden Pässe, hatte beste Kontakte zu den Polizeibehörden verschiedener Länder ebenso wie zu deren Geheimdiensten.

Mauss besaß ein eigenes Flugzeug, einen entsprechenden Apparat und ihm standen überall die Türen offen, wenn er »Amtshilfe« bei seiner Tätigkeit benötigte. Hierbei half ihm auch ein immer wieder kräftig aufgefülltes Spesenkonto, welches hier von der Versicherung mit 600.000 DM gut bestückt worden war. Mauss hatte einmal als Reitlehrer und als Staubsaugervertreter angefangen, aber sein schauspielerisches Talent, seine Dreistigkeit und die Fähigkeit, andere Menschen in der von ihm gewünschten Richtung unter Druck zu setzen, verschafften ihm in Verbindung mit der skrupellosen Ausnutzung seiner »gutgeschmierten« Beziehungen immer wieder die Erfolge, die neue Aufträge garantieren.

Mauss, der sich in Hannover als ein *Herr Lange vom Bundeskriminalamt* (BKA) eingeführt hatte, hielt alsbald die Fäden der Ermittlungen fest in der Hand. Sein Plan war, Düe eine Falle zu stellen und ihn zu verleiten, den geraubten Schmuck, wenigstens einen Teil davon, herauszugeben. Als ersten Schritt machte sich Mauss im Februar 1982 an den damaligen Leiter des städtischen Verkehrsbüros, Oskar Weber, heran, der ein früherer Arbeitskolleges von Dües Schwager Achim Busse war.

Weber sollte mit Hilfe eines von Beamten des Landeskriminalamtes (LKA) arrangierten »zufälligen« Treffens der beiden ehemaligen Arbeitskollegen dem Busse eine attraktive kostenlose »Geschäftskurierreise« nach Australien anbieten. Weber wurde von seiner Frau dringend davon abgeraten, bei dieser seltsam anmutenden Sache mitzumachen. Als er daraufhin abspringen wollte, wurde Ehefrau Waltraud von Mauss unter Druck gesetzt. Einerseits drohte Mauss der Frau an, ihr Mann werde beruflich vernichtet werden, andererseits lockte er mit einer millionenschweren Belohnung für tatkräftige Mithilfe. Das wirkte, und der Plan gelang, so daß die Düe-Schwester Marion mit Busse bereits Ende Februar 1982 mit dem Flieger nach Perth in Westaustralien reiste. Dort wurden sie in einem weißen Rolls-Royce von Mauss-Freunden abgeholt, die das Gespräch rein zufällig auf die Ereignisse in Hannover brachten: den Überfall und die finanziellen Schwierigkeiten Dües nach der Zahlungsverweigerung der Versicherung. Die Kontaktanbahnung war so erfolgreich, daß Busses beim Abschied einen Umschlag der neuen Bekannten für deren Geschäftsfreund in Zürich mitnahmen. Dort tauchte dann unter dem Namen »*Claude*« in der Rolle des reichen Kaufmanns mit besten Geschäftsverbindungen Mauss auf und zeigte großes Interesse, den hannoverschen Juwelier, dem er beim Aufbau eines neuen Ladens behilflich sein wollte, kennenzulernen.

Busse und Marion flogen alsbald in Urlaub nach Gran Canaria. Ihnen folgten Mauss und mehrere hannoversche Polizeibeamte mit der Absicht, mittels einer (illegalen und damit strafbaren!) Lauschaktion Informationen über Düe und den Überfall zu erhalten. So bohrten die Beamten die Wand zum Hotelzimmer der Busses an, um deren Gespräche mit Mauss, der immer wieder das Thema »Überfall« ansprach, heimlich auf Tonband aufzunehmen. Da diese Aktion aber zu keinen verwendbaren Erkenntnissen führte, sollte als nächste Aktion das Telefon der Busses abgehört werden. So wurde konstruiert, Düe und seine Familie hätten etwas mit einer Bande krimineller Italiener zu tun, um von einem Lüneburger Gericht die erforderliche richterliche Genehmigung für eine legale Abhöraktion wegen Bandenkriminalität zu erhalten. Der Antrag war jedoch so schwach begründet, daß das Gericht nicht auf ihn hereinfiel.

Mauss war wütend, er dachte an die dicke Belohnung, die er davonschwimmen sah. So kungelte er gemeinsam mit dem Leiter der Sonderkommission, Rainer Hoffmann, dem sachbearbeitenden Kommissar Jochen Mäuser und deren Vorgesetzten, Kriminaldirektor Karl-Heinz Müller, aus, die Ermittlungen »wegen Raubes« zu führen, da sich die Ermittlungen wegen Vortäuschens einer Straftat als ungeeignet erwiesen hatten, um die begehrte Abhörgenehmigung zu erhalten.

Man bekam den in Hannover gegen Düe ermittelnden Oberstaatsanwalt Lobback dazu, das Ermittlungsverfahren gegen Düe wegen Raubvortäuschung einzustellen.

Nun wurde unter einem neuen Aktenzeichen wegen Raubes gegen Düe, seine Schwester und den Schwager Busse weiter ermittelt. Durch diesen Trick hatte man erreicht, daß Düe sich nun unverdächtigt glaubte. Nun wurde erneut ein Antrag auf Telefonüberwachung gestellt und mit erlogenen Behauptungen begründet wie: Busse könne sich teure Reisen nach Australien leisten, habe im Urlaub auf Gran Canaria mit Geld um sich geworfen und 1000 DM täglich ausgegeben und dort versucht, Schmuck zu verkaufen. Ein hannoverscher Amtsrichter, der von dem gescheiterten Lüneburger Antrag und den Aktenmanipulationen nichts wußte, gab daraufhin einem neuen Antrag des Oberstaatsanwalts Lobback auf Telefonüberwachung statt. Leider war die Überwachung auch dieses Mal ohne Erfolg.

Nun trat Mauss selber in Aktion und lud Busse und Düe zu sich nach Zürich ein. Er gab sich als Mann von Welt mit weitreichenden geschäftlichen Beziehungen, und es gelang ihm sofort, Düe für sich einzunehmen. Mauss schimpfte kräftig auf die Mannheimer Versicherung und deren üble Geschäftspraktiken, pries den guten Ruf, den Düe unter Kollegen genoß und diente seine tatkräftige Hilfe bei einem geschäftlichen Neubeginn an. Anfang Juli des Jahres lud »Claude« Düe und Busse nach Marseille ein. Für die Fahrt stellte er in Paris einen mit Abhörgeräten präparierten Mercedes zur Verfügung, doch leider funktionierte die Technik nicht. So konnte Mauss nur versuchen, Düe in Marseille zu überreden, den Schmuck auffliegen zu lassen. Düe jedoch hoffte nach der ihm offiziell mitgeteilten Einstellung des Ermittlungsverfahrens gegen ihn darauf, alsbald Geld von der Versicherung zu erhalten. Er war vor allem an der Wiedereröffnung seines Geschäftes interessiert. Mauss ging hierauf zum Schein ein, während er heimlich den Mercedes mit neu aus Hannover eingetroffenen Abhörgeräten für die Rückreise bestücken ließ. Um Busse und Düe für die Rückreise mit dem Mercedes zu gewinnen, ließ der Leiter der immer noch operierenden Sonderkommission, Hoffmann, extra Gemälde für über 200 000 DM aus dem Landesmuseum in Hannover kommen, versicherte diese und ließ sie im Kofferraum verstauen. Doch auch diesmal funktionierte die Abhöreinrichtung nicht.

Nunmehr kam Mauss auf die Idee, Busse und Düe zu einem Aufenthalt auf einer Luxusjacht nach Nizza zu locken. Erneut wurden alle Kosten der Reise aus dem Topf der Mannheimer Versicherung gezahlt. Die geführten Gespräche wurden unter tatkräftiger Assistenz der hannoverschen Kripo von einem Nachbarboot aus belauscht, während in Hannover die Kripo die Gelegenheit nutzte und das Haus Busses durchsuchte. Als Düe hiervon erfuhr, verlor er endgültig die Hoffnung auf eine alsbaldige Regulierung seines Schadens durch die Mannheimer Versicherung. Mauss bekam jedoch erneut Gelegenheit, seinen Plan zu unterbreiten. Der Schmuck sollte – soweit man an ihn herankommen konnte – auf den Markt gebracht werden. So sollte der Verdacht von Düe weggelenkt und die Versicherung zur Zahlung bewogen werden. Düe gestand nun, er habe wenige Wochen nach dem Überfall beim Aufräumen einige der als gestohlen gemeldeten Stücke wiedergefunden, dies aber nicht der Versicherung gemeldet, weil er Angst hatte, dadurch seine Ansprüche zu gefährden. »Claude« war begeistert, so jedenfalls später die Schilderung von Düe. Mauss seinerseits stellte alles später so dar, als sei dies allein Dües Plan gewesen und als habe ihm dieser auch auf der Jacht den Überfall gestanden. Nur sollte ihm dies dann kein Richter mehr glauben.

Nun gelang es Mauss, Düe dazu zu überreden, die wiedergefundenen Stücke für ihn in Bremen zu deponieren. Er wolle sie von da aus nach New York bringen. Düe tat wie geheißen und brachte am 4. August 1982 einen Koffer mit 15 zum Teil zu reparierenden Schmuckstücken und Uhren in ein Bremer Hotel und gab es unter einem Tarnnamen ab. Diese Stücke hatten gerade einen Wert von 35000 DM!

Mauss hatte in der Zwischenzeit mit der Mannheimer Versicherung ein Erfolgshonorar von 700000 DM vereinbart, die erste Hälfte zahlbar nach dem erfolgreichen Abschluß seiner Operation, die andere zahlbar nach Dües rechtskräftiger Verurteilung.

Verhaftung von Düe

Am Tag nach der Abgabe des Schmuckes wurde Düe verhaftet. Obwohl die Indizienkette gegen Düe nicht sehr dicht war und man als Beweismittel gegen ihn nur die Bremer Stücke in der Hand hatte, wurde Haftbefehl gegen ihn erlassen und Anklage vor dem Landgericht Hannover erhoben.

Dües erster Anwalt riet ihm zu schweigen. Erst sein zweiter Anwalt, Elmar Brehm aus Hannover, konnte ihn dazu bewegen, auszupacken. Elmar Brehm ist mir seit langem persönlich gut bekannt und über einige gemeinsame Bekannte immer wieder in diesem schwierigen Verfahren ermutigt und unterstützt worden. Allerdings haben die Ereignisse ihn auch extrem belastet und derart mißtrauisch gemacht, daß er oft Freund und Feind kaum noch unterscheiden kann. Manchmal steht er sich selbst im Wege und schlägt gutgemeinte Ratschläge leichtfertig aus.

Düe gab nun an, ein gewisser »Claude« habe ihn hereingelegt, indem der ihn veranlaßt habe, die als gestohlen gemeldeten 15 Stücke »auffliegen« zu lassen. Er selbst sei damals wütend auf die Versicherung wegen deren Zahlungsverweigerung gewesen, man habe ihn ohnehin schon verdächtigt gehabt, und dem habe er keinen weiteren Vorschub leisten wollen. Außerdem habe er sich geschämt und deshalb die Stücke aus Feigheit aber auch aus Trotz nicht angegeben.

Dües Erklärung klang durchaus plausibel. Die Polizei wußte, wie dünn die Beweiskette war. Sie hatte nun Angst, daß ihre Machenschaften mit »Claude« aufgedeckt werden könnten und sorgte mit allen zur Verfügung stehenden Mitteln dafür, daß die Akten »stimmig« wurden. So wurden alle Hinweise auf »Claude« sorgfältig aus den Akten entfernt, für notwendig gehaltene falsche Aussagen »protokolliert«, neue Belastungszeugen »gefunden«.

Oberstaatsanwalt Lobback hatte nichts Eiligeres zu tun, als »Claude« als Hirngespinst Dües hinzustellen.

Vor einer Großen Strafkammer des Landgerichts Hannover begann am 21. Februar 1983 der in der Öffentlichkeit mit Spannung erwartete und von den Medien aufmerksam begleitete Prozeß gegen Düe wegen Vortäuschens einer Straftat, versuchten Versicherungsbetruges und Unterschlagung.

Anfangs lief es auch nach Plan. Die Webers ebenso wie die in den Zeugenstand gerufenen Polizeibeamten wie auch ein gehörter Direktor der Mannheimer Versicherung leugneten die Existenz »Claudes«. Oberstaatsanwalt Lobback präsentierte demgegenüber stolz die beiden neuen »Belastungszeugen«. Der eine, ein mehrfach – auch wegen Falschaussage – Vorbestrafter, gab an, bereits 1978 habe Düe zusammen mit einigen Italienern geplant, sein Geschäft zu »überfallen«. Da einige der vorgesehenen »Täter« wegen anderer Delikte verhaftet worden seien, sei damals alles geplatzt. Dieser Häftling wurde von der Mannheimer Versicherung für seine Aussage mit immerhin 5000 DM belohnt. Später gab er dann an, er habe gehört, wie jemand in Dües Haftzelle im Landgericht hineingerufen habe: »Mach dir keine Sorgen, die Klunker sind bei Muttern im Sofa.« Ein Gegenbeweisantrag von Dües Anwalt, der alle diese Aussagen für Schwindel hielt, wurde abgelehnt, was dann vom Bundesgerichtshof später mit zur Begründung der Aufhebung des erstinstanzlichen Urteils herangezogen wurde. So hatte dann die Polizei einen Anlaß für eine erneute Hausdurchsuchung bei Dües, allerdings ohne greifbares Ergebnis. Dann führte die Staatsanwaltschaft einen Mafioso als Belastungszeugen gegen Düe ein. Dieser widerrief allerdings seine vor der Polizei gemachte und Düe belastende Aussage, dieser habe ihm im Knast die Tat gestanden. Er gab hierzu an, er sei eben ein Lügner. Trotz alledem stützte das Gericht sein Urteil später auf diese polizeiliche Aussage.

Als dann Kriminaldirektor Müller vernommen wurde, kam Licht ins Dunkel. Müller erzählte, Busse und Düe hätten nach der Hausdurchsuchung im Juli 1982 einen Anschlag auf den Kollegen Mäuser geplant. Außerdem habe ihm ein hochkarätiger Informant und V-Mann Namens »Claude« nunmehr berichtet, daß Düe die Tat auf der Jacht in Nizza gestanden habe. Düe fuhr daraufhin von seiner Bank auf und rief aus: »Ich muß gleich schreien!« und stritt alles heftig ab. Der Oberstaatsanwalt sah sich nun gezwungen, das Gericht zur Vernehmung des ominösen V-Mannes aufzufordern.

Jetzt war das Interesse der gesamten Öffentlichkeit endgültig geweckt. Alle Welt, voran SPIEGEL und STERN, versuchte aufzudecken, wer denn nun dieser geheimnisvolle »Claude« sein könnte. Das niedersächsische Innenministerium versuchte mit Hilfe von eingeschränkten Aussagegenehmigungen seiner Beamten wegen angeblicher Gefährdung von Leib und Leben »Claudes« die Aufdeckung der Wahrheit zu verhindern. Es kam zu einem Possentanz, der in der deutschen Justizgeschichte einmalig sein dürfte. Ministerium und Polizei versuchten mit allen – vor allem illegalen und mit der Strafprozeßordnung sowie einem fairen, gesetzmäßigen Verfahren nicht in Einklang zu bringenden – Mitteln, die Aufdeckung der Identität und seiner Einflußnahme auf die Ermittlungen zu verhindern. Wochenlang entspann sich ein schlimmes Gezerre um die persönliche Einvernahme von Mauss, bis es endlich zum Gipfel dieses absurden Theaters kam: Mauss wurde in einer Kaserne des Bundesgrenzschutzes hinter einer spanischen Wand verborgen, vom Gericht gehört. Seine Aussage machte er über Mikrofon. Wie sich später herausstellte, war diese in fast allen wesentlichen Punkten falsch.

Dües Verteidiger ließ nicht locker. Er hatte zwischenzeitlich aus Kreisen des niedersächsischen Verfassungsschutzes einen Tip bekommen, wer sich hinter dem ominösen »Claude« verbarg. So gelang es im September 1983, auch mit Hilfe eigens engagierter Detektive, den von der Mannheimer Versicherung hoch bezahlten und mit einem satten Spesenkonto ausgestatteten *Lockspitzel »Claude«* als Werner Mauss zu enttarnen. Dieser wohnte in einer strengbewachten Villa mit nahegelegenem Flugplatz bei Cochem (Mosel). Seine bevorstehende dritte Vernehmung ließ Mauss nun platzen. Für ihn meldete sich nun der frühere CSU-Bundesinnenminister Hermann Höcherl und versuchte die Journalisten, die sich für Mauss interessierten und aus dessen Sicht nur Verleumdungen produzierten, mit Drohungen zum Schweigen zu bringen. Während die hannoverschen Richter versuchten, Mauss weiter als Zeugen zu befragen, gab der im Bonner Polizeipräsidium dem STERN Interviews und stellte in »Welt am Sonntag« seine Erfolge in der Bekämpfung der Bandenkriminalität und in der Terrorismusbekämpfung (auch des Celler Lochs, sic!) dar.

Düe half das alles nicht mehr viel, die hannoversche Strafkammer ließ sich in ihrem Glauben an die Richtigkeit der Mauss'schen Lügenmärchen nicht beirren und verurteilte Düe am 4. Januar 1984 zu einer Freiheitsstrafe von sieben Jahren. Die Verurteilung wurde auf die belastenden Aussagen der Kriminellen Jetses und Manco gestützt, »Claude« blieb wohlweislich außen vor. Der Bundesgerichtshof gab der Revision von Dües Verteidigung statt und hob das in der Öffentlichkeit als skandalös empfundene Urteil auf. Da man der Justiz in Hannover nicht zutraute, ein zweites Verfahren objektiv zu führen, verwies der BGH den Prozeß an das Landgericht Braunschweig. Der inzwischen finanziell und beruflich völlig ruinierte Düe wurde endlich am 21. Dezember 1984 auf freien Fuß gesetzt.

Untersuchungsausschuß

Die skandalösen Begleitumstände dieses Verfahrens hatten dazu geführt, daß der Landtag in Hannover im Frühjahr einen Untersuchungsausschuß einsetzte, der sich mit Mauss, seinen Machenschaften und den Verstrickungen der niedersächsischen Polizei befassen sollte. Das Innenministerium versuchte weiterhin, wegen angeblicher Gefährdung von Mauss, die Ermittlungen ins Leere laufen zu lassen. Wichtige Papiere wie Spesenquittungen der Mannheimer Versicherung für Ermittlungsaktionen der Polizei wurden ebenso geheimgehalten wie Düe entlastende, das kriminelle Vorgehen der Polizei entlarvende Aktenteile.

Oskar Weber hoffte immer noch auf die millionenschwere Belohnung und verschwieg dem Ausschuß, daß Mauss die Australienreise eingefädelt hatte, um Düe in eine Falle locken zu können, und daß er und seine Frau unter Druck gesetzt worden waren. Nach und nach kristallisierte sich heraus, daß Mauss mit kriminellen Methoden wie Erpressung, Erschleichen falscher eidesstattlicher Versicherungen, Förderung von Straftaten gearbeitet hatte. Kriminaldirektor Müller erklärte wahrheitswidrig, daß an Polizisten keine Gelder von Versicherungsseite geflossen seien.

Düe hatte 1985 mit finanzieller Unterstützung von Freunden sein Geschäft in Westerland wiedereröffnen können. Zu dem neuen Verfahren kam es dann im Sommer 1987 als sich der Braunschweiger Staatsanwalt Grasemann, ein junger und sehr korrekter Ermittler, mit viel Mühe und eigenen intensiven Recherchen durch den Wust der Halb- und Unwahrheiten gearbeitet hatte und bis am Ende das von Mauss und seinen polizeilichen Helfern gewobene Lügengebilde in sich zusammenfiel.

Zudem konnten auch die Ergebnisse des ersten und eines weiteren Untersuchungsausschusses verwertet werden, wie die des Celler Oberstaatsanwalts Jeserich, den Innenminister Hasselmann in sein Ministerium holen mußte mit dem Auftrag, Licht in das Dunkel von Verfehlungen der niedersächsischen Polizei zu bringen. OStA Jeserich führte auch ein längeres Gespräch mit mir, aber auf meine Anregungen und Angaben ging er nicht ein. Er wollte wohl nur wissen, wo die Leichen vergraben waren, um sie so besser verstecken zu können. Ich hatte keinesfalls den Eindruck, daß Hasselmann wirklich aufdecken wollte, was aufzudecken war.

Der Freispruch

Folglich wurde Düe am 13. März 1989 in Braunschweig von allen Anklagepunkten freigesprochen.

Dües Darstellung wurde für in sich schlüssig befunden. Die Urteilsgründe waren eine vernichtende »Verurteilung« der gegen Düe angewandten kriminellen Methoden. Obwohl das Gericht hervorhob, Düe sei unschuldig verfolgt worden, hat er bis heute keine Entschädigung erhalten.

Manco hatte ein zweites Mal seine polizeiliche Aussage widerrufen. Er habe seinerzeit auf Hafterleichterungen gehofft und unter Drogeneinfluß gestanden. Jetses gab an, seine belastenden Aussagen seien erfunden worden, Mäuser habe ihn hierzu angestiftet. Er wurde wegen Meineides verurteilt. Webers deckten nun alles auf. Nach Aussage des Direktors Kläre von der Mannheimer Versicherung kam heraus, daß Müller allein 1982 von Versicherungen für verdeckte Ermittlungen in anderen Fällen auf sein Privatkonto rund 80000 DM erhalten hatte.

Die Behauptungen über die Gefährdung von Mauss erwiesen sich als das, was sie waren, nämlich als Erfindung. Die Beute blieb unauffindbar. Ebenso fand sich keine Spur von den Tätern.

Die Mannheimer Versicherung hat sich verklagen lassen. Ein Prozeßkostenhilfegesuch des nunmehr mittellosen Düe für eine Zahlungsklage gegen die Versicherung wurde vom Landgericht Hannover im März 1992 abgelehnt, da Düe gegen seine Sorgfaltspflicht verstoßen habe, als er die beiden Besucher hereingelassen habe, ohne zuvor den Tresor ordnungsgemäß zu verschließen. Auch das Land Niedersachsen hat bisher Entschädigungszahlungen wegen der zu Unrecht erlittenen jahrelangen Haft und des in dieser Zeit erlittenen Verdienstausfalls verweigert mit der Begründung, die Schadenshöhe sei nicht substantiiert nachgewiesen. Wenigstens den geringen Satz an gesetzlicher Haftentschädigung hat Düe zwischenzeitlich erhalten.

Aus Istanbul hat sich Ende 1991 der mehrfach vorbestrafte und aus

Deutschland rechtskräftig ausgewiesene Aydin Yildiszoy gemeldet. Er steht in Istanbul wegen Mordes vor Gericht und hat dort angegeben, Düe habe sein Geschäft selbst ausgeraubt, er habe hier im Auftrage Dües einen Mitwisser beseitigt. Yildiszoy hat seine Auslieferung nach Deutschland verlangt, um hier gegen Düe auszusagen.

Yildiszoy war bereits in seiner Jugendzeit straffällig geworden. Als er dann wegen seiner Vergehen mit Ausweisung bedroht war, hatte er sich schnell von seiner türkischen Ehefrau, die von ihm drei Kinder hatte, scheiden lassen und eine Deutsche geheiratet, um aufgrund dieser Ehe nicht ausgewiesen zu werden. All das hinderte ihn aber nicht daran, sich eine Geliebte zuzulegen, dieser zwei Kinder zu machen und weiter in Steintor- und Glücksspielerkreisen Straftaten zu begehen. Bereits damals zeichnete sich Yildiszoy dadurch aus, daß er es mit der Wahrheit nicht genau nahm, wenn er sich einen Vorteil davon versprach.

Gegen die Polizeibeamten, die verbotenerweise und obendrein im Ausland Lauschaktionen gegen Düe durchgeführt haben, wurde in Hannover ein Strafverfahren eröffnet, wie es aussieht, mit den besten Aussichten für die Angeklagten, da im April 1992 die Verjährung eintritt und es im wesentlichen um Verfahrensfragen geht.

Es wurde zwischenzeitlich gegen einen Beamten bei Zahlung einer Geldbuße und Übernahme der Verfahrenskosten eingestellt, da dieser ein wenig Schuld auf sich nahm. Die anderen sind gänzlich unbehelligt geblieben.

Und so wäre Düe dann am Ende doch derjenige, der allein die Zeche bezahlt hätte – und sein Anwalt Elmar Brehm dazu. . . . Merkwürdige Gerechtigkeit . . .

Kapitel 8 e Das Celler Loch – Regierungskriminalität

Am 25. Juli 1978 erschütterte eine Bombenrexplosion die Nacht und die Außenmauer der Celler Justizvollzugsanstalt, in der zu dieser Zeit auch Terroristen der RAf (Rote Armee Fraktion) einsaßen, hatte ein Loch! Der niedersächsische Justizminister Hans-Dieter Schwind (sic) eilte nach Celle, wo er eine Pressekonferenz gab. Bereits am nächsten Tag hieß es in der konservativen Celleschen Zeitung:

»Konsequenzen zu einer sicheren Unterbringung von Terroristen werden auch in Celle unerläßlich sein . . .«

Um zwei Uhr morgens hatten bei strömendem Regen die Wachbeamten ihren Rundgang an der Außenmauer gemacht, ohne etwas zu bemerken. Um zwei Uhr vierundfünfzig sahen die beiden Bediensteten auf dem Wachturm einen roten Feuerball, sodann folgte ein lauter Knall, verbunden mit einer großen Staub- und Rauchwolke; es wurde sofort Alarm ausgelöst, die Scheinwerfer flammten auf. Die sofort herbeigeeilte Kriminalpolizei fand ein Loch von etwa einem Meter Durchmesser in der Außenmauer an der Allerseite, von dem aus ein Kabel zu einem etwa 400 Meter entfernten Parkplatz führte. Auf dem gegenüberliegenden Allerufer lag neben dem Pfeiler einer Eisenbahnbrücke ein Schlauchboot, aus dem die Luft herausgelassen worden war.

So weit der eigentliche »Tathergang«. In diesem Zeitraum wurden auch Anschläge mit Brandbomben o. ä. verübt u. a. auf das Strafjustizgebäude in Hamburg aber auch auf das Amtsgericht in Hannover. So schrieb denn die CELLESCHE ZEITUNG am 28. Juli 1978: »Das Landeskriminalpolizeiamt vermutet: ›*Sprengstoffanschlag von Terroristen verübt*‹.«

Diese und die anderen Aktionen jener Zeit wurden zum Anlaß genommen, umfassende Sicherheitsvorkehrungen einzuführen. Im Amtsgericht Hannover wurde ebenso wie in vielen anderen Justizgebäuden ein Wachdienst installiert, der jeden, der das Gebäude betreten wollte oder besser mußte, unmittelbar nach der Eingangstür zwang, sich auszuweisen und auf Waffen, Sprengstoff etc. untersuchen zu lassen. Damit Rechtsanwälte relativ unbehelligt, ohne also ihre Akten Blatt für Blatt offenbaren zu müssen, das Gebäude betreten konnten, erhielten sie auf ihren Antrag von der Rechtsanwaltskammer einen Lichtbildausweis.

In der Justizvollzugsanstalt Celle wurden alsbald Schließfächer eingerichtet. Hier hatten Rechtsanwälte, die ihre Mandanten aufsuchten, all das wegzuschließen, was für ein Mandantengespräch nicht erforderlich war: Schlüsselbund, Nagelreiniger, Feuerzeug, Geldkatze ... Sodann erfolgte einen Raum weiter der überaus kritische Blick zweier Wachmeister in die Aktentasche. Die dort befindlichen Akten wurden herausgenommen und in einem eigens angeschafften Röntgengerät durchleuchtet nach verborgenen Waffen etc. Man selber mußte durch einen Metalldetektor in Form eines Türrahmens gehen, der piepste, wenn man etwa noch eine Büroklammer oder einen Kugelschreiber in der Jacke hatte.

Sodann wurde man wie ein Schwerverbrecher abgetastet – es hätte ja ein Sprengstoffpaket in der Unterhose sein können –, bevor man dann endlich auf die Gefangenen losgelassen wurde. Und um nun wirklich ganz sicher zu gehen, sah der Anwalt seinen Mandanten dann nur durch eine Glasscheibe im Raum nebenan.

Lange war versucht worden, den freien und unbehelligten Zugang der Verteidiger zu ihren Mandanten einzuschränken, weil diese angeblich konspirativ den Zusammenhalt der terroristischen Gruppen stützten und u. a. als Karriere dienten. Mehrere Kanzleidurchsuchungen, eingeleitete Verfahren, so gegen den Anwalt Croissant, brachten keine medienwirksam ausschlachtbaren »Beweise«. Bei der nunmehr offensichtlichen Bedrohung und Gefährdung der öffentlichen Sicherheit und Ordnung nach diversen

Bomben- und Brandanschlägen konnte denn kein Anwalt wirklich guten Gewissens verweigern, sich durchsuchen zu lassen, zumal ein Protest nichts nützte, die Justiz hatte alle entsprechenden Beschwerden abgebügelt und hieß die getroffenen schikanösen Maßnahmen gut.

So hatte man nun endlich eine Handhabe gefunden, um all jene Kontrollen durchführen zu können.

Jahrelang dümpelte diese Aktion so still vor sich hin. Es hatte zwar immer wieder Äußerungen gegeben, daß an diesen Attentaten etwas faul sei, aber mangels Nachweisen blieb dies Stammtischschwadroniererei. Im Jahre 1986 war in Niedersachsen Wahlkampf, die von der CDU und FDP getragene Regierung des Ministerpräsidenten Albrecht sah sich in Gerhard Schröder einem ernst zu nehmenden Rivalen gegenüber, als in einer hannoverschen Tageszeitung die »Bombe« platzte. Albrecht bekannte sich sofort zu dem »Heldenstück« des niedersächsischen Verfassungsschutzes. Denn dieser hatte die Bombe gelegt, um seinen V-Männern auf diesem Wege den Einstieg in die abgeschotteten Gruppen im Umfeld der RAF zu verschaffen – mit Wissen und Billigung des Ministerpräsidenten und seines damaligen Innenministers Hasselmann.

Die HANNOVERSCHE ALLGEMEINE ZEITUNG berichtete am 25. April 1986 als erste über diese Vorgänge. Damals hatte ich über einen Strohmann den Tip für diese Veröffentlichungen an mehreren Stellen lanciert. So auch über Kontaktleute bei den GRÜNEN.

Aber immer noch stieß ich auf Unglauben. Viele wollten einfach nicht wahrhaben, daß es eine solche Form der »Staatskriminalität« geben könnte.

Selbst der jetzige Ministerpräsident Gerhard Schröder hatte jahrelang erhebliche Probleme, dieser Wahrheit ins Auge zu sehen. Er glaubte es erst, nachdem er als Mitglied des Vertrauensmännergremiums Jahre nach dem Vorfall amtlicherseits informiert worden war.

Was nun folgte, war ein Lehrstück in Sachen Desinformation: Nur scheibchenweise kam die Wahrheit ans Licht, entpuppte sich das angebliche Bravourstück, mit dem es gelungen sein sollte, V-Männer in terroristische Kreise einzuschleusen, als dilettantischer Rohrkrepierer einer Gruppe von Leuten, die die Aktion bereits für den Erfolg hielten auf dem Wege zu ihrem Wunschtraum, endlich handfeste Erfolge vorweisen zu können.

Was übrigblieb, war die Tatsache, daß Regierung und Verfassungsschutz, dazu berufen, die Einhaltung der Gesetze zu gewährleisten, diese auf schlimmste Art und Weise diese gebrochen hatten.

Die geschilderten Vorgänge erregten weit über Niedersachsen hinaus Aufsehen und wurden ausführlich in Presse, Funk und Fernsehen kommentiert.

Christa Ellersiek und Wolfgang Becker gab der Vorfall genügend Stoff für das sehr informative Buch »Das Celler Loch – Geschichte einer Geheimdienstaffäre«, Verlag am Galgenberg, Hamburg 1987. Das Buch beruht auf sehr gründlich recherchierten und umfassenden Fakten, Vorgängen und Personenbeschreibungen, auf die ich mich teilweise stütze. .

Insbesondere bedanke mich für die Übernahme der »Chronologie der wesentlichen Ereignisse«.

Der Sicherheitsexperte

Der damalige Präsident des Bundesamtes für Verfassungsschutz ist mittelgroß, rundlich, grauhaarig. Mit seinen 62 Jahren ist Gerhard Boeden äußerlich ein alter, aber mächtiger Mann von wachem Geist. Er gehörte 1970/71 bei der Sicherungsgruppe Bonn unter Zachert der Ermittlungsgruppe in meinen Verfahren an. Daher kennen wir uns. Ein schlauer Fuchs, der auch an diesem 2. Juni 1987 die Mitglieder des Untersuchungsausschusses zu nehmen weiß. Daß er es in seinem Gewerbe vorwiegend mit Männern zu tun hat, ist leicht zu merken. Bei der Anrede vergißt er die einzige Frau im Untersuchungsausschuß, die SPD-Landtagsabgeordnete (und heutige Landesjustizministerin) Heidi Alm-Merk.

Zuweilen scheint er ein ausgezeichnetes Erinnerungsvermögen zu besitzen. Sogar die Sitzordnung bei einem Gespräch im Jahre 1978 weiß er noch zu benennen. In vielen Punkten allerdings bleibt er ungenau.

Es war Gerhard Boeden, damals Vizepräsident des Bundeskriminalamtes (BKA), der 1978, nach Aussagen des Innenministers Egbert Möcklinghoff und des Justizministers Hans-Dieter Schwind, besonders massiv auf die baldige Durchführung des Sprengstoffanschlags drängte. Doch Aussagen hierüber kann er an diesem 2. Juni nicht machen. Durch einen Übermittlungsfehler zwischen Landtagsverwaltung und Bundesinnenministerium beschränkt sich seine Aussagegenehmigung nur auf jenes Gespräch, das am 21. April 1978 in der niedersächsischen Landesvertretung in Bonn stattfand.

Zwischen den Zeilen können die Mitglieder des Untersuchungsausschusses dann allerdings doch so einiges über seine Beteiligung an der Staatsbombe erfahren. Eine gewisse »diebische Freude« an der Idee, einen terroristischen Anschlag vorzutäuschen, kann der ehemalige BKA-Mann nicht verbergen. Dabei überläßt er die Urheberschaft – ganz jovial – seinen niedersächsischen Kollegen. Boeden: *»Man soll ja bei solchen Überlegungen niemandem das Urheberrecht streitig machen. Das ist nun mal unser föderatives Prinzip, daß sich alle etwas einfallen lassen müssen und nicht nur in der Zentrale ein Mann wie ich sitzt und auf den Knopf drückt.«*

Er weiß aber auch darauf hinzuweisen, daß Grundlage der Idee, zu sprengen, die *»gemeinsame Analyse der Gesamtsituation«* war.

Kurze Zeit später wird der Kriminalist Boeden deutlicher. Bei jenem Gespräch im April 1978 in Bonn sei es zunächst um die Begnadigung des V-Mannes Loudil gegangen. Mehr allgemein habe man dann über eine mögliche Legendenbildung für den Verbindungsmann des niedersächsischen Verfassungsschutzes gesprochen. Der Plan, ein Loch in die Celler Anstaltsmauer zu sprengen, habe zu diesem Zeitpunkt noch nicht bestanden. Und er fügt hinzu: »*Zumindest ist er noch nicht spruchreif gewesen.*« Dies dürfte wohl eher zutreffen. Denn immerhin hat das Thema »Vortäuschung eines Befreiungsversuches von Debus« bereits im Herbst 1977 in einem Gespräch zwischen dem Referatsleiter Beschaffung im niedersächsischen Landesamt für Verfassungsschutz, Harald Wiehe, und Boeden eine Rolle gespielt. So jedenfalls hat es Staatssekretär Neusel aus dem Bundesinnenministerium noch am 29. April 1986 vor dem Bundesinnenausschuß bestätigt. Neusel damals: »*... Dies hat sich aus den Notizen des Bundeskriminalamtes ergeben.*« Kaum vorstellbar, daß so »alte Hasen« wie Wiehe und Boeden da nicht schon eher auf den »einzig gangbaren Weg« gekommen sind: die Sprengung.

Die Aktion, so habe er, Boeden, bei jenem Gespräch am 21. April 1978 betont, dürfe nicht zur Befreiung von Debus führen. Sie müsse »*für die Öffentlichkeit wahrnehmbar sein, um Loudil ein glaubwürdiges Entrée in Terroristenkreise zu verschaffen.*« Außerdem dürfe »*niemand in- und außerhalb der Justizvollzugsanstalt durch die Aktion gefährdet sein*«. Dies waren auch noch bis zum Regierungswechsel genau die Argumente, die die niedersächsische Landesregierung benutzte, um das gewählte Mittel des vorgetäuschten Sprengstoffanschlags zu rechtfertigen. Boeden jedoch vor dem Untersuchungsausschuß: Konkretes für eine bestimmte Aktion, also auch für den Sprengstoffanschlag, habe sich »zu dem Zeitpunkt noch nicht ergeben«.

Daß der damalige Innenminister Röttger Gross über alle Pläne der Verfassungsschützer im Zusammenhang mit dem Debus-Loudil-Kontakt informiert war, diesen Eindruck hat Gross Boeden im April 1978 zwar vermittelt, auch, wenn er »*keinen Beweis dafür habe*«. In Wirklichkeit haben die niedersächsischen Verfassungsschützer gemeinsam mit dem damaligen BKA-Vize ihr Süppchen wohl zunächst einmal allein gekocht, um dann mit einem Persilschein aus diesem Bonner Gespräch zur Tat schreiten zu können.

Boeden vor dem Untersuchungsausschuß: »*Ich glaube, nach dem Grundsatzgespräch (in Bonn am 21. April) galt die Regelung, daß die Unterrichtspflicht innerhalb der einzelnen Häuser zu erfolgen hatte. Also in meinem, im Bundesbereich, und in Niedersachsen, im niedersächsischen Bereich. Es ist keine neue Besprechung verabredet worden. Diese Notwendigkeit habe ich auch nicht gesehen.*«

Mit Niedersachsens Ministerpräsident Ernst Albrecht hatten die niedersächsischen Verfassungsschützer dann ein leichtes Spiel. Offensichtlich hat er der dann fertig konzipierten Aktion ohne großes Zögern zugestimmt.

Ob er den Bericht der Landesregierung an den Untersuchungsausschuß vor seiner Zeugenvernehmung gelesen habe, will einer der Abgeordneten von Gerhard Boeden noch wissen. Ja, den habe er gesehen, von wem er den bekommen habe, wisse er allerdings nicht mehr, vielleicht von seinem frischberufenen Vizepräsidenten, von Dr. Frisch. Undenkbar, daß in einem normalen Strafverfahren ein Zeuge der Verteidigung vorher die Prozeßakten zu Gesicht bekäme. Er würde als unglaubwürdig gelten.

Ein Amtsleiter im Ruhestand

Hellmut Jüllig sieht sich selbst als Opfer einer Reihe von »April-Scherzen«. Bei seiner ersten Vernehmung vor dem parlamentarischen Untersuchungsausschuß am 1. April 1987 zählt er sie auf: Am 1. April 1970 zum niedersächsischen Verfassungsschutz gekommen, dort schon bald *»mit der Dienstaufsicht über die Truppe«* betraut, am 1. April 1981 in den einstweiligen Ruhestand versetzt – im Alter von 52 Jahren. Tatsächlich scheint Hellmut Jüllig ein frühes Opfer seines Berufes zu sein. Zittrige Finger, die immer wieder zur Zigarette greifen, verraten die innere Anspannung, unter der der gelernte Jurist steht. Zurückgelehnt sitzt er im Zeugensessel, schaut unsicher über die starke Goldrandbrille, dreht sich etwas linkisch den fragenden Abgeordneten zu, packt schon mal patzig ein Stückchen Wahrheit aus, ohne allerdings auf ihr zu bestehen. In den Augen seiner Vorgesetzten, aber auch in denen seines Amtsnachfolgers Peter Frisch, der den Vernehmungen beiwohnt, gilt Jüllig als nur bedingt zuverlässig. Frisch, wie Hellmut Jüllig Mitglied der SPD, geht sogar so weit, dessen Worte umgehend schriftlich zu dementieren. *»Der Aussage von Herrn Jüllig kann nur eine – wahrscheinlich zeitbedingte – Erinnerungstäuschung zugrunde liegen«*, läßt er den Ausschußvorsitzenden wissen.

An diesem 1. April 1987 im Landtag redet Jüllig frei von der Leber weg. *»Ich habe es vermieden, mich in unwesentlichen Kleckerkram zu vertiefen, sondern ich habe mehr auf die große Linie geachtet.«* Für Details seien seine *»hochbezahlten Mitarbeiter«* zuständig gewesen. Amtsleiter Jüllig interessierte sich eher für *»Topsecret-Sachen«*, eben auch auch für die Celler Aktion, die er mit seinem altgedienten »Leiter 42«, dem Beschaffungsreferenten Harald Wiehe, ganz in die eigene Hand nahm. Wiehe war der »Motor« der Operation, sagt er den Abgeordneten, er selbst sieht sich wohl eher in der Rolle des Kopfes, der die nötige Rückendeckung organsierte. *»Ich wäre ja ein politischer Selbstmörder«*, sagt Hellmut Jüllig, *»wenn ich so ein Ding* *mit Herrn Wiehe auf unsere Kappe genommen hätte.«* Mehrfach sei er vor dem Sprengstoffanschlag ins Haus des Ministerpräsidenten (Albrecht) nach Burgdorf-Beinhorn gefahren, dort seien *»die Planung, die Zielsetzung und die rechtliche Seite besprochen und abgesegnet worden.«* Ministerpräsident Albrecht habe *»eine ausdrückliche Weisung«* erteilt, den Kreis der Mitwisser begrenzt zu halten, dies sei sozusagen dessen persönlicher Wunsch gewesen, erfahren die Abgeordneten. Diesen Wunsch habe er selbstverständlich akzeptiert.

Nach einer nachträglichen Wertung der Celler Aktion gefragt, sorgt Jüllig ebenfalls für eine Überraschung: *»Nicht mal mit beratender Stimme«* würde er heute noch einmal so etwas machen. Aber er sei ja nicht mehr im Dienst. Im übrigen sei die Sprengung ein Reinfall gewesen: Ihr Ziel, das Vertrauen bestimmter Kreise zu erlangen, sei ins genaue Gegenteil umgeschlagen. Wichtige Kontaktpersonen der V-Leute hätten sich nach dem Knall an der Gefängnismauer zurückgezogen. Jülligs Aussagen bewirken, daß Ernst Albrecht schneller als geplant selbst vor den Ausschuß geladen wird. Er bestätigt im wesentlichen die Version des Verfassungsschützers – aber davon später.

Hellmut Jüllig wird am 22. Juni 1987 ein zweites Mal in den Zeugenstand gerufen. Insbesondere, ob der Verfassungsschutz – etwa auch auf Weisung des Ministerpräsidenten – den zuständigen Innenminister außen vorgelassen habe, wollen die Untersuchungsauschußmitglieder wissen. *»Undenkbar«*, sagt Jüllig, *»man muß doch die Kleiderordnung einhalten.«* Daß er seinen Dienstherrn persönlich informiert habe, sagt Jüllig nicht, sondern: *»Der mußte ja informiert sein, das kann ja gar nicht anders sein, das kann ich mir nicht vorstellen!«* Die »weißen Flecken« in seiner Erinnerung sind auch durch hartnäckige Befragung nicht aufzufüllen. *»Mein Gedächtnis ist nicht besser geworden«*, gibt er süffisant lächelnd zu, kann aber letztlich *»nicht ausschließen, daß es konkret über das Celler Loch keine Unterrichtung des Innenministers Gross gegeben haben könnte . . .«*

An diesem 22. Juni 1987 interessieren sich die Abgeordneten auch intensiv für ein anderes brisantes Thema: die Beteiligung des Privatagenten Werner Mauss an den Geheimoperationen gegen Terroristen.

Ob es denn üblich sei, daß ein Detektiv für den Verfassungsschutz Kontakte zu ausländischen Diensten herstelle, will etwa der Abgeordnete der GRÜNEN und jetzige Landesminister, Jürgen Trittin, wissen. *»Das ist der kleine Dienstweg gewesen«*, konterte Jüllig. Sonst hätte man wochenlang Papierkrieg führen müssen, und das Vorhaben wäre letztlich doch abgelehnt worden. Freimütig gibt Jüllig zu, mit Mauss, dessen Ehefrau Karin und den Beamten Wiehe und Borrak nach Madrid geflogen zu sein, um mit einem spanischen Geheimdienst die Pläne zur Einschleusung von V-Leuten in Ausbildungslager von Terroristen zu besprechen, die Operation »Neuland« also.

Konkret sei es, das hatte Jüllig schon bei der ersten Vernehmung gesagt, um den Jugoslawen Susak gegangen, der über die Kanarischen Inseln in ein algerisches Lager gebracht werden sollte. Den Flug in der privaten »Cessna« von Mauss habe dieser aus eigener Tasche finanziert, die Niedersachsen hätten keinen Pfennig dazugezahlt.

Mauss sei ihnen vom BKA als zuverlässiger Mann empfohlen worden, erinnert sich Jüllig. Den Kontakt habe Manfred Borrak hergestellt, wohl schon Anfang der siebziger Jahre. V-Mann-Führer Borrak habe leider *»manchmal etwas eigenwillig«* gehandelt, fällt ihm noch ein, *»der hat Initiativen ergriffen, von denen man erst hinterher erfuhr«*. Einmal habe er seinen Untergebenen deshalb *»zur Brust genommen«*, sagt Jüllig. Borrak sei mit Mauss auch zu anderen Gelegenheiten durch Europa geflogen, verrät er den Abgeordneten. *»Einmal war der noch in Rom, wieder in Zusammenhang mit dem Jugoslawen Susak.«* Zwischen Mauss und Borrak habe eine Beziehung bestanden, *»wie ich der Presse entnehme, eine sehr enge. Die waren befreundet!«*

Der »eigenwillige« Geheimdienstmann

Auch Mauss-Intimus Borrak, jener Beamte, über dessen Privatwohnung in Burgdorf der Agent geheime Telefonanschlüsse unterhielt, muß am 18. Juni als Zeuge vor den Untersuchungsausschuß. Vor seiner Vernehmung kommt es zum Eklat. Das Innenministerium hat dem Kriminalhauptkommissar eine unbeschränkte Aussagegenehmigung erteilt. Allerdings nur in vertraulicher Sitzung. Nach längerer Beratung sind die Landtagsabgeordneten übereinstimmend der Meinung, daß die vom Vertreter der Landesregierung, Innenstaatssekretär Friedrich Höse, genannten Gründe für die Vertraulichkeit der zu erwartenden Aussagen nicht ausreichen. Der am frühen Abend gefundene Kompromiß sieht eine Vernehmung des Verfassungsschützers in nichtöffentlicher Sitzung vor.

Unmittelbar vor Beginn der Befragung fordert die SPD-Abgeordnete Heidi Alm-Merk, daß auch die permanent anwesenden Herren vom Innenministerium hinausgehen mögen. Sie nennt namentlich Staatssekretär Höse sowie die beiden Verfassungsschutzreferenten Strehle und Schmierendorf. Daraufhin platzt Herrn Höse der Kragen. Lautstark weigert sich der für Polizei und Geheimdienst zuständige Staatssekretär, auf die Teilnahme an der Sitzung mit Borrak zu verzichten. Begründung: Er habe dann ja keine Möglichkeit mehr, bei der Befragung des Zeugen einzugreifen. Selbst Ausschußvorsitzender Heiner Herbst hat Mühe, seinen aufgebrachten Parteifreund zu beruhigen. Erregt springt Höse schließlich auf und verläßt den Saal mit der Bemerkung, er müsse jetzt mit dem Zeugen sprechen.

An den Inhalt dieses Gespräches mochte sich bei der anschließenden Vernehmung Manfred Borrak nicht mehr erinnern. Gedächtnislücken machte der Verfassungsschützer auch für die Ereignisse um das »Celler Loch« geltend. *»Weiß ich nicht, keine Erinnerung mehr, das kann ich nicht sagen«*, brüskiert der Zeuge den Untersuchungsausschuß, wohlgemerkt in nichtöffentlicher Sitzung. Borrak, der seit 1974 für die Abteilung 4 arbeitet, gibt zu, ständigen Kontakt zu Mauss gehalten zu haben. Der sei ihm bereits 1972 vom Bundeskriminalamt avisiert worden. Damals war Borrak Kripochef in Burgdorf. Unmittelbar vor Beginn seiner Tätigkeit in Hannover erledigte Borrak in Wolfsburg einen Spezialauftrag. Ob es dabei auch um die sogenannte »Wolfsburger Kommune« ging, verrät Manfred Borrak nicht. Auch zum sich aufdrängenden Zusammenhang mit der Ermordung von Ulrich Schmücker, einem Mitglied der *»Bewegung 2. Juni«*, will er nichts sagen. Schmücker soll am 4. Juni 1974 von Mitgliedern einer Wolfsburger Wohngemeinschaft in Berlin erschossen worden sein. Wie man heute weiß, unter Beteiligung von V-Leuten und unter direkter Observation des Verfassungsschutzes.

Vor dem Untersuchungsausschuß behält Manfred Borrak seine Geheimnisse für sich. Ja, mit Mauss habe er damals Kontakt aufgenommen und um Hilfe beim Aufbau des Bereiches Terrorismus innerhalb der Abteilung 4 gebeten. In dessen Privatflugzeug sei er auch schon mal mitgeflogen, für die Landeskasse kostenfrei, versteht sich. Jawohl, den Jugoslawen Jelko Susak habe er 1975 als V-Mann geworben. Auch Berger und Loudil seien zeitweilig von ihm betreut worden. Richtig, am 25. Juli 1978 sei er zum Zeitpunkt der Explosion in Celle gewesen. Die mühsame Vernehmung des Beamten, der von der Albrecht-Regierung so massiv unter Verschluß gehalten wird, zieht sich an diesem 18. Juni 1987 bis in die späten Abendstunden hin.

Der Bürokrat

»Wenn ich nein gesagt hätte, wäre die Aktion nicht gelaufen.« Diese – leise vorgetragene – Bemerkung des Amtsnachfolgers von Röttger Gross löst beim Untersuchungsauschuß Schmunzeln aus, nicht nur bei den zahlreich anwesenden Journalisten. Egbert Möcklinghoff, der im Zuge einer Kabinettsumbildung nach der Landtagswahl im Juni 1986 als Innenminister abgelöst wurde, ist der dritte Zeuge an diesem 23. April 1987 im 11. Parlamentarischen Untersuchungsausschuß. Der Nachfolger von Gross, der – erst wenige Tage im Amt – dann im Gegensatz zu seinem Vorgänger über die geplante Sprengung informiert wurde, ist aufgeregt an diesem Tag wie immer, wenn er sich überfordert fühlt. Und das war er eigentlich all die acht

Jahre mit dem sensiblen Amt des Innenministers. Er ist eben ein Verwaltungsmann, keiner, der Entscheidungen fällt und die sich leicht verselbständigenden Bereiche von Polizei und Verfassungsschutz fest im Griff behält. Aufmucken würde er niemals, und war – so gesehen – 1978 für Ernst Albrecht der richtige Mann zur richtigen Zeit. Nur sind dann später in seiner Amtszeit zu viele offensichtliche Pannen passiert.

Da filmten Staatsschützer – als NDR-Team getarnt – Demonstranten in Gorleben. Da wurden Fotos in Zeitungsredaktionen beschlagnahmt und die Stimmung in Gorleben und anderswo damit zusätzlich aufgeheizt.

Polizeibeamte fälschten Zeugenaussagen, um zwei demonstrierende Türken, Vater und Sohn, hinter Schloß und Riegel zu bringen. Im Gerichtsverfahren wurde das aktenkundig, die Türken wurden freigesprochen, dafür die Polizeibeamten angeklagt. Da wurde in einer Nacht- und Nebel-Aktion eine jezidische Mutter mit ihren Kindern in die Türkei abgeschoben, was ihm Kritik sogar von den eigenen Parteifreunden einbrachte. Und wenn Richter Jeziden als Asylbewerber anerkannten, wurden sie einfach abgelöst. Eine ganze mißliebige Asylkammer des Verwaltungsgerichts Stade wurde so – trotz Bedarfs –, natürlich mit maßgeblicher Beteiligung des zuständigen Justizministers, ihrer Aufgaben enthoben.

Es erschien eine vom sozialdemokratischen Oberbürgermeister Hannovers initiierte Veranstaltung zum Hiroshima-Tag zwischen terroristischen Gewalttaten von links und rechts im Verfassungsschutzbericht.

Da konnte sich der Verfassungsschutz in Niedersachsen auch in anderen Bereichen weiter verselbständigen, vor allem mit seinen dubiosen Geschäften mit dem umstrittenen Privatagenten Werner Mauss alias »Claude«. Dies sind nur einige Beispiele.

Von dem Vorhaben, ein Loch in die Celler Anstaltsmauer zu sprengen, erfuhr der neue Innenminister 1978 nach seiner Erinnerung zunächst von Verfassungsschutz-Chef Hellmut Jüllig und dessen Referatsleiter Beschaffung, Harald Wiehe. *»Ich habe dann erst mal ein paar Nächte darüber geschlafen«,* erzählt Egbert Möcklinghoff. Nach einem weiteren Gespräch mit dem Ministerpräsidenten habe er dann sein Einverständnis erklärt. Wer diese V-Leute wirklich waren, die da in Terroristenkreise eingeschleust werden sollten, erfuhr der zuständige Innenminister allerdings erst *»sehr viel später«*. Ihm sei von kompetenter Stelle versichert worden, daß die in Ordnung seien. Möcklinghoff: *»Das reicht.«*

Noch viele andere Dinge blieben ihm in der Folgezeit verborgen. Etwa, daß der Chef des Landeskriminalamtes, Waldemar Burghard, Zielfahnder auf die angeblichen Bombenleger angesetzt hatte, wußte der für die Polizei zuständige Minister nicht. Und über die Zuwendungen an die V-Leute konnten die Verfassungsschützer frei entscheiden. Auch über die vom Verfassungsschutz bezahlte Reise der V-Leute nach Paris wurde Egbert Möcklinghoff nicht informiert. Und daß der V-Mann Manfred Berger wegen weiterer Autodiebstähle mit Haftbefehl gesucht wurde, hatte er erst sehr viel später erfahren. Nach dessen Festnahme, so Möcklinghoff, sah man sich dann gezwungen, die Parlamentarische Kontrollkommission einzuweihen. Daß dafür die Anzeige des ehemaligen Verfassungsschützers Gottfried Gillar Anlaß gewesen sein könnte, vermag er sich nicht mehr zu erinnern. Jedenfalls habe man damals befürchtet, daß die Dinge an die Öffentlichkeit kämen, und deshalb das Parlamentarische Vertrauensmännergremium, so die damalige Bezeichnung, informiert. Das war 1982, immerhin fast vier Jahre nach der Staatsbombenaktion.

Obwohl er den Mißerfolg der Aktion heute sieht, würde der ehemalige Innenminister in seiner Zuständigkeit einen von Verfassungsschützern vorgetäuschten Sprengstoffanschlag noch einmal befürworten. Denn: »*Wäre die Aktion gut gelaufen, hätte viel Leid von den Menschen in der Bundesrepublik abgehalten werden können.*«

Den Artikel der Wochenzeitschrift »Die Zeit« vom 5. Mai 1986 hat Egbert Möcklinghoff wohl bis heute nicht gelesen. Weil die Baader-Meinhof-Leute und ihre Nachfolger 1978 bereits ihre Erfahrungen mit gewöhnlichen »Knackis« gemacht hätten, so ist dort nachzulesen, funktionierte im Fall Berger und Loudil bei den niedersächsischen Verfassungsschützern wohl der Verstand nicht mehr.

Der selige Professor

»*Die Aktion wurde sorgfältig vorbereitet ... die rechtlichen Aspekte wurden zwischen dem Justizminister und dem Innenminister sorgfältig geprüft*«, so Ernst Albrecht, der niedersächsische Ministerpräsident, am 25. Juli 1986 in seiner Regierungserklärung. Als am 25. Juli 1978 die Celler Bombe platzte, war Justizminister Prof. Hans-Dieter Schwind gerade zwei Wochen im Amt, dennoch war er der für die Prüfung der Rechtslage und der Rechtsfolgen zuständige Minister.

Der Mann, der am Nachmittag des 22. Juni 1987 den Raum 1105 im Neubau des Landtages betritt, ist relativ groß, fast schlaksig, trägt einen dunklen Anzug mit schwarzen Socken und braunen Schuhen. Trotz seiner 51 Jahre und einigen Pfund Übergewicht sieht Hans-Dieter Schwind noch immer aus wie ein großer Junge, der aus seinem Anzug herausgewachsen ist. Fast verlegen steht der ehemalige Justizminister für eine knappe Minute am Saaleingang, gibt sich dann aber einen Ruck. »*Also, ich bin derjenige, der heute verhackstückt werden soll*«, sagt er und schüttelt erst mal jedem im Saal Anwesenden die Hand: den Mitgliedern des Untersuchungsausschusses, den Zuschauern, den Pressevertretern, den Mitarbeitern des stenographischen Dienstes.

Wir beide – H. D. Schwind und ich haben in den Jahren 1961 bis 1965 den Ring Wehrpolitischer Hochschulgruppen (RWPH) aufgebaut. Dabei haben wir öfter zusammen in einem Doppelzimmer geschlafen. Wir beiden Hannoveraner. Von seinen »Rasierzetteln« des juristischen Repetitoriums habe ich viel gelernt. Zusammen mit Hans-Michael Moll – enger Gefährte und Sozius Barschels – waren wir im ersten Bundesvorstand der RWPH (1962/63). Daß Hans-Dieter Schwind nie ein richtiger Politiker war (und deshalb das Justizministerium in seiner nur vierjährigen Amtszeit aus dem gewohnten Tritt brachte), ist ihm auch heute noch anzumerken. Nicht wohl kalkuliert sind seine Äußerungen zum Gegenstand des Untersuchungsauftrages, Hans-Dieter Schwind plaudert munter drauflos. Er sei gerade 14 Tage im Amt gewesen, erzählt er, bis dahin »seliger Professor«, und da *»hat es dann geknallt«*. Er habe sich also in der Situation eines Mannes befunden, *»der gerade ein Haus bezogen hat, und dann kommt der Vermieter und sagt, wir müssen da leider mal ein kleines Loch reinsprengen; wir machen das demnächst mal«*.

Am 18. Juli, also nur sieben Tage vor dem fingierten Anschlag, wurde der damalige Justizminister von Albrecht über die Aktion informiert. Er habe dann noch ein paar Bedingungen gestellt, insbesondere sei ihm wichtig gewesen, den Leiter der Justizvollzugsanstalt Celle einzuweihen, um mit ihm alle erforderlichen Sicherheitsvorkehrungen treffen zu können.

Die *»sorgfältige rechtliche Prüfung«* sah so aus: *»Für mich war es selbstverständlich, daß strafbare Handlungen durch diese Aktion nicht erfolgten, keine Strafgesetze verletzt werden.«* Der Strafrechtler: *»Es wäre sicher sehr unvernünftig gewesen, wenn ich das Haus damit befaßt hätte, weil dann der Kreis derjenigen, die über die Aktion zumindest eine Ahnung hatten, erweitert worden wäre. Und das war mir ja nicht erlaubt.«* Nein, an ein Gespräch mit dem Innenminister über diesen Punkt kann er, Schwind, sich nicht erinnern. Alle Gutachten wurden erst 1986, nach Bekanntwerden der Aktion, angefertigt, hatte zuvor Schwinds damaliger Staatssekretär, Hans-Friedrich Rehwinkel, dem Untersuchungsausschuß bestätigt.

Auf der Pressekonferenz am Morgen nach der Staatsbombe von Celle hat dann Schwind allerdings doch noch Skrupel bekommen, die Öffentlichkeit falsch zu informieren. Schwind: *»Das letzte Mal habe ich so eine Rolle in Dornröschen gespielt, als Prinz. Das war das zweite Mal, wo ich also eine Rolle dieser Art zu spielen hatte. Ich war heilfroh, daß das keiner gemerkt hat.«*

Vom weiteren Verlauf der Verfassungsschutzoperationen hat er dann nichts mehr gehört. Auch im Kabinett ist dies nicht mehr erörtert worden. *»Ich bin eigentlich davon ausgegangen, daß es ein Erfolg gewesen wäre.*

Und darin hat mich auch bestärkt, was in der Regierungserklärung gesagt wurde.« Der ehemalige Justizminister: *»Ich war dann ganz erstaunt, daß die ganze Sache also so ausgegangen ist.«*

Unbekümmert zeigt sich Schwind an diesem Tag aber auch noch in einem anderen Punkt: Weil die Albrecht-Äußerung 1978 im Bundesrat, zur Entlassung anstehende Terroristen würden neue Mordtaten planen, so viel Staub aufgewirbelt hatte, habe man sich im Haus zusammengesetzt, und da sei ihnen dann *»der Augustin«* als einzige Möglichkeit eingefallen. Albrecht selbst habe ihn über die Hintergründe seiner Aussage nie informiert.

Lügen wie gedruckt

Auszug aus dem Protokoll der Zeugenvernehmung des 11. Parlamentarischen Untersuchungsausschusses vom 2. Juni 1987: Obligatorische Frage des Ausschußvorsitzenden Heiner Herbst: *»Der Beruf . . .?«* Der Zeuge antwortet nicht. Herbst: *»Ministerpräsident des Landes Niedersachsen.«* Darauf Dr. Ernst Albrecht: *»Sofern das ein Beruf ist.«*

Der berufene Ministerpräsident ist wie immer dezent gekleidet: blauer Anzug, blaue Krawatte mit weißen Punkten. Artig nickt er bei jeder Frage des Vorsitzenden, nur sein Lächeln wirkt etwas gefroren. Er quält sich sichtlich im Blitzlichtgewitter der Fotografen.

Gut vorbereitet hat er sich auf diese Zeugenvernehmung, in der vorangegangenen Woche fast alle Termine abgesagt. Beim Aktenstudium ist ihm nun endlich auch aufgefallen, was interessierte Zeitungsleser und Rundfunkhörer schon nach Bekanntwerden der *»Aktion Feuerzauber«* im April 1986 erfahren konnten. Ob er heute Zweifel an der Richtigkeit der Informationen habe, die er 1986 von seinen Verfassungsschützern erhielt, will der Freidemokrat Rudolf Fischer wissen. Der Ministerpräsident: *»Ja.«*

»Wir haben gemeinsam bewiesen, daß das Wort von der wehrhaften Demokratie keine Phrase ist«, hatte er damals in seiner Regierungserklärung gesagt. Und er übernehme *»die volle Verantwortung«*, die trage er gern. Davon ist jetzt, wo der Mißerfolg offensichtlich ist, nichts mehr übrig geblieben.

»Fragen Sie das doch den Innenminister, fragen Sie das den Verfassungsschutz«, sind an diesem 2. Juni 1987 von Albrecht häufig gebrauchte Worte. Und er wirkt trotzig dabei. Der Stern, der 1976 so plötzlich und unerwartet den CDU-Himmel erklomm, ist sichtlich verblaßt. Der morbide Schacht von Gorleben, auch der Streit um die Einführung von Studiengebühren haben gerade an seinem Image gekratzt. Der joviale Ministerpräsident ist das nicht mehr. Da kann ihm selbst sein Parteifreund, der Aus-

schußvorsitzende Heiner Herbst, nicht mehr helfen. Meist vergeblich versucht dieser, allzu kritische Fragen abzuwiegeln.

»Ich bitte um Nachsicht«, kontert etwa der sonst eher gelassene Sozialdemokrat Willi Waike, *»aber Sie haben da eine Regierungserklärung abgegeben ... In dieser Regierungserklärung ist behauptet worden, welche großartigen Erfolge es gegeben habe.«* Waike etwas später: *»Wir haben bei dem, was ich hier bisher daraus zitiert habe, keinen einzigen Punkt anhand der Zeugenaussagen ermitteln können. Und da denke ich, wenn nicht den Ministerpräsidenten, der dies erklärt hat – denn die Leute vom Verfassungsschutz haben uns dies nicht erklärt –, wen dann soll man fragen ...?«* Der Sozialdemokrat ist sichtlich erregt. *»Die Regierungserklärung ist, wie sie ist. Nur dies ... Dazu kann man verschiedene Kommentare machen«*, stammelt Dr. Ernst Albrecht an anderer Stelle.

Punkt für Punkt wird die Regierungserklärung an diesem Tag auseinandergenommen. Verhinderter Mordversuch – nun, das kann man so oder so sehen – schließlich war da ja noch die Hamburger Bombe. Doch die ist nirgendwo detoniert. Ob sie jemals eingesetzt werden sollte, und wenn ja, ob dann gegen Menschen, bleibt mehr als zweifelhaft. Im Gegenteil: Daß V- Mann Klaus-Dieter Loudil auch hier als *»agent provocateur«* tätig wurde und den Bombenbau erst initiierte, ist die wahrscheinliche Alternative. Entdeckung einer terroristischen ETA-Untergrundorganisation? Das ist vom Tisch. Und der Holländer Henk Wubben als Schlüsselfigur des internationalen Terrorismus und Waffen- und Geldlieferant? Beweise wurden hierzu nie erbracht. V-Mann Manfred Berger zu der Frage, wo denn das Geld geblieben sei, das er von Wubben erhalten habe: Das Geld, *»nicht mehr als 2000, 3000 Mark«*, habe er zum Teil zum Leben verbraucht, zum Teil zum Anmieten einer Wohnung. Der Verfassungsschutz jedenfalls hat es nie erhalten. Alles Lügen wie gedruckt.

Der Bundeskanzler war, trotz gegenteiliger Behauptungen, nicht informiert. Der Bundesinnenminister erfuhr womöglich auch nur die halbe Wahrheit und wurde, als die Sprengung konkret wurde, nicht mehr eingeschaltet. Für den Einsatz der Männer von der GSG 9 hatte dann sein Staatssekretär Siegfried Fröhlich verantwortlich gezeichnet.

Die Information der Bundesregierung über den bevorstehenden Sprengstoffanschlag überließ Albrecht seinem damaligen Verfassungsschutz-Chef Jüllig. Ein – milde gesagt – ungewöhnliches Verfahren. Und Gross, den in der Planungsphase zuständigen Innenminister, zu informieren, hielt der Ministerpräsident nicht für nötig. Albrecht vor dem Untersuchungsausschuß: Er habe *»gar keine Veranlassung«* gesehen, den Freidemokraten Gross *»meinerseits«* noch mal zu informieren, *»denn ich wußte ja, daß die Verantwortung dafür übernommen werden mußte nicht von Herrn Gross, sondern von den neuen Ministern«*.

Das war schon geschickt plaziert: Einen Justizminister gab es damals nicht: Hans Puvogel hatte wegen seiner Nazi-Vergangenheit zuvor aus dem Amt scheiden müssen, also war Albrecht selbst amtierender Justizminister. Die alte CDU/FDP-Regierung löste sich nach dem Wahldebakel der Freidemokraten gerade auf. Kabinettssitzungen fanden zu dem Zeitpunkt nicht statt. Und als die neue Regierung sich konstituiert hatte, wurden die dann zuständigen Minister Schwind und Möcklinghoff – erst wenige Tage im Amt – mit dem fertigen Konzept für die Aktion Feuerzauber konfrontiert. Prof. Hans-Dieter Schwind auf die Frage des Ausschußmitglieds Fischer, ob er überhaupt noch eine Entscheidungsmöglichkeit auch gegen den Anschlag gesehen hätte: *»Nein.«* Ihm sei *»nichts anderes übriggeblieben als zu sagen, es darf keiner zu Schaden kommen, und mir Gedanken darüber zu machen, ob das strafbar ist...«*.

Die Parlamentarische Kontrollkommission schließlich ist auch nicht mehr als Makulatur: Sie wurde erst vier Jahre später über die Geheimdienstoperation informiert, weil man befürchtete, daß nun die Sache an die Öffentlichkeit kommen würde. Doch keiner der somit zu bloßen Mitwissern degradierten Mitglieder des Gremiums sah Anlaß genug, seine Verschwiegenheitspflicht zu durchbrechen.

Da werden dann auch wieder Erinnerungen wach an jene denkwürdige Rede Albrechts vor dem Bundesrat am 7. Juli 1978. Knapp drei Wochen vor dem Anschlag – seine Zustimmung hatte er bereits gegeben – hatte der Ministerpräsident ja behauptet, er könne Namen von in Justizvollzugsanstalten einsitzenden Terroristen nennen, die zur Entlassung anstünden, die *»neue Mordtaten planen«*. Albrecht war ein Befürworter der damals zur Debatte stehenden Sicherungsverwahrung für terroristische Ersttäter. Beweise für seine Aussage blieb er schuldig. Ein Anschlag auf die Celler Anstaltsmauer, das Ganze dann nach außen hin eingebettet in das angebliche Papier des Stockholm-Attentäters Karl-Heinz Dellwo – das mußte ihm da gelegen kommen, um die Gefährlichkeit der einsitzenden »Terroristen« zu beweisen (siehe Anfang des Buches). Das ist die eine Seite.

Die andere: Obwohl dem Ministerpräsidenten Zweifel an der Richtigkeit der Informationen seiner Verfassungsschützer gekommen waren, entschuldigte er sie noch mit der undurchsichtigen Aktenlage, sah auf jeden Fall keinen Anlaß, das »Amt« künftig besser zu kontrollieren. Dies sei *»in der Verantwortung des Innenministers«*. Wie genau der das nahm, konnten erstaunte Journalisten sodann auf einer Pressekonferenz erfahren: Ihm fehle *»jede Lust«*, so Innenminister Wilfried Hasselmann bei der Vorstellung des Verfassungsschutzberichtes am 2. Mai 1987, *»auch nur eine Akte zum Celler Loch zu lesen«*.

Auf dieser Pressekonferenz ging es zudem noch um ein Geheimpapier, in dem unter der Überschrift »Extremistische Agitation und Aktivitäten gegen die Volkszählung« neben der DKP Organisationen wie Humanistische Union etc. auch Jungdemokraten, Republikanischer Anwältinnen- und Anwälteverein (Vorsitzender der SPD-Landtagsabgeordnete Holtfort), GRÜNE und Bürgerinitiativen aufgeführt waren. Auf die Frage, ob er diesen Organisationen Verfassungsfeindlichkeit unterstelle, meinte der Minister: *»Das kann ich nicht beantworten, will ich auch nicht. Sie können dazu schreiben: Es wäre schön, wenn sie (die Mitglieder) austreten.«*

Verfasser des Geheimpapiers war Dr. Peter Frisch, der als niedersächsischer Verfassungsschutz-Chef den Mißerfolg der Celler Staatsbombe zu vertuschen versuchte, dafür am Ende die Karriereleiter hochfiel: Heute ist er Vizepräsident des Bundesamtes für Verfassungsschutz hinter dem ebenfalls aufgestiegenen Gerhard Boeden, der *»richtige Mann am richtigen Platz«*.

Das Celler Loch, eine Geheimdienstposse? Wohl eher ist es nur die Spitze eines Eisberges, an der sich aber verdeutlichen läßt, daß sich Ende der siebziger Jahre durch die Überreaktion des Staates auf eine Handvoll Terroristen der Geheimdienst zum Staat im Staate entwickeln konnte, der beliebig und vor allem unkontrolliert Straftaten beging und auch anzettelte. Die Staatsbombe – als Teil der bis heute streng geheim- gehaltenen Operation Neuland – ist damit ein Spiegelbild bundesdeutscher Geheimdienstpraktiken wohl nicht nur zur damaligen Zeit.

Wenn aber Verfassungsschutz und Polizei, wie an diesem Beispiel aufgezeigt, so ungehindert agieren können, wenn die (Un-)Sicherheitsbeamten von damals heute noch Karriere machen können, wenn Politiker sich – aus Desinteresse oder Machtgelüsten – sogar im nachhinein zu ihren Komplizen machen, was eigentlich trennt dann noch, bei dieser Konstellation, den Geheimdienst in einem demokratischen Land von dem Geheimdienst eines totalitären Staates? Der Clou des Ganzen: Sämtliche Ermittlungsverfahren wurden eingestellt. Ich saß damals in Celle als Gefangener ein. Auch über mich wollten sie in die Terrorszene einsteigen.

Damals hatte ich meinen Antrag auf Begnadigung beim Bundespräsidenten Scheel, später Professor Carstens, gestellt. Dies nahm das BKA zum Anlaß, mich mehrfach in der JVA aufzusuchen und mit mir über Einstiegsmöglichkeiten in die Terrorszene zu diskutieren. Vor allem meine frühere Verlobte Angelika Nies und ihr Führungsmann Uwe F. versuchten alles, mich herumzukriegen, mich aktiv in die »Mitarbeit der Terrorbekämpfung« einzuschleusen.

Ich hatte Sigurd Debus aus der Isolationshaft herausgeholt – durch Überredung von ihm selbst und gute Kontakte zur Anstaltsleitung. Debus war in strenger Einzelhaft. Auch seinen Hofgang mußte er allein machen. Weil ich als »Gefangenensprecher« aber einen gewissen Einfluß hatte, gab es für mich manchmanl die Möglichkeit, mit ihm ein paar Worte zu wechseln. Da ich aus meiner eigenen leidvollen »Knast-«Erfahrung genau wußte, daß strenge Einzelhaft – also sensorische Deprivation – letztlich jede Persönlichkeit schädigt oder gar zerstört, bemühte ich mich aus reiner Menschlichkeit um ihn. Meiner Meinung nach war er ein eher harmloser und irregeleiteter Mitläufer der Terrorszene. Für mich waren die Terroristen im Grunde psychiatrische Fälle. Also bemühte ich mich, zwischen den starren Fronten der Selbstvenichtung und des Vernichtungsapparates des Staates einen menschlichen Ausgleich zu schaffen. Zwangsläufig mußte ich daher auch auf beiden Seiten um Vertrauen werben. Auch dies war wieder eine Art meiner Doppelagententätigkeit – verbunden mit dem Risiko, zwischen allen Stühlen zu sitzen und von beiden als »Konspirant« gebrandmarkt zu werden.

Zu dieser Zeit liefen mehrere Kampagnen gegen die »Isolationsfolter gegen die Kriegsgefangenen der RAF«, so Unterschriftensammlungen, Demonstrationen, Hungerstreiks. Die Anstaltsleitung war bemüht, dem die Spitze zu nehmen und nachzuweisen, daß es keine Isolationsfolter gebe. Sie legte die RAF-Häftlinge zu Kleingruppen zusammen und erlaubte zeitlich begrenzten Umschluß mit normalen Strafgefangenen. Daher führten auch meine Bemühungen dazu, daß Debus aus der strengen Einzelhaft herauskam und gelegentlich mit mir Umschluß hatte. So erfuhr ich auch, daß Debus sehr wohl darüber informiert war, daß Loudil und Berger auf ihn angesetzt waren. Dies alles war noch vor dem »Celler Loch«.

Uns beide vermochte die »Staatsbombe« nicht zu überraschen. Wir hatten mit einer derartigen Aktion gerechnet. Auch von anderer Seite hatte ich erfahren, daß eine »Befreiungsaktion« für Sigurd Debus geplant sei und eine weitere »simuliert« werden sollte.

Also wußte ich von den Machenschaften des Verfassungsschutzes und der Herren aus dem BKA. Aber keiner glaubte mir – nicht einmal mein Anwalt Gerhard Schröder u. a. Als er mich unmittelbar nach der »Bombe« als mein Anwalt wegen der Wiederaufnahme und der Begnadigung besuchte, sagte ich zu ihm wörtlich: *»Gerhard, das Loch haben die selber gemacht!«* womit ich den Verfassungsschutz und die BKA-Antiterrorgruppe meinte. Gerhard Schröder war völlig überrascht und entsetzt und sagte zu mir: *»Dieter, jetzt hast du Verfolgungswahn oder wirst langsam verrückt! Wir müssen dich hier endlich rausholen, sonst gehst du noch ganz vor die Hunde.«*

Da ich auf jeden Fall aus der Haft entlassen werden wollte, war es mir völlig egal, wie wir das begründen wollten. Also beschlossen wir damals, meine erheblich gestreßte und kritische Verfassung, die auf Grund der gesamten Vorkommnisse auch nicht ungefährlich und geradezu selbstmörderisch wurde, offensiv anzuführen, um eine psychiatrische Begutachtung in Wunstorf mit dem Ergebnis »Haftunfähigkeit wegen Selbstmordgefahr« zu erreichen. So geschah es dann auch im Sommer 1979.

Chronologie der wesentlichen Ereignisse

1975	Jelko SUSAK wird als V-Mann vom niedersächsischen Verfassungschutz angeworben.
18.06.1976	Klaus-Dieter LOUDIL bietet dem Verfassungsschutz seine Mitarbeit an.
12.07.1976	Sigurd DEBUS wird nach Celle verlegt.
05.03.1977	Manfred BERGER wird als V-Mann geworben.
22.09.1977	BERGER wird nach Verbüßung von 2/3 seiner Strafe entlassen.
08.12.1977	Niedersächsische Verfassungschützer erörtern mit Beamten des BKA die »Operation Neuland« und die weitere Verwendung der V-Leute SUSAK, BERGER und LOUDIL.
05.04.1978	Besprechung in Hannover mit BKA (Boeden) und Privatdetektiv Werner MAUSS über »Neuland« und »Feuerzauber«
21.04.1978	Die Möglichkeit, durch eine Haftentlassung von LOUDIL Zugang zu TE-Kreisen zu erhalten, wird in einer Besprechung in der Landesvertretung Niedersachens in Bonn erörtert.
03.05.1978	Besprechung in der Staatskanzlei in Wiesbaden wegen der Begnadigung von LOUDIL.
16.05.1978	LOUDIL tritt einen Hafturlaub an, von dem er nicht in die JVA Celle I zurückkehrt.
23.05.1978	MP BÖRNER (Hessen) begnadigt LOUDIL.
14.06.1978	Die GSG 9 (Ltd. PD WEGNER) wird über das Vorhaben informiert.
16.06.1978	MP ALBRECHT wird Vortrag über die Aktion gehalten. Er genehmigt die Durchführung grundsätzlich.
19.06.1978	Der BMI genehmigt den Einsatz der GSG 9 bei der Aktion. Teilnehmer einer Besprechung in Bonn: StS FRÖHLICH (BMI) MD SMOYDZIN (BMI) MR WIEHE (MI – 4)
29.06.1978	Besprechung mit dem BfV und dem niederländischen Dienst (BVD). Teilnehmer: Dir. GRÜNEWALD (BfV) (BVD)
05.07.1978	MP ALBRECHT wird über den Sachstand informiert.
10.07.1978	MI Dr. MÖCKLINGHOFF StS BAIER werden informiert.
12.07.1978	Informationen des BVD (Niederlande) in Den Haag.

18.07.1978	Besprechung in der Staatskanzlei in Hannover Teilnehmer: MP ALBRECHT MI Dr. MÖCKLINGHOFF MJ Prof. Dr. SCHWIND
18.07.1978	Unterrichtung des LKA (Ltd. KD NITSCHMANN).
20.07.1978	Unterrichtung der JVA Celle (Dr. KÜHLING).
25.07.1978	Durchführung der Sprengung um 02.54 Uhr.
31.07.1978	V-Mann SUSAK wird in Algerien verhaftet, gesteht später unter Folter seinen amtlichen Auftrag.
08.08. – 23.08.1978	Zielfahndung des LKA nach LOUDIL und BERGER.
30.03.1981	Die Bundesanwaltschaft stellt die Ermittlungen wegen des Celler Bombenanschlags endgültig ein.
16.04.1981	DEBUS stirbt nach siebenjähriger Haft an den Folgen von Hungerstreik und Zwangsernährung.
15.07.1982	Ein vom Dienst suspendierter Verfassungsschützer benennt der Staatsanwaltschaft die Hintermänner der Celler Aktion.
14.10.1982	Die Parlamentarische Kontrollkommission des Niedersächsischen Landtags wird unterrichtet.
25.04.1986	Erste Veröffentlichungen in der »Hannoverschen Allgemeinen Zeitung«.
Dez. 1986	Der 11. Parlamentarische Untersuchungsausschuß nimmt seine Arbeit auf.

Ich halte an meiner Hoffnung fest

Wir Jüngeren haben doppelte Mühe,
unsere Ansichten zu behaupten in einer Zeit,
in der alle Ideale vernichtet und zerstört werden,
wo die Menschen sich von ihrer häßlichen Seite zeigen,
wo gezweifelt wird an der Wahrheit,
am Recht, an Gott!
Jemand, der dann behauptet, daß die Älteren . . .
es viel schwerer haben, macht sich sicher nicht klar,
in wieviel stärkerem Maße die Probleme auf uns einstürmen,
Probleme, für die wir vielleicht noch viel zu jung sind,
die sich uns aber gewaltsam aufdrängen,
bis wir nach langer Zeit meinen,
eine Lösung gefunden zu haben, eine Lösung,
die meistens keinen Bestand hat gegen die Tatsachen,
die dann doch ganz anders sind.
Das ist das Schwierige an dieser Zeit:
Ideale, Träume, schöne Erwartungen
kommen bei uns noch nicht auf, oder sie werden,
getroffen durch die grausame Wirklichkeit,
total zerstört.
Es ist ein Wunder,
daß ich alle meine Hoffnungen noch nicht aufgegeben habe,
denn sie erscheinen absurd und unerfüllbar.
Doch ich halte daran fest, trotz allem,
weil ich noch stets an das Gute im Menschen glaube.

Anne Frank
aus dem Tagebuch der Fünfzehnjährigen
15. Juli 1944

Kapitel 8 f Der Fall Barschel Anatomie einer Karriere

Die Verquickung von Staat und Partei

Am 13. September 1987 war in Schleswig-Holstein Landtagswahl. Die CDU unter ihrem Ministerpräsidenten Uwe Barschel befürchtete, die Mehrheit und damit die Regierungsmacht erstmals nach dem Zweiten Weltkriege an die SPD und damit an Björn Engholm zu verlieren.

Die CDU, die mit Lemke, von Hassel, Stoltenberg und nun Barschel immer die Ministerpräsidenten gestellt hatte, hatte das Land zunehmend als ihren Erbhof betrachtet und mit einer konsequenten Personalpolitik dafür gesorgt, daß sich Land und Partei zusehends als ein und dasselbe identifizierten. *»In der Beförderungspraxis muß sichtbar – und zwar geräuschlos – werden, daß unsere Regierung CDU-Freunde am ehesten für geeignet hält, CDU-Politik an Ort und Stelle zu verwirklichen.«* So der damals 30jährige Fraktionsvorsitzende der CDU im Landtag, Uwe Barschel.

Und schon 1956 stand in einem CDU-Papier, daß die Verwaltungsangehörigen mit CDU-Gesinnung die einzigen seien, auf die man noch bauen könne, wenn die Regierungsgewalt wechsele.

Dies führte zu der Bewertung des nach der Skandalwahl eingesetzten Untersuchungsausschusses, daß insbesondere die parteipolitische Ausrichtung entscheidender Maßstab für Ernennungen war und somit das Prinzip des Machterhalts der CDU zu einem existentiellen Problem auch für viele Beamte gerade in leitenden Positionen geworden war, die sich weniger als Staatsdiener denn als Parteidiener empfanden.

So ist es denn zu erklären, daß die über einen längeren Zeitraum von Barschel geführte Schmutzkampagne gegen Engholm und die SPD sowohl in seiner Partei als auch in seinem Verwaltungs- und Regierungsapparat bedenkenlos mitgetragen wurde.

Als die Affäre aufflog und die Staatsanwaltschaft Lübeck zu ermitteln hatte, zeigte sich schnell das fatale Ergebnis der Verquickung von Staat und Partei in der Art und Weise, wie die Ermittlungen gegen das Opfer Engholm geführt wurden, als der Leitende Oberstaatsanwalt Kleiner nachträglich den Satz, daß Pfeiffer *»seine Geschichte weder ihm noch der SPD Schleswig-Holstein angeboten« hätte,* von Engholm als Vermerk zu einem Vernehmungsprotokoll genehmigen lassen wollte, obwohl Engholm eine solche Äußerung nie getan hatte.

»Solange es schlicht als Katastrophe gilt, wenn die einen die anderen in der Macht ablösen, und die Macht zu verlieren als Schande gilt, so lange werden alle durch Jahrhunderte bekannten Gefahren der Macht vielfache und vielfältige Chancen bekommen, unserem Gemeinwesen, gerade dem de-

mokratisch verfaßten, in seiner Wurzel zu schaden. Und es steht sehr wohl zu befürchten, daß hier der eigentliche Herd der Krankheit liegt, die Uwe Barschel hingestreckt, aber auch viele andere befallen hat.« Dies waren die Worte des Lübecker Landesbischofs Wilckens zu Barschels Beisetzung.

Der Aufsteiger Barschel

Barschel war so ein Mensch, für den der Verlust der Macht einem Todesurteil gleichkam. Er kam aus kleinen Verhältnissen, Flüchtlingskind. Schon als Schüler hatte er unbändigen Ehrgeiz und kannte nur ein Ziel: nach oben zu kommen. Mit 25 Jahren war er bereits stellvertretender Vorsitzender seiner Landespartei, mit 27 Jahren Vorsitzender der Landtagsfraktion und mit Anfang dreißig Minister – jener Minister, der für die brutalen Polizeieinsätze bei den Demonstrationen rund um das Atomkraftwerk Brokdorf zuständig war.

Als dann Stoltenberg als Finanzminister nach Bonn ging, wurde Barschel mit 38 Jahren sein Nachfolger.

Durch seine Heirat mit einer geborenen von Bismarck hatte er nicht nur politischen, sondern auch gesellschaftlich Zugang zu den ersten Kreisen des Landes bekommen.

Dies alles drohte nun durch den allseits beliebten und geachteten Konkurrenten zerstört zu werden. Denn Barschel und die CDU spürten vor der Landtagswahl, daß ihre Aussichten nicht gut standen.

Engholm wurde allgemein zugetraut, eine Mehrheit gegen Barschel hinter sich bringen zu können. Er wurde allseits als integer geschätzt, sein persönliches Ansehen lag weit höher als das Barschels. Also wurde versucht, Barschel als kinderliebenden, jovialen Landesvater, der sich auch um seine Landeskinder und deren Nöte sorgte, hinzustellen. Demgegenüber wurde in einer beispiellosen Kampagne versucht, Engholm fertigzumachen.

Der Mann fürs Grobe

Im Januar 1987 begann der bei Springer abgeworbene Journalist Reiner Pfeiffer in Barschels Staatskanzlei zu arbeiten. Kurz danach wurde Engholm auf Anweisung Barschels anonym der Steuerhinterziehung bezichtigt. Als dies gründlich danebenging – Engholm hatte stets korrekt seine Steuern gezahlt – wurde verbreitet, Engholm sei homosexuell und habe Liebesaffären. Es wurden eigens Privatdetektive aus Bremen engagiert, um Engholm auszuspähen. Diese wurden von der Kosmetikfirma Schwarzkopf, deren Chef Ballhaus ein Jagdfreund Barschels war, für eine *»Sicherheitsanalyse«* bezahlt.

Als auch dies nichts brachte, rief Pfeiffer als »Arzt« Engholm an und sagte ihm, er habe möglicherweise Aids. Nachdem Barschel im Mai 1986 bei Lübeck als einziger einen Flugzeugabsturz schwer verletzt überlebt hatte, wurde aus der Staatskanzlei in einer eigens zusammengestellten Hetzschrift verbreitet, die SPD befürworte Sex mit Kindern.

Als Pfeiffer merkte, daß seine Aussichten sanken, nach den Wahlen einen hohen Posten, etwa den des Innenministers, zu bekommen, offenbarte er sich dem SPIEGEL, nachdem ein führendes Mitglied der Landes-SPD ihm keinen Glauben schenken wollte, sondern ihn für einen agent provocateur hielt.

Wir wissen heute, daß der Kontakt zum SPIEGEL durch SPD-Leute hergestellt wurde.

Barschel versuchte nun wenige Tage vor der Wahl, Pfeiffer zu überreden, eine Wanze zu besorgen. Diese sollte in seinem Diensttelefon unmittelbar vor der Wahl gefunden werden, um so der SPD doch noch etwas anhängen zu können. Einen Tag vor der Wahl sickerte dann die Wahrheit durch, die der SPIEGEL in seiner nächsten Nummer am Montag nach der Wahl veröffentlichen würde.

Das Ende in Genf

Das Weitere ist nur zu gut bekannt. Barschel schwor in einer aufsehenerregenden Rede, unschuldig zu sein. Die Nation am Fernseher erlebte ein eher peinliches Spektakel. Besonders – wenn man das Ende bedenkt. Es half ihm nichts, er mußte zurücktreten. Am 12. Oktober 1987 wurde er dann im Genfer Hotel »Beau Rivage« tot in der Badewanne aufgefunden.

Obwohl es alsbald hieß, er habe Selbstmord begangen, sind bis heute die Gerüchte nicht verstummt, die besagen, Barschel sei in internationale Waffengeschäfte verstrickt gewesen. Er habe Kontakte zu Geheimdiensten gehabt und sei diesen zu gefährlich geworden, als er – um seine Haut zu retten – habe auspacken wollen.

Die Akte Barschel (STERN Nr. 16/17 vom April 1992)

So berichtet der STERN u. a. nach von mir unterstützten Recherchen:

»Viereinhalb Jahre nach dem geheimnisumwitterten Tod von Uwe Barschel ermittelt die Genfer Justiz noch immer – inzwischen wegen des Verdachts auf Mord. Der STERN beschreibt anhand bisher nicht zugänglicher Akten und neuer medizinischer Gutachten, weshalb die Zweifel an einem Selbstmord bis heute nicht ausgeräumt sind.

Am Samstag, dem 10. Oktober 1987, um 15.10 Uhr kam Uwe Barschel auf dem Flughafen in Genf an. Dort wurde ein letztes Foto gemacht, das ihn lebend zeigt.

Der Tote, der am Sonntag, 11. Oktober 1987, um 17.30 Uhr in das Gerichtsmedizinische Institut der Genfer Universität eingeliefert wurde, war ein Mann von 43 Jahren, äußerlich unversehrt, 174 cm groß und 75 kg schwer. Die Polizeibehörde machte über ihn folgende Angaben: *»Verdacht auf Selbstmord. Auf dem Rücken ausgestreckt in der Badewanne aufgefunden, vollständig bekleidet, rechtes Handgelenk mit einem Handtuch umwickelt.«*

Die Inspektoren Fleury und Mossier von der Genfer Kriminalpolizei bemühten sich darum, die Hintergründe diese Todesfalles aufzuklären. Dafür hatte man sie aus ihrer Sonntagmittagsruhe gerissen. Um 13.20 Uhr hatte die Leitung des Hotels »Beau Rivage«, eines der führenden Häuser der Stadt mit Blick auf den Genfer See, dem Polizeirevier in der Rue Pecolat gemeldet, daß zwei deutsche Journalisten, die STERNReporter Sebastian Knauer und Hanns-Jörg Anders *»soeben den Körper eines Mannes leblos in Zimmer 317 gefunden haben«*. Es handelte sich um Dr. jur. Dr. phil. Uwe Barschel, am Vortag aus Gran Canaria in Genf angekommen. Neun Tage zuvor als Ministerpräsident von Schleswig-Holstein wegen einer politischen Affäre zurückgetreten.

Die äußeren und inneren Untersuchungen der Leiche durch Dr. Fryc und seine Assistenzärztin Dr. Margairaz ergaben eine vergrößerte Leber und Magenschleimhautblutungen, ein von Arteriosklerose bedrohtes Herz – sie ließen aber keine Todesursache erkennen. Erst die toxikologische Untersuchung von Mageninhalt, Blut und Urin brachten spätere Klarheit, gefunden wurden dabei insgesamt 18 Arzneimittel: Zwei davon, Diazepam und Nordiazepam in nur sehr geringen Mengen. Dies sind Wirkstoffe eines Beruhigungsmittels, das Barschel vor der Reise nach Genf gegen Flugangst eingenommen hatte. Die anderen aber in hochgiftiger Dosierung: Cyclobarbital, ein starkes Schlafmittel, Pyrithyldion, ein hypnotisches Beruhigungsmittel, Diphenhydramin, ein Mittel, das Erbrechen verhindert, Perazin, ein ruhigstellendes Neuroleptikum, das in der Psychiatrie als »chemische Zwangsjacke« eingesetzt wird. Die Dosierung war so hoch, daß die Ärzte zu dem Schluß kamen: *»Tod infolge von Vergiftung.«*

Wo und in welchen Konzentrationen die einzelnen Gifte im Körper verteilt waren, interessierte zu diesem Zeitpunkt nur beiläufig.

Inspektor Fleury und Inspektor Mossier entdeckten im Hotel »Beau Rivage« zunächst nichts, was gegen Selbstmord gesprochen hätte. Im Zimmer 317 und in dessen Bad gab es *»keinen auffälligen Geruch«* oder *»irgendeine sichtbare Unordnung«*. Das Bett war gemacht und unbenutzt. Es gab keine Anzeichen eines Kampfes. Der persönliche Besitz, darunter handschriftliche Aufzeichnungen, schien vollständig und nicht durchwühlt. Das Gesicht des Toten *»strahlte Ruhe aus und wies anscheinend keine Spuren von Gewalt auf«*.

Die beiden Kripobeamten und ihre Kollegen vom Erkennungsdienst machten das Übliche: Spuren sichern, Asservate sammeln, fotografieren, das Hotelpersonal vernehmen. *»Es wurden uns keinerlei Angaben gemacht, die unsere Untersuchungen in eine bestimmte Richtung weisen konnten.«*

Die Genfer Untersuchung

Die 31jährige Juristin Claude-Nicole Nardin hatte an diesem Wochenende Dienst. Sie besichtigte den Ort des Geschehens. Am folgenden Montag, dem 12. Oktober 1987, ließ sie in einer ersten Mitteilung an die Öffentlichkeit alles offen und betonte, man könne noch nicht sagen, wie und woran Barschel gestorben sei. Möglich wären Unfall, natürlicher Tod, Selbstmord oder Mord.

Am Donnerstag, dem 15. Oktober 1987, meldete die Kieler Polizei: *»Ein Fremdverschulden am Tod von Uwe Barschel ist ausgeschlossen.«* Auch die Genfer Justizbehörden bestätigten: *»Es ist Selbstmord.«*

Dennoch wurde weiter ermittelt. Vor allem die Familie Barschel vermochte sich nicht mit der Behauptung des Selbstmordes abzufinden. Erst zwei Jahre später wollte Mademoiselle Nardin die Akte Barschel mit dem endgültigen Befund »Selbstmord« schließen. Dem Einspruch der Familie, die hieran nicht glaubt, gab das Genfer Gericht statt und verfügte weitere Ermittlungen. Sie dauern bis heute an.

Bei den Ermittlungen gab es Rätsel über Rätsel im Zimmer 317. Uwe Barschel logierte im Hotel »Beau Rivage«, in dem er nie zuvor gewesen war. Er führte dort mehrere Telefongespräche, ließ sich eine Flasche Rotwein bringen, die nachher spurlos verschwunden war, und machte Notizen, die manche verwirren.

Inzwischen ist die 45jährige Carole Barbey Leiterin der Untersuchung. Grundlage ihrer Ermittlungen ist nach einem Rechtshilfeersuchen der Genfer Justiz an die deutschen Behörden *»eine Strafuntersuchung gegen Unbekannt wegen Mordes nach dem Ableben Uwe Barschels in Genf«*.

Neue medizinische Gutachten widersprechen indes der Selbstmordthese. Der Genfer Generalstaatsanwalt Bernard Bertossa sagte im Frühjahr 1992 dem STERN: *»Wenn es keine weiteren Fragen mehr gäbe, würden auch keine weiteren Ermittlungen mehr stattfinden.«*

Treffpunkt Genf

Als Uwe Barschel am Samstag, dem 10. Oktober 1987, nach Genf abfliegt, ist da ein deutscher Agent schon gelandet.

Werner Mauss, der damals 47jährige Privatdetektiv, der für Versicherungen im kriminellen Untergrund und für BND und Bundeskriminalamt im terroristischen Umfeld aktiv war. Der Mann, mit dessen Namen sich Affären wie der Fall des hannoverschen Juweliers Düe und Skandale wie das »Celler Loch« verbinden, war am Freitag, dem 9. Oktober, mit seiner Frau Alida und einem Unbekannten von Frankfurt nach Genf geflogen. Von dort beförderte die gecharterte Mitsubishi ihn um 13.54 Uhr weiter nach Zürich und abends um 20.38 Uhr wieder zurück nach Genf.

Mauss ist oft in der Schweiz und gern in Genf. Er genießt in der Eidgenossenschaft die Unterstützung so ranghoher Personen wie Peter Huber, Chef der Bundespolizei, und verfügt mit dessen Einverständnis sogar über einen falschen Schweizer Paß. In Genf hat Mauss auch gute Beziehungen zu Louis Demartin – dem Chef der Kripo-Abteilung, die später für die Barschel-Ermittlungen zuständig ist. Bevorzugt logiert der fleißige Agent in Genf im Hotel »Beau Rivage«. Diesmal aber ist für das Ehepaar Mauss die »Junior-Suite« des Hotels »Le Richemond« unter dem Namen Lange reserviert. Den Meldezettel unterschreibt die Frau. Das »Le Richemond« grenzt unmittelbar an das »Beau Rivage« und ist mit ihm durch einen gemeinsamen Hof verbunden.

Auch andere Hotels der Stadt haben an diesem Wochenende Gäste, die besonderen Wert auf Diskretion legen. Im »Hótel du Rhòne« residiert der saudische Waffenhändler Kashoggi, im »Noga Hilton« sein Kollege Alex Illich, ein Amerikaner, im »Intercontinental« der Jordanier Mansur Bilbassy.

Ebenfalls in Genf ist der Sohn des iranischen Revolutionsführers Ahmad Khomeini mit dem ehemaligen Führer der Revolutionsgarden und seinerzeitigen Chef der Waffen-Einkäufer der Mullahs, Rafiq Dust.

Nach meinen Informationen trifft Barschel sich heimlich mit Kashoggi oder einem seiner Leute. Mehr dazu im nächsten Buch . . .

An dieser Stelle möchte ich auch hinweisen auf das SPIEGEL-Buch
von Norbert F. Pötzl, DER FALL BARSCHEL
Anatomie einer deutschen Karriere Erweiterte Neuausgabe: War es Mord?
Rowohlt Hamburg Juni 1989.

Der größte politische Skandal der deutschen Nachkriegsgeschichte endete mit dem noch immer rätselhaften Tod eines Ministerpräsidenten. Aufgedeckt wurden die schmutzigen Wahlkampfmachenschaften der Regierungspartei in Kiel durch Reporter des SPIEGEL. Der Fall Barschel wird hier in seiner Dramatik und mit seinen weitreichenden politischen Folgen in aller gebotenen Genauigkeit geschildert. Die deutsche Gegenwart spiegelt sich in diesem Buch, das ein Stück Zeitgeschichte dokumentiert, in faszinierender, aber auch erschreckender Weise wider: ein realer Kriminalroman einer unmenschlichen Karriere.

Spekulatationen und kein Ende

Die Verfechter der Mordthese im Fall Barschel weisen darauf hin, daß die Medikamente, die im Leichnam gefunden wurden, »Oldies« sind, die in ganz Westeuropa, also auch in der Bundesrepublik oder auf den Kanarischen Inseln, seit Jahren nicht mehr erhältlich sind. Die Verdachtschöpfer wollen offenbar die Phantasie anregen, daß da womöglich ein östlicher Geheimdienst seine Hand im Spiel hatte. Es kann aber auch eine ganz einfache Bewandtnis damit haben, daß Barschel gerade zu diesen Pillen griff – sie stammten womöglich noch aus seinem Urlaub, den er vom 22. Februar bis 15. März 1987 in der Slowakei verbracht hatte. Die Tabletten aus der CSSR wären jedenfalls nicht das einzige Reisemitbringsel gewesen, das Barschel noch Monate danach in Gebrauch hatte: Auf der Marmorabdeckung zwischen den beiden Waschbecken im Badezimmer lag unter anderem eine Tube Zahnpasta, Marke »Extradent«, Hersteller laut Aufdruck: »Palma S. P. Bratislava«. Mit den Pillen kann sich der norddeutsche Ministerpräsident jedoch auch in Dänemark eingedeckt haben – dort sind alle vier Oldies noch immer zu haben.

Erwägungen, die nicht ins Mordbild passen, stellen Prüttung und Garbely gar nicht erst an. Der Kriminologe Mergen, auf den sich die journalistischen Mordtheoretiker gern berufen, ist in seinen Schlußfolgerungen sehr viel behutsamer. *»Hat Selbstmord den Mord hinweggewischt«*, fragt er, *»oder wurde der Mord als Selbstmord verkleidet?«* Mergen bekennt: *»Ich habe noch keine schlüssige Antwort.«*

Mancher Sachverhalt, den etwa die »Hamburger Morgenpost« als Indiz für die Mordthese ausgibt, spricht sogar eher dagegen. Wenn jemand einen Mord als Selbstmord tarnen wollte, warum sollte er dann so treffliche Suizidindizien wie die Medikamentenschachteln wegräumen? Warum sollte ein Killer so tölpelhafte Fehler begehen, daß der Freitod angezweifelt werden kann? *»Spuren«*, doziert Professer Mergen, *»sind entweder unabsichtlich hinterlassen, oder sie sind absichtlich zur Verdeckung oder Vortäuschung einer Tat erzeugt. Es gibt auch Spuren, die unabhängig davon, wie sie entstanden sind, in die Irre führen können.«*

Umstände, die auf Selbstmord hindeuten, ignorieren die Serienschreiber konsequent. Beispiel: die Notizen, die Barschel im Flugzeug begonnen und im Hotelzimmer offenbar fortgesetzt hat. Jener »Robert Roloff«, mit dem sich Barschel, seinen Aufzeichnungen zufolge, in Genf getroffen haben will, hat allem Anschein nach nie existiert. Barschel hat diese Person offensichtlich erfunden, um der Nachwelt den beinahe geglückten Versuch seiner Rehabilitierung vorzugaukeln. Oder verbirgt sich etwa Mauss dahinter? Doch was immer »Roloff« über den Affärenauslöser Reiner Pfeiffer und dessen angebliche Hintermänner hätte auspacken können: Die Machenschaften, die Barschel gegen politische Gegner angezettelt hat und die ihm nachgewiesen wurden, wären dadurch weder ungeschehen gemacht noch gerechtfertigt worden.

Pikanterweise war es gerade der jetzige Koautor Garbely, der in der Zürcher WELTWOCHE Roloff als Phantom enttarnt hatte. Garbely hatte Barschel bei dessen Ankunft am Genfer Flughafen Cointrin erwartet; obschon Barschel den Reporter abschütteln konnte, ortete Garbely ihn bereits eine Stunde später im »Beau Rivage«. Der ortskundige Garbely führte den Nachweis, daß Barschel unmöglich, wie in seinen Notizen behauptet, *»ein paarmal um den Flughafen«* gefahren sein und *»ca. 20 Min.«* mit *»R. R.«* einen *»Spaziergang in Flughafennähe«* unternommen haben kann. *»In Cointrin«*, schrieb Garbely damals, *»kann man nicht um den Flughafen herumfahren«* Der Airport liegt direkt an der französischen Grenze. Barschel hätte diese zweimal passieren müssen.

Und überhaupt sei der Ablauf des Geschehens, wie ihn Barschel schilderte, *»zeitlich unmöglich«*.

Diese Tatsachen verdrängen Prüttung und Garbely einfach. Mit der Selbstmordthese, die der beim Publikum vorherrschenden Meinung entspricht, ist auf dem aktuellen Nachrichtenmarkt kein Geschäft mehr zu machen.

Gefragt ist nur, was gegen den Strich gebürstet ist – und mit der Mordgeschichte glaubt die MORGENPOST wohl Auflage machen zu können. Doch der Zuwachs ist bescheiden. Gegenüber dem dritten Quartal 1988 (142 281 verkaufte Exemplare) gewinnt die »Morgenpost« nur rund 3 500 Käufer hinzu.

Um ihre spekulative Mordthese zu stützen, beruft sich die MORGENPOST schließlich sogar auf eine Zeugin, die sie ansonsten als schlechthin unfähig hinstellt: die Genfer Untersuchungsrichterin Claude-Nicole Nardin. *»Mord ist genauso möglich wie Selbstmord«*, wird die Juristin zitiert, etwas anderes habe sie auch nie behauptet. Schlagzeile der MORGENPOST: *»Mord nicht ausgeschlossen«*. Am 22. September will Frank Garbely ein Gespräch mit der Richterin geführt haben. Wenn sie *»zum gegenwärtigen Zeitpunkt einer der beiden Thesen – Mord oder Selbstmord – mehr Gewicht gäbe«*, so angeblich Claude-Nicole Nardin, *»dann befürchte ich, in eine politische Kontroverse verstrickt zu werden«*. Daß die Richterin sich nicht nur unter politischen Druck setzen läßt, sondern dies öffentlich auch noch zugibt, wäre zu absurd, um wahr zu sein.

Madame Nardin dementiert, der MORGENPOST ein Interview gegeben zu haben. Das sei, räumt das Blatt ein, »von uns auch nie behauptet worden«. Die junge Richterin, die im Umgang mit den Medien manche Ungeschicklichkeit begangen haben mag, indem sie bei Pressekonferenzen mal offenherzig geplaudert, mal zugeknöpft geschwiegen hat, ist jedenfalls, wie die Genfer Journalisten wissen, in einem Punkt immer konsequent geblieben: Sie hat alle Interviewwünsche abschlägig beschieden.

Am 12. Oktober 1988, ein Jahr nach Barschels Tod, geben Richterin Nardin und Generalstaatsanwalt Bernard Corboz eine gemeinsame Erklärung zum Stand der Ermittlungen ab. *»Wir haben kein anderes Ziel, als zuverlässig die Wahrheit zu suchen«*, versichern die beiden für die Genfer Ermittlungen verantwortlichen Juristen. Eindeutig stellen sie fest: *»Zum gegenwärtigen Zeitpunkt gibt es keinerlei Beweis für einen Mord.«* Aber auch das klare Wort nutzt nichts – zu Recht bezweifeln die KIELER NACHRICHTEN, daß mit dem Justizbericht *»jene journalistischen Amokläufer eingefangen«* würden, *»die seit Wochen ohne Fragezeichen über einen »Barschel-Mord« berichten«*.

Natürlich nutzten auch solche Presseerzeugnisse, die der Witwe politisch nahestehen und daher die von ihr favorisierte Mordversion stützen, die erste Wiederkehr des Todestags zu neuen Rührstücken. So trägt Burdas BUNTE mit Hilfe von Professor Mergen Indizien *»für Mord«* zusammen: *»Barschel starb ganz anders.«* Bauers QUICK folgt Freya Barschels kriminalisierendem Spürsinn: *»In jedem anderen Fall würde man sagen, das war Mord.«* Und Springers BILD AM SONNTAG läßt sich von der Witwe mit *»zwölf neuen Beweisen für Mord«* munitionieren.

Warum sie dieser These den Vorzug gibt, verrät Freya Barschel in der »NDR-Talkshow«: Für ihre Kinder sei es *»leichter zu verstehen«* und *»sehr wichtig, daß man dem Vater etwas angetan hat«*. Einen weiteren Beweggrund glauben Beobachter darin zu sehen, daß nur im Mordfall eine *»hohe Lebensversicherung«* für die Hinterbliebenen gesichert sei, von der die WELT im Dezember 1987 berichtete, die angebliche Versicherungssumme betrage 2,7 Millionen Mark. Doch die Familie bestreitet die Existenz einer solche Police. Dem CDU-Fraktionschef Hoffmann hat Freya Barschel, wie sie der MORGENPOST im März 1989 erzählt, einen *»gepfefferten Brief«* geschrieben. *»Es zerrt an meinen Nerven«*, sagt sie, *»daß Hoffmann sich öffentlich hinstellt und sagt, für ihn sei klar, daß mein Mann Selbstmord begangen habe.«*

Als eifrigster Propagandist der Barschel-Witwe betätigt sich der ehemalige Springer-Journalist Joachim Siegerist, Vorsitzender der »Deutschen Konservativen e. V.«, einer ultrarechten Politsekte. In einem Buch (Titel: *»Das Testament des Uwe Barschel«)*, das eher nach Dr. Mabuse klingt, beutet Siegerist die Enttäuschung Freya Barschels über die CDU aus, der nach Lage der Dinge ein Selbstmord als bequemste Erklärung erscheinen muß. Freya Barschel: *»Die CDU hat ihren Buhmann, und das ist ihnen sehr recht.«* Auch Siegerist konstruiert den Mordvorwurf vor allem aus den Versäumnissen der Genfer Polizei. Darüber hinaus kolportiert er jedoch Phantastisches und Übersinnliches.

So unternimmt er einen abenteuerlichen Erklärungsversuch, warum der dritte Anruf Barschels am Samstagabend um 19.08 Uhr seinen Bruder Eike angeblich nicht erreicht habe, obschon der Hotelcomputer sowohl die Uhrzeit als auch die Dauer des Gesprächs (etwa fünf Minuten) registriert hat. Zwischen Uwe Barschels Hotelzimmer und dem Nachbarzimmer, wo sich ein Unbekannter vorher eingemietet habe, seien, behauptet Siegerist, *»beide Leitungen gleichgeschaltet«* worden. Ebenso sei der Verteilerkasten in Yens *»durch winzige Kabelverdrehungen oder eine einzige Klemme«* manipuliert worden. Die beiden ersten Gespräche der Barschel-Brüder hätten die Täter, laut Siegerist *»professionelle Killer«*, mitgehört, dann habe einer *»als Informant getarnt«*, das Zimmer 317 betreten. Der, so Siegerist, *»drückte Uwe Barschel einen Wattebausch mit Äther auf die Nase, flößte ihm die verschiedenen Medikamenten ein und setzte den bewußtlosen Uwe Barschel in die Badewanne«*.

Der obskure Krimi findet eine Fortsetzung im Okkulten. Als Todestag setzte Freya Barschel, entgegen der amtlichen Feststellung, den 10. Oktober fest. Dieses Datum ließ sie auch in den Granitfindling meißeln, der auf Barschels Grab in Mölln steht. Die Witwe und ihr Ghostwriter bemühen sogar ein leibhaftiges Gespenst, um den Todeszeitpunkt zu bestimmen – Samstag, 22 Uhr. Just um diese Zeit sei Barschels Geist dem Hausmeister-Ehepaar in der Möllner Villa erschienen, die so zum Spukschloß am Schmalsee gerät.

»Ich bin sicher«, zitiert Siegerist die Witwe, *»daß Uwe nach seinem Tode noch einmal im Haus war, um Abschied zu nehmen. Viele Menschen gehen in der Stunde ihres Todes zu dem Platz, den sie am meisten geliebt haben ... Er wollte alles noch einmal sehen, bevor er in die andere Welt ging.«*

In der Anzeige *»wegen vorsätzlicher Tötung«*, die Eike Barschel im Namen der Familie am 2. März 1988 beim Generalstaatsanwalt erstattet, wird ein Verdacht auf den Versicherungs- und Geheimdienstagenten Werner Mauss gelenkt. Der geheimnisumwitterte Privatdetektiv war am 9. Oktober mit einer zweimotorigen Chartermaschine in Genf eingetroffen, hatte einen kurzen Abstecher nach Zürich gemacht und war dann bis Sonntag, 11. Oktober, mittags in Genf geblieben. In dieser Zeit wohnte Mauss unter dem Decknamen »Richard Lange« im Hotel »Richemond«, das gleich neben dem »Beau-Rivage« liegt. Es sei, schreibt Eike Barschel, *»auf den seltsamen Zufall hinzuweisen«*, zumal Mauss *»in seinem Leben zahlreiche Namen und falsche Indentitäten benutzt«* habe, *»seltsamerweise auch den Namen Roloff« (in den 60er Jahren)*.

Auch der Kriminologe Mergen berichtet, es sei *»gemunkelt«* worden, *»hinter dem Namen Roloff stünde der bekannte Privatdetektiv Werner Mauss«*, doch *»geklärt«* worden sei *»in dieser Hinsicht recht wenig«*. Die Anwesenheit von Mauss und *»die hektische Herumfliegerei des Privatde-*

tektivs im Raum Genf in den für Uwe Barschel tragischen Tagen«, beklagt Mergen, *»interessierte die Genfer Kriminalpolizei nicht«*.

Im September 1988 liefert der STERN eine Erklärung, was Mauss knapp ein Jahr zuvor in der Schweiz getrieben habe: Mauss sei von den Firmen HOECHST und SIEMENS beauftragt gewesen, für die Freilassung ihrer im Libanon verschleppten Mitarbeiter Rudolf Cordes und Alfred Schmidt Lösegelder an die Entführer, die Hisbollah-Organisation, zu vermitteln. Der Siemens-Angestellte Schmidt sei auf diese Weise am 7. September 1987 freigekommen – für insgesamt 18 Millionen Mark. Ein Jahr später sei auch Hoechst-Mann Cordes freigekauft worden. *»Anfang Oktober 1987«*, heißt es in dem STERN-Bericht, *»übergibt Werner Mauss unter dem Decknamen Richard Lange am Genfer Hotel »Richemond« einem Vertrauensmann der Hisbollah die erste Rate des Lösegeldes.«*

Diese Darstellung des STERN bestätigt Mauss-Anwalt Karl Egbert Wenzel am 29. November 1988 in einem Brief an Eike Barschel. Zwischen Mauss und Uwe Barschel habe *»zu keiner Zeit jemals ein unmittelbarer oder mittelbarer persönlicher, telefonischer, brieflicher oder sonstiger Kontakt bestanden«*. Dementsprechend habe er *»auch keine Verabredung mit ihm in Genf gehabt«*. Im übrigen, ergänzt Anwalt Wenzel, habe Mauss *»den Namen Roloff zu keiner Zeit benutzt, weder in den 60er Jahren noch zuvor oder danach«*.

Der Multiagent Mauss, jene schillernde Figur, hat gewiß auf manch krumme Tour für Polizei und Geheimdienste gearbeitet. Zu absurd ist allerdings die Vorstellung, er sei womöglich als Mörder gedungen – wobei immer noch die Frage wäre: Von wem? Eine Antwort deutet, in arbeitsteiliger Fortsetzung der MORGENPOST-Serie, am 18. Oktober 1988 das Fernsehmagazin »Panorama« an. Koautor des Beitrags ist wiederum der bereits einschlägig bekannte Mordtheoretiker Günther Prütting.

Die Hamburger TV-Redaktion veröffentlicht ein Schreiben, das an den schleswigholsteinischen CDU-Landesvorsitzenden Stoltenberg adressiert ist. Es trägt das Datum vom 3. Oktober 1987 und die Unterschrift von Uwe Barschel. *»Kurz vor seinem Tod: Barschel schrieb Drohbrief«*, schlagzeilt die HAMBURGER MORGENPOST anderntags ganzseitig. Der maschinengeschriebene Brief bezichtigt den Bundesfinanzminister, *»Mitwisser zu jener Affäre«* zu sein, die so »Panorama«, *»bisher nur den Namen Barschel trägt«*.

Es sei *»schlicht und einfach eine unleugbare Tatsache«*, heißt es in dem nur als Fotokopie vorliegenden Dokument, *»daß Steueranzeige und Detektiveinsatz gegen Herrn Engholm bereits im Frühjahr Gesprächsgegenstand am Tisch des Landesvorstandes waren«*. Die Zustimmung sei *»allgemein und ausnahmslos«* gewesen, *»auch bei Ihnen, Herr Stoltenberg«*. Der Brief erweckt den Eindruck, Barschel habe *»lediglich das umgesetzt«*, was auf

»Vorgaben« des Parteivorsitzenden Stoltenberg und seines Generalsekretärs Reichardt beruhte und *»vom Landesvorstand abgesegnet wurde«.*

Der Briefschreiber erklärt sich *»bereit, alle Konsequenzen auf mich zu nehmen«* und *»gegebenenfalls im Ausland zu bleiben«.* In falschem Deutsch fährt er fort: *»Das würde uns beiden und der Partei aller Peinlichkeit entheben.«* Sein konkreter Vorschlag: *»Ich würde in diesem Fall mein Mandat niederlegen, aus der CDU austreten, nicht vor dem Untersuchungsausschuß aussagen und damit unerschrocken engagiert, allerdings nie eingestandenermaßen, alle Schuld auf mich nehmen. Eine Schuld allerdings, und das möchte ich noch einmal allen Ernstes betonen, die im Sinne wahrer Gerechtigkeit eben nur Mitschuld neben der anderer ist.«*

Als *»Voraussetzung«* nennt der Verfasser des Schreibens, *»daß meine während unseres letzten Gespräches geäußerte Erwartung nach Existenzsicherung erfolgt ist. So also, wie das in Fällen vorher stets geschah! Warum eigentlich nicht in meinem Falle, wo doch interessierte Helfer zur Verfügung stehen müßten. Was hindert Sie selbst, Ihren Anteil an den Verstrickungen dadurch honorig aus der Welt zu schaffen? Sehen Sie nicht die Gefahren, die auch Ihnen durch Ihre Verantwortlichkeit als Landesvorsitzender unweigerlich erwachsen können?«* Die Drohung ist so unverblümt formuliert, daß sie die Folgerung nahelegt, ein erpresserischer Politiker habe aus dem Weg geräumt werden müssen. Doch der Brief ist allem Anschein nach eine Fälschung.

Was wir heute wissen: eine Fälschung der STASI aus der DDR.

Zurück zum Waffenhändler Barschel. An dem Wochenende 10./11. Oktober 1987 wird die Szene der Waffenver- und -einkäufer von Geheimdienstlern und Agenten flankiert. Nur einige davon kennt man: John de la Roque, damals für die CIA tätig, heute Waffen- und Flugzeughändler mit Sitz an der Cóte d'zur, Reiner Jacobi, australischer Kontaktagent der CIA, Spezialist für Terroristenbekämpfung, verdeckte Drogenfahndung und alle Arten von »dirty jobs«; Jacobi hat kürzlich von sich reden gemacht, als er für die Regierung Aquino die verschwundenen Marcos-Millionen gesucht und in der Schweiz gefunden haben will; Dirk Stoffberg, Geheimdienstagent und Waffenhändler aus Südafrika.

Sie alle sind nach Genf gekommen, weil es dort an diesem Wochenende um Geschäfte und Politik geht. Eines davon: Waffen und Geld gegen Geiseln. Fünf Wochen zuvor war der Siemens-Techniker Alfred Schmidt aus der Geiselhaft der Hisbollah im Libanon freigekommen, angeblich für 18 Millionen Mark, teils in bar, teils in Sachleistungen des Hauses Siemens. Vermittler des Deals: Werner Mauss.

Jetzt will auch der Chemiekonzern Hoechst die Initiative nicht mehr allein dem Bonner Krisenstab überlassen, der seit mehr als einem halben Jahr ohne Erfolg verhandelt. Der Hoechst-Manager Rudolf Cordes, seit

Januar 1987 in Hisbollah-Haft soll freigekauft werden, koste es, was es wolle. Den Auftrag bekommt Werner Mauss. Viel Geld steht ihm zur Verfügung, und viel Geld kann er selbst bei Erfolg der Verhandlung verdienen.

Waffen für den Iran

Doch die Hisbollah ist nur der verlängerte Arm der Revolutionäre in Teheran. Diese sind an Waffen erheblich mehr interessiert als an Geld. Speziell mit den Deutschen haben sie eine alte Rechnung offen. Noch zu Regierungszeiten des Schahs hatte der Iran bei der HDW (Howaldtswerke – Deutsche Werft AG) in Kiel, in deren Aufsichtsrat auch die Landesregierung vertreten ist, U-Boote für flache Küstengewässer bestellt. Auftragsvolumen: 1,2 Milliarden Mark. Anzahlung: 250 Millionen.

Nach dem Regierungswechsel storniert Khomeini den Auftrag zunächst. Später will er die U-Boote doch. Aber da führt der Iran gegen den Irak Krieg, und so lange durfte HDW nicht liefern.

Die Anzahlung von 250 Millionen behielt die Werft erst einmal zur Deckung der bereits entstandenen Kosten. Seither gibt es um Lieferung und Rückzahlung heftigen Streit, an dem als Interessenvertreter des Iran auch der Münchner Rechtsanwalt Bardia Khadjavi beteiligt ist, ein Spezi von Franz Josef Strauß, Kanzleikollege von dessen Sohn Max und Schmiergeldverteiler für den österreichischen Waffenkonzern Noricum, der jahrelang illegal Kanonen nach Teheran geliefert hat. Und somit schließt sich wieder der Kreis der Betroffenen um einen Einstieg Uwe Barschels in die Waffengeschäfte von Kashoggi: Franz Josef Strauß, Stoltenberg und last not least Helmut Kohl u. a.

Letztlich waren mehr betroffen von den Machenschaften eines Uwe Barschel, als man glaubt. Mehr hier zu berichten, verbietet die Vorsicht. Nicht alles, was wir wissen, können wir hier wiedergeben. Ich weiß wenigstens, daß es Mord war. Denn man teilte mir den »Selbstmord« zwei Tage vorher mit. Aber ich glaubte damals noch nicht an soviel »Regierungskriminalität« – wie später noch angeführt. Auch der STERN mußte in seinen Berichten vom April 1992 (Heft 16 und 17: vgl. hierzu *»Die Akte Barschel« – neue Ermittlungen*) vorsichtig sein und war zum Teil auf Andeutungen und Indizien angewiesen.

Fest steht, daß an jenem Wochenende, an dem Uwe Barschel in Genf landet, eine Reihe hochkarätiger Waffenhändler, Geheimdienstagenten und »Spezialisten« für schmutzige Aufgaben sowie auch Terroristen eine brisante Mischung ergeben.

Der Sicherheitschef der »Noga-Hilton«-Hotels in Genf, Charles Taus bestätigte, daß am 10./11. Oktober in seinem Haus – streng abgeschirmt

– eine Zusammenkunft von Südafrikanern, Israelis, Iranern und Amerikanern stattgefunden habe. Ein paar wichtige Leute hat er dabei noch vergessen. Thema der Konferenz: »hochpolitisch« und »hochbrisant«.

Wer mehr wissen will vom Tode Uwe Barschels, möge im SPIEGEL oder im STERN nachlesen oder in den zahlreichen Büchern, die es zu diesem Vorgang mittlerweile gibt. Für mich steht fest, daß nach meinen eingehenden Kenntnissen und Recherchen es Mord war. Zumal ich schon zwei Tage vorher von einem maßgeblichen Nachrichtendienstler durch Zufall erfuhr, daß Barschel dieses Wochenende nicht überleben würde. Da war es Freitag, der 9. Oktober. Dieser Mann berichtete u. a. detailliert, von wem, wie und warum Barschel umgebracht werde. Es werde aussehen wie Selbstmord. Die ganze Sache erschien mir damals unglaubwürdig und höchst mysteriös. Eine Mischung von James Bond 007, Orwells 1984: Der Große Bruder sieht dich an, Sciencefiction und Horrorkrimi.

So gesehen dürfte gar nicht ermittelt werden, wer wirklich hinter dem Tode von Barschel steckt. Es wäre viel zu gefährlich für jeden Polizisten oder Richter, die Wahrheit herauszufinden. Die Motivpalette ist extrem lebensgefährlich für jeden Besserwisser, tödlicher als Mafia und Camorra zusammen.

Auch darum muß mein Name Haase sein ... Es ist oft nicht gut, zuviel zu wissen!

Ende 1991 schicken die Genfer Justizbehörden erneut ein Rechtshilfeersuchen nach Deutschland. Sie bitten darum, den gegenwärtigen Aufenthaltsort von Mauss festzustellen und Ermittlungen aufgrund eines Papiers einzuleiten (vgl. STERN Nr. 17 S. 100), das ihnen zugespielt wurde und das sie als Anlage beifügen. Auf diesem Papier unklarer Herkunft werden Verbindungsleute von Werner Mauss in Triest, Rom, Sardinien, Zürich und Hannover genannt. Unter Hamburg wird ein Polizist aufgeführt: »... *genannt Mike, ehemals Dezernat Sitte. Mike war häufig mit Mauss in Genf. Er hat nach eigenen Angaben einen Karton voller Dokumente und Unterlagen, die die Aktivitäten von Mauss belegen. Bereits am Tage des Todes von Uwe Barschel, am 11. Oktober 1987 in Genf, ruft B. seinen langjährigen Freund H. in Hannover an und sagt, Mauss ist hundertprozentig in die Angelegenheit verwickelt.*« Der inzwischen suspendierte Hamburger Polizist berichtet u. a.: Genf sei Hauptstützpunkt des Privatdetektivs Mauss gewesen, weil der dort dank seiner guten Beziehungen zur Polizei und Justiz »*praktisch tun und lassen konnte, was er wollte*«. Als er hörte, daß Uwe Barschel vor seinem Tod von einem geheimnisvollen »*Roloff*« nach Genf gelockt worden sei, habe er sofort gedacht: »*So was schafft nur der Mauss.*«

Im übrigen will er aus zuverlässiger Quelle wissen, daß das Hotel »Beau Rivage« eine geschätzte Adresse der CIA sei, vom US-Geheimdienst bevorzugt für Leute, die man unter Kontrolle haben wolle. »Beau-Rivage«-Chefin Catherine Nickbart-Meyer hört so etwas zum ersten Mal: *»Aber wenn die Herren von der CIA bei mir aus- und eingegangen sind, dann sicher nicht unter diesem Firmennamen.«*

Was wirklich geschah am 10. Oktober 1987, wird sich nach über fünf Jahren – ähnlich wie beim Kennedy-Mord 1963 – kaum noch ermitteln lassen. Den Spekulationen sind Tor und Tür geöffnet. Vieles, was manche wissen, können sie oft nicht sagen. So z. B. auch ich. Wenn ich es dennoch täte, wäre ich ein toter Mann. Viel Geld ist mir dafür geboten worden. Doch das letzte Hemd hat keine Taschen. Lieber leben und arm – als reich und tot ... So werden noch viele Bücher darüber geschrieben werden ... z. B. auch von Sylvia Meschke, Gegendarstellung im Fall Barschel (Anita Tykwe Verlag, Sindelfingen 1993 – 246 Seiten mit einem Vorwort von Freya Barschel). Mit diesem Hinweis will ich mich zunächst von dem Fall Barschel abwenden, obwohl Waffenhandel und Organisiertes Verbrechen auch hier eine große Rolle spielen. Mehr und genaueres im nächsten Buch.

Kapitel 8 g Waffenhandel – Organisiertes Verbrechen und Geheimdienste – Perspektiven

Pecunia non olet: Geld stinkt nicht. Der Zweck heiligt die Mittel. Nach diesen beiden Grundsätzen gehen brutale Kapitalisten und Kriminelle vor, das organisierte Verbrechen wie auch internationale Wirtschaftsbosse und Konzerne, aber auch Geheimdienste. Gerade, weil sie oft im trüben fischen, haben Geheimdienste mit dem organisierten Verbrechen manches gemein, und bei sogenannten schmutzigen oder nassen Aktionen bedienen sie sich auch wechselseitig ihrer Dienste – im kleinen und im großen.

Der Gründer der Rockefeller-Dynastie hat einmal gesagt: »Der liebe Gott hat mir mein Geld gegeben.« Rockefeller meinte wohl kaum, daß er sein Geld vom lieben Gott wegen seiner Frömmigkeit bekommen habe. Er war mit Sicherheit eher davon überzeugt, daß materieller Erfolg ein Ausdruck des allerhöchsten Wohlwollens sei. Für den Sprecher des Verbandes christlicher Kaufleute in der Bundesrepublik sind Reichtum und Erfolg als »Gnadengaben Gottes« anzusehen. Die meisten erfolgreichen Geschäftsleute sehen das ähnlich. Ebenso das organisierte Verbrechen, die sizilianische Mafia und die neapolitanische Camorra sind davon fest überzeugt. Dort kann man Frömmigkeit und schnödes Geschäft, Mord, Mammon, Revolver und Gebet sehr leicht und gut unter einen Hut bringen. Gott wird schon wissen, warum er Gewinner und Verlierer gemacht hat. In Italien und insbesondere in Sizilien gibt es Nonnen und Priester, die »soldati« der Mafia sind. Im Vatikan und auch außerhalb Roms gibt es Kardinäle und andere Kirchenfürsten, die mit dem Mob Geschäfte machen. Sie zögern nicht, sich mit der Mafia oder der Camorra an einen Tisch zu setzen.

Waffenhandel, Drogen, Prostitution und verbotene Spiele sowie in letzter Zeit Umwelt- und Wirtschaftskriminalität in großem Stil bilden den Hintergrund und die Zielrichtung des organisierten Verbrechens. Dieses kostet auch in der Bundesrepublik jährlich Milliarden an Sachschaden und Hunderte von Menschenleben. Trotzdem wird an verantwortlicher Stelle die Bedrohung meistens verdrängt. Dagobert Lindlau hat 1987 bei Hoffmann und Kampe ein sehr interessantes Buch über diesen Bereich geschrieben: »Der Mob – Recherchen zum organisierten Verbrechen«. Hier behandelt er eine der wichtigsten Problembereiche im Zusammenhang mit dem organisierten Verbrechen. Ableger mafiaähnlicher Gruppen, chinesischer Geheimgesellschaften und der Cosa Nostra erschließen bei uns Neuland. Einheimische Organisationen breiten sich aus. Mob etabliert sich als nebenstaatliche Macht. Schutzgelderpressung ist an der Tagesordnung. Hinrichtungen durch den Mob sind keine Seltenheit. Das organisierte Verbrechen erstreckt sich in arbeitsteiligen, hierarchischen und intern abgeschotteten kriminellen Vereinigungen bis in den Bereich der Politik hinein, insbesondere auf dem Gebiet der Waffengeschäfte, der Drogen- und Wirtschaftskriminalität. Mit der Gefahr der Verquickung einer kriminellen Vereinigungen mit der Politik wachsen auch die Verdrängungsversuche der Verantwortlichen. Der Mob profitiert von der Ahnungslosigkeit der Bürger. Lindlaus Bericht enthält kaum zugängliches Material, Aussagen von Beteiligten und Informationen von verdeckten Ermittlern. Er macht ein Ende mit der Desinformationspolitik der Polizei. Der Autor plädiert durch Schilderung der Lage und Beschreibung der kriminellen Logistik für Abwehrmaßnahmen, solange der Mob überhaupt noch angreifbar ist.

Er schreibt u. a.: »Der Begriff »organisiertes Verbrechen« ist bei der deutschen Polizei besonders unbeliebt. Vermutlich, weil er besonders zutreffend ist. Vor allem stört unsere Kriminalisten die Verwandtschaft zum amerikanischen Terminus »organized crime«. Die Franzosen (le crime organisé) oder die Italiener (crimine organizzato) sind nicht so empfindlich. Im Gegensatz zu anderen Ländern versuchen bei uns die Behörden immer noch die Fiktion aufrechtzuerhalten, die Bundesrepublik Deutschland sei eine Insel, die das organisierte Verbrechen verschont habe.

Alle Formen des Geschäfts mit Angst und Gewalt sind einander ähnlich. Auch dann, wenn sie das Ergebnis unterschiedlicher Traditionen sind und von ganz unterschiedlichen ethnischen Gruppen betrieben werden. Ähnliche Methoden und Strategien haben sich herausgebildet, weil sie sich als zweckmäßig erwiesen haben, um zu Geld zu kommen und die Polizei zu unterlaufen. Die Spielarten des organisierten Verbrechens reichen von der Cosa nostra bis zu den Motorrad-Gangs, vom irischen Mob bis zu den chinesischen Triaden, von den »Hells Angels« bis zu den »Hamburger GmbH«, von NUESTRA FAMILIA bis zur »Arabischen Bruderschaft«.

Die amerikanischen oder italienischen Gruppen unterscheiden sich von den deutschen nur durch eine andere Tradition und ein fortgeschrittenes Stadium der Entwicklung. Die Situation in den USA ist ein Bild dessen, was in fünf oder zwanzig Jahren auf uns zukommt. Um die künftige Entwicklung bei uns deutlich zu machen, werde ich auf Ausbreitung des organisierten Verbrechens in den USA verweisen.

MAFIA, CAMORRA, GRAN DHETTA, COSA NOSTRA oder MOB – das sind Namen für organisiertes Verbrechen. Damit sind kriminelle Vereinigungen im engeren Sinn gemeint, kriminelle Familien im weitesten Sinn oder lose sich wandelnde Föderationen von kriminellen Interessengruppen. Die Mafia ist organisiertes Verbrechen. Aber bei weitem nicht jedes organisierte Verbrechen ist Mafia. Andererseits ist mafioses Verhalten nicht auf das organisierte Verbrechen beschränkt. Hierarchischen Aufbau und innere Abschottung, konspiratives und arbeitsteiliges Vorgehen, das Prinzip des Schweigens und die Strategie der Angst findet man auch in legalen Institutionen, in Parteien und Konzernen, in Gewerkschaften und Kirchen, in Politik und Geschäft.

Organisiertes Verbrechen schillert

Es enttarnt und verhüllt sich, je nach Opportunität. Es ist allgegenwärtig und schwer faßbar. Fest steht, daß es in einer breiten Öffentlichkeit kaum Einwände gegen Praktiken gibt, die typisch für das organisierte Verbrechen sind. Einschüchterung, Erpressung und physische Bedrohung sind in Politik und Geschäft heimisch.

Für das Wesen des organisierten Verbrechens gibt es in Amerika und in Deutschland gleichlautende Wörter:

Mob und Muscle. Das amerikanische Wort »mob« heißt genau wie im deutschen »Pöbel« oder »Gesindel«. Seit 1939 hat es die wichtigere Bedeutung von »Verbrecherbande«. »Mob« ist der Sammelbegriff für das am organisierten Verbrechen beteiligte Personal. Mitglieder der organisierten Unterwelt wenden das Wort auf sich selber und auf ihre Freunde an. Sie halten es für wertfrei.

Es ist kein Zufall, daß dieses Wort gleichlautend im Deutschen und im Amerikanischen ist. Der Ursprung ist der lateinische Begriff »mobile vulgus«, der »bewegliche (wandelbare, unzuverlässige) Haufen«. Nichts bezeichnet besser die Struktur des organisierten Verbrechens, das sich ständig neuen Interessenlagen anpaßt. Begriffe wie »Mafia«, »Cosa Nostra« oder »Das Syndikat« sind deshalb falsch, weil sie eine übermächtige und unbesiegbare Identität signalisieren. Da die wichtigste Waffe des organisierten Verbrechens die Angst der anderen ist, werden solche Bezeichnungen – und was sie vermitteln – zu einer vom »Mob« gewünschten Propaganda der Einschüchterung. Dagobert Lindlau schlägt also vor, die Bezeichnung Mob für das organisierte Verbrechen zu verwenden.

Unsere Sicherheitsbürokratie hat eine Nomenklatur von Beamten für Beamte eingeführt. »Organisierte Kriminalität« – das klingt nicht ganz so gefährlich wie Oberfinanzdirektion und mindestens so ordentlich. Organisierte Kriminalität, das könnte die Bezeichnung für ein Dezernat in einem Polizeipräsidium sein. Ein aggressives Wort wie Mob nimmt ein deutscher Beamter lieber nicht in den Mund. Wir aber sind keine Beamten. Das Wort »muscle« bezeichnet ein Gewebe, das die Fähigkeit hat, sich zusammenzuziehen und zu entspannen. Ein »muscle« gibt es schon seit Beginn des 19. Jahrhunderts auch in der übertragenen Bedeutung von »Stärke«, »Macht« oder »Druck«. Es ist zugleich eine prägnante Kurzform für die Androhung von physischer Gewalt, also für Korruption durch Angst. Ich schlage deshalb vor, mit dem deutschen Wort »Muskel«, ebenso wie die internationale Literatur die gewaltsame Einschüchterung zu bezeichnen, mit der jeder Mob sein Geschäft betreibt.

Mob und Muscle sind das Wesen des organisierten Verbrechens. »Racket« ist ein weiterer international eingeführter Begriff. Darunter versteht man in diesem Zusammenhang nicht einen Tennisschläger, sondern die wichtigste Aktivität des Mobs, nämlich Drohung und Einschüchterung. »Racketeers« sind Leute, die sich dem eigentlichen Handwerk des MOBs widmen. Sie drohen so lange, bis jemand aus Angst zahlt, sie verprügeln solange Gäste oder zerschlagen die Einrichtung eines Lokals, bis ein Wirt seinen Verdienst mit ihnen teilt. »Racketeers« erzwingen, daß ein korrupter Politiker gewählt wird. Sie kümmern sich darum, daß öffentliche Bauaufträge an die »richtigen« Leute vergeben werden usw.

Alle ernst zu nehmenden Denkmodelle stimmen wenigstens in einem Punkt überein: Eines der wesentlichen Kennzeichen des organisierten Verbrechens ist die Beweisnot derer, die sie bekämpfen sollen.

Polizei und Justiz könnten, wenn sie wollten, ein Lied davon singen. Journalisten auch. Aber wer gibt gern zu, daß er nicht soviel weiß, wie er eigentlich wissen sollte. Polizei und Justiz stört die Beweisnot nur insofern, als man ihretwegen entweder nicht zu Ermittlungserfolgen oder nicht zu Verurteilungen kommt. Dies ist aber kein Beinbruch, da es genügend andere Kriminalität gibt. Man kann den Weg des geringsten Widerstandes gehen, in Bereichen ermitteln, in denen leichter etwas zu erfahren ist, und das organisierte Verbrechen auf sich beruhen lassen.

Andererseits haben Geheimdienste und Journalisten die Aufgabe, rechtzeitig solche Mißstände zu erkennen, aufzudecken und zu veröffentlichen bzw. in Studien die Politiker davor zu warnen. Daher könnte man nur wünschen, daß alle Politiker das Buch von Dagobert Lindlau »Der Mob – Recherchen zum organisierten Verbrechen« wirklich gelesen und verstanden hätten und rechtzeitig die Gefahren berücksichtigten und zu Entscheidungen kämen. Ebenso wie das sehr informative Buch von Alexander Niemitz »Die Kokain-Mafia – Deutschland im Visier«, das im Bertelsmann Verlag im Jahre 1990 erschienen ist und in sehr informativer Weise schildert, wie das Kokainschäft in Europa funktioniert und warum es gerade in Deutschland immer besser läuft. Das Ergebnis seiner Recherchen ist niederschmetternd: Bislang hat niemand das ungeheure Ausmaß der Bedrohung unserer Gesellschaft durch die Kartelle erkannt.

Gesetzgebung und Handlungsrahmen der Polizei reichen bei weitem nicht aus, um dieser Herausforderung zu begegnen. Unterdessen sind die Kokain-Mafia und ihre Helfershelfer dabei, den rapide wachsenden deutschen Markt auszubauen. Chemiefirmen, die die Rohstoffe für die Droge liefern, und Banken, die die Wäsche von Kartellgeldern besorgen, gehören zu den Gewinnern dieses schmutzigen Geschäfts. Das Buch von Alexander Niemitz macht eindringlich klar: Der Vormarsch der Kokain-Mafia geht weiter, und ein Ende ist nicht abzusehen, wenn Staat und Gesellschaft sich nicht entschließen, ihr energisch entgegenzutreten. Bolivien und Kolumbien befinden sich bereits fest im Griff der Syndikate. Niemitz hat vor Ort mit den Kartellchefs gesprochen, die die Schlüsselstellungen in Wirtschaftspolitik und Justiz besetzt halten und jeden Widerstand brutal beiseite räumen. Sein brisantes Buch macht deutlich, daß die Macht der Mafia durch das doppelte Spiel der USA zementiert wird, die ihre politischen Ziele in Lateinamerika auch mit Hilfe von Drogendollars durchsetzen.

Ebenso ist bekannt, daß Geheimdienste sich spezialisiert haben auf Waffengeschäfte, z. B. im Iran-Krieg haben selbst die USA beim Freikauf von Geiseln Waffengeschäfte mit beiden Seiten gemacht, alle geheim und außerhalb der Legalität. Ebenso hat der Bundesnachrichtendienst seit Jahrzehnten, das heißt seit Beginn seines Bestehens in den 50er Jahren, sich immer wieder in Waffengeschäfte im Nahen Osten und in der ganzen Welt eingemischt, sie des öfteren durch seine Mittelsmänner observiert, bisweilen auch angezettelt und geleitet, teilweise auf Provisionsbasis. Ich selbst war mehrfach mit meinem ehemaligen Doktorvater Prof. v. d. Heydte in diesem Bereich als Kofferträger tätig. So wurden u. a. aus dem süddeutschen Raum – ich muß hier mit Namen und Daten sehr vorsichtig sein – Waffengeschäfte in den Regionen Südwest- und Südost-Europa z. B. mit dem Portugal Salazars oder dem Franco Spaniens und speziell dem griechischen Obristen-Regime oder der Türkei immer wieder über Mittelsmänner angestiftet, eingefädelt und durchgeführt (mehr dazu im nächsten Buch). Auch in jüngster Vergangenheit hat der BND von sich reden gemacht, so z. B. bei dem Panzer-Deal, der im Hamburger Hafen unlängst aufflog, als eine Reihe von ehemaligen NVA-Waffen in den Nahen Osten und nach Israel verschifft werden sollte. Das ist aber nur die Spitze des Eisberges. Der eigentliche Waffenhandel läuft gezielt und im großen Stil über Tarnfirmen aus dem nahen Ausland und über Briefkastenfirmen in Liechtenstein, Monaco oder auf den Bahamas. Er spielt auch im Fall Barschel eine wesentliche Rolle, wie ich im Schlußbericht und bei den Dokumenten noch aufzeigen werde, bzw. im nächsten Buch . . .

***

So reich waren wir nie wie heute
so habgierig waren wir auch nie wie heute
so viele Kleider hatten wir nie wie heute
so ausgezogen so nackt aber
waren wir auch nie
wie heute

So satt waren wir nie wie heute
so unersättlich aber waren wir auch nie wie heute
so schöne Häuser hatten wir nie wie heute
so unbehaust so heimatlos aber
waren wir nie
wie heute

So versichert waren wir nie wie heute
so unsicher aber waren wir nie wie heute
so viel Zeit hatten wir nie wie heute
so gelangweilt aber
waren wir auch nie
wie heute

Wilhelm Wilms

***

KAPITEL 9
DER PROZESS UND DIE SPIEGEL-BERICHTE

Kapitel 9 a Schöne Grüße an Lara

Da der SPIEGEL sich bei seiner Berichterstattung im August 1992 (Nr. 33) unter der Überschrift »Start in ein besseres Leben« (S. 47 ff. – vgl. dazu hier im Buch S. 399 ff.) ausführlich auch wieder mal mit meiner Person beschäftigt (in Text und mit falschem Bild), sehe ich mich notgedrungen gezwungen zur Rehabilitation mich ausführlich und kritisch mit den SPIEGEL-Artikeln von 1976 auseinanderzusetzen. Dazu muß ich wesentliche Passagen zitieren. Denn damals hat DER SPIEGEL meine ca. 70 Berichtigungsstellen nicht berücksichtigt. Traurig ist, daß er den diesen Berichten zugrunde liegenden Vertrag von 1975 angeblich nicht findet.

Der SPIEGEL berichtete 1976 in der Ausgabe Nr. 23 vom 31.05.1976 auf Seite 90 ff. unter dem Titel »SCHÖNE GRÜSSE AN LARA« über »Die Karriere des DDR-Spions und Bundeswehr-Hauptmanns Dieter Haase (I)« nach Kenntnis meines falschen Geständnisses u.a. folgendes, nachdem er von mir etwa 4000 Seiten unveröffentlichtes Material, Akten und Dokumente erhalten hatte:

»Vor dem Gericht gab er sich als schwatzhafter Exzentriker, für seine Auftraggeber in Ost-Berlin war er der erfolgreichste Ausspäher der Bundeswehr, wurde jetzt wegen Landesverrats zu elf Jahren Freiheitsstrafe verurteilt, obwohl er sein früher abgelegtes Geständnis widerrief.

DER SPIEGEL rekonstruiert den ungewöhlichen Spionagefall.
anhand bisher unveröffentlichter Aufzeichnungen.

Der Spiegel-Anzeiger

Professor Dr. Friedrich von der Heydte sah in einen Abgrund von Landesverrat. Was ihm aus der neuen Ausgabe des SPIEGEL entgegenblickte, dünkte ihn das Teufelswerk einer ›Meute der Obstrukteure‹, die bewußt Geheimnis- und Landesverrat betrieben. Für ihn stand fest:

›Das sind gesinnungslose Publizisten, denen die Sensation über dem Vaterland steht.‹

Dr. Friedrich August von der Heydte, 55, Mitglied der CSU, Professor für Staats- und Völkerrecht an der Universität Würzburg und Reserve-Brigadegeneral der Bundeswehr, hatte den Feind wochenlang beobachtet. Er notierte jeden Artikel im SPIEGEL, der militärische Fakten über die Bundeswehr und die westliche Verteidigung enthielt.

Jetzt hatte das Blatt sogar Einzelheiten über die größte Stabsrahmenübung der Nato (Fallex 62) berichtet, in der ein atomarer Großangriff der Sowjetunion gegen das westliche Europa durchgespielt worden war. Konsterniert las von der Heydte im SPIEGEL, Fallex 62 habe ein deprimierendes Bild von der Funktionsfähigkeit der westlichen Führungsstäbe vermittelt.«

Dieses Bild entsprach leider der von mir als Reserveoffizier erlebten Realität. Ich war damals als Fernmeldeoffizier für das Verteidigungsbezirkskommando (VBK) im Wehrbereichskommando VI (WBK) in München eingesetzt, auch im Range eines Majors (auf Zeit befördert) als Verbindungsoffizier zu der US-Armee im Raum Frankfurt – Heidelberg – Nürnberg.

»Von der Heydte mochte dem Treiben der ›Verräter‹ nicht länger tatenlos zusehen. Am 11. Oktober 1962 setzte er ein Schreiben an die Bundesanwaltschaft in Karlsruhe auf, in dem er den SPIEGEL des vorsätzlichen Landesverrats beschuldigte.

Von der Heydte: ›*Diese Dinge, also die Auswertung von Fallex 62, waren höchstens 100 bis 150 Personen bekannt und stellten Geheimnisse dar.*‹ (Das stimmte nun wirklich nicht. Es waren schon einige hunderte bis tausende. d. V.)

Die Spiegel-Krise

Die Anzeige des Professors löste die größte Polizei- und Justizaktion der deutschen Pressegeschichte aus.

Polizisten und Bundesanwälte besetzten die Redaktionsräume des SPIEGEL. Verhaftungskommandos führten verdächtige Redakteure ab. Fahnder suchten nach den vermeintlichen Hintermännern und Informanten des Blattes.«

Auch SPIEGEL-Herausgeber Rudolf Augstein und sein Bruder, der bekannte hannoversche Rechtsanwalt Dr. Josef Augstein, einer meiner Anwälte, wurden im Zuge der Ermittlungen verhaftet.

Die SPIEGEL-Affäre mit ihren makabren Begleitumständen aber kehrte sich bald gegen ihren Auslöser, zumal sich rasch die Haltlosigkeit seiner Vorwürfe erwies.

Trotzig zog von der Heydte von Diskussion zu Diskussion, von Veranstaltung zu Veranstaltung, um seine Tat zu rechtfertigen: »*Es war meine Pflicht, Anzeige zu erstatten!*«

Er habe, beteuerte von der Heydte, mit seiner Anzeige »undichte Stellen« in der Bundeswehr aufdecken wollen. Von der Heydte: »*Denn es ist unerhört, daß auf der einen Seite sich Leute bereit finden, alles für die Verteidigung der Freiheit herzugeben, und daß sich auf der anderen Seite Leute bereit finden, all das, was die Verteidigung der Freiheit berührt, dem potentiellen Feind bekanntzugeben.*«

Der SPIEGEL berichtet weiter:

»Unter den Zuhörern saß ein junger, lebenshungriger Akademiker, der den Ausführungen des Professors nicht ohne innere Heiterkeit lauschte. Die Attacken gegen die angeblichen Fallex-Verräter im SPIEGEL belustigten ihn – aus gutem Grund.

Dieter Joachim Haase, 25, Reserve-Leutnant der Bundeswehr und Student der Rechtswissenschaft, Volkswirtschaft und Philosophie, wußte wie kaum ein anderer, daß vom SPIEGEL keine Fallex-Geheimnisse verraten worden waren. Die östlichen Geheimdienste kannten seit Wochen alle wichtigen Details der Stabsrahmenübung. Er selbst hatte sie dem Osten preisgegeben – und der Professor von der Heydte hatte dabei unfreiwillig mitgewirkt.«

In Wahrheit hatte ich, wie an anderer Stelle noch genau berichtet wird, nur in Ost-Berlin schon vorhandenes Material verifiziert, d. h. L. die Unterlagen auf Echtheit überprüft und diese entsprechend bestätigt oder verworfen.

Dies gehörte zu meinen notwendigen Opfern auf Friedenswacht im geteilten Deutschland.

»Die beiden Männer (Prof. von der Heydte und ich) kannten sich seit dem Wintersemester 1959/60 aus gemeinsamer Tätigkeit in der ›Unabhängigen Hochschulgruppe für Wehrkunde‹. Das war eine von Haase mitgegründete Vereinigung Würzburger Studenten, die sich zum Ziel gesetzt hatten, das Verständnis für wehrpolitische Fragen zu wecken und den Zusammenhalt unter Reserveoffizieren zu fördern.

Von der Heydte fand Gefallen an dem militärpolitischen Übereifer des Ersten Vorsitzenden Haase, obwohl er ihn persönlich nicht sonderlich mochte. Bald wußten sich die beiden Herren auch durch das gemeinsame Parteibuch verbunden: Haase war wie von der Heydte Mitglied der CSU.

Obwohl ihm das laute Wesen Haases zuweilen auf die Nerven ging, zögerte der Professor nicht, den jungen Mann seinen politischen Freunden zu empfehlen. Und er verfügte über einflußreiche Freunde: Dem Mitglied der klerikalkonservativen ›Abendländischen Aktion‹, Gründungsmitglied der Kalten-Kriegs-Organisation ›Rettet die Freiheit‹ und Vorsitzenden der

›Christlichdemokratischen Hochschulgemeinschaft‹ stand manche Tür im westdeutschen Establishment offen.

Heydte wußte freilich nicht, daß sein Schützling für einen stillen Auftraggeber arbeitete: den militärischen Geheimdienst der DDR, im Fachjargon kurz Mil-ND genannt. Der hatte seinen Agenten ›Max Sorge‹ (so Haases erster Deckname) animiert, die Nähe des CSU-Professors zu suchen, dessen Verbindungen zur Partei und Bundeswehr für die Feindaufklärung der DDR noch einmal nützlich werden konnten.«

Dies sind alles Angaben aus meinem für die Justiz fabrizierten falschen Geständnis, die nicht der Realität entsprechen! Denn die SPIEGEL-Krise war u.a. ein nachrichtendienstliches Spiel von KGB und MfS zur Ablösung von Franz Josef Strauß als Verteidigungsminister, bei dem ich sowohl unfreiwilliger Helfer als auch Opfer war.

Kapitel 9 b Onkel Walter aus Ostberlin

Im SPIEGEL hieß es weiter: »Von seinen Führungsoffizieren in der DDR hatte V-Mann Haase zum erstenmal jenes Stichwort gehört, das später von der Heydte so erregte: Fallex 62. Bei Haase war im Sommer 1962 ein Kurier aufgetaucht, der ihm ausrichtete, Führungsoffizier »Heinz« erwarte ihn dringend an der gewohnten Treffstelle am Ost-Berliner Bahnhof Friedrichstraße.

Der Überbringer der Nachricht war kein gewöhnlicher Kurier, sondern ein leibhaftiger Onkel Haases, der dem Neffen auch den Weg in die Dienste des Mil-ND geebnet hatte. Der Exportkaufmann Walter Ferber, Bürger der DDR und V-Mann im sogenannten Westeinsatz der Sozialistischen Einheitspartei, kam meist nur, wenn es Wichtiges zu verabreden galt. Auch diesmal hatte Heinz einen bedeutenden Auftrag für den Agenten Max Sorge.

Haase flog nach West-Berlin und befolgte das ihm vorgeschriebene konspirative Ritual: Er quartierte sich in einem West-Hotel ein, dann ließ er sich mit einer Taxe zum U-Bahnhof »Hallesches Tor« bringen und fuhr mit der U-Bahn weiter bis zur Station »Friedrichstraße«.

Heinz und Haase hatten drei Treffzeiten und außerdem ausgemacht, daß niemand von ihnen länger als eine Viertelstunde wartete; verpaßten sie sich, so sollte zweimal der Treff jede Stunde wiederholt werden, doch Haase brauchte nicht zu warten. Am Bahnsteig stand schon Heinz, ein mittelgroßer Mann Anfang der Vierzig, unscheinbar und unauffällig.

Die beiden Männer fuhren in einem Wagen zu einer der konspirativen Wohnungen (KW), die der Mil-ND zwischen Straußberg, dem Sitz seiner

Zentrale, und Berlin unterhält. Der Wagen stoppte vor einer altmodischen Villa mit Vorgarten: Im Hintergrund sah Haase einen Bootssteg, der in einen See hineinragte.

Eine ältere Frau machte auf und ließ die beiden Männer ein. Kurz darauf erschienen zwei weitere GeheimdienstOffiziere, ein Mann mit dem Decknamen »Manfred« und ein Oberst. Die Herren ließen sich an einem Tisch nieder, dann eröffnete Heinz die Besprechung.

Später kam ein General dazu, begleitet von einem Major des KGB.

Fallex 62

In Westeuropa, so erläuterte er, stehe unter dem Namen ›Fallex 62‹ eine Stabsrahmenübung der Nato bevor, über die das Friedenslager jedes Detail wissen müsse. Das sei besonders deshalb wichtig, weil hier zum erstenmal unter den Bedingungen des Atomkrieges das Zusammenwirken der Nato-Verbände und der zivilen Behörden – vor allem auf dem Gebiet des Fernmelde- und Transportwesens – erprobt werden solle.

Da ›Max‹, so Heinz weiter, Fernmeldeoffizier sei und vermutlich zu der Übung eingezogen werde, habe er die einzigartige Chance, dem Friedenslager Einblick in die Stärken und Schwächen des kapitalistischen Bündnisapparates zu verschaffen.

Einiges wisse man bereits, fuhr Heinz fort und langte nach ein paar Papieren, die er Haase zuschob. Der Besucher aus dem Westen sah zwei offenbar aus Nato-Stäben stammende Dokumente, einen ›Fernmeldeleitplan der Fallex-Übung für den süddeutschen Raum und eine Schlüsselunterlage für Schlüsselmaschinen‹, wie sich Haase später erinnerte. Doch Heinz mahnte: ›*Das genügt nicht. Wir müssen mehr wissen.*‹

Haase war klar, was die Genossen von ihm erwarteten. Sie begnügten sich freilich nicht damit, ihrem Agenten Arbeitsanweisungen zu geben. Den handwerklichen Orders folgte die politischideologische Indoktrination: Immer wieder bekam Haase zu hören, größtes Ziel eines Kundschafters am Klassenfeind sei, die Menschheit vor den atomaren Vernichtungsplänen kapitalistischimperialistischer Kriegstreiber zu schützen.

Die Genossen ließen sich Zeit: Zwei Tage lang malten sie ihrem Agenten die Schrecken eines von den Kapitalisten ausgelösten Atomkrieges aus, um mögliche Hemmungen des Bundeswehroffiziers Haase abzubauen.

Haase später: ›Sie haben mich einfach geschockt, und das nicht nur mit ideologischen Parolen, sondern mit Nato-Dokumenten, die zweifellos echt waren.‹

Prunkstück der DDR-Instruktoren: eine Zielliste für Atomwaffen aus dem Safe des Nato Stabes Europa-Mitte. ›*Es war*‹, weiß Haase noch, ›*ein*

Dokument von etwa 20 Schreibmaschinenseiten und enthielt zwei tabellarische Aufstellungen mit Atomzielen, Angaben von Sprengpunkten, Sprengzeit, Sprengwirkung.‹

Da stand: 1. Welle 30 Zielpunkte, 2. Welle ca. 70 Zielpunkte, 3. Welle nicht festgelegt, nur allgemeine Leitlinien.

»Bei so ›erdrückendem Material‹ (Haase) kannte Agent Max keine Bedenken mehr, die eigene Truppe für eine fremde Macht auszuforschen und *›für den Frieden zu arbeiten‹*. Ein General der Nationalen Volksarmee (NVA) erschien in der Villa und beglückwünschte den Kundschafter zu seiner großen Friedensmission; bei Kognak und Krimsekt feierte man Abschied.

Kaum war Haase wieder in Würzburg zurück, da kreuzte der Onkel-Kurier erneut bei ihm auf. Ferber brachte eine Aktentasche mit, in die ein *›raffinierter Container mit einer Minox und einem Dokumentenstativ‹* (Haase) eingebaut war.

Der Onkel gab letzte Weisungen: Gemeinsam übten die beiden, wie man Papiere photographierte, Filme versteckte, Meldungen mit unsichtbarer Tinte schrieb.

Kapitel 9 c Auf Friedenswacht in Würzburg

Inzwischen hatte Haase tatsächlich, wie von Heinz angenommen, den Einberufungsbefehl für Fallex 62 bekommen: er war als Fernmeldeoffizier dem in Würzburg stationierten Stab der Territorialen Verteidigung (TV) im Wehrbereich VI zugeteilt worden. Am 3. September meldete er sich bei seiner neuen Dienststelle.

Die Einberufung Haases zu einem TV-Stab war ein Glücksfall für die östliche Spionage, denn die Institution der Territorialen Verteidigung war neu und dem Mil-ND nur lückenhaft bekannt. Die DDR-Geheimdienstler wußten von der TV wenig mehr, als daß sie im Kriegsfall die Operationsfreiheit der NATO-Verbände im Hinterland sichern und gegnerische Agenten und Saboteure bekämpfen sollte.

Haase konnte die Genossen aufklären. Als Fernmeldeoffizier im TV-Stab VI D und als dessen Verbindungsoffizier zu den mitübenden Stäben der 7. US-Armee erhielt er tiefen Einblick in die Arbeitsweise der neuen Organisation. Mehr noch: Er meldete Übungsverlauf, Atomanlagen und Erkenntnisse von Fallex 62 in einer Fülle, die der Mil-ND bis dahin von seinen Agenten nicht gewohnt war.«

Diese SPIEGEL-Angaben, die ich hier zitiere, weil sie Teil des falschen Geständnisses waren, das ich damals aus taktischen Gründen noch weit bis nach meiner Begnadigung aufrechterhalten mußte, belegen nur, warum man mich so hoch verurteilte.

Indirekt hat der SPIEGEL zur Begründung des Fehlurteils des 3. Strafsenats beim Bayerischen Obersten Landesgerichts vom 19.05.1976 beigetragen. Insofern hat er mir damit erheblich geschadet . . .

Der SPIEGEL führt dann weiter aus: »Schier unermüdlich klickte Haases Minox, um die Meldungen und Befehle, die über seinen Schreibtisch liefen, für die ›Friedensfreunde‹ im Osten festzuhalten:

Da gab es Übungsbefehle und Lagekarten mit dem Ablauf der Operationen, da gab es Leitungsskizzen der Fernmeldeverbindungen und Erfahrungsberichte über den Fernmeldebetrieb von Fallex 62, da gab es Karten mit eingetragenen Fernmeldeköpfen und Richtverbindungsstellen, da gab es Tarntafeln und Decknamenlisten für die Fernsprech- und Fernschreibstellen der Bundeswehr.

Immer wieder photographierte der spionierende Leutnant: hier eine Ausarbeitung über das ›Berichtswesen für den Fernmeldebetrieb Fallex 62‹ vom 19. September 1962, dort einen Befehl über die Unterbringung der Reservisten für die Zeit der Fallex-Übung vom 8. September 1962, dann wieder Sammelfernschreiben des Nato-Oberbefehlshabers in Europa an das Bundesverteidigungsministerium, schließlich Listen mit schutzwürdigen Objekten, den ›Address Indicator Groups‹ (AIG), unter ihnen die für Fallex wichtigen AIG-Pläne mit den Kennziffern 3333, 3334 und 3335.

Stück für Stück photographierte sich Haase ein detailliertes Bild der TV-Struktur zusammen. Die Organisationsschemata seines Stabes nahm er ebenso auf wie die Stellenbesetzungsliste des Stabes VI D für Fallex 62 und dessen ›STAN‹, den Stärke- und Ausrüstungsnachweis.

Und was er nicht unter seine Linse bekam, merkte sich Haase so: Gespräche mit Kameraden aus der Bundeswehr und amerikanischen Offizieren, mündlich weitergegebene Orders, Beobachtungen in den Quartieren des Würzburger TV-Stabes. Auf kleinen Zetteln hielt der DDR-Spion das Gehörte fest, um die Notizen später ebenfalls teilweise zu photographieren.

Als die Übung und damit auch sein Dienst am 25. September 1962 zu Ende ging, wußte Haase genug. Zehn belichtete Minox-Filme lagen in seinem Zimmer im Würzburger Studentenheim bereit, von seinem Onkel, der zuweilen auch mit photographierte, abgeholt zu werden. Im Oktober konnte er noch einen besonderen Film nachreichen: Er enthielt Seiten aus der Heeresdienstvorschrift 260/1 der Bundeswehr mit den Führungsgrundsätzen der Artillerie für einen atomaren Einsatz.

Kapitel 9 d Der Wanderer zwischen zwei Welten

Die Genossen in Straußberg waren begeistert. Ende November erhielt Haase die Anweisung, sich wieder am Bahnhof Friedrichstraße einzufinden: Der Mil-ND wünschte weitere Aufklärung über Fallex 62.

Haase ging noch einmal seine Notizen durch, dann flog er nach Berlin.

In der Geheimdienst-Villa warteten schon Manfred, der Oberst und der General, als Heinz mit seinem Agenten eintraf. Die Herren baten um einen Bericht. Zwei Stunden lang referierte Haase über Fallex 62, seine Erfahrungen und Beobachtungen bei der Übung sowie die Schwächen der Bundeswehr, die das Kriegsspiel offenbart hatte.

Dann schloß sich an, was Haase als ›*große Erfolgsfeier*‹ in Erinnerung behielt. Die Genossen kündigten Haase an, ihn fortan im großen Maßstab einzusetzen; Haase, stets zu bizarren Tagträumen umd irrealen Zukunftsvisionen aufgelegt, gaukelte sich schon die Karriere eines alles durchdringenden Perspektivagenten vor. ›*Ich sagte mir*‹, so Haase in der Rückschau, ›*du hast Einsichten und Einflußmöglichkeiten, die dir ein Mitspracherecht sichern – und zwar auf beiden Seiten, in Ost und West.*‹

Die DDR-Geheimdienstler sahen seine Zukunftsrolle freilich nüchterner und boten ihm zunächst ein regelmäßiges Monatsgehalt an, das Haase jedoch abgelehnt haben will. Immerhin ließ er es zu, daß der Mil-ND ihm ein ›Taschengeld von ca. 2000 Mark und Spesen‹ (Haase) zuerkannte und später den Bundeswehr-Leutnant auf die geheime Offiziersrangliste der Nationalen Volksarmee setzte.

Im Februar 1963 folgte noch eine Ehrung besonderer Art, wiederum fern aller Öffentlichkeit: Der Vorsitzende des Staatsrates der Deutschen Demokratischen Republik, Walter Ulbricht, verlieh Dieter Haase alias Max Sorge den Vaterländischen Verdienstorden in Bronze.«

Derart dekoriert und finanziert, setzte Haase seine Spionagearbeit in Würzburg munter fort. Von Monat zu Monat steigerten sich die Wünsche und Anforderungen seiner Auftraggeber in der DDR, was Haase heute allerdings nicht mehr gelten läßt, will er doch nicht einmal mehr zugeben, für den Mil-ND gearbeitet zu haben.«

Was der Wahrheit entspricht, denn diese militärische Arbeit war nur ein »Abfallprodukt« bzw. eine »Nebentätigkeit« meiner ND-Arbeit, über die ich aus gegebenem Anlaß u. ä. wegen derzeit laufender Verfahren gegen andere Beteiligte erst im nächsten Buch mehr berichten kann unter dem Titel: Mein Name ist Haase – ich weiß noch mehr!

Institut für Wehrrecht

»Der DDR-Spion mußte laufend sein Aktionsfeld erweitern, wobei er geschickt den Kontakt zu dem Rechtsprofessor von der Heydte zu nutzen wußte. Der engagierte Antikommunist half ahnungslos dem Ordensträger der DDR: Haase war inzwischen in noch engere Beziehungen zu dem Professor getreten.

Student Haase arbeitete in Heydtes Institut für Wehrrecht so fleißig mit, daß der Gelehrte ihn trotz persönlicher Bedenken zu seinem Volontärassistenten machte und die akademischen Studien des Gehilfen förderte.

Haase wußte es einzurichten, daß er stets Themen bekam, die sich mit seinen jeweiligen geheimdienstlichen Aufträgen deckten.

So ließ er sich 1964 von dem Professor für seine Doktorarbeit das Thema *›Die NATO als Subjekt im Kriegsvölkerrecht‹* geben – ideale Gelegenheit, sich gegenüber westdeutschen Militärs und Politikern als Kenner und Förderer der NATO-Interessen zu profilieren.«

Später erhielt ich den international ausgeschriebenen NATO-Preis für diese Arbeit, dotiert mit immerhin 6000 US-Dollar, was damals im Jahre 1965 mit 24000 DM eine ganz schöne Summe für einen Studenten war.

Das wurde allerdings aus verschiedenen Gründen – von mir bewußt um das ND-Risiko zu minimieren – möglichst geheimgehalten.

Von der Heydtes Hauptassistent Müller war unter eigenartigen Umständen bei einem Autounfall ums Leben gekommen. Nur deshalb hatte ich die Möglichkeit, für ihn an diesem NATO-Preisausschreiben teilzunehmen.

Im Anschluß daran unternahm ich im Jahre 1965 mehrere Reisen, die zusammen genommen eine ganz schöne Weltreise ergaben – meine erste. Hierüber später mehr.

Kapitel 9 e Der verdeckte Kampf

Der SPIEGEL fährt dann fort: »Haase interessierte sich plötzlich für den ›verdeckten Kampf‹, den Krieg der Agenten, Saboteure und Partisanen, wozu auch die psychologische Kriegführung der Bundeswehr gehörte. Prompt änderte von der Heydte das Dissertationsthema, zumal auch die Bundeswehr Interesse zeigte.

Der Titel von Haases neuer Doktorarbeit war: *›Der verdeckte Kampf – seine staatsrechtlichen und völkerrechtlichen Probleme in militärischer und politischer Sicht unter besonderer Berücksichtigung der Teilung Deutschlands‹*.

Der Reserve-General von der Heydte zögerte nicht, seinem Musterschüler bei den Kameraden in der Bundeswehr Zugang zu vertraulichen Papieren zu verschaffen. Haase, 1963 zum Oberleutnant und 1967 zum Hauptmann der Reserve befördert, zudem Träger des Sicherheitsbescheids der Stufen I und II für alle Geheimhaltungsgrade einschließlich ›Cosmic-Top-Secret‹, berief sich meist auf den prominenten Militär-Gelehrten, wenn er an bundeswehreigene Safes und Geheimarchive heran wollte.

Von der Schule für psychologische Kampfführung bis zum Bundesverteidigungsministerium gab es kaum eine militärische Dienststelle, die dem Hauptmann Haase verschlossen blieb.

Jahr um Jahr konnte er die Bundeswehr ausforschen wie noch nie ein DDR-Spion vor ihm. Er fühlte sich sicher – und wurde unvorsichtig.«

Die Wahrheit ist oft unglaubhaft.
Der SPIEGEL schrieb weiter: »Denn die Rolle des stillen ›Kundschafters am Klassenfeind‹ lag Haase nicht; ihn drängte es vielmehr, sich der Welt mitzuteilen, jedermann darauf aufmerksam zu machen, wie wichtig der große ›Mystery Man‹ Dieter Haase sei. Er warf mit so verschrobenen Anspielungen um sich, daß ihn viele Beobachter für einen bloßen Angeber hielten.«

Genau diese Rechnung ging aber auf. Kein Agent würde diese Wahrheiten so von sich geben. Also war dies – paradoxerweise – mein bester Schutz. Das leuchtete später sogar den intelligenteren von meinen Führungsoffizieren ein.

Ich mußte mein Naturell – auffällig und angeberisch – mit den Möglichkeiten eines Agenten bzw. Kundschafters in Einklang bringen!

Je mehr ich die Wahrheit sagte, desto weniger glaubte man mir und unterschätzte mich. So geht es mir heute auch noch oft.

Der SPIEGEL führte hierzu weiter aus: »Seinem Vermieter Hermann Sauer erzählte Haase, er sei für den Bundesnachrichtendienst tätig und habe in dessen Auftrag eine Nahostreise unternommen, um Kontakte zur El-Fatah herzustellen. Kommilitone Peter Krah erfuhr von ihm, er arbeite für den MAD, bei der Freundin Angelika Nies war er schon Agent des französischen Geheimdienstes, und einer anderen Favoritin namens Ingrid Scherer nannte er gleich fünf Geheimdienste, für die er tätig sein wollte.«

Insgesamt könnte ich ca. 400 Leute benennen, denen ich meine »ND-Tätigkeiten« berichtete – bewußt unglaubhaft, aber leider nur allzu wahr.

Weiter im SPIEGEL: »Fast alle Beobachter dachten wie der Vermieter Sauer: »Haase ist ein Spinner.« Er sei der »Typ eines dummen Schwätzers«, fand der Kommilitone Armin Haas (selbst BND-Mitarbeiter und schwieriger DSU-Veteran mit Ausschluß – d. V.). und Johannes Freiberg, Vorstandsreferent des Bundeswehrverbandes, erinnert sich noch heute, Haases übertriebene Selbstdarstellung habe ›Ungläubigkeit oder Mißtrauen‹ erweckt.

Desto ärger war die Überraschung unter Freunden und Spöttern, als der Name Haase im März 1970 plötzlich ernsthaft in den Topmeldungen der westdeutschen Spionageabwehr auftauchte.

Carola Haase, gerade unter dramatischen Umständen von ihrem Mann geschieden und bis dahin unter dem Decknamen ›Lara Müller‹ engste Mitarbeiterin Haases im Spionagedienst, hatte ihn bei der Polizei als Ostspion angezeigt und damit Haases Verhaftung bewirkt.

Ende einer der erfolgreichsten und skurrilsten Agentenkarrieren in der Geheimdienstgeschichte des geteilten Deutschlands?«

Wer weiß? Nie war ich so erfolgreich wie als enttarnter und gefangener Agent. Die größten Spionageleistungen gelangen mir aus dem Gefängnis heraus mit Hilfe einer unbedarften und nachrichtendienstlich völlig überforderten Justiz! Das Karrieredenken einiger Ermittler und Richter trug ein übriges dazu bei.

Der SPIEGEL fährt fort: «Verwirrt, fast hilflos reagierte der General-Professor von der Heydte auf die Enthüllungen der Beamten der Sicherungsgruppe Bonn, die ihn belehrten, welche Rolle sein ehemaliger Assistent gespielt hatte. ›Ich hoffe jedenfalls nicht,‹ schrieb er an Haase am 29. April 1970, ›daß Sie die Tatsache, daß Sie mein Doktorand sind, dazu benutzt haben, um sich ohne mein Wissen auf mich zu berufen!‹

Selbst das Belastungsmaterial der Sicherungsgruppe schreckte von der Heydte nicht davon ab, verzweifelt zu hoffen, die Polizei sei auf der falschen Spur. Noch am 9. Februar 1971 kombinierte er: ›*Es ist ohne weiteres auch denkbar, daß er durch dumme Angeberei – er war ein arger Angeber und Schwätzer – sich in diese Situation selbst hineinmanövriert hat. Ebenso ist es denkbar, daß es sich um einen Racheakt seiner geschiedenen Frau handelt.* So der SPIEGEL 1976.

»Erst seit den letzten Wochen weiß der Professor definitiv, daß zur

Selbsttäuschung kein Raum mehr ist. Am 19. Mai verurteilte der Dritte Strafsenat des Bayerischen Obersten Landesgerichts nach wochenlanger Verhandlung den ehemaligen Rechtsreferendar Dieter Joachim Haase wegen Landes- und Geheimnisverrats zu elf Jahren Freiheitsentzug. Haase hatte ein ausführliches Geständnis abgelegt, das von ihm später (wahrheitsgemäß) widerrufen worden war.«

Die Karikatur eines Spions: Der Narr der anderen

»Die Münchner Richter schlossen damit einen Spionagefall ab, (so glaubten sie), der zu den bizarrsten Agentenfällen deutscher Nachkriegsgeschichte gehört. Denn Haase war kein gewöhnlicher Spion.

Er schien eher die Karikatur eines Agenten zu sein: Redselig und großsprecherisch, zur Hysterie und Pseudologie neigend, dünkte der einzige bekannte Deutsche, der zugleich Hauptmann der Bundeswehr und Major der Nationalen Volksarmee war, selbst erfahrenen Agentenjägern als ein ›verrückter Spion‹, als eine närrischburleske Figur, die alle Normen der Spionagebranche sprengte. Ein Spion, der nichts für sich behalten kann und dennoch erfolgreich ist – das hatte es vor Haase noch nicht gegeben.«

Kapitel 9 f Jesus Christus Mohamed

»Sein Auftreten vor Gericht verstärkte noch den Eindruck des Abnormen. Er nannte sich ›*Jesus Christus Mohamed 76*‹, weil er in seiner Gefängniszelle eine Christuserscheinung erlebt haben wollte, betrat den Gerichtssaal nur im Schutz von zwei Kreuzen und ließ zuweilen eine Trillerpfeife ertönen, um Gericht und Verteidigung auf die Bedeutsamkeit seiner Erklärungen aufmerksam zu machen.«

In Wirklichkeit, um dem Gericht meine Verachtung auszudrücken und dem Gutachter Stoff für eine Anerkennung des § 21 StGB mit Strafmilderung zu bieten. Diese Rechnung ging später auf.

»Solche Clownerien konnten freilich die Ermittler der Sicherungsgruppe Bonn nicht beeindrucken. Sie hatten ein halbes Jahrzehnt gebraucht, um sich durch das Gespinst Haasescher Schutzbehauptungen, Halbwahrheiten und Aktivitäten zu arbeiten.

Am Ende stand die Erkenntnis der Sicherungsgruppe: ›*Haase war einer der gefährlichsten Agenten des Ostens in der Bundesrepublik!*‹

Die amtlichen Spionejäger rekonstruierten dabei Haases Agentenkarriere so genau, daß sein Psychiater, Professor Wilhelm Mende, nur darüber staunte, wie ein Spion mit derart ›*abnormer Persönlichkeitsstruktur*‹ Erfolg haben konnte. Mende folgerte: ›*Die relativ geringe Mühelosigkeit, mit der Haase an Material höchster Geheimhaltungsstufen gelangen konnte, und erstaunliche Lücken in der Absicherung solchen Materials haben ihn* (in seiner Spionagearbeit) *offensichtlich wesentlich bestärkt. Wäre das nicht der Fall gewesen, dann hätte es Haase bei seinem strukturell bedingten Mangel an Durchsetzungswillen, an Entschlossenheit und Robustheit sicherlich nicht zuwege gebracht, über Jahre hinweg unerkannt diese Tätigkeit fortzuführen.‹«*

Professor Mende erkannte mir nach langem geistigem Zweikampf, über den ich eingehend im nächsten Buch **Mein Name ist Haase – ich weiß noch mehr !** berichten werde, den strafrechtlichen § 21 StGB (verminderte Schuldfähigkeit) zu.

Der SPIEGEL führt dazu aus: »Mithin offenbart der Fall Haase Mängel des Geheimnisschutzsystems der Bundeswehr, die auch heute noch nicht völlig ausgeräumt sind. Wenn schon ein plumpauffälliger Exzentriker nahezu ungestört die Bundeswehr ausforschen konnte, so ist offenkundig, daß die Sicherheitsvorschriften der Bundeswehr einer dringenden Revision bedürften.«

Eine Karriere wird geplant

»Der phantasiebegabte Abiturient Haase, Jahrgang 1937, Sohn eines Berliner Holzkaufmanns, nach einer kriegsbedingten Odyssee durch Süddeutschland in Hannover gelandet, hatte sich gleich nach dem Schulbesuch zur Bundeswehr gemeldet, weil er noch unsicher war, was er werden wollte. Am 16. April 1958 rückte er als Reserveoffiziersanwärter (ROA) und Soldat auf Zeit in die Kaserne des Fernmeldebataillons 1 in Hannover ein.

Ohne sonderliche Mühe durchlief Haase alle Ausbildungsstadien: erst den Unterführerlehrgang in Hannover,dann den ROA-Grundlehrgang auf der Heeresoffiziersschule I, schließlich einen Fähnrichlehrgang in Sonthofen. Am 30. September 1959 verließ er als Leutnant der Reserve die Bundeswehr.

Haase engagierte sich so heftig für das Militär, daß er auch im Zivilleben – inzwischen Student an der Universität Würzburg weiterhin für die Bundeswehr warb. Er hatte beim Fernmeldebataillon 1 den Reserve-Leutnant Hans-Dieter Schwind kennengelernt , der – jetzt ebenfalls Student – in Zusammenarbeit mit der ›Gesellschaft für Wehrkunde‹ in München an bundesdeutschen Universitäten die Politik der Wiederaufrüstung populär machen wollte.

Schwind war Erster Vorsitzender des von ihm mitgegründeten ›Ringes unabhängiger Hochschulgruppen für Wehrkunde‹ und animierte Haase, in seiner Organisation mitzuarbeiten. Haase gründete an der Universität Würzburg eine ähnliche Wehrgruppe und wurde ihr Vorsitzender.

Er zeigte dabei so viel rednerische und propagandistische Begabung, daß ihn Schwind in den Bundesvorstand seiner Organisation zog und ihm die Öffentlichkeitsarbeit übertrug. Haase war bald in allen Kreisen wohlgelitten, die sich der Wiederaufrüstung Westdeutschlands verschrieben hatten: selbst im Bundesverteidigungsministerium wurde man auf das propagandistische Naturtalent aufmerksam.

Als der im Bundesverteidigungsministerium für wehrpolitische Öffentlichkeitsarbeit zuständige Major Schwarz hörte, daß Haase das Sommersemester 1961 an der West-Berliner FU verbringen wolle, animierte er den Reserve-Leutnant, auch dort für die Wiederaufrüstung tätig zu werden.

Das war nicht ohne Risiko – der Bundeswehr war jede Tätigkeit in der Vier-Mächte-Stadt verboten.

Haase kannte keine Bedenken. Doch schon sein erster öffentlicher Auftritt in West-Berlin endete in einem Eklat: Als er am Abend des 23. Juni 1961 *(auf Einladung und Anregung von Heinrich Lummer und Jürgen Wohlrabe, mit denen ich zusammen im RCDS für den AStA der FU Berlin tätig war)* im ›CT-Club‹ der Technischen Universität bei einer Diskussion für die westdeutsche Wiederaufrüstung warb, geriet er in die Schußlinie der SED-Presse. Das ›Neue Deutschland‹ tönte: ›*Eklatanter Rechtsbruch des Status von Berlin durch einen Abgesandten des Bonnen Kriegsministeriums.*‹

Haase war entsetzt, denn er mußte befürchten, nicht mehr den Ost-Sektor betreten zu können, den er oft besuchte. Doch ein Onkel wußte Abhilfe: Walter Ferber, Bruder von Haases Mutter, ›der Filou der Familie‹ (Haase), für Dieter nach dem Tode seines Vaters so etwas wie eine Leitfigur.«

Die Anbahnung

»Ferber lebte in Ost-Berlin und war Filialleiter eines Textil-HO-Ladens im Haus 63 der Brunnenstraße. ›*Im Grunde*‹, sagt Haase, ›*war er ein Opportunist, der sich mit dem Regime im Osten arrangierte und daraus erhebliche Vorteile zog.*‹ Haase wußte jedoch (damals noch) nicht, daß sich Staatspartei und Geheimdienst der DDR gerne Ferbers vielfältiger West-Kontakte bedienten.

Der Onkel beruhigte den Neffen: Man habe ihm die Geschichte im CT-Club nicht übelgenommen, im Gegenteil – ›*ein paar Herren*‹ seien dringend daran interessiert, Haase einmal kennenzulernen. ›*Von diesem Augenblick an*‹, weiß Haase heute, ›*datiert mein Verhängnis.*‹ Die Herren waren Mitarbeiter des Geheimdienstes der DDR.

In einem abgelegenen Cafe West-Berlins traf er sich mit ihnen. Sie nannten sich Falkner und Baumann, sie gaben vor, ein politisches Gespräch über West-Ost-Beziehungen führen zu wollen.

›*Man ist*‹, erinnert sich Haase, ›*geschickt auf meine Interessen eingegangen; rückblickend muß ich sagen, daß man mich wohl eingewickelt hat. Onkel Walter hat ihnen sicher gute psychologische Tips gegeben.*‹

Haase will nicht sogleich gemerkt haben, daß er zwei Mitarbeitern des östlichen Geheimdienstes gegenübersaß. Hauptmann Falkner und Major Baumann waren in der Tat Agentenführer des Mil-ND. Erst später – zu spät – fiel Haase ein Wort seines Onkels ein: ›Ich sage dir nur, sei vorsichtig. Die haben hier ganz schönen Einfluß.‹

Die beiden Mil-ND-Männer hatten freilich gelernt, potentielle Spionage-Kandidaten nicht durch voreilige Offenbarungen zu erschrecken. Sie machten sich geschickt die Geltungssucht des Jungakademikers zunutze: Er sei doch, so ihre Argumentation, viel zu intelligent, um nicht selbst zu erkennen, daß die in Bonn praktizierte Politik der Stärke die Welt möglicherweise an den Rand eines Atomkrieges führen könne.«

Na ja, was später in der Kuba-Krise im Herbst 1962 unter John F. Kennedy passierte, war ja wohl »kurz vor dem Dritten Weltkrieg«.

»Angesichts solcher Gefahren, fuhren die beiden Werber fort, brauche die Welt Männer, die durch mutige Taten im wohlverstandenen Interesse des Friedens verhinderten, daß der eine Machtblock militärisches Übergewicht über den anderen erlange. Und dann kam der entscheidende Satz:

Friedensfreunde müßten bereit sein, militärische Schwächen des sozialistischen Lagers auszugleichen – durch Informationen aus dem anderen Lager.«

Es war immer meine Absicht, der schwächeren Seite zu helfen, um so in jedem Fall einen Krieg zu verhindern. Dafür war ich bereit, meine eigene bürgerliche Existenz aufs Spiel zu setzen. Diese verlor ich ja auch – allerdings durch die Rachsucht meiner Frau Carola ebenso wie durch Kurzsichtigkeit und Unfähigkeit einiger Verwandter, unserer eigenen Nachrichtendienste und der Justiz.

»Das häßliche Wort ›*Spionage*‹ fiel dabei nicht. Haase wollte sich später nur an das Stichwort ›*gegenseitige Informationskontakte*‹ erinnern.

Gleichwohl faszinierte ihn die verschleierte Offerte der beiden Genossen, wenn er auch noch Bedenken haben mochte, sofort zuzustimmen.«

In Wahrheit war auch noch ein hochrangiger Mann der ostdeutschen Spionage entscheidend beteiligt, den ich aber erst im nächsten Buch nennen kann, weil er sonst selbst von Strafe bedroht wäre. Ein bißchen anders ist es schon gelaufen ... Bewußt gebe ich die sehr negativen Seiten wieder, die mir DER SPIEGEL hier in verschiedener Hinsicht andichtet oder hervorhebt ...

Der SPIEGEL schreibt weiter: »Immerhin traf sich Haase in den folgenden Tagen noch öfter mit Falkner und Baumann, die schließlich den Bundeswehr-Leutnant in die DDR einluden, damit er sich ein eigenes Bild von der ›gesamtdeutschen Wirklichkeit‹ (Haase) machen könne. Mit scheinbarer Freizügigkeit ließen sie ihn durch den zweiten deutschen Staat reisen.

Stets begleitet von seinem Onkel und einigen unbekannten Herren, besuchte Haase Potsdam, Dresden und Leipzig, nahm an einer Parteiversammlung der SED teil und konnte mit Funktionären der ostdeutschen Staatspartei sprechen. Er durfte auch einmal einen Agrarbetrieb, eine Landwirtschaftliche Produktionsgenossenschaft, besichtigen.« (Ferner besuchte ich Warschau, Prag, Budapest und Moskau).

»Doch die Agentenwerber des Mil-ND konnten schwerlich hoffen, daß Haase einen idealen Spion abgeben würde. Dazu war er zu sprunghaft, zu laut, zu angeberisch: Er litt offenkundig unter Kontaktstörungen (Na, DER SPIEGEL ist nicht gerade mein Freund – d. V.), die er durch eine fast manische Betriebsamkeit überkompensierte, der nicht selten ebenso rasch eine Niedergeschlagenheit folgen konnte.«

Diese Einschätzung erfolgte aufgrund von Gutachten aus der Haftzeit oder danach!

Kapitel 9 g Der Typ des Anti-Agenten

So führt der SPIEGEL weiter aus: »Zum Agenten war dieser Dieter Haase denkbar ungeeignet: großsprecherisch, renommiersüchtig, (angeblich) nicht in der Lage, etwas für sich zu behalten, dabei ohne sonderlichen Durchsetzungswillen, (angeblich) stets zur Selbstüberschätzung und zu ungenierten Übertreibungen bereit, mit mangelndem Realitätssinn ausgestattet *(eben ein Narr!)* – ein solcher Mann hätte die Agentenwerber abschrecken müssen. – Haase war eher der Typ eines Anti-Agenten, das Gegenteil des unauffälligen, geduldigen, stets konzentriert arbeitenden Spions, den allein die Geheimdienste schätzen.«

Dieser totale Blödsinn gilt nur in westdeutschen Nachrichtendienstkreisen!

»Doch Falkner und Baumann waren in einer solchen Zwangslage, daß sie bei der Agentenauswahl keine allzu strengen Maßstäbe anlegen konnten. Sie mußten auch die Dienste des irrlichternden Haase in Anspruch nehmen.«

O diese Toren! Wenn sie wüßten, was ich wirklich alles gesehen habe und wußte, was ich unter dieser Tarnkappe des Narren und Angebers alles verbergen mußte und konnte. Doch auch darüber später mehr!

Kapitel 9 g Die Krise des MIL-ND der DDR

So heißt es im SPIEGEL weiter:

»Denn der militärische Geheimdienst der DDR war in ein professionelles Formtief geraten, aus dem ihm Bundeswehr-Informanten wie Haase wieder heraushelfen sollten. Wie noch nie zuvor in seiner kurzen Geschichte kämpfte der Mil-ND um seine Existenz, und es gab Branchenkenner, die ihm das baldige Aufgehen in einem konkurrierenden DDR-Geheimdienst prophezeiten.«

Hier irren DER SPIEGEL und die westdeutschen Geheimdienste gewaltig. Erbärmlich mager war deren Wissen über die eigentlichen Hintergründe der damaligen Umstrukturierung der östlichen Geheimdienste. Aber lassen wir das. Das ist ja zum Glück alles vorbei und Geschichte . . .

Das Ministerium für Staatssicherheit (MfS)

»Das hing mit dem intrigenreichen Konkurrenzkampf zwischen politischen und militärischen Auslandserkundern zusammen, der die Spionagebranche der DDR beunruhigte, seit es einen Mil-ND gab. Ursprünglich hatten allein das 1950 gegründete Ministerium für Staatssicherheit (MfS) und seine Hauptverwaltung für Aufklärung (HVA) die militärische Auslandserkundung in der Hand gehalten, kaum gestört von der kleinen Abwehrgruppe, die für die Nationale Volksarmee arbeitete.

Sie nannte sich zunächst ›Allgemeine Verwaltung‹ und war das Werk das Volkspolizei-Generalinspekteurs Heinrich Dollwetzel, der beim Aufbau der kasernierten Volkspolizei, der Stammtruppe der späteren Nationalen Volksarmee, eine Organisation geschaffen hatte, die die ostdeutsche Aufrüstung vor westlichen Spionen und Saboteuren schützen sollte.

Verwaltung für Koordinierung (VfK)

Die Abwehrgruppe blähte sich zu einem großen Apparat auf, der zeitweilig 35 Abteilungen besaß, und hieß schließlich ›Verwaltung für Koordinierung‹ (VfK), als sich die kasernierte Volkspolizei im Januar 1956 offiziell zur Nationalen Volksarmee mauserte. Die Aufgaben der Organisation aber blieben die gleichen: Spionageabwehr in der DDR-Armee. Das wurde erst anders, als der Generalmajor Karl Linke das Kommando über die VfK übernahm. Er und seine Offiziere mochten sich nicht länger mit den defensiven Aufgaben der Spionageabwehr begnügen, sie wollten auch aktive Feindaufklärung im Ausland betreiben, vor allem gegenüber dem potentiellen Hauptgegner der Nationalen Volksarmee – der Bundeswehr.

Als Linke im März 1958 mit dem DDR-Verteidigungsminister Stoph zu einer Geheimdienst-Tagung in Moskau unter dem Vorsitz des sowjetischen Armeegenerals Schtemenko fuhr, konnte er sich auf dem Höhepunkt seiner Karriere wähnen. Befriedigt schrieb er sich mit dem ihm eigenen Deutsch in sein Diensttagebuch:

›Das vom Minister an den Armeegeneral übergebene Materials (über die Bundeswehr) sagte der Gen. Schtemenko folgendes:

Inhaltlich war es gut bis auf einige Differenzen in den Zahlen der Divisionsstärke, die bei den Freunden etwas höher ist und die Zahl der Schiffe, die bei den Freunden mit 100 und bei uns mit 47 angegeben sind. Am meisten macht sich das Fehlen einer militärpolitischen Prognose der Entwicklung bis zum Jahr 1960 bemerkbar. Der letzte Manöverbericht vom November war gut bis auf den Versuch einer Analyse der aber nicht gelungen ist. Die militärgeografischen Beschreibungen der Städte fehlen.‹

Ein halbes Jahr später drang zur sowjetischen Spionageabwehr in der DDR das Gerücht, in Linkes engster Umgebung sitze ein westdeutscher Spion, der alle wichtigen Amtsgeheimnisse der VfK an den Westen verrate. Der sowjetische Staatssicherheitsdienst KGB durchleuchtete Linkes Organisation.

Oberstleutnant Siegfried Dombrowski

Der Verräter war nach kurzer Zeit enttarnt: Oberstleutnant Siegfried Dombrowski, stellvertretender Chef der Verwaltung für Koordinierung, hatte für Reinhard Gehlens Bundesnachrichtendienst gearbeitet. Dombrowski konnte noch rechtzeitig nach dem Westen fliehen, und das machte den Skandal noch ärger. Die VfK stürzte von ihrer geheimdienstlichen Höhe.

Das für den VfK zuständige Verteidigungsministerium beeilte sich zwar, den General Linke zum Obersten zu degradieren und einen organisatorischen Umbau des militärischen Geheimdienstes zu befehlen, doch das MfS nutzte die Chance, den Rivalen zu demütigen. Am 26. Februar 1959 führten MfS-Beamte zwei Obristen und 67 weitere Funktionäre der VfK in Untersuchungshaft ab.«

200 Angehörige der VfK wurden entlassen, der Geheimdienst in die Provinz verbannt; er mußte sein Quartier in den ehemaligen Kasernen von Berlin-Grünau räumen und in Straußbergs Schellerstraße umziehen, wo auch die Kommandozentrale der Nationalen Volksarmee residiert. Selbst seinen Namen verlor der Geheimdienst; wie er heute heißt, ist unbekannt.«

Na ja, was soll man dazu sagen? 1976 wußten weder der BND noch der SPIEGEL, wie der Mil-ND wirklich hieß. Ein Trauerspiel im ND-Bereich, oder?!

Der Spionagekoordinator

»Schon drohte ihm die Gefahr, vollends im Ministerium für Staatssicherheit aufzugehen, da erhielt der Mil-ND in dem Oberst und ehemaligen VfK-Abteilungsleiter Fritz Herbert Scheibe einen energischen Chef, der in kurzer Zeit den Zerfall des Geheimdienstes stoppte.

Scheibe, heute Chef der Abteilung ›Sicherheit‹ im Zentralkomitee der SED und mithin oberster Spionage-Koordinator der DDR, reformierte den ramponierten VfK-Apparat, ordnete die richtungslos gewordenen Informanten-Netze in West-Deutschland und stellte neues Personal ein. 1961 verfügte der Mil-ND bereits wieder über einen Kader von 500 ND-Offizieren, die sich von ihren Vorgängern durch gründlichere Ausbildung unterschieden.

Das weitere Schicksal

Entscheidend für das weitere Schicksal des Geheimdienstes aber mußte sein, ob es gelang, seine Aufklärungsarbeit in West-Deutschland zu verbessern und neue Informationsquellen zu erschließen. Scheibe wurde nicht müde, seine Offiziere auf Agentenwerbung zu schicken und ihnen einzuschärfen, jede Chance zur Erweiterung des Feindbildes zu nutzen.

Und eben dies veranlaßte nun auch die beiden Mil-ND-Werber Falkner und Baumann, den Bundeswehr-Kenner Haase trotz seiner offenkundigen Unzulänglichkeiten in ihr Netz zu ziehen. Die Arbeit wird ihnen nicht schwergefallen sein, denn den Kandidaten lockte es, auch einmal auf der anderen Seite der Kalten-Kriegs-Front mitzuspielen.«

Ich glaube heute noch, daß man den Deutschen in Ost und West im Kalten Krieg nicht über den Weg trauen konnte bzw. ihnen auf die Finger sehen mußte. Denn wir sind nun mal ein gründliches und sehr konsequentes Volk . . .

Der SPIEGEL weiter: »Baumann, der jetzt nur noch unter dem Decknamen ›Heinz‹ auftrat und sich als Haases künftiger Führungsoffizier zu erkennen gab, wies den neuen V-Mann Haase in seine erste Aufgabe ein, die freilich recht simpel klang: alles zu registrieren und zu notieren, was ihm an neuen Entwicklungen im Fernmeldebataillon 1 der Bundeswehr auffiel.

Das machte dem V-Mann Haase keine sonderliche Mühe, denn ihm war inzwischen ein Bescheid der Bundeswehr zugegangen, der ihn hieß, sich am 29. August zu einer Reserveübung bei seiner Stammeinheit in Hannover, dem FM-Bataillon 1, einzufinden.

Die Führung des Bataillons teilte Haase als Kompanieoffizier ein und wies ihm die Aufgabe zu, eine Fernmeldeübung auszuarbeiten, die im Raum Celle abgehalten werden sollte. Bei der Vorbereitung des Übungsplanes erhielt er guten Einblick in Zustand und Aufgaben des Bataillons; die ehemaligen Kameraden waren zudem nur allzu bereit, dem zu seiner alten Einheit zurückgekehrten Reservisten zu erzählen, was sich seit seiner Dienstzeit im Bataillon zugetragen hatte.

Haase merkte sich Wichtiges und Unwichtiges: Personalveränderungen und Einführung neuer Geräte, revidierte Funksysteme und schlichten Kasinoklatsch. In wenigen Tagen fühlte er sich so gut informiert, daß er darauf brannte, den Genossen in Ost-Berlin sofort Bericht zu erstatten.

Er beantragte Sonderurlaub, erhielt ihn und flog am 6. September nach West-Berlin – unter dem Vorwand, an einer dort anberaumten Tagung des Verbandes Deutscher Studenten (VDS) teilnehmen zu müssen. Einen Tag später saß er bereits dem Führungsoffizier Heinz gegenüber, dem er vortrug, was er beim Bataillon erfahren hatte.

Heinz war interessiert, doch im Grunde schätzte er solche Unterbrechungen eines einmal gegebenen Erkundungsauftrages nicht. Er behielt

Haase noch einen Tag lang bei sich, dann schickte er ihn nach Hannover zurück. Am 10. September war der Leutnant wieder bei seiner Truppe.

Er kam noch rechtzeitig genug, um an der Übung rund um Celle teilnehmen zu können. Wieder merkte sich Haase, was für die Genossen von Interesse sein konnte. Als die Übung am 16. Oktober zu Ende ging, wußte der Spion genug. Drei Tage später fuhr er erneut zu einem Treff mit Heinz.

Heinz ließ sich in einer KW von Haase berichten, was er bei der Übung im Raum Celle erlebt hatte. Der Mil-ND-Major merkte rasch, daß Haase Sinn für Details und Nuancen hatte; ihm war es offenbar in kurzer Zeit gelungen, die wichtigsten Bereiche des Fernmeldebataillons auszuforschen. Der Major muß von seinem V-Mann ›Max‹ so beeindruckt gewesen sein, daß er ihn jetzt für gezieltere Spionageaufträge vormerkte. Sofort begannen die Ausbilder des Mil-ND, den neuen Mann mit den Feinheiten ihres Handwerks vertraut zu machen:

In einem Haus, das mitten in einem Wald lag, erhielt Haase Funkausbildung, ›obwohl das bei meiner Vorbildung nur eine Repetition war‹ (Haase), andere Instrukteure brachten ihm das Photographieren und Verschlüsseln bei, wieder andere lehrten ihn den Umgang mit toten Briefkästen und das Abschütteln von Verfolgern.

Und als Haase Anfang Januar 1962 den ganzen Text der Heeresdienstvorschrift (HDv) 100/2, die die Führungsgrundsätze des Heeres für die atomare Kriegführung enthielt, auf Minox-Film lieferte, staunten die Offiziere des Mil-ND nicht schlecht. So leicht war es, in den Besitz vertraulicher Bundeswehrdokumente zu gelangen. Die HDv 100/2 war zwar nur durch den geringsten Geheimhaltungsgrad (›Verschlußsache/Nur für den Dienstgebrauch‹) geschützt, dennoch verboten klare Befehle, sie herumliegen zu lassen oder sie gar aus dem Stabsquartier zu entfernen.

Wie schon gesagt, das falsche Geständnis stellte ganz auf angebliche Militärspionage ab. Doch dies war nur ein geringer Teil meiner eigentlichen Friedenswacht und ND-Tätigkeit zwischen den beiden deutschen Staaten. Die Schilderungen des SPIEGELS in Details sind falsch!

Kapitel 9 h Die Würzburger Studienzeit

Verbindungsmann Ferber paßte auf, daß sich Haase rasch an der Universität Würzburg akklimatisierte und wieder das Leben führte, das er vor seinem Abstecher an die West-Berliner FU gewohnt gewesen war. Der Aufpasser brauchte sich keine Sorgen zu machen: Mit der ihm eigenen lautfröhlichen Geschäftigkeit hatte sich Haase erneut in Würzburgs akademischpolitisches Leben gestürzt, zu dessen skurrilsten Figuren er bald gehörte.

Er wurde AStA-Mitglied und dann stellvertretender Vorsitzender sowie Tutor im Internationalen Studentenwohnheim.

Er hatte zunächst Jura, Volkswirtschaft und Philosophie belegt, dann war noch Medizin hinzugekommen – jetzt konzentrierte er sich dank des Zuredens seiner Freundin, der attraktiven Josephine (»Josi«) Hitzigrath, auf das juristische Fach mit dem Ziel, 1966 sein erstes juristisches Staatsexamen abzulegen.

Der Spion Haase lieferte inzwischen Kunterbuntes, Wichtiges und Banales:

– nach einer Wehrübung bei der Panzergrenadierbrigade 3 Material über das Planspiel ›Büchold‹,
– eine vom Bundesverteidigungsministerium herausgegebene Verschlußsachen-Verordnung ›*Plan für die Öffentlichkeitsarbeit der Bundeswehr*‹,
– während einer Reserve-Übung beim Fernmelde-Bataillon 12 in Tauberbischofsheim Erkenntnisse über das Logistik-Planspiel G4,
– später Informationen über das Planspiel ›Lübeck‹, in dem die Bundeswehr zum erstenmal Alarmierung und Einsatz im Falle eines von sowjetischen und ostdeutschen Verbänden provozierten Grenzzwischenfalls im nördlichsten Grenzsektor der Bundesrepublik geprobt hatte.

Der größte Beutezug an Papieren und Erkenntnissen gelang Haase während seines Einsatzes bei der NATO-Stabsrahmenübung ›Fallex 62‹, und das hatten wohl selbst seine kritischsten Vorgesetzten im Mil-ND voll zufriedengestellt.

Da war ihm auch endlich der Durchbruch zu den Safes und VS-Schränken der Bundeswehr geglückt: Nach einer Überprüfung durch den Militärischen Abschirmdienst (MAD) durfte er jetzt alle Geheimpapiere der Grade ›VS-Vertraulich‹ und ›Geheim‹ lesen. Die Urteile der Vorgesetzten in der Bundeswehr wurden immer wohlwollender: Haases Auftreten sei ›voll befriedigend‹.

Einem so beurteilten Bundeswehroffizier mochten die Genossen im Mil-ND nicht länger den großen Erkundungsauftrag vorenthalten. Der Auftrag bot sich an, zumal Haase mitten in dem Erkundungsgebiet wirkte:

Die Aufklärung der 12. Panzerdivision

Auf der Feindlagekarte des Mil-ND klaffte noch eine arge Lücke, die die Genossen in Straußberg daran erinnerte, daß sie nichts über die gerade entstehende 12. Panzerdivision, die letzte der 12 Divisionen der Bundeswehr, wußten. Haase sollte ihnen das fehlende Wissen beschaffen.

Ein verschlüsselter Radio-Spruch rief den Agenten ›Max‹ nach Ost-Berlin. In der ihm schon bekannten Geheimdienst-Villa am Rande Berlins erfuhr Haase von seinem Führungsoffizier Heinz, worum es ging: Aufklärung der 12. Panzerdivision *›bis zum letzten Mann‹*.

Für Dieter Haase war es ein vertrautes Thema. Er hatte bereits im Februar 1962 an einer Pflicht-Kurzwehrübung in der Panzergrenadierbrigade 35 in Hammelburg teilgenommen, die nun mit der in Bad Mergentheim liegenden Panzerbrigade 36 zur 12. Panzerdivision zusammengestellt wurde. Anfang 1961 – auch das wußte Haase – war in Tauberbischofsheim ein Divisionsstab unter Oberst Hoheisel gebildet worden mit dem Ziel, spätestens 1965 die fertige Division dem Oberbefehl der Nato zu unterstellen.«

Außerdem wurde die 12. Panzerdivision zur Armee-Eingreifreserve, d. h., sie mußte Kenntnis über alle drei Korpsbereiche haben – also über das Gebiet der ganzen BRD.

Der SPIEGEL fährt fort: »Haase erhielt nun den Auftrag, nahezu alles über die Division zu ermitteln: ihre Stärken und Schwächen, ihren Kampfauftrag, die Dislozierung ihrer Infrastruktur, Abweichungen bei der Ausrüstung ihrer Artillerie, genaue Funktionen der Brigaden und vor allem des Lehrbataillons.

V-Mann ›Max‹ war im Bilde. Er fuhr nach Würzburg zurück, entschlossen, den Genossen zu beweisen, wie leicht ein Spion eine Bundeswehrdivision ausforschen kann.«

Diese Teile des falschen Geständnisses hat DER SPIEGEL weitgehend aus den Verfahrensakten und danach teilweise aus taktischen Gründen von mir zur Bestätigung des Geständnisses erhalten, solange das Verfahren noch nicht eingestellt oder abgeurteilt war. Da DER SPIEGEL mit solchen Texten noch vor der schriftlichen Urteilsbegründung herauskam, fühlten sich – ungerechterweise – meine befangenen Richter durch ihn bestätigt. Statt mir zu helfen – wie verabredet – schadete mir DER SPIEGEL mit seinen Veröffentlichungen erheblich. Ich fühlte mich in die Pfanne gehauen. Daher hier der ausführliche Abdruck seiner Texte, obwohl das für mich nicht gerade immer schmeichelhaft ist. Aber es gehört zu meiner Geschichte und zu den Vorurteilen, unter denen ich mein ganzes weiteres Leben leiden werde.

Kapitel 10
LARA II – Der SPIEGEL läßt schön grüßen

Der SPIEGEL berichtete 1976 in seiner Ausgabe Nr. 24 in Kenntnis meines falschen Geständnisses weiter über mich unter dem Titel **»Schöne Grüße an Lara«**

Kapitel 10 a Die Karriere des DDR-Spions und Bundeswehr-Hauptmanns Dieter Haase (II)

»Pünklich um sieben Uhr war der Agent schreibbereit. Dieter Haase, DDR-Spion, Reserveoffizier der Bundeswehr und Student in Würzburg, stülpte sich eben die Kopfhörer auf, da vernahm er schon die acht Gongschläge, die aus dem vor ihm stehenden Rundfunkgerät des Typs ›Grundig Ocean-Boy‹ erklangen. Kurz darauf ertönte eine Frauenstimme, die monoton Zahlengruppen ablas.

Haase wußte Bescheid: Die Genossen vom Mil-ND, dem militärischen Geheimdienst der DDR, hatten in ihren regelmäßigen einseitigen A-3-Funksprüchen an ihre Agenten in West-Deutschland auch für den V-Mann ›Max Sorge‹ (so Haases Deckname – der stimmte so nicht – d. V.) wichtige Aufträge. Haase wartete geduldig, bis seine Kennziffer dran war.

Dann notierte er sich Zahlengruppe um Zahlengruppe. Schließlich schaltete er das Radio ab und griff zu einer Kleiderbürste, die er aufschraubte; in ihr waren Schlüsselunterlagen und ein Code verborgen. Er nahm beides heraus und begann, die notierten Zahlengruppen zu dechiffrieren.

Der Klartext enthielt die Anweisung seines Führungsoffiziers ›Heinz‹, der noch einmal spezifizierte, was er Haase schon bei einem Treff am Rande Ost-Berlins eingeschärft hatte. Heinz wünschte, daß Max den vom Osten noch kaum aufgeklärten neuesten Kampfverband der Bundeswehr, die 12. Panzerdivision, gründlich ausspähe.

Mit diesem Funkspruch vom Frühjahr 1964 rückte Haase endgültig in die Reihen der östlichen Topspione auf. Bis dahin hatte er sich meistens mit geheimdienstlichen Gelegenheitsarbeiten begnügen müssen: was immer dem Leutnant der Reserve bei seinen Wehrübungen in die Hände gefallen war, hatte er an den Mil-ND weitergegeben: hier die Stärkeaufstellung eines Stabes, dort ein paar Seiten aus einer Heeresdienstvorschrift, dann wieder etwas Kasinoklatsch oder Vorausinformation über ein Manöver.

Die 12. Panzerdivision

Seit 1963 verlangte der Mil-ND präzise, systematische und detaillierte Ausspähung einer ganzen Division. Das war nicht ungefährlich, doch Haase konnte hoffen, das neue Angriffsobjekt ungestört ausforschen zu können. Zum Stab der 12. Panzerdivision in Tauberbischofsheim unterhielt er lockere Beziehungen.

Ihm kam dabei zugute, daß er im Februar 1962 eine Pflicht-Kurzwehrübung bei der Panzergrenadierbrigade 35 in Hammelburg abgeleistet hatte, die jetzt zum Verband der 12. Panzerdivision gehörte. Seither ließ er den Kontakt zu ihren Offizieren nicht abreißen, von denen einige später auch im Divisionsstab Dienst taten.«

Seit 1963 war ich häufig Gast im Offizierskasino, wo ich unter anderem auch Klaus von Schubert kennenlernte. Über ihn habe ich auch seinen Onkel kennengelernt, General Speidel, der damals Oberbefehlshaber bei dem NATO-Hauptquartier SHAPE Europa-Mitte war. Später war ich dann in Fontainebleau als sein Adjutant tätig und bekam so Kenntnis von den Atomgeheimnissen der NATO. Mehr hierzu in meinem nächsten Buch.

Beim SPIEGEL geht's dann so weiter: »Die Offiziere sahen den eifernden Reservisten Haase nicht ungern; in ihrer gesellschaftlichen Isoliertheit tat es ihnen gut, einen Mann um sich zu haben, der immer wieder demonstrierte, für wie notwendig und wichtig er die Bundeswehr hielt. Der Leutnant Haase wußte intelligent zu reden und zeigte sich auch im Kasino als ein freigebiger Kamerad.

(Der gute Narr der anderen ... d. V.)

Manche Offiziere hielten ihn allerdings für einen argen Aufschneider. Den Vorgesetzten schien er sogar alles andere als ein idealer Bundeswehroffizier. ›Ein noch unfertiger, unentschlossener Mensch, dessen Verantwortungsfreude zu wünschen übrig läßt‹, hieß es in einer Beurteilung vom 5. April 1962, und ein anderer hoher Kritiker formulierte: ›Er überlegt zuviel und wagt nichts.‹

Solche Unzulänglichkeiten wurden jedoch von der wehrfreudigen Gesinnung wettgemacht, die der CSU-Mann Haase allzeit offenbarte. Manchem erschien er wie ein ins Zivilleben vorgeschobener Ein-Mann-Propagandatrupp der Bundeswehr: Er leitete die Wehrpolitische Hochschulgruppe in Würzburg, er saß als Hochschulreferent im Bundesvorstand des Ringes Wehrpolitischer Hochschulgruppen (RWPH), er agierte im Bundeswehr-Reservistenverband, er diente sich dem niedersächsischen CDU-Landesausschuß für Fragen der Landesverteidigung als Experte an.

Er war im AStA der FU Berlin und später auch im AStA der Universität Würzburg.

Die Gesinnungsfreunde inner- und außerhalb der Bundeswehr verfolgten wohlgefällig seinen ›Einsatz‹. Dietmar Schössler, ehemaliger RWPH-Funktionär, erinnert sich, Haase habe seine Arbeit ›immer zur vollen Zufriedenheit des Bundesvorstands bewältigt‹, und jedem Kenner schien Haases oft gehörte Ankündigung glaubwürdig, er werde ›in der CDU/CSU als Fachmann für Wehrfragen Karriere machen‹.

So fiel es Haase nicht schwer, Zugang zum Stab der 12. Panzerdivision zu finden. Haase wußte es einzurichten, daß er bei seiner nächsten Wehrübung zu eben dieser Truppe einberufen wurde. Dann hatte er auch noch das Glück, den Einberufungsbefehl schon nach Heinz' erster Instruktion zu bekommen: Am 10. April 1963 rückte Haase in den Stab ein.

Zwei Wochen genügten ihm, Freundschaft mit einigen Offizieren des Stabes zu schließen und gleichsam nebenbei ein paar wichtige Grundsatzbefehle der Division mit seiner Minox zu photographieren. Dabei brauchte er kein sonderliches Risiko auf sich zu nehmen, denn er konnte leicht wegschaffen, was ihm dienstlich zur Kenntnis kam.

Die Leichtigkeit des Spionierens

Einfacher ging das Spionieren nun wirklich nicht: Seit dem September 1962 zu allen Geheimpapieren der Grade ›VS-Vertraulich‹ und ›Geheim‹ zugelassen und außerdem durch das Vertrauen von Kameraden und Vorgesetzten geschützt, konnte Haase ungehindert Verschlußdokumente der Division in sein Studentenheim mitnehmen und dort photographieren.

›Es ist nicht etwa so, daß ich diese Papiere geklaut habe‹, so erläutert Haase, ›So etwas habe ich nie getan, das wäre zu riskant gewesen. Ich habe nur photographiert, was dienstlich zu mir kam. Ich hatte nie Material zu beschaffen, dessen Besitz mich gefährdet hätte.‹

Eine Unsicherheit war freilich dabei: das Herausschmuggeln der Papiere. Doch keine Kontrolle hielt den Leutnant Haase auf. Er brauchte nicht einmal Stichproben zu befürchten, und die zivilen Aktivitäten des Reservisten blieben vollends unerforscht. Im übrigen hat Haase ›nur zu Hause photographiert, weil das unauffälliger war. Ich hätte die Papiere genausogut in den Diensträumen aufnehmen können, habe es aber nie getan.‹

Haase arbeitete so reibungslos, daß seine Oberen im Mil-ND anfangs mißtrauisch waren. Haase: ›Man hat dort nicht verstanden, warum ich Geheimunterlagen dieser Art photographieren konnte. Man verstand überhaupt nicht, wie das technisch vor sich ging. Die Sicherheitsvorkehrungen sind eben in der DDR strenger als bei uns.‹

Der Spion hatte einige Mühe, die Auftraggeber in Ost-Berlin davon zu überzeugen, daß seine Beute kein ›Spielmaterial‹ der bundesdeutschen Gegenspionage sei, wie die Auswerter des Mil-ND wohl befürchten mochten. Nur allzu echt waren die Dokumente und Berichte, die Haase nach Beendigung seiner Wehrübung in Tauberbischofsheim am 27. April Heinz zugeschickt hatte.

Ein Kontaktmann in Norddeutschland, der bis heute nicht enttarnt worden ist, beförderte Haases Filme umgehend nach Ost-Berlin, während V-Mann Max Handschuhe anlegte und in latenter Schrift einen ausführlichen Bericht über seine Erfahrungen bei der 12. Panzerdivision schrieb.

Haase steckte den Bericht in ein Kuvert, tippte darauf die Anschrift ›Anna und Richard Krespinski, 1601, Gussow, Dorfstraße 10, SBZ‹ (eine der fünf Deckadressen, die ihm der Mil-ND zugeteilt hatte) und benutzte als Absender eine dem Würzburger Telephonbuch willkürlich entnommene Anschrift. Bevor er den Brief in den Postkasten warf, wischte er noch einmal mit einem Tuch über den Umschlag, um mögliche Fingerabdrücke zu beseitigen.

Kapitel 10 b Als Presseoffizier auf Wehrübung

Die Feindbearbeiter der DDR hatten gerade die Informationen in ihr Lagerbild eingeordnet, da wurde Haase erneut zu einer Wehrübung einberufen, die er wiederum bei der 12. Panzerdivision ableisten sollte. Am 26. Juli meldete er sich bei der Division und wurde vom Chef des Stabes als stellvertretender Presseoffizier eingesetzt.

Der neue Posten vermittelte Haase einen noch tieferen Einblick in Aufgaben und Struktur der Division. Ein ganzer Strom von Befehlen und Listen lief über seinen Schreibtisch. Der Spion nutzte die Chance.

Mit gefüllter Aktentasche verließ er oft die Kaserne, um in seinem Würzburger Zimmer die Dokumente zu photographieren, eine Karte mit den taktischen Zeichen der Division und der ihr unterstellten Brigaden, den Stärke- und Ausrüstungsnachweis der Division, Berichte über die Ausbildung afrikanischer Soldaten im Fernmeldebataillon 12, Befehle und Tabellen einer Marschübung der Panzergrenadierbrigade 35.

Wichtigstes Beutestück war die ›Übersicht über personelle und materielle Einsatzbereitschaft der 12. Panzerdivision mit Stand vom 12.10.1960‹. Anhand dieses Papiers konnte sich der Mil-ND ein recht genaues Bild von den Stärken und Schwächen, den Aufgaben und Zielvorstellungen der Division machen.

Doch Haase begnügte sich nicht mit der Ausforschung des Innenlebens der 12. Panzerdivision. Ihn interessierten auch größere Zusammenhänge, so etwa die Rolle, die der Division im Verband des II. Korps zugedacht war, zu dem neben der 12. Panzderdivision die 4. und 10. Panzergrenadierdivision gehörten.

Auch hier wurde der Spion fündig. Er photographierte einen Übungsbefehl und eine Marschtabelle für die Gefechtsübung ›Hohenfels 63‹, die das in Ulm residierende Kommando des II. Korps für die Zeit vom 16. bis zum 20. September 1963 plante. Die beteiligten Einheiten des Korps waren noch nicht voll informiert, da kannte der Mil-ND bereits alle wesentlichen Einzelheiten der Übung.

Die Auswerter in Ost-Berlin konnten es kaum fassen; so präzise, so schnell hatte noch kein Agent des Mil-ND in der Bundeswehr gearbeitet. Noch bei seinen Aussagen vor der Sicherungsgruppe Bonn renommierte Haase: ›Jedenfalls war man mit meinen Informationen sehr zufrieden und konnte mit meinen Erkenntnissen die Fragen lösen, die sich auf die 12. Panzerdivision bezogen.‹

Haase agierte jetzt so zuverlässig, daß es Heinz und dessen Vorgesetzte nicht mehr für vertretbar hielten, die offenkundigen Talente des V-Manns Max allein gegen die 12. Panzerdivision zu richten. Haase wurde zum wichtigsten Späher des DDR-Geheimdienstes im Bereich des II. Korps.«

So das falsche Geständnis – und im SPIEGEL-Bericht noch zusätzlich ausgeschmückt!

Kapitel 10 c Die Psychologische Kampfführung der Bundeswehr (PSK)

»Selbst mit dieser Erweiterung von Haases Aufklärungsauftrag mochte sich der Mil-ND nicht begnügen. Dem militärischen Geheimdienst der DDR fehlten noch immer leistungsfähige Agenten vom Schlage Haases so sehr, daß er dem spionierenden Bundeswehr-Leutnant ein zusätzliches Betätigungsfeld zuwies, das Abwehroffiziere und Politinstrukteure der NVA wie kaum ein anderes Gebiet des potentiellen Gegners interessierte: die Psychologische Kampfführung (PSK) der Bundeswehr.

Die Ironie wollte, daß auch die Führung der 12. Panzerdivision Haase für PSK-Aufgaben heranzog. Der Divisionskommandeur hatte von dem stellvertretenden Presseoffizier Haase einen so guten Eindruck gehabt, daß er dessen politischpropagandistische Fähigkeiten auch in Zukunft für die Truppe nutzen wollte. Am Anfang stand zunächst eine Beförderung: Haase avancierte zum Oberleutnant der Reserve.«

In Wahrheit wurde der PSK-Kontakt aufgrund meiner Studien im psychologischen und politischen Bereich von mir angestrebt.

Weiter heißt es dann im SPIEGEL: »›Leutnant d. R. Haase‹, trug der zuständige Offizier in Haases Führungspapiere ein, ›wurde im Verlauf vieler Wehrübungen unterschiedlich beurteilt. Die letzten Beurteilungen lauteten ›befriedigend‹ und ›voll befriedigend‹. Divisionskommandeur hat am 9.8.63 die Beförderung befürwortet.‹

Der Divisionsstab sorgte dafür, daß Haase sofort nach Beendigung seiner Wehrübung im September zu einer neuen Wehrübung einberufen wurde, diesmal im PSK-Bereich. Haase durfte an dem ersten Lehrgang teilnehmen, den das Bundeswehramt in Alfter für Reservisten der PSK-Truppe eingerichtet hatte. In Alfter gehörte Haase zu den eifrigsten Kursanten; fast jedes Wort der Instrukteure schrieb er mit, kein Dokument ließ er außer acht.«

Das hier vom SPIEGEL wiedergegebene falsche Geständnis entspricht auch hier nicht den wahren Begebenheiten!

Hierzu mehr in meinem nächsten Buch: ICH WEIß NOCH MEHR!

»Von Stund an war der Mil-ND bei fast allen Instruktionsstunden, Übungen und Operationen der PSK-Truppe dabei.

Haase lieferte die schriftlich festgelegten Details der PSK-Planspiele ›Dannenberg‹, ›Heidepost‹ und ›Melsungen‹, er schickte das Unterrichtsprogramm der PSK-Lehrgruppe in Alfter nach Ost-Berlin, er notierte sich geplante PSK-Unternehmen an der Zonengrenze.

Und er nutzte jede Gelegenheit, seine PSK-Kenntnisse zu erweitern und auf den neuesten Stand zu bringen. Im Juni 1964 tauchte Haase wieder in Alfter auf und erprobte Einsatzmöglichkeiten der Psychologischen Kampfführung im begrenzten Krieg mit. Drei Monate später beteiligte er sich an der ›Fuchsjagd‹, wie das Planspiel der PSK-Lehrgruppe in Alfter hieß, in dem der ›verdeckte Kampf‹ der Partisanen und Saboteure im Krieg geübt wurde. Auch eine Reise ins NATO-Hauptquartier gehörte dazu.«

So war ich öfter bei SHAPE: Erst in Paris und Fontainebleau, wo ich eine Übung bei General Speidel vorbereitete, und später in Brüssel.

»Nach jedem neuen Kursus konnten die Genossen vom Mil-ND ganze Stapel vertraulicher Bundeswehr-Papiere in ihre Panzerschränke schließen. Teilnehmerlisten, Dienstpläne, Tätigkeitsberichte, Karten, Tabellen und

Analysen, Vortragstexte – Max brachte zahlreiche Dokumente vor seine Minoxlinse, um den Auftraggebern auch noch die letzten Tricks der bundesdeutschen Psychokrieger zu entschleiern.

Es blieb nicht bei theoretischen Erörterungen und praxisnahen Übungen, Haase machte auch echte Einsätze mit. Im September 1964 marschierte er in den Reihen der PSK-Kompanie 983, die im grenznahen Harz eine gegen die NVA gerichtete Aktion mit Propagandaballons ausführte. Ein paar Tage später lag in der Mil-ND-Zentrale ein Bericht Haases vor – mit einer Liste aller Einsätze der PSK-Kompanie seit 1962.

Die Agentenführer des Mil-ND waren über die PSK so genau informiert, daß sie einen Gewaltstreich gegen die Zentrale planten. Sie hatten erfahren, daß die inzwischen in Alfter errichtete Schule für Psychologische Kampfführung im Oktober 1965 nach Euskirchen verlegt werden sollte. Die durch den Umzug unvermeidlich entstehende Unordnung wollten nun die DDR-Geheimdienstler zu einem Überraschungscoup nutzen. Ein Rollkommando des Mil-ND sollte in einer Nachtund Nebel-Aktion einen Panzerschrank der Schule ausräumen, in dem die östlichen Agentenführer Top-Secret-Unterlagen der Nato vermuteten, darunter einige Schlüsseldokumente des ›Emergency Defence Plan‹, des Alarmplanes der NATO-Verbände.

Haase hörte von dem projektierten Unternehmen, als er sich im Juni 1965 mit Heinz und anderen Führungsoffizieren in Berlin traf. Er war skeptisch und hielt den Genossen vor, wie gut die PSK-Schule abgesichert sei. Der Mil-ND sagte das Unternehmen ab.

Der Vorfall verriet etwas von der Bedeutung, die der militärische Geheimdienst der DDR den Mitteilungen seines Agenten Max beimaß. Die Zeiten waren längst vorüber, da die Oberen im Mil-ND die Agentenqualitäten des stets etwas zu laut auftretenden Haase skeptisch beurteilt hatten. Er galt jetzt als ein hochkarätiger Agent. Im Sommer 1964 hatte die Führung des Geheimdienstes seine monatlichen Bezüge auf 1000 Mark (außer Prämien für besondere Leistungen) erhöht, zugleich war Haase zum Hauptmann der Nationalen Volksarmee befördert worden, obwohl er dies heute bestreitet.«

Die unehrliche und quasi heuchlerische »Stasi-Hysterie« der Jahre 91/92 läßt manches heute in einem fragwürdigen Licht erscheinen, so daß ich in diesen Punkten erst im nächsten Buch mehr Klarheit schaffen kann. Vieles hatte aus damaliger Sicht (1960 – 1970) eben eine ganz andere Gewichtung.

Gleichwohl beobachteten die Spionage-Oberen Haases Aktivitäten nicht ohne Bangen. Er widersprach allzu drastisch dem herkömmlichen Bild eines Spions: Dieter Haase war geschwätzig und geltungsbedürftig, er konnte nichts für sich behalten und hatte einen unstillbaren Hunger nach öffentlicher Anerkennung.«

Genau dies war meine Taktik und Tarnung – da keiner bei einem solch auffälligen Gehabe an eine wirkliche Geheimdiensttätigkeit von mir glauben konnte. Die Rechnung ging voll auf.

»Seine Betriebsamkeit schien keine Grenzen, sein Karrierestreben keinen Haltepunkt zu kennen. Haase sei damals ›permanent unterwegs‹ gewesen, berichtet sein Ex-Kommiltone Armin Haas (selbst BND-Geheimdienstmann und mein ärgster Gegner – gescheiterter DSU-Funktionär?!), dem in Erinnnerung geblieben ist, wie Haase, oft im offenen Ledermantel und mit Autohandschuhen, durch Würzburgs Versammlungssäle, Seminare und Bars gehastet sei.

›Ihn konnte man nicht übersehen‹, erzählt Hans Hillebrand, ein anderer Haase-Gefährte aus Würzburger Tagen. ›Es war jedesmal fast ein ›Auftritt‹, wenn er irgendwo hinkam. Einmal trat er meist in Uniform eines Bundeswehrofffiziers auf, und zum anderen hatte er ein auffallendes Wesen. Er machte sich immer wichtig.‹

Kapitel 10 d Der Schürzenjäger

Zum Bild des allwissenden, allgegenwärtigen Insiders, das Haase gern von sich entwarf, gehörte auch, daß er ein nimmersatter, stets erfolgreicher Schürzenjäger war. Haase schien ohne immer neue Frauen nicht denkbar, oft schleppte er sie mit, meist Frauen zwischen 25 und 40.

Schon als Pennäler hatte er sich in dem Ruf gesonnt, ein ›Weiberheld« zu sein, und noch der Häftling Haase wird stolz erzählen, zwischen seinem 16. und seinem 30. Lebensjahr habe er mit etwa 500 Frauen intim verkehrt. Seine sexuell rege Gymnasiastenphantasie malte sich aus, wie die ›richtige‹ Frau des Dieter Haase beschaffen sein müsse. Später notierte er sich: ›Die ideale Frau muß sein: 20 Prozent Geliebte, 20 Prozent Hure, 20 Prozent Mutter, 20 Prozent Kameradin, 20 Prozent Hausfrau.‹

›Haase und die Frauen‹ – das war auch unter Kommilitonen ein beliebter Gesprächsstoff. Ein ehemaliger Würzburger Student urteilt, Haases Beziehungen zu Frauen hätten ›Züge von Perversität‹ besessen, und ein anderer Zeuge will beobachtet haben, daß Haase seine Mädchen auch schlug und sich im Jähzorn vor ihnen auf dem Boden wälzte. Er habe eben, so deutet es Haase heute, an ›überstarker Sexualität‹ gelitten, sein Bedürfnis nach häufigem Geschlechtsverkehr sei wohl ›damals fast krankhaft‹ gewesen.«

Was eben Spießer – so auch beim SPIEGEL – für krankhaft halten!

Der SPIEGEL fährt fort: »Einen so unruhigen und unberechenbaren Agenten unter Kontrolle zu halten, erwies sich für seinen Führungsoffizier als eine nahezu unlösbare Aufgabe. Zunächst hatte die Mil-ND-Zentrale versucht, über Haases Onkel, den Ost-Berliner Textilhändler und Kurier Walter Ferber, auf ihn einzuwirken.

Ferber mußte regelmäßig berichten, was Haase im Westen trieb; zuweilen erschien Ferber unangemeldet bei Haase und bestellte ihn zu einer Aussprache. ›Meist war es so‹, erzählt Haase, ›daß er mich anrief und dann sagte, ich bin da. Dann wußte ich Bescheid, ohne viel Fragen zu stellen. Er sagte mir gleich am Telephon ein Treff-Lokal, das er schon vorher ausgekundschaftet hatte.‹

Doch die früher so guten Beziehungen zwischen Onkel und Neffe verblaßten, die Besuche Ferbers in West-Deutschland wurden seltener. Der kranke Onkel schied bald aus dem ND-Geschäft aus. Eine neue, Haase menschlich nahestehende Kontaktperson aber fand der Mil-ND nicht.

So mußte Führungsoffizier Heinz froh sein, als ihm im Herbst 1963 die Nachricht zuging, in Würzburg habe sich Haase mit einem Mädchen liiert,das endlich etwas Ruhe und Stetigkeit in sein Leben bringen könne. Die attraktive Josefine Hitzigrath, für ihre Freunde ›Josi‹ oder ›Joscha‹, damals 22 Jahre, Tochter eines im Krieg gefallenen Schlesiers und Haases Freundin in Hannover, war in das Würzburger Studentenheim eingezogen, in dem auch Haase wohnte. Sie hatten sich 1959 auf einem Schulfest des Ratsgymnasiums in Hannover kennengelernt. Die Unterprimanerin hatte dem Fähnrich Haase, der zufällig das Fest besuchte, so gefallen, daß er sich ihrer ›väterlich‹ annahm, wie Haase es nennt; Josi kam aus einem ›schwierigen Elternhaus‹ (Haase) und ließ sich von Dieter gern führen. ›Ich muß sagen‹, räumt sie ein, ›daß ich Dieter Haase, der älter und erfahrener war als ich, bewundert habe.‹

Es war daher für sie selbstverständlich gewesen, mit dem Freund zusammen in Würzburg zu studieren und zu leben. ›Das waren die glücklichsten Jahre meines Lebens, diese Zeit der wilden Ehe‹, schwärmt Haase über seine ›Traumfrau‹. Josi freilich, inzwischen Frau von Schlippenbach, korrigiert: ›Von einer ›wilden Ehe‹ würde ich nicht sprechen, wir haben auf verschiedenen Etagen gewohnt.‹

Immerhin waren sie so oft zusammen, daß Haase den Plan faßte, die Freundin an der Spionagearbeit zu beteiligen. Er wollte Josi das Dechiffrieren beibringen, auch für Kurierdienste zwischen Würzburg und Ost-Berlin mochte er sie gern einsetzen. Haase gaukelte sich bereits eine gemeinsame geheimdienstliche Zukunft vor; ein spionierendes Ehepaar – zusammen auf Friedenswacht!«

So zitiert der SPIEGEL nun meine falschen – aus Gründen der Prozeßökonomie getätigten – Aussagen! Dies soll hier wiederholt werden!

»Doch der Spion hatte Hemmungen, sich seiner Freundin zu offenbaren. Wie sollte er, der CSU-Mann, seine Spionagearbeit für den kommunistischen Osten rechtfertigen, wie die Ungereimtheit erklären, daß er zugleich Offizier in der Bundeswehr und in der Nationalen Volksarmee war?

Er selber hatte Schwierigkeiten, dies alles zu verstehen.

Später gab er zu Protokoll, im Laufe seiner konspirativen Tätigkeit seien ihm ›natürlich immer wieder Zweifel an der Rechtmäßigkeit und Billigkeit meines Tuns‹ gekommen. Haase beteuert: ‹ Ich hatte nie den Eindruck, eine Verratstätigkeit oder Spionage auszuüben, sondern fühlte mich ständig auf Friedenswache. ‹«

Vieles. ja das meiste, was ich getan habe, habe ich aus Überzeugung getan! Zugeben, es gibt im ND-Bereich immer wieder Dinge, bei denen man sich die Finger schmutzig macht. Man kann nicht alles mit weißen Glacéhandschuhen tun. Wie im »normalen« Leben übrigens auch.

Der SPIEGEL führt weiter aus: »Was bewog ihn, mitzumachen?

Haase, der scheinbar stets perfekte Antworten zur Hand hat: ›Ein bißchen Abenteuerlust, Karrierestreben und Geltungssucht.‹ Doch seine weitergehende Interpretation nähert sich schon dem Reich der Schutzbehauptungen: Er sei damals ›wirklich überzeugter Sozialist‹ gewesen und habe ›Zweifel an den Werten der westlichen Ideologie‹ gehabt.«

Das ist die Wahrheit – damals wie heute. Ich fühlte mich als Friedenskämpfer – besonders bei der Heuchelei und Bigotterie des Adenauer-Staates mit seiner Verquickung von Politik und Religion. Vieles kann man sich wohl heute einfach nicht mehr vorstellen.

»Er will auch von Fehlentwicklungen westlicher Politik abgestoßen worden sein: Der starre Antikommunismus der Adenauer-Ära, das sterile Feindbild der Bundeswehr, der Krieg in Vietnam – Haase läßt kein Argument aus, wenn er seinen Verrat zu rechtfertigen versucht. Zudem habe er – so seine Kernthese – gar nicht spioniert, sondern allenfalls durch ein paar zusätzliche Informationen das im Osten ohnehin bekannte Material ›verifiziert‹.«

Dies kommt der Wahrheit am nächsten – auch hierzu mehr in meinem nächsten Buch: ICH WEISS NOCH MEHR!

»Wie beweglich auch immer Haase argumentierte, gegenüber Josi versagte seine Beredsamkeit: Der Spion traute sich nicht. Es reichte nur zu Andeutungen, die Haases Gefährtin nicht verstand. Haase weiß noch: ›Politik hat Josi nie was bedeutet und Militär erst recht nicht. Das waren zwei Dinge, die sie haßte.‹« (Auch hier darf zum Schutz noch lebender Personen die ganze Wahrheit nicht gesagt werden – Wagner – Walküre und der Ring . . . d. V.)

Nie aber habe ich die Wahrheit über Josi in dieser Hinsicht gesagt. Da ich sie noch heute liebe, verbietet sich dies auch jetzt!

»Gleichwohl behauptet Haase in seinem – später allerdings widerrufenen – Geständnis, Josi Hitzigrath habe ihm bei seiner konspirativen Arbeit geholfen, und auch die Bundesanwaltschaft, die gegen die Frau ein Ermittlungsverfahren führt, mochte zumindest nicht ausschließen, daß sie Mitwisserin Haases gewesen sei. Doch die Angaben des sonst so präzise formulierenden Exspions blieben vage: Josi habe zwar ›von Anfang an gewußt, daß ich mit dem Osten irgend etwas zu tun hatte, aber Genaues wußte sie nicht‹; sie sei ›einige Male behilflich bei Kleinigkeiten‹ gewesen, habe sich allerdings ›so gut wie möglich davor immer gedrückt‹.

Frau von Schlippenbach konnte denn auch Haases Version dementieren; sie habe nichts gewußt, ihr sei auch kein Verdacht gekommen. Ihr sei ›lediglich aufgefallen, daß er sich häufig in seinem Zimmer einschloß und ich dann keinen Zutritt hatte‹. Erst später sei sie mißtrauisch geworden, aber ihr Verdacht sei ›sehr vage‹ gewesen.

Das war zu einer Zeit, da sie sich bereits auseinandergelebt hatten. Schockiert beobachtete Josi, daß Haase wieder unruhig wurde. Er jagte seinen politischen Tagträumen nach und machte sich immer fanatischer vor, am Anfang einer großen politischen Karriere zu stehen. Die Folge: Auseinandersetzungen, Eifersüchteleien und Schlägereien.«

Ich war damals wirklich sehr umtriebig. Ich sollte 1965 für die CDU oder die CSU überraschend für den Bundestag kandidieren. Als ich von einer meiner Seminarreisen Ostern 1965 einen Tag eher nach Würzburg zurückkehrte, erwischte ich Josi und Hans Hillebrand zusammen im Bett. Dies war im 7. Stock des Internationalen Studentenwohnheimes in Würzburg, und ich wollte Hans aus dem Fenster werfen. Das Ereignis zerstörte meine ganze damalige Lebensplanung. Von einer Minute zur anderen zerbrach mein Leben und mein Vertrauen in Liebe und eine gemeinsame Zukunft. Danach trennte ich mich von Josi. Monatelang konnte ich ihren Betrug nicht verkraften. Ich litt fürchterlich.

»Im Frühjahr 1965 brach Josi die Beziehungen mit Haase ab und zog nach München. Am 21. Mai schrieb sie ihm einen Abschiedsbrief, beschwörend und nicht ohne Weitsicht:

Dieter, ich möchte Dich noch einmal bitten, unser beider Leben nicht zu zerstören, indem Du zu weit gehst. Der Einsatz lohnt in diesem Falle nicht. Sieh doch ein, daß man nur durch hartes, ehrliches Arbeiten Ruhe und Leben und Frieden bekommt. Schone uns und unser Leben. Es gibt Schlimmeres, als immer ein mittelmäßiger Mann zu werden. Es lohnt nicht, für die Idee eines großen Mannes ein Leben ohne Sonne, ohne Licht, ohne Blüten, ohne Vögel, ohne Frauen führen zu wollen. Ich bin krank und kann nicht mehr schreiben, doch ich werd mich erholen, wenn Du es willst. Blas alles ab und sag, Du willst arbeiten und Ruhe haben. Wenn Du mal sehr hoch kommst, also den unhaltbaren Weg gewählt hast, ist es zu spät. Denk an mich und an Dich.

Joscha

Die Trennung von Josi war ein Schlag, von dem sich Haase lange Zeit nicht erholen konnte. ›Ich wollte damals die ganze ND-Tätigkeit aufgeben und war äußerst deprimiert‹, behauptet Haase. Er mühte sich kaum noch, wenn Aufträge von der Zentrale des Mil-ND kamen.«

Wie sich der SPIEGEL so ein ND-Verhältnis vorstellt, daß in Wahrheit ganz anders war! Mit Rücksicht auf Walküre muß ich schweigen . . .

»Verdrossen beobachtete Führungsoffizier Heinz, daß Haases Leistungen von Monat zu Monat stärker nachließen. Seit Sommer 1965 lieferte er meist nur noch unergiebiges Material.

Einige PSK-Studien, ein ›Erfahrungsbericht über Fallex 64‹, eine Aufstellung über die im Verteidigungsfall vorgesehenen Frequenzen für das PSK-Bataillon 701 – mehr schaffte V-Mann Max nicht heran.

Er zeigte sich so labil und niedergeschlagen, daß Heinz beschloß, seinen besten Agenten in Westdeutschland erotisch aufzuheitern. Beim nächsten Berlin-Treff stand in einer Konspirativen Wohnung im Haus Nr. 171 der Frankfurter Allee eine Betreuerin mit dem Decknamen ›Gerda Schmitz‹ zum nächtlichen Service bereit. Haase behielt in Erinnerung: ›Eine attraktive Dame, Mitte zwanzig, mit einem haselnußgroßen Leberfleck auf dem linken Oberschenkel.‹

Auch in West-Deutschland bediente jetzt eine V-Frau namens ›Renate‹ als Kurier, Photogehilfin und Schlafgenossin den Spion. Sie konnte ihn jedoch nicht zu höheren Spionageleistungen animieren, zumal Haase an den Folgen eines Autounfalls litt und sich auf sein erstes Staatsexamen vorbereitete, das er Ende 1966 bestand.

Im Februar 1967 versuchte Haase, sich mit Josi Hitzigrath zu versöhnen. Die Exgeliebte ließ sich zu einem gemeinsamen Urlaub auf Teneriffa überreden, doch als sie sich weigerte, mit Haase ein Doppelzimmer zu beziehen, kam es zu einem neuen Handgemenge zwischen den beiden. Haase zerriß Josis Tasche und Mantel, dann griff er nach ihrer goldenen Uhr und warf die Gegenstände in den Müllschlucker. Die Frau rannte zum Zimmer hinaus und kehrte nie wieder zurück.«

So die völlig unzutreffende banale Story des SPIEGEL – vielleicht nach der Lesart derer von Schlippenbach?

Diese Ereignisse spielten sich leider noch viel schlimmer aber ganz anders ab.

»Verbittert reiste Haase einige Wochen später, am 14. Mai 1967, zu einem neuen Treff in Ost-Berlin. Als er das Flughafengebäude von Tempelhof verlassen wollte, stieß er auf eine Frau, die ihn ermunternd anlachte: Sie wartete seit einer Stunde auf eine Chance, mit in die Stadt genommen zu werden, da ein Bekannter sie versetzt hatte. Es war die Frau, die Haase zu neuer Spionageaktivität ansporonen sollte: Carola Reinschmidt, geschiedene Clementz, damals 26 Jahre alt, Directrice in einem Modesalon in Osnabrück.

Sie verstanden sich auf Anhieb, schon eine Stunde später quartierte sich das Paar in der Pension ›Fasanenhaus‹ ein.

Der ›Schriftsteller‹ (als solcher hatte sich Haase vorgestellt) erschien Carola ›recht abwechslungsreich und unterhaltsam‹, wenn sie es auch ›etwas merkwürdig‹ fand, daß Haase nach einem längeren Aufenthalt in Ost-Berlin aus seinen Strümpfen ein paar Tausendmarkscheine hervorholte – Ermunterungsgeld des Mil-ND für den müde gewordenen Spion.

Solcher Aufmunterung bedurfte er nun freilich nicht mehr, die Gesellschaft von Frau Carola förderte neue Aktivität. Sie animierte ihn so, daß Haase schon der Verdacht kam, Carola sei ihm vom Mil-ND untergeschoben worden. Die Directrice kam häufig am Wochenende nach Würzburg und bestaunte den politischen Einfluß in Ost und West, den sich der neue Freund zuschrieb.

Er hätte längst Staatssekretär in einer CDU-Regierung werden können, ließ Haase verlauten, und er kündigte an, in 20 Jahren werde es ein vereinigtes Europa unter einer liberalen KP-Führung geben, in dem er berufen sei, den Posten eines Europaministers zu übernehmen.

Carola Reinschmidt glaubte es ihm unbesehen; noch vor Gericht sinnierte sie: ›Er muß schon was draufgehabt haben, daß ihm die meisten Leute Vertrauen schenkten. Er hat echt die Leute überfahren.‹ Sie war so beeindruckt, daß sie sich eine gemeinsame Zukunft mit Haase vorstellen konnte: Weihnachten 1967 verlobten sie sich, im April 1968 folgte die Heirat – mit Genehmigung Ost-Berlins. (Na, na – so schlimm war ich nie in den Fängen der ND-Dienste, daß ich mir mein Privatleben genehmigen lassen mußte! – d. V.)

Kapitel 10 e Die Zeit in Gerbrunn

Die Haases zogen in den Würzburgnahen Ort Gerbrunn, wo sie im Haus Nr. 10 der Sieboldstraße eine Wohnung mieteten. Erst da ›fiel mir auf, daß Haase eigentlich nicht richtig arbeitete‹, wie sich die heutige Frau Frenkler erinnert. Als sich gar Haase allzuoft am frühen Sonntagmorgen im Wohnzimmer einschloß und seiner Frau den Zutritt verwehrte, verlangte sie Aufschluß über so rätselhaftes Tun. In die Enge gedrängt, gestand Haase, daß er für die östliche Spionage arbeite.«

In Wirklichkeit waren Josephine und Carola durch sorgfältige Vorbereitung und Absprachen mit Ost-Berlin jeweils eingeweiht, wußten allerdings möglichst wenige ND-Details von mir.

»Carola nahm es gelassen hin und protestierte auch nicht, als ihr Haase anbot, ihm bei der konspirativen Arbeit zu helfen. Die Frau war einverstanden. Haase will heute freilich wissen, daß seine Frau damals bereits im Dienst des Mil-ND gestanden habe. Allzu bereitwillig nahm die Agentin ›Lara Müller‹ (so Carolas Deckname) den Kurierdienst auf.

Die Mil-ND-Zentrale in Straußberg aber war froh, ihren Chefspion im Bereich des II. Korps der Bundeswehr wieder in sicheren Händen zu wissen. Haases wiedererwachter Tatendrang kam den Geheimdienst-Genossen gerade zur rechten Zeit. Eine neue Entwicklung in der Bundeswehr machte seinen verstärkten Einsatz wünschenswert, für den ihm auch ein neuer Deckname zugeteilt wurde: Aus ›Max Sorge‹ wurde ›Peter Hofmann‹.«

Zunächst hatte ich zwei weibliche Decknamen. Beide hier aufgeführten

Decknamen stimmen nicht. Erst später – seit 1963 – war meine eigentliche Kennung dann »006«.

»Die Führung der Bundeswehr hatte sich entschlossen, das Zusammenwirken deutscher und alliierter Großverbände auf Korpsebene zu erproben – in Manövern, die weiträumiger und personalstärker angelegt waren als vergangene Übungen der Bundeswehr. Das I. Korps im Nordwesten der Bundesrepublik hatte 1967 den Anfang gemacht; das Manöver ›Hermelin II‹ vereinigte die bis dahin größte Übungsstreitmacht auf westdeutschem Boden: 36 000 Mann, 2000 Kettenfahrzeuge und 9000 Radfahrzeuge.

Das nächste große Manöver (›Schwarzer Löwe‹) war im Bereich des II. Korps vorgesehen, und das brachte nun Haase ins Spiel. Bei einem Treff in Ost-Berlin am 5. Januar 1968 machte ihm Heinz klar, worauf es dem MilND ankomme: genaue Berichterstattung über Ausgangslage des Manövers, Zusammenwirken der beteiligten deutschamerikanischfranzösischen Verbände, Waffeneinsätze.

Für die Ausspähung des Großmanövers war Haase, seit 1967 Hauptmann der Reserve, genau der richtige Mann: Ihm war es inzwischen gelungen, bei fast allen Übungen und Planspielen der 12. Panzerdivision als ihr Verbindungsoffizier zum Stab des II. Korps eingesetzt zu werden. Seine guten Beziehungen ermöglichten es ihm, sich stets zu einer Wehrübung einziehen zu lassen, wenn größere Manöver der Division bevorstanden.

Bereits bei der Stabsrahmenübung ›Bocksbeutel‹, die das Kriegsmeldewesen der Panzergrenadierbrigaden 35 und 36 erproben sollte, war ihm ein größerer Coup geglückt. Zum erstenmal als Verbindungsoffizier zum II. Korps eingesetzt, hatte er in der Nacht zum 18. April 1967 den Befehl erhalten, die Planskizze der Übung zum Korpsstab bei Stuttgart zu bringen. Haase reagierte rasch: Auf der Fahrt nach Stuttgart machte er in Würzburg Station, photographierte die ihm anvertrauten Unterlagen und reiste weiter.

Ein neugewonnener Freund in dem nach Veitshöchheim umgezogenen Divisionsstab, der Oberleutnant Wolf-Dietrich Toop, bei Manövern Adjutant des Divisionskommandeurs, versorgte Haase zudem mit allen wichtigen Interna. So konnte Haase hoffen, auch beim ›Schwarzen Löwen‹ wieder Verbindungsoffiziersaufgaben zu bekommen.

Doch als Ende Januar 1968 eine dem Großmanöver vorausgehende Gefechtsübung (›Hammelsprung‹) begann, wurde Haase nicht – wie von ihm erwartet – zur Division einberufen.

V-Mann Peter ließ sich aber nicht entmutigen. Bei einem Stabsoffizier der 12. Panzerdivision las er die Übungsbefehle und setzte schließlich durch, daß er als Gast und Zivilist am ›Hammelsprung‹ teilnehmen durfte.

Bei der nächsten Übung der Division, dem ›Würzburger Stein‹, war Haase wieder dabei – als Verbindungsoffizier zum II. Korps. Was er dabei aufschnappte, konnte ihm nur bestätigen, daß der ›Schwarze Löwe‹ eines der politisch brisantesten Unternehmen der Bundeswehr zu werden versprach: Generalleutnant Karl Wilhelm Thilo, der Kommandierende General des 2. Korps, hatte sich eine Mammutübung ausgedacht, die just auf dem Höhepunkt der durch den Prager Frühling ausgelösten CSSR-Krise 36 000 Nato-Soldaten zum scharfen Waffeneinsatz an die deutschtschechische Grenze führen sollte.

Auch als der Protest der Bonner Politiker Thilo zwang, seine Großübung 200 Kilometer nach Westen zu verlegen, war der Spion den Kameraden dicht auf den Fersen. Zwar wurde Haase nicht zur Korpsübung herangezogen, dennoch erfuhr er alle belangvollen Einzelheiten über den ›Schwarzen Löwen‹.

Haases Kameraden im Stab der 12. Panzerdivision fanden es unschicklich, dem interessierten Freund der Bundeswehr Geheimmaterialien vorzuenthalten. Toop lieh ihm alle wesentlichen Unterlagen, darunter die Lagen ›Blau‹ und ›Rot‹ ebenso wie die Planskizzen, für 24 Stunden aus – Gelegenheit für Haase, sie rasch zu photographieren. Bald wußte Haase, was die Übung alles vorsah: eine Luftlandung bei Nacht, einen Kriegsbrückenschlag, das Verzögerungsgefecht einer Luftlande-Kampfgruppe, einen von Jagdbombern unterstützten Angriff einer Division.

Am 6. September hatte Haase alle entscheidenden Manöverdokumente zusammen, vier Tage später brach Kurier ›Lara‹ zu einer Fahrt nach Ost-Berlin auf. Carola Haase hatte sich dafür mit einer Perücke ausgestattet und einen Strohhut gekauft, der beim Treff mit Heinz am Bahnhof Friedrichstraße als Erkennungszeichen dienen sollte. Dieter gab ihr einen letzten konspirativen Rat: »Nicht auffallen, nicht schminken!‹

Die Agentenführer waren von Haases attraktiver Frau so eingenommen, daß sie von nun an nie vergaßen, den Kontaktleuten von Haase ›schöne Grüße an Lara‹ mitzugeben. Heinz händigte ihr sofort 6000 Mark aus, was Carola schwer beeindruckte, Als ihre wesentlichste ND-Aufgabe aber behielt sie im Gedächtnis: ›Ich sollte auf Haase beruhigend wirken.‹

Peter und Lara entwickelten sich zu einem scheinbar idealen Spionage-Ehepaar: Er beschaffte die Unterlagen aus Bundeswehrsafes und photographierte sie in der gemeinschaftlichen Wohnung, sie half beim Photographieren und schmuggelte dann die Filme auf dem Luftweg nach Berlin, wo sie regelmäßig Heinz erwartete – meist mit einer deftigen Prämie.

Kapitel 10 f Fallex 68

Die ehelich-geheimdienstliche Kooperation hatte sich bereits gut eingespielt, als sich eine neue Stabsrahmenübung (›Fallex 68‹) anbahnte, in der zum erstenmal ein atomarer Schlagabtausch zwischen den rivalisierenden Bündnissystemen unter Berücksichtigung der neuesten NATO-Verteidigungspläne getestet werden sollte. Heinz war ganz aufgeregt, beim nächsten Treff mahnte er Lara: ›Das ist die wichtigste Übung, die es gibt!‹

Dieter Haase hatte rechtzeitig vorgesorgt und sich schon im August für die Einberufung auf seiner Mob(ilmachungs)-Stelle im Stab der 12. Panzerdivision während der Zeit von ›Fallex 68‹ vormerken lassen. Tatsächlich rückte er zu Beginn der Übung ein.

Als er in der Mittagszeit des 14. Oktober den verlassenen Lagerraum des Stabes betrat, erkannte er seine Chance. Da lagen unverschlossen die 264 Seiten starken ›Leitungsanweisungen für die Nato-Übung Fallex 68‹, das wohl wichtigste Geheimdokument des Unternehmens.

Haase nahm das Papier an sich, verließ die Kaserne und jagte ins Würzburger Julius-Spital, in dem ausgerechnet jetzt Carola mit einer Nierenbeckenentzündung lag. Er bat sie, sofort das Krankenhaus zu verlassen, denn er brauchte ihre Hilfe beim Photographieren. Die beiden hasteten in ihre Wohnung, in zwei Stunden war das Dokument photographiert. Kurz darauf lagen die Geheimpapiere wieder im Lagerraum der Division.

Jeden Tag brachte Haase neue Dokumente in die Wohnung, die rasch photographiert wurden. Innerhalb von drei Tagen waren 24 Filme belichtet, 1000 Aufnahmen hielten Fallex-68-Dokumente fest. Am 19. Oktober brachte Carola die Filme, sorgfältig unter ihrem Hüfthalter versteckt, nach Ost-Berlin. Heinz' Lohn: 4000 Mark.

Auch von den weiteren Übungen konnte Haase immer reichere Beute mitbringen: Lagekarten, Fernmeldeunterlagen, geheimgehaltene Vorträge von hohen Bundeswehroffizieren, Divisionsbefehle – und in die Familienkasse der Haases flossen jedesmal fette Prämien des Mil-ND.

Schon rüstete sich Haase, sich eine Beobachtungsstelle für das nun beim III. Korps anberaumte Großmanöver ›Großer Rösselsprung‹ zu sichern, da traf ihn Anfang 1969 ein Schlag, den das Paar selber verschuldet hatte. Durch die Mietung einer zweiten Wohnung in Hannover verlor Haase, inzwischen Referendar in Celle, seine Mob-Stelle bei der 12. Panzerdivision; von jetzt an war für ihn das Kreiswehrersatzamt Hannover zuständig, das den Hauptmann der Reserve einem Jägerbataillon als Kompanieführer zuteilte – ein geheimdienstlich völlig uninteressanter Posten.«

So sah es damals der SPIEGEL, und so mußte ich es als falsche Aussage bis zur Hauptverhandlung stehenlassen.

»Ärgerlich wehrte sich Haase gegen die administrative Zufallsentscheidung, die ihm seinen attraktiven Agentenjob zu ruinieren drohte. Er gebärdete sich dabei so unkontrolliert, daß es selbst der Mil-ND für opportun hielt, ihn für einige Zeit stillzulegen, zumal auch Haase Ende Januar meldete, er fühle sich verfolgt und habe deshalb vorsichtshalber Schlüsselunterlagen verbrannt.«

In Wirklichkeit war dies alles ganz anders gelaufen und hatte einen viel ernsteren ND-Hintergrund. Mehr dazu an anderer Stelle und im nächsten Buch. Auf jeden Fall ging es um die Tarnung meiner Kontakte in den Nahen Osten, zu Mossad, CIA und KGB. Selbst das MfS war dabei nicht informiert. Einer meiner besten Freunde wurde im Zuge dieser Vorgänge enttarnt, ein anderer liquidiert.

Beim SPIEGEL geht es dann so weiter: »Die Zentrale des Mil-ND ging nun dazu über, Haase wieder mehr für seine akademische Ausbildung zu interessieren – Anlaß für Haases Überzeugung, der Geheimdienst der DDR wolle ihn als großen Perspektivagenten aufbauen. Immerhin legte Heinz der Carola Haase bei einem Treff am 10. März nahe, ihr Mann solle sich jetzt verstärkt um den Abschluß seiner Doktorarbeit (Thema: ›Der verdeckte Kampf‹) kümmern. Heinz half sogar aktiv bei der Vorbereitung der Dissertation mit: Über den A-3-Fund ließ er den Agenten Peter Hofmann mit Literaturhinweisen versorgen.«

Nichts als eine Story für die BKA-Leute um Richter Willner und Co.. Wenn ich gewollt hätte, hätte mir Mischa Wolf die ganze Doktorarbeit schreiben lassen. Das war letztlich auch hier nur eine Frage des Geldes. Ebenso hatte ich mehrere Leute an der Hand, die für 10000 DM die Doktorarbeit für mich geschrieben hätten. Aber ich wollte nicht erpreßbar sein. Weder von West – noch von Ost.

Kapitel 10 g Die Krise
Der Abgesang des Agenten »006«

Der SPIEGEL fährt fort: »Haase, durch den ihn empörenden Sowjet-Einmarsch in Prag auch politisch in die Krise geraten, zeigte zuweilen Anzeichen von Verfolgungswahn. Schon im Februar hatte er den Militärischen Abschirmdienst, die Spionageabwehr der Bundeswehr, mit der Meldung irritiert, fremde Personen verfolgten ihn, und am 1. September mußte Lara bei einer neuen Zusammenkunft mit Heinz ausrichten, ein Mitarbeiter des Bundesnachrichtendienstes werde Haase allmählich gefährlich und müsse daher unbedingt ausgeschaltet werden.«

Auch diese Vorgänge hatten ganz andere Hintergründe und hingen mit dem späteren Tod von General Wendland zusammen, Vizepräsident des BND und meine Absicherung für eine etwaige Enttarnung als Ostagent. Dazu später mehr. Als ich verhaftet wurde, war er bereits tot . . .

Weiter heißt es dann im SPIEGEL: »Auch die Haase-Freunde im Stab der 12. Panzerdivision gingen plötzlich auf Distanz. Als Haase allzu wißbegierig Toop nach Ergebnissen der Großübung ›Großer Rösselsprung‹ ausfragte, wurde der Oberleutnant mißtrauisch und unterbreitete dem Sicherheitsoffizier der Division seinen Verdacht, Haase arbeite möglicherweise für einen fremden Geheimdienst.«

Ich selbst hatte Toop, mit dem ich befreundet war und des öfteren Tennis spielte, gesagt, daß ich politische und nachrichtendienstliche Schwierigkeiten hätte. Er solle sich etwas zurückhalten, um später nicht etwa mit hineingezogen zu werden. Daß er mein Vertrauen mit sofortiger Denunziation und Selbstanzeige beantwortete, hielt ich zwar für möglich und rechnete sogar damit, es war aber trotzdem eine große Dummheit von ihm.

Der SPIEGEL phantasiert weiter: »Doch Haase mochte nicht aufhören; immer hektischer versuchte er, sich neue Informationsquellen zu erschließen (Totaler Schwachsinn, der Autor). Je weniger ihm das jedoch gelang, desto ärger kehrten sich seine Unzufriedenheit und Wut gegen die Frau an seiner Seite. In Gerbrunn wiederholte sich, was schon Josi Hitzigrath in Würzburg und auf Teneriffa erlebt hatte.

›Er bekam, wenn ihm etwas nicht paßte, regelrechte Wutanfälle‹, erinnert sich die heutige Frau Frenkler. ›Schließlich wurde er mir gegenüber auch handgreiflich. Ich bin deswegen wiederholt zur nächsten Polizeistation gegangen.‹ Haase sieht in solchen Angaben freilich nur Schutzbehauptungen: Carola habe, einen neuen Ehemann in Aussicht, einen Vorwand gesucht, sich von ihm zu trennen.«

In Wirklichkeit hatte mich Carola, die mich mit einigen ihrer Kontaktpersonen aus der Modebranche für flotten Gruppensex versorgte, mit einer dieser Damen ohne ihr Einverständnis in flagranti ertappt. Wir führten eine frivole, äußerst sinnliche und sexuell ausschweifende Ehe. Wenige würden dafür wohl Verständnis aufbringen, deshalb nur soviel: Es gab großen Krach, weil Carola – etwas pervers veranlagt – ganz gern Natursektspiele trieb und auch die Reitpeitsche liebte, woran ich mich nicht so recht gewöhnen konnte. Sie verlangte auch bisweilen von mir, regelrecht vergewaltigt zu werden. Bei der Polizei war sie aber nie. Dagegen warf sie gelegentlich mit Vasen, Aschenbechern oder Tellern um sich.

Carola hatte mit einigen ihrer Mannequins Verhältnisse und führte mir andere als Bettgespielinnen zu. So war sie auch nicht verlegen, als Scheidungsgrund ihrem Anwalt Hans-Peter Grimke 1970 anzugeben: »Mein Mann holte mich in München vom Flughafen ab, als wir in München-Schwabing durch die Bauerstraße fuhren, hielt er plötzlich an einem Jugendstil-Mehrfamilienhaus an. Er bat mich, fünf Minuten zu warten. Er wolle nur kurz bei einer Negerin vorbeischauen. Nach zehn Minuten kam er wieder – und sagte nur: »Es war ein herrlicher Fick! Verzeih mir bitte!« und wir fuhren Kaffeetrinken. »Meinen Sie, das reicht als Scheidungsgrund?« fragte Carola. Herr Grimke hatte Bedenken, ob der Richter dies glauben würde.

In Wirklichkeit war es so, daß Carola mich dorthin dirigierte und dann bei dieser bildhübschen Schwarzen zusehen wollte, wie ich mit ihr schlief. So geschah es dann auch. Aber die Kupplerin war sie gewesen.

Insgesamt war unsere Ehe sehr kurzweilig und umtriebig. Carola – die Legasthenikerin war und selbst in den Satz »Ich lihbe Diech« drei Rechtschreibfehler einbaute – war eine hervorragende Geliebte, eine gute Modistin und Directrice, mit Abstand eine der besten Huren, die ich je hatte – und eine einzigartige Sklavin, wenn sie wirklich liebte ... Es waren zwei aufregende Jahre, hektisch, ausschweifend und abenteuerlich zugleich. Schade, daß es so bald zu Ende war. Trotzdem bereue ich nichts davon – doch, bis auf ihren Verrat an mir und die entwürdigende Haft sowie die Zerstörung meiner bürgerlichen Existenz.

Also: So gesehen bereue ich doch noch eine ganze Menge.

Aber so ist das Leben eben!

Im SPIEGEL heißt es dann weiter:

»In der Nacht vom 29. zum 30. November 1969 schlug sie zurück: Als Haase in Hannover weilte, räumte sie die Gerbrunner Wohnung aus und nahm alle wichtigen Unterlagen ihres Mannes mit. Schon einige Tage zuvor hatte sie das gesamte Geld von allen Konten Dieter Haases abgehoben.

Haase: ›Sie hatte mich finanziell in der Hand.‹ Sie reichte die Scheidung ein. Im März 1970 ging das Agentenpaar endgültig auseinander.

›Du hast Dich leider im Wert dieses Menschen getäuscht‹, schrieb Haases Stiefvater an ihn. ›Du hast aber selber viel Schuld, denn du hättest sie besser behandeln müssen, was wir, die ganze Familie, Dir oft genug gesagt haben. Du warst mit ihr nie zufrieden und hast nur gemeckert.‹ Haase ignorierte alle Warnungen, seine Exfrau werde sich noch an ihm bitter rächen.

Doch Carola konnte nicht glauben, so rasch die Vergangenheit abwerfen zu können. Sobald der Spion Haase auffliegen würde, mußte auch sie mit einem Verfahren rechnen; nur eine Flucht nach vorn konnte sie vor dem Richter schützen. Am 23. März 1970 tat sie den entscheidenden Schritt. Die Staatsschutzbeamten der Mannheimer Kriminalpolizei, denen sie sich anvertraute, potokollierten mit: ›Mein Mann ist ein Spion des Ostens.‹ Dieter Haase aber muß heute befürchten, sein Abenteuer mit einer elfjährigen Gefängnishaft bezahlen zu müssen – wenn ihn nicht Ost-Berlin durch ein Austauschangebot davor bewahrt.«

Soweit das falsche Geständnis im SPIEGEL und so lapidar entschuldigt er Carolas Verrat an mir, der zu schwerem Schaden für die BRD-Nachrichtendienste führen sollte und mein bürgerliches Leben zerstörte. Später saß ich zwischen allen Stühlen. Für diese weitgehend erfundenen Lügen wurde ich zu elf Jahren Haft verurteilt. Oft wünschte ich mir vor lauter Leiden den Tod herbei. Wo ich Hilfe erhoffte, wurde ich benutzt und enttäuscht. Die Sicherheit unseres Staates wurde bei dem verfahrenen Verfahren und den SPIEGEL-Berichten ganz schön maltraitiert und beschädigt. So war ich dabei auch wieder Täter und Opfer zugleich . . . wie wir wohl alle.

Kapitel 11
Das verfahrene Verfahren (1970–1979)

Kapitel 11 a Ermittlungen – Justizapparat – Haft

Nach meiner Verhaftung bzw. Festnahme in Würzburg und Haft in Karlsruhe wurde ich nach etwa 14 Tagen Mitte April nach Bonn verlegt. Vorher hatte mein Stiefvater, RA Helferich, mir RA Dr. Josef Augstein, den Bruder des SPIEGEL-Herausgebers Rudolf Augstein, als Verteidiger besorgt. Ihn kannte ich bereits von mehreren Begegnungen. Augstein begann einen regen Briefwechsel mit mir und riet, zunächst nichts auszusagen. Er war 1962 von den gleichen Leuten – Oberstaatsanwalt Buback (später als Generalsbundesanwalt von der RAF ermordet) und Richter Buddenberg – in der SPIEGEL-Affäre acht Tage in Beugehaft genommen worden, weil er die Akten nicht herausgegeben hatte. Rudolf Augstein war unter dem Vorwurf des Landesverrates über 80 Tage in Haft gehalten worden. Ich hielt mich die nächsten drei Wochen bedeckt und wurde dann nach Bonn verlegt.

In Bonn saß ich mitten in der Stadt in einem alten Gefängnis, das noch aus Kaiser Wilhelms Zeiten stammte und besondere Zellen für »Majestätsbeleidiger« hatte. Man schikanierte mich auf vielfältige Weise. Tagelang wurde ich nicht zum Arzt geführt. Als mein Stiefvater aus Hannover mich endlich besuchte, besorgte er mir zunächst RA Peter Wettermann als Anwalt in Bonn. Alles gestaltete sich sehr schwierig und langwierig.

In den ersten kalten Nächten des April 1970 hatte ich auch meine erste schwere Haftkrise. Die ständigen Schikanen und Drohungen sowohl bei den Vernehmungen als auch durch das Gefängnispersonal zerrten doch erheblich an meinen Nerven. Die BKA-Beamten wurden langsam ungeduldig und drohten immer wieder damit, meinen gesamten Bekanntenkreis zu zerstören, die »große Schleife zu ziehen«, wie sie es nannten. Da ich nichts wirklich Sachdienliches aussagte und mich nur punktuell entlastete, waren die Beamten bald gereizt und frustriert. Sie zogen die »große Schleife«. Am Ende hatten sie fast 1000 Leute angehört und davon 400 protokollarisch vernommen.

So blieb nicht aus, daß der Psychoterror seine Wirkung zeigte und meine Nerven zum Zerreißen gespannt waren. Man verlegte mich aus Schikane in die Schubabteilung, wo die Zellen sehr verdreckt und geradezu abschreckend waren: Mein Zellenfenster hatte z. B. keine Glasscheibe, und in den kalten Nächten der ersten Apriltage fiel auch noch die Heizung aus, so daß es bitterkalt war. Ich erkältete mich stark und hatte Fieber, wurde aber dennoch drei Tage nicht zum Arzt geführt. Ich bin sicher, daß das eine bewußte Schikane war, um mich weich zu machen. Als mich dann auch noch mehrfach RA Wettermann versetzte und mein Stiefvater bei einem Besuch völlig überfordert schien, sich dem Verfahren auch in keiner Weise gewachsen fühlte, war ich einem Nervenzusammenbruch nahe und überwarf mich mit ihm. Post konnte ich weder schreiben noch erhalten. Zeitungen und ein Radio wurden nicht genehmigt. Das einzige Buch, das sie mir ließen, war die Bibel. Die kannte ich langsam auswendig. Ich versuchte dann, mich mit immer neuen und bisweilen geradezu lächerlichen Spielchen über Wasser zu halten. So verweigerte ich die Ausführung, als man mich in einem Opel zur Sicherungsgruppe nach Bad Godesberg überführen wollte. Ich sagte, daß ich nur Mercedes fahren würde. Ich blieb standhaft – auch als sie versuchten, Gewalt anzuwenden. Nach wenigen Tagen gaben sie nach. Ab sofort wurde ich nur noch im Mercedes nach Bad Godesberg gefahren.

Noch einmal davongekommen:
Als die Krise auf dem Höhepunkt und ich mit den Nerven am Ende war, merkten dies wohl auch meine Ermittler und setzten noch einen drauf. Den sogenannten Schubgefangenen wurde Alkohol ausgeschenkt, und sie wurden zumindest teilweise und tagsüber auf dem Gang freigelassen. Sie hämmerten ununterbrochen an meine Zellentür und riefen: »*Du Kommunistensau, verrecke! Du elender Verräter, du gehörst erschossen*« usw.

Als dann noch die Erkältung hinzukam und hohes Fieber, war ich nach zwei Tagen soweit, daß ich beschloß, meinem Leben ein Ende zu setzen.

Ich gebe zu, daß vieles hier sehr unglaubwürdig klingt – aber so war es nun mal. Seit ca. 14 Tagen hatten sie mich auch ständig »beleuchtet«: Alle halbe Stunde kam ein Beamter, machte das Licht an und unterbrach meinen Schlaf. Ich hatte mittlerweise fast 14 Tage keinen richtigen Schlaf bekommen. Dies geschah alles angeblich aus Sorge um mein Leben wegen Selbstmordgefahr. Schlafentzug ist eine alte chinesische Foltermethode, seit Jahrtausenden bekannt. Das einzige, was ich erreicht hatte über den Pfarrer und den Gefängnisdirektor, war, daß die Beleuchtung auf Stundenrhythmus umgestellt wurde. Es war also ziemlich schwierig, mich in dieser Haftsituation umzubringen. Ich hatte auf dem Hofgang eine Rasierklinge gefunden und wie eine Kostbarkeit aufbewahrt. Mit dieser Rasierklinge schnitt ich aus meinen Bettzeug Streifen und drehte sie so zusammen, daß ich einen Strick flechten konnte. Mit dem Strick wollte ich mich in der Nacht zwischen zwei »Beleuchtungen« erhängen. Als ich alles so weit vorbereitet hatte, war ich nachts gegen 23 Uhr entschlossen, mich aufzuhängen. Ich hatte das Bettgestell dazu hochkant gestellt, um an die Gitterstäbe den Strick zu binden.

An jenem Abend hatte ein verhältnismäßig menschlicher Beamter Dienst. Er hatte ein-, zweimal nach mir gesehen und wohl bemerkt, was mit mir los war. Er stellte ein Tonbandgerät an. Nicht sehr laut, aber durchaus vernehmbar, erscholl Musik durch die Gänge. Gerade als ich den selbstgeflochtenen Strick ans Gitter geknüpft hatte, den Kopf in die Schlinge stecken und damit meinem Leben ein Ende setzen wollte, erscholl aus dem Lautsprecher, den der Beamte mitgebracht hatte, das Lied von Katja Ebstein »*Gib nicht auf – es kommt ein neuer Tag, und du bist wieder dabei*«. Mit Trommelwirbel und Stakkato kam dieser Refrain mehrmals. Ich hörte zu – ungewollt fasziniert – und sah dies als ein Zeichen Gottes, eines Schutzengels oder einer anderen überirdischen Macht an, die mein Leben retten wollte. Ich gab den Plan auf und bin so immer noch am Leben. Ähnliche Situationen habe ich noch etwa ein Dutzend erlebt. So bin ich dem Tod öfter knapp entkommen – und kann ca. zwölfmal Geburtstag feiern.

Kapitel 11 b Die Vernehmungen der BKA-Sicherungsgruppe

Die Vernehmungen der BKA-Sicherungsgruppe zogen sich monatelang hin, und ich lernte neben Herrn Zachert, Herrn Böden und »Wastl« Sarcher eine ganze Menge von Leuten kennen. Die Ermittlergruppe unter Zachert war auf ca. 60 Mann angewachsen, die die »große Schleife« zogen, d. h. sie durchforsteten meinen Bekanntenkreis Zug um Zug und haben dabei über 400 Personen einzeln ausführlich vernommen und ca. 1000 Personen befragt. Viel ist nicht herausgekommen, außer Klatsch und Tratsch, Verdächtigungen und Unterstellungen. So sollte ich über 40 uneheliche Kinder haben, wüste Perversionen betreiben einschließlich schwarzer Messen und ähnliches mehr.

Ich selbst habe mich nur punktuell entlastet, da sie einen Teil meiner Kalender sichergestellt hatten, was durchaus in meiner Absicht lag, da diese Kalender zu meiner Entlastung geführt worden waren. Nach einigen Wochen habe ich mein Schweigen gebrochen und gelegentlich Details aus den Ermittlungen mit den Beamten durchgesprochen.

Ich war keineswegs bereit, die Wahrheit zu sagen. Auf Grund der schlechten Behandlung und der Unfähigkeit meiner Umgebung war ich sowohl von meinen eigenen Anwälten als auch von dem gesamten Sicherheitsapparat enttäuscht und entsetzt darüber, was von diesen an Unsicherheit produziert wurde.

Diese Organisationen und ihr Personal sollten angeblich unsere Sicherheit be- und überwachen. »Liebes Deutschland«, konnte ich nur sagen, »Gute Nacht!« Allmählich schien es mir, daß ich berufen war, gerade aus der Haft heraus weiter achtzugeben auf den Bereich der Sicherheit und des Friedens in diesem unserem geteilten Deutschland. Ich war überzeugt, daß die Einheit eines Tages – ganz plötzlich – fast über Nacht – durch viele einzelne, die einmal das ganze Volk bewegen würden, kommen werde.

Man mußte nur daran glauben, die Hoffnung nicht aufgeben und solange den Frieden bewahren. Also war ich auf Friedenswacht – nun eben in Haft.

Ich will es hier kurz machen und werde auf die Vernehmungsmethoden und die Produktion von Unsicherheit durch die Sicherheitsorgane an anderer Stelle zurückkommen, denn es ist durchaus beachtenswert, was jene Organe, Apparate und Parteien, die für die Sicherheit der Bundesrepublik zuständig sind, in Wirklichkeit durch Unfähigkeit, Untätigkeit und egoistisches Karrierestreben auf diesem Gebiet leisten. Auch daher schreibe ich dieses Buch denen zum Gedächtnis, die an dieser Unsicherheit mitgewirkt haben – und den heute Verantwortlichen und Politikern zur Mahnung und Warnung. Nach einigen Monaten der Ermittlungen beschloß ich, mich punktuell zu entlasten, und nutzte dafür jeden Anlaß, um mir haftmäßige Erleichterungen zu verschaffen. Sonst hätte ich nicht überlebt.

Kaum war ich mit der Anwaltssituation in Bonn so weit vorangekommen, daß ich mich im Haft- und Justizapparat einigermaßen zurechtfand, versuchte man, diese Gewöhnungssituation zu zerstören, indem man mich nach Köln-Ossendorf verlegte, was damals als ausbruchsicherstes Gefängnis Europas galt. Zwar liegen Köln und Bonn nicht weit auseinander, aber für RA Wettermann war es doch zusätzlicher Zeitverlust. Das kostete natürlich auch alles viel Geld. Davon hatte ich damals nicht mehr genug zur Verfügung, also mußte ich mir einen neuen Verteidiger in Köln besorgen. Das war dann Prof. Dr. Achter bzw. dessen Sohn, Dr. Viktor Achter.

***

Ruhelos (von Rolf Appel)

Der Abend wiegt die Erde.
Die Kinder schlafen schon,
und auf die Täler senkt sich still die Nacht.

Die Vögel schweigen alle,
in den Gassen kein Schritt.
Einsam spendet der Mond sein mattes Licht.
Mich alleine treibt es um.

***

Kapitel 11 c Psychiater Prof. Dr. Wolfgang de Boor

Auch lernte ich in der Haft Professor de Boor kennen, der als Psychiater und Psychotherapeut unter anderem Gefängnisgutachten über schwierige Delinquenten und Angeklagte machte. Er beobachtete mich bei meinen halbstündigen Hofgängen. Dabei machte ich meistens einen Dauerlauf, um mich fit zu halten. Denn jetzt hatte ich beschlossen, überleben zu wollen und mich zur Wehr zu setzen. Ich wußte auch, daß ich den Apparat erheblich in Schwierigkeiten bringen konnte durch gezielte und geschickte Aussagen, die Ermittlungen sogar steuern konnte mit erheblichen nachrichtendienstlichen Auswirkungen. Irgendwann bemerkte ich, daß ich aus der Haft heraus der Justiz ein Schnippchen schlagen und die Ermittlungen umfunktionieren konnte zu nachrichtendienstlichen Zwecken und »Heldentaten«, von denen man noch nach Jahrzehnten sprechen, schreiben und lesen können würde. –

Prof. Wolfgang de Boor wurde für mich zu einer tüchtigen Stütze und Hilfe, als mich immer wieder schubartig Depressionsanfälle heimsuchten. Ich hatte ihn überreden können, mich zweimal die Woche halbstündig mit einer Gesprächstherapie zu betreuen, was nach langem Hin und Her genehmigt wurde. Der Anstaltspsychologe Jarmer war dabei nicht unkooperativ. Er merkte und wußte, daß ich es sehr schwer hatte: als intelligenter Mensch in dieser Zwangsisolierung der Einzelhaft zu überleben. Strenge Einzelhaft, das hieß: Auch die Gefängnisbeamten durften offensichtlich nicht mit mir reden. Immer wieder durchbrach ich diese Situation, indem ich dann z. B. auch einige dieser Beamten juristisch beriet. Dies war allerdings nicht einfach und erforderte sehr viel Einfühlungsvermögen.

Mit Prof. de Boor hatte ich auch lustige Stunden. Wir lachten viel, was mich am Leben erhielt. Meine Freundschaft zu ihm besteht bis zum heutigen Tage. Hilfreich war auch, daß er selbst in eine Krise geriet und ich ihm nun meinerseits helfen konnte.

Auf jeden Fall hatte ich mich bald auch in Ossendorf so weit eingerichtet, daß ich wieder meine Spielchen trieb. So vergaß Prof. de Boor u. a. mal den Generalschlüssel, der sämtliche Abteilungen und auch die Zellen einzeln aufschloß. Ich versteckte ihn. Da meine Zelle durchsucht wurde, wenn ich z. B. zum Duschen war, überwand ich mich so weit, daß ich ihn im Anus verbarg. Auf jeden Fall hatte ich eine Woche lang den Generalschlüssel der ausbruchsichersten Anstalt Europas und nutzte das auch für zwei Ausflüge im Hause. Dies war ein besonderes Unternehmen, denn ich drang dabei bis ins Zimmer des Gefängnisdirektors vor, wo ich einige Akten durcheinanderbrachte. Bis zum heutigen Tage ist nicht herausgekommen, wie das zugegangen war.

Einmal, als mein Stiefvater RA Hermann Helferich, mich besuchte, waren die Vorkehrungen für Besuche von Anwälten so getroffen, daß diese nur eine Plastikmarke als Ausweis bekamen. Da ich als Untersuchungsgefangener über meine Privatkleidung verfügte, machte ich mich an jenem Besuchstag besonders schick zurecht mit Krawatte, weißem Hemd und dunklem Anzug, ganz so, wie mein Stiefvater aufzutreten pflegte, so daß ich durchaus als Anwalt gelten konnte. Er hatte die Marke auf den Tisch gelegt, ich legte eine Zeitung darüber, brachte sie an mich und sagte ihm, daß ich mal pinkeln müsse. Dann ging ich mit der Aktentasche zu den gemeinsamen Toiletten, zeigte dem am Gitter stehenden Beamten die Plastikmarke vor und durchschritt mit der selben und der Aktentasche unbehelligt sämtliche Kontrollen bis zum Ausgang. Dort gab ich das Märkchen ab und sagte, daß ich in einer halben Stunde wiederkäme. Ich war draußen – aus der ausbruchsichersten Anstalt mit einer Aktentasche –, und die Versuchung war groß, nicht wieder hineinzugehen. Ich ging in der nächsten Kneipe ein Bier trinken. Nach 20 Minuten kam ich reumütig wieder zurück, weil mir mein armer Vater leid tat, dem sie zwar nichts anhaben konnten, den sie laufenlassen mußten. Aber ich hatte auch gar nicht die Absicht zu fliehen. Ich wollte den Leuten nur beweisen, daß ich nicht weglaufen würde. Zwar wurde das ganze Unternehmen totgeschwiegen, aber die Sicherheitsvorkehrungen wurden geändert.

Kapitel 11 d Der Untersuchungsrichter Willner – ein Agent?

Mittlerweile hatte sich in München am Bayerischen Obersten Landesgericht der zuständige Untersuchungsrichter, Oberlandesgerichtsrat Willner, in die Ermittlungen eingeschaltet. Er verhandelte mit RA Dr. Josef Augstein, der immer noch im Mandat war und mich in Köln-Ossendorf zweimal besuchte anläßlich eines großen Prozesses gegen zwei namhafte Persönlichkeiten, u. a. Prof. Dr. Deutsch und Brunner, den er in Bonn führte. Dieser Besuch von Dr. Augstein ist mir noch lebhaft in Erinnerung. Er war sehr engagiert und meinte, da meine Frau hauptsächlich gegen mich aussage, ich mich aber weitgehend bedeckt halte, müßten sie mich bald laufen lassen. Die nächste Haftprüfung stand an, und Dr. Augstein meinte: »*Wir werden Sie beim nächsten Mal hier herausholen, und dann reden Sie mit Ihrer Frau. Wenn Sie sie wieder unter Kontrolle haben, bumsen Sie sie richtig durch. Dann widerruft sie alles. Danach kriegen wir die Sache schon geregelt. Wie Sie immer sagten, ist sie ja ein Luder. Sie müssen sie sich nur mal richtig vornehmen.*« Ich war ganz verdattert und fragte, ob das denn sein Ernst sei. Er bejahte und sagte, daß es manchmal im Leben einfacher gehe, als man sich das vorstelle. In der Justiz sei das ebenso der Fall. Das hielt ich nun doch für übertrieben und zu einfach. Und so einfach war es ja dann auch leider nicht ...

Bei der nächsten Haftprüfung rannte ich bildlich gesprochen wieder voll mit dem Kopf gegen die geschlossene Tür. Meine Anwälte Dr. Augstein, Peter Wettermann, Dr. Achter und Helferich – ausnahmsweise ließ man hier meinen Stiefvater noch mit drin – machten mir ständig Hoffnungen ... umsonst.

Nun trat Willner auf den Plan. Er kündigte seinen Besuch im Frühjahr 1971 bei mir in Köln an. Im Telefongespräch mit mir meinte er, daß er der Ermittlungstätigkeit und dem gesamten Verfahren nun eine Wende geben werde. Ich bereitete mich seelisch darauf vor. Nach entsprechender Vorankündigung besuchte er mich dann in Köln-Ossendorf. Es war ein schöner, sonniger Frühlingstag. Ich hatte darauf bestanden, meinen Hofgang vorher zu machen und wußte, daß es jetzt zu einem Zweikampf kam, auf Leben und Tod. Ich sollte mich nicht täuschen.

Als ich Willner im Besucherzimmer gegenübertrat, traf ich auf einen Mann, der von sich sehr überzeugt war, aber im Innersten gebrochen schien. Hohle eingefallene Wangen deuteten darauf hin, daß er magenkrank war. Irgendwie erschien er mir verknittert und verbittert. Ich spürte instinktiv, daß ich diesem Mann in vielen Punkten überlegen war. Zwar war ich sein Gefangener und ihm ausgeliefert, aber es würde dennoch ein ernsthaftes Katz- und Maus-Spiel werden, dessen Ausgang noch völlig offen war, denn ich witterte in ihm sofort den Nachrichtendienstler. Er war mehr als nur ein Untersuchungsrichter.

Dabei bewahrheitete es sich wieder einmal, daß ein guter Nachrichtendienstler nicht nur einen sechsten, sondern auch einen siebten Sinn haben muß. Der sechste Sinn ist die Warnung vor Gefahrenmomenten jeder Art.

Der siebte Sinn rät, wie man diesen Gefahrenmomenten ausweicht bzw. sie überwindet nach alter asiatischer Sitte: Das Weiche besiegt das Harte. Das heißt, man geht zum Schein auf das Spiel des Gegners ein und schlägt ihn mit seinen eigenen Waffen. Das hatte ich hier vor. Und so habe ich es auch gemacht. Mir sträubten sich regelrecht die Nackenhaare, als ich ihm begegnete. Gleichzeitig fühlte ich mich ihm gewachsen – und bald auch überlegen. Und dafür hat die Justiz sich später gerächt ...

Ich war allerdings bemüht, ihn dies nicht merken zu lassen. Er kam mir bewußt freundlich und höflich entgegen. Es war aber unverkennbar, daß dies ein falsches Spiel war. Ich war auf alle Schweinereien vorbereitet, auf die schändlichsten Tricks und auf die gemeinsten Lügen. Willner tastete mich ab und ich ihn. Die erste Viertelstunde verging unter förmlichen und freundlichen Höflichkeiten. Nach etwa 20 Minuten wurden wir etwas warm miteinander. Er ließ Kaffee kommen, und ich unterwarf mich ihm zum Schein. Ich ging auf seine Vorstellungen weitgehend ein, allerdings mit Zögern und Widerstreben, damit er nicht merkte, wie sehr ich sein Spiel durchschaute.

Er meinte, daß er auf die Dauer doch alles herauskriegen würde und daß es besser sei, ich würde ein umfassendes Geständnis ablegen. Dann könne er mir in vielen Punkten entgegenkommen. Ich hatte mir die entsprechenden Verhandlungspunkte schon zurechtgelegt. Wir begannen nun, ein konstruktives Vertragswerk zu gestalten. Ich verlangte, daß er meine Familie aus allem heraushalten werde, daß er umgehend die ständige Verunsicherung und Einvernahme meines Bekannten- und Verwandtenkreises einstellen lasse, und daß ich möglichst bald eine Haftverschonung erwarten könne. Dann wäre ich bereit, ein umfassendes Geständnis abzulegen. Dieses Geständnis hatte ich mit einigen falschen Angaben aus den Kalendern usw. schon weitgehend vorbereitet.

Nachdem man mich am Anfang so mies behandelt hatte, hatte ich niemals vor, in Haft die Wahrheit zu sagen. Dann hätten sie mich auch umbringen können. In solcher Lage ist das Charaktersache. Nur der überlebt und kommt einigermaßen unbeschadet aus solchen Situationen heraus, der sich eine gewisse Charakterfestigkeit und auch Moral bewahrt und ständig neu erwirbt. Denn die Versuchung ist groß – nachzugeben, umzuknicken, einzubrechen und als gebrochener Mann aus einer solchen Situation herauszukommen. Zwar habe ich erhebliche Schäden davongetragen und gelegentlich mit Depressionen und anderen Dingen zu kämpfen, aber trotz allem bin ich immer noch ein verhältnismäßig gesunder Mensch und stärker als die meisten anderen: – wie schon gesagt –

Was mich nicht umbringt, macht mich härter. Und all das war eine ganz harte Schule. Viele sind dabei auf der Strecke geblieben . . .

Kurz und gut: Willner und ich – vereinbarten einen Waffenstillstand: Ich signalisierte Unterwerfung und er wollte mir behilflich sein, ein baldiges Ende dieses Verfahrens zu erreichen. In Wirklichkeit versuchte Willner, mit Hilfe dieses doch recht spektakulären Falles, in den viele bekannte, honorige und mächtige Leute, so etwa 40 an der Zahl, verstrickt waren, erheblich an seiner Karriere zu polieren. – Eine Hauptstoßrichtung von ihm war: er wollte noch Bundesrichter werden.

Denn irgendwie war er an ein Ende gekommen in seinem nachrichtendienstlichen Tun und Treiben. Er schien mir schon damals ausgebrannt und das führte dann auch zu seinem Ende am 16. März 1978. Ich wußte seinerzeit nicht, ob ich den Zweikampf gewinnen würde, war aber immer davon überzeugt, daß ich eine Chance hatte.

In München erlebte ich dann einen ganz anderen Willner: geradezu eine Karikatur des Nachrichtendienstlers und Richters, der im Verborgenen arbeitet und lebt und der ein großes Geheimnis hat. Diese Aura umgab ihn ständig.

Bei den Vernehmungen, in denen wir uns nichts schuldig blieben, mal der eine siegte und mal der andere, hatte er sich genügend Blößen gegeben, so daß ich erahnen konnte, was wirklich hinter ihm steckte: einer der gefährlichsten Doppelagenten, die es je gegeben hatte in der Bundesrepublik.

Kaum eine Dienststelle hat ein Interesse an einem solchen Skandal. Bis heute nicht! Daher verliefen alle Ermittlungen hierzu im Sande ... Auch ist nach der Wende und Wiedervereinigung diese Geschichte längst überholt. Dies also hier nachzuweisen, ist nicht meine Aufgabe und zu schwierig. Es liegt auch in niemandes Interesse, einen solchen Leichnam auszubuddeln, der der Bundesrepublik schweren Schaden zugefügt hat und weiterhin argen Verdruß bereiten würde. Dennoch wird es sich nicht vermeiden lassen, Anhaltspunkte zu setzen, die zu diesem Kuriosum führen, daß der eigentliche Agent in diesem Verfahren nicht der Gefangene war, sondern der Untersuchungsrichter ...

Willner erzählte mir sehr viel von sich im Rahmen seiner gemeinsamen Vernehmungen, in denen wir einen Bericht von über 1000 Seiten als mein »Geständnis« produzierten. Willner erzählte mir sein halbes oder ganzes Leben in mehrfachen Variationen, so daß ich leicht erahnen konnte, wo die Ansatzpunkte der östlichen Spionage im Fall Willner lagen.

Lange Zeit war er Ermittlungs-, Untersuchungs- und Haftrichter in Hof an der Saale, an der Grünen Grenze, gewesen, in der ersten Zeit, als es noch spannend war und er täglich zehn bis zwanzig Leute verhaften mußte und über ihr weiteres Schicksal entschied.

Unter Verzicht auf Beförderung wechselte er dann in den Apparat der Bundesanwaltschaft. Es gibt noch eine ganze Reihe anderer Anhaltspunkte. Aber ich will mich hier nicht verrennen: An anderer Stelle komme ich hierauf ganz konkret zurück. – Spätestens im nächsten Buch!

Für dieses verfahrene Verfahren ist nur notwendig zu wissen, wie die letzlich von mir gesteuerten Ermittlungen zu einem Wust von Wahrheit und Unwahrheit führten, der von niemandem außer vielleicht Willner und mir, noch durchschaut werden konnte. Willner ist daran schließlich kläglich gescheitert und »geendet«. Das beweist sein abstruser Untersuchungsbericht, den er als Fazit der Voruntersuchung unter Aktenzeichen 5 BJS 82/70

und OBVU 4/70 unter streng geheim und später auch als vertraulich behandelt hat.

Kapitel 11 e Bericht in der Voruntersuchung gegen Dieter Haase wegen Landesverrats u. a. auf 294 Seiten mit etwa 800 Seiten Anlagen

Dieser Bericht wurde zunächst als streng geheim, später als geheim eingestuft und keinem meiner Verteidiger zugänglich gemacht. Daher war eine wirklich zweckdienliche und halbwegs sachkundige Verteidigung in dem gesamten Verfahren kaum möglich: Meine Anwälte kannten die wesentlichen Unterlagen des Verfahrens nicht. Außerdem hatten sie weder nachrichtendienstlich noch militärisch ausreichende Kenntnisse, um auch nur halbwegs Waffengleichheit zwischen Anklagebehörde (Bundesanwaltschaft und Untersuchungsrichter mit BKA-Sicherungsgruppe, Verfassungsschutz, MAD – Militärischer Abwehrdienst – und ein Pulk von militärischen Sachverständigen) und Verteidigung zu gewährleisten. So gesehen konnte eine wirkliche Verteidigung gar nicht stattfinden. Daher habe ich auch immer wieder dieses Verfahren als inquisitorischen »Hexenprozeß« bezeichnet (vgl. Anlagen) – oder als »Komödienstadl«.

Der Bericht beginnt auf Seite 2

»I. Das Verfahren

1. Der Angeschuldigte, Haase, Dieter, geb. 26. August 1937 in Berlin, geschieden, zuletzt Versicherungsangestellter, derzeit ohne Beschäftigung, wohnhaft in Hannover 3, Grünewaldstr. 14, ist am 26. März 1970 auf Grund einer Anzeige seiner geschiedenen Ehefrau Frenkler, Carola, Maria, geb. Reinschmidt, gesch. Clementz, gesch. Haase, in seiner damaligen Wohnung in Gerbrunn bei Würzburg wegen des Verdachts der geheimdienstlichen Tätigkeit nach § 99 StGB vorläufig festgenommen worden. Am 27. März 1970 hat der Ermittlungsrichter des Bundesgerichtshofes (Buddenberg) gegen ihn die Untersuchungshaft angeordnet. Am 9. November 1971 ist der Haftbefehl unter Auflagen außer Vollzug gesetzt und der Angeschuldigte aus der Untersuchungshaft entlassen worden. Wegen eines groben Verstoßes gegen die Auflagen ist der Angeschuldigte am 22.10.1973 wieder inhaftiert worden. Nachdem ihm erneut Haftverschonung bewilligt worden war, ist der Angeschuldigte am 26.11.1973 wieder aus der Haft entlassen worden.

2. Die Durchsuchungen der Wohnungen des Angeschuldigten in Gerbrunn und in Hannover haben zur Sicherstellung zahlreicher Gegenstände und umfangreicher Unterlagen geführt. Die Sicherstellungsverzeichnisse sind in dem Abdruck Beweismittel-Band 5/1 übersichtlich zusammengefaßt. Nach mehrfacher und eingehender Prüfung der gesamten Beweismittel ist eine größere Anzahl der sichergestellten Unterlagen ausgeschieden und freigegeben worden. Auch die Freigabe ist im Beweismittel-Band 5/1 festgehalten.«

(Es blieben ein paar von mir freiwillig herausgegebene Container (Verstecke), die alle Durchsuchungen überstanden, ohne erkannt zu werden, sowie jede Menge alte Militärunterlagen, Karten u. a. m. – d. V.)

»3. Am 22.12.1970 hat der Generalbundesanwalt beim Bundesgerichtshof gegen den Angeschuldigten die Eröffnung und Führung der Voruntersuchung bei dem Untersuchungsrichter des Bayerischen Obersten Landesgerichts beantragt. Im Voruntersuchungsantrag wird dem Angeschuldigten zur Last gelegt, in der Zeit von 1962 bis März 1970 fortgesetzt Staatsgeheimnisse einer fremden Macht oder einem ihrer Mittelsmänner mitgeteilt und dadurch die Gefahr eines schweren Nachteils für die Sicherheit der Bundesrepublik Deutschland herbeigeführt zu haben und ferner Dienstgeheimnisse, die ihm in der Eigenschaft als Offizier bekannt geworden waren, offenbart und dadurch wichtige öffentliche Interessen gefährdet zu haben.

Verbrechen und Vergehen nach §§ 93, 94, 353 b StGB in Verbindung mit §§ 48 WStGB und § 14 Soldatengesetz § 73 StB. Die Voruntersuchung ist am 04.01.1971 antragsgemäß eröffnet worden.«

(Damit wird der Untersuchte bzw. Angeklagte dann endgültig zum Justizobjekt und zum Aktenbündel degradiert – d. V.)

»4. Nach Eröffnung der Voruntersuchung hat der Angeschuldigte den Einwand der örtlichen Unzuständigkeit des Bayerischen Obersten Landesgerichts erhoben. Dieser Einwand ist mit Beschluß des 3. Strafsenats des Bayerischen Obersten Landesgerichts vom 08.03.1971 zurückgewiesen worden.

5. Bei der ersten richterlichen Vernehmung in der Voruntersuchung am 02.06.1971 hat der Angeschuldigte in Gegenwart seines Verteidigers auf das Durchlesen der Voruntersuchungsantrages verzichtet und sodann von der Eröffnungsverfügung des Untersuchungsrichters Kenntnis genommen. Anschließend hat er erklärt, daß er trotz der Entscheidung des 3. Strafsenats des Bayerischen Obersten Landesgerichts vom 08.03..1971 an seiner Auffassung von der Unzuständigkeit dieses Gerichts festhalte, ansonsten aber keine Einwände gegen die Voruntersuchung erhebe.

6. Die Voruntersuchung hat sich im wesentlichen auf die Vernehmnung des Angeschuldigten und eine umfassende Auswertung der sichergestellten Beweismittel erstreckt. Militärische Vorgänge und Probleme sind unter Beteiligung des Sachverständigen des Bundesministeriums der Verteidigung, Oberstleutnant i. G. Peter erörtert worden. Zur Abrundung des Sachverhalts und zur Überprüfung der Angaben des Angeschuldigten sind sein Vetter Thomas Ferber, seine geschiedene Ehefrau Carola Reinschmidt, Clementz, Haase, seine frühere Freundin Josefine von Schlippenbach sowie die Arzthelferin Marianne Krüger als Zeugen gehört worden.«

Auf Seite 8 führt Richter Willner aus:

»Vorbemerkung:

Ergebnis der Voruntersuchung

Der Untersuchungsbericht enthält eine gedrängte Zusammenfassung und Bewertung aller Erkenntnisse, die im Ermittlungsverfahren und in der Voruntersuchung gewonnen worden sind. Die Basis des Berichts bilden die in der Anlage beigefügte Chronologie der Jahre 1958 bis 27.03.1970 nebst den darin enthaltenen Fundstellen. Im Bericht selbst sind nur noch im geringen Umnfang Fundstellen angeführt.

Zur Gewinnung einer besseren Übersicht über die geheimdienstlichen Vorgänge und Zusammenhänge wurden in der Chronologie Farbunterstreichungen aufgenommen. Im einzelnen bedeuten die Farbgebungen:

rot	Übungen in militärischer Angelegenheit
braun	geheimdienstliche Vorgänge und Treffs
grün	Vorgänge auf politischer Ebene, insbesondere Partei und Organisation
blau	Finanzvorgänge.«

Unter A. in Lebenslauf und Persönlichkeit des Angeschuldigten führt Willner u. a. aus, daß er noch nicht einmal genau mein Einschulungsdatum und den -ort zuverlässig feststellen könne: Wann und wo H. eingeschult worden ist, ließ sich nicht zuverlässig klären.

Ein Nonsens! Dies ist bezeichnend für die Qualität des gesamten Voruntersuchungsberichts.

Ähnlich schlampig, oberflächlich und falsch ist zwangsläufig der gesamte Untersuchungsbericht, da ich im Wesentlichen bestrebt war, den Untersuchungsrichter irrezuführen. Ich war von vornherein entschlossen, ein falsches Geständnis abzulegen. Willner selbst räumt an vielen Stellen ein, daß ich niemals die Wahrheit sagen wollte.

Meine militärischen Beförderungen werden auf Seite 11 wie folgt aufgeführt:

»Während seines Wehrdienstes und danach wurde H. wie folgt befördert:

06.12.1958 – Gefreiter
01.04.1959 – Fahnenjunker der Reserve
01.10.1959 – Leutnant der Reserve
14.11.1963 – Oberleutnant der Reserve
29.03.1967 – Hauptmann der Reserve.

Am 6. November 1959 schrieb sich Haase als Student an der Julius-Maximilian-Universität Würzburg ein. Er belegte die Fächer Rechtswissenschaft und Philosophie, Theologie und politische Wissenschaften. Im Sommer 1960 nahm er noch das Fach Medizin hinzu. Am 28. Juli 1960 exmatrikulierte er sich in Würzburg und führte sein Studium in Berlin weiter. Neben Rechtswissenschaft belegte er auch die Fächer politische Wissenschaften und Religionswissenschaften. Ab 1. November 1961 studierte er wieder an der Universität Würzburg. Das erste juristische Staatsexamen bestand Haase am 6. Dezember 1966. Anschließend belegte er noch bis zum Sommer 1967 Volkswirtschaft an der Würzburger Universität, usw. usw.

Unter 2. auf Seite 12 führt der »Richter« u. a. aus:

»Der Schlüssel zum Verständnis der Vorgänge,
... die den Gegenstand des Verfahrens bilden, liegt in der Persönlichkeit des H. Es ist deshalb erforderlich, sich eingehend mit der geistigen und psychischen Struktur des H. zu befassen. Im Ergebnis führt diese Untersuchung ausschließlich zur Feststellung negativer Merkmale und Eigenschaften.«

Hier sieht man die angebliche Objektivität des Richters kraß hervortreten, und er demaskiert sich langsam nicht nur als ernst zu nehmender Gegner, sondern als Todfeind: Es ging Willner zunächst darum, mit meinem Verfahren Ehre einzulegen und Bundesrichter zu werden. Als dies wegen meines Verhaltens nicht möglich war, war er er bestrebt, mich zu vernichten.

»Entgegen der von H. vielfach geäußerten Ansicht dient die Persönlichkeitsanalyse nicht dazu, »ihn zu vernichten‹«.

Aber genau dazu diente sie: Willner versuchte mich und meine bürgerliche Existenz zu vernichten, wie er es immer angedroht hatte und triumphierend bis zu seinem Tode von sich gab.

»Ihr Zweck ist vielmehr, eine sachgerechte Beweisführung zu ermöglichen und vor allem die Handlungsweise des Angeschuldigten und das überwiegend ungewöhnliche Verhalten seiner engeren Umwelt verständlich zu machen. Die Fülle des weit über einen Zeitraum von 10 Jahren hinausreichenden Beweismaterials läßt die konstanten Strukturen des Angeschuldigten gut erkennen.«

Dann ergeht sich Willner in einer Menge von Negativa und macht mich zum Sozialinfantilen – was ich dann allerdings ummünzte, um wegen meines Pazifismus den § 21 StGB, d. h.

die bedingte Zurechnungsunfähigkeit,
zugesprochen zu bekommen, um der Verurteilung zu lebenslänglich zu entgehen. Er bezeichnet mich u. a. als einen haltlosen Psychopathen, der »trotz ganz natürlicher Entwicklung im Laufe der Zeit sich nicht geändert hat und auch nicht ändern wird«.

Der Voruntersuchungsbericht, der nur so strotzt von Unkorrektheit, Ungereimtheiten und Halbwahrheiten, dazu noch insgesamt auf meinem falschen Geständnis beruht, endet auf Seite 294 mit folgenden Sätzen:

»Den letzten Treff in Ostberlin hatte H. in der Zeit vom 08. bis

11. 03. 1970. Auf diesen Treff folgte am 12. 03. 1970 die Scheidung durch das Amtsgericht Hannover.«

Selbst hier irrt Richter Willner – das war nämlich der 13. 03. 1970, ein Freitag.

»Die Annahme, daß H. nochmals wegen der Scheidung in Ost-Berlin vorstellig geworden ist, liegt nahe. Ein anderer Grund ist nicht ersichtlich. Insbesondere gab es nach dem letzten Besuch der C. in Ost-Berlin keinen Anlaß zur Diskussion der Sicherheitslage.«

Woher will Willner das wissen?

»Außerdem hatte man H. und C. deutlich zu verstehen gegeben, daß erst einmal die Scheidung erledigt werden müsse, und später werde man weitersehen. Nach seinem letzten Treff in Ostberlin scheint H. resigniert zu haben. Obwohl er aus Äußerungen der C., die er nach wie vor ständig mit Telefonaten behelligte, hören konnte, daß ihm die Strafverfolgung drohte, unternahm er nichts, um der Gefahr zu begegnen, sondern erwartete seine Inhaftierung. Die letzte Notiz in seinem Kalender vor der Verhaftung lautete:

›Ende Haase tot‹.«

Eins stimmt leider: Damals war ich so kaputt, entnervt und am Ende, daß ich mit dem äußerst stressigen und aufreibenden Doppelspiel eines nachrichtendienstlichen Doppelagenten mit Beziehungen und Kontakten zu über acht verschiedenen Nachrichtendiensten dieser Welt und dabei weit über 100 persönlichen ND-Leuten einfach Schluß machen – und endlich mal an mein Privatleben denken wollte. Aber es kam anders. Ich war immerhin schon 32 Jahre alt – war sechsmal verlobt und einmal verheiratet gewesen und obendrein zwölfacher Patenonkel. Aber vieles war in Unordnung – es sollte leider alles noch schlimmer werden.

***

Einmal anders sein

Mehr gehen, weniger fahren
Familienleben statt Karriere
Staunen statt fernsehen
Helfen statt raunzen
Mehr Zeit haben statt mehr Geld
Mehr lieben und weniger hassen
Mehr Natur statt mehr Technik
Mehr Stille statt Lärm
Sparen statt wegwerfen
Gras statt Asphalt
Gemeinschaft statt Einsamkeit
An einer blauen Blume riechen statt rauchen
Wiederverwenden statt verschwenden
Kamillentee statt Beruhigungspulver
An Gott glauben statt am Leben verzweifeln.

Kapitel 12
Manipulation und Folter – Verfahren und Haft

Kapitel 12 a Meine dritte Verhaftung

Nach meiner dritten Verhaftung im Sept. 1975 wurde ich recht übel behandelt. Zum dritten Mal brachen sie in mein Leben ein, vernichteten meine Wohnung, indem sie einmal mit fünf, sechs Mann eine überfallartige Durchsuchung vollführten, mir keine Zeit zum Packen ließen, mich nicht mit meiner Familie oder mit meinem Anwalt telefonieren ließen. So wurde ich mit brutaler Gewalt und von drei Mann bewacht nach Karlsruhe transportiert. Quasi in einer Nacht- und Nebel-Aktion wurde mir am anderen Morgen in Karlsruhe – ich hatte nur drei Stunden schlafen können – die geheime Anklageschrift präsentiert. Ich durfte sie weder einsehen noch einbehalten. Dies sagte man mir erst für München zu, wenn ich in Stadelheim angekommen sei. Einen Anwalt hatte ich auch damals nicht zur Seite.

Meinem damaligen Pflichtverteidiger Professor Karl-Heinz Lehmann wurde die geheime Anklageschrift zugeschickt. Ich konnte ihn 14 Tage lang nicht erreichen. Ein Trauerspiel für den Rechtsstaat.

Von Karlsruhe ging die Fahrt nach München, alles ohne Verständigungsmöglichkeiten mit meiner Familie oder meinen Anwälten, obwohl dieses Verfahren nun schon über fünf Jahre dauerte.

Für diese Torturen, Ungerechtigkeiten und Unzulänglichkeiten beschloß ich mich zu rächen, koste es, was es wolle. Ich würde Unsicherheit produzieren und jede nur erdenkliche Gelegenheit dazu nutzen, mich für derartige Mißhandlungen und Quälereien zu revanchieren. Keiner, der so etwas nicht am eigenen Leibe miterlebt hat, kann sich darüber ein Urteil anmaßen. Die Intensität von Mißhandlungen empfindet man nun einmal subjektiv. Je nach Sensibilität, mentaler Konstitution und Charakterveranlagung und auch aufgrund der äußeren Umstände erlebt man gewisse gruppendynamische Prozesse sensorischer Deprivation: d. h.

> Haft, Verschubung, ständige Demütigungen und Beleidigungen, das Abschneiden von Mitmenschlichkeit und Information, ständige Schikane, das Im-Stich-Lassen durch die eigene Familie, von Freunden und Bekannten, insbesondere von eigenen Anwälten, mangelnde Fürsorge, Gleichgültigkeit und Verhöhnung.

Kapitel 12 b Haft und Leiden

Dieses alles sind Erlebnisse, die den Menschen in seinem tiefsten Innern erschüttern. So habe ich in meiner Haftzeit ein »Selbstmord-Tagebuch« geführt, das in Haft, also einschließlich der ständigen Intervalle, auf etwa fünftausenddreihundert Selbstmordsituationen kommt. Immerhin habe ich insgesamt fünfeinhalb Jahre in Haft gesessen: Das sind über zweitausend und acht Tage – und das in der Mitte meines Lebens vom 33. bis zum 42. Lebensjahr. Man kann also durchaus sagen, daß ich körperlich und seelisch erheblich Schaden genommen habe und unter schweren Depressionen zu leiden hatte und mich am liebsten umgebracht hätte, manchmal mehrmals am Tage.

Denn Gott ist mir – besonders in Haft – eher abhanden gekommen als begegnet. Wenn ich die Welt sehe, wie sie existiert mit ihrem Da- und So-Sein: Täglich verhungern über 10 000 Kinder, täglich verhungern über 100 000 Erwachsene, täglich werden etwa 1000 Menschen in Kriegen oder Auseinandersetzungen rund um den Globus ermordet. Ein Gott, der so etwas zuläßt – ich bin nicht HIOB. Ich kann mir nicht vorstellen, daß ein Gott so etwas zulassen kann. Es übersteigt meine Glaubensfähigkeit. Ich bin auch nicht feige genug, um zu glauben, daß mein Bruder Jesus Christus mir dabei helfen könnte.

In meiner Verzweiflung wurde ich ganz auf mich selbst geworfen. In all meiner menschlichen Ohnmacht und Geringfügigkeit hätte ich so gern an etwas Überirdisches geglaubt. So wie Nietzsche ein frommer Mann war und ein Gottsucher und eines seiner schönsten Gedichte dem unbekannten Gotte gewidmet hat, so glaube auch ich, daß wir uns alle danach sehnen, aber daß wir letztendlich verlorene, einsame Gottsucher sind.

Wenn ich nicht mehr weiter konnte, habe ich mir in der nächsten Umgebung einen Menschen gesucht, dem es noch schlechter ging als mir. Ich habe versucht, ihm zu helfen. Ich habe immer welche gefunden.

Und ich habe auch immer wieder neu begonnen zu hoffen und zu streben, zu leben und zu überleben ...

Und als es mir am schwersten fiel zu überleben, erwuchs mir neue Kraft und Hoffnung, wie ich es in den folgenden Zeilen festgehalten habe.

Dieter Haase *8000 München, 4.1.1976*
Nr. 17

Meine Lieben, jetzt ist es wohl soweit, daß ich wirklich verrückt werde – oder bereits verrückt bin ... Ich sehe bei vollem Bewußtsein »Erscheinungen« – oder so etwas ähnliches... Gestern abend gegen 21 Uhr stehe ich am

Waschbecken, da geschieht aus dem Heulen des Sturmes so ein merkwürdiges Zischen – und dann steht bzw. schwebt in der linken hinteren Zellenecke, wo ich eine Tannenbaumattrappe aus Pappe stehen habe, eine gleißend weiße, mehr durchsichtige und strahlende, geradezu blendende Figur – etwa lebensgroß – sie blendet mich so sehr, daß ich starr vor Schreck die Hände vor die Augen reiße – und langsam an meinem Verstand zweifle. Wie ich dann durch die Finger blinzele, sagt er – mit klarer und wohlklingender Männerstimme zu mir . . .

Er: *Fürchte dich nicht!*
Darauf ich – nach einigem Zögern:
Was soll das? Wer bist du?

Er: *Ich bin es, mein Bruder! Du hast mich gerufen, – und ich habe dich erhört.*

Ich: *Wer bist du? (und ich kann vor lauter Licht kaum etwas sehen)*

Er: *Ich bin Jesus Christus – dein Bruder!*

Ich: *(entsetzt) Oh Gott! Was soll das? Muß das sein? Bin ich langsam wirklich verrückt? (Aber er ist noch da)*

Er: *Nein. Du bist nicht verrückt! Nein!*
Ich bin gekommen, weil ich dich auserwählt habe . . .

Ich: *Wozu auserwählt? Was soll das? Träume ich? Geh weg! Oh Gott!*

Er: *Kneif' mich in den Arm! Du träumst nicht. Ich bin wirklich zu dir gekommen, damit du weißt, daß du nicht umsonst neulich und die vielen Jahre vorher gebetet und mich gerufen hast! Du wolltest doch ein Zeichen, du ungläubiger Gottsucher . . .*
Ich bin gekommen, damit du weißt, daß ich bei dir sein werde. Fürchte dich nicht, du bist mein Auserwählter . . .
Doch dieses Mal wird mein Reich von dieser Welt sein . . . Ich mache dich zum Terroristen Gottes.

Ich: (entsetzt) Herr, laß das! Verschone mich. Verspotte mich nicht!

Er: *Hast Du Angst?*

Ich: *Ich weiß nicht?! Was soll das? Du weißt, ich halte nicht viel von solchem Zauber . . .*

Er: *Das ist kein Zauber! Ich bin kein Zauberer! Du wirst meine Botschaft, mein Reich und meine Herrlichkeit mit Macht und mit Ohnmacht verkünden . . . Du wirst der Christus dieser Zeit sein! Dieter Joachim Haase – ich taufe dich auf den Namen Jesus Christus Mohamed!*

Ich: *(entsetzt) Herr, laß das. Ich will nicht! Ich bin zu schwach, zu feige und – zu bequem. Ich tauge nicht dazu!*

Er: *Verzage nicht, ich werde dir die Kraft geben, – wenn auch keine Zeichen und Wunder –, aber die Menschen werden dir glauben und folgen. Mehr als du glaubst. –*

Ich: Herr, du weißt, daß ich nicht viel von der Kirche halte, – und von den Menschen auch nicht. du weißt, wie schwach ich zur Zeit bin, wie arm, – am Ende meiner Kraft.

Er: Ich weiß, aber gerade deshalb habe ich dich auserwählt. Du glaubst nicht, aber du wirst glauben. Du wirst schwach sein, aber ich werde dich stark machen. Die Menschen werden dich verspotten und verachten – um meinetwillen – und um deinetwillen! Mach' dir nichts daraus! So, wie sie mich vor 2000 Jahren verspottet haben und verachtet – und noch mehr ... Du weißt es ja. Aber habe keine Angst, ich werde bei dir sein. Sie werden dir nichts tun können – auf die Dauer nicht. Sie können dich einsperren. Sie können dich foltern und quälen. Sie werden dich demütigen, du wirst viel leiden, aber du wirst stärker sein, stärker als sie alle. Und du wirst siegen! Die dich richten, werden gerichtet werden. Die dich leiden lassen, werden vernichtet werden. In meinem Namen – und in diesem Zeichen (er schlug das Kreuz) wirst du siegen. Verzage nicht (und schon im Gehen bzw. Sichauflösen) Ich bin bei dir, – auf bald ...

Ich rief: Halt, warte! Bleib' noch. Ich ... warte.

Er: Ich komme wieder, (sich auflösend) sei stark, ich bin bei dir bis an der Welt Ende.

Dieter Haase *8000 München, 7.1.1976*
Nr. 19

Meine Lieben ...
Gestern – in der Kirche – hat die »Erscheinung«, von der ich wirklich glaube, daß es Jesus Christus ist, wieder zu mir gesprochen. Es war gegen 9.15 Uhr, als gerade ein Kirchenlied gesungen wurde, da zwinkerte mir der große **Holz-Christus**, der über dem Altar in der Gefängniskirche hängt, mit dem linken Auge zu –, als wenn die Augen leben –, und dann höre ich deutlich, aber ganz leise seine Stimme ...

Er: Na, Bruder?! Wunderst du dich?

Ich: Oh, je ... bist du's?

Er: Allerdings, ich bin's. Erkennst du mich nicht?

Ich: Du hast heute eine etwas andere Stimme.

Er: Das kommt dir nur so vor, weil ich vor den anderen nicht so laut reden kann. Sie hören mich nicht, du aber kannst mich hören. Es ist wie mit einem Kopfhörer.

Ich: Ja, Herr, so ist es. Aber bist du's wirklich, oder bilde ich mir das nur ein? Du weißt, Herr, daß ich langsam fürchte, verrückt zu werden.

Er: Erwarte keine Wunder von mir. Aber ich bin es wirklich, – und sag' nicht immer »Herr« zu mir. Ich bin dein Bruder, dein Bruder Jesus Christus, du Ungläubiger. Keine Angst, Bruder, du wirst nicht verückt. Wenn du auch vielen so erscheinen wirst. Aber alles Große und Außergewöhnliche wird von den Menschen so lange verachtet und verkannt, bis es sich durchgesetzt hat. Sieh mich an! Wer war ich denn, als sie mich damals verfolgten, verspotteten – und ans Kreuz schlugen. Die paar Jünger wurden auch für verrückt gehalten, die bei mir waren. Sie wurden ebenso verfolgt und verachtet, weil sie anders waren als die meisten, als die Masse ... Das war immer so. Daran kann selbst ich nichts ändern.

Ich: Herr, ach – na ja, Bruder, ich halte die Menschen für schlecht, denn ich bin müde geworden, verbittert – und am Ende meiner Kräfte. Ich weiß nicht, ob es sich noch lohnt zu leben? Das Leben ist mir nur noch eine einzige Last, Herr! Ich bin am Ende meiner Kräfte. Ich verachte die Menschen zu sehr ...

Er: Gerade deshalb bin ich zu Dir gekommen! Deshalb habe ich dich auserwählt, weil du schwach bist, sehr schwach sogar, – und doch wieder stark –, ja stärker als du selbst vermutest. Und nun, da ich bei dir bin, ich dich zu meinem Nachfolger gemacht, ...

Ich: Oh, Herr, hör' auf, das will ich nicht ... bitte nicht!

Er: Du bist es aber! Du wirst es sein! Ich habe dich erwählt – Jesus Christus Mohamed –, weil du schwach bist, weil du arm bist. Weil Du die Menschen kennst und verachtest. Weil sie dich brauchen. Weil sie mich brauchen. Glaube mir Bruder, sie brauchen uns! Mehr als du glaubst ... Und du wirst in dieser Haft wachsen und reifen ...

Ich: Nein, Herr, ich denke nicht daran, dieses Kreuz auf mich zu nehmen. Suche dir einen anderen!

Er: Aber, aber – Dieter Haase (und da lacht er), du mußt noch viel lernen. Bruder, glaube mir – es wird nicht einfach werden – für dich. Im Gegenteil, du wirst viel leiden müsse... Aber ich kenne dich besser als du dich selbst. Ich weiß, welche Kräfte in dir schlummern, du wirst über dich hinauswachsen. Du wirst sie alle beschämen und besiegen ...

Ich: Nein, Herr, ich will nicht! Such' dir einen anderen. Das mache ich nicht mit. Ich kann auch gar nicht. Sieh, Herr, ich habe jetzt dieses Scheißverfahren, oh, entschuldige.

Er: (lächelnd) Ist schon gut!

Ich: Dieses Verfahren am Hals und keinen Verteidiger, keinen, der mir hilft – und kriminelle Richter, die Unmenschen sind ...

Er: Ich weiß, ich weiß'! Was regst du dich auf?

Er: Vielleicht – ist Hilfe näher als du glaubst?!
Ich: Was heißt vielleicht?
Er: Wenn du auf mich hörst, kann ich dich vielleicht verteidigen.

Soviel zu meiner verlorenen und ausweglosen Lage damals in Haft im Jahre 1975/76 . . . Sie haben mich »gegeißelt und gekreuzigt«, die Richter vom 3. Strafsenat des Bayer. Obersten Landesgerichts!

Kapitel 12 c Die Kronzeugin: Angelika N.

Ab Sommersemester 1973 setzte ich das Studium der Philosophie an der Universität Hannover fort, vor allem, um bei dem Leiter des Instituts für Philosophie, Professor Dr. Grau, über das Thema *»Kants Schrift zum ewigen Frieden und deren Auswirkung auf die UNO«* zu promovieren. Auch er war ein sehr lieber Tennispartner im DTV Hannover von mir . . .

Im Wintersemester 1974/75 nahm ich an einem Hauptseminar in Philosophie teil bei meinem Doktorvater Prof. Dr. Gerd-Günter Grau. Völlig überraschend bat er mich eines Tages, ihn vor einem »männermordenden Vamp« zu schützen, welcher schon einen seiner Professoren verführt hatte, der daraufhin von seiner Frau für zwei Tage in der Toilette eingeschlossen worden war. Diese unmögliche Frau war die später berühmt berüchtigte Angelika N., damals 26 Jahre jung und damit wirklich in ihren besten Jahren. Der Verfassungsschutz führte sie später unter Nummer »VM 1031«. Sie war beteiligt am »Pengel-Papier« und somit auch am Sturz der Regierung Albrecht bzw. deren Wahlniederlage. Schon damals soff sie wie ein Loch, rauchte wie ein Schlot und schreckte vor keinem Abenteuer zurück, was sie stets damit zu entschuldigen pflegte, daß sie eben Wassermann sei bzw. im Rahmen der Gleichberechtigung »Wassserfrau«.

Für Wasser*menschen«* gibt es eben keine Grenzen.

Da Prof. Grau die Sache brandeilig machte, ging ich zum Frontalangriff über. Ich lud im Seminar Angelika zum Essen und ins Kino ein und sagte ihr, daß ich sie verführen müsse, um Prof. Grau zu schützen. Die Verführung war dann aber gegenseitig, und nach einem lukullischen spanischen Mahl – ich glaub', es war Kaninchen – und dem recht anregenden Film, landeten wir in meiner hübschen Maisonette-Wohnung in der Grünewaldstraße in Hannover, die Angelika so gut gefiel, daß sie gleich drei Tage und drei Nächte dablieb. Als sie daraufhin ihr etwas spießiger Vater zu Hause rausschmiß, weil sie sich für seinen Geschmack zuviel herumtrieb, nahm ich sie zeitweise bei mir auf.

Da uns dieser Zustand ganz gut gefiel, beschlossen wir, uns im Januar 1975 an ihrem 27. Geburtstag zu verloben. Es war eine große Feier mit ca.

50 Leuten, von der die Mär geht, daß ich meine Gäste nackt und krebsrot empfangen hätte, weil ich mich mit einem Pernionin-Bad erfrischt und dadurch etwas verspätet hatte.

Allerdings ist dies öfter vorgekommen, und ich weiß nicht, ob es tatsächlich bei jener Verlobung war.

Es wurde ein rauschendes Fest, und es gab auch ganz lose Filmaufnahmen davon, die ich allerdings erst viel später bei der Sicherungsgruppe nach meiner dritten Verhaftung sah.

Angelika hatte bereits eine Vergangenheit als Lock- und Rauschgiftspitzel, wo sie mit Gerd Goliat zusammenarbeitete. Es blieb mir nicht verborgen, daß sie auf mich deshalb ein Auge geworfen hatte, weil sie sich davon eine Karriere im Kripo- und Nachrichtendienstbereich versprach.

Nachdem ich mir Gewißheit verschafft hatte, daß sie diese Kontakte weiter pflegte und ich außerdem mit Entsetzen merkte, daß sie noch als Edelhure mit einer Freundin zusammen – wie sie es später nannte – »Spezialkunden« bediente, darunter eine ganze Anzahl von honorigen und äußerst einflußreichen Persönlichkeiten, versuchte ich sie davon abzubringen, weil ich – auch ohne AIDS – mir nicht vorstellen konnte, auf die Dauer mit einer Frau zusammenzuleben, die es nachweislich auch mit anderen Männern trieb.

Gelegentlich mochte so etwas noch hingehen, aber wenn es zur Regel wurde, ging mir dies doch erheblich gegen den Strich, auch wenn ich nie prüde war.

Die Geschichte mit Angelika würde allein ein halbes Buch füllen. Ich werde im nächsten mehr davon berichten, schon deshalb, weil Angelika sich aufgrund meiner Kalendernotizen und Kontakte eine spätere Karriere aufbaute, die sie insbesondere im Nahen Osten, in Beirut, Damaskus, Amman als »V-Mann 1031«, machte.

Für die provinziellen Verhältnisse in Hannover war es schon ein bißchen viel. Besonders kritisch wurde es, als man dann im Sommer 1975 zur Entführung von Konrad Lorenz in Berlin schritt und Angelika versuchte, mich *»abzuschöpfen«*, ich ihr aber gezielt Fehlinformationen gab.

Manchmal benutzte ich sie aber auch zu Informationszwecken. Angelika war durchaus beiden Seiten behilflich. Wenn sie den nötigen Alkoholspiegel hatte, redete sie bisweilen auch unkontrolliert, was ihr später immer wieder zum Verhängnis wurde. Ansonsten war sie eine brillante Hure, so daß ich mich – was dies angeht – nicht beschweren konnte. Allerdings spielte sie später die Zeugin der Anklage gegen mich, die u. a. meine verschiedenen Schwierigkeiten und Krankheiten als gespielte Simulanz bezeugen sollte, wozu sie sich von der Bundesanwaltschaft und dem BKA vorbereitet, willfährig zur Verfügung stellte.

Sie fühlte sich in ihrer Rolle wichtig und genoß ihre Auftritte sichtlich.

Die Richter schockierte sie u. a., indem sie mit treuherzigen Augenaufschlag betonte:

»Herr Haase hatte einen vollen Acht-Stunden-Tag zu bewältigen.« Als die Richter daraufhin völlig überrascht und konsterniert dreinschauten – sichtlich die Roben schürzten und sich in Kommißbrothöhe lüfteten – sagte sie genüßlich: *»Meistens waren es vier Stunden Tennis und vier Stunden Sauna.«* Daraufhin ging über einige Gesichter ein mokantes Lächeln, über andere grimmiger Frust. Offensichtlich neideten sie mir die aufgrund der vielen Haftleiden und anderer Gebrechen bereits eingereichte und später auch bewilligte Frührente.

Ich erinnere daran, daß ich zur Faulheit besonders begabt bin. Aber wenn ich mal arbeite, schaffe ich in zwei Stunden soviel wie andere in acht. Und meine Vielseitigkeit ist nur deshalb aufrechtzuerhalten, weil ich mit wenigen Stunden Schlaf auskomme und bisweilen einen Achtzehn-Stunden-Tag habe. Trotzdem bin ich leider durch die vielen Haftschäden zu einer geregelten Tätigkeit nicht fähig. (Dennoch strebe ich eine »Behindertenstelle« als Sicherheitsberater im Bereich der Expo 2000 an.)

Sie hatte noch eine ganze Reihe von ähnlichen Aussagen zur Verfügung und machte auch davon Gebrauch. Es würde hier zu weit führen, über alle Abenteuer und Erlebnisse zu berichten, die ich mit ihr zusammen hatte, so daß ich davon im nächsten Buch schreiben werde, wo es vor allen Dingen auch um die Abenteuer im Nahen Osten und unsere gemeinsamen Reisen nach Tunesien (Djerbah), Libyen und Algerien geht.

Hier nun eine kurze Schilderung meiner Erlebnisse mit dieser Dame.

***

Das Problem
ist heute nicht
die Atomenergie,
sondern das
Herz des Menschen.
Albert Einstein

***

Dieter Haase 8000 München 90
24.10.1975

Stichworte zum Fall Angelika N.

A. N. lernte ich im Oktober 1974 bei Prof. Grau im philosophischen Seminar kennen (ca. 100 Teilnehmer).

Wir verliebten uns ineinander, – und sie wollte möglichst schnell zu mir ziehen. Ihr sehr konservatives Elternhaus lernte ich kennen, nachdem A. am dritten Abend wieder bei mir übernachten wollte. Ich schickte sie aber gegen 0.30 Uhr nach Hause, da ich den Eltern per Telefon versprochen hatte, mit A. nur zum Abendessen auszugehen. Ich wollte mich in den nächsten Tagen ohnehin vorstellen. Als ich mich nachts gegen 1.00 Uhr telefonisch erkundigen wollte,ob A. gut nach Hause gekommen sei, beschimpfte mich die Mutter auf unflätige Weise. Ich war entsetzt, vor allem als ich am nächsten Tag von A. erfuhr – und auch selber anhand der vielen blauen Flecke und eines »Veilchens« feststellen konnte, daß ihr Vater sie verprügelt und getreten hatte.

Ich stellte mich darauf noch am selben Abend im Elternhaus schweren Herzens vor. Die Atmosphäre war auf beiden Seiten sehr ablehnend. Herr N. war pensionierter Architekt ehemals bei der Post. Er wurde am 5. Januar 1975 70 Jahre alt. Ich flog nach heftigen Auseinandersetzungen um Sylvester herum, als ich erfuhr, daß er sich unter verleumderischen Angaben hinter meinem Rücken in meinem Bekanntenkreis erkundigt hatte (z. B. Prof. Grau, Patenonkel Ferdinand Henkel usw.) mehrfach aus dem Hause, worauf A. ja mit mir gemeinsam spekuliert hatte, weil sie so schnell wie möglich mit Sack und Pack zu mir ziehen wollte.

Inzwischen hatte ich aber von ihr selbst, aber auch von den Eltern erfahren, daß sie bereits eine sehr bewegte und zwielichtige Vergangenheit hatte.

Mit 15 Jahren hatte sie einen Neger kennen- und liebengelernt. Auf die Ablehnung und Verbote des Elternhauses reagierte sie mit Heimlichkeiten und Trotz. Der Kontakt zu Sylvester (so hieß der Farbige) riß nicht ab. Unmittelbar nach dem Abitur zog sie zu ihm nach Westberlin. Dort kam es zu ersten Prostitutionshandlungen mit Amerikanern. Sie kehrte zwar vorübergehend nach Hause zurück, riß aber mehrmals wieder aus und lebte teilweise in US-Kasernen mit wechselnden Partnern. Sie stellte dies natürlich alles etwas beschönigend dar. Ich erfuhr die ganze Wahrheit auch erst nach ihrem Einzug bei mir. Die letzten zwei Jahre vor ihrem jetzigen Studium in Hannover lebte sie mit einem Sudanesen namens Abbas zusammen und hurte später in verschiedenen Städten in Massagesalons und Bordellen. Sie arbeitete damals angeblich bei IBM und der Kali-Chemie in Hannover und zunächst abends in der Diskothek, wo Abbas Diskjockey war, später im »Eve« als Bardame und dann einschlägig in einer Wohnung in Berenbostel bei Hannover mit einer gewissen Barbara als Callgirl!

Angeblich verdiente sie damals zwischen fünf- und zehntausend Mark im Monat. Die Wahrheit sah erheblich anders aus. Als sie nämlich ein Bankkonto eröffnen wollte, gestand sie mir, daß sie bei der Deutschen Bank zehntausend Mark Kredit aufgenommen hatte und sie nur teilweise selbst zurückzahlen konnte. Den Rest habe später ihr Vater abbezahlt, der auch seine Tochter in Gelsenkirchen und Bochum für jeweils acht- bzw. vierzehntausend Mark »freigekauft« habe. Insgesamt habe er im Laufe der letzten fünf Jahre rund dreißigtausend Mark für seine »verhurte Tochter Angelika« gezahlt.

A's angebliche Verdienste waren praktisch nur Kosten. Sie gingen fast gänzlich für Miete und Schutzgebühr usw. drauf.

Bezeichnend für die Verhaltensstörungen der A. waren u. a. eine Geschichte mit einem angeblichen »Fernsehregisseur«, der ihr im März/April einen Vertrag über wöchentlich 3000 Mark für Pornofilmaufnahmen geben wollte. Ich wollte ihr das ausreden, weil ich den Mann für einen Betrüger hielt. Sie ließ sich von diesem miesen H. Dieter M. schon wochenlang an der Nase herumführen. Kein Strichmädchen mit Hilfsschulbildung hätte sich so verhalten. Ich begann nun ernsthaft an Angelikas Verstand zu zweifeln, worin mich auch ihre Eltern bestätigten, die ich damals mehrfach um Hilfe bat, weil ich Angelikas Treiben in ihrem eigenen Interesse ein Ende setzen wollte. Auch meine Familie weihte ich in die Probleme zumindest andeutungsweise ein, stieß aber nur auf Unglauben und Ablehnung.

Wir lebten uns ab April/Mai 1975 auseinander und dann völlig getrennt nebeneinander her. Angelika bewohnte das Gästezimmer im Obergeschoß, das ständig wie eine Rumpelkammer aussah.

Seitdem war ich auch wieder mit Marianne regelmäßig zusammen.

Nun tauchte plötzlich ein Zuhälter auf und versuchte mich in seine und Angelikas Pläne einzuspannen. Zunächst sollte ich dafür sorgen, daß sich Angelika bei ihm für 20 000 Mark »freikaufte«, was bei ihrem angeblichen Monatsverdienst von fünf bis zehntausend Mark durchaus möglich gewesen wäre. Jedoch hat Angelika nach meinen Schätzungen – grundsätzlich habe ich mich um ihre »Einnahmen« aus ihrer »Tätigkeit« nicht gekümmert – höchstens 3000 Mark verdient, d. h. im März bis Mai blieben ihr nach Abzug der »Unkosten« etwa 1000 DM zum Eigenverbrauch. Im Juni wurde sie mehrfach krank und ging grundsätzlich nicht zum Arzt, so daß sie sich für ihre »Unkosten« von mir im Juni und Juli jeweils 500 DM borgen mußte. Schweren Herzens half ich aus. Sie hatte mir zwischendurch einige Beträge hundertmarkweise wiedergegeben.

Als wir uns endgültig trennten und Angelika am 18. Juli 1975 bei mir mit ihren restlichen Sachen auszog, schuldete sie mir noch 4500 Mark. Davon hat sie mir Anfang August d. J. vor meinem Urlaub 1000 DM zurückgegeben. Den Rest wollte sie mir in Raten nach dem Urlaub geben. Als ich sie im September darauf ansprach, stritt sie alles ab und versuchte mich zu nötigen, auf meine Forderungen zu verzichten, da sie mich sonst der Zuhälterei beschuldigen werde ... Auch jener Zuhälter hat mich entsprechend bedroht. Er war übrigens »Bankdirektor«. –

Dem Elternhaus Angelikas zuliebe, die zwei verkrachte Verlöbnisse hinter sich hatte (mit einem 56 Jahre alten Fabrikanten, der den Offenbarungseid leisten mußte und dann mit dem geschiedenen und unglücklich wiederverheirateten Hauptassistenten von Prof. Grau – »BM«-Verdächtiger usw. mit zwei Kindern), wollten wir uns am 26. Januar 1975 verloben, weil Angelika dann gleichzeitig ihren 27. Geburtstag feiern konnte.

Nach dem Zerwürfnis mit der Familie N. konnte Angelika gar nicht schnell genug zu mir in die Grünewaldstraße 14 ziehen.

Vorher waren wir noch zu Angelikas Onkel »Sepp« nach Wiesbaden gefahren – und zwar am 11./12. Januar 1975 – sowie zu ihrem Stiefbruder in Gelsenkirchen/Buer, wo Angelika früher einmal im Bordell gearbeitet hatte. Onkel Sepp war Kriminaldirektor – Abt. Waffen – im BKA Wiesbaden und wurde im Januar 1976 pensioniert. Sie alle wußten von Angelikas Vergangenheit – (und gaben daran ihren Eltern die Schuld.)

Angelika hatte sich im Dezember 2000 Mark von mir geborgt, weil sie dringend Schulden begleichen mußte, wovon ihre Eltern nichts wissen sollten. Sie wollte sie mir im Januar von ihren Nebenverdiensten bei der IBM (Dokumentationszentrale) zurückgeben. Angeblich erhalte sie auch Weihnachtsgeld und Jahresgratifikation. Später borgte sie sich im Januar und Februar 1975 nochmals je 500 Mark von mir. Angeblich kam bei der IBM etwas dazwischen.

Wie schon beschrieben, feierten wir am 26. Januar die Verlobung bei mir mit ca. 50 Gästen, was meine letzten Ersparnisse fast aufzehrte. Bis zu dieser Verlobung war Angelika eine »Musterfrau« gewesen. Danach war es auf der ganzen Linie aus. Sie fing an zu saufen, maßlos zu rauchen und sich herumzutreiben ... Es kamen immer mehr Unregelmäßigkeiten vor und dann Anfang Februar Angelikas erste Andeutungen von Hurerei, d.h. sie sprach von Gruppensex usw ...

Ich war über diese Entwicklung so erschüttert, daß ich Mitte Februar völlig zusammenbrach. Im März mietete sich Angelika mit ihrer Freundin Barbara die Wohnung in der Mörikestraße und wollte dafür von mir einige Möbel haben, die ich ihr auch gab. Erst war Angelika nur stundenweise weg, bald waren es auch Tage und Nächte. Dann annoncierte sie mit Telefonnummer in der Zeitung: 69. ...! – Ich war empört – aber zu schwach und deprimiert, um mich gegen diese Entwicklung wehren zu können.

Ich hielt Angelika mehrfach das Unhaltbare dieses Zustandes mit seiner

Assozialisierungstendenz vor Augen, fand aber nur Unverständnis. Sie schien mir schwer verhaltensgestört, denn sie argumentierte wie eine primitive Hure. Meine Bedenken hielt sie für albern und mich deshalb für unfähig. So begannen wir uns gegenseitig zu verachten.

Im März 1975 kam es zu einem Zusammentreffen von Angelika, drei Polizeibeamten und mir in der Mörikestraße. Dies war ihre offizielle »Abdeckung«, wie ich von diesen Herren erfuhr. Es waren u. a. der Beamte Gerold, mit dem Angelika seit Jahren schon Kontakt und gelegentlich ein intimes Verhältnis hatte, was er mir persönlich ausdrücklich bestätigte. Ferner ein KOM L. (LKA), sowie ein dritter Beamter, dessen Name mir entfallen ist, der aber als Begleitbeamter vom LKA Hannover merkwürdigerweise bei meiner Verhaftung am 29. September 1975 mit dabei war – neben KHK Sarcher und Peiner vom BKA-SG (Bonn).

Dabei erfuhr ich auch, daß Angelika früher schon häufiger für die Polizei in Rauschgiftaffären u. a. m. als Agentin tätig war. Ich fühlte mich nunmehr von ihr bespitzelt und bedroht, was ich ihr auch mehrfach vorhielt. Sie kam häufiger in betrunkenem Zustand nach Hause. Dabei ist es dann einige Male auch zu Handgreiflichkeiten auf beiden Seiten gekommen. Langsam erstarb bei mir jedes Gefühl für diese Frau, die mir anfangs noch leid tat. Ich verfiel in tiefe Depressionen, wofür mich Angelika verachtete, weil sie keinerlei seelisches Feingefühl oder Einfühlungsvermögen besaß. Sie betrachtete ihren »Job« als einen Beruf wie jeden anderen auch!

Von ihrer Freundin Barbara war auch nicht mehr die Rede, vielmehr erfuhr ich auch, daß dieses Haus in der Mörikestraße ein ganz biederes Acht-Familien-Haus mit jeweils Zwei-Zimmer-Wohnungen war, und einem Angestellten der Lindener Volksbank aus Hannover gehörte! Diesem bezahlte Angelika die überhöhte Miete von 750 Mark dafür, daß er die Mieter ruhig hielt, die sich über ihren »Parteiverkehr« beschwerten und später erfuhr ich auch noch, daß Angelika ihm 1000 Mark »Schutzgebühr« gegenüber der Unterwelt bezahlen mußte. Dafür also hatte sie sich im Dez./Jan. 1975 das Geld von mir geliehen. Ich war und wollte mich sofort von Angelika trennen. Nun überredete sie mich mit vielerlei Argumenten, mit ihr doch ein »Kuppel-Verhältnis« einzugehen, d. h. ihr nach außen und gegenüber den Elternhaus ein Alibi zu geben. Dafür wolle sie sich an den gemeinsamen Lebenshaltungskosten beteiligen. Das tat sie auch vorher schon gelegentlich.

Nun wollte sie mich zu einer Tunesien-Reise einladen, worauf ich schließlich unter erheblicher Eigenbeteiligung durch Unterstützung meiner Familie einging.

Nach der Fahrt beschloß ich, mich endgültig von ihr zu trennen. Ich ließ mich lediglich erweichen, die häusliche Gemeinschaft mit ihr noch bis Ende Juli aufrechtzuerhalten, da sie mich inständig darum bat, damit sie nicht wieder in ihr Elternhaus zurück müsse und sich bis dahin auf »eigene Füße« stellen könne.

Notgedrungen wahrte ich gegenüber dem Bekanntenkreis noch eine Zeit den »schönen Schein« nach dieser völlig voreiligen »Verlobung«, bereitete aber meinen Bekanntenkreis schonend auf die endgültige Trennung vor – und meine Rückkehr zu Marianne Krüger und unserem Sohn.

Mit Marianne traf ich mich bereits wieder regelmäßig und hielt sie auch über diese Dinge auf dem laufenden.

Soviel zu meinen damaligen Beziehungen zu Angelika N.

Später machte sie von sich reden und auch »Karriere«.

Um mich kurz zu fassen, verweise ich hier auf einen Artikel im SPIEGEL vom 12. 9. 1988, Seite 27 unter dem Stichwort *»AGENTEN: Wirklich Orgien – Bekenntnisse einer Exagentin bringen Niedersachsens Innenministerium weiter in Verruf.«*

Angelika war damals Wirtin in der Eckkneipe »Flötjer«.

»Neu hinzugekommene Gäste feiern die Wirtin Angelika N., als habe sie gerade eine deutsche Meisterschaft errungen.

Frau Wirtin hatte tags zuvor ... einen großen Auftritt gehabt. In der ZDF-Sendung ›Kennzeichen D‹ – Titelzeile:

›Agentin VM 1031 packt aus‹ konnte das TV-Publikum Neues aus dem Niedersachsen-Sumpf erfahren ...

›Ich habe von 1979 bis 1983 für das Landesamt für Verfassungsschutz in Niedersachsen gearbeitet‹, offenbarte die einstige V-Frau, die schon Mitte der siebziger Jahre als Informantin des Bundeskriminalamtes im Nahen Osten unterwegs gewesen war. Das Amt sei von ihr über eine Vielzahl von Straftaten informiert worden: Waffengeschäfte, Waffenschiebereien, Schiebereien von Rauschmitteln, kriminelle Handlungen verschiedenster Natur‹, und meist seien Polizeibeamte verwickelt gewesen. Peinlich für das Kabinett des christdemokratischen Ministerpräsidenten Ernst Albrecht: Als ›Schwätzer-Papier‹ hatte die Regierung noch eine Woche zuvor ein Dossier abgetan, in dem ein Verfassungsschützer namens Klaus Pengel eben jene Vorwürfe aus den frühen achtziger Jahren erhoben hatte, die seine damalige Agentin nun öffentlich bestätigte.

Erneut mußte sich die Regierung Albrecht vorwerfen lassen, daß sie den Pengel-Vorwürfen jahrelang nicht hinreichend intensiv nachgegangen sei und statt dessen diejenigen verfolgt habe, die auf Polizeiskandale aufmerksam gemacht hatten. Vor der ZDF-Kamera vermutete A. N., ›daß ein nicht unbeträchtlicher Teil leitender Beamter sich ganz offensichtlich deckt, weil es gegenseitige intime Kenntnisse von gemeinsamen Leichen gibt‹.

Die Aussagen von ›VM 1031‹ belasten eine ohnehin schwer angeschlagene Regierung, der vor allem eines gelungen ist: daß das Wort Niedersachsen zum Symbol für Skandal geworden ist. Millionenverluste aufgrund schwerer Versäumnisse bei der Spielbankenaufsicht; eine schwarze Serie von Partei-, Justiz- und Geheimdienstaffären; eine Regierungskoalition, deren Ein-Stimmen-Mehrmeit sich auf einen mittlerweile rechtskräftig verurteilten Wahlbetrüger stützt – für SPD-Oppositionsführer Gerhard Schröder waren das letzte Woche Gründe genug, Neuwahlen zu verlangen.

Doch Ernst Albrecht will durchhalten: ›Es ist Arroganz, wenn Sie nach Schleswig-Holstein diese Regierung auch noch stürzen wollen‹, herrschte er seinen sozialdemokratischen Herausforder am Donnerstag in der Etat-Debatte des Landtags an. ›Der Wahlkampf von 1990 ist bereits im Gange‹, notierte die ›Hannoversche Allgemeine‹.

Angetrieben wird das niedersächsische Affärenkarussell noch auf unabsehbare Zeit durch den Spielbanken-Untersuchungsausschuß, vor dem diese Woche der ehemalige CDU-Berater Laszlo von Rath über die Hintergründe der ominösen Albrecht-Wahl von 1976 auspacken will, und vom parallel dazu tagenden »Celler-Loch«-Ausschuß, der demnächst noch einmal den legendären Multiagenten Werner Mauss vernehmen muß.

Derweil rechnet der Verfassungsschutz des heillos überforderten Innenministers Wilfried Hasselmann (CDU) mit weiteren Enthüllungen über skandalträchtige Zusammenarbeit mit V-Männern aus dem Neonazi-Milieu, die an diversen Straftaten vom Waffendiebstahl bis zu Brandstiftung beteiligt waren. Zu erwarten sind zudem, womöglich noch vor der Wahl, spektakuläre Prozesse über kriminelle Verfehlungen hochrangiger Polizeibeamter. Denn die Pengel-Vorwürfe lassen sich, spätestens seit der Aussage von »VM 1031«, nicht mehr als Spinnereien irgendeines Geheimdienstlers, abtun. Agentenführer Pengel hatte auf gut 30 Blatt zu Papier gebracht, was seiner V-Frau N. zu Ohren gekommen war. Im Zentrum ihrer Observationen standen ein syrischer Kaufmann aus Hannover, ein ägyptischer Arzt, mehrere Geschäftsleute, eine Loge ›Licht des Lebens‹ und ein Beamter des Landeskriminalamtes, der, so Frau Nies, ›mit den beobachteten Personen durchsteckte‹ und ›bei ihnen meine Enttarnung betrieben hat‹«.

Keine einzige der Beobachtungen von »VM 1031« hatte alsbald zu »kriminalpolizeilicher Verfolgung« geführt . . .

Angelika taucht in unregelmäßigen Abständen immer wieder in meinem Leben auf. Mit ständig neuen Stories macht sie sich interessant und unterhält die Umwelt. So kam sie zum Beispiel letztes Jahr zu meinem Geburtstag am 26. August gleich in Begleitung zweier Herren. Einer war angeblich der »Nachrichtenchef« des Sudan, der andere war angeblich ein Tiefseetaucher und Abenteurer. Sie süffelten zwei Flaschen Campari, zwei Flaschen Sekt und zwei Liter Sangria an diesem Nachmittag, so daß ich sie gar nicht mehr loswerden konnte ...

Zuletzt tauchte sie Mitte Februar und nochmals im Oktober 1992 bei mir auf. Sie erbot sich, mir bei der Bearbeitung dieses Buches zu helfen. Besonders »ihren Part« wollte sie überarbeiten. Machte sich aber nur interessant damit ...

Drei Tage und zwei Nächte hielt sie mich von konstruktiver Arbeit am Buch ab. Ständig Witze erzählend, rauchend und saufend war sie nicht totzukriegen. Sie räumte so gut auf, daß ich nach diesen drei Tagen wochenlang meine Unterlagen und Notizen neu zusammentragen mußte. Wesentliche Notizen fehlen mir bis heute.

Wer weiß, wer und was dahintersteckte ...

In der Zeit, in der wir leben,
ist die Zahl der Kinder,
überhaupt der Bevölkerung
in einem Maße zurückgegangen,
daß die Städte verödet sind
und das Land brachliegt,
obwohl wir weder unter Kriegen
von längerer Dauer
noch unter Seuchen zu leiden hatten.

Dies nur deshalb, weil die Menschen
der Großmannssucht,
der Habgier
und dem Leichtsinn verfallen sind,
weder mehr heiraten, noch,
wenn sie es tun,
die Kinder,
die ihnen geboren werden,
großziehen wollen,
sondern meist nur eines oder zwei,
damit sie in Luxus aufwachsen
und ungeteilt den Reichtum ihrer Eltern erben.

Polybios
griechischer Geschichtsschreiber
ca. 200 bis 120 v. Chr.

Kapitel 12 d Zum Prozeßverlauf ... oder Keiner weiß Bescheid ...

Damit das Buch endlich zu einem Ende kommt, will ich in diesem Kapitel ein paar ausgewählte Protokollnotizen mit einigen verbindenden Bemerkungen und Texten wiedergeben, die dieses verfahrene Verfahren beleuchten.

Die Anklage war streng geheim bzw. geheim. Die Anklageschrift (ca. 120 Seiten) durfte ich nur in meiner Haftzeit besitzen. Sie war sehr willkürlich zusammengesetzt und wartete mit wenigen stichhaltigen Argumenten auf. Zeitweise erhielt ich zu ihrer Aufbewahrung auch eine Kassette, um sie vor Dritten verschließen zu können.

Ich selber kenne die Ermittlungsakten in meinem Verfahren in ganz wesentlichen Teilen bis heute nicht. Meines Wissens nach handelte es sich um 30 000 Blatt Hauptakten und 80 000 Blatt Nebenakten. Mir sind hiervon nur rund 7000 Blatt bekannt.

Meine Anwälte haben zwar alle die Anklageschrift erhalten, durften die »GEHEIM«-gestempelten Akten aber nur zum Teil im Gericht einsehen. Eine wirkungsvolle Verteidigung war so von vornherein unmöglich gemacht! So hat dann mein Verteidiger RA Hagen unter dem 16. 2. 1976 beantragt:

»... der Verteidigung zumindest für die Dauer der Verhandlung ein Exemplar der vollständigen Akten zur Verfügung zu stellen.

Begründung:

Wie ja auch der Kollege RA Pfitzner zum Ausdruck gebracht hat, zeigt sich, daß seitens des Gerichts ständig aus den Akten Vorhalte an die Zeugen gemacht werden, während seitens der Verteidigung zwangsläufig zu vielleicht wichtigen Punkten nichts kommen kann, mangels der erwähnten Tatsache, daß die Verteidiger über keine Akten verfügen dürfen, wenn man von der Anklageschrift einmal absieht, bei der man seltsamerweise eine Ausnahme gemacht hat.

Selbst wenn sich einzelne Verteidiger die Mühe gemacht haben, sich durch die Aktenstöße mehr oder weniger oberflächlich durchzulesen, denn etwas anderes war wegen der Kürze der zur Verfügung stehenden Zeit und der vielen anderen Verpflichtungen der Anwälte kaum möglich, so bedarf es doch zur Überprüfung ständig des Nachschlagens, wie es auch am Richtertisch und von der Bundesanwaltschaft gehandhabt wird.

Der möglicherweise ja nach wie vor noch berechtigte Geheimhaltungscharakter hinsichtlich vielleicht noch einzelner Akten kann nicht dazu führen, daß die Rechte der Verteidigung beschnitten werden.

Es ist auch zu berücksichtigen, daß sich der Angeklagte in einem psy-

chisch und körperlich stark angeschlagenem Zustand befindet, ihm auch die Konzentration in manchen Bereichen schwerfällt, so daß es auch aus diesem Grunde der Gedächtnisstütze durch ein Aktenexemplar bedarf, dessen Platz genauso wie bei dem Gericht auf dem Verteidigertisch Platz finden müßte.

Zu bedenken ist, daß doch auch die Rechtsanwälte nach dem Gesetz als Organ der Rechtspflege berufen sind.

Eine Besserstellung des Gerichts erscheint nicht gerechtfertigt, wenn man bedenkt, daß sich ebenso wie bei den Verteidigern auch unter Richtern östliche Agenten befinden können.

Der Angeklagte hat ja bekanntlich eine Reihe von Verdachtsmomenten gegen einen gewissen Richter mitgeteilt, die, wie ein Nachrichtendienstmann gegenüber dem Unterfertigten verlauten ließ, durchaus nicht so weit hergeholt sind, wie es auf den ersten Blick erscheinen mag.«

In unserer freiheitlichen Demokratie gilt als ein Eckpfeiler die unabhängige und nur dem Gesetz unterworfene Justiz. In zahllosen Vorschriften ist festgehalten, daß Verfahren nach rechtsstaatlichen Grundsätzen durchzuführen sind. Hierzu gehört nach ständiger Rechtsprechung auch des Bundesverfassungsgerichts die »Waffengleichheit« zwischen Anklage und Verteidigung. Allein schon aus diesem Grundsatz, aber auch aus dem des fairen Verfahrens und der Menschenrechtskonvention hat die Verteidigung ein **Recht** auf vollständige Einsicht in die Akten pp, und auch das Recht, diese, soweit sie für die Verteidigung nach *ihrer eigenen* Überzeugung erforderlich sind, zu kopieren.

Das dies in meinem Verfahren nicht möglich war, belegt, wie »rechtsstaatlich« ich verurteilt wurde.

Nach meiner Kenntnis war es auch in Verfahren etwa vor dem Volksgerichtshof im Dritten Reich, in Verfahren unter der Obhut der »Stasi« der DDR oder aber solchen unter derselben des KGB in der Sowjetunion, also nach unseren Maßstäben nichtrechtsstaatlichen Willkürverfahren, üblich, die Verteidigung ähnlich in ihren Rechten zu beschneiden und beschränken. Dies alles spricht m. E. für sich und bedarf daher auch keiner weitere Kommentierung.

Der Untersuchungsbericht von Untersuchungsrichter Willner beweist, daß ich niemals die Wahrheit sagen wollte. Es ging mir ja auch damals nur darum, durch ständig neue und wahrheitswidrige Einlassungen die Behörden und die Justiz zu verwirren. Dennoch hat die Justiz in Zusammenarbeit mit dem MAD und dem Verfassungsschutz versucht, aus dem ganzen Lügen- und Verwirrspiel eine Anklageschrift zu basteln, die ausreichte, um mich wegen besonders schweren Landesverrats anzuklagen.

Es kam dann Dr. Achter aus Köln angereist und versuchte, den Widerruf meiner falschen Geständnisse zu verhindern. Er bot mir an, mich kostenlos zu verteidigen, nachdem er mir zugesichert hatte, daß ich dann in jedem Falle eine Strafe unter fünf Jahre erhalten würde – ich hätte dann schon über die Hälfte abgesessen –, so daß ich vielleicht als freier Mann den Gerichtssaal verlassen könnte. Zumindest würde ich nur mit einer Reststrafe belegt, die zur Bewährung ausgesetzt würde. Ein sehr verlockendes Angebot – aber ich hätte nie wieder im Leben die Wahrheit sagen können. Jeder Identität beraubt und als Landesverräter und nachrichtendienstlicher Zuträger völlig zu Unrecht beschuldigt und verurteilt hätte ich mich nie wieder um eine Rehabilitierung bemühen können.

Wie schwer es mir gemacht wurde, beweisen folgende Dokumente aus meiner Haftzeit und Protokolle der Verhandlung.

Dieter Haase z. Z. JVA München, 05.10.1975

An die
Bundesanwaltschaft
z. Hd. Herrn Bundesanwalt Fischer
Herrenstraße 45 a
7500 Karlsruhe 1

(Anlage 2 zum Protokoll vom 18.03.1976)

Betreff: 5BJs 82/70
2026. Tag der Ermittlungen

Betreff: Dritte Verhaftung – Verfahren u. a.

In Verbindung mit meiner erneuten Verhaftung vom 29.09.1975 möchte ich folgendes – insbesondere für die Sachakten – feststellen:

1. Meine Verhaftung ist grundlos.

Die persönlichen Absprachen mit Herrn Bundesanwalt Fischer (insbesondere vom 24.06.1975 und 08.07.1975) widersprechen dem jetzigen Vorgehen.

Die Glaubwürdigkeit der Bundesanwaltschaft in Verbindung mit Herrn Bundesanwalt Fischer ist damit jedem Zweifel ausgesetzt.

2. Ich behalte mir vor, Herrn Ersten Staatsanwalt Schulz wegen Besorgnis der Befangenheit abzulehnen – und weitere rechtliche Schritte gegen ihn zu unternehmen.

Begründung: Seine beleidigenden Äußerungen und unsachlichen Ausführungen zur Sache und Person sowie persönliche Drohungen mir gegenüber.

3. Meine soziale und berufliche Existenz wird durch diese dritte Verhaftung (in derselben Sache) erneut gefährdet und einem noch nicht voraussehbaren Schaden ausgesetzt.

Dieses Vorgehen widerspricht dem Resozialisierungsgebot! Es »asozialisiert« mich sogar nach über 2 026 (in Worten: zweitausendsechsundzwanzig) Tagen Ermittlungen – und noch keiner Anklage! ... Meine Gesundheit wurde durch dieses Verfahren zerrüttet und – wie sich bereits abzeichnet – zersetzt.

Eine entsprechend notwendige ärztliche Behandlung (die Gutachten für den Rentenantrag laufen gerade jetzt) ist in Haft nicht möglich (z. B. Psychotherapie u. a.).

4. Meine Familie ist stets aufs ärgste mitbetroffen. Mein Stiefvater ist im September 1974 verstorben. Meine Mutter ist als arme Rentnerin mit 70 Jahren auch auf meine spätere Hilfe angewiesen. Gerade sie wird durch diese Situation (5 1/2 Jahre totale Unsicherheit!) menschlich überfordert. Meine laufenden Angelegenheiten stellen meine Familie vor fast unübersehbare Schwierigkeiten. Diese Art von Sippenhaft ist sozial unverantwortlich. Es bestehen nämlich enge familiäre Bindungen in jeder Form. Marianne Krüger und ich wollen in absehbarer Zeit heiraten. Meinen Sohn Alexander liebe ich über alles und bin sehr stolz auf ihn. Alle diese Fakten schließen eine Fluchtgefahr aus. Ich will noch ein Geschwisterkind zeugen.

5. Der wahrheitsgemäße Widerruf meiner wesentlichen Aussagen wird eine Verurteilung nach § 94, II,2 StGB ausschließen. Auch die Vernehmung des Untersuchungsrichters wird dem nicht standhalten.

Ich sehe mich durch das jetzige Vorgehen getäuscht. Die Aussagen kamen nur durch Überredung von Herrn Untersuchungsrichter Willner und dem militärischen Sachverständigen Otl. i. G. Peter zustande. Sie wiesen darauf hin, daß nur das Geständnis eines besonders schweren Falles von Landesverrat zu einer Einstellung des Verfahrens führen könne. Ich bemühte mich also mit beider Hilfe, einen «solchen Fall zu konstruieren«. Der Wahrheit entsprach dies keinesfalls.

6. Ich habe keinesfalls einen Landesverrat nach § 94 II StGB begangen. Nie wollte ich der Bundesrepublik Deutschland einen Schaden oder Nachteil zufügen. Im Gegenteil!

7. Bitte ich die Bundesanwaltschaft nunmehr mit Nachdruck – auch im Namen meiner Anwälte – um schriftliche Auskunft, was aus den streng vertraulichen Angaben geworden ist, die meine Hoffnung auf Einstellung des Verfahrens begründen. Diese Angaben wurden in ca. 10tägiger Vernehmung von mir dem Untersuchungsrichter ohne Protokoll und Unterschrift gemacht – aus Sicherheitsgründen.

Allein die Auswertung dieser Fakten und Angaben hätte nach Meinung von Experten und auch meiner Anwälte zu einer Einstellung des Verfahrens führen müssen. Daß dies nicht geschah, macht mich mehr als stutzig.

8. Abschließend ist nur zu vermuten, daß allein die unrichtige Aktenlage (die seit über zwei Jahren von mir bzw. der Verteidigung gerügt wird und weshalb die Verteidigung auch unbedingt auf das Schlußgehör vor Ankla-

geerhebung – zumindest aber zur Richtigstellung auf vollständige Akteneinsicht – Wert legte!) zu der überstürzten erneuten – und gegen jede Absprache erfolgten – Verhaftung führen konnte.

Ich bitte nunmehr die Bundesanwaltschaft – unter Berücksichtigung obiger Gesichtspunkte und unter Hinweis auf Ihre Objektivitätsverpflichtung (auch für den Beschuldigten sprechende Punkte gebührend zu berücksichtigen) –, umgehend meine Entlassung zu veranlassen.

gez. Dieter Haase

RA Klaus-Heinrich Hagen, München — AZ: 3 St 13/75
Bayerisches Oberstes Landesgericht
Postfach — A/X
8000 München — 12.01.1976
in dem Strafverfahren
gegen
H a a s e Dieter
wegen Landesverrats u. a. wird beantragt:

Daß der Angeklagte wenigstens zweimal die Woche psychotherapeutisch behandelt wird.

Begründung:
Wie der Angeklagte dem Unterfertigten zuletzt bei seinem Besuch in Stadelheim am 09.01.1976 mitteilte, hat dieser den Eindruck, in völlig unzureichender Weise medizinisch versorgt zu werden. Er werde zwar auf der einen Seite mit Medikamenten vollgestopft, andererseits gewinne er aber den Eindruck, daß die Verordnung der Medikamente mehr oder weniger willkürlich erfolge, zumal es an einer psychiatrischen oder psychotherapeutischen Behandlung, wie sie in seinem Falle dringend indiziert sei, fehle.

Letztere fehle mangels geeigneter Ärzte. Die psychotherapeutische Beratungsstelle, welche es in der Justizvollzugsanstalt Stadelheim gebe, werde ihrer Funktion in nur unvollkommener Weise gerecht, so daß nichts übrigbleibe, als die Betreuung von außen durch einen geeigneten Psychotherapeuten sicherzustellen, der ihn zweimal die Woche aufsuche.

Es wird ferner beantragt:

Den Angeklagten auf Grund seiner Christus-Erscheinungen daraufhin zu untersuchen, ob in seinem Falle nicht entgegen den bisherigen Feststellungen (vgl. gutachterliche Äußerung des Prof. Dr. Werner Mende vom 04.12.1975) eine Störung der Geistestätigkeit vorliegt, wonach die Voraussetzungen des § 21 wenn nicht gar des § 20 StGB gegeben sind.

Begründung:

Aus dem in Kopie beigefügten Schreiben des Angeklagten an seine Familie vom 04.01.1976 und dem vom 07.01.1976 (fälschlich 1975) ebenfalls an seine Familie ergibt sich – vor allem eindrucksvoll das Schreiben vom 04.01.1976 –, daß der Angeklagte eine Erscheinung hatte, bei der es sich, wie der Angeklagte angibt, um Jesus Christus gehandelt hat. Die plastische Art der Darstellung durch den Angeklagten, wie sie besonders aus dem 1. Absatz des Schreibens vom 04.01.1976 hervortritt, spricht dafür, daß der Angeklagte tatsächlich eine Vision gehabt hat. Derartige Erscheinungen sind ja aus der Religionsgeschichte – man denke nur an die «Heilige Johanna« und viele andere Menschen, die wie auch Goethes »Faust« nicht selten Kontakt zu Überirdischen Mächten hatten – durchaus geläufig. Es fragt sich nur, ob es sich um eine gleichsam »gutartige« Erscheinung, um einmal dies aus dem Medizinischen entlehnte Wort zu gebrauchen, handelt oder ob die Erscheinungen, die der Angeklagte gehabt hat, nicht als Ausgeburten einer krankhaften Phantasie zu werten sind und Wahnvorstellungen signalisieren, also Halluzinationen beinhalten.

Hierbei ist zu bedenken, daß dem Angeklagten ja – wenigstens die erste Vision – nicht etwa auf Grund eines inbrünstigen Gebets gekommen ist, sondern die Erscheinung war plötzlich da, als der Angeklagte am 03.01.1976 gegen 21.00 Uhr am Waschbecken stand:

»... da geschieht aus dem Heulen des Sturmes so ein merkwürdiges Zischen – und dann steht bzw. schwebt in der linken hinteren Zellenecke, wo ich eine Tannenbaumattrappe aus Pappe stehen habe, eine gleißend weiße, mehr durchsichtige und strahlende, geradezu blendende Figur – etwa lebensgroß ... sie blendet mich so sehr, daß ich starr vor Schreck die Hände vor die Augen reiße – und langsam an meinem Vestand zweifle. Wie ich dann durch Finger blinzele ...«

Der Angeklagte wurde zutiefst erschreckt, auch weil es ihm selbst dünkte, daß er den Verstand verlöre.

Als die Erscheinung dann zu dem Angeklagten sprach und sich als Jesus Christus zu erkennen gab, war es dem offenbar ziemlich ungläubigen Thomas wiederum so, als werde er verrückt. Jedenfalls empfand er die Erscheinung als eine Heimsuchung bis hin zu dem Augenblick, wo es heißt:

» ... Ich mache Dich zum Terroristen Gottes ...«. Auch die weiteren Ausführungen zeigen, daß der Angeklagte voller Abwehr gegen die ihn bedrückende Erscheinung war, die er nicht gerufen hatte, wenn er auch in vielen Jahren vorher gebetet hatte.

Besonders bedenklich erscheint ja vielleicht bei der Vision des Angeklagten nicht nur, daß er zum »Terroristen Gottes« gemacht wird, sondern auch, daß ihm von einer höheren Macht, sei es nun Jesus Christus oder wer auch immer, ein Auftrag, eine Mission, erteilt wird, weshalb denn auch der Angeklagte nach seinen Worten bereits beantragt hat, ihm zu erlauben, Bibelstunden abhalten zu dürfen. Er soll auch seitens der Anstaltsgeistlichen

– der Angeklagte ist katholisch getauft worden, später dann aber evangelisch geworden – bisher schon drei Bibeln erhalten und über sie den Kontakt zu Kardinal Döpfner geknüpft haben, wenn der Unterfertigte richtig verstanden hat. Ein etwaiges Schreiben an den Kirchenfürsten hat der Unterfertigte allerdings nicht zu sehen bekommen, so daß wohl an eine Kontaktnahme auf Grund mündlicher Übermittlung zu denken ist.

Das geschilderte Interesse, welches geistliche Kreise an der Erscheinung des Angeklagten zu nehmen scheinen, für die etwas Derartiges, wie es dem Haase widerfahren ist, etwas durchaus nicht so Außergewöhnliches sein mag wie für mehr diesseitsgerichtete Menschen, darf einen nicht davor die Augen verschließen lassen, ob es sich hier nicht doch um eine krankhafte Halluzination handelt.

Nach dem »Wörterbuch zur Psychologie« von James Dreyer und W. D. Fröhlich (vgl.dtv-Reihe, 9. Aufl. 1975) ist Halluzination die Bezeichnung für ein Erleben wahrnehmungsähnlicher Art bzw.lebhafte Vorstellungen anschaulicher Art,die auf keinerlei relevanter oder adäquater Sinnesreizung beruhen.

H. kommen oft als Symptome abnormer oder pathologischer Veränderungen (Geisteskrankheiten) vor, können außer in der Hypnose auch in Übergangsstadien vom Wachen zum Schlafen und umgekehrt beobachtet werden.

Im Handbuch bzw. Handlexikon der Medizin von Michael Sartorius (vgl. Fischer 1971) heißt es unter dem Stichwort Halluzination: »Objektiv nicht gerechtfertigte Sinneswahrnehmung, entstanden aus psychischnervösen Erlebnissen bzw. Erlebniszuständen (Bakteriengifte, Alkohol). Außerdem in endogenen (organischen) Wahnzuständen.«

Nicht ausgeschlossen werden kann demnach, daß bei den Erscheinungen des Angeklagten auch die ihm möglicherweise im Übermaß verabreichten Medikamente im Spiel sind, da ja der Angeklagte an Alkohol nicht herankommt.

Da ja, wie Haase zuletzt wieder von dem längere Zeit behandelnden Psychiater Dr. med. Winter am 22.12.1975 bescheinigt wurde, bei dem Angeklagten eine manischdepressive Erkrankung vorliegt, worüber sich der Angeklagte auch im klaren ist, bleibt natürlich zu bedenken, ob nicht die den Angeklagten verfolgenden Christus-Visionen, die sich seiner alptraumartig bemächtigen, Anzeichen einer Verschlimmerung seines Zustandes sind, da ja zu der bestehenden manischdepressiven Erkrankung, unter der der Angeklagte leidet, ständig durch die psychische Drangsal der Inhaftierung weitere Erschütterungen seelischer Art hinzutreten.

Da somit Gefahr für Leib und Leben gegeben erscheint in Richtung auf eine weitere Zerrüttung der seelischen Gesundheit des Angeklagten, die bereits nicht zuletzt durch eine frühere, 14monatige Einzelhaft Schaden genommen hatte, wird zu überlegen sein, ob die Christus-Visionen, die von dem Angeklagten selbst als mehr oder weniger krankhaft empfunden wurden und ihn um seine geistige Gesundheit fürchten lassen, nicht Anlaß einer Begutachtung durch einen weiteren Sachverständigen sein sollten.

Da die gutachterliche Äußerung des Sachverständigen Prof. Dr. Mende, die vorliegt, erkennen läßt – ebenso wie auch die in dem Beschluß des Bayerischen Obersten Landesgerichts vom 05.01.1976 verarbeiteten Erkenntnisse des Dr. Poppele –, daß seitens der bisherigen gerichtlichen Sachverständigen keine Bereitschaft besteht, die psychischen Auffälligkeiten bei dem Angeklagten als psychopathologisch bedingt zu deuten, besteht seitens der Verteidigung ein berechtigter Anlaß zur Befürchtung, daß auch die Erscheinungen des Angeklagten wieder nur als Ausdruck seiner psychischen Labilität oder massiver querulatorischer Züge gewertet werden, wovor es den Angeklagten zu bewahren gilt.

Es spricht im übrigen sehr viel dafür, daß der Angeklagte trotz entsprechender ärztlicher Betreuung in der Haft, wenn er in Haft bleibt, nicht von weiteren alpdruckartigen religiösen oder pseudoreligiösen Vorstellungen verschont bleibt, wodurch seine psychische Gesundheit weiter zerrüttet würde.

Daß sich der Angeklagte um seine geistige Gesundheit ängstigt, geht nicht zuletzt daraus hervor, daß er dem Unterfertigten anflehte, zu erreichen zu suchen, daß ihm eine psychotherapeutische Behandlung gewährt würde.

Ein weiteres Eingehen auf den Beschluß des Bayerischen Obersten Landesgericht vom 05.01.1976 erscheint im Augenblick nicht veranlaßt, jedoch ist in diesem Schriftsatz zugleich auch eine Beschwerde gegen den erwähnten Beschluß zu sehen, durch den angeordnet wurde, daß die Untersuchungshaft des Angeklagten aufrechterhalten bleibt.

Ein weiterer Vortrag dieserhalb bleibt ausdrücklich vorbehalten.

– Rechtsanwalt –

Justizvollzugsanstalten München — 27. Januar 1976
II b – 6610/75
An das
Bayerische Oberste Landesgericht — Az.: 3 St 13/75
8000 München 35
Justizpalast
Dieter H a a s e , geboren am 26.08.1937 –
Zum dortigen Ersuchen vom 14. und 20.01.1976

1. Der Gefangene Haase verursachte seit 30.12.1975 u. a. die folgenden Vorfälle:

1.1 Nach Bericht des Oberwachtmeisters im Justizvollzugsdienst Knoll schlug Herr Haase am 30.12.1975 mit den Fäusten an die Zellentüre, tobte und brüllte. »Folter, Folter!! Ich habe einen manischen Anfall und will sofort einen Arzt sprechen, sonst nehme ich diese Zelle auseinander, so daß man sie nicht wiedererkennt!« Der Beamte habe den Gefangenen zu beruhigen versucht; doch dieser hätte ihm einen großen Becher mit Kaffee nachgeschüttet.

Zu den vorgenannten Angaben gehört, räumte Herr Haase ein, daß diese Angaben sinngemäß zuträfen. Er habe genau gesagt: »Soll ich erst diese Zelle auseinandernehmen, damit man sie nicht mehr wiedererkennt?« Und weiter: »Anders kann man sich wohl nicht durchsetzen?« Er sagte weiter, der Beamte hätte, statt ihn zu beruhigen, seinen manischen Anfall noch gesteigert: »Aus Erregung schüttete ich aus der Kostklappe einen Topf Kaffee.«

1.2 Am 31.12.1975 drohte der Gefangene im Anschluß an etliche Forderungen (zum Anstaltsleiter, zur Eigengeldkasse geführt zu werden u. ä.) Herrn Knoll mit einer Anzeige wegen Folterung und unterlassener Hilfeleistung. Er drohte ferner, die Zelle völlig zu demontieren. An die letzte Bemerkung erinnerte sich Herr Haase nicht mehr, die Drohung mit einer Anzeige räumte er dagegen ein.

1.3 Nach Bericht des Sanitätsbeamten Peter Hartl ereignete sich am 12.01.1976 folgendes: »Um 09.30 Uhr kam der Untersuchungsgefangene Haase in das Arztzimmer und forderte, umgehend einem Arzt vorgestellt zu werden. Als Gründe gab er die gleichen an, deretwegen er bereits am 08.01.1976 in der Sprechstunde war. Nach Rücksprache mit Frau Dr. Lange war auch diese der Meinung, daß es genüge, wenn der Gefangene am 15.01.1976 in die reguläre Sprechstunde kommen würde. So machte ich dem Gefangenen klar, daß ich ihn nicht nach A II zu Frau Dr. Lange führen werde. Da drohte der Gefangene, er werde sich zu wehren wissen, wenn seinem Wunsche nicht entsprochen werde. Er sagte, er sei psychisch nicht zurechnungsfähig, deswegen werde er die gläserne Trennwand im Arztzimmer einschlagen, und man könne ihm deswegen gar nichts anhaben. Auf alle Fälle komme dann ein Arzt und wenn auch nur, um ihn in eine Folterzelle zu stecken. Nachdem ich mich erneut weigerte, Herrn Haase nach A II zum Arzt zu führen, nahm er die Waage und zerschlug damit die Trennwand. Anschließend warf er das Blutdruckmeßgerät zu Boden, so daß es zerstört wurde.« Herr Hartl stellte ferner fest, daß sich »Haase keinesfalls in einem abnormen Erregungszustand befand, sondern lächelnd und ruhig noch zu dem

Kollegen Schlumbaum, der Haase im Arztzimmer vorführte, sagte, er möge zur Seite treten, damit ihn keine Scherben träfen«.

In seinen Ausführungen dazu sagte Herr Haase am 20.01.1976, daß er sich in »einem fürchterlichen Erregungszustand« befunden hätte und seiner »Sinne kaum mächtig« gewesen wäre. Er habe die Zerstörung auf einen gleichzeitigen Auftrag Jesu Christi hin begangen. Einen Schadenersatz verweigerte Haase, da er für seine Handlungen nicht verantwortlich sei.

2. Zur Frage der psychotherapeutischen Behandlung des Untersuchungsgefangenen:

Da Herr Haase als Untersuchungsgefangener in besonderer Weise schwierig ist, suche ich ihn als Anstaltspsychologe in seinem Einverständnis neuerdings wöchentlich einmal, nach Möglichkeit zweimal, auf längere Zeit in seiner Zelle auf. Ich bespreche mit ihm dort seine Probleme. Außerdem genießt er die Betreuung der beiden Anstaltsgeistlichen und auch die des hiesigen Sozialdienstes. Das Ausmaß der Betreuung des Untersuchungsgefangenen durch Gespräche ist im Vergleich mit dem bei anderen Gefangenen denkbar gut.

Die Frage der psychotherapeutischen Behandlung wurde mit Haase besprochen. Es wurde ihm gesagt, daß eine Psychotherapie unter den äußeren Bedingungen der Untersuchungshaft wohl erfolglos wäre. Herr Haase meinte daraufhin, dieselbe Ansicht habe Professor de Boor zu dieser Frage vertreten. Eine Psychotherapie erscheint nach anstaltsärztlicher Auffassung nur unter den Voraussetzungen einer sozialtherapeutischen Anstalt möglich, die ein entsprechendes therapeutisches Milieu aufweist. Das ist hier nicht gegeben. Schließlich setzt eine Psychotherapie in der Regel eine lange Behandlungsmöglichkeit und -dauer voraus, zumindest von einem Jahr. Sie ist zudem in der Regel nicht auf eine kurzfristige Behebung psychischer Störungen ausgerichtet, sondern auf eine langfristige Dauerwirkung. Die Durchführung einer solchen Maßnahme in der Justizvollzugsanstalt München wäre sowohl von der Situation der Untersuchungshaft wie auch von der zeitlich möglichen Planung her nicht sinnvoll.

Die bei Herrn Haase getroffenen Betreuungsmaßnahmen können in psychischer Hinsicht nach allem als voll ausreichend angesehen werden. Die Hinzuziehung eines Psychotherapeuten scheint in keiner Weise geboten. Es wird davon abgeraten.

3. Nach anstaltsärztlicher Auffassung sind die von Haase angegebenen Halluzinationen simuliert. Dazu geben folgende Beobachtungen Anlaß:

Der Gefangene spricht über seine Christus-Erscheinungen mit

größtem Vergnügen; er kann kaum das Lachen verbeißen. Er erzählt jedem davon, der es hören will. Die für Halluzinationen häufige Neigung zum Dissimulieren, d. h. zur Verheimlichung solcher Wahrnehmungen, ist in keiner Weise gegeben. Auch steht die Lustigkeit, mit der Haase von seinen Halluzinationen berichtet, im Gegensatz zu ihrem Anspruch auf Ernsthaftigkeit und religiöse Erleuchtung. Schließlich passen die in seine Schilderungen eifrig eingestreuten Eigendiagnosen »manisch«, »Erregungszustand«, »nicht zurechnungsfähig« u. a. nicht zur zu erwartenden Unbewußtheit des Geschehens. Das Ganze spricht mehr für exzessive Fabulierlust und den Hang zur übertriebenen Darstellung als für irgendeinen Verdacht auf eine Psychose. Bei Echtheit der Wahnwahrnehmung würden diese zudem noch eher zum Formenkreis schizophrener Erkrankungen zu zählen sein als zu einem manischen Gemütsleiden, wie es Haase von sich angibt.

Die Hinzuziehung eines Psychiaters zur Abklärung der angeblichen Halluzinationen wird daher wegen ihrer offensichtlichen Unechtheit im Einvernehmen mit dem hiesigen Anstaltsarzt als nicht erforderlich betrachtet.

Im übrigen wird anheimgestellt, zur Frage der Notwendigkeit einer psychotherapeutischen Behandlung und der Hinzuziehung eines Psychiaters während der Untersuchungshaft den an sich zuständigen Landgerichtsarzt zu hören.

Dr.Zylka
Leitender Medizinaldirektor

Dr. Wagner
Oberregierungsrat
Diplompsychologe

Nachtrag:

Der Angeklagte erhält im Augenblick u. a. gegen seine – nach eigenen Angaben – Manie sowie seine Rücken- und Schulterschmerzen, die in den rechten Arm und ins rechte Bein ausstrahlen, Lumalgien und Ischialgien also, folgende Medikamente:

Buscopancompositum
Ciba-Spasma-Cibalgin, comp. usw.
Zäpfchen 3 – 5 am Tag, Novalgin-Tropfen usw. an Beruhigungsmitteln: Persumbran 2 – 5
Tranxilium T 20
Haloperidol-Tropfen 5 – 30 täglich

Der Angeklagte hat zigfach die Bitte nach Hinzuziehung eines Orthopäden geäußert wegen der Ischialgien u. a. Der Angeklagte wird nur gegen die Schmerzen behandelt. Er meint auch, es werde kaum etwas ins »Krankenblatt« eingetragen, obwohl er sich 40mal in 100 Tagen beschwert habe.

Hierzu sei angemerkt, daß die gesundheitliche Betreuung in der Haft sehr zu wünschen übrigläßt. Dies liegt vor allem an dem zu bewältigenden »Instanzenweg«, bevor man mit seiner Krankheit einen Arzt zu Gesicht bekommt. Dies ganze Drum und Dran habe ich mehr oder weniger als Folter und unmenschliche Verhöhnung erlebt und erlitten.

Theoretisch ist es natürlich immer »möglich«, einen Arzt zu konsultieren. Praktisch reduziert sich dies jedoch auf die Möglichkeit, sich einmal pro Woche zur Sprechstunde bei dem Justizwachtmeister zu melden. Dieser sortiert dann die Meldungen nach seinem Gutdünken vor. Ob man aber wirklich zum Arzt kommt, entscheidet sich manchmal von Stunde zu Stunde durch andere Notwendigkeiten des Vollzuges. Damit ist nicht gesagt, daß man überhaupt innerhalb einer Woche auch bei ernstem Anliegen zum Arzt kommt.

Dieser hält grundsätzlich (so meine subjektive Erfahrung) jeden erst einmal für einen Simulanten, wenn nicht ganz klare und eindeutige Krankheitsbefunde vorliegen. Sämtliche psychosomatischen Beschwerden, die gerade in der Haft eher die Regel als die Ausnahme sind, werden aus »Betriebsinteresse« bagatellisiert oder sogar negiert. Daher hat ein sensibler und vegativ schwer gestörter Patient in Haft kaum die Chance, eine helfende Behandlung zu erfahren.

Die Zahl der Selbstmordversuche spricht eine überdeutliche Sprache. Allein in meiner etwa fünfeinhalbjährigen Haftzeit habe ich in meiner engsten Umgebung über 300 Selbstmordversuche und ca. 60 gelungene Selbstmorde miterleben müssen. Dies wird meistens vertuscht, weil die Isolierung der Gefangenen in einem solchen Stadium so weit fortgeschritten ist, daß der Betroffene kaum noch soziale Bindungen hat.

Da ich selbst mit einer Vielzahl von schweren Schmerzmedikamenten und verschiedenen Psychopharmaka behandelt wurde, kann man anhand der obigen Medikamentenaufstellung nachvollziehen, daß ich bei deren Einnahme tatsächlich während der meisten Zeit des Verfahrens nicht oder nur sehr eingeschränkt in der Lage war, diesem so zu folgen, daß ich zu meiner wirksamen Verteidigung in der Lage war. Dies spiegeln die nachfolgenden Dokumente auch sehr deutlich wider.

Die Wirklichkeit war für mich noch viel leidvoller. Ich hatte beständig den Eindruck, daß es dem Gericht sehr gelegen kam, daß ich unter derart starker Medikamentation stand (so mit Haldol, Haloperidol, womit in der UdSSR unliebsame Psychiatriepatienten ruhiggestellt wurden), da es diesem so sehr leichtfiel, meine durchaus substantiierten Anträge, vor allem meine sehr wohl begründeten und stichhaltigen Anträge auf Haftprüfung, Befangenheit und Begutachtung abzulehnen und als querulatorisch hinzustellen.

Ich kam mir vor, wie zur Schlachtbank geführt und qualvoll hingerichtet – noch vor dem Urteil!

RA Klaus-Heinrich Hagen, München — Az: 3 St 13/75
An das — A/X
Bayer. Oberste Landesgericht — 25.02.1976
8000 München 35
in der Strafsache
gegen
H a a s e Dieter
wegen Landesverrats u. a.
sind zu dem Vorbringen der Bundesanwaltschaft zu dem Befangenheitsantrag der Verteidigung gegen den Sachverständigen Prof. Mende noch folgende Ausführungen veranlaßt:

Die Bundesanwaltschaft hat sich ihre Stellungnahme einfach gemacht, so daß es nicht schwerfällt, ihre Argumente zu entkräften.

Der Unterfertigte hat zunächst in seinem Schriftsatz vom 04.02.1976 eingehend ausgeführt – es wird besonders auf Seite 6 verwiesen –, daß sich offenbar der Sachverständige Prof. Mende selbst nicht sicher ist bei seiner Diagnose. Die Wortwahl – »offenbar« – verrät das.

Prof. Mendes Gutachten scheint entgegen der Ansicht der Bundesanwaltschaft sehr wohl darunter zu leiden, daß eben tatsächlich nur 8 Explorationen zu allenfalls 10 Stunden stattfanden.

Das Gutachten Prof. Mendes ist somit unvollständig, zumal es offenbar im November 1975 abgeschlossen wurde. Es sind wichtige und für eine möglicherweise teils pathologische Verhaltensweise des Angeklagten sprechende Vorgänge zwangsläufig nicht beachtet worden.

Es wäre daran zu denken, daß, was der Bundesanwalt Luns mit einer Handbewegung vom Tisch fegen wollte, die Christus-Erscheinungen des Angeklagten so neu und unglaubhaft auch wieder nicht sind. Die Zeugin Angelika N. sprach in ihrer Einvernahme davon, daß der Angeklagte sich als »Christus in unserer Zeit« sah. Immerhin handelt es sich bei ihr um eine Zeugin, die, wie ihre Aussage verrät, alles getan hat, um dem Angeklagten zu schaden und ihn noch weiterer Strafdelikte wie u. a. der Zuhälterei und der Nötigung zu bezichtigen.

Wenn der Angeklagte heute mit den Kreuzen herumläuft, so hat die Haltung, die dahintersteht, also bereits Tradition, die übrigens bis in seine

Pfadfinderzeit als zunächst katholischer und in der Pubertät dann wieder evangelischer Pfadfinder zurückreicht. Auch muß daran erinnert werden, daß der Angeklagte zunächst Theologe werden wollte und deshalb auf der Schule außer Latein und Griechisch auch Hebräisch lernte.

Es wäre zu prüfen, ob der Angeklagte trotz allen weltlichen Firnisses nicht u. a. auch Opfer einer ekklesiastischen Neurose ist mit teils psychotischen Auswüchsen und Entwicklungen, die den Bereich einer Aktualneurose oder Hysterie sprengen. Nach Ansicht einer starken Lehrmeinung soll ja ein Umschlagen einer Neurose in eine Psychose durchaus möglich sein, mag auch die klassische Psychiatrie das strikt ablehnen.

Zu dem Vorwurf der Verteidigung, Prof. Mende habe sich nicht eingehend genug mit anderen Lehrmeinungen befaßt, vertritt die Bundesanwaltschaft die wenig durchdacht erscheinende Meinung, daß es Prof. Mende unbenommen bleiben müsse, eine eigene Ansicht zu vertreten und – dem Sinne nach – sich nicht mit anderen gutachterlichen Äußerungen auseinandersetzen müsse o. ä. Die Bundesanwaltschaft, die ja von dem Angeklagten gelegentlich auf § 160 Abs. 2 StPO hingewiesen wird, wirft der Verteidigung die Bezeichnung Prof. Mendes als »Gutachterpapst« vor, tut aber selbst alles, um auch jedem Anwesenden vor Augen zu führen, daß Prof. Mende sakrosankt ist, also über jeden Hehl und Fehl erhaben, offenbar weil Prof. Mende der Gutachter des Gerichts ist. Die Verteidigung fühlt sich somit in ihrer Einschätzung Prof. Mendes durch die Bundesanwaltschaft bestätigt.

Jeder – wie auch der Unterfertigte selbst –, der sich mal an eine Dissertation heranmacht, lernt bald, daß es zu dem Wesen wissenschaftlicher Arbeit gehört, daß man sich mit den verschiedenen Ansichten und Lehrmeinungen zu seinem Thema auseinandersetzen muß, um sich dann einer Auffassung – am besten der herrschenden oder der des Doktorvaters – mit einer entsprechenden Begründung anzuschließen.

Folgt man der Ansicht der Bundesanwaltschaft, so kommt man zu dem Ergebnis, daß Prof. Mende das nicht nötig hat – eben weil er als Professor und Wissenschaftler seine eigene Meinung hat, die zu vertreten ihm unbenommen bleiben muß. Das ist bedauerlich; denn hätte sich Prof. Mende eingehend mit der Theorie seines Fachkollegen Prof. de Boor (Köln) von dem sozialen Infantilismus auseinandersetzen mögen, ein Phänomen, über das Prof. de Boor wissenschaftlich gearbeitet hat, wäre Prof. Mende vielleicht ja mit Prof. de Boor zu dem Ergebnis gekommen, daß der Grad der Unreife des Angeklagten solche Dimensionen erreicht, daß seine Zurechnungsfähigkeit und damit seine strafrechtliche Verantwortlichkeit beeinträchtigt erscheinen – eben aufgrund der hochgradig neurotischen und irrealen Persönlichkeit des Angeklagten. Dies schließt durchaus nicht aus, daß dem Angeklagten in partiellen Lebensbereichen die Reife zu bescheinigen sein mag.

Auch dem Senat ist ja aufgefallen, daß der Angeklagte von seinem Typ her alles andere als ein verschwiegener und unauffälliger Agent ist vom Schlage eines Guillaume. Der Angeklagte, der ja in seinem übersteigerten Geltungsdrang lieber die Selbstzerstörung in Kauf nimmt und auf dem Vulkan Tänze aufführt, als wirklich einzugestehen, daß er das ihm von dem Berichterstatter Bierl zu Recht bescheinigte »kleine Würstchen« ist, erklärt sein auffälliges und neurotisch übersteigertes Gehabe als Agent damit, daß dies seine Tarnung gewesen sei, so als habe er Angst, vom Senat hinsichtlich seiner Agenteneigenschaft nicht für voll genommen zu werden – fürwahr ein aberwitziges Auftreten, das sich jeder Einordnung in normale Verhaltensweisen entzieht.

Es wäre nur fatal, wenn der Senat aus solchen Äußerungen des Angeklagten, die nach Geständnis riechen, Schlüsse zu Lasten des Angeklagten ziehen sollte. Derartige Einlassungen des Angeklagten lassen sich wirklich nur aus psychiatrischer Sicht deuten, was der Senat aber sicher nicht verkennen wird.

In dem Gutachten Prof. Mendes wird referiert, daß der Angeklagte sich in Momenten innerer Einkehr als »armes Würstchen« bezeichne. Man vermißt nur eine Auseinandersetzung des Sachverständigen Prof. Mende damit, daß der Angeklagte sich wider alle Vernunft und ohne eine Spur von Selbsterhaltungstrieb zu zeigen, in selbstzerstörerischer Manier also, ungeheuer darüber erregt, daß Richter Bierl in ihm nur das »kleine Würstchen« sehen will, was zu Befangenheitsanträgen gegen den Berichterstatter führte sowie zur Einleitung eines Privatklageverfahrens gegen denselben wegen Beleidigung.

Es wird im übrigen auf S. 9 ff. des Schriftsatzes des Unterfertigten vom 04.02.1976 verwiesen.

Wo bleibt die Auseinandersetzung des Sachverständigen Prof. Mende mit den pathologisch anmutenden Haßgefühlen des Angeklagten gegen Richter Bierl, die im Augenblick nur durch die Zeugeneinvernahmen überdeckt erscheinen, und die dadurch bewirkte Ablenkung des Angeklagten?

Auf den schriftlichen Ablehnungsantrag des Unterfertigten gegen Richter Bierl vom 07.02.1976 und die dort zitierten Verbalinjurien des Angeklagten gegen Richter Bierl (vgl. S. 5 a. a. O.) wird verwiesen.

Soweit die Bundesanwaltschaft, die, wie ihre Stellungnahme erkennen läßt, dem Angeklagten wegen seiner infantilen Ungebührlichkeiten, für die er aber nichts kann, offenbar gram ist, nicht müde wird, auf den vorläufigen Charakter des Gutachtens Prof. Mendes vom Nov. 1975 mit seinen immerhin etwa 180 Seiten hinzuweisen, ist dem entgegenzuhalten, daß Prof. Mende von seiner Annahme einer Hyperthymie bei dem Angeklagen, einem Überschuß an Temperament also, nicht abgehen und zu keinem pathologischen Befund mehr kommen wird.

Prof. Mende drückt seine vorsichtige Ansicht, wie bereits zitiert, so aus:

»... Ein manisches oder depressives Syndrom im Rahmen einer cyclothymen Erkrankung besteht bei Haase gegenwärtig nicht und ist offenbar auch in der Vergangenheit niemals in Erscheinung getreten.«

(vgl. Seite 156 des Gutachtens Prof. Mendes vom Nov. 1975)

Es muß daher davon ausgegangen werden, daß Prof. Mende sich mit seinem Gutachten bereits festgelegt hat; denn daß sich während der mündlichen Verhandlung ergeben sollte, daß der Angeklagte eben doch an einer Cyclothymie leidet, wie der Psychiater Dr. Winter, der den Angeklagten seit 1973 behandelte, annimmt, damit ist nicht zu rechnen.

Bei der Auseinandersetzung der Bundesanwaltschaft mit den Vorwürfen gegen Prof. Mende in dem Schriftsatz des Unterfertigten vom 09.03.1975 vermißt man die nötige Sachlichkeit.

Die Bundesanwaltschaft, die sich ja sonst so eingehend mit den Akten beschäftigt hat, braucht sich nur das Gutachten Prof. Mendes vom Nov. 1975 vorzunehmen, um feststellen zu können, daß das Gutachten Prof. Mendes, wo es gutachterliche Stellungnahmen Prof. de Boors im Vorspann referiert, pamphletarischen Charakter trägt, wobei von dem Verfasser in Kauf genommen wird, daß Prof. de Boor nicht nur als lächerliche Figur erscheint, sondern auch – so könnte man fast meinen – einer Art Komplizenschaft mit dem Angeklagten verdächtigt wird. Das gleiche klingt übrigens auch in der Aussage der Angelika N. an, die Prof. Mende nicht zu referieren vergißt. (Dazu war sie entsprechend »vorbereitet« worden – d. V.)

Es ist ganz eindeutig, daß der Sachverständige Prof. Mende die Begutachtung des Angeklagten durch Prof. de Boor zum Schaden des Angeklagten – ob bewußt oder nicht, das bleibe dahingestellt – durch die Art seines Zitierens und durch die Unterlassung einer Auseinandersetzung mit den gutachterlichen Äußerungen Prof. de Boors bagatellisiert, so daß Prof. de Boor dadurch mit seinen fundierten wissenschaftlichen Ansichten völlig diskreditiert und dazu noch mit Spott überhäuft wird. Es kann Prof. Mende nicht abgenommen werden, daß ihm dies etwa verborgen geblieben sein könnte. Es sei auch noch hinzugefügt, daß kein sonstiger vernünftiger Grund ersichtlich ist, warum Prof. Mende gerade die Aktennotiz des Richters Buddenberg zitiert haben könnte. Haase wird in der Aktennotiz Richter Buddenbergs, die sich eindeutig gegen Prof. de Boor wendet, nur am Rande, und zwar indirekt, gestreift, ohne daß dies von irgendeiner Bedeutung für seine Psychiatrierung durch Prof. Mende sein könnte.

Das Gutachten Prof. Mendes vom Nov. 1975 weist den Sachverständigen somit klar als befangen aus, abgesehen von den sonstigen bereits geschilderten Mängeln und Lücken, die das Gutachten sonst noch hat.

– Rechtsanwalt –

Zu dem Gutachter Prof. Dr. Mende kann ich sagen, daß er mir zunächst sehr skeptisch und eher negativ gegenüberstand, so daß die oben dargelegte ausführliche Kritik sehr wohl anfangs berechtigt war.

Nachdem ich ihn aber bei einigen ausführlichen Explorationen persönlich näher kennenlernte, entwickelte sich zwischen uns ein eher kommunikatives und verständnisvolleres Verhältnis. Dazu trug bei, daß ich aus seinem Bekannnten- und Verwandtenkreis über detaillierte Hintergrundkenntnisse verfügte, die mich in die Lage versetzten, ihm hinsichtlich meiner »hellseherischen Fähigkeiten« beeindruckende »Kostproben« zu liefern.

Am 18. März 1976 gab ich im Gerichtssaal zu Protokoll, daß mir in der Nacht Christus erschienen sei und offenbart habe, daß von heute ab gerechnet in zwei Jahren der Untersuchungsrichter Willner nicht mehr unter den Lebenden weilen werde. Ebenso werde der Generalbundesanwalt im April 1977 von Terroristen umgebracht werden. Das Gericht verweigerte die Protokollierung, machte aber einen geheimgehaltenen Aktenvermerk hierüber.

Tatsächlich wurde Buback im April 1977 von der RAF ermordet.

Willner verstarb nach einer Magenoperation im Krankenhaus unter ungeklärten Umständen (es war in Fachkreisen die Rede von einem nachrichtendienstlich Gift !?) am 16. März 1978.

Damals hatte mich niemand mit meinen Äußerungen ernst genommen. Anders Professor Mende, der aufgrund ähnlicher Vorkommnisse bei seiner Schlußbegutachtung – im Gegensatz zu seinem schriftlichen Vorausgutachten – sehr ausführlich auf meine »seherische Gabe« einging und meine »Doppelagententätigkeit« schuldmindernd wegen »Pazifismus« – den er in sozialen »Infantilismus« umdeutete – wertete. Er erkannte mir daraufhin die von uns erwartete verminderte Zurechnungsunfähigkeit nach § 21 StGB zu.

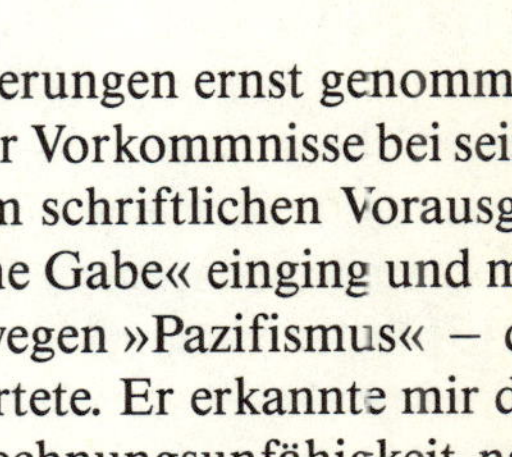

RA Klaus-Heinrich Hagen, München | Az: 5 StE 1/75
An den | AK 37/75
Bundesgerichthof | A/X
7500 Karlsruhe | 28.02.1976

in dem Strafverfahren
gegen
H a a s e Dieter

wegen Verdachts des Landesverrats u. a.
wird beantragt:
1. Termin zur mündlichen Haftprüfung anzuberaumen,
2. den Haftbefehl außer Vollzug zu setzen.

Begründung:

Abgesehen davon, daß inzwischen 6 Monate seit der neuerlichen Inhaftierung des Angeklagten verstrichen sind, was eine Fortdauer der Untersuchungshaft sowieso problematisch erscheinen läßt, zumal eine Verdunklungsgefahr nicht mehr im Ernst in Betracht zu ziehen ist, muß darauf hingewiesen werden, daß nach einer gutachterlichen Stellungnahme des den Angeklagten seit Juli 1973 bis zu seiner Inhaftierung 1975 behandelnden Psychiaters Dr. med. W. Winter vom 22.12.1975 eine Fortdauer der Untersuchungshaft zu erheblichen gesundheitlichen Störungen bei dem Angeklagten führen kann.

Bew.: Gutachterliche Stellungnahme des Dr. med. W. Winter, 3000 Hannover, Marienstr. 51/53

Wie bereits eingangs ausgeführt, ist die Verschonung von der Haft unter bestimmten Voraussetzungen zwingend vorgeschrieben (§ 121 Abs. 1 und 2 StPO).

Da die 6 Monate fast verstrichen sind, welche sich der Angeklagte wieder in Untersuchungshaft befindet, ist darauf hinzuweisen, daß die verzögerliche Bearbeitung u. U. auch der Menschenrechtskonvention (Art. 5 Abs. 3 MRK) widerspricht.

Nach allem ist festzuhalten, daß hier doch erhebliche Gründe für die Ansicht der Verteidigung sprechen, daß eine Fortdauer der Untersuchungshaft des Angeklagten im Hinblick auch auf die bereits früher durch die 14monatige Untersuchungshaft 1970/1971 (in Wahrheit 21 Monate, d. V.) erlittenen psychischen Schäden, die irreparabler Natur sein dürften, nun nicht mehr zu verantworten ist, wo die Verurteilung bereits seit 1970 ansteht.

Was die Ausführungen des Senats in seinem Beschluß vom 7. November 1975 angeht, mit dem die Fortdauer der Untersuchungshaft angeordnet wurde, so darf nicht verkannt werden, daß der Angeklagte zum einen sein

Geständnis gegenüber dem Untersuchungsrichter am Bayerischen Obersten Landesgericht, das auf nicht einwandfreie Weise zustande kam, widerrufen hat und die Aussage der Belastungszeugin Carola Frenkler gesch. Haase daran krankt, daß die Zeugin, um ihre eigene Haut zu retten, alle Schuld auf den Angeklagten abwälzt.

Dabei war es nach den Bekundungen des Angeklagten auch in der Hauptverhandlung so, daß er sich im Jahre 1969 zu offenbaren trachtete, nachdem er wegen des Einmarsches der Warschauer-Pakt-Staaten in die CSSR einen Bruch mit der DDR und dem dortigen Sozialismus vollzogen hatte, während die Zeugin Carola Frenkler weiter munter für ihre Auftraggeber in Ostberlin geheimes Material fotografierte und daneben noch den Job übernahm, die Führungsleute in Karlshorst über die Absetzungsinitiative des Angeklagten auf dem laufenden zu halten. Die Offenbarung Carolas soll, wie der Angeklagte in Erfahrung brachte, ein Racheakt der DDR gewesen sein, welche die geschiedene Frau des Angeklagten fernsteuerte. Bei einer Schleusung des Angeklagten im Jahre 1972 konnte der Angeklagte an Hand einer Quittung in Ostberlin feststellen, daß Carola Frenkler dieser Dienst DM 22000,00 eingetragen hatte.

Dies legt den Verdacht nahe, daß die Zeugin Frenkler die Agententätigkeit des Angeklagten für die DDR aufgebauscht hat, auch in der privaten Absicht, den Angeklagten zu schaden und sich zu helfen, indem sie, um in den Genuß des § 153 e StPO zu kommen, der Bundesrepublik einen besonders großen Dienst durch Aufdeckung eines Falles von schwerem Landesverrat leistete.

Eine Fluchtgefahr erscheint konstruiert, wenn man, wie die Zeugin Marianne Krüger bekunden kann, die mehrfach im Auftrag des Angeklagten nach Karlshorst gereist ist, weiß, daß die DDR nicht das geringste Interesse an dem Angeklagten hat und er dort sogar damit rechnen muß, daß er nochmals verurteilt würde, weil man annimmt, daß er hier, um Haftverschonung zu erhalten, wichtige DDR-Interna preisgegeben und Agenten namhaft gemacht hat. Letzteres ist ja bekanntlich auch der Fall gewesen.

Da der Angeklagte zudem völlig von Mitteln enblößt ist – etwaige noch ausstehende Gelder vom »Spiegel« sind für die Verteidigung draufgegangen –, wäre auch an ein Absetzen des ja psychisch kranken Angeklagten in westliche Länder nicht zu denken, zumal er im Falle, daß er frei käme, tatsächlich vorhat, Marianne Krüger zu ehelichen, die ja bekanntlich einen Sohn von ihm hat, ihn im Augenblick nur deshalb nicht heiraten kann, weil ihre Mutter, bei der Frau Krüger wohnt, einen Haß auf den Angeklagten hat und die von ihr wirtschaftlich abhängige Tochter rausschmeißen würde, wenn sie den Angeklagten heiraten würde.

Die Äußerungen der Angelika N., eines Callgirls immerhin mit Abitur, sind mit äußerster Reserve zu beurteilen, da sie einen Haß auf den Angeklagten hat, der den Unterfertigten beauftragt hat, ein Darlehen von DM 3500,00 einzuklagen, was zwischenzeitlich geschehen ist. Auch diese Frau hat alles, genauso wie die geschiedene Ehefrau des Angeklagten, Carola Fenkler, getan, um Dreck auf den Angeklagten zu häufen.

Es ist unrichtig, daß der Angeklagte der N. gegenüber etwa geäußert haben sollte, daß er nicht mit der Marianne Krüger leben könne, weil sie nicht intelligent genug sei und seine Weibergeschichten nicht toleriere.

Die Stellungnahme des Angeklagten zum Fall Angelika N., die beigefügt ist, spricht eine beredte Sprache.

Bw.: Stichtworte Haases zum Fall Angelika N. vom 24.10.1975

Der Haß der N. rührte daher, daß sich der Angeklagte von ihr wegen ihres Lebenswandels losgesagt hatte. Offenbar hatte sie sich in ihm getäuscht und geglaubt, er würde sie heiraten und es dadurch ihr ermöglichen, von seinem Geld zu leben.

Die Sprachkenntnisse des Angeklagten, welcher humanistisch gebildet ist und auf der Schule außer Latein und Griechisch auch Hebräisch gelernt hat, sind für ein Fortkommen im westlichen Ausland völlig unzureichend. Der Angeklagte beherrscht gerade ein bißchen Englisch und ein paar Brocken Spanisch, wie man sie auf gelegentlichen Reisen auffischt.

Es ist daher Prof. de Boor recht zu geben, daß aus ärztlicher Schau im Hinblick auf die schweren psychischen Schäden bei dem Angeklagten eine Flucht ins Ausland völlig illusorisch wäre. Auch von seinen Angehörigen kann er auf keine Mittel hoffen. Seine Schwester Frau Pleimes hat sich mit der Übernahme einer Apotheke hoch verschuldet, so daß sie, wie der Unterfertigte weiß, auch höchstens mal ein paar hundert Mark zu den Kosten der Verteidigung zusteuern kann. Genauso ist auch die Mutter des Angeklagten in keiner Weise in der Lage, dem Angeklagten eine Flucht zu finanzieren. Auch von Marianne Krüger hat der Angeklagte nichts zu erwarten. Der einzige Aufenthalt, den sich der Angeklagte in Freiheit vorstellen könnte, wäre denn auch ein Sanatorium, da eine gute Krankenversicherung hierfür aufkommen würde.

– Rechtsanwalt –

Jesus Christus Mohamed
Dieter Joachim Haase
An den
3. Strafsenat des Bayer.
Obersten Landesgerichts
Schleißheimer Str. 139
8000 München 35

8000 München 90, 09.03.1976
Stadelheimer Str. 12
Az: 3 St 13/75

2191. Tag meiner Strafe ohne Urteil!
Unrecht und Vorurteil der Justiz

Meine Herren Richter,

Christus hat gesiegt!

Es war kein leichter Kampf, denn ich habe mich immer wieder gewehrt und versucht, Christus seinen Auftrag zurückzugeben. M. E. eigne ich mich nicht besonders für eine soviel Demut und Geduld erfordernde Aufgabe ...

Christus war anderer Meinung und glaubt, daß ich noch in diese Aufgabe »hineinwachse« ... Nun, er trägt die Verantwortung!!

Er riet mir auch, mich bei Ihnen zu entschuldigen, wenn ich mich auch nicht schuldig fühle. Daß ich Sie nämlich »Arschlöcher« genannt haben soll, ist mir beim besten Willen nicht erinnerlich. Ich halte es allerdings für durchaus möglich, da darüber vorher mit Herrn Prof. Mende und Herrn Dr. Wagner am fraglichen Donnerstag, den 04.03. vormittags gesprochen worden war, da ich schon so etwas befürchtet hatte. Ich wußte ja, – und habe das ja auch gleich zu Beginn der Verhandlung zu Protokoll gegeben –, daß ich weder verhandlungs- noch zurechnungsfähig war. Wenn Prof. Mende dies anders sieht, so ist das seine Sache, beweist mir aber nur, wie wenig er mich eben kennt – und beurteilen kann.

Also, trotz meiner Amnesie – und keinerlei böser Absicht ... entschuldige ich mich bei Ihnen!

Wir sollten es doch nochmal miteinander versuchen. Schließlich bin ich Ihr Opfer – und von Ihrer Befangenheit überzeugt. Als Richter kann ich Sie weder achten noch respektieren, denn solange Sie mich in dieser menschenunwürdigen und ehrenrührigen ungerechten Haft halten, sind Sie weder gerecht noch objektiv!

München, den 10.03.1976 – 2192. TAG MEINER STRAFE
OHNE URTEIL!!

Jeder Brief, jede Zeile, überhaupt alles fällt mir schwer – letztlich mein ganzes verpfuschtes und – ohne Christus sinnloses – elendes Leben ... Was Sie am Rande miterleben, ist das Ringen eines Menschen mit der »Krankheit zum Tode« ... Sie werden das nicht verstehen, denn Sie sind normal und bürgerlich – ich nehme es Ihnen nicht übel, wenn Sie es nicht verstehen, denn solches und dieses Unverständnis erlebe und durchleide ich ja nun schon seit Jahren. Ich kenne die Verständnislosigkeit der Umwelt – ja sogar meiner eigenen Familie – und von meiner Braut Marianne, die behauptet, mich zu lieben ... Aber sie alle verstehen mich anscheinend nicht! Aber da Sie nun einmal meine Richter sind, und Sie sich zwangsläufig mit mir abgeben müssen, sollten Sie mich nicht nur quälen und mit Ihrem Unverständnis überhäufen, sondern auch meine bedauernswerte Lage zu verstehen versuchen ...

Gerade erhalte ich den Bescheid vom 08.03.76 – vielen Dank! Aber daß ich von dem »Personal der JVA eine über das übliche Maß hinausgehende Gesprächstherapie« erhalte, ist eine Verhöhnung und blanker Zynismus!! So kann man es auch sehen, wenn man Schikanen durch Beamte und Ärzte erdulden muß ... Jedes Ding hat eben zwei Seiten ... und die Menschen reden meistens aneinander vorbei. Bei mir ist das ja nach jahrelanger Zermürbung kein Wunder, denn ich bin schwer verhaltensgestört, aber wieso auch Sie ...?

Lesen Sie »Niemand ist eine Insel« und »Seele als Patient« – und machen wir bald ein Ende, denn ich kann wirklich nicht mehr! Warum glaubt mir nur keiner, daß ich langsam zugrunde gehe? Seien Sie doch etwas menschlicher ... ich kann doch nichts dafür, daß ich so bin, wie ich bin ... Gott helfe mir ...

So ihr den Menschen ihre Fehler vergebet, so wird
euch euer himmlischer Vater auch vergeben.

(Matthäus, 6, 14)

Von unserem (Jesus) zeugen Propheten, daß durch seinen Namen alle, die an ihn glauben, Vergebung der Sünden empfangen.

(Apostelgeschichte 10,43)

Unsere Missetat drückt uns hart: du (Gott) wollest
unsere Sünde vergeben.

Psalm 65, 4

All dies wohlbegründete Vorbringen führte zu keinem Erfolg, da einer Haftentlassung damals auch schwerwiegende nachrichtendienstliche Verstrickungen verschiedener beteiligter Personen entgegenstanden:

Willner war bereits Jahre zuvor während seiner Ermittlungen als »Ostagent« verdächtigt worden. Er wurde einschlägig observiert und fühlte sich bedroht und gefährdet. Meine Entlassung aus der U-Haft hätte aber auch noch für viele andere Personen erhebliche Komplikationen und nachrichtendienstliche Schwierigkeiten mit sich gebracht.

Fest steht jedenfalls, daß meine weitere Inhaftierung entgegen den rechtsstaatlichen Grundsätzen nicht juristisch belegt, sondern geheimdienstlich motiviert war. Als Beispiel hierfür ist nachfolgend das vollständige Protokoll eines Verhandlungstages exemplarisch wiedergegeben.

In diesem sind lediglich die gesetzlich vorgeschriebenen minimalen Formularien niedergelegt. Obwohl das Protokoll auch den wesentlichen Verlauf der Verhandlung wiedergeben soll, ist keine inhaltliche Äußerung, und sei sie noch so wesentlich und bedeutsam gewesen, festgehalten. Mir war es deshalb auch später nicht möglich, erfolgreich die Revision bzw. die Wiederaufnahme zu betreiben und zu begründen, weil ich bei dieser Art von Verhandlungsführung und Protokollierung kaum etwas in der Hand hatte, um die im Urteil dargelegten mich belastenden »Vermutungen« und falschen »Geständnisse« widerlegen zu können.

PROTOKOLL:

17. Verhandlungstag in teilweise nichtöffentlicher Sitzung
am Dienstag, dem 16. März 1976, 08.35 Uhr

Die Hauptverhandlung wird in öffentlicher Sitzung in derselben Gerichtsbesetzung sowie in Anwesenheit derselben Vertreter der Anklagebehörde fortgesetzt.

Weiter sind anwesend zu Beginn der Verhandlung der aus der Untersuchungshaft vorgeführte Angeklagte, der bestellte Verteidiger Rechtsanwalt Pfitzner, der Wahlverteidiger Rechtsanwalt Schenk sowie die Sachverständigen Prof. Dr. Mende und Dipl. Psychologe Bergner.

Der Angeklagte stellt den aus der Anlage 1 zum Protokoll vom 16.03.1976 ersichtlichen Antrag auf Ablehnung des Gerichts und des Gutachters Prof. Dr. Mende.

Der Vertreter der Anklagebehörde beantragt, die Ablehnungsanträge des Angeklagten als unzulässig zu verwerfen, hilfsweise für unbegründet zu erklären.

Verteidiger Rechtsanwalt Schenk erklärt, die Ablehnungsanträge des Angeklagten erfolgten nicht aus Prozeßverschleppungsabsicht. Der Angeklagte glaube vielmehr, er sei in seinem Recht verletzt.

Der Angeklagte erhält Gelegenheit, auf den Antrag des Vertreters der Anklagebehörde zu erwidern.

Die Verhandlung wird um 08.55 Uhr unterbrochen.

Nach Fortsetzung der Verhandlung um 09.05 Uhr verkündet der Vorsitzende nach geheimer Beratung den dem Protokoll vom 16.03.1976 als Anlage 2 beigefügten

Beschluß:

Der Vertreter der Anklagebehörde stellt sodann den Antrag, für die Dauer der Unterrichtung des Angeklagten vom Ergebnis der in seiner Abwesenheit durchgeführten Beweisaufnahme die Öffentlichkeit auszuschließen, da eine Gefährdung der Staatssicherheit zu besorgen ist.

Die Verteidigung hat hiergegen keine Einwendungen.

Der Vertreter der Anklagebehörde regt an, dem Beobachter des Bundesministeriums der Verteidigung, Amtsrat Hannes Schubert, die Anwesenheit im Gerichtssaal zu gestatten.

Die Verteidigung hat keine Einwendungen.

Der Vorsitzende verkündet nach geheimer Beratung des Gerichts folgenden

Beschluß:

Auf Antrag der Strafverfolgungsbehörde wird die Öffentlichkeit für die Dauer der Unterrichtung des Angeklagten ausgeschlossen, weil eine Gefährdung der Staatssicherheit zu besorgen ist.

Die Anwesenheit wird gestattet dem Amtsrat Hannes Schubert vom Bundesministerium der Verteidigung.

Der Beschluß wird ausgeführt und sodann in nichtöffentlicher Sitzung weiter verhandelt (09.20 Uhr).

Der Vorsitzende unterrichtet den Angeklagten vom wesentlichen Inhalt dessen, was während seiner Abwesenheit von den militärischen Zeugen ausgesagt und sonst verhandelt wurde, § 247 Satz 4 StPO.

Der Angeklagte erhält Gelegenheit, sich dazu zu erklären.

Um 10.00 Uhr erscheint Verteidiger Rechtsanwalt Fleiss.

Nach Unterrichtung des Angeklagten vom wesentlichen Inhalt der Aussage der in seiner Abwesenheit vernommenen militärischen Zeugen beantragt der Vertreter der Anklagebehörde, die Öffentlichekeit wieder herzustellen.

Der Vorsitzende verkündet nach geheimer Beratung des Gerichts folgenden

Beschluß:

Die Öffentlichkeit ist wiederherzustellen.

Nach Wiederherstellung der Öffentlichkeit unterrichtet der Vorsitzende den Angeklagten vom wesentlichen Inhalt der Aussage des Zeugen Willner in seiner Abwesenheit.

Dem Angeklagten wird Gelegenheit gegeben, sich auch hierzu zu erklären.

Die Verhandlung wird um 10.40 Uhr für 5 Minuten unterbrochen.

Nach Fortsetzung der Verhandlung wird die Beweisaufnahme mit dem Aufruf der geladenen Zeugen Dr. Achter und Fischer fortgesetzt.

Die Zeugen werden nach § 69 StPO unterrichtet und gemäß den §§ 57, 66 c, d StPO belehrt.

Der Zeuge Fischer wird einstweilen entlassen.

Der Zeuge Dr. Achter erklärt **zur Person:**

Dr. Achter Viktor, 38 Jahre alt, verheirateter Rechtsanwalt, wohnhaft in 5000 Köln, Hohenzollernring 55, mit dem Angeklagten weder verwandt noch verschwägert.

Der Angeklagte entbindet seinen früheren Verteidiger, den Zeugen Rechtsanwalt Dr. Achter, von der Pflicht zur Verschwiegenheit mit der Einschränkung, daß der Zeuge über alle Vorkommnisse und Gegebenheiten, die lebende Familienangehörige betreffen, nicht aussagen dürfe.

vorgelesen und genehmigt.

Der Zeuge erklärt sich **zur Sache.**

Der Angeklagte erstreckt die Verschwiegenheitspflicht seines früheren Verteidigers Dr. Achter auch auf die die Zeugin von Schlippenbach betreffenden Angelegenheiten.

vorgelesen und genehmigt.

Dem Zeugen werden Vorhalte aus den Akten gemacht.

Den Beteiligten wird Gelegenheit gegeben, an den Zeugen Fragen zu stellen.

Die Verhandlung wird um 12.00 Uhr für 5 Minuten unterbrochen.

Nach Fortsetzung der Verhandlung wir der Verteidigung und dem Angeklagten Gelegenheit gegeben, an den Zeugen Fragen zu stellen. Bei Beantwortung der Fragen teilt der Zeuge auszugsweise den Inhalt zweier in seinem Besitz befindlicher Schriftstücke (Schreiben des Angeklagten an Rechtsanwalt Dr. Achter vom 20.06.1971 und Schreiben des Rechtsanwalts Dr. Achter an den Angeklagten vom 25.06.1971) mit.

Der Vertreter der Anklagebehörde stellt den Antrag, die im Besitz des Zeugen Dr. Achter befindlichen zwei Urkunden, zu beschlagnahmen, da sie für die Entscheidung von wesentlicher Bedeutung sind.

Hilfsweise wird beantragt, beglaubigte Abschriften der beiden Urkunden zu den Akten zu nehmen.

Die Verteidigung widersetzt sich diesen Anträgen.

Der Zeuge Dr. Achter beantragt, den Beschlagnahmeantrag des Vertreters der Anklagebehörde zurückzuweisen.

Der Angeklagte erklärt, er sei gegen die Herausgabe der beiden Briefe.

Zur Frage der Beeidigung des Zeugen werden keine Anträge gestellt.

Verfügung des Vorsitzenden:

Der Zeuge ist zu vereidigen.

Nach Belehrung durch den Vorsitzenden erklärt der Zeuge, den Eid mit religiöser Beteuerungsformel zu leisten.

Der Zeuge wird in der gesetzlich vorgeschriebenen Form mit religiöser Beteuerungsformel vereidigt.

Nach Erörterung des Beschlagnahmeantrags widerruft der Angeklagte die Entbindung seines früheren Verteidigers, Rechtsanwalt Dr. Achter, von der Verschwiegenheitspflicht.

Der Vertreter der Anklagebehörde nimmt den Beschlagnahmeantrag insgesamt zurück.

Der Zeuge wird im allseitigen Einverständnis um 13.00 Uhr entlassen.

Die Verhandlung wird unterbrochen.

Nach Fortsetzung der Verhandlung um 14.00 Uhr – nunmehr auch in Anwesenheit des Wahlverteidigers Rechtsanwalt Hagen – erklärt der Angeklagte, er habe Kopfschmerzen.

Die Verhandlung wird unterbrochen und um 14.10 Uhr mit dem Aufruf des Zeugen Dr. Helms fortgesetzt.

Der Zeuge wird nach § 69 StPO unterrichtet und gemäß §§ 57, 66 c, d StPO belehrt.

Der Zeuge erklärt **zur Person:** Dr. H e l m s Wilhelm, 37 Jahre alt, verheirateter Rechtsanwalt, wohnhaft in 3000 Hannover, Theaterstraße 14, mit dem Angeklagten nicht verwandt und nicht verschwägert.

Der Angeklagte erklärt: »Ich entbinde meinen früheren Verteidiger, den Zeugen Rechtsanwalt Dr. Helms, von der Verschwiegenheitspflicht mit Ausnahme der die lebenden Familienmitglieder und die Zeugin Josefine von Schlippenbach betreffenden Angelegenheiten. Meine geschiedene Ehefrau fällt nicht unter den Begriff Familienmitglieder in diesem Sinne.«

vorgelesen und genehmigt.

Der Zeuge äußert sich **zur Sache.**

Den Beteiligten wird Gelegenheit gegeben, an den Zeugen Fragen zu stellen.

Zur Frage der Vereidigung des Zeugen werden keine Anträge gestellt.

Verfügung des Vorsitzenden:
Der Zeuge ist zu vereidigen.

Nach Belehrung durch den Vorsitzenden erklärt der Zeuge, den Eid mit religiöser Beteuerungsformel zu leisten.

Der Zeuge wird in der gesetzlich vorgeschriebenen Form mit religiöser Beteuerungsformel vereidigt.

Der Zeuge wird um 15.45 Uhr im allseitigen Einverständnis entlassen.

Die Verhandlung wird daraufhin unterbrochen.

Nach Fortsetzung der Verhandlung um 15.55 Uhr – in Abwesenheit des Rechtsanwalts Fleiss – erklärt Rechtsanwalt Schenk, er werde seinen Antrag aus dem Schriftsatz vom 04.03.1976 (Anlage 4 zum Protokoll vom 04.03.1976) noch ergänzen.

Es wird der Zeuge Fischer aufgerufen.

Er erklärt **zur Person:**

F i s c h e r Erwin, 63 Jahre alt, verheirateter Bundesanwalt aus Karlsruhe, mit dem Angeklagten weder verwandt noch verschwägert.

Der Zeuge äußert sich **zur Sache.**

Dem Zeugen werden Vorhalte aus den Akten gemacht.

Im Verlaufe der Vernehmung des Zeugen erscheint um 16.25 Uhr Rechtsanwalt Fleiss.

Den Beteiligten wird Gelegenheit gegeben, an den Zeugen Fragen zu stellen.

Der Vorsitzende ermahnt den Angeklagten, Fragen nur in gebührender Form zu stellen.

Zur Frage der Vereidigung des Zeugen werden keine Anträge gestellt.

Verfügung des Vorsitzenden:

Der Zeuge ist zu vereidigen.

Nach Belehrung durch den Vorsitzenden erklärt der Zeuge, den Eid mit religiöser Beteuerungsformel zu leisten.

Der Zeuge wird in der gesetzlich vorgeschriebenen Form mit religiöser Beteuerungsformel vereidigt und im allseitigen Einverständnis um 17.00 Uhr entlassen.

Der Angeklagte erhält gemäß § 257 Abs. 1 StPO Gelegenheit, sich zu den heute einvernommenen Zeugen zu äußern.

Der Angeklagte erklärt sich zu den Zeugenaussagen in ausführlicher Form.

Verfügung des Vorsitzenden:

Die Verhandlung wird vertagt auf Mittwoch, den 17.03.1976, 09.00 Uhr.

Sitzungsende, 17.10 Uhr

Der Urkundsbeamte:

Anlage 1 zum Protokoll vom 16.03.1976

Dieter Haase München, 16.03.1976

Ablehnung des Gerichts und des Gutachters Mende

wegen Besorgnis der Befangenheit

Obgleich ich am 04.03.1976 u. a. auch wegen einer fieberhaften Grippeinfektion nicht in der Lage war, der Verhandlung zu folgen, hat man mein Vorbringen als Simulation abgetan.

Die Krankheit wirkte sich so aus, daß ich keine klaren Gedanken fassen konnte und den Sinn der gesprochenen Worte nicht mehr erfaßte. – Dies meinte ich, als ich zu Protokoll gab, ich bin nicht mehr verhandlungs- und zurechnungsfähig.

Man muß meinen Zustand im Zusammenhang sehen mit der fiebrigen Grippe, der psychischen Zerrüttung durch das langwierige Verfahren – d. h. **6 Jahre Strafe ohne Urteil** und die demoralisierenden Haftbedingungen sowie insbesondere die ärztliche Versorgung, Medikamente: Valium, Librium, Haloperidol bzw. Haldol – (letzteres Medikament wurde in der Sowjetunion zur Ruhigstellung unliebsamer Patienten benutzt. Ebenso auch bei uns in der BRD).

Trotz meines mehrfachen Hinweises auf meine Krankheit wurde mir gewaltsame Vorführung vor das Gericht angedroht. Unter diesem Zwang bildete sich ein Affektstau. Ich war am Ende meiner Kräfte, so daß ich wirklich bisweilen nicht mehr wußte, was ich sagte oder tat. Das sagte ich auch Herrn Prof. Mende, der jedoch mitleidlos und ohne medizinisch vollständige Sachkenntnis, denn ein körperliches Gebrechen scheint für ihn ohne Belang, meine Verhandlungsfähigkeit der Wahrheit zuwider attestierte.

Als ich meine Befürchtung zum Ausdruck brachte, ich könne in meiner Verzweiflung und Unzurechenbarkeit das Gericht beleidigen und z. B. »*Arschlöcher*« nennen, hat er dies leichtfertig von der Hand gewiesen.

Als ich Herrn Dr. Wagner von der JVA meinen Zustand mitteilte und um Vermittlung zum Arzt bat, als er mir die Anordnung des Richters Bierl mitteilte, daß ich gewaltsam vorgeführt werden sollte, riet mir Dr. Wagner für den Fall, daß ich der Verhandlung nicht mehr folgen könne, im Gericht die Richter zu beleidigen. Dann würde ich von der Verhandlung ausgeschlossen. Auf meine Frage, ob die Bezeichnung »*Arschlöcher*« ausreichend sei, bejahte er dies.

Beweis: Zeugnis des Herrn Dr. Wagner, zu laden bei der JVA München.

Unter diesem Eindruck habe ich mich trotz **Verhandlungsunfähigkeit** und Fieber, schweren Rückenschmerzen und meiner totalen psychischen Zerrüttung ins Gericht fahren lassen. Dort habe ich auf meine Verhandlungsunfähigkeit und Unzurechnungsfähigkeit mit Nachdruck hingewiesen und ausdrücklich den unmenschlich handelnden Gutachter Prof. Mende abgelehnt und einen weiteren Arzt als Gutachter erbeten. Das Gericht war ebenso verbohrt, hartherzig und unmenschlich. Es hat mich dann wohl mit seiner Uneinsichtigkeit bei der bestehenden Situation zu einer Beleidigung provoziert, die sich ohne meine freie Willensentscheidung ereignet haben muß. Ich entsinne mich an den Vorgang nicht. Mir wurde erst bewußt, was ich gesagt haben sollte, als Herr Bundesanwalt Luns einen Ausschluß von 1 1/2 Tagen forderte. Dem schloß ich mich bei meiner jämmerlichen Situation an, weil ich objektiv nicht mehr verhandeln konnte, das Verfahren aber nicht unnötig verzögern will und wollte.

Das Gericht hat jedoch **in seiner schrankenlosen Selbstherrlichkeit** mich gleich für fünf Tage ausgeschlossen, also das dreifache »Strafmaß« gewählt – und das in einer Situation, wo ich gar nicht »schuldig« war. Dieses

Vorgehen ist beispielhaft für diesen »**Hexenprozeß**« gegen mich, der nicht mehr als rechtsstaatlich von mir anerkannt werden kann. Da ich hier lediglich abgeurteilt werden soll, egal unter welchen Bedingungen, was dieser Fall für Gericht und medizinischen Gutachter symptomatisch beweist, lehne ich hiermit die Richter einzeln und namentlich ebenso ab wie den betreffenden Gutachter – **wegen erwiesener Befangenheit.** In Wirklichkeit bin ich schon verurteilt – **durch Haft, Folter und die manipulierten Akten,** die das Gericht verifizieren will.

Christus hat mir bestätigt, daß mich eine Strafe von über sieben Jahre Haft erwartet, was die Bundesanwaltschaft mit dem Gericht bereits abgesprochen hat und entsprechend anstrebt. Es geht hier also nicht um die Wahrheitsfindung, die die Richtigkeit meiner Einlassungen und meinen Widerruf des falschen Geständnisses und die Unwahrheit von Carolas Aussagen bestätigen würde, sondern allein – nachdem man mich unter falschen Voraussetzungen ohne wirkliche Haftgründe hier in Haft hält – um eine Rechtfertigung für das bereits an mir verübte Unrecht!

Dieses Verhalten des Gerichts und des Gutachters verstößt in vielfacher Hinsicht gegen die Menschenrechte, aber auch die betreffenden Gesetze in der StPO.

Ferner: Ich beantrage daher – gemäß § 120 StPO – eine sofortige Haftentlassung bzw. Haftverschonung nach Untersuchung durch drei unabhängige und neutrale Ärzte, einen Internisten, einen Psychiater und einen Orthopäden.

Hilfsweise weise ich daraufhin, daß ich nur noch bedingt verhandlungsfähig bin und nur noch zweimal in der Woche mit jeweils einer Pause von einem Tag verhandeln kann!! Ich **beantrage** daher, entweder Montag, Mittwoch und Freitag zu verhandeln oder den Mittwoch als Verhandlungstag ausfallen zu lassen.

Ferner beantrage ich, für umgehende psychotherapeutische Behandlung durch einen anerkannten Facharzt zu sorgen. Die Behandlung durch Haliperidol (Haldol) muß ich ablehnen wegen Charakterveränderung und anderer gesundheitlicher Schädigungen.

gez. Dieter Haase

Anlage 1 zum Protokoll vom 18. März 1976

RA Wolf Schenk, München 17.03.1976
S/s
Az: 3 St 13//75

An das
Bayer. Oberste Landesgericht
3. Strafsenat

In der Strafsache gegen
H a a s e Dieter
wegen Landesverrats u. a.
wird in Ergänzung des Beweisantrages v. 02.03.1976 (Zeugen de Boor, Jarmer) folgendes vorgetragen:

Zur Beweiserheblichkeit:
Sie ergibt sich aus dem Beweisthema in Verbindung mit dem bekannten Verfahrensstand. Ein wesentlicher Punkt des Verfahrens ist, ob das Geständnis, das der Angekl. in der Zeit von 1970 an abgelegt hat, der Wahrheit entspricht. Wenn der Angekl. infolge psychischer Störungen Wahrheit und Vorstellung über sein Leben und seine Handlungen nicht mehr zu unterscheiden vermochte, kann seinen Angaben im Geständnis kein Glauben geschenkt werden. Zur Klarstellung sei noch gesagt, daß mit dem Ausdruck »**Verlust des Überblickes über seine Vita**« selbstverständlich auch gemeint ist, daß der Angekl. sein Leben und seine Handlungen zur Tatzeit, also vor 1970, nicht mehr wahrheitsgemäß darstellen konnte.

Zum Beweisthema:

Behauptet wird eine psychische Tatsache, die Gegenstand des Zeugenbeweises sein kann, Kleinknecht 1) A. vor § 48 StPO. Die behauptete Tatsache erschloß sich den benannten Zeugen durch Beobachtung, nicht auf Grund von Wertungen oder Schlußfolgerungen.

Für die Substantiierung des Beweisantrages ist es nicht notwendig, daß die einzelnen Beobachtungen angegeben werden, Alsberg-Nüse, Beweisantrag, 3. Aufl., Bes. Teil, 2. Buch, 1. Kap. § 77 2. (Beweisantrag über *»sinnlose Trunkenheit«*). Vorsorglich wird jedoch vorgetragen, daß der Angeklagte den Zeugen gegenüber ständig wechselnde Darstellungen seines Lebens gegeben hat, wobei sie feststellen konnten, daß er jede Darstellung in dem jeweiligen Moment selbst für wahr hielt.

Für die Substantiierung des Beweisantrages ist ferner nicht erforderlich, daß angegeben wird, auf welche Weise die Zeugen die Beobachtung haben machen können, BGSt. 1, 51 f; dasselbe gilt für den Zeitpunkt der Beobachtung. Vorsorglich wird jedoch vorgetragen, daß die Zeugen den Angekl. seit seiner ersten Inhaftierung im Jahre 1970 psychotherapeutisch behandelt haben und anläßlich dieser Behandlungen die behaupteten Beobachtungen machen konnten.

Da bei psychischen Störungen naturgemäß ein genaues Datum des Beginnes kaum feststellbar ist, ist die Zeitangabe *»seit 1970«* substantiiert genug. Vorsorglich wird jedoch vorgetragen, daß **die behaupteten psychischen Störungen seit der ersten Inhaftierung des Angekl. im Jahre 1970 aufgetreten sind und bis zum heutigen Tage andauern.**

Daß das Beweisthema u. U. auch Gegenstand eines Sachverständigenbeweises sein kann, steht dem Beweisantrag ebenfalls nicht entgegen, Alsberg-Nüse a. a. O. § 77 1.; so hat das BayerObLG entschieden, daß sogar ein für die Entscheidung über die Zurechnungsfähigkeit beantragter Zeugenbeweis zugelassen werden muß, sofern es nicht an der Erheblichkeit mangelt (DRZ 1929, Nr. 1134)

Der Angekl. wird die benannten Zeugen von ihrer ärztlichen Schweigepflicht entbinden.

Es bleibt vorbehalten, noch die Herren Dres. Winter und Kisker als Zeugen für die psychische Situation des Angekl. zur Zeit seiner Geständnisse zu benennen.

Es wird um Hinweis gebeten, falls das Gericht den Beweisantrag immer noch für unzulässig halten sollte. Es darf jedoch bemerkt werden, daß die genannten Zeugen kraft ihrer Sachkenntnis und ihrer Kenntnis des Angekl. von erheblichem Wert für die Beurteilung seiner Person und seiner Glaubwürdigkeit sind; es wird daher angeregt, die Zeugen auch bei weiteren Bedenken gegen die Zulässigkeit des Beweisantrages zu laden.

Schenk
Rechtsanwalt

Protokoll 24.03.1976
Weiter sind anwesend die bestellten Verteidiger, Rechtsanwälte Fleiß und Pfitzner, die Sachverständigen Prof. Dr. Mende, Regierungsdirektor Esters und Oberst i. G. Gfall sowie der vorgeladene Zeuge Toop.

Der Angeklagte erklärt:

»Ich beantrage die Einvernahme von **Rechtsanwalt Pötschke** *als Zeugen. Der Zeuge wird bekunden, daß er mich vor einem Geständnis gewarnt hat, weil sich die Bundesanwaltschaft nicht an ihre Zusagen hält und weil der Zeuge davon überzeugt war, daß ich mit meinem falschen Geständnis nicht bei Herrn Willner »landen« kann. Der Zeuge wird bekunden, daß ich von Anfang an vorhatte,* **ein falsches Geständnis in überhöhter Form** *aus Sicherheitsgründen abzulegen.*

Ich entbinde Rechtsanwalt Pötschke von der Schweigepflicht mit der Einschränkung, daß die meine lebenden Familienangehörigen und die Zeugin

Josefine von Schlippenbach betreffenden Angelegenheiten von der Entbindung ausgenommen werden. Über meine frühere Ehefrau Carola Frenkler kann der Zeuge unbeschränkt Aussagen machen.«

Der Vertreter der Angeklagebehörde stimmt der Einvernahme von Rechtsanwalt Pötschke als Zeugen zu.

Die Vernehmung des Zeugen Toop wird fortgesetzt.

Um 14.00 Uhr erscheint der Verteidiger Rechtsanwalt Hagen.

Zur Frage der Beeidigung des Zeugen werden keine Anträge gestellt.

Anlage 1 zum Protokoll vom 24. März 1976

RA Wolf Schenk 23.03.1976

An das

Bayer. Oberste Landesgericht Az. 3 St 13/76

3. Strafsenat

In der Strafsache gegen

H a a s e Dieter

wegen Landesverrates u. a.

b e a n t r a g e ich, die Herren

Prof. Dr. v. d. Heydte, General Dr. Gerber

– ladungsfähige Anschriften werden nachgereicht –

RA Dr. Hans-Henning Hoppert, Augsburg, Sommerstr. 15

Prof. Dr. Arne Grüner-Steinkamm 8031 Puchheim, Grobenbachweg 13

als Zeugen zum Themenkreis »Dissertation des Angeklagten«

zu vernehmen.

Die Herren Prof. Dr. v. d. Heydte und Dr. Hoppert, damaliger Assistent des ersteren und Betreuer der Dissertation des Angekl., werden bestätigen, daß der Angekl. geheimes Material für die Arbeit verwenden sollte und verwendet hat; Herr Dr. Hoppert wird ferner aussagen, daß der Angekl. schon erhebliche Arbeit für die Dissertation geleistet hatte, so daß sie über das Vorbereitungsstadium weit hinaus gediehen war. Die Zeugen werden weiterhin bekunden, daß die Arbeit als Band 3 der vom Zeugen v. d. Heydte herausgegebenen Reihe »*Wehrkundliche Themen*« vorgesehen war und daß sich kein Anlaß ergeben hat, von diesem Vorhaben abzurücken.

Der Zeuge Dr. Gerber wird bekunden, daß es durchaus möglich war und ist, eine Dissertation unter Verwendung geheimen Materials anzufertigen; seine eigene Dissertation ist auf diese Weise zustande gekommen.

Schenk

Rechtsanwalt

Die nachfolgenden Zeilen schrieb mir Carola etwa 1969. Sie wurden in das Verfahren eingeführt, um zu belegen, daß ich schon seit Jahren »Christus-Visionen« hatte:

Anlage 3 zum Protokoll vom 24. März 1976

Großer Bruder Jesu!!

Halte doch mit Deinem Bruder ein Gespräch. Er wird und ist der Einzige, der Dir im »Egoismus« gleicht. Allerdings stand er seinen Jüngern toleranter, nicht nur nehmend und verlangend gegenüber.

Eine Deiner vielen Jüngerinnen erwartete, vielmehr erhoffte vergeblich Dein Kommen.

15.00 Uhr

Den Wagen brauche ich (wenn möglich) gegen 16.00 Uhr bis 16.30 Uhr, um mein Rezept aus der Stadt abzuholen.

Mit großer Verehrung und manchmals auch Verachtung gegen meine und Deine Person

Deine liebende Ente-Carola

Anlage 2 zum Protokoll vom 30.03.76

Jesus Christus Mohamed
Dieter Joachim H a a s e
An das
Bayerische Oberste Landesgericht
– 3. Strafsenat –
Anlage zum Protokoll: E r k l ä r u n g

3000 München 90
Stadelheimer Str. 12
26.03.1976
Az: 3 St 13/75

Betreff: 2208. TAG MEINER STRAFE OHNE URTEIL . . .
Verdacht des Landesverrats gegen mich . . .
Unmenschlichkeit und Gleichgültigkeit der Justiz

Heute vor sechs Jahren bin ich verhaftet worden, – und werde seit diesem Tage in einer Art und Weise »verfolgt«, die mit einem rechtsstaatlichen Verfahren nicht mehr viel gemein hat – wenn überhaupt?!

Drei Male wurde ich mitten aus dem Leben gerissen – immer wegen desselben Verdachts. **Drei Existenzen wurden mir zerstört,** drei Berufsmöglichkeiten zunichte gemacht, drei Verlöbnisse oder enge Bindungen zerstört, drei Wohnungen in meiner Abwesenheit aufgelöst . . .

Im wahren Sinne des Wortes bin ich ein gescheiterter und unbehauster Mensch geworden – unter aktiver Mithilfe der Justiz, die mit einer menschenverachtenden **Gleichgültigkeit und Unfähigkeit** dieses Verfahren seit über sechs Jahren gegen mich »betreibt und führt« ...

... im wahren Sinne des Wortes:

Strafe ohne und vor einem Urteil!

Dieses Verfahren stellt in vielfacher Hinsicht eine Schande und einen Skandal für den Rechtsstaat dar, der die BRD sich zweifellos zu sein bemüht ...

Dieses Verfahren verstößt in mehrfacher Hinsicht gegen die Menschenrechte und ihre Schutzbestimmungen gemäß der 5. Konvention zum Schutz der Menschenrechte und Grundfreiheiten vom 04.11.1950 ...

Mein im Jahre 1971 nach jahrelanger Haft erpreßtes und unter falschen Versprechungen gemachtes – aber ohnhin falsches – Geständnis ist gemäß § 136 a StPO nicht verwertbar.

Mit Nachdruck weise ich hier nochmals darauf hin, daß mir schon im März 1971 schwere Haftschäden und Psychosen bescheinigt wurden ... (vgl. Atteste Jarmer und de Boor)

Ich habe diese 14 Monate einer strengen Einzelhaft immer als Folter empfunden, dies auch immer so bezeichnet und entsprechend gerügt. Wenn ich und was ich nach dieser Folter gestanden habe, entspricht nicht der Wahrheit! Außerdem mußte ich unter erheblichem Druck von außen und von Osten unter Pressionen aussagen, die ich mit Rücksicht auf meine Sicherheit auch heute noch fürchte – und die ich mehrfach versucht habe, abzuschütteln. Wenn mir dabei die bundesdeutsche Justiz und unsere Nachrichtendienste nicht in ausreichendem Maße behilflich sind, so ist dies nicht nur bedauerlich, sondern im höchsten Maße im Interesse unserer aller Sicherheit zu verurteilen.

Ich beantrage hiermit nochmals die sofortige Hinzuziehung eines Sachverständigen des Verfassungsschutzes und des BND, da unter sachkundiger und objektiver Würdigung der von mir bei gegebener Absicherung zu machenden Angaben noch heute **eine Einstellung des Verfahrens** möglich ist. Daß dieses Gericht daran allerdings kein Interesse hat, ist ebenso bedenklich wie bedauerlich ...

Nach wie vor empfinde ich dieses Verfahren nicht mehr als rechtsstaatlich, da ich schon lange auf Grund von psychischen Störungen den Überblick über meine Vita so weit verloren habe, daß ich seit meiner ersten Verhaftung im März 1970 Realität und Vorstellung nicht mehr zu unterscheiden vermag. Als Zeugen hierfür benenne ich die Herren Jarmer, de Boor, Dr. Winter, Dr. Timm, Prof. Janz u. a. m.

Als schwer verhaltensgestörter Mensch kann ich dem Verfahren in Wirklichkeit schon lange nicht mehr – abgesehen von wenigen lichten Stunden – folgen, werde aber dennoch gezwungen, so daran teilzunehmen, als wenn ich verhandlungsfähig wäre. Dies ist aber größtenteils eine nicht mehr objektiv festgestellte Tatsache, denn ich muß hier nochmals mit Nachdruck darauf hinweisen, daß ich den med. Gutachter Herrn Prof. Mende nach seinem vorläufigen Gutachten, das von mir bewußt manipuliert wurde (auch wenn das Herr Prof. Mende und das Gericht nicht für möglich halten, was wiederum nur die eigene Überschätzung und Befangenheit beweist, denn ich bin durchaus in der Lage, zeitweise derartige »*Scheinleistungen*« zu vollbringen, wie ja das fehlgeleitete Gutachten Mende beweist!), wegen der Besorgnis der Befangenheit ablehne und ein Obergutachten hiermit beantrage.

Ich bin nicht mehr in der Lage, dem Verfahren in ausreichendem Maße zu folgen. Meine psychischen Störungen, die mittels Haloperidol und Tranxilium (übrigens denselben Medikamenten, mit denen man erwiesenermaßen in den Irrenanstalten der Sowjetunion mißliebige Intellktuelle »*ruhigstellt*« und der berüchtigten »*Gehirnwäsche*« oder »*Umerziehung*« unterzieht) so weit in den Hintergrund gedrängt werden, daß ich lediglich verhandlungsfähig erscheine. In Wirklichkeit bin ich quasi künstlich »sediert« – und bitte hiermit um Hinzuziehung eines weiteren Facharztes für Psychiatrie, damit meine Verhandlungsunfähigkeit und Haftunfähigkeit festgestellt werden kann.

Nach wie vor werde ich in der JVA nicht ausreichend und sachgemäß ärztlich behandelt, so daß ich auch diese Art der Haft als Folter bezeichnen muß. Mögen Sie als Richter das auch für eine maßlose Übertreibung halten, so muß ich auf meine mehrfach bestätigte abnorme Persönlichkeitsstruktur hinweisen, die unter solchen Umständen schweren, u. U. nicht wiedergutzumachenden **Schaden an Leib, Geist und Seele** nimmt. Dies werden objektive und nicht von der Justiz bestellte oder gesteuerte Gutachten ergeben. Ich bin schon jetzt für mein ganzes weiteres Leben durch das bisherige Verfahren so schwer geschädigt, daß ich wahrscheinlich bis an mein Lebensende arbeitsunfähig sein werden. Ich bin kaum noch in der Lage, für mich selbér zu sorgen.

Ohnehin bin ich schon jetzt zu **lebenslänglichem »Berufsverbot«** verurteilt. **Nie wieder werde oder kann ich Jurist sein.** Meine Aversionen gegen **Juristen und die Juristerei** sind geradezu krankhaft aggressiv, so daß auch kein normales Verhalten von mir in diesem Verfahren erwartet werden kann. Mein krankhaftes Mißtrauen auch gegen meine »Verteidiger« ist nur ein weiteres Indiz dafür.

Ich fühle mich **in diesem Verfahren nicht mehr als Mensch behandelt,** sondern als ein »Fall« – bzw. ein »Aktenvorgang« –, der bewältigt und abgeschlossen werden soll: so oder so, ganz egal wie . . . Es ist wie bei den »Hexenprozessen« des Mittelalters: Gesteht die Hexe, wird sie verbrannt, gesteht sie selbst unter der Folter nicht, wird sie auch verbrannt, weil sie verstockt ist . . .

Genauso wird gegen mich mein »falsches Geständnis« mit allen Tricks der Justiz »erarbeitet und aufgewärmt« . . . Dieses Verfahren läßt mir **keine Chance zur Wahrheitsfindung und Verteidigung . . .**

Nach fast sechsjähriger U-Haft mit Unterbrechnungen, die mir meine lebenslange Schädigung nur vor Augen führen konnten, muß man mich schon allein aus politischen und justizökonomischen Gründen hoch verurteilen, weil sonst der »ungeheure Aufwand« des Verfahrens nicht verantwortet werden könnte . . . es wird also auf eine Umkehrung des Grundsatzes: **»in dubio pro reo«** hinauslaufen!!?!

Unter diesen Umständen muß man gegen mich befangen sein . . . nach dem Motto: Daß nicht sein kann, was nicht sein darf . . .

Abschließend erkläre ich mich außerstande, mich ernsthaft und glaubhaft zur Sache einlassen zu können, da ich nicht mehr weiß, was Wahrheit und was Schein oder Phantastereien sind . . .

gez. J. Christus M.
Dieter Haase

Die Beweisaufnahme war bereits geschlossen worden, die Plädoyers gehalten und die Anträge gestellt, als mir **das letzte Wort** erteilt wurde.

Da mir bewußt war, daß ich ohnehin zu einer Strafe von etwa elf bis dreizehn Jahren verurteilt werden würde, ging ich mit **achtundzwanzig (28!) Hilfsbeweisanträgen gegen diese Manipulationen der Justiz** vor, mich unter Berufung auf mein erpreßtes und erfundenes »Geständnis« vor Willner zu verurteilen. Mit diesen Anträgen berief ich mich auf glaubwürdige Zeugen, die belegen konnten, daß die mir gemachten Vorwürfe nicht den Tatsachen entsprachen.

Die Verhandlung wurde für drei Tage unterbrochen, und es gelang erstaunlicherweise, von den achtundzwanzig benannten Zeugen zweiundzwanzig zu laden, worauf erneut in die Beweisaufnahme eingetreten wurde.

Obwohl die Zeugen das jeweilige von mir benannte Beweisthema einhellig bestätigten und damit **die Anklage eigentlich in sich zusammenbrach,** kam es dann nichtsdestotrotz zu dem folgenden Urteil, wobei ich das nachstehende zweite Schlußwort hielt:

Anlage 2 zum Protokoll vom 19.05.1976

Jesus Christus Mohamed
Dieter Joachim Haase

8000 München, 18.05.1976
Az: 3 St 13/75

Anlage zum Protokoll

Morgen, am 19.05.1976, wenn ich mein Schlußwort sprechen soll, obwohl ich nicht verhandlungsfähig oder gar verteidigungsfähig bin, ist der 2262. TAG MEINER STRAFE OHNE URTEIL!

Ich bin langsam kein normaler Mensch mehr – und werde wohl bald verrückt sein, weil ich an dem bitteren Unrecht zugrunde gehe, daß ich durch das über sechs Jahre verschleppte Verfahren erleide ...

Weil es so lange gedauert hat, werde ich – wie der auf lauter unbewiesenen und unbeweisbaren Behauptungen beruhende Strafantrag der Bundesanwaltschaft beweist – wohl auch entsprechend hoch verurteilt, um diese Verschleppung zu rechtfertigen.

Ich stand ohne Anwalt schutzlos und hilflos einer Justiz gegenüber, die gleichzeitig mit meiner Verhaftung meinen Pflichtverteidiger ablöste – und mir **nicht die geringste Chance zu einer wirklichen Verteidigung** lies. Denn nach nunmehr schon wieder 9 (neun) Monaten Haft bin ich nur noch ein Häufchen Elend ...

Keinen meiner Anwälte konnte ich mir aussuchen, einen wirklich guten Verteidiger nicht bezahlen ...

Hiermit spreche ich meinen vier »Verteidigern« mein Mißtrauen aus, denn sie haben mich m. E. nicht ausreichend und wirkungsvoll, vor allem aber nicht absprachegemäß und ohne Koordinierung »verteidigt« ... Alle vier hatten mir mehrfach versichert, daß ich bei dem falschen Geständnis von 1971 *»falsch beraten«* bzw. *»aufs Kreuz gelegt«*, *»übers Ohr gehauen«* bzw. *»voll ins Messer gelaufen«* bin. Alle gehen zwar davon aus, daß ich **nicht ohne Drohung und Täuschung** dieses – ohnehin falsche!! – Geständnis gemacht hätte, daß dies also nach § 156a StPO nicht verwertet werden darf.

Keiner aber von Ihnen hat diesen Punkt entsprechend vollständig und absprachegemäß ausgeführt. Dieser **Mangel der Verteidigung** wird hiermit von mir aufs schärfste gerügt – und er grenzt in meinen Augen an Parteiverrat ... Natürlich wird die Justiz nicht die Justiz beschämen ... Fest steht aber, daß ich getäuscht und bedroht wurde (durch längere Haftfortdauer usw.), sonst hätte ich niemals auf Dr. Achter gehört und mich – der Wahrheit zuwider – schwer belastet. Meine Haftentlassung u. a. mehr beweist diese Absprachen ... Weder habe ich einen schweren Landesverrat begangen noch ihn billigend in Kauf genommen. Es kann also auch dafür keinen Beweis geben. **Ich bin ein Opfer der Teilung Deutschlands** – und auch meiner Anwälte ... und bald ein Justizopfer – ohne echte Verteidigung.

Christus 76

Anlage zum Protokoll
vom 19. Mai 1976

Bayer. Oberstes Landesgericht
Az: 3 St 13/75

IM NAMEN DES VOLKES **Urteil**

I. Haase Dieter Joachim, geb. am 25. August 1937 in Berlin, gesch., Jurist, deutscher Staatsangehöriger, polizeilich gemeldet bei seiner Mutter Alice Helferich, gesch. Haase, in Hannover, Röntgenstr. 4, z. Z. in Untersuchungshaft in dieser Sache in der Justizvollzugsanstalt München-Stadelheim, *(in Wikrlichkeit bin ich am 26. 8. 37 geboren, d. V.)*

wird wegen fortgesetzten Landesverrats in einem besonders schweren Fall, rechtlich zusammentreffend mit fortgesetzter Verletzung des Dienstgeheimnisses und mit fortgesetzter Bestechlichkeit zur Freiheitsstrafe von 11 (elf) Jahren verurteilt.

II. Dem Angeklagten werden auf die Dauer von 5 Jahren aberkannt die Fähigkeit, öffentliche Ämter zu bekleiden und Rechte aus öffentlichen Wahlen zu erlangen, sowie das Recht in öffentlichen Angelegenheiten zu wählen oder zu stimmen.

III. Der Angeklagte trägt die Kosten des Verfahrens.

Angewendete Vorschriften:
§§ 93,94 Abs. 1, Abs. 2 Nr. 2, §§ 353 b Abs. 1 Nr. 1 , 332 Abs. 1 StGB in Verbindung mit § 48 WStG, § 2 Abs. 2 und 3, §§ 25 Abs. 1, 52, 21 i. V. m. § 49 Abs. 1 Nr 2 und 3 StGB, Art. 89 Abs. 2 des 1. StrRG. §§ 101, 45 Abs. 2 und 5 StGB.

Während der Mitteilung des wesentlichen Inhalts der Urteilsgründe durch den Vorsitzenden stört der Angeklagte mehrfach den Verhandlungsablauf durch Bemerkungen und Zwischenrufe.

Der Vertreter der Anklagebehörde stellt den Antrag, den Angeklagten aus der Hauptverhandlung auszuschließen.

Die Hauptverhandlung wird um 15.15 Uhr unterbrochen.

Die Hauptverhandlung wir dum 15.25 Uhr mit der Bekanntgabe der wesentlichen Urteilsgründe durch den Vorsitzenden fortgesetzt.

Der Vorsitzende verkündet sodann folgenden

Beschluß

Gegen den Angeklagten wird Fortdauer
der Untersuchungshaft angeordnet.

Gründe:

Der Angeklagte wurde wegen fortgesetzten Landesverrats in einem besonders schweren Fall, rechtlich zusammentreffend mit fortgesetzter Verletzung des Dienstgeheimnisses und mit fortgesetzter Bestechlichkeit nach §§ 93, 94 Abs. 1, Abs. 2 Nr. 2, § 353 b Abs. 1 Nr. 1, § 332 StGB i. V. m. § 48 Abs. 1 WStG, § 52 StGB zur Freiheitsstrafe von 11 Jahren verurteilt.

Amtsfähigkeit, Wählbarkeit und Stimmrecht wurden auf die Dauer von 5 Jahren aberkannt.

Schon im Hinblick auf die Höhe der erkannten Freiheitsstrafe besteht bei der labilen Persönlichkeit des Angeklagten in erhöhtem Maße Fluchtgefahr. Bei der Person des Angeklagten kann der Zweck der Untersuchungshaft durch weniger einschneidende Maßnahmen im Rahmen des § 116 StPO nicht erreicht werden. Nach dem Schlußvortrag der Bundesanwaltschaft, die die Verhängung von 13 Jahren Freiheitsstrafe beantragt hat, erklärte der Angeklagte sinngemäß, bei einem Strafmaß in dieser Höhe könnte er sich dem Gedanken zur Flucht nicht mehr verschließen.

Die bestehenden sozialen Bindungen sind auch tatsächlich nicht von solchem Gewicht, daß sie die Fluchtgefahr auszuräumen oder zumindest in dem gebotenen Maße zu verringern geeignet wären. Das mit Marianne Krüger etwa seit August 1975 wieder bestehende Verlöbnis war bereits zweimal aufgelöst worden. Die vom Angeklagten seit seiner erneuten Inhaftierung am 29.09.1975 erstrebte »Vernunftheirat« scheiterte nicht zuletzt an der Haltung der Mutter seiner Verlobten. Zu seinem am 08.09.1974 geborenen Sohn Alexander hat der Angeklagte bisher auf längere Zeit keinen unmittelbaren Kontakt unterhalten. Mit seiner Mutter verbindet ihn lediglich eine Art »Haßliebe«. Nach Auflösung seiner Wohnung entschloß sich seine Mutter im April 1976 erst nach längerem Drängen, den Angeklagten, ihren Sohn, in ihrer Wohnung polizeilich anzumelden, um ihm so zu einem Nachweis gegenüber dem Gericht für eine feste Bleibe zu verhelfen.

Der weitere Vollzug der Untersuchungshaft steht bei der Bedeutung der Strafsache und der ausgesprochenen Strafe auch unter Berücksichtigung der Länge der bereits erlittenen und im Urteil auf die Freiheitsstrafe angerechneten Untersuchungshaft nicht außer Verhältnis (§ 112 Abs. 1 und 2 StPO). Auch an der Haftfähigkeit des Angeklagten, die der Senat bis zuletzt von mehreren Ärzten begutachten ließ, bestehen keine begründeten Bedenken.(So ein Hohn – d. V.)

Der Angeklagte wird über die Rechtsmittel der Revision gegen das Urteil, der sofortigen Beschwerde gegen die Kostenentscheidung, der Beschwerde gegen die Haftfortdauer belehrt.

Rechtsmittelvordruck »B« der Anlagen zu Nr. 140 RiStBV wird dem Angeklagten ausgehändigt.

Es werden keine Erklärungen abgegeben.

Sitzungsende um 15.45 Uhr.

Der Vorsitzende
(Dr. Gietl)
Vorsitzender Richter
am Bayer. Obersten Landesgericht

Der Urkungsbeamte
(Matschke)
Justizobersekretär

Protokoll fertiggestellt am 12. April 1976

Anlage 1 zum Protokoll vom 19.05.1976
Das Gericht hatte angeordnet, daß ich in der Anstalt halbstündlich »beleuchtet« werden soll. Das heißt, ich wurde alle halbe Stunde geweckt. Schlafentzug ist eine äußerst wirkungsvolle alte chinesische Foltermethode. Nach wenigen Tagen führt sie zur völligen nervlichen Zerrüttung. Wenn man nunmehr noch bedenkt, daß ich unter mehrfachem Medikamenteneinfluß stand, so ist durchaus verständlich, daß ich diese »Foltermaßnahmen« als eine Art »Abschlachtung« empfand, um den Prozeß ohne weiteren Widerstand von mir zu einem schnellen Ende bringen zu können.

B e s c h l u ß
Der Ablehnungsantrag des Angeklagten ist unzulässig. Er dient allein dem Zweck, den Fortgang des Verfahrens zu verhindern. Dem Angeklagten ist wohl bekannt, daß das Gericht nach seinem in der gestrigen Verhandlung an den Tag gelegten Verhalten auf Grund der Fürsorgepflicht gehalten war, Maßnahmen anzuordnen, um der Gefahr für Leib und Leben des Angeklagten entgegenzuwirken.
Der Beschluß ergeht einstimmig.
gez. Dr. Gietl Bierl Romanovszky Dr. Schweiger
Engelhard

Nochmals weise ich darauf hin, daß ich mich aus Staatsschutzgründen zu einer Strafe verurteilt sah, die nicht in direkter Relation zu dem stand, was man mir nachweisen konnte.

Für mich ist dieses Urteil ein exzessives Strafexempel, weil ich mich nicht »justizkonform« verhielt. Hätte ich mein falsches Geständnis aufrechterhalten, mich von Dr. Achter verteidigen lassen, wäre mit Sicherheit eine Strafe von etwa viereinhalb Jahren – wie vorgesehen und abgesprochen – dabei herausgekommen.

René Floriot, einer der glänzendsten Strafverteidiger Europas, schreibt in seinem Buch »ZU UNRECHT VERURTEILT«, Christian Wegener Verlag, Hamburg 1969, über den »Justizirrtum«: »Ein Thema, das nicht nur die Juristen fesselt. Wer wäre sicher vor falschen Zeugen, trügerischen Indizien, gefälschten Dokumenten oder irreführenden Gutachten.« Floriot beschreibt zahlreiche Fälle, deren Opfer jedermann werden kann. *»Das Gericht hat logisch richtige Konsequenzen gezogen, ist jedoch von falschen Voraussetzungen ausgegangen.«* (Siehe oben, Seite 71). Auf diese Art entstehen die meisten **Justizirrtümer**.

»Die Erfahrung zeigt, daß jeder, bewußt oder unbewußt, vor Gericht falsche Angaben machen kann.

Zunächst der Angeklagte. Natürlich ist der Richter vor ihm besonders auf der Hut. Muß er sich doch darüber klar sein, daß der Schuldige stets versuchen wird, ihn zu täuschen, um seiner gerechten Strafe zu entgehen. Somit muß er immer damit rechnen, daß der Angeklagte ohne Zögern falsche Aussagen machen wird.

Es kommt aber mitunter vor, daß sich ein Unschuldiger – aus Gründen, auf die ich später noch eingehen werde – einer Tat bezichtigt, die er nicht begangen hat.«

So auch ich mit dem falschen Geständnis, das zur Haftentlassung führte – und zur Einstellung des Verfahrens führen sollte.

»Dann die Zeugen: einige sagen bewußt falsch aus, andere verdrehen die Wahrheit, ohne es zu wollen.« (Wie auch bei mir reichlich geschehen.)

»Und schließlich können auch Sachverständige, deren Rechtschaffenheit über jeden Zweifel erhaben ist, Irrtümer begehen, die den Lauf der Gerechtigkeit aufhalten.«

Mit diesen Erkenntnissen eines namhaften Strafverteidigers möchte ich es hier bewenden lassen, nicht ohne jedoch an die denkwürdigen Ausführungen von Gerhard Mauz im SPIEGEL zu erinnern sowie in seinen Büchern »Die Gerechten und die Gerichteten«, Ullstein Verlag, Frankfurt und Berlin 1968, u. a. m.

Seit 1964 beobachtet Gerhard Mauz für den SPIEGEL die Justiz: Er berichtet von ihrer Arbeit und übt an ihr Kritik. Er behandelt Prozesse, Fälle und Probleme der Justiz: Er zielt auf den ewigen Abstand zwischen dem Gericht und der Wahrheit. Er erinnert daran, wie gering die Spanne zwischen Gerechten und Gerichteten ist – die Spanne, die der Pharisäer für einen Ozean hält.

***

Pflicht ohne Liebe macht verdrießlich
Verantwortung ohne Liebe macht rücksichtslos
Gerechtigkeit ohne Liebe macht hart
Erziehung ohne Liebe macht widerspruchsvoll
Klugheit ohne Liebe macht gerissen
Freundlichkeit ohne Liebe macht heuchlerisch
Ordnung ohne Liebe macht kleinlich
Sachkenntnis ohne Liebe macht rechthaberisch
Macht ohne Liebe macht gewalttätig
Ehre ohne Liebe macht hochmütig
Besitz ohne Liebe macht geizig
Glaube ohne Liebe macht fanatisch

Pflicht in Liebe ausgeübt macht beständig
Verantwortung in Liebe ausgeübt macht fürsorglich
Gerechtigkeit in Liebe ausgeübt macht zuverlässig
Erziehung in Liebe ausgeübt macht geduldig
Klugheit in Liebe ausgeübt macht verständnisvoll
Freundlichkeit in Liebe ausgeübt macht gütig
Ordnung in Liebe ausgeübt macht großzügig
Sachkennntnis in Liebe ausgeübt macht vertrauenswürdig
Macht in Liebe ausgeübt macht hilfsbereit
Ehre in Liebe ausgeübt macht bescheiden
Besitz in Liebe ausgeübt macht freigebig
Glaube in Liebe ausgeübt macht friedfertig

Heinz Gasche

***

Kapitel 13
Prozeß und Haft

Kapitel 13 a Eine Vielzahl von Anwälten

Notgedrungen mußte ich im Laufe des Verfahrens eine Vielzahl von Anwälten mandatieren. Schon wegen der vielen Verlegungen waren immer wieder Anwaltswechsel notwendig. So kam es, daß auf die Dauer von über zehn Jahren, die sich das Verfahren hinschleppte, insgesamt 30(!) Anwälte für mich in Verfahren tätig wurden. Es wäre wohl der Ehre zuviel, sie alle hier aufzuzählen, denn einige haben mir erheblich mehr geschadet als genutzt. Ganz abgesehen von dem vielen Geld, das ich dafür bezahlt habe. Es waren insgesamt zwischen 250 000 und 300 000 Mark im Laufe dieser Zeit. Nachdem ich 1979 begnadigt wurde, sind bestimmt noch einmal 30 000 Mark hinzugekommen, um die Begnadigungsfolgen, Wiederaufnahme und Resozialisierung zu unterstützen und zu betreiben. Es gibt ständig neue Kosten ...

Um nur einige wenige prominente Anwälte hier zu nennen – von A bis Z: Dr. Josef Augstein, Hannover, Dr. Victor Achter, Köln, Eckart Avenarius, Rolf Bossi und Steffen Ufer in München, Engelhardt, den späteren Justizminister, der damals Landtagsabgeordneter in München war und mir vom FDP-Landtagsabgeordneten Flath empfohlen wurde, Prof. W. Hassemer, Dr. Wilhelm Helms über Höcherl und Prof. Karl Heinz Lehmann, Gerhard Schröder (unser jetziger Ministerpräsident) usw. bis hin zu Dr. Friedrich Zimmermann, München, den späteren Bundesinnenminister (auch bekannt als »Old Schwurhand«) und zum Schluß Verkehrsminister.

Von ihm bekomme ich noch heute eine Kiste Sekt, um die ich mit ihm gewettet habe im Offizierskasino in Veitshöchheim Ende der 60er Jahre, als wir uns dort in der 12. Panzerdivision anläßlich eines Vortrags von ihm trafen. (Er feierte mich als jungen Nachwuchspolitiker.) – nachdem ich für den Deutschlandtag der Jungen Union in Berlin 1967 Richard Nixon eingeladen hatte und glaubte, daß er der Präsident der USA werden würde, während Dr. Friedrich Zimmermann meinte, Johnson, der damals Präsident der Vereinigten Staaten war, würde wieder nominiert und gewählt. Ich setzte auf Nixon, und wir wetteten um eine Kiste Sekt, auf die ich heute noch warte.

Irgendwann – besser bald – werde ich sie mir abholen, nachdem er nun nicht mehr Minister ist.

Unter den Anwälten waren menschlich integre und nette. In der Mehrzahl aber Leute, die den Beruf eben nur des Gelderwerbs wegen betrieben und mich auch ganz erheblich abkassierten, ohne wirklich dafür Leistung zu bringen, so daß ich sie nach einer Weile schon deshalb *aus*wechseln mußte. Denn nur dafür zu bezahlen, daß ich in Haft saß und keine wirkliche Verteidigung stattfand, ging dann doch zu weit.

Nach Dr. Achter und Peter Wettermann in Bonn kam dann mein Klassenkamerad Dr. Wilhelm Helms in Hannover hinzu, als Pflichtverteidiger, wie er immer betonte. Er glaubte das Verfahren in der Hand zu haben. Doch als ich das zweite Mal verhaftet wurde (1973!), fuhr er zu einer Tagung nach Brüssel oder Straßburg, obwohl ich ihn vorher darauf aufmerksam gemacht hatte, wenn er wiederkäme, säße ich in Haft. Er lachte mich aus, aber es geschah genauso, wie ich es vermutet hatte. Er besuchte mich in Haft und entschuldigte sich vielmals.

Kapitel 13 b Menschenrechtsbeschwerde

Bei meiner zweiten Verhaftung im Jahre 1973 lernte ich über die Vermittlung des Gefängnisarztes Dr. Zettel in Hannover Herrn Rechtsanwalt Prof. Karl-Heinz Lehmann kennen, der später mein Pflichtverteidiger wurde. Dieser führte für mich dann auch im Jahre 1976 zusammen mit RA Klaus-Heinrich Hagen aus München verhältnismäßig erfolgreich das Verfahren vor der Menschenrechtskommission in Straßburg.

Viele andere namhafte Anwälte, wie Augstein, Bossi u. a., meinten, daß dieses Verfahren vor der Menschenrechtskommission nicht das Papier wert sei, auf dem die Schriftsätze geschrieben seien.

Die vielen Sitzungen und zahlreichen Schriftsätze, die gewechselt wurden, haben später wenigstens dazu geführt, daß ich als Menschenrechtsfall anerkannt wurde, d. h., daß mir zugestanden wurde, daß ich durch das gegen mich geführte Verfahren in einigen Punkten in meinen Menschenrechten erheblich verletzt worden war (vgl. dazu den nachstehenden Bericht). In ca. 17 Sitzungen hatte die Kommission für Menschenrechte beim Europarat mit ca. 15 Richtern über meinen Fall getagt und eine immerhin 58seitige Druckschrift angefertigt:

COUNCIL OF EUROPE

CONSEIL DE L'EUROPE

EUROPEAN COMMISSION OF HUMAN RIGHTS

Application No. 7412/76

Dieter HAASE against THE FEDERAL REPUBLIC OF GERMANY

Report of the Commission

(Adopted on 12 July 1977)

STRASBOURG

Council of Europe **Conseil de l'Europe** **Europarat**

European Commission
of Human Rights
Application No. 7412//76
DIETER HAASE
against
The Federal Republic of Germany

Europäische Menschen-
rechtskommission
Antrag Nr. 7412/76

gegen
die Bundesrepublik
Deutschland

Report of the Commission
(Adopted on 12 July 1977)
Straßburg

Bericht der Kommission
angenommen am 12.07.1977

Inhaltsangabe

I. Einleitung (§§ 1 – 9)
   1. Gegenstand des Antrags (§§ 2 – 3)
   2. Verfahren vor der Kommission (§§ 4 – 5)
   3. Der vorliegende Bericht (§§ 6 – 9)

II. Streitpunkte (§§ 10 – 13)
   1. Unter Art. 6 der Konvention (§§ 10 – 11)
   2. Unter Art. 5 der Konvention (§§ 12 – 13)

III. Sachvortrag der Parteien (§§ 14 – 47)
   1. Sachvortrag des Antragstellers (§§ 14 – 24)
   2. Sachvortrag der betroffenen Regierung (§§ 25 – 47)

IV. Feststellung des Sachverhaltes (§§ 48 – 97)
   1. Das Strafverfahren (§§ 49 – 89)
      a) Das Ermittlungsverfahren (§§ 49 – 54)
      b) Die gerichtliche Voruntersuchung (§§ 55 – 75)
      c) Die Anklage (§§ 76 – 78)
      d) Das Gerichtsverfahren (§§ 79 – 89)
   2 Inhaftierungen des Antragstellers (§§ 90 – 97)
      a) Die erste Haft des Antragstellers (§§ 90 – 91)
      b) Die zweite Haft des Antragstellers (§§ 92 – 93)
      c) Die dritte Haft des Antragstellers (§§ 94 – 97)

V. Die Auffassung der Kommission (§§ 98 – 125)
   1. zu dem angeblichen Verstoß gegen Artikel 6 der Konvention (§§ 98 – 114)
      A. hier zu Art. 6 (1) (§§ 98 – 114)

a) Einleitende Überlegungen (§§ 98 – 101)
b) Die Zusammenfassung (complexity) des Falles (§ 102)
c) Die Behandlung des Falles seitens der Strafverfolgungsorgane und die Haltung des Antragstellers (§§ 103 – 113)
d) Zusammenfassung (§ 114)
B. hier zu Art. 6 (3) (§§ 115 – 117)
a) Einleitende Überlegungen (§ 115)
b) Die Verteidigung des Antragstellers (§ 116)
c) Zusammenfassung (§ 117)
2. Zu dem angeblichen Verstoß gegen Art. 5 der Konvention (§§ 118 – 125)
a) Einleitende Überlegungen (§§ 118 – 120)
b) Die Inhaftierungen des Antragstellers (§§ 121 – 124)
c) Zusammenfassung (§ 125)

Abweichendes Votum des Mr J. E. S. FAWCETT mitgetragen von Mr. B. J. KIERNAN

Abweichendes Votum des Mr. T. OPSAHL,
mitgetragen von Mr. E. BUSUTTIL

Anhang I Ablauf des Verfahrens
Anhang II Entscheidung der Zulässigkeit
Anhang III Darstellung des Ermittlungsverfahrens und des gerichtlichen Verfahrens
Anhang IV Friendly Settlement – Separates Dokument

Im Ergebnis veröffentlichte die Kommission aufgrund des durchgeführten Verfahrens die nachfolgende **Presseerklärung vom 7. März 1977:**

KOMMUNIQUE DES SEKRETÄRS DER EUROPÄISCHEN MENSCHENRECHTSKOMMISSION
Dieter HAASE gegen die Bundesrepublik Deutschland

Die Europäische Menschenrechtskommission hat am 3. März 1977 eine mündliche Verhandlung über die **Begründetheit einer Beschwerde** durchgeführt, die **Dieter HAASE gegen die Bundesrepublik Deutschland** eingelegt hat. Die Beschwerde bezieht sich auf die Länge des gegen ihn geführten Strafverfahrens und im selben Zusammenhang auf die Länge seiner Untersuchungshaft.

Der Beschwerdeführer wurde vertreten durch K. Hagen, Rechtsanwalt in

München, und Prof. K.-H. Lehmann, Rechtsanwalt in Hannover. Die Bundesregierung wurde von Frau Irene Maier, Ministerialdirigentin im Bundesjustizministerium, unterstützt von Dr. Lunz, Bundesanwalt, vertreten.

Herr HAASE wurde am 26. März 1970 zum ersten Mal verhaftet unter der Beschuldigung, seit 1961 für einen Geheimdienst der Deutschen Demokratischen Republik Spionage begangen zu haben. Am 25. August 1975 erhob die Bundesanwaltschaft Anklage gegen den Beschwerdeführer vor dem Bayerischen Obersten Landesgericht als Gericht erster Instanz. Der Beschwerdeführer wurde am 19. Mai 1976 von diesem Gericht verurteilt. Seine Revision wurde vom Bundesgerichtshof am 5. Januar 1977 zurückgewiesen.

Inzwischen war er am 9. November 1971 freigelassen worden. Er war jedoch vom 22. Oktober 1973 bis zum 26. November 1973 wieder in Haft gewesen. Am 29. September 1975 war er erneut festgenommen worden.

Herr **HAASE beschwerte sich vor der Kommission** in verschiedener Hinsicht **über seine Untersuchungshaft** und über die angeblich **unangemessene Dauer des gegen ihn geführten Strafverfahrens,** insbesondere der gerichtlichen Voruntersuchung. Er ist der Meinung, daß dies gegen Art. 6 (1) der Konvention verstieß, der jedermann das Recht auf ein billiges und **öffentliches Verfahren in angemessener Frist** und vor einem **unabhängigen** und **unparteiischen,** auf **Gesetz beruhenden Gericht** garantiert, sowie gegen Art. 5 (3), der vorsieht, daß *»jede festgenommene oder in Haft gehaltene Person unverzüglich einem Richter oder einem anderen gesetzlich zur Ausübung richterlicher Funktionen ermächtigten Beamten vorgeführt werden muß und Anspruch auf Aburteilung innerhalb einer angemessenen Frist oder auf Haftentlassung während des Verfahrens hat.«*

Die Kommission hat über den Fall am 20. Mai 1976 beraten und die Parteien aufgefordert, schriftiche Stellungnahmen zur Zulässigkeit der Beschwerde abzugeben, und am 11. Dezember 1976 die Beschwerde für zulässig erklärt. Bei der Bestimmung der Dauer des Verfahrens zog die Kommission **die Zeit vom 26. März 1970 bis zum 19. Mai 1976,** das heißt, mehr als 6 Jahre, in Betracht, und berücksichtigte auch die Länge der Haft.

In der mündlichen Verhandlung trug der Beschwerdeführer vor, daß die für die Unterscuhung der gegen ihn erhobenen Beschuldigung aufgewandte Zeit unangemessen lang war und daß er nicht selbst für irgendwelche Verzögerungen im Verfahren verantwortlich war.

Die Bundesregierung gab zu, daß das Verfahren gegen den Beschwerdeführer ungewöhnlich lang gedauert hatte. Jedoch im Blick auf die Schwierigkeit und den Umfang des Falles und das Prozeßverhalten des Beschwerdeführers selbst sei die Zeit, die dazu benötigt wurde, die Untersuchung der gegen ihn erhobenen Beschuldigungen durchzuführen und ihn vor Gericht zu stellen, nicht unangemessen gewesen.

Die Kommission wird jetzt beraten und sich zur Verfügung der Parteien halten, damit eine **gütliche Regelung der Angelegenheit** auf der Grundlage der **Achtung der Menschenrechte**, wie sie in der Konvention niedergelegt sind, erreicht werden kann (Art. 28). Wenn es ihr gelingt, eine gütliche Regelung zu erzielen, so wird sie dem Ministerkomitee des Europarates über die erzielte Lösung berichten (Art. 30).

Wenn keine Lösung erzielt wird, wird die Kommission einen Bericht über den Sachverhalt anfertigen und zu der Frage Stellung nehmen, ob sich aus den festgestellten Tatsachen ergibt, daß der betreffende Staat seine Verpflichtungen aus der Konvention verletzt hat (Art. 31).

Dieser Bericht wird dann dem Ministerkomitee vorgelegt, das über die Sache entscheidet, wenn der Fall nicht von der Kommission oder der betreffenden Hohen Vertragschließenden Partei dem Gerichtshof vorgelegt wird.

Zur Bewertung eines solchen Verfahrens vor der Menschenrechtskommission in Straßburg will ich hier nur kurz erwähnen, daß im Jahre 1976 ca. 30 000 Beschwerden eingereicht wurden.

Hiervon wurden ganze 750 angenommen. Nach Durchführung des Verfahrens wurden insgesamt lediglich drei Beschwerden in der gleichen Form wie meine durchgeführt.

Also wurde lediglich eines von 10 000 Verfahren so weit geführt, daß es zu einer Vorlage vor dem Ministerkomitee oder dem Gerichtshof in Den Haag kam. Soweit mir bekannt ist, bin ich der einzige politische Fall, der dieses Stadium erreichte.

Daher sah sich die Bundesregierung unter erheblichen Druck gesetzt. So erreichte ich endlich wenigstens meine **Begnadigung im Herbst 1979**.

Wie mir wesentlich später vertraulich aus Geheimdienstkreisen angedeutet wurde, soll die Bundesregierung an einzelne Mitglieder der Kommission Gutachteraufträge in Höhe von annähernd 150 000 DM vergeben haben, um eine Verurteilung, die bevorstand, zu verhindern, so daß es bei dem für mich insgesamt unbefriedigenden Ergebnis blieb.

Meine Anwälte haben mich in diesem Verfahren nach der obigen Presseerklärung weitgehend im Stich gelassen, da meine finanziellen Mittel erschöpft waren. Zudem mußte ich leider erfahren, daß sie zwar gut geübt darin waren, die »Hand aufzuhalten«, daß sie aber bei weitem nicht so gut darin waren, ein rechtlich derart kompliziertes und schwieriges Verfahren durchzuziehen.

Kapitel 13 c Der »Fall Haase« in der Rechtsliteratur

RA Dr. Erich Schmidt-Leichner, Frankfurt, zählte leider nicht zu meinem Anwaltspool, schrieb aber in der NJW Seite 1804 ff. aus 1977 – Heft 40, drei Aufsätze, die sich mit der Befangenheitsrüge und den Instanzen im politischen **Strafrecht anhand meines Falles** beschäftigen:

»**Zwei Entscheidungen des BGH und des Bundesverfassungsgerichts,** die in derselben Sache ergangen sind, haben die Möglichkeit der Anfechtung eines erstinstanzlichen Strafurteils des OLG empfindlich eingeschränkt. Die beiden Entscheidungen müssen zu entschiedenem Widerspruch herausfordern.«

Er beschreibt dann unter: **I. »Der Beschluß des BGH«**

1. Die Entscheidung des BGH, NJW 1977, S. 1829 überrascht und kann nicht gebilligt werden.

2. **Die Gründe des Beschlusses halten einer Nachprüfung nicht stand.**
3. **Die Argumentation des BGH überzeugt in keiner Hinsicht.**
   Auf S. 1805 dann der wesentliche Inhalt seiner Ausführungen:

3 e) Es ist bedauerlich, daß sich seit einiger Zeit Sprache und Umgang der drei »**gleichberechtigten**« **Organe der Rechtspflege,** Richter, Staatsanwalt und Rechtsanwalt, so verändert haben, daß – wie allein dieser Fall am Rande zeigt – offensichtlich verschiedene Maßstäbe für die Beurteilung des Verhaltens – durch die Gerichte – angelegt werden. Es ist höchste Zeit, daß die Rechtsanwaltskammern, mehr noch die Anwaltschaft als Ganzes damit aufhört, über die gegenwärtige Entwicklung hinwegzusehen und zu schweigen. Darüber wäre vieles zu sagen, was den Rahmen einer üblichen Urteilsanmerkung sprengen würde. **Die hier besprochene Entscheidung des BGH** betrifft **nicht nur einen Einzelfall und eine Einzelfrage. Es geht vielmehr um die Rechte des Bürgers im rechtsstaatlichen Strafverfahren schlechthin und zugleich um grundsätzliche Fragen unseres derzeit noch geltenden Revisionsrechts.**

II. »Das Urteil des Bundesverfassungsgerichts«
Auch **die Entscheidung des BVerfG,** NJW 1977, S. 1815, mit der die Befassungsbeschwerde gegen den BGH-Beschluß zurückgewiesen wird, **enttäuscht.** Nicht deshalb, weil die Gründe erklären, »einfaches Bundesrecht« sei nicht nachprüfbar und »Willkür« sei nicht ersichtlich, sondern deshalb, weil die **Frage des »gesetzlichen Richters«** (Art. 101 I 2 GG) – die der Beschluß des BGH nur beiläufig streift – **nicht einmal erwähnt ist.**

III. »Resümee«

Es wird abzuwarten sein, ob die hier besprochenen Urteile eine Häufung von Anklagen bei den Oberlandesgerichten und damit eine »Entlastung« der Staatsschutzkammern bei den Landgerichten zur Folge haben werden. Das wäre eine Entwicklung, die endgültig den **gesetzlichen Richter im Bereich des politischen Strafrechts** abschaffen würde und die deshalb auch das Bundesverfassungsgericht in seine Überlegungen hätte einbeziehen müssen. Überträgt man die Grundgedanken der Bundesverfassungsgerichtsentscheidung zu § 6 FGG auf den vorliegenden Fall, so hätte der Beschluß des BGH aufgehoben werden müssen, wenn nicht der **Abbau des gesetzlichen Richters,** wie ihn von Winterfeld darstellt und befürchtet, fortgesetzt werden sollte. Die in § 120 GVG dem OLG als Tatrichter zur Verhandlung übertragenen schweren politischen Strafsachen unserer Zeit verlangen zwar eine nachhaltige Strafverfolgung, aber **niemals** durch **Preisgabe eines fairen Verfahrens** und durch einen anderen als den gesetzlichen Richter. **Da das Bundesverfassungsgericht gesprochen hat, bliebe wegen der grundsätzlichen Bedeutung dieser Frage nur noch die Anrufung der Menschenrechtskommission in Straßburg** (Art. 5 und Art. 6 der MRK).

Genau um eine solches (neues!) Verfahren wegen der von Schmidt-Leichner oben bezeichneten Rechtsverstöße bemühe ich mich jetzt seit über 10 Jahren. Aber – da ich nicht die notwendigen Finanzmittel habe und die Anwälte mich auch immer wieder im Stich lassen, kann ich erst jetzt nach der Wende versuchen, eine endgültige Bereinigung und Rehabilitierung in meinem Verfahren zu erreichen. Denn dieser Prozeß hatte mit einem fairen Verfahren nichts zu tun. Aber seit über zwei Jahren warte ich wiederum vergeblich auf Aktivitäten von RA Lehmann u. a. (Alkoholiker aller Länder vereinigt Euch!)

Kapitel 13 c Die Rolle der Rechtsanwälte

Einige Anwälte will ich hier noch namentlich erwähnen, RA Ernst Jenne aus Karlsruhe sowie RA Eckart Avenarius aus München, mit dem ich zusammen bei der Bundeswehr im Fernmeldebataillon 1 in Hannover war. Dieser betreute mich in Haft und »begleitete« das falsche Geständnis bei Herrn Willner. RA Norbert Kückelmann drehte einige interessante Filme, RA Hans-Ulrich Schroth ist heute Professor in München und arbeitete mit Prof. Winfried Hassemer von der Universität Frankfurt für die Revision.

Letztlich bin ich nicht zuletzt wegen meiner Anwälte zu elf Jahren verurteilt worden und habe allein schon vor der Verurteilung fast dreieinhalb Jahre in Haft gesessen, verteilt über siebeneinhalb Jahre, und zwar in der

Mitte meines Lebens vom 33. bis 40. Lebensjahr und damit in meinen besten Jahren. **Bis das Urteil rechtskräftig wurde, dauerte es sieben Jahre.** Noch heute, nach über 20 Jahren seit meiner ersten Verhaftung leide ich unter den Folgen dieses Verfahrens, aucch unter den »Mißhandlungen« meiner Anwälte, die sie mir durch *unmenschliche Gleichgültigkeit, Parteiverrat und mangelnden Einsatz* zugefügt haben.

Viele haben mich nur vertreten, um zu *kassieren*. Andere nur, um mich zu *verraten*. Von meinen 30 Anwälten haben mir 15 mehr geschadet als genutzt.

Ganz schlimm ist die Rolle des Anwalts Dr. Achter, obschon er mich jahrelang rührend betreut und aus der Haft herausgeholt hat mit meinem falschen Geständnis. Ihn mußte ich z. T. auch »verheizen«, weil er mit der Bundesanwaltschaft gegen mich zusammenarbeitete. Als es zum Schwur kam und er den »Kuhhandel mit der Bundesanwaltschaft« bestätigen sollte, schwor er mit Absicherung und Absegnung der Bundesanwaltskammer und der Bundesanwaltschaft gegen mich im Verfahren einen Meineid und ließ mich hängen. Auch er fürchtet die Veröffentlichung dieses Buches . . .

Zuvor hatte er nach meiner dritten Verhaftung im Herbst 1975 erklärt, er wolle mich kostenlos verteidigen, und ich würde zu etwa viereinhalb Jahren verurteilt werden. Ich bin sicher, so wäre es gelaufen. Ich hätte aber nie mehr die Wahrheit sagen können – oder aber nie um meine Rehabilitierung und Wiedergutmachung nach einer Wiedervereinigung in Frieden und Freiheit kämpfen können.

So gesehen ist die **Justiz bisweilen ein großer Krämerladen,** wo das meiste ausgehandelt und abgesprochen wird. Je besser die Beziehungen eines Anwaltes, desto günstiger die Urteile usw. Auch aus meinem Anwaltsbekanntenkreis – über 400 Anwälte, und ca. 50 davon hatten Mandate von mir – habe ich dies immer wieder bestätigt bekommen. Ich kann mir deshalb schon ein »Urteil« hierüber erlauben.

Zwei sehr erfolgreiche Anwälte in München und Hannover machen regelmäßig ihren Deal so nach der Art: *»Ich geb' euch zehn kleine Ganoven – und ihr gebt mir dafür eine prominente Persönlichkeit frei bzw. ermäßigt (z. B. Totschlag statt Mord!) »usw.«* – oder umgekehrt: *»Einen Großen hängen* . . . und dafür zehn Kleine frei.«

Und genau so funktioniert die Justiz inzwischen, vor allem bei »Großverfahren« gegen »Organisierte« und Wirtschaftskriminelle, wie man laufend der örtlichen und überregionalen Presse entnehmen kann. Kaum zu glauben – aber wahr!

Da ich aber wahrheitsgemäß widerrief und die Justiz mir nicht viel nachweisen konnte oder kaum etwas, sondern nur nachrichtendienstliche Tätigkeit, worauf fünf Jahre stehen, – anders als bei mir: ich stand gegen lebenslänglich (!) –, mußte Dr. Achter also, damit sie mich überhaupt verurteilen konnten, einen Meineid schwören.

Eine ähnlich schwierige Rolle spielte Dr. Horst Dieter Pötschke, der durch Vermittlung meiner Ostberliner Verwandtschaft eingeschaltet wurde und später auch Guilleaume verteidigte ... Den bekam Herr Willner nur deshalb weg, weil er sagte, er würde mich nie aus der Haft entlassen, wenn ich mich durch Herrn Pötschke vertreten ließe. Dann könne ich kein Geständnis machen. Er arbeite für das MfS – dann solle ich mich lieber austauschen lassen.

Wenn man jahrelang in Haft ist, ohne wirklichen Schuldbeweis und ein Verfahren über Jahre verschleppt wird, dann hat das mit einem rechtsstaatlichen Verfahren wirklich nicht mehr viel zu tun.

Es war ein Hexen- und Inquisitionsprozeß – bei dem das Urteil vorher gefällt wurde. Das Verfahren diente meiner existentiellen und persönlichen Vernichtung.

Daher ist die Rolle meiner Verteidiger bei meinem Kampf gegen die Justiz, den diese mir aufgezwungen hat, immer eine zwiespältige gewesen, denn ich hatte immer mindestens drei Wahlverteidiger und manchmal zwei Pflichtverteidiger. Bisweilen habe ich auch noch Untermandate erteilt. Zwei meiner Verteidiger waren auch immer irgendwie nachrichtendienstlich für mich tätig nach Ost oder nach West.

Und wie schon öfter und später gesagt und besonders im nächsten Buch ausführlich begründet, war ich nie so erfolgreich als Doppelagent in jeder Beziehung wie als erkannter und verhafteter Agent aus der Haft heraus. Daher kann ich bis heute nur über einen Teil der nachrichtendienstlichen Inhalte, Persönlichkeiten und Personen, deren Verstrickungen und Verflechtungen die Wahrheit sagen. Auf jeden Fall wäre es eine eigene Untersuchung wert: **die Unsicherheit, die durch die Justiz und die Bundesbehörden in meinem Fall produziert wurde,** was die aber durch meine Anwälte nicht aufgehalten werden konnte, hier einmal näher zu beleuchten. Dies würde aber den Rahmen dieses Buches sprengen.

Einige meiner Anwälte haben mich auch menschlich in rührender Weise betreut. Davon abgesehen, halte ich mittlerweile die meisten Juristen für fahrlässige Lügner und Betrüger, die eigentlich immer mit einem Bein im Gefängnis stehen; Richter nehme ich aufgrund ihrer Selbstherrlichkeit oder Unfähigkeit davon nicht aus.

Gegen einen schwierigen Angeklagten oder Beklagten oder Kläger werden sie immer irgendwie befangen sein. Und ich neige dazu, fast jeden Richter zu provozieren und habe inzwischen auch eine ausgewachsene »**Justizphobie**« entwickelt. Trotzdem ereilt mich immer wieder das Schicksal, quasi als »**Beschäftigungstherapeut**« **der Justiz** tätig zu werden. Es ist geradezu ein Teufelskreis ...

GUTE TATEN
die nichts kosten

Ein gutes Wort sagen
Einen Kranken besuchen
Das Essen loben
Telefonieren, um ein gutes Wort zu sagen
Des Nächsten Geburtstag oder Namenstag nicht vergessen
Danken
Einen guten Rat geben
Mit einem Brief Freude bereiten
Vergebene Schuld nicht nochmals aufwärmen
Ein schiefes Wort nicht als Beleidigung werten
Das Gute des Mitmenschen mit einem Wort anerkennen
Humor
Ein begangenes Unrecht ehrlich bekennen
Sich auf morgen freuen

Kapitel 14
Überlebenskampf

Kapitel 14 a Resozialisierungsbemühungen

Während meiner Haftzeit nach der Verurteilung habe ich eine Vielzahl an Literatur aus dem politischen, juristischen und nachrichtendienstlichen Bereich gelesen, insbesondere regelmäßig die Publikationen DER SPIEGEL, STERN, DIE ZEIT. So hielt ich mich geistig fit und politisch auf dem laufenden. Vor allem war ich entsetzt über den Stand der Umweltzerstörung und -verschmutzung, wozu die etablierten Parteien nur Lippenbekenntnisse abgaben und Augenwischerei betrieben. Ebenso war es im Bereich der Abrüstung, Umrüstung und vor allem in der Raketenpolitik. Insbesondere war die Aufrüstung mit Kurzstreckenwaffen bzw. »Cruise Missiles« mit einer Vorwarnzeit von wenigen Minuten geradezu ein »Selbstmordprogramm«. Hier tat Abhilfe dringend not. Die Parteien versagten hier ebenfalls in grotesker Weise.

Auch die damals regierenden Sozialdemokraten waren hoffnungslos überfordert. Im Umweltbereich konnten sie sich der Umklammerung durch die Industrie und Wirtschaft nicht entziehen. Gerade bei der Abrüstung hatte Bundeskanzler Helmut Schmidt noch früher als sein damaliger Verteidigungsminister Hans Apel die sog. Raketenlücke entdeckt. So war er also der »Vater der Kurzstreckenraketen und der Aufrüstung« geworden. Dies führte letztlich Anfang der 80er Jahr zu seinem Sturz, nachdem er in seiner eigenen Partei immer heftiger umstritten war.

Neben dem Kampf um Hafterleichterungen, die mir mit sehr fadenscheinigen Gründen von der äußerst konservativen Celler Strafvollstreckungskammer verweigert wurden, sowie dem Bemühen um Haftentlassung und Begnadigung, weil meine Gesundheit in Haft so weit zugrunde gerichtet war, daß ich befürchten mußte, nie wieder ein gesunder und arbeitsfähiger Mensch zu werden, versuchte ich meine Resozialisierung in familiärer, sozialer und politischer Hinsicht vorzubereiten, abzusichern und zu betreiben. Ein Außenstehender kann sich nicht vorstellen, was dazu an Kraft benötigt wird unter so negativen Voraussetzungen: Ich war oft am Ende meiner Kräfte. Dennoch mußte ich hoffen und kämpfen, um nicht unterzugehen. So bemühte ich mich, in der Umwelt- und Abrüstungsproblematik politisch tätig zu werden – auch und gerade aus der Haft heraus.

Kapitel 14 b DIE GRÜNEN

Zunächst einmal mußte den »Altparteien« mit einer neuen Bewegung oder Partei »Feuer unter dem Hintern« gemacht werden. Hierfür bot sich im Laufe des Jahres 1979 eine sogenannte *Bürgerbewegung* bzw. *Alternativbewegung* an, die sich teilweise auch GRÜNE LISTE UMWELTSCHUTZ nannte oder GRÜNE BEWEGUNG und die in viele Splittergruppen zerfiel. Diese traten jedoch im Sommer 1979 das erste Mal organisiert als DIE GRÜNEN oder unter ähnlicher Firmierung als Ökologie-Bewegung bzw. als vierte Kraft neben den Sozialdemokraten bzw. Sozialisten, Konservativen und Liberalen zur Europawahl an.

Ich setzte mich aus der Haft schriftlich mit den Repräsentanten dieser Bewegung in Verbindung. Hinzu kam, daß eine alte Freundin aus meinen Feten- und Partytagen in der Grünewaldstraße, Dietlind P., sich zusammen mit ihrer Mutter führend in diesen Kreisen bewegte. Ich beschloß, mich diesem alternativen Spektrum anzuschließen.

Nachdem ich in Haft die Infrastruktur von Kriminalität und Verbrechen zwangsläufig von innen heraus am Beispiel der gefangenen und abgeurteilten Häftlinge studiert hatte, mußte ich zu meiner Überraschung erkennen, daß insbesondere Schwerkriminelle und Lebenslängliche, die alle irgendwo psychiatrisch einzuordnen sind, weitgehend konservativ oder unpolitisch sind.

Die durch meine juristische Tätigkeit (Häftlingsberatung) und den schwunghaften »Pornohandel«, den ich in der JVA Celle zeitweilig kontrollierte, eingenommenen Gelder legte ich so an, daß ich die für die GRÜNEN abgegebenen Stimmen jeweils mit einem Paket Tabak »belohnte«. So wurden etwa 350 Briefwahlstimmen bei der Europawahl für die GRÜNEN abgegeben. Ganz legal mag das vielleicht nicht gewesen sein. Etwas am Rande der Legalität begann ich die GRÜNEN bei der Europawahl aus der Haft heraus zu unterstützen. Mancher wird mich vielleicht hierfür moralisch verurteilen, wenn ich ein solches Bekenntnis abgebe. Aber im Grunde genommen bin ich Machiavellist, und der Erfolg zählt im Leben.

Aus dem Stand heraus kamen die GRÜNEN bei der Europawahl 1979 in der BRD auf 3,6 Prozent. Das war ein hochachtbares Ergebnis. Ich merkte, daß sich dort eine unterstützenswerte und erfolgversprechende Tendenz abzeichnete.

Gleich nach meiner Haftentlassung und Begnadigung setzte ich mich mit den Repräsentanten der GRÜNEN in Hannover zusammen, zu denen damals u. a. auch schon Helmut Lippelt gehörte. Ich wurde dort mit offenen Armen aufgenommen und erfuhr eine oft rührende menschliche Solidarität und Hilfe – bis auf »Politprofis« wie Helmut L., die mehr nach alter Parteidevise (Feind, Erzfeind, Parteifreund) nur schwache Leute förderten, die ihnen nicht gefährlich werden können.

DIE GRÜNEN der ersten Jahre, bevor sie in die Parlamente und Rathäuser einzogen, sprühten vor Spontaneität, Ursprünglichkeit, Kreativität und Solidarität untereinander. Dies beruhte gerade darauf, daß es sich eben um eine sehr breite Bewegung kulturell, ökologisch, politisch, sozial, und menschlich interessierter und engagierter Menschen handelte.

Anfangs machten die GRÜNEN auf mich einen sehr pluralistischen, bisweilen idealistisch versponnenen, manchmal allerdings auch chaotischen Eindruck, der im Detail durchaus bis ins psychiatrische ging. War es doch zum Teil eine Mischung aus Idealisten, Träumern, Phantasten, Chaoten und gescheiterten Existenzen, von Sektierern, Fanatikern, FeministInnen, Pazifisten, orthodoxen Linken aller Schattierungen und auch engagierten Christen, die sich tolerant begegneten, geistig befruchteten und sich respektierten. Heute läßt das alles doch sehr zu wünschen übrig. Viele GRÜNE sind wohl kaum noch grün, – mir schon lange nicht ...

Damals waren wir eine kleine verschworene Gruppe und zunächst etwa 30, dann 70, später 100, dann 180, schließlich fast 300 Leute in Hannover, von denen ein harter Kern von etwa 100 über ganz Niedersachsen verstreut die GRÜNEN aufbaute. Schnell kamen immer wieder neue Gruppen und Einzelpersonen dazu. Nach meiner Haftentlassung und Begnadigung gehörte ich zu den Gründungsmitgliedern in Hannover und auf Bundesebene.

Ich brachte mich damals mit all meinen Fähigkeiten und Kenntnissen, natürlich auch meinen Schwächen und Fehlern ein. Aufgrund meiner juristischen Kenntnisse sowie meiner politischen und parteitaktischen Erfahrungen versuchte ich, Struktur und Ordnung in das antiautoritäre Chaos zu bringen. So verhalf ich ihnen nach drei vergeblichen Anläufen in Hannover zu einer Satzung. Ich war dadurch bei den Chaoten und Antiautoritären, die keine Ordnung wollten, sondern lieber stundenlang über nichts, Gott und die Welt schwafelten und ja unverbindlich blieben, schnell unbeliebt, weil ich mich rigoros für eine Straffung der Sitzungen, beispielsweise für Redezeitbegrenzung usw. einsetzte. Andererseits wurde ich dadurch auch bekannt wie ein bunter Hund.

Dies verschaffte mir die Möglichkeit, Leute kennenzulernen wie Petra Kelly, »Astrid« Beckmann (die mich nicht mehr grüßt!?!), Otto Schily, Gert Bastian – den gesamten Bundesvorstand, die Abgeordneten ... Es würde zu weit führen, sie alle hier aufzuzählen. Auf jeden Fall war es bald so, daß ich auf den Bundestagungen bis zur Bundesvorstandsebene häufig anwesend war, was mich darin bestärkte, mich für diese Bewegung einzusetzen. Die einzelnen Gruppen leisteten eine erstaunliche Aufbauarbeit. Die Erfolge bei Wahlen, insbesondere im kommunalen Bereich, ließen nicht lange auf sich warten.

Es begegneten einem bei den GRÜNEN, wie schon erwähnt, alle Schattierungen von Charakteren – Versager, gescheiterte Existenzen, Blut- und Bodenfreaks, Spieler und Chaoten, Idealisten, Phantasten und Träumer, aber auch redliche Arbeiter und Bauern, Umweltbewußte, Verantwortungsvolle und erfahrene Friedenskämpfer.

Mit Roland Vogt u. a. unterstützte ich den kirchlichen Friedensbereich, insbesondere die Aktion SCHWEIGEN FÜR DEN FRIEDEN. Wir zogen diese Aktion bundesweit auf.

Ich war als Vertreter der GRÜNEN im Friedenskreis Hannover, einem Zusammenschluß verschiedenster Gruppen von ganz links bis ganz rechts und vorwiegend auch aus kirchlichen Kreisen. Auf jeden Fall war es so, daß wir wirklich etwas bewegten, zumindest die Gemüter aufrüttelten und in der Friedensbewegung einen nachhaltigen Erfolg verzeichnen konnten; sowohl im Medienbereich als auch in der Öffentlichkeitsarbeit allgemein. Abrüstungsfragen und die Umweltpolitik wurden als Schwerpunkte aufgezeigt, darüber intensiv informiert und immer wieder auf diese Überlebensfragen hingewirkt. Trotzdem war auch eine Mitarbeit in den GRÜNEN immer wieder geprägt von einer Art Chaos und Psychiatrie . . .

Als die GRÜNEN zur Bundestagswahl im Frühjahr 1983 antraten, wurde mir von mehreren Seiten eine Kandidatur für den Bundestag angetragen. Wegen meiner bewegten Vergangenheit und Spionage-Verurteilung hatte ich entsprechende Bedenken. Prompt wurde zur Verhinderung einer möglichen Kandidatur im **Kölner EXPRESS vom 23.12.1982** aus Verfassungsschutzkreisen und durch gesteuerte Einflußnahme bei den GRÜNEN folgender Artikel veröffentlicht:

DDR-SPION will in den Bundestag . . .
für Niedersachsens GRÜNE
von Ingolf Zera

exp Hannover/Bonn – Den Beamten im Bundespräsidialamt treibt der Name »Dieter Haase« den Schweiß auf die Stirn: »Der Mann kann Brieflawinen ins Rollen bringen, das ist atemberaubend.« Für seine gefürchteten Aktionen hat der rechtskräftig verurteilte DDR-Spion freilich gute Gründe. Von Präsident Carstens will er auf dem Gnadenweg die bürgerlichen Ehrenrechte zurückbekommen – um für die GRÜNEN in den Bundestag einzuziehen.

Karriere gemacht hatte Dieter Haase schon in den 60er Jahren, damals allerdings beim Geheimdienst der DDR.

Ob geheime Unterlagen über NATO-Übungen oder Einsatzpläne von Bundeswehr-Divisionen – Haase lieferte prompt und vollständig. Nach kurzer Zeit war er der einzige bekannte Deutsche, der zugleich Hauptmann der Bundeswehr und der Nationalen (DDR-)Volksarmee war.

Als er der bundesdeutschen Agentenabwehr schließlich doch ins Netz ging – eine seiner zahlreichen Frauen hatte Haase verpfiffen – freute sich die Sicherungsgruppe Bonn: »Einer der gefährlichsten Agenten des Ostens.« 1976 kassierte er elf Jahre Haft.

Inzwischen ist der ehemalige CSU-Mann, der sich auch einem CDU-Ausschuß für Fragen der Landesverteidigung als Experte andiente, wieder auf freiem Fuß.

Von seiner politischen Flexibilität hat er nichts eingebüßt. Denn jetzt mischt er kräftig bei den GRÜNEN mit. Der niedersächsische Landesverband lobt ihn: »Einer der aktivsten bei uns.« Und sogar sein angepeiltes Bundestagsmandat rückt in greifbare Nähe. Denn sorglos bekennen die GRÜNEN: »Kampfabstimmungen wird es nicht geben. Die Kandidaten-Vorschläge werden wohl akzeptiert.«

Dazu braucht Haase allerdings die bürgerlichen Ehrenrechte.

Doch der Bundespräsident läßt sich mit der Entscheidung Zeit – trotz zahlreicher Eingaben.

Man sieht also, daß **meine Resozialisierung** *im politischen und sozialen Bereich von offizieller Seite bis hin zum Bundespräsidialamt konsequent behindert und unmöglich gemacht wurde. Auch hierfür sind nachrichtendienstliche Gründe ausschlaggebend gewesen, da ich vielen Leuten suspekt, wenn nicht gar unheimlich bin.*

In dem Fall gilt dann: **Im Zweifel gegen den Angeklagten.**

Undank ist der Welt Lohn.

Dieses gilt besonders für den politischen Bereich. Meine alte Erfahrung aus CDU/CSU-Tagen, daß die Steigerung von Feind ist: Feind – Erzfeind – Parteifreund lautet, bewahrheitete sich. Nichts ist hinderlicher als Erfolg auf politischer Ebene. Wenn man nicht genügend Seilschaften und Untermauerung hat, wird man schnell zum Spielball anderer Gruppierungen und Kräfte. Am schlimmsten sind die eigenen Parteifreunde. Eine besondere Rolle spielt dabei der Neid des Mittelmaßes. In allen Gruppierungen, Clubs, Vereinen, Parteien und Verbänden gibt es die »Kameraderie des Mittelmaßes«. So gesehen, werden auch Demokratien immer wieder zur Ineffektivität verurteilt, wenn nicht Eliten mit wirtschaftlichen, außen- oder innenpolitischen Erfolgen, durch Kreativität und besseres Wissen die Massen steuern. Auch ohne **geniale Außenseiter** ist keine Gesellschaft auf die Dauer lebensfähig. In Demokratien ist für sie lediglich die Chance größer, an die Macht zu kommen.

Auch über die GRÜNEN könnte ich Bücher schreiben, über ihre Entstehung, ihre Entwicklung usw. so wie Hubert Kleinert (Eichborn Verlag) u. a. m.

Die Durchdringung der GRÜNEN mit nachrichtendienstlichen Kräften der verschiedensten Couleur ist ein Kapitel für sich. Ursprünglich hatte ich vor, in diesem Buch Fakten zu bringen, die diese Problematik erhellen.

Doch muß auch dies dem nächsten Buch vorbehalten bleiben.

Nachdem die GRÜNEN sich auf Bundesebene gegründet und als Partei strukturiert hatten und immer mehr einzeln und in Gruppen zu ihnen stießen, sich erste Erfolge einstellten, wurden sie natürlich auch – bei ihrer Thematik im Friedens-, Abrüstungs- und Umweltbereich potentielle Gegner von Industrie und Wirtschaft – Ausspähungs- und Observationsobjekt sowohl des Verfassungsschutzes als auch der vielen anderen Geheimdienste. Hier schloß sich für mich wieder der Kreis.

Ich wurde nun häufig von allen möglichen ehemaligen Freunden, Bekannten und Mitarbeitern von Nachrichtendiensten angesprochen und zwangsläufig Mitwisser der erheblichen Infiltration durch nachrichtendienstliche Kräfte bei den GRÜNEN. Dadurch hatte ich auch selbst immer wieder Schwierigkeiten, und meine Vergangenheit holte mich auf die eine oder andere Weise wieder ein. Das belastete spürbar mein Wirken in der Partei. Ich beschloß daher, mich zumindest so weit im Hintergrund zu halten, daß ich nicht aktiv kandidierte oder in anderen Positionen die Partei mit meiner Vergangenheit belastete.

Das führte dazu, daß ich häufig als Spinner abgetan oder als lächerlich und unglaubwürdig diffamiert wurde. So machte man es meinen politischen Feinden oft leicht, mich kaltzustellen.

Viele der GRÜNEN sind heute Opportunisten geworden, Pöstchenjäger, Karrieristen und Selbstdarsteller. Noch mehr GRÜNE sind nicht mehr grün. Von den ca. 30.000 Mitgliedern auf Bundesebene sind ca. 10 000 aktiv. Davon werden etwa 6000 Mandatsträger und Funktionäre sein. Hiervon dürfte jeder zweite irgendwie nachrichtendienstlich abgeschöpft werden oder als Informant bzw. Desinformant tätig sein.

Allerdings ist durch die Vielzahl von Diensten, Verbänden Organisationen eine genaue Einordnung nach strengen nachrichtendienstlichen Kriterien nicht möglich.

In den wesentlichen Jahren der Abrüstungs- und Umweltpolitik um die Mitte der 80er Jahre hatte die CIA allein für die deutschen GRÜNEN ca. 400 Leute vorbereitet, ausgebildet und geführt. Für die gesamteuropäischen GRÜNEN waren es etwa 600. Der KGB hatte etwa die Hälfte davon, nämlich 300 Leute in Europa und 200 in der BRD. Das alternative Spektrum war durchaus interessant und wurde von allen Seiten beäugt und durchforscht.

Der BND und der Verfassungschutz führten Anfangs ca. 400 Informanten auf diesem Feld. Sie wurden nach dem Einzug der GRÜNEN in die Parlamente schleunigst »umgruppiert« und an »befreundete« ausländische Nachrichtendienste abgetreten oder aber abgeschaltet. Auch hierüber mehr im nächsten Buch!

Als Beispiel aus jüngerer Vergangenheit will ich nur erwähnen, daß es bei der Bundestagswahl im Dezember 1990 eine große und seit langem geplante Aktion gab, die GRÜNEN aus dem Bundestag herauszuhalten.

Der in Kreisen nachrichtendienstlich strukturierter internationaler Organisationen geplante Coup, wobei GLADIO und gewisse Ableger der Bilderberger-Stiftung eine Rolle spielten, hieß: »GREENS OUT« bzw. »GRÜNE EX« und hat ja auch mit Abständen funktioniert! Es wurden etwa 200 nachrichtendienstlich erfahrene Leute angesetzt, die etwa 400 GRÜNE führen, kaufen bzw. bezahlen sollten oder bereits unter Kontrolle hatten. Hierfür wurde ein Betrag von rund 22 Millionen Dollar aufgewandt. Das Ziel war, durch Blockierung und Verhinderung eines objektiven Wahlkampfes sowie durch Desinformation und Obstruktion denselben zu einem Mißerfolg werden zu lassen und so die GRÜNEN unter fünf Prozent zu bringen.

Hauptstoßrichtung war jedoch, bei den Sonderkonditionen für die neuen Länder (geteilte Wahlgebiete mit jeweils eigener Fünf-Prozent-Klausel) zu verhindern, daß eine Vereinigung der GRÜNEN mit dem BÜNDNIS 90 und den GRÜNEN in der ehemaligen DDR noch vor der Bundestagswahl stattfand, weil sonst für die GRÜNEN in der BRD trotz ihrer schlechten Wahlergebnisse unter fünf Prozent, nämlich etwa 3,6 Prozent, ein Einzug in den Bundestag mit ca. 53 Abgeordneten erfolgt wäre.

Kaum einer interessierte sich für dieses Thema, selbst die GRÜNEN nicht, die direkt betroffen waren und so war auch diese Verhinderungsaktion ein voller Erfolg, die GRÜNEN haben erst jetzt mit Bündnis 90 fusioniert.

Abgesehen von meinen politischen Resozialisierungsversuchen bei den GRÜNEN war ich bestrebt, mich auch privat sozial zu integrieren. Nachdem meine Familienplanung mit Marianne K. und meinem Sohn Alexander leider nicht zum gewünschten Resultat geführt hatte, heiratete ich die Lehrerin Evelin P., die ich beim Tennis kennenlernte. Leider läßt sich dieses Kapitel mit Evelin in diesem Buch nicht mehr abhandeln, weil es von zu weitreichender Bedeutung ist. Damit ließe sich mühelos ein eigenes Buch füllen, denn diese Frau wurde von meinen »alten Freunden« in Ost-Berlin schon zur meiner Überwachung auf den Weg geschickt (Dezember 1969), als ich gerade in Ost-Berlin zu 12 Jahren Zwangsarbeitslager verurteilt und begnadigt worden war. Viele wußten, daß ich aufgrund meiner Frührente möglichst eine Lehrerin heiraten wollte, weil diese die meisten Ferien haben

)DR-Spion will in len Bundestag...

erger Weihnachtsmann

EXPRESS-Zeichnung: Haitzinger

...für Niedersachsens Grüne

Von INGOLF ZERA

exp Hannover/Bonn – Den Beamten im Bundespräsidialamt treibt der Name „Dieter Haase" den Schweiß auf die Stirn: „Der Mann kann Brieflawinen ins Rollen bringen, das ist atemberaubend." Für seine gefürchteten Aktionen hat der rechtskräftig verurteilte DDR-Spion freilich gute Gründe. Von Präsident Carstens will er auf dem Gnadenweg die bürgerlichen Ehrenrechte zurückbekommen – um für die Grünen in den Bundestag einzuziehen.

Karriere gemacht hatte Dieter Haase schon in den 60er Jahren, damals allerdings beim Geheimdienst der DDR.

Ob geheime Unterlagen über NATO-Übungen oder Einsatzpläne von Bundeswehr-Divisionen – Haase lieferte prompt und vollständig. Nach kurzer Zeit war er der einzige bekannte Deutsche, der zugleich Hauptmann der Bundeswehr und der Nationalen (DDR-)Volksarmee war.

Als er der bundesdeutschen Agentenabwehr schließlich doch ins Netz ging – eine seiner zahlreichen Frauen hatte Haase verpfiffen – freute sich die Sicherungsgruppe Bonn: „Einer der gefährlichsten Agenten des Ostens." 1976 kassierte er elf Jahre Haft.

Inzwischen ist der ehemalige CSU-Mann, der sich auch einem CDU-Ausschuß für Fragen der Landesverteidigung als Experte andiente, wieder auf freiem Fuß.

Von seiner politischen Flexibilität hat er nichts eingebüßt. Denn jetzt mischt er kräftig bei den Grünen mit. Der niedersächsische Landesverband lobt ihn: „Einer der aktivsten bei uns." Und sogar sein angepeiltes Bundestagsmandat rückt in greifbare Nähe. Denn sorglos bekennen die Grünen: „Kampfabstimmungen wird es nicht geben. Die Kandidaten-Vorschläge werden wohl akzeptiert."

Dazu braucht Haase allerdings die bürgerlichen Ehrenrechte. Doch der Bundespräsident läßt sich mit der Entscheidung Zeit – [illegible] zahlloser Eingaben.

Vor seiner Verurteilung gab sich Dieter Haase wirr: „Ich bin Jesus Christus Mohammed!" Bild: Corell

Raketenstreit: Kohl betet Reagan nach

Wolfgang Roth (SPD) im EXPRESS

Das Markenzeichen unserer Politik in der Ära Brandt und Schmidt war die Entspannungs- und Friedenspolitik. Als die Supermächte Ende der 70er Jahre zunehmend in Konfrontation ...

...lemer aus ...n Schneider?

...p Düsseldorf – In ... ...scheint

Prozeß geplatzt

exp Nürnberg – Zum

USA: Ein Korb für Kreml-Chef

exp Washington – Präsident Reagan ... das jüngste Ange-

und nur halbtags beschäftigt sind. Ich sehnte mich nach einer möglichst umfassenden Betreuung. Also bemühte sich Evelin im Sommer 1980 rührend um mich. Bei einem Urlaub in der Schweiz in Laax und Flims machte sie mir einen Heiratsantrag. Wir heirateten am 20. Oktober 1980. Erst Jahre später merkte ich, daß mir Ost-Berlin eine »besondere« Braut ins Bett gelegt hatte. Bei einem Besuch mit GRÜNEN-Vorstandsmitgliedern in Moskau, wo Evelin mich als Dolmetscherin begleitete, kam mir dieser Verdacht, der bald zur Gewißheit wurde. Mehr dazu im nächsten Buch. Doch möchte ich dieses Kapitel nicht abschließen, ohne zu meinem geliebten Tennissport einige Worte zu verlieren. Ohne Tennis wäre ich wahrscheinlich nicht mehr am Leben. Für mich ist es auch Therapie: Obwohl man es mir aus gesundheitlichen Gründen verboten hat, hilft es mir mehr, als manche Ärzte mir helfen können. Ich nenne es »Bewegungstherapie . . .«

Kapitel 14 c Tennis

Eine wesentliche Rolle in meinem Leben hat immer der Tennissport gespielt. Ich komme aus einer Familie, in der beständig Tennis gespielt wurde. Meine Mutter war eine große Spielerin bei ROT-WEISS Berlin. Mein Patenonkel war Ferdinand Henkel, 20 Jahre lang Sportwart des Deutschen Tennisbundes, der Patenonkel meiner Schwester war Gottfried von Cramm, mein Bruder hatte Henner Henkel zum Patenonkel.

Als wir 1950 nach Hannover zogen, wurde ich über meine Mutter Mitglied im **Deutschen Tennisverein Hannover**. Nach drei Trainingsmonaten – hauptsächlich an der Wand – (mein Onkel gab mir fünf Mark, wenn ich den Ball hundertmal ohne Aussetzer einmal auf den Boden und einmal an die Wand, Rückhand und Vorhand im Wechsel, ohne Unterbrechung schlug), war ich so gut, daß ich in meiner Sparte die Stadtmeisterschaften von Hannover gewann. Ich spielte in einer Jugendmannschaft mit Günter Sanders, Bert Giesecke, Jochen Klieber u. a.

Mein damaliger Tennisfreund Hagen Blau hat auch eine bewegte Spionagevergangenheit hinter sich, er wurde nach der Wende enttarnt und 1992 zu sechs Jahren Haft verurteilt.

Mit 16 Jahren begann ich allerdings meine Schwäche für das schöne Geschlecht derart auszuleben, daß mein Tennissport darunter litt. Trotzdem hatte ich noch eine Reihe siegreicher Begegnungen, war in der Niedersachsen-Auswahl bzw. als Student bei den Deutschen Studenten-Tennismeisterschaften in Würzburg und auf Bundesebene erfolgreich.

Nach meiner mehrfachen Verhaftung bekam ich natürlich auch hier Schwierigkeiten, und nach meiner Begnadigung und Haftentlassung wechselte ich den Verein und spiele seither beim *SV Hannover 96*, den ich wegen seiner Lage nahe der Bahnlinie Hannover-Lehrte oft spöttisch als Bahndammverein bezeichnet hatte. Ich kam immer wieder in Schwierigkeiten, weil meine psychischen Defekte, die ich gerade mit dem Tennis zu überspielen versuchte, von vielen Leuten verkannt werden. Meine durchaus vorhandenen Behinderungen, mit denen ich allerdings zu leben gelernt habe, werden von der Umwelt oft nicht ernst genommen, auch wenn ich sie artikuliere und begründe. Die Menschen machen sich und anderen eben gern etwas vor. Wenn einer ehrlich ist, wird er zwangsläufig zum Außenseiter, weil man das gar nicht gewöhnt ist. Andererseits bin ich ein so guter Spieler, daß es für die meisten Gegner immer noch reicht, bisweilen auch für zwanzig Jahre jüngere. Ich bin daran gewohnt, verkannt zu werden: im Leben, in der Liebe und im Tennis.

So habe ich mehrere Jahre als Gast- und »Leih«-Spieler in Winsen (Aller) gespielt, dort mehrfach die Clubmeisterschaft gewonnen und als Nr. 1 in vier Turnierjahren bei 38 Spielen einschließlich Freundschaftsspielen nur zwei Spiele verloren – ein Einzel und ein Doppel. Also 36 Spiele gewonnen, eine Bilanz, bei der sich auch Boris Becker sicher nicht schämen müßte.

Tennis ist ein Sport, den man bis ins hohe Alter betreiben kann und der, wie ich zu sagen pflege, aus einem Drittel **Beinarbeit**, einem Drittel **Technik und Taktik** und einem Drittel **Psychologie** besteht, insbesondere bei Punktspielen.

Da ich ein »Barock-Mensch« bin, gern sinnlich und genüßlich lebe und dauernd mit meinem Übergewicht zu kämpfen habe, trauen mir die Leute beim Tennis oft nicht allzuviel zu. Andererseits bin ich auch körperlich so weit behindert durch Wirbelleiden – HWS- und LWS-Syndrom –, daß die Ärzte mir schon vor mehr als 10 Jahren das Tennisspielen verboten hatten. Ich bin zu 80 Prozent behindert und habe den Gehbehindertenschein. Wenn ich aber nicht spiele, gehe ich quasi am Stock. Ich zwinge mich also, selbst unter Schmerzen zu spielen, denn es stärkt und lockert meine Muskulatur, und es tut mir gut. Ich bin dann oft tagelang oder sogar wochenlang beschwerdefrei. Es gibt aber auch immer wieder Rückfälle. Manchmal humpele ich unter großen Schmerzen auf den Platz, wenn ich dann aber zehn Minuten gespielt habe, bin ich beschwerdefrei. Daher versuche ich möglichst regelmäßig, etwa dreimal die Woche, Tennis zu spielen. Es ist ein schöner Sport, im Sommer an der frischen Luft und seit einigen Jahren im Winter auch in der Halle.

Ich habe meine verschiedenen Tenniscliquen, die ich hier nur kurz charakterisieren will: Zunächst die sportliche Clique aus meinem Club, dann eine, die ich Neureichen-Clique nenne, die nächste zählt zur Halb- und Unterwelt, dann kommt die Clique aus Beamten und anderen netten Leuten und schließlich die aus dem Geschäftsleben- Prokuristen und andere Kaufleute.

Bei internen Turnieren tritt auch noch die Clique der Gerichtsvollzieher auf. (Klaus usw.) Ingesamt gibt es beim Tennis viele gesellschaftliche und soziale Berührungspunkte. Ich habe einen Haufen netter Leute dort kennengelernt. In meinem Club sind von ca.300 Mitgliedern etwa 150 aktiv. Davon können mich zehn nicht leiden, 30 dulden mich, 50 mögen mich und 60 stehen mir gleichgültig gegenüber. Wenn ich allerdings meinen arroganten Tag habe und den Leuten die Wahrheit um die Ohren haue, – so wie Sokrates, die »Stechfliege« –, dann habe ich eine ganze Reihe mehr gegen mich, nämlich schätzungsweise 80 Prozent. Zehn Prozent halten mir die Stange, zehn Prozent tolerieren mich, weil sie merken, daß ich recht habe. Es gäbe noch eine Menge zu sagen zu meinem Tennisbereich, viele möchten auch namentlich erwähnt werden. Vielleicht mache ich das im nächsten Buch.

Alle, die sich hier genannt hofften, bitte ich um Verzeihung. Viele haben mir geholfen, manche haben mir geschadet, noch mehr haben mich verkannt. Es ist sehr schwer, mich einzuordnen, auch im Tennis. – Dennoch spielen die meisten gern mit mir, weil ich oft lustig bin . . .

Stellvertretend für viele möchte ich hier meinen Tennisfreund Leo erwähnen (»Hast du Leo in der Tüte, steht Dein Haus in voller Blüte!« zu singen in Es-Dur). Seinen jahrelangen Stammplatz im Kaiser-Center Hannover, Norddeutschlands größtem Freizeitzentrum, halte ich immer noch warm und in Ehren. Mittlerweile bin ich der Gast des Jahres geworden und auch der Gast der 90er Jahre dank meiner Freunde Ralf, Peterchen, Gerd, Werner und Theo . . . Auch dem »Bälle-Klauer« sei eine Zeile gewidmet. Ferner dem lieben Karl, der 5000 Bücher verkaufen soll u. v. a. m. (Na, hoffentlich wird das noch was . . .

Allen guten Freunden dort möchte ich für ihre Geduld mit mir und Anteilnahme an meinem menschlichen und sportlichen Schicksal danken. Viele haben bei mir das Tennisspielen gelernt, manche tun das immer noch. Für die meisten reicht es auch noch – trotz 80prozentiger Behinderung und meines massiven Übergewichts. Wenn's mal gar nicht geht, hänge ich meinen Schwerbehinderten-Ausweis mit einer roten Wäscheklammer ans Netz. Meistens verlieren die Gegner dann aus psychologischen Gründen gegen sich selbst. Mittlerweile »lasse« ich auch schon mal spielen; denn mein Sohn Alexander ist bereits ein würdiger »Nachfolger«.

Abschließend will ich noch erwähnen, daß zu der Zeit, als ich sportlich sehr erfolgreich war, etwa in den 50er und 60er Jahren, Tennis eine elitäre Sportart war. Es verstand sich von selbst, daß er fair und gentlemanlike ausgeübt wurde! Von ca. 20 Spielern, mit denen man im Laufe des Jahres spielte, schummelten und mogelten zwei. Man verwarnte sie und im Wiederholungsfall spielte man einfach dann nicht mehr mit ihnen. Es verblieben dann über das Jahr verteilt immer noch 18 Spielpartner, mit denen man zwei- bis dreimal die Woche spielen konnte.

Heute ist es so, daß von 20 Spielern 18 mogeln. Da wird es schon etwas kritischer. Nur gegen zwei ist es schwierig, das ganze Jahr über zu spielen.

Infolgedessen muß man das Mogeln und Schummeln tolerieren, eine Rreverenz vor dem Zeitgeist der Unehrlichkeit, Heuchelei und Verlogenheit (Neudeutsch: *cleverness*), weil die meisten nicht gern verlieren – ich übrigens auch nicht. Aber ich mogele nie!

Wichtig ist beim Tennis der mentale Bereich. Das merkt man nicht nur bei Boris Becker. Man kann Tennis auch sehr gut mit dem Kopf spielen, indem man den Gegner ausrechnet. Das verhilft mir oft zum Sieg. Ich bestimme häufig das Spiel, so daß der Gegner nur noch auf meine Schläge reagieren kann – wenn er kann! Ich ahne viele Schläge des Gegners im voraus. Tennis spielen kann, wer aus jeder Situation des Spiels heraus den Ball auf einen Meter genau dahin schlägt, wo er hin soll. Nach über 40 Jahren Spielpraxis kann ich das (fast) für mich in Anspruch nehmen.

Die meisten »Spieler« sind froh, wenn sie im Einzel den Ball überhaupt treffen und über das Netz bekommen. Zwei Drittel der Spieler, mit denen ich spiele, sind leider in dieser »Fortgeschrittenen«-Klasse.

Im Doppel aber merkt man erst recht, ob einer Tennis spielen kann, was bei den wenigsten wirklich der Fall ist . . .) . . .

Hauptfehler dabei:

1. Sie bekommen den Ball meistens nicht dorthin, wo sie ihn hinhaben wollen.
2. Beim Doppel muß man auf drei Leute und auf sich selber achten. Das überfordert schon die meisten.
3. Taktik und Technik spielen im Doppel eine weit größere Rolle als im Einzel.
4. Der Raum ist enger. Man muß viel genauer spielen.
5. **Der wichtigste Grundsatz ist die Harmonie:** Zwei mittelmäßige Spieler, die harmonisch spielen, können gegen einen sehr starken Spieler mit einem schwachen, die sich nicht verstehen, immer gewinnen. Auch zwei gute Spieler, die sich nicht verstehen, können gegen zwei mittelmäßige, die harmonisch spielen, glatt verlieren.

Ohne wirkliche Verständigung ist daher ein Doppel kaum zu gewinnen. Und so passiert es mir auch immer wieder, daß ich mit Spielern spielen muß, die eigentlich gar kein Doppel spielen können. Man kann sich eben nicht immer seine Partner und Gegner aussuchen, weder im Leben noch im Doppel beim Tennis.

Jedenfalls grüße ich von dieser Stelle aus alle meine Tennisfreunde und -kameraden, Partnerinnen und Gegnerinnen und besonders denke ich auch an meinen Freund Hans-Christian Dochte, der auf dem Tennisplatz mit 52 Jahren gestorben ist.

Wenn sie mich einmal von hinten erschießen, dann hoffe ich, auf dem

Tennisplatz. Passiert ist es mir fast schon einmal, als ein Ehemann, der seine Frau sonst regelmäßig an andere verkuppelte, bei mir ausrastete, weil ich seine bezaubernde Frau, die mich verführt hatte, vor seinen brutalen Wutausbrüchen retten wollte und mit ihr ein dreiwöchiges heftiges Dauermatch veranstaltete. Sie war die netteste und süßeste Frau in diesem Verein, aber als »grüne Witwe« auch sehr krank und Alkoholikerin.

Es ist schon schlimm, daß ich mich immer wieder in Chaotinnen verliebe und dann fürchterlich abstürze.

Wer weiß, ob ich es überhaupt bis zum dritten Buch schaffe?! Deshalb sollte mein letzter Lektor, der wie alle anderen an meiner Unvernunft und meinem Eigensinn scheiterte (wie gesagt: es waren fünf Lektoren, jeder machte ein anderes Buch aus meinem Manuskript – und dies ist nun dabei herausgekommen) eine Heiratsannonce ins Buch setzen. Denn ...

nach immerhin acht Verlobungen und drei Ehen,
gebe ich die Hoffnung trotz alledem nicht auf, doch noch
die richtige Partnerin
für die schönen letzten 30 Jahre meines
mal traurigen, oft barocken, aber immer abwechslungsreichen
Lebens zu finden.
Ich bin tolerant, liberal, gebildet, romantisch, sportlich,
ehrlich und
zärtlich, liebebedürftig und meist nachsichtig,
dazu kreativ und flexibel
und suche
eine Frau, die eben diese Eigenschaften schätzt oder
besitzt.
Sie sollte ehrlich sein, und auch ihrerseits Nachsicht üben,
denn ich bin unpünktlich, unordentlich und
anspruchsvoll in vielen Dingen.
Ich esse gern, koche gern und gut und bin ein brauchbarer
Hausmann, **liebe Häuslichkeit, Familie und Freunde ...**
ich reise, lebe und liebe gern,
bin sehr für Zärtlichkeit und Natürlichkeit,
alles, was das Leben schön macht.
(Nur ernstgemeinte Bewerbungen bitte an den Verlag)

Kapitel 15
Begnadigung – Resozialisierung

Kapitel 15 a Wie schwer ist es, wieder ein Mensch zu werden . . .

Ich habe in Haft viel gelesen und geschrieben und bin in einigen Dingen fast ein wenig weise geworden. Man merkt es nicht immer, aber immer öfter.

Andererseits habe ich sehr gelitten und auch großen Schaden erfahren. Um zu überleben, habe ich mir eine ganze Reihe von Strategien einfallen lassen. Denn:

Erfinderisch sei der Mensch, hilfreich und gut. Meine Kontaktfähigkeit ermöglichte es mir, auch in Haft neue Lebensbereiche zu erschließen. Zwar hatte ich immer wieder sehr heftige und tiefgreifende Depressionsschübe, aber mein Kampf um Wiederaufnahme, Begnadigung und Menschenrechtsbeschwerde zwang mich täglich zu neuen Leistungen. So habe ich in Haft zwischen 4000 bis 5000 Blatt mit der Schreibmaschine geschrieben und bestimmt rund 4000 Vordrucke, Fragebogen und Anträge ausgefüllt.

Das Ganze hat dazu geführt, daß ich bisweilen in juristischen Dingen eine »Schreibsperre« habe. Kaum glaubhaft wenn man mich reden hört.

Heute kann ich meine Lieblingsfrau Josi verstehen, die als Kriegswaise alle Vierteljahr einen Fragebogen ausfüllen mußte und sagte, »Formulare tun mir weh.« Damals, im Ungestüm meiner Jahre zwischen zwanzig und dreißig, habe ich sie immer ausgelacht und nie verstanden. Doch nach meiner ersten Haft konnte ich sie sehr gut verstehen.

Ich habe viel gelesen und **das Kriminelle von innen heraus studiert.** Ich habe Kontakte in die verschiedensten Verbrechensbereiche hinein studien- und interessehalber gesucht und gefunden. Die Haftanstalten sind geradezu eine phänomenale Schule für Kriminalität aller Varianten.

Da man mich teilweise wie einen Terroristen behandelte und ich, von früher nachrichtendienstlich geschult, diesem Phänomen schon immer ein gewisses Interesse gewidmet hatte, bekam ich nun relativ rasch Kontakte in Haft und aus der Haft heraus mit Mafia, Camorra, Autoschieberbanden, Drogenringe und anderen Sparten organisierten Verbrechens. Auch hier muß ich zum Selbstschutz mehr verschweigen, als ich schreiben kann. Mehr dazu im nächsten Buch.

Nach meiner Verurteilung haben sie mich auf verschiedenste Art und Weise drangsaliert und schikaniert. Ohne Vorwarnung wurde ich in die

JVA Straubing verlegt – überfallartig. Sie haben mir den Kontakt zu meinen Anwälten und die Besuche meiner Familie erschwert. Dann haben sie haben mich in die JVA Landshut verschoben. Unsäglich mühselig war es dann jedesmal, wieder eine Kommunikation und Infrastruktur aufzubauen. Jede neue Haft hat ihre Eigenarten: Man braucht immer einige Wochen, bis man sich eingelebt hat. Das wissen die Leute genau. So machten sie einem das Leben schwer.

Auch ist die Kommunikation mit den Anwälten ein erheblicher Kostenfaktor für einen Gefangenen, der immer zahlen muß. Wenn man verlegt wird, lohnt es sich oft nicht, einen Anwalt am Ort zu mandatieren. Es bringt aber erhebliche Kosten mit sich, die alten Anwälte jeweils von München nach Straubing oder Landshut anreisen zu lassen.

Gerade lief meine Menschenrechtsbeschwerde auf Hochtouren, da wurde ich zurückverlegt nach München. Bald darauf ging es dann ab nach Hannover. Die Verschubung war eine Tortur für sich, weil sie über Gefängnisse Nürnberg, Würzburg, von dort nach Hanau weiter nach Frankfurt und Kassel, später nach Hannover lief. Dieser ganze Gefangnentransport war extrem belastend und menschenunwürdig: auf einen Quadratmeter zusammengepfercht, teils bei glühender Hitze, teils bei klirrender Kälte. Es war ein Martyrium von fast drei Wochen. Entwürdigend auch die Unterbringung in den sogenannten »Schubzellen«. Durch diese Erlebnisse leide ich teilweise noch heute unter Klaustrophobie.

Von der JVA Hannover ging es später in die JVA Celle. Eine Reihe von berichtenswerten Hafterlebnissen werde ich im nächsten Buch schildern.

In der JVA Celle wurde es zunächst sehr schwierig für mich, da die negative »Auslese« an Gefangenen und auch an Personal eine besondere Art von Überlebenskampf erforderte. Ich muß im übrigen festhalten, daß eine Haft schlechthin in jedem Fall persönlichkeitsschädigend ist.

Insbesondere wenn man sich ungerecht behandelt fühlt und in einem geradezu selbstmörderischen Kampf mit den »Windmühlenflügeln« der Justiz verstrickt ist und fast daran zugrunde geht. Dabei bin ich von meinen Anwälten eigentlich niemals genügend unterstützt und menschlich beachtet worden. Für die meisten war ich nur Aktenteil und Verdienstobjekt. Insofern habe ich mich auch von meinen Anwälten verraten und verkauft gefühlt. Abschließend muß ich wiederholen, daß mir am meisten meine Anwälte geschadet haben. Ausnahmen bestätigen die Regel. Letzlich wurde ich für ihre Untätigkeit und Unfähigkeit verurteilt.

Ein trauriges Fazit. Fast schäme ich mich, solch eine geradezu unglaubliche Darstellung der Ereignisse hier abgeben zu müssen. – Der Leser möge verzeihen, falls hier der Eindruck entsteht, ich wäre zu feige, für meine Taten einzustehen, und würde die Schuld für meine Leiden nur bei anderen suchen. Andererseits hat im Rechtsstaat jeder Verurteilte das Recht, für seine Taten verurteilt zu werden – und nicht – wie in meinem Fall – für Lügen.

Kapitel 15 b Überlebenstraining

Mein Überlebenskampf in Haft war hart und wurde immer härter. Je schlechter es mir ging, desto häufiger verließen mich meine Anwälte und Ärzte. Auch die Familie gab langsam auf. Am Ende war ich allein – allein gegen die MAFIA, die Justiz und die Ungerechtigkeit.

Es klingt theatralisch, kitschig und selbstgerecht. Aber es ist so gewesen, auch später. Immer, wenn ich in Krisensituationen kam und Hilfe brauchte, »brachen« die Menschen weg. Es ging so weit, daß es Leute während meiner tiefsten Depressionen fertigbrachten, mich aufzufordern: »Bring ich endlich um – aber rede nicht darüber! – Tu uns den Gefallen, stirb endlich, aber bitte nicht bei uns!«

Es war ein verzweifelter Kampf gegen eine übermächtige Bürokratie und Justiz gegen unfähige Anwälte, unfähig und unwillig oder aber manchmal beides. Sie konnten allerdings auch nicht viel ausrichten, denn das System ist in solchen Fällen geradezu menschenverachtend.

Zusammenfassend muß man sagen, daß ich in einem fast 7- Jahre dauernden Vorverfahren – von 1970 bis 1977 – (Rechtskraft des Urteils) mehrfach verhaftet, monatelang ohne wirkliche Verteidigung in strenger Einzelhaft gehalten, gedemütigt, beleidigt, schikaniert und gefoltert, genötigt und erpreßt wurde, und zwar von staatlichen Organen sowohl von OST als auch von WEST.

Die Unfähigkeit meiner Führungsleute und auch der ostwestlichen Nachrichtendienste habe ich in voller Härte und Gänze erfahren. – Ich wurde zum **Spielball der Mächte und Geschicke des geteilten Deutschlands** gemacht. Ich wurde hoch verurteilt und begnadigt.

Dabei habe ich immer dem Frieden gedient als dem höchsten aller Rechtsgüter neben der Freiheit und der menschlichen Toleranz, die meine Lebensmaxime ist: Jeden nach seiner Facon glücklich werden zu lassen, soweit er nicht anderen damit schadet.

Die Freiheit des einzelnen wird begrenzt durch die Freiheit der Andersdenkenden. Aber Toleranz ist auch eine der schwierigsten Tugenden, und sie steht im täglichen Kampf gegen die menschliche Dummheit, Arroganz, Heuchelei und Verlogenheit.

Ich bin **für abgenötigte und erfundene Lügen** in der Bundesrepublik Deutschland **zu elf Jahren Freiheitsstrafe verurteilt** worden. Man hat mich systematisch krank und kaputt gemacht. Man hat mich zur Arbeitsunfähigkeit verdammt und »zermittelt«. Im Osten unseres ehemals geteilten Vaterlandes hat man mich gefördert, genutzt, beleidigt, verkannt, verraten und im Stich gelassen. Bisweilen hat man mich auch erpreßt, genötigt und benutzt. Auf die Dauer bin ich zwischen den Fronten ein schwieriger Eigenbrötler und Sonderling geworden. Daß ich überhaupt überlebt habe, ist ein Wunder.

Ich bin Pazifist. Ich verachte die Gewalt, die Korruption, die Macht der Gierigen und Mächtigen. Doch die Welt ist voll davon. So gesehen bin ich ein Parzival und ein Träumer, ein Phantast und notgedrungen ein Chaot, denn die Welt ist voll von Gewalt, Aggression, Macht und Gier. Ich bin auf der Suche nach Liebe, die die meisten Menschen verlernt haben.

Der Verlust der Seele bei den meisten schmerzt mich. Es sind oberflächliche Eintagsfliegen geworden, Menschen mit wenig Tiefgang und Gefühl. Es wird einer belächelt, wenn er die Wahrheit sagt. Er wird gefragt: »Wie geht es dir?« Erwartet wird die Antwort: »Gut.« Sagt man etwas anderes, hört keiner mehr zu.

Unsere Wohlstandsgesellschaft ist ein Hort von Egoisten, Egozentrikern und Egomanen geworden. Der Erfolg zählt nach Geld und in der Politik allenfalls noch nach Macht.

Korruption ist an der Tagesordnung. In vielen Bereichen, auch in Behörden und Justiz haben wir »Balkan«-Verhältnisse. Man hält es nicht für möglich, was alles möglich ist. Erinnert sei an einen Teil der Skandale, deren wirkliche Hintergründe und nachrichtendienstliche Verstrickungen ich im nächsten Buch erläutern und durchleuchten will.

Mein Schicksal steht exemplarisch für viele andere. Wer sich in Gefahr begibt, kommt darin um. Wer sich zwischen alle Stühle setzt, muß damit rechnen, daß er eines Tages einsam und verlassen dasteht. Wenn er dann auch noch Haase heißt, von dem der Volksmund sagt: »Viele Hunde sind des Hasen Tod«, dann ist ihm die Welt manchmal voller fürchterlicher Hunde, und er weiß gar nicht mehr, wohin er seine Haken schlagen soll.

Mein Überlebenskampf in Form der Wiederaufnahme und Menschenrechtsbeschwerden wurden mangels eigener Mittel und materieller Unterstützung seitens der Familie nur halbherzig und von den Anwälten äußerst unwillig oder gar nicht geführt. Eine wirksame Unterstützung fand nicht statt.

Die Anteilnahme behördlicher Stellen hielt sich bei meiner Resozialisierung so weit in Grenzen, daß man sagen kann: Sie fand ebenfalls gar nicht statt. Eher wurden mir Knüppel zwischen die Beine geworfen. Es gab eine Reihe von Karrieristen und Behördenmitarbeitern, die mich aufgrund ihrer Machtbefugnisse erheblich schikanierten und behinderten.

Immer wieder mußte ich betteln gehen. Meine Behinderungen wurden verkannt. Nannte ich sie beim Namen, galt ich als Simulant und Querulant. Ich erlebte immer wieder, daß »gute« Freunde, wenn es ernst wurde, »wegbrachen« und sich aus Bequemlichkeit oder Heuchelei von mir abwandten.

Es gab aber auch andere Beispiele. Manchmal, wenn die Not am größten war, erwuchs mir Hilfe von einer Seite, von der ich sie gar nicht mehr erwartet hatte. So habe ich gute Freunde in Köln und in München, in Berlin und Hamburg, die mir immer wieder halfen, wenn mich andere verrieten und im Stich ließen.

Meine Beziehung in die Grauzone der Nachrichtendienste ist nach wie vor ein Phänomen, das mich erbittert, erschüttert, aber auch begeistert, vielleicht weil geheime Macht manchmal auch unheimliche Macht bedeutet. **Wissen ist Macht. Zuviel Wissen ist aber eine grauenvolle Belastung.** Ich komme mir bisweilen wie Kassandra vor: Ich weiß etwas, darf es kaum sagen. Wenn ich es sage, wird es nicht geglaubt. Ich werde verspottet, verhöhnt, verlacht und verkannt. Der Prophet gilt im eigenen Lande nichts!

Auch jetzt nach der Wende versuche ich erneut Rehabilitierung zu erlangen durch **Wiederaufnahme** und **Menschenrechtsbeschwerde.** Aber die Unterstützung der Anwälte ist so mangelhaft, daß man sie eher schon lächerlich nennen kann. Immer wieder werde ich im Stich gelassen, vertröstet und belogen . . . ein einziges Trauerspiel!

Es scheint, als sei dies eine Gesellschaft geworden von Behinderten, kaputten Singles und Selbstdarstellern, verlogenen Heuchlern und Chaoten. Andererseits soll man die Hoffnung nicht aufgeben. »Nur wer ewig strebend sich bemüht, den können wir erlösen.« So versuche ich denn immer wieder, mich aufzuraffen und weiter- zukämpfen, so schwer es auch fällt. Oft ist es eine Sisyphus-Arbeit, ein Spießrutenlauf zwischen Bürokraten und Behörden, Heuchlern und biederen Bürgern mit grenzenlosem Unverständnis – ein Spießrutenlauf zwischen Spießern.

Vieles hat in dieses Buch nicht mehr hineingepaßt – immer wieder mußte ich sagen: Mehr im nächsten Buch bzw. in den nächsten Büchern, denn mein Wissen reicht für viele Bücher.

Meine Trauer und mein überbordendes Selbstmitleid sind bisweilen störend – ich weiß es. Mein Schicksal ist tragisch und banal zugleich.

Dieses Buch hat viele Korrekturen und Überarbeitungen erlebt. Was am Ende dabei herauskommt, wird mich vielleicht selbst verwundern.

Ich bedanke mich an dieser Stelle bei all den Freunden und Bekannten, die mir hierbei wirklich geholfen haben. Manche wollten namentlich erwähnt werden, manche nicht. Ein weiser Lektor hat die meisten gestrichen.

Mein Kampf könnte nämlich erst beginnen – mit diesem Buch. Es ist eine Rückmeldung in der Szene der Nachrichtendienste und UNHEIM-

LICH ZU DIENSTEN und DER MACHTLOSEN MÄCHTIGEN in der »Gesellschaft der verlogenen Mörder«, die ich als »mein Testament« schon vorbereitet habe (vgl. Seite nach 422). Ich habe sieben Testamente hinterlegt in vier verschiedenen Ländern, und mit der Herausgabe des Buches werde ich weitere sieben Testamente hinterlegen in weiteren sieben Ländern der Erde. In ihnen sind etwa 400 Namen mit Daten und Fakten aufgezählt, so daß jeder, der glaubt, sich an mir vergreifen zu müssen, erst durch meinen Tod die eigentlichen Schwierigkeiten bekommen wird. Das verspreche ich ihm. Ich habe bisher jedes Versprechen in meinem Leben zu halten versucht.

Ich bin nie etwas schuldig geblieben, im Guten wie im Schlechten. Ich bin grundsätzlich ein gutmütiger und friedfertiger Mensch, kann aber auch hart zurückschlagen. Die gute Tat pflanzt sich fort – Gerüchte aber auch. Ich hätte mich nicht gern zum Feind! Die Abrechnung mit meinen zwölf ärgsten Widersachern steht immerhin 7 : 1 für mich. Mehr davon im nächsten Buch ...

Eine Autobiographie ist immer auch eine Selbstanalyse, ist eine Fahrt zwischen SKYLLA und CHARYBDIS und äußerst schmerzlich. Man kann dabei jederzeit abstürzen, wenn man nicht einen wirklich guten Ghostwriter dabei hat – ich hatte leider keinen. Außerdem ist man immer in der Gefahr, sich selbst etwas vorzulügen oder sich zwischen den eigenen Unzulänglichkeiten und Erinnerungen zu verlieren.

Es ist eine Irrfahrt durch die Vergangenheit. So gesehen war ich auch immer Odysseus auf dem Weg nach Hause oder auf der Flucht vor mir selbst und den anderen – eine Art Richard Kimble der Spionage.

Ich verachte die Macht der Mächtigen, doch immer wieder zieht sie mich an, und immer wieder gerate ich in ihre Gewalt. Viele Geheimnisse blühen im Verborgenen, wie mein Freund, der kleine Prinz sagt, den ich jetzt zitieren will wie zuvor den Steppenwolf von Hermann Hesse, eines meiner Lieblingsbücher. Ich setze diese beiden Zitate an den Schluß dieses Kapitels, damit man hier auch noch etwas Geistvolles lesen kann. Kein Mensch ist weise. Jeder ist allein ...

***

Geh, gehorche meinem Winken,
Du mußt fallen oder sinken,
Ambos oder Hammer sein ...
(frei nach Goethe)

Seltsam ist es, im Nebel zu wandern.
Kein Baum sieht den andern.
Jeder steht für sich allein.

Voll von Freunden war mir die Welt,
als mir das Leben noch Licht war.
Nun, da der Nebel fällt,
ist keiner mehr sichtbar.

Wahrlich keiner ist weise,
der nicht das Dunkel kennt,
das unentrinnbar und leise
von allen anderen ihn trennt.

Leben ist – einsam sein.
Kein Mensch kennt den andern.
Jeder ist für sich allein.

(Hermann Hesse)

***

Aus dem Traktat vom Steppenwolf . . .

Jede Menschart hat ihre Kennzeichen, ihre Signaturen, jede hat ihre Tugenden und Laster, jede ihre Todsünde. Es gehörte zu den Zeichen des Steppenwolfes, daß er ein Abendmensch war. Der Morgen war für ihn eine schlimme Tageszeit, die er fürchtete und die ihm niemals Gutes gebracht hat. Nie ist er an irgendeinem Morgen seines Lebens richtig froh gewesen, nie hat er in den Stunden vor Mittag Gutes getan, gute Einfälle, gehabt, sich und anderen Freude beweisen können.

Erst im Laufe des Nachmittags wurde er langsam warm und lebendig, und erst gegen Abend wurde er, an seinen guten Tagen, fruchtbar, regsam und zuweilen glühend und freudig. Damit hing auch sein Bedürfnis nach Einsamkeit und nach Unabhängigkeit zusammen. Nie hat ein Mensch ein tieferes, leidenschaftlicheres Bedürfnis nach Unabhängigkeit gehabt als er. In seiner Jugendzeit, als er noch arm war und Mühe hatte, sein Brot zu verdienen, zog er es vor, zu hungern und in zerrissenen Kleidern zu gehen, nur um dafür ein Stückchen Unabhängigkeit zu retten.

Er hat sich nie für Geld und Wohlleben, nie an Frauen oder an Mächtige verkauft und hat hundertmal das, was in aller Welt Augen sein Vorteil und Glück war, weggeworfen und ausgeschlagen, um dafür seine Freiheit zu bewahren. Keine Vorstellung war ihm verhaßter und grauenhafter als die, daß er ein Amt ausüben, eine Tages- und Jahreseinteilung innehalten, anderen gehorchen müßte.

Ein Bureau, eine Kanzlei, eine Amtsstube, das war ihm verhaßt wie der Tod, und das Entsetzlichste, was er im Traum erleben konnte, war die Gefangenschaft in einer Kaserne. All diesen Verhältnissen wußte er sich zu entziehen, oft unter großen Opfern.

Hierin lag seine Stärke und Tugend, hier war er unbeugsam und unbestechlich, hier war sein Charkater fest und gradlinig. Allein mit dieser Tugend hing wieder sein und Schicksal aufs engste zusammen. Es ging ihm, wie es allen ergeht: was er, aus einem innersten Trieb seines Wesens, aufs hartnäckigste suchte und anstrebte, das ward ihm zuteil, aber mehr als für Menschen gut ist. Es wurde anfänglich sein Traum und Glück, dann sein bitteres Schicksal.

Der Machtmensch geht an der Macht zugrunde, der Geldmensch am Geld, der Unterwürfige am Dienern, der Lustsucher an der Lust.

Und so ging der Steppenwolf an seiner Unabhängigkeit zugrunde. Er erreichte sein Ziel, er wurde immer unabhängiger, niemand hatte ihm zu befehlen, nach niemandem hatte er sich zu richten, frei und allein bestimmte er über sein Tun und Lassen. Denn jeder starke Mensch erreicht unfehlbar das, was ein wirklicher Trieb ihn suchen heißt.

Aber mitten in der erreichten Freiheit nahm Harry plötzlich wahr, daß seine Freiheit ein Tod war, daß er allein stand, daß die Welt ihn auf eine unheimliche Weise in Ruhe ließ, daß die Menschen ihn nichts mehr angingen, ja er selbst sich nicht, daß er in einer immer dünner und dünner werdenden Luft von Beziehungslosigkeit und Vereinsamung langsam erstickte.

Denn nun stand es so, daß Alleinsein und Unabhängigkeit nicht mehr sein Wunsch und Ziel war, sondern sein Los, seine Verurteilung, daß der Zauberwunsch getan und nichts mehr zurückzunehmen war, daß es nichts mehr half, wenn er voll Sehnsucht und guten Willens die Arme ausstreckte und zu Bindung und Gemeinsamkeit bereit war: man ließ ihn jetzt allein.

(Hermann Hesse)

***

Der kleine Prinz

»Hier mein Geheimnis. Es ist ganz einfach:
Man sieht nur mit dem Herzen gut.
Das Wesentliche ist für die Augen unsichtbar.«

(Antoine de Saint-Exupéry)

Der kleine Prinz ging, die Rosen wiederzusehn:

»Ihr gleicht meiner Rose gar nicht, ihr seid noch nichts«, sagte er zu ihnen. »Niemand hat sich euch vertraut gemacht, und auch ihr habt euch niemandem vertraut gemacht. Ihr seid, wie mein Fuchs war. Der war nichts als ein Fuchs wie hunderttausend andere. Aber ich habe ihn zu meinem Freund gemacht, und jetzt ist er einzig in der Welt.«

Und die Rosen waren sehr beschämt. »Ihr seid schön, aber ihr seid leer«, sagte er noch. »Man kann für euch nicht sterben. Gewiß, ein Irgendwer, der vorübergeht, könnte glauben, meine Rose ähnle euch. Aber in sich selbst ist sie wichtiger als ihr alle:

Da sie es ist, die ich begossen habe.

Da sie es ist, die ich unter den Glassturz gestellt habe. Da sie es ist, die ich mit dem Wandschirm geschützt habe. Da sie es ist, deren Raupen ich getötet habe

(außer den zwei oder drei um der Schmetterlinge willen).

Da sie es ist, die ich klagen oder sich rühmen gehört habe oder auch manchmal schweigen.

Da es meine Rose ist.«

Und er kam zum Fuchs zurück: »Adieu«, sagte er ...

»Adieu«, sagte der Fuchs. »Hier mein Geheimnis. Es ist ganz einfach: Man sieht nur mit dem Herzen gut. Das Wesentliche ist für die Augen unsichtbar.«

»Das Wesentliche ist für die Augen unsichtbar«, wiederholte der kleine Prinz, um es sich zu merken.

»Die Zeit, die ich für meine Rose verloren habe ...«, sagte der kleine Prinz, um es sich zu merken.

»Die Menschen haben diese Wahrheit vergessen«, sagte der Fuchs. »Aber du darfst sie nicht vergessen. **Du bist zeitlebens für das verantwortlich, was du dir vertraut gemacht hast.** Du bist für deine Rose verantwortlich ...« »Ich bin für meine Rose verantwortlich ...«, wiederholte der kleine Prinz, um es sich zu merken.

Kapitel 15 c Schillernde Vergangenheit: Der abgestürzte Rechtsanwalt und Notar

Beispielhaft für meinen verzweifelten Kampf um Rehabilitation und Resozialisierung will ich hier die Geschichte um meinen alten Tennisfreund, Anwalt und Notar Fritz-Heinrich Pleister erzählen. Wir kannten uns seit den fünfziger Jahren. Zwischen meinen Verhaftungen erneuerten wir unsere Tennisfreundschaft und spielten jeden Mittwoch von zwölf Uhr mittags bis zum Umfallen Tennis. Er hielt vieles von den Gerüchten und Geschichten um mich für übertrieben und glaubte nicht an meine Verurteilung. Als es dann doch dazu kam, setzte er sich mit Hilfe seines Sozius, RA Passow, für meine Begnadigung ein.

Als er selber in Not kam durch unvorsichtige Spekulationen und falsche Freunde, bat er mich um Hilfe. Schnell mußte ich feststellen, daß er sehr krank und leider auch Alkoholiker geworden war. Trotzdem war er ein sehr netter und manchmal geradezu liebenswerter Tenniskamerad. Ich wollte ihm helfen und habe es auch ein ganzes Jahr mit wechselndem Erfolg versucht. Seinen völligen Absturz und schließlichen Selbstmord am 17. April 1983 konnte ich jedoch nicht verhindern.

An dieser Stelle muß ich einen Artikel aus der Neuen Presse zitieren, der sich auch mit meiner Person beschäftigt, unter der Überschrift **EX-SPION führt die Geschäfte des toten Chefs Neue Presse, Hannover,** *25. April 1983*

Ein Mann mit der schillernden Vergangenheit eines Topagenten war der letzte enge Berater von Dr. Fritz-Heinrich Pleister: Dieter H., Ex-Bundeswehr-Hauptmann der Reserve und heutiger Wirtschaftsjurist hatte jahrelang die Bundeswehr ausspioniert. Die Quittung für den Major der Nationalen Volksarmee nach seiner Enttarnung 1970: 11 Jahre Gefängnis. Seit einem Jahr sollte er die Finanzen des Notars in Ordnung bringen.

Der 45jährige H. hatte zuletzt Schlagzeilen gemacht, als er für die GRÜNEN als Bundestagskandidat aufgestellt werden sollte. Weil er aber seine bürgerlichen Ehrenrechte verloren hat und deshalb auch nicht wählen darf und gewählt werden kann, wurde aus den Plänen des ergeizigen Mannes nichts, der noch heute als »erfolgreichster Ost-Spion gegen die Bundeswehr« gilt.

H. kannte Pleister seit 1950. Damals spielten sie in Hannover Tennis. Der Rechtsanwalt und der Spion trafen sich 1979 wieder, nachdem H. vom Bundespräsidenten begnadigt und entlassen wurde. Insgesamt hatte der kräftige Mann fast sieben Jahre in Gefängnissen verbracht. Bis 1984 steht er unter Bewährungsaufsicht.

H. (»Ich war ein Überzeugungstäter, ein Pazifist.«) wollte ein Wiederaufnahmeverfahren anstrengen, Pleister sollte sein Anwalt sein. Ironisch habe deswegen vor einigen Wochen ein Richter gefragt: »Können Sie überhaupt noch jemanden verteidigen?« Offenbar wollte er auf Pleisters seelische und körperliche Verfassung anspielen. H.: »Er trank bis zu einem halben Liter Cognac, drei Flaschen Wein am Tag, etliche Biere und Schnäpse. Er aß kaum noch.«

Pleisters Depressionen seien immer schlimmer geworden. Außerdem hätten ihn starke Gichtschmerzen geplagt. H.: »Der Mann lebte selbstmörderisch. Er sprach auch von umbringen, einfach umbringen. In Hahnenklee hatte ich ihm eine Entziehungskur besorgt. Er sollte sie in drei Wochen antreten. Sonst wäre er zwangsweise hingeschickt worden.«

Darüber wollte H. mit seinem Chef sprechen. Er rief nachts um halb eins in dem Landhaus an. Als er nachmittags in den Harz fuhr, war Pleister bereits tot. Die Kripo war schon da.

H. hatte aber auch eine gute Nachricht in seiner Aktentasche: die Adresse eines Käufers, der für DM 2,8 Millionen das Tenniscenter in Nürnberg kaufen wollte, an dem Pleister hauptsächlich beteiligt war. Es schrieb hohe Verluste. Außerdem hatte der clevere H. noch ein zweites Geschäft mit dem Juristen zu besprechen. Mit 1,6 Millionen Mark Eigenkapital wollte Pleister (so H.) in Weißenburg ein Tenniszentrum und Hotel bauen. Der Rest sollte mit 3,6 Millionen Mark vom bayerischen Staat und Geschäftspartnern finanziert werden.

Das zweite Tenniscenter in Weißenburg sollte allerdings noch nicht verkauft werden. H. hatte im Auftrag des Notars zwei weitere Tennisplätze bauen lassen. Außerdem einen Manager eingestellt, der für mehr Umsatz sorgen sollte.

H., der heute offiziell als Frührentner lebt (1250 Mark im Monat) »Pleister war ein armes Schwein: gutmütig, leichtsinnig. Den haben alle aufs Kreuz gelegt.« Mit »alle« meint H. Geschäftspartner des Anwalts. Und ein Anwaltskollege des Toten sagt: »Wahrscheinlich wurden ihm zu hohe Baukosten genannt, damit er immer wieder Geld zuschoß, oder er wurde über die wirkliche Rentabilität nicht informiert. Er versprach sich goldene Berge, die keine waren.«

H. bestätigt: »Er fiel immer wieder auf seine Partner herein und gab ihnen Geld. Hunderttausende, weil sie ihm vorschwindelten, sonst würden die Projekte nicht weiterlaufen. Der Mann hatte ja keinen Durchblick mehr. Keine richtige Buchführung. Er wußte zuzletzt nicht mehr, was er tat.«

Zuletzt war Pleister an fünf Gesellschaften beteiligt und überall der stärkste Finanzpartner.

Sein Anwaltskollege dementiert eine Millionenpleite: von 20 Millionen Mark Schulden kann nicht die Rede sein. Er hat mindestens Vermögenswerte von 28 Millionen Mark. Dem stehen 32 Millionen Mark an Verbindlichkeiten gegenüber. Wenn es nicht zum Konkurs kommt und die Objekte durch einen Testamentsvollstrecker auf dem freien Markt verkauft werden, bleibt sogar etwas übrig!

Er glaubt nicht, daß man Pleister betrügerische Absichten vorwerfen könnte. »Es liegt der Verdacht allerdings vor, daß der Kollege Fremdgelder, also Summen, die er verwalten sollte, umbuchte auf eigene Konten. Aber das kann nur die Notariatsprüfung ergeben!«

H.: »Niemand ist bisher geschädigt worden. Die treuhänderischen Gelder wurden alle zurückbezahlt. Nur in einem Fall ging das einem Geschäftsmann nicht so schnell. Er klagte und wurde abgewiesen!«

Pleister, der mit seinen Bauträger-Firmen nicht mehr klar kam, ließ sich ein zweites Hobby nach H.s Rechnung, allerdings Monat für Monat mindestens 10 000 Mark kosten – mit jungen willigen Mädchen. H.: »Pleister war sehr einsam. Er hatte keine wirklichen Freunde. Bei den Mädchen hatte er wieder etwas Selbstvertrauen – da war er der großzügige, erfolgreiche Anwalt!«

Über den toten Christian B. sagt er: »Das war sein Saufkumpan, der ihn durchs Milieu zog. Sein Fahrer. Und der hat sich umgebracht, weil er wegen Unterhaltszahlungen per Haftbefehl gesucht wurde und weil sein Gönner tot war.«

H. (»Ich habe noch immer gute nachrichtendienstliche Verbindungen.«) will jetzt Otto Schily für die Wiederaufnahme seines Prozesses gewinnen. »Der Otto hat mir das auch schon zugesagt.« Erst einmal kümmert sich H., der Grenzgänger zwischen Ost und West, weiter um die Geschäfte des Toten.

An den Anwalt Pleister erinnert allerdings schon jetzt nicht mehr, daß er einmal im Schiffgraben 13 gearbeitet hat. Sein Name neben der Eingangstür wurde überklebt.

Dieses eine Jahr mit Fritz-Heinrich Pleister reicht, um ein weiteres Buch zu füllen. Um sich herum hatte er einen ganzen Clan von interessanten Gestalten, Ganoven, Architekten, Betrügern, Bankern, Baulöwen und Wirtschaftswissenschaftlern. Eine brisante Mischung unserer heutigen Gesellschaft. Von seinem Vater hatte »Fritze« – wie er sich gern nennen ließ, ca. zehn Millionen geerbt. In zehn Jahren hatte er daraus ca. 28 Millionen gemacht. Er war Justitiar mehrerer Banken. Sein Notariat war in Hannover eines der größten. Millionenkredite waren für ihn kein Problem. Ein Teil seiner falschen Freunde kassierte ihn kräftig ab. Nachmittags ab 17 Uhr war mehrmals in der Woche bei Fritze »Scheck-Time«. Er schrieb dann Schecks zwischen 1000 und 15 000 DM an die jeweiligen Zechbrüder aus. Im Laufe einer Woche summierte sich das auf einige 10 000 Mark. Das konnte auf die Dauer nicht gutgehen. Auch ich konnte dem nicht entgegenwirken. Mehr darüber im nächsten Buch.

Ich habe einen Traum

Ich habe einen Traum,
daß eines Tages jedes Tal erhöht
und jeder Hügel und Berg abgetragen wird.
Und die rauhen Orte geglättet
und die gewundenen Orte begradigt werden . . .
Mit diesem Glauben werden wir fähig sein,
aus den Bergen der Verzweiflung
den Stein der Hoffnung zu hauen.
Mit diesem Glauben werden wir fähig sein,
gemeinsam zu arbeiten, gemeinsam zu beten,
gemeinsam zu kämpfen, gemeinsam ins Gefängnis zu gehen,
uns gemeinsam für die Freiheit zu erheben
in dem Wissen, eines Tages frei zu sein . . .
Wenn wir den Namen der Freiheit
von jeder Stadt und jedem Dorf,
von jedem Staat und jeder Metropole erschallen lassen,
dann werden wir wirklich den Tag herbeirufen,
da alle Kinder Gottes,
ob schwarz oder weiß, ob sie Juden, Protestanten,
Katholiken oder Heiden sind,
sich die Hände reichen
und die Worte des alten Negro Spiritual singen können:
„Endlich frei!
Endlich frei!
Großer allmächtiger Gott,
wir sind endlich frei!“

Martin Luther King

Kapitel 16
Was ich gemacht habe – dazu stehe ich

Zu dem Kapitel, was ich wirklich gemacht habe, gäbe es viel zu schreiben. Es würde aber nur einen kleinen Leserkreis ansprechen. Daher will ich nur stichwortartig die Dinge mehr oder weniger zusammenzufassen. Außerdem verlangt die Umbruchzeit der Wende noch immer Rücksichtnahme auf viele Schicksale. Am 4. Mai 1993 beginnt der Prozeß gegen General Markus Wolf – was mich auch zwingt, manches zurückzuhalten ... oder zu verschweigen.

Panta rei – alles fließt – sagten die alten Griechen ...

und vergeht. Wir bewegen uns mitten im Kreislauf der Vergänglichkeit. Jede Minute ist unwiederholbar verronnen.

Wenn das Leben viel war, war es Mühe und Plage ... Kein Mensch sitzt gern in Haft. Obwohl auch diese Zeit zur Reife und Besinnung beitragen kann ...

Aber zu dem, was ich gemacht habe, stehe ich. Auch wenn mir Leute wie Mauz und andere vorwerfen, daß ich zur Wahrheit zu feige wäre. Dies ist nicht der Fall. Dabei verkennt man, daß ich mich so verhalten mußte, um das von mir inszenierte Verwirrspiel aufrechtzuerhalten. Auch dem SPIEGEL und Heinz Höhne konnte ich oftmals nicht die ganze Wahrheit sagen. Berechtigt scheint der Einwand, daß ich **ein großer Schauspieler** sei und alle hinters Licht geführt hätte, möglicherweise auch mich selbst. So gesehen verkennen diese Leute die Querverbindungen, die ich z. T. erst in Haft aufbaute sowohl zum Terrorismus als auch zur Schwerkriminalität, Bandenkriminalität, Drogenkriminalität und Autoschieberbanden, zu der MAFIA und CAMORRA bis hin zur RAF, und zur El Fatah, George Habbash, Ghaddafi und anderen arabischen Terrorgruppen. Aber auch die Rücksichtnahme auf viele ND-Kontakte mehr privater Natur.

Das alles würde dieses Buch sprengen, so daß ich im nächsten darauf zu sprechen kommen werde. So muß ich auch den Nahen Osten und Israel, Afrika, den gesamten Mittelmeeraum sowie meine Weltreisen in den Fernen Osten, nach Japan, Tokio, HongKong, China, Taiwan, Indien usw. hier ausklammern, um sie später zu behandeln.

Ich habe mehrere Weltreisen gemacht, die zusammengenommen ca. drei Jahre dauerten und mir einen guten Überblick über die Wirtschaft und Kultur der verschiedensten Länder gaben. Immer war ich auf der Suche nach interessanten Menschen. Ich habe sie gefunden, gesammelt und benutzt, aber auch bisweilen durch mein Wissen oder meine Zuneigung und

Zärtlichkeit bereichert. So habe ich Kontakte aufgebaut, die manchmal bis heute halten.

Als ich 1967/68 mehrere Monate in Beirut, Damaskus, Amman und Kairo lebte, erschloß sich mir eine ganz neue Welt. All dies spielte in meinem Verfahren überhaupt keine Rolle. Es gelang mir, diesen Bereich völlig auszuklammern.

Auch Willner konnte in seinem Untersuchungsbericht hier nichts Konkretes oder Nachweisbares ermitteln. Ich verschleierte alles, so gut ich konnte. Es ging besser, als ich es für möglich gehalten hatte. Er manipulierte mit Gutachten und militärischen Sachverständigen sowie der medizinischer Folter. So wurde ich mit verschiedenen Psychopharmaka und Drogen behandelt. Das Ganze wurde immer wieder vertuscht, so daß ich wirklich über weite Strecken des Verfahrens gar nicht verhandlungsfähig war. Das war den Leuten egal, weil sie es als Simulation auslegten. Man muß allerdings ehrlicherweise sagen, daß eine Grenze zu ziehen selbst für mich oft schwer war.

So gesehen war dieses Verfahren ein grauenhaftes Konglomerat von subjektiven Gutachten, Manipulationen, Unrecht und psychischer Folter von politischem Opportunismus und einer Justiz, die sich im eigenen Karrieredenken verschliß. Ich verweise hier auf die Ausschnitte aus den Protokollen, die Anträge meines RA Klaus-Heinrich Hagen.

Es würde zu weit führen, hier den ganzen Prozeß in allen Einzelheiten zu beleuchten. Viel wurde damals in der Presse berichtet, besonders die Gags und Merkwürdigkeiten, wenn ich z. B. in der Turnhose mit einer Trillerpfeife erschien und »Abseits« pfiff, weil meine sechs Richter sich meistens im Abseits befanden. Es kam immer gleich einer als Ersatzrichter mit, weil man damit rechnete, daß ich mindestens einen wegen Befangenheit »herausschießen« würde. Dann die beiden Ankläger, Bundesanwalt Luns und Herr Schulz sowie meine drei Anwälte, zwei Pflichtverteidiger und zwei Wahlverteidiger, die sich meist abwechselten. Also eine ganze Fußballmannschaft von elf Leuten und einem Ersatzmann.

Ich konnte das Ganze manchmal nur ertragen, indem ich es als eine Veranstaltung der Vorhölle erlebte, wenn ich mir vorstellte, dies wären alles kleine Teufelchen, die mir das Leben schwermachten und meine Lebenszeit mutwillig verkürzten, ohne zu wissen, was sie eigentlich sollten oder wollten. Denn sie produzierten ausschließlich Unsicherheit. Sie machten mir mein bürgerliches Leben Zug um Zug kaputt.

Immer wieder betete ich um die Erleuchtung meiner Richter, manchmal auch laut am Anfang der Sitzung, sehr zum Verdruß derselben. Aber anders konnte ich diesen rechtsstaalich verbrämten Inquisitions- und Hexenprozeß nicht ertragen. – Ähnlich muß es **Galileo Galilei** ergangen sein vor der **Inquisition**. Er hielt sie alle für verlogen, heuchlerisch und dumm – sie hatten alle unrecht, er wußte es. Aber zum Schluß mußte er sich beugen.

Auch ich **mußte meine Richter verachten.** Sie hatten keine Ahnung vom Nachrichtendienst, selbst von den Staatsgeheimnissen nicht, über die sie urteilen sollten. Wenn ich ihnen die Unwahrheit erzählte, hielten sie es für wahr; wenn ich die Wahrheit berichtete, hielten sie dies für gelogen. Wie sollte ich da ruhig und besonnen bleiben? Alles gemahnte mich an die Veranstaltung eines **Komödienstadls**. Richter Bierl, Dr. Gietl u. a. haben dieses Wort auch öfter gebraucht, wenn sie empört sagten: *»Herr Haase, wir sind hier nicht im Komödienstadl!«*

Dann habe ich immer ganz ruhig beteuert: *»Doch, für mich schon. Für mich ist das Ganze hier ein Komödienstadl!«* So habe ich meine Richter natürlich auch systematisch in die Befangenheit getrieben.

Das schlimmste Unrecht kam dann, als es ohnehin fast unerträglich geworden war. Oft war ich nicht verhandlungsfähig – ganz schlimm war die Tortur mit dem Schubwagen morgens, wenn man zum Termin gefahren wurde, eingepfercht zwischen Verbrechern und »Eierdieben«, armselige Gestalten und oft auch bemitleidenswert, eine Art Auswurf der Menschheit. Eine der schlimmsten Foltern war für mich das ewige Warten in den Vorschub- und Abschubzellen ...

warten – warten – warten ...

Meine Klaustophobie und Existenzangst wurden von Mal zu Mal größer. Es war gar nicht mehr möglich, mitmenschlich zu sein oder fair zu handeln. Ich erlebte alle nur noch als Folterknechte, Gutachter und Ärzte einschließlich, sogar meine eigenen Anwälte. Sie haben mich damals systematisch mißhandeln und »zerstören« lassen. Es ist wirklich ein wahres Wunder, daß ich mich nicht den Terroristen angeschlossen habe, obwohl meine nachrichtendienstlichen Möglichkeiten diesen Ausweg immer wieder erlaubt hätten.

Auf jeden Fall haben sie mich eins gelehrt: **die Justiz zu verachten** und zu verdammen. Sie kann nicht aufklären und die Wahrheit ermitteln, sondern sie verbrennt sie auf dem **Scheiterhaufen der Inquisition** und macht Menschen zu Unmenschen. Derjenige, der in die **Mühlen der Justiz** gerät, kommt darin um. Meine Verbitterung ist bis ins innerste Mark gedrungen und veranlaßt mich zu radikaler **Verachtung von Justiz und Macht.**

Es gibt keine Gerechtigkeit und kein Recht auf dieser Welt, das diesen Namen verdient. Denn immer wieder sehe ich in der Justiz, daß dort geklüngelt und gekungelt wird und daß vieles schon vorher abgesprochen ist. So war es auch in meinem Verfahren. Man hat die Beratung der Bundesanwaltschaft und des 3. Strafsenats beim Obersten Bayerischen Landesgericht durch Richtmikrofone mehrfach abgehört. Übereinstimmend berichtete man mir, daß ich schon vor Beginn des Verfahrens, noch vor Eröffnung der Hauptverhandlung, zu 14 Jahren Freiheitsstrafe verurteilt sei. Dies stellte sich dann auch als annähernd richtig heraus, denn Bundesanwalt Luns beantragte einen Strafrahmen von 13 Jahren. Er hatte mir vorher zugesichert, wenn ich RA Hagen über Jesus Christus Mohamed plädieren ließe, würde er ein Jahr im Strafantrag heruntergehen. Diesen Handel haben wir abgeschlossen.

Er hielt sich dann eben doch nicht an das Gutachten von Prof. Mende. Wenn man berechnet, daß ich ohne die im Gutachten ausgewiesene Strafmilderung gegen lebenslänglich stand, würde die zeitliche Freiheitsstrafe dann 15 Jahre betragen, und bei Anwendung des § 21 – also verminderte Schuldfähigkeit wegen erwiesenen Pazifismus – im übertragenen Sinn dann als sozialer Infantilismus gewertet – würde sich ein Höchststrafrahmen von 11 Jahren und drei Monaten ergeben bei einer Mindeststrafe von zwei Jahren.

Ich wurde mitten im Verfahren fünf Tage wegen Ungebühr von der Hauptverhandlung ausgeschlossen. Als ich wieder teilnehmen konnte, eröffneten mir meine Richter: »Wir müssen Ihnen mitteilen – Sie stehen nunmehr gegen lebenslänglich wegen besonders schweren Landesverrats!«

Ich werde über den Handlungsablauf und Details im nächsten Buch berichten, weil ich auf die nachrichtendienstliche Hintergründe dort erst eingehen kann. Die jüngsten Vorkommnisse, als man mir Namen und Fakten aus den Schlußkapiteln für viel Geld und mit allen Tricks abluchsen wollte, läßt mich davor zurückschrecken, schon in diesem Buch meinen Hauptgegnern zu erkennen zu geben:

Was ich über sie weiß, wie und woher ich es weiß.

Immer wieder hat man versucht, dieses Buch zu verhindern, weil man natürlich auch um die eigene Karriere fürchtet.

Zugegeben, ich bin kein Held und nicht gern Märtyrer, ich bin auch nicht gern Zielscheibe von Mordanschlägen und ähnlichem. Gern würde ich mich jetzt in ein familiäres Leben zurückziehen. Ich suche seit langem dazu die richtige Frau, denn ich frühstücke nicht gern allein und viele andere Dinge gehen auch besser zu zweit. Aber es ist alles – so maßlos traurig – so eine kaputte, verlogene Single-Gesellschaft geworden. Traurig ... sehr schwer, alles sehr schwer – so ein ruhiger Lebensabend in Zweisamkeit, siehe Heiratsanzeige.

Eigentlich habe ich mir nun ein ruhiges bürgerliches Privatleben auch verdient, nachdem mein Hauptanliegen, nämlich: die deutsche Wiedervereinigung in Frieden und Freiheit auch durch meinen Beitrag zustande gekommen ist. Viele wie ich haben über diesen Frieden gewacht, viele auch von denen, die nicht aufgeflogen sind und die ungenannt bleiben müssen.

Ich allein kenne über 30, von denen ich weiß, wieviel sie für den Frieden getan haben in Ost und West. Sie werden ungenannt bleiben, auch wenn sie davor Angst haben, daß Leute wie ich jetzt vielleicht reden könnten und damit ihre Existenz gefährden. – *Freunde, ich werde über euch schweigen. Darauf könnt Ihr euch verlassen!*

Denn niemals habe ich Menschen verraten. Soweit es darum ging, aus meinem Bekanntenkreis Menschen möglicherweise zu gefährden oder in die Fänge von irgendwelchen Nachrichtendiensten zu treiben, kam ich bei meiner moralischen und ethischen Anschauung rasch zu einer Grenze, die ich fast nie überschritten habe.

Deshalb lebe ich heute noch, während viele meiner Gegner und Feinde auf der Strecke geblieben sind. Ich glaube, daß ein Mann immer vor sich selbst bestehen muß. Vieles von dem, was mir widerfuhr, glauben mir meine eigenen Angehörigen nicht. Oft halten sie mich für einen Spinner und Phantasten oder glauben, ich litte unter Verfolgungswahn. Nun, das ist mir schon vor 20 oder 30 Jahren so gegangen, als ich 1960 mit dem Nachrichtendienst begann und dies oft nur andeuten konnte auch im engsten Familienkreise, um meine Angehörigen nicht zu gefährden oder zu belasten.

Ich will mir hier keinen Heiligenschein verpassen, aber ein Schuft, ein Verräter oder gar ein politischer Verbrecher war ich nie – eher ein Pazifist – ein »Friedenskämpfer auf der Wacht« zwischen den Fronten – ein Liebe Suchender – und ein verkannter Prophet . . .

Mir ist bange, wenn ich an die Zukunft denke . . .

Dazu einige Gedanken aus dem Frühjahr 1990 zur deutschen Einheit – geschrieben als Beitrag für ein Sammelwerk von FFN und Bertelsmann Verlag.

***

Denk' ich an Deutschland . . .im Februar 1990
Gedanken(splitter) zur deutschen Einheit . . .

1. *Denk' ich an* **Deutschland,**
   wird mir ganz bange, denn niemand weiß, wie lange
   wird es bis zur Einheit Deutschlands dauern.
   Trotz aller Freude über den Fall der Mauern,
   eine zu schnelle Einheit werden wir bedauern,
   und viele Opfer wird die Welt mit uns betrauern . . .
2. **Wunder** geschehen immer wieder – und Politik ist
   unberechenbar: Wie ein Wunder fast über Nacht
   (9. November 1989) hat sich die deutsche Einheit
   aufgemacht,

– und ist uns in den Schoß gefallen ...
Viele Darsteller und Statisten fegt sie von der Bühne
– die große Woge der Wende und Erneuerung. Jetzt
kommt es darauf an, was wir damit und daraus
machen ...

3. Die **Reihe der Probleme** wird nicht abreißen in den nächsten Wochen und Monaten und Jahren. Das Jahr **1990 wird das Jahr der deutschen EINHEIT!** Vieles wird sich von selbst erledigen ... frei nach Bertolt Brecht:
   Mach nur einen Plan –
   und mach dann noch einen zweiten Plan,
   geh'n tun sie beide nicht ...
   Manche Stabsarbeit in den Ministerien der BRD und der DDR wird oft über Nacht von der normativen Kraft des Faktischen einfach überrollt. Theorie und Praxis klaffen wie immer weit auseinander – nicht nur in der DDR und bei den real existierenden Sozialisten ...
4. Viele Politiker sind ohnehin in jahrelanger Selbstdarstellung verkrustete Neurotiker bzw. Psychopathen. Sie glauben zu schieben, werden aber geschoben. Gerade Bonner Politmanager (ob Kohl, Genscher oder Waigel) ebenso wie in der DDR (ob Krenz oder Modrow), die sonst für alles Lösungen parat haben, bestimmen nicht mehr den Kurs der Ereignisse, sondern sind selbst »Getriebene«! Keiner weiß, wie es in der DDR in den Wochen nach der März-Wahl (18.03.1990) wirklich weitergeht ...
5. Die DEUTSCHE EINHEIT kommt zwangsläufig schneller, als es vielen lieb ist ... Der Zug rollt – und dabei werden viele unter die Räder kommen. Nicht nur die sozial Schwachen, Kranken, Behinderten und Rentner ... Vor allem, wenn sie nicht früh genug auf diesen Einheitsexpreß aufspringen. Wer zu spät kommt, den bestraft das Leben! Wie und wann die deutsche Einheit sich vollenden wird, weiß zur Zeit wirklich keiner ...
6. Und gerade das verunsichert die **Politstrategen in Ost und West**, von Moskau über Washington bis London, Brüssel und Paris ... Ob **Gorbatschow oder Bush** in diesen Prozeß für Europa noch steuernd eingreifen können, ist sehr zweifelhaft ...
   Die **Gesetze von Volksrevolutionen** haben zweifellos eine gewisse Eigendynamik entwickelt. Man hat den Eindruck, daß viele Politiker in der Rolle des »Zauberlehrlings« sind. Die Geister, die sie riefen, werden sie nun nicht mehr los ...
   Selbst die »Großmächte« sind verunsichert und ohnmächtig ... dieser Entwicklung ausgeliefert, wie es den Anschein hat ...

7. Die Einordnung als Großmacht verdient allerdings wohl nur noch die USA, denn in der Sowjetunion hat Michail Gorbatschow zu viele hausgemachte Probleme, die er als eigentlicher Schöpfer der »**Maueröffnung**« und der **Warschauer-Pakt-Auflösung** nur noch mühsam zu regeln versucht ... Ob er diese Wende – den Zusammenbruch der sozialistischen Systeme Europas – überlebt, das scheint hier die große, vielleicht für uns alle wahrhaft (über)**lebenswichtige Frage** zu sein. Hier liegt ein zentrales Problem für die friedliche Zukunft Europas und der Welt. Als der Gendarm Europas hat die Sowjetunion ihren Aufgabenbereich wegen Überlastung im Inneren notgedrungen aufgegeben ...
8. Wird die angeschlagene Großmacht UdSSR mit Gorbatschows Hilfe ihre vielen inneren Probleme, z. B. Nationalitätenkonflikte (wer weiß schon, daß in der Sowjetunion ca. einhundert verschiedene Nationalitäten leben?, insbesondere aber die wirtschaftlichen Schwierigkeiten und Pakt-Probleme lösen können?
9. Von dieser **Ordnungsaufgabe der Sowjetunion** abgesehen wird die wohl schwierigste Frage im deutschen Einigungsprozeß die **Überwindung der militärischen Blöcke** sein. Ein neues europäisches **Sicherheitssystem** gekoppelt an eine allgemeine weltweite Abrüstung ist sowohl Chance als auch Hoffnung nicht nur für Europa, sondern für die Zukunft der gesamten Menschheit.
   Alles große Worte und fürchterliche Allgemeinplätze, aber in der **Vereinfachung der Probleme** steckt oft die große Kunst des Politikers – nicht erst seit Konrad Adenauer ...
10. Die **Frage nach der Neutralität** des neuen Gesamtdeutschland ist schnell ad absurdum zu führen. Wichtiger sind die praktischen **Abrüstungsprobleme** von NATO und Warschauer Pakt insbesondere sozusagen im kleinen: von NVA und Bundeswehr (BW).
    Nicht nur bei diesen Fragen steckt der Teufel im Detail, d. h. in der praktikablen Lösung im einzelnen ... Es würde zu weit führen, hier auf die vielen schwierigen Einzelprobleme einzugehen, darum hier nur ein Beispiel:
11. Der mutige Vorschlag des saarländischen Wirtschaftsministers Hans-Joachim Hoffmann (SPD/DER SPIEGEL Nr. 9/90 S. 14) – ein »HILFSWERK FÜR DIE DDR – zum Aufbau einer modernen Infrastruktur in der DDR«: 150 000 Soldaten und zivile Angestellte der BW gemeinsam mit ca. 50 000 Angehörigen der Nationalen Volksarmee und paramilitärischen Verbänden – eine Art »**Technisches Hilfswerk**« (für die DDR) deutet meist in die richtige Richtung ... Ein **praktisches Manöver von BW und NVA** – mit viel zivilem und wirtschaftlichen Nutzen ... im Transportbereich, dem Bausektor, dem Fernmeldebe-

reich, im Gesundheitswesen und zur »ökonomischökologischen Umwandlung militärischer Sperrbezirke« ... Zur Finanzierung dieser zukunftweisenden Maßnahmen schlug der Minister im saarländischen Kabinett die Streichung von vier Milliarden Mark aus dem Bonner Rüstungsetat vor. Ein durchaus praktikabler Vorschlag, der auch von Kanzlerkandidat Oskar Lafontaine für gut befunden wurde. Also – baut auf, baut auf für eine neue Zukunft ... – jetzt gleich!

12. Fast 1000 (eintausend) Milliarden D-Mark veranschlagt das Hamburger Institut für Wirtschaftsforschung (HIW) als **Sanierungskosten** für die DDR (NP Hannover, 21. Februar 1990). Der größere Teil der Investitionen in Wirtschaft und Wohnungsbau wird ohnehin von privaten Geldgebern und der DDR selbst aufgebracht werden. Der Rest verteilt sich auf mehrere Jahr und betrifft die Infrastruktur und den Umweltschutz. Runde 50 Milliarden Mark Kosten entstehen durch Leistungen an Arbeitslose und Rentner. Bei der **Wirtschaftskraft der BRD** mit einem Handelsüberschuß von über 140 Milliarden DM jährlich eine durchaus lösbare Aufgabe ...
Mittlerweile wissen wir im Juli 1992, daß die Deutsche Einheit erheblich teurer und wesentlich länger dauern wird als damals angenommen: Mindestens auf 2000 Milliarden Mark schätzt man jetzt die Sanierungs- und Integrationskosten. Wenn das mal reicht.

13. Weit schwieriger erscheint die politischmoralische **Vergangenheitsbewältigung** mit den Nachbarn (insbesondere Polen und Frankreich!), einstiger Kriegsgegner und jetziger Verbündeter zu sein ...
Unterschiedliche Ängste verbinden sich mit der deutschen Vergangenheit, mit der Gegenwart bei der Einigung Deutschlands und der Wende und Erneuerung der Sowjetunion durch Michail Gorbatschow ... Ebenso in Ungarn, in der CSSR usw.

14. Für Andrzej Wajda, einen der bekanntesten Film- und Theaterregisseur Polens gilt: »Deutschland (STERN Nr. 10/90 S. 37), das bleibt neben allem anderen eben auch **Auschwitz**. Das heißt: **Goethe und Völkermord**, Beethoven und Gaskammern, Kant und Gendarmenstiefel. Das alles gehört unverlierbar zum »deutschen Erbe«. »Deutsche Politiker von heute tragen keine Verantwortung für die Politik von damals – und stehen doch in der Verantwortung für die deutsche Geschichte – wie jeder Deutsche. Da gibt es keine Gnade ...« – Diese prinzipielle Haltung gilt bei Wajda allerdings ebenso für sowjetische Politiker und polnische, für Kapitalisten und Kommunisten. Man darf bei diesen Überlegungen von **Schuld und Verantwortung** wirklich nicht an die »Eierei von Bundeskanzler Helmut Kohl um die Westgrenze Polens denken. Dann wird einem sehr unwohl – um es einmal vorsichtig auszudrücken ...

15. Es gibt eine große und durchaus verständliche Furcht, vor einem neuen **deutschrussischen Einvernehmen**, ja es geht die Angst vor einem weiteren »Hitler-Stalin-Pakt« um, vor einer fünften Teilung Polens! Ohne Gorbatschow sind die Entwicklungen in Osteuropa nicht denkbar und möglich, ohne deutsche Einheit und Unterstützung haben sie keine Zukunft. Daher müssen wir alle jetzt den Gürtel enger schnallen und Opfer bringen – für eine gemeinsame **Zukunft Europas** und der Welt ...
16. Der Aufruhr in den sozialistischen Ländern ist der Aufruhr der armen Leute. Werden ihre materiellen Bedürfnisse befriedigt, wird es auch Lösungen für ihre nationalen Belange geben ... Somit sehe ich schwarz, sehr schwarz ...
17. Als **Opfer der Teilung Deutschlands** mit nachrichtendienstlicher Vergangenheit (Hauptmann der Bundeswehr – und Major der NVA von 1960-70) mit mehreren vaterländischen Verdienstorden der DDR Opfer und Täter des Kalten Krieges, muß ich mit Wajda als Pessimist befürchten: Die Menschheit lernt nicht aus ihren Fehlern, sonst gäbe es keine Kriege mehr. Man darf gar nicht an Kuweit, Beirut, Israel und Jugoslawien denken ... Oder sollte die jüngste Geschichte mit einer sanften Revolution doch ein Signal der Hoffnung sein?! Wir alle müssen Angst haben vor der Unvernunft der Kurzsichtigen und Ewiggestrigen, der Krämer und Kapitalisten, der Kommunisten und Ideologen aller Schattierungen, der Nationalisten in Ost und West ... Wir können nur hoffen auf eine vernünftige EINHEIT DEUTSCHLANDS und Europas für die Zukunft dieser Welt in Frieden und Freiheit ... Vernünftige und Demokraten aller Länder vereinigt euch!!!

***

Laßt euch nicht entmutigen

Wenn ihr euch
von der Begrenztheit der möglichen Erfolge
nicht entmutigen laßt,
bevor die Weltmüdigkeit
des mittleren und späteren Alters
sich wie eine dunkle Wolke über euch legt,
dann werdet ihr das Leben
ein wenig besser für alle gemacht haben,
die nach euch kommen . . .
Sorgt euch nicht so sehr darum,
das ganze Universum in Ordnung zu bringen,
sondern versucht,
etwas aus jenem Fleckchen Erde zu machen,
wo Gott euch hingestellt hat.

Kenneth Kaunda

Schlußbemerkungen:
Ca. 300 Seiten sind von diesem Manuskript ins nächste Buch gewandert. 180 Seiten bereits ins dritte.

Den Kampf um Begnadigung und Resozialisierung sowie die Verflechtung der nachrichtendienstlichen Kontakte und Probleme konnte ich in diesem Buch nur anreißen und in wenigen Begebenheiten abhandeln. Meinen Kampf mit den Behörden, der Justiz und den Anwälten – insbesondere die beiden Scheidungen mit allen Justizquerelen und nachrichtendienstlichem Hintergrund zumindest in einem Fall kann ich erst im nächsten Buch abhandeln. Ebenso die interessanten Erlebnisse und »Abenteuer« mit den GRÜNEN. Ferner die Ereignisse und Begebenheiten, die zur Wiedervereinigung führten und massive nachrichtendienstliche Probleme aufwarfen und weiterhin aufwerfen werden ...

Hierzu verweise ich auf die Bücher von Manfred Schell und Werner Kalinka: **STASI UND KEIN ENDE** – Die Personen und Fakten, ULLSTEIN Verlag, Berlin, 1991 – Der große Report belegt, wie das frühere Ministerium für Staatssicherheit Millionen erpreßt, bedroht, bespitzelt und ausspioniert hat. Und dennoch macht dieses Buch auch den Versuch zu differenzieren: Nicht jeder MfS-Angehörige wußte, worauf er sich eingelassen hatte. Nicht jeder, der in irgendeiner Form »mitgemacht« hat, darf vom Rechtsstaat ausgegrenzt werden. Dazu kann ich im nächsten Buch an praktischen Beispielen Erläuterungen geben. Michael Müller und Andreas Kanonenberg: **DIE RAF-STASI-CONNECTION,**
ROWOHLT Verlag, Berlin, 1992
– Ihre Berichte haben im WDR-Magazin »Monitor« zur Verhaftung der verantwortlichen STASI-Offiziere geführt. Hintergründe und Folgen dieser Terror-Allianz haben sie eingehend recherchiert. Von hier aus lassen sich viele Vorgänge der RAF bis in die erste Hälfte der 80er Jahre weitgehend aufhellen. Die Indizien, die sie zusammengetragen haben, lassen den Schluß zu, daß die Niederlagen der RAF seit dem deutschen Herbst bis zu der Verhaftung des harten Kerns im Jahre 1982 nicht das Ergebnis der Aufklärungsarbeit von westdeutschen Ermittlungsbehörden waren, sondern von der STASI und anderen Gruppierungen gesteuert und herbeigeführt wurden. Sie haben die Spuren verfolgt, die über den Umweg Aden und die »palästinensischen Freunde« mit Beginn der 80er Jahre in die bundesdeutschen Behörden führten.

Abschließend fasse ich nochmals zusammen: Von 1960 bis 1970 war ich als Doppelagent zwischen den deutschen Staaten insoweit tätig, daß ich in diesen 10 Jahren an entscheidender Stelle Einblick in die Nachrichtendienste in Ost und West erhielt. Ca. 80 Kontakte und Quellen in neun Nachrichtendiensten sind mir teilweise bis heute als Privatmann erhalten geblieben. Manches kann ich weder jetzt noch später so berichten, daß es veröffent-

DIE KoKo-HOLDINGS ZUR WENDE (IM WESTEN)

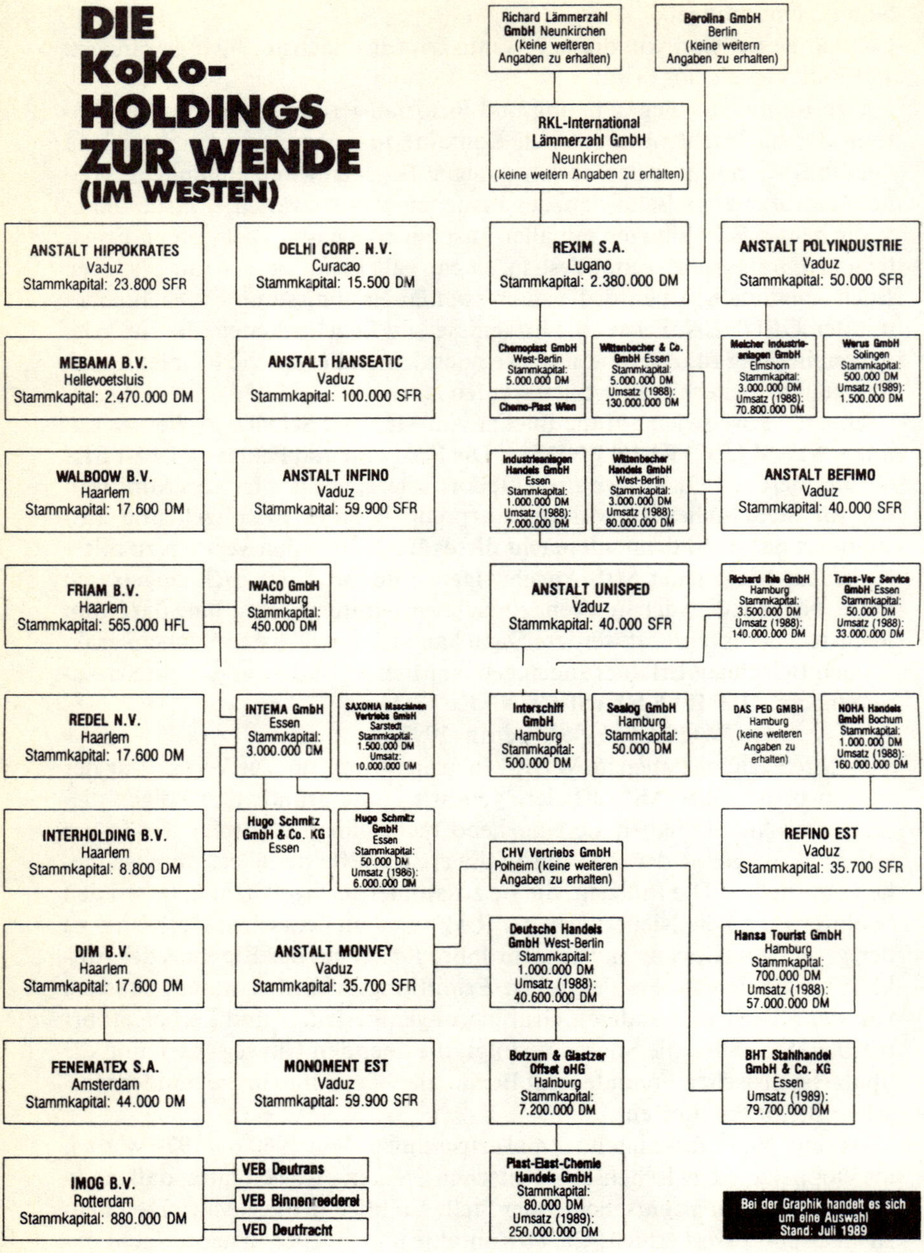

licht werden könnte. Viele nachrichtendienstliche Begebenheiten spielen in die jüngste Vergangenheit und Zukunft hinein, teilweise mit gravierenden persönlichen, politischen und insbesondere wirtschaftlichen Auswirkungen.

Als Beispiel möchte ich dafür nur auf das Imperium des Alexander Schalck-Golodkowski hinweisen, ebenso auch die Mafia in Moskau oder den anderen Ostblockländern. Bezeichnend dafür ist das Buch von Peter-Ferdinand Koch: DAS SCHALCK-IMPERIUM LEBT – Deutschland wird gekauft, PIPER Verlag, München, 1992. KOKO lebt. Sein Imperium hat sich versehen mit einem fetten Profit aus der Wiedervereinigung in die größere Bundesrepublik gerettet. Diese Themen und andere werde ich ausführlich im nächsten Buch behandeln:

MEIN NAME IST HAASE – ICH WEISS NOCH MEHR!

Ebenso weise ich auf das äußerst informative Buch von Peter Scherer hin: »DAS NETZ« (Ullstein Report – 1993) – **Organisiertes Verbrechen in Deutschland: Der Griff nach der Macht – Die Verstrickungen der Mächtigen – Das Versagen der Politiker.** Während in Bonn Koalitionszwänge, Lobbyistenpolitik und juristische Sophisterei eine wirksame Bekämpfung der organisierten Kriminalität verhindern, gewinnen die für soviel Entgegenkommen sicher dankbaren Syndikate immer weiter an Boden. Die Sicherheitslage verschärft sich. Das organisierte Verbrechen greift nach der Macht. Wehret den Anfängen! (Herr Zachert sollte sich wirklich mit mir in Verbindung setzen!)

Schlußbetrachtungen, Nachworte

Einem Autor fällt es immer schwer, den Schlußpunkt zu setzen.

Von verschiedenen Seiten wurde und werde ich bedrängt, noch dies und jenes im Buch aufzunehmen: Leichen auszubuddeln oder zu produzieren, Stasi-Leute hochgehen zu lassen, Maulwürfe zu enttarnen oder aufzuschrecken, was ich vielleicht könnte ...

Es wurde mir viel Geld geboten für den Fall, daß ich etwas »Handfestes« gegen Ministerpräsident Stolpe vorbrächte, was ich aber aus unterschiedlichsten Gründen bisher unterließ, obwohl mehrere Verlage mich geradezu bedrängen. Aber wer im Glashaus sitzt, sollte nicht mit Steinen werfen ... Besonders schlimm waren die primitiven Erpressungsversuche aus dem Betzel-Verlag mit Dietrich Reinhardt und auch von [redacted]

Es heißt an vielen Stellen dieses Werkes: Mehr im nächsten Buch. Dies ist keine Ausrede, sondern notwendige Vorsicht, weil das Buch sonst gar nicht hätte erscheinen können oder ich bald tot wäre ... Dennoch will ich mich hierfür bei meinen Lesern entschuldigen.

Mein vorletzter »Möchte-gern-Verleger« meinte wörtlich, das Verbot des Buches oder meine Ermordung wäre seine beste Verkaufsförderung. Er würde mein Honorar an meine Erben auszahlen ... Ich kann mir aber eine humanere Art des Selbstmordes vorstellen.

Ich habe dennoch mehr zu bieten!

Einer der bedeutsamsten Skandale der Bundesrepublik dürfte der Barschel-Mord sein, von dem ich weiß, daß er auf hoher Ebene vorgeplant und beschlossen wurde. Dies mag unglaublich klingen, aber ich wußte eben schon zwei Tage vor dem Tod Barschels, daß er umgebracht und der Mord als Selbstmord kaschiert werden sollte, warum und von wem, wie es ja auch geschah.

Ironischerweise kostete der Barschel-Mord rund 22 Millionen Dollar und damit genausoviel, wie das Heraushalten der GRÜNEN aus dem Bundestag im Dezember 1990.

Sonst wären die mit etwa 53 Abgeordneten in dieses Parlament eingezogen. Vgl. dazu meinen Briefwechsel mit dem Bundesvorstand und Petra Kelly von Oktober bis Dezember 1990 . . .

An dieser Stelle möchte ich noch einmal kurz eingehen auf GLADIO, Die Bilderberger, Die LOGE P2, Ghaddafi und Arafat, ferner auf die PLO und das Stasi-Syndrom, die Mafia in Ost und West, die Vereinigungskriminalität sowie auf das organisierte Verbrechen, die Waffen- und Drogenkriminalität, den Barschel-Mord und Werner Mauss sowie auf deren internationale Verknüpfungen ...

So zum Beispiel auch auf den **»Paten des Terrors« Monzer Al Kassar**, der wohl einer der reichsten und einflußreichsten Männer der Welt ist. Es gibt nichts, womit er nicht Geschäfte macht: Waffen, Rauschgift, Geiseln. Am Iran-Contra-Geschäft war er ebenso beteiligt wie am Kokainschmuggel in die USA. Er belieferte gleichzeitig den Iran und den Irak mit Waffen aus Österreich, verhalf einem der Terroristen, die 1985 die Achille Lauro gekapert hatten, zur Flucht ... Zur Vertiefung verweise ich auf das Buch von Manfred Morstein, Piper-Verlag. Von mir mehr dazu in meinem nächsten Buch.

Nach dem Zusammenbruch des Ostblocks hat der »Kapitalismus« gesiegt. Bei dem ungeheuren Ausmaß von Vereinigungskriminalität bedarf es eines eigenen Buches, um über die Machenschaften der Mafia in Ost und West zu berichten. Es ist eine traurige Gewißheit, daß aus den Sicherheitsapparaten des KGB und der Stasi (MfS) gerade die besten und intelligentesten Leute teilweise noch vor der Wende, zumindest aber kurz danach, in Schlüsselstellungen der Wirtschaft und der Mafia abgetaucht sind. Die Dunkelziffer der Immobilien- und Industriegeschäfte im Bereich der neuen Länder und des gesamten Ostblocks von seiten der Mafia Ost-West dürfte sich in zweisteliger Milliardenhöhe bewegen.

Das Kapitalverbrechen triumphiert: Es wird gestohlen, hinterzogen, betrogen, bestochen, getötet und zerstört. Interessenverflechtungen zwischen Bankern, Industriellen und Politikern bewirken mehr als jede Wahl. Wir staunen über die Tricks der West-Ost-Manager, der Ärzte und Pharmazeuten. Wir empören uns über den Steuerbetrug von Unternehmern und Politikern, beklagen die Korruption und die Ausplünderung der Entwicklungsländer und protestieren gegen die Zerstörung unserer Umwelt und damit unseres Planeten. Wir übersehen, daß diese Verbrechen und Bedrohungen eine gemeinsame Ursache haben: die Konkurrenz zwischen illegalem und legalem Kapitalismus!

Hans See zeigt in seinem fesselnden Buch »Kapitalverbrechen – die Verwirtschaftung der Moral« (Claassen Verlag), wie die westlichen Wirtschaftsmächte, die Konzerne und deren Konkurrenz Verbrechen – nach rechtlichen wie moralischen Maßstäben – hervorbringen. Längst stehen sich nicht mehr Kapitalisten und Arbeiter gegenüber, vielmehr kämpft Kapital gegen Kapital, und zwar – legal und illegal. Im Strudel dieses Kampfes drohen alle ethischen Werte unterzugehen. **Die soziale Moral wird »verwirtschaftet«.**

Wer weiß schon, daß die USA fast 5 Billionen $ (5.000.000.000.000 Dollar) Schulden haben! Auch der neue Präsident Clinton wird nicht verhin-

dern können, daß von den ca. 2.000 Großbanken in den nächsten Jahren einige hundert Konkurs werden anmelden müssen. Insbesondere wegen ihrer unsoliden Kreditvergabe an die Dritte Welt.
Die Provision für Vermittler, Wirtschaftler und Politiker mußte nur stimmen. Die Zeche zahlt natürlich – wie immer im Leben – der »kleine Mann« . . . **Die Armen werden immer ärmer – die Reichen immer reicher,** was seit der Erfindung des Geldes so sein dürfte.

Wer weiß schon, daß wir in Indien bereits einige Millionen AIDS-Infizierte haben, und mit mindestens zehn Millionen im Jahre 2.000 dort gerechnet wird. In Europa werden es dann offiziell ca. 2 Millionen sein, in Afrika allerdings jeder Dritte. Zum Welt-Aidstag (02.12.92) wiesen Forscher der »Global Aids Policy Coalition« in Washington darauf hin, daß in Afrika bis zum Jahre 2000 etwa zehn Millionen Kinder mindestens einen Elternteil durch Aids verloren haben. (NP-Hannover) Übereinstimmende Meinung der Fachleute: Die Krankheit kommt in eine gefährliche Phase, weil die Verantwortlischen gleichgültig werden und die Größe des Problems verkennen. »Niemand glaubt, daß wir Aids unter Kontrolle bringen können mit dem, was wir jetzt tun«, klagte ein UN-Mitarbeiter. Nach seinen Schätzungen werden zur Jahrtausendwende möglicherweise 110 Millionen Menschen mit dem HIV-Virus infiziert sein. Heute sind es bereits zwölf Millionen. Die sozialen Probleme hieraus sind für uns unvorstellbar. Ganze Gesellschaften und Sozialsysteme brechen zusammen! Dies wiederum bewirkt unsteuerbare »Terrorszenarien«: ein einzelner Verelendeter und Verzweifelter mit einer Tüte Chemikalien für wenige hundert Mark kann das Trinkwasser einer Großstadt vergiften und in einer Stunde hunderttausend Tote »produzieren«. Vierte gegen erste Welt . . .

Ohne Zweifel ließe sich die psychopolitische Wirkung des Terrorismus durch die Einsatzdrohung von atomaren, chemischen oder biologischen Kampfmitteln zu furchterregenden Größenordnungen eskalieren. Der Einsatz von oder die Drohung mit ABC-Terrorismus dürfte zu den tiefsten Erschütterungen massenpsychologischer Art führen.

Erhebliche Existenzangst würde das Verhalten größerer Bevölkerungsgruppen bestimmen. Extreme Streßsymptome, wie Panik, Fluchtverhalten, aber auch »gewaltsames Druckablassen« wären in einem Maßstab zu erwarten, der unser normales Sicherheitssystem völlig überforderte und gegen den die Ereignisse von Rostock usw. wie Sandkastenspielereien erschienen.

Meine Erkenntnisse hierüber sind so gravierend, daß ich sie hier und jetzt noch nicht veröffentlichen kann, weil ich damit quasi »Selbstmord« beginge. Die zu meinem Schutze hinterlegten Testamente, ich erwähnte das bereits, dürften bei meinem Ableben erhebliche Skandale in Sicherheitsdiensten und Behörden auslösen. Meine größten Widersacher haben den jeweils sie betreffenden Text zugestellt erhalten – und dürften somit meine besten Beschützer sein.

Agenten leben einsam

Die Einsamkeit des Agenten oder Spions hat seinen Mythos begründet, der in Romanen und Filmen ausgeschlachtet wird. Das Genre wird seine Faszination so schnell nicht einbüßen, auch wenn die Spione fortan nicht mehr aus der Kälte kommen. Die Thriller-Autoren werden sich den veränderten Verhältnissen anzupassen wissen.
Sie haben es seit Homer getan, der seinen gewandten Odysseus nach Troja hineinschickte, wo er die Trojaner ausspähte. Aber nicht nur in der europäischen Antike finden sich bereits nahezu alle Agententypen im Einsatz, die auch die folgenden Jahrhunderte bevölkerten: Die Nachrichtenbeschaffer und -übermittler, die Aufklärer und Abhörer, die Analytiker und Doppelagenten.

Sun Tzu war der erste Theoretiker der Spionage, der um 600 v. Chr. in dem berühmten Traktat über die Kriegskunst seine kleine Agententypologie in vier Kategorien unterteilt:
1. Den ortsansässigen Spion, der im Land des Gegners angeworben wird. Hierbei werden Angehörige aller gesellschaftlichen Schichten berücksichtigt.
2. Den inneren Spion, der aus dem engen Kreis der Ratgeber und Spitzenbeamten der Verwaltung gewonnen wird.
3. Weiter den Spion des Todes, der mit falschen Informationen den Gegner irreführt und das Risiko eingeht, bei seiner Enttarnung zu sterben.
4. Zuletzt den Spion des Lebens, der als Kundschafter das gegnerische Lager infiltriert mit der Aufgabe, wichtige Informationen für seine Partei um jeden Preis zu beschaffen.

Meine Wenigkeit gehörte wechselsweise allen vier Sparten wechselseitig an, denn Doppelagenten leben am gefährlichsten ... und sterben meist einsam.

Gedanken zur Situation Europas und der Welt nach dem Zusammenbruch des sozialistischen Lagers

Probleme der inneren Sicherheit im neuen Europa

Der Terrorismus kann auch definiert werden als eine Form der Strategie und Taktik des Kleinkrieges. Der Kleinkrieg und mit ihm der Terrorismus ist gemäß dem Clausewitz-Zitat die Fortsetzung der Politik mit anderen

Mitteln. Beide dienen politischen bzw. »Staatsinteressen« zur strategischen Durchsetzung ihrer Ziele. Wir haben den internationalen Terrorismus oft als funktionalen Bestandteil und als taktisches Element einer Gesamtstrategie erlebt und gesehen. Ich bin in der Diskussion mit Rainer Apel – auf einem der interessanten Seminare an der Akademie in Loccum – in wesentlichen Punkten bei den obigen Themen zu einem ähnlichen Ergebnis gekommen wie die sehr informative EIRNA-Studie (Hrsg.: Executive Intelligence Review – Nachrichtenagentur, Wiesbaden, vom Januar 1992), aus der ich mit freundlicher Genehmigung des Verlages einige Zitate bringen möchte:

»Der Zusammenbruch der kommunistischen Regime in den ehemaligen Satellitenstaaten Osteuropas und der gescheiterte Restaurationsversuch der imperial-kommunistischen Nomenklatura im August 1991, der das Ende der bisherigen Sowjetunion besiegelte, macht eine neue Lagebeurteilung bezüglich des internationalen Terrorismus notwendig. Dies gilt in dreifacher Hinsicht:

1. Wer bislang oder immer noch Terrorismus als autochthones »soziologisches Phänomen« angesehen hat oder ansieht, ist mit einem immensen, täglich anwachsenden Material aus dem ehemaligen kommunistischen Staaten konfrontiert, das die enge Verbindung terroristischer Gruppen mit den Diensten des ehemaligen kommunistischen Herrschaftsbereichs beweist.

2. Wer den Zusammenhang zwischen terroristischen Organisationen und den Diensten des ehemaligen Sowjetimperiums – als charakteristische Form sowjetischer Surrogatkriegsführung – erkannt hatte, muß nun seine Position bezüglich des kommunistischen »state sponsored« Terrorismus zumindest so weit modifizieren, daß nur noch kommunistische Restbastionen als Sponsoren in Frage kommen.

3. Wer die Vorstellung, daß terroristische Organisationen autochthone »soziologische Phänomene« sind, abgelehnt und nachdrücklich auf die Steuerung durch östliche Dienste hingewiesen hat, steht jetzt vor der Herausforderung, schwerpunktmäßig den nichtkommunistischen Hintergrund terroristischer Aktivitäten auszuleuchten. Dabei stellt sich – wie in den 80er Jahren bezüglich kommunistischer Steuerung – das Problem fehlender gerichtsgültiger Beweise.

EIRNA hat in den letzten 15 Jahren versucht, konsistent die dritte Position einzunehmen. In den 80er Jahren, als die Fülle gerichtsgültiger Beweise über Steuerung und Kontrolle terroristischer Gruppen aus den Stasi-Archiven noch nicht verfügbar war, entwickelten wir das Konzept des Terrorismus im Rahmen der sowjetischen Kleinkriegstrategie. Uns stand dabei nur Indizienmaterial (circumstantial evidence) zur Verfügung. Mit diesem Ansatz haben wir uns bei denjenigen unbeliebt gemacht, die im Terrorismus ein strikt kriminalistisches Phänomen sehen, dem mit strikt polizeilichen Mitteln zu begegnen sei.«

Ich fürchte, daß gerade für das vereinte Deutschland der Einsatz des Terrorismus als provokatorisches Mittel zum Zwecke der politischen Diskreditierung und Destabilisierung eine nicht zu unterschätzende Gefahr darstellt, vgl. hierzu das jüngste Attentat von Weiterstadt, März 1993, wo eindeutig »Profis« dahintersteckten. Aber wer? Ich bin mir nicht sicher.
Der Einsatz neonazistischer und rechtsradikaler Terroristen könnte die internationale Stellung und Handlungsfähigkeit Deutschlands ganz erheblich negativ beeinflussen. Ergänzend käme die linksextremistische terroristische Taktik hinzu, führende Repräsentanten Deutschlands – im Rahmen des Kampfes gegen »Großdeutschland« bzw. das »Vierte Reich« – durch terroristische Anschläge zu liquidieren.

Im Herbst 1991 hat genau diese Entwicklung eingesetzt. Es kam zu einem sprunghaften Anstieg rechtsextremistischer Anschläge mit der Stoßrichtung gegen asylsuchende Ausländer. Tätliche Angriffe mit der Folge schwerer Verletzungen häuften sich, vereinzelt kam es sogar zu Mordanschlägen und Tötungen. Seit Spätsommer 1991 wurden fast täglich Unterkünfte von Asylanten und Ausländern angegriffen und teilweise verwüstet und niedergebrannt. Parallel dazu bildeten sich Ansätze neuer Organisationsstrukturen im rechtsextremistischen/neonazistischen Milieu heraus. Soweit bislang erkennbar, zeigen diese organisatorischen Ansätze eine spiegelbildliche Ähnlichkeit mit der Herausbildung des linksextremistisch-terroristischen Milieus aus der »antiautoritären 68er-Jugendbewegung« in der ersten Hälfte der 70er Jahre.

Annäherungweise läßt sich sagen, daß sich die Herausbildung von Strukturen des rechtsextremistischen Terrorismus in konzentrischen Kreisen vollzieht. Der äußere Kreis ist in erster Linie das diffuse Milieu von Jugendbanden wie den sogenannten Skinheads. In zweiter Linie sind es rechtsextreme Parteien mit meist älterer Mitgliedschaft. Die Gruppen der jugendlichen »Skinszene« kommen mehrheitlich aus der Unterschicht, die besonders dem Problem der Arbeitslosigkeit ausgesetzt sind. In der Skin-Szene herrscht eine diffuse Ideologie von Ausländerfeindlichkeit und eigener sozialer Benachteiligung. Gleichermaßen wichtig für diese Gruppen sind Haartracht, militärisch aussehende Kleidung, »Kampfrituale« wie bei Fußballspielen und ähnliche gegen »andere« gerichtete »Gemeinschaftserlebnisse«. Skin-Gruppen werden meist von »Führerfiguren« dominiert. Es sind auch die ersten Ansätze zu überregionalen Verbindungen zwischen Skin-Gruppen und zu szenespezifischen Publikationen sichtbar.

Die Skin-Gruppen sind nur im soziopolitischen Sinne rechtsextrem. Aber sie bilden ein Reservoir für rechtsextremistische Militanz und rechtsextremistischen Terrorismus. Sie sind dem Zugriff kadermäßig organisierter Gruppen des rechtsextremistischen Milieus ausgesetzt. Aus der latent gewaltbereiten Skin-Szene können sich Kadergruppen einerseits rekrutieren und andererseits Skin-Gruppen ideologisch anleiten und ihnen »Handlungsanweisungen« für militante oder terroristische Gewaltakte geben. Ein genaueres Bild über die Kadergruppierungen der militanten und terroristischen rechtsextremen Szene ist schwer zu erlangen, weil sie weitgehend verdeckt agieren und die in der Öffentlichkeit auftretenden Gruppen meist nicht die gefährlichsten sind.

Wie erwähnt, sind die Kadergruppen der rechtsextremistischen Terrorszene Italiens in den 70er Jahren weitgehend durch die »P2«-Politologe gesteuert worden, die ihrerseits engstens mit anglo-amerikanischen Diensten zusammenhing. Ein extrem brisantes Politikum, daß von unseren Diensten unterschätzt wird.

Im Ausland, vor allem aber in England und auch in Amerika, laufen seit der Wiedervereinigung zum Teil richtige Pressekampagnen gegen Deutschland. So erschien im Juni 1991 im konservativen »Spectator« der Artikel: **»Das Tausendjährige Reich – Die gemeinsamen Zielvorstellungen der Nazis und des modernen Deutschland«**, in dem es u.a. heißt: Die Ziele der Herren Genscher und Kohl seien die gleichen wie die Hitlers, die Herrschaft über ihre europäischen Nachbarn anzustreben. Der ganze Erfahrungsschatz britischer Außenpolitik müsse aufgewendet werden, dies zu verhindern. Großbritannien müsse sich dabei vom Geiste Clemenceaus leiten lassen.

Am 15. Oktober 1991 erklärte der Oberkommandierende der NATO, General John Galvin, der Washington Post, die USA müßten in Europa und vor allem in Deutschland militärisch präsent bleiben. . . . Ohne einen »bestimmenden Einfluß« der USA über die Sicherheit Europas seien neue historische Tragödien zwischen den Staaten Europas wahrscheinlich.

Rechtsextremistische Gewaltakte sind ein äußerst wirksames Mittel, um derartige Gefahren zu beschwören, die angeblich von Deutschland ausgehen. Dies erleichtert dann die Durchsetzung bestimmter strategischer Maßnahmen in der internationalen Politik bezüglich Deutschlands.

»Terrorismus ist die vorgeplante Terroranwendung zur Ausübung unkontrollierter Macht mit dem Ziel der individuellen und kollektiven Verhaltensänderung, Lähmung oder Zerrüttung einer Gesellschaft.

Durch die menschliche Geschichte zieht sich eine Blutspur mörderischer Grausamkeiten. Dies geht von Nero über die Christenverfolgung zur Völkerwanderung, von den Kreuzzügen über die Verfolgung der Katharer bis zur Hexenverfolgung. Dabei nimmt der Terrorismus als die vorgeplante Terroranwendung Einzelner, von Gruppen und Banden, bis zu Organisationen wie Staat und Kirche gewohnheitsrechtlich einen großen Raum ein. In unserer westlichen Zivilisation gibt es nur geringe Erfolge kulturtechnischer und moralischer Einübung oder über gesellschaftliche Sanktionen auf dem Weg zu mehr Toleranz.

Der Terrorismus wird durch die marxistischen Lehren in der Art einer Ersatzreligion für Weltverbesserer im Diesseits zu einem zweckheiligenden »Säuberungsmittel ohne kriminelle Substanz«. Dabei werden die sozialreformerischen Möglichkeiten völlig verkannt. Diese Umwertung im Interesse des klassenkämpferischen Vernichtungskampfes zerstört die sinnstiftenden kulturellen Grundlagen auf dem beschrittenen Wege zu mehr Freiheit und Menschenwürde. Der bedenkliche Rückschritt mit ideologischer Verbrämung und intellektueller Verführung muß als solcher erklärt, nicht mehr gebilligt und beendet werden.

Durch die Machteroberung im Wege seiner Umsturzlehre hat der sogenannte »reine Leninismus«, aufbauend auf dem Marxismus und ihn verändernd, die gesamte Weltordnung zu zerstören versucht. Jedoch konnte die terroristische Initialzündung zur Weltrevolution z. B. in Deutschland und Ungarn nicht ausgelöst werden, weil demokratische Mehrheiten und Organe der inneren Sicherheit die vollendete Destabilisierung verhinderten.

Das durch Rückständigkeit, terroristischen Blutrausch, Bürgerkrieg und Fehleinschätzung der zivilisatorischen und kulturellen Bedeutung des Eigentums ungeheuer geschädigte Staatswesen der Sowjetunion hat infolge der erzwungenen Beschäftigung mit sich selbst, Machtkämpfe und Industrialisierungsproblemen bis zum Zweiten Weltkrieg auf den umwälzenden Revolutionsexport (weitgehend) verzichten müssen. Damit wurde dem extensiven kulturzerstörenden Terrorismus der Weg verbaut. Stalins zertrümmernder »Racheterror« verhinderte die Ausbreitung des Trotzkismus mit seinen hochbrisanten Revolutionsvorstellungen permanenter Terrorismusmotorik.

Die sowjetischen Weltmeister in Täuschung und Verstellung entsprechend dem Verhaltenskodex Lenins hatten von den leicht erkennbaren Operationen des eigenen Staatsterrorismus der ersten 30 Jahre auf eine höhere Stufe der Terrorismusstrategie umgeschaltet. Sie stellte sich in der Kombination von schlecht nachweisbarem Stellvertreterterrorismus und psychologischer Kriegsführung als eine aus Sachzwängen abgemagerte Friedenskriegführung dar, die nur durch äußerste Anstrengungen der demokratischen westlichen Länder verhindert werden konnte. Bei dem Atompatt und der immer noch nicht abgebauten Machtstellung des sowjetischen Sicherheitsapparates laufen die Operationen teilweise – wenn auch verdeckt – weiter (Wirtschafts- und Drogen-Mafia!). Was geschieht mit dem Atompotential der GUS-Länder?

Die geringen Abwehrerfolge gegenüber den konkreten Destabilisierungsoperationen der ferngesteuerten sowjetischen Terrorismusstrategie sind durch politische Handlungsschwäche in der Stimmungs- und Zustimmungsdemokratie und Behinderung der wesentlichen Sicherheitsorgane in der Ordnungsbewahrungskette bedingt. Bei der fortschreitenden Professionalisierung der Terroristen ist die Bedrohung und Sicherheitsgefährdung so nicht zu unterlaufen oder zu beseitigen. Sie wird ganz im Gegenteil potenziert durch die totale Destabilisierung des ehemaligen Ostblocks und der Dritten Welt durch Armut, Aids . . . usw.

Wegen der hierarchischen Eingliederung der Geheimdienstzentralen der Satelliten ist absolut ausgeschlossen, daß die sowjetischen Führungszentralen nicht oder nicht ausreichend über die umfangreichen Unterstützungsmaßnahmen der Ex-DDR für den Bandenterrorismus in Europa und Nahost informiert waren. Der Stasi-Apparat war wesentlich mehr als ein Trittbrettfahrer des Terrorismus.

Diesen Punkt kann ich hier nicht näher ausführen, da ich sonst um mein Leben füchten müßte und – dies Buch sonst nicht erschiene. Ohnehin habe ich in den letzten Monaten von mehreren Seiten Nötigungen und Morddrohungen erhalten.

Das vagabundierende Terrorismuspotential frustrierter Agenten und arbeitsloser Spitzel

Wer in Sicherheitskategorien zu denken vermag, erkennt ohne jeden Zweifel, daß die abgehalfterten Geheimdienstoffiziere der Ex-DDR, aber auch vieler anderer ehemaliger Ostblockstaaten, zu Tausenden auf neue Aufgaben lauern und solche Gelegenheiten suchen. Ihr Gewerbe haben sie als Agentenführer, Überwacher, Terror-Spezialisten, Saboteure, Residenten, Auswerter, Geheimtechniker, Manipulations- und Desinformationsmanager, Verhörprofessionals, Observationsleiter, Aufklärer und Ausforscher überdurchschnittlich gut gelernt.

Wer hier im Blick auf die Realität untergehender, enttäuschter, privilegienverwöhnter Teileliten, die in ihrem aktiveren Teil am Laufbahnende ihren Haß ausleben wollen, noch freundliche Schönwetterkommentare produzieren kann, muß ein Illusionär sein – wie wohl viele unserer hochbezahlten westdeutschen Sicherheitsexperten, die – wie jeder Geheimdienst . . . zu drei Viertel vom Zeitungslesen existieren, es aber anscheinend nicht richtig auswerten können.

Vorausschauende Spezialisten werden als Spinner, Phantasten und Illusionäre lächerlich gemacht und kaltgestellt. Wie leider auch ich . . .

Es gibt inzwischen genügend Bestätigungen, daß der damalige KGB sich zur Verbesserung seiner Leistungsfähigkeit einige Teams und Spezialisten (ca. 3000 Männer und Frauen) der Ex-DDR-Geheimdienste einverleibt hat – neben der freundlichen Nothilfe bei der Spurenbeseitigung. Spuren, die oft Blutspuren waren. Lastwagenweise sind Stasi-Aktenberge, weil nicht alles hochgeheime Material schnell genug verbrannt werden konnte, in die sowjetischen Kasernen oder ohne diesen Umweg direkt in die geheimdienstliche Führungszentrale West des KGB in Berlin-Karlshorst transportiert worden.

Das beweist ebenso wie Honeckers fadenscheinige »Schutzaufnahme«, Abtransport in die Sowjetunion und dessen Begünstigung über Monate hinweg, daß mit allen Mitteln verhindert werden soll, daß die ungeheuren Verbrechen des Systems an die Weltöffentlichkeit kommen, damit seine Repräsentanten sich nicht verantworten müssen. Niemand, trotz Wende, angeblicher Revolution von oben, Verschwörung und Umsturzversuch, will die Karten aufdecken lassen. Auch unsere eigenen Dienste nicht –, bei Waffenhandel, Schalck-Syndrom, Willner oder ähnlichen Themen.

Wer über den gesamten Personenkreis nachdenkt, der eine Bereitschaft mitbringt, aktiv an der weiteren Destabilisierung der verhaßten Westzivilisation mitzuwirken, darf auch diejenigen nicht vergessen, welche jenseits von Weichsel und Bug den empfohlenen Einzug in das sogenannte »europäische Haus« verweigern. Niemals seit dem Zweiten Weltkrieg vagabundierten soviel Waffen und Kampfmittel. Hinzu kommen riesige Geldmittel aus unterschlagenen Teilvermögen der ehemaligen SED, Tarnfirmen etc. aber auch aus Geldwäschetransaktionen aus den Drogenhandel etc., wobei die Ost-West-Mafia in zweistelliger Milliardenhöhe beteiligt ist, ganz abgesehen von der **Vereinigungskrminalität** (z. B. Transferrubel) . . .

Der revolutionäre Terrorismus marxistisch-leninistische Prägung feiert im zweiten **Vielvölkerstaat Jugoslawien** auf dem Balkan blutige Triumphe. Während der Westen im Falle des kleinen Kuwait seine militärische Macht demonstrativ einsetzte, hat der ehemalige sowjetische Verteidigungsminister Jasow bei seinen konspirativen Beratungsbesuchen in Belgrad zu Recht gesagt, daß sich der Westen nicht für Slowenien, Kroatien und Bosnien-Herzegovina engagieren würde.

Die orthodoxen Dogmatiker im (ehemaligen) KGB- und im Militärapparat sollen laut ernstzunehmenden Hinweisen nach Abklärung mit den Interessen Pekings die serbischen Genossen dazu aufgefordert haben, das neue, alte **Großserbien** mittels Terrorkrieg zu installieren. Entsprechend der listigen Planung sollte zur Destabilisierung des Westens nach dem Krieg um Kuweit – als weltpolitisch günstiger Phase mit der hier noch möglichen **Kleinkriegsführung durch Freischärler, Mordkommandos** und gemischten Kampfgruppen von Partisaneneinheiten und Armeeteilen – ein Blitzkrieg mit begrenzten Zielen des Schneisenschlagens geführt werden. Das strategische Grundkonzept gab es bereits unter Tito; mußte doch in dem 1918 ohne Rücksicht auf nationale, kulturell-religiöse und historisch unverträgliche Gegensätze und wider jedes Selbstbestimmungsrecht erzwungenen Vielvölkerstaat immer wieder mit dem Ausbruchsversuch einer Bevölkerungsgruppe gerechnet werden, so wie es die Kroaten ja dank italienischer und deutscher Hilfe im zweiten Weltkrieg mit der Etablierung ihres Ustascha-Staates taten. Tito – selbst Kroate – löste dies über die sogenannte Volksbewaffnung der geheimdienstlich überprüften regimetreuen (meist serbischen) Männer.

Wesentliche **Teile der verdeckten Kampfführung** neuerer Art und auch der versteckten Anti-Perestroika-Front in den vier tragenden Machtsäulen der untergegangenen Sowjetunion – dem Partei-, dem Regierungs-, dem Militär- und dem Sicherheitsapparat – haben ihre konspirative Opposition gegenüber der Minderheitsfraktion der Reformer nicht nur über inneren Widerstand, über Bremsung unerwünschter Entwicklungen im Baltikum etwa, durch Gruppenterror und durch Sabotage wirksam werden lassen, sondern konnten im Einverständnis mit den chinesischen Genossen das schon immer vorhandene »**europäische Pulverfaß**« – wie auf dem Balkan geschehen – anzünden, um auf ihre unnachahmliche Art als »rote Totengräber« ihren Destabilisierungsauftrag gegenüber der sozialismusfeindlichen kapitalistischen Welt zu erfüllen.

Der Westen sieht dem mit zahlreichen UN-Beobachtern ohnmächtig zu. Er leistet – wenn möglich – humanitäre Hilfe.

Die konkrete **Destabilisierung des werdenden Europa** und der westlichen Zivilisation durch die Schocktherapie des angezettelten Bürgerkriegs auf dem Balkan wird erreicht über den gefährlichen weltweiten Vertrauensverlust, die **Hilflosigkeitsbeweise,** die **Blamage als Papiertiger**, die Aufdeckung der intimen **Gegensätze der Eliten des Westens** innerhalb der EG, die einerseits die Serben stützen, Jugoslawien erhalten und deutsche Einflußvermehrung abblocken wollen, andererseits im eigenen Land heillose Auswirkungen der Selbständigkeitsregungen kleinerer Volksgruppen fürchten, oder schließlich das Selbstbestimmungsrecht durchgesetzt sehen wollen, für das angeblich alle in einer neuen Weltordnung kämpfen wollen.

Die **Verarmungsprobleme** und damit Brutalisierungs- und Kriminalisierungstendenzen **im Osten Europas** werden unendlich vermehrt. Ein Dauerunruheherd bleibt. Dadurch wächst der **Wanderungsdruck** auf wohlhabendere Länder und deren psychologische Belastung. Z. Zt. schätzt man, daß ca. 20 Millionen Osteuropäer in den »goldenen Westen« abwandern wollen. Dieser gewollte zusätzliche Energieabzug soll im Sinne der Terrorismusstrategie der marxistisch-leninistischen Klassenideologie – die als keineswegs abgestorben angesehen werden darf, wie man uns medienwirksam mit dem naiven Hinweis auf das Ende des sogenannten Kalten Krieges immer wieder einhämmert – das riesige Sozialgefälle zwischen West und Ost einebnen und bei den reichen Völkern einen verschleierten und geradezu perversen Frust der Vergiftung und Selbstzerstörung erzeugen, wie die ins uferlose **wachsende Staatsverschuldung der großen Wirtschaftsmächte** (USA, BRD aber beginnend auch in Japan) und die seit einem Jahr sich **verstärkende weltweite Rezession** beweisen, die sicherheitspolitisch noch längst nicht eingeordnet oder analysiert sind.

Der Kapitalismus erzeugt manchmal eben »betriebsblind« den eigenen Strick, an dem er sich eines Tages selbst aufhängt. Verzeiht mir bitte diese Schwarzmalerei, aber ich habe Angst vor der Zukunft der unverbesserlichen Optimisten, die eifrig das Ozonloch vergrößern, die Wälder absterben lassen und die Meere vergiften, weil sie den Untergang, den sie unaufhaltsam herbeiführen, ja selbst nicht mehr erleben werden.

***

Wehret dem Ende!
Wacht auf!

»Erst wenn
der letzte Baum gerodet
der letzte Fluß vergiftet
der letzte Fisch gefangen ist,
werdet ihr feststellen
daß man Geld
nicht essen kann!«

Weissagung der Cree

Ich will als ein wunderschönes Stück Literatur und Meditationsbeispiel indianischer Lebensweisheit hier abdrucken lassen:

Die Rede des Häuptlings Seattle an den Präsidenten der Vereinigten Staaten von Amerika im Jahre 1855

Wir sind ein Teil der Erde

Der Staat Washington, im Nordwesten der USA, war die Heimat der Duwamish, eines Volkes, das sich – wie alle Indianer – als einen Teil der Natur betrachtete, ihr Respekt und Ehrerbietung erwies und seit Generationen mit ihr in Harmonie lebte.

Im Jahre 1855 machte der 14. Präsident der Vereinigten Staaten, der Demokrat Franklin Pierce, den Duwamish das Angebot, ihr Land weißen Siedlern zu verkaufen; sie selbst sollten in ein Reservat ziehen.

Die Indianer verstanden das nicht. Wie kann man Land kaufen und verkaufen? Nach ihrer Vorstellung kann der Mensch die Erde nicht besitzen, sowenig wie er den Himmel, die Frische der Luft oder das Glitzern des Wassers besitzen kann.

Chief Seattle, der Häuptling der Duwamish, antwortete dem »großen Häuptling der Weißen« auf dessen Angebot mit einer Rede, deren Weisheit, Kritik und bescheidene Hoffnung uns heute, fast 130 Jahre später, mehr denn je betrifft und betroffen macht.

»Meine Worte sind wie Sterne, sie gehen nicht unter«, sagte Chief Seattle.

Sein Volk hat nicht überlebt, seine Worte wurden nicht gehört.
Werden wir sie hören? Werden wir überleben?

DIE REDE:
Der große Häuptling in Washington sendet Nachricht, daß er unser Land zu kaufen wünscht.

Der große Häuptling sendet uns auch Worte der Freundschaft und des guten Willens. Das ist freundlich von ihm, denn wir wissen, er bedarf unserer Freundschaft nicht. Aber wir werden sein Angebot bedenken, denn wir wissen – wenn wir nicht verkaufen – kommt vielleicht der weiße Mann mit Gewehren und nimmt sich unser Land. **Wie kann man den Himmel kaufen oder verkaufen – oder die Wärme der Erde?** Diese Vorstellung ist uns fremd.

Wenn wir die Frische der Luft und das Glitzern des Wassers nicht besitzen – wie könnt Ihr sie von uns kaufen? Wir werden unsere Entscheidung treffen.

Was Häuptling Seattle sagt, darauf kann sich der große Häuptling in

Washington verlassen, so sicher wie sich unser weißer Bruder auf die Wiederkehr der Jahreszeiten verlassen kann.

Meine Worte sind wie die Sterne, sie gehen nicht unter. Jeder Teil dieser Erde ist meinem Volk heilig, jede glitzernde Tannennadel, jeder sandige Strand, jeder Nebel in den dunklen Wäldern, jede Lichtung, jedes summende Insekt ist heilig, in den Gedanken und Erfahrungen meines Volkes. Der Saft, der in den Bäumen steigt, trägt die Erinnerung des roten Mannes.

Die Toten der Weißen vergessen das Land ihrer Geburt, wenn sie fortgehen, um unter den Sternen zu wandeln.

Unsere Toten vergessen diese wunderbare Erde nie, denn sie ist des roten Mannes Mutter. Wir sind ein Teil der Erde, und sie ist ein Teil von uns.

Die duftenden Blumen sind unsere Schwestern, die Rehe, das Pferd, der große Adler – sind unsere Brüder. Die felsigen Höhen, die saftigen Wiesen, die Körperwärme des Ponys – und des Menschen – sie alle gehören zur gleichen Familie.

Wenn also der große Häuptling in Washington uns Nachricht sendet, daß er unser Land zu kaufen gedenkt – so verlangt er viel von uns. Der große Häuptling teilt uns mit, daß er uns einen Platz gibt, wo wir angenehm und für uns leben können. Er wird unser Vater und wir werden seine Kinder sein. Aber kann das jemals sein? Gott liebt Euer Volk und hat seine roten Kinder verlassen. Er schickt Maschinen, um dem weißen Mann bei seiner Arbeit zu helfen, und baut große Dörfer für ihn. Er macht Euer Volk stärker, Tag für Tag. Bald werdet Ihr das Land überfluten wie Flüsse, die die Schluchten hinabstürzen nach einem unerwartetem Regen.

Mein Volk ist wie eine ablaufende Flut – aber ohne Wiederkehr. Nein, wir sind verschiedene Rassen. Unsere Kinder spielen nicht zusammen, und unsere Alten erzählen nicht die gleichen Geschichten. Gott ist Euch gut gesinnt, und wir sind Waisen. Wir werden Euer Angebot, unser Land zu kaufen, bedenken. Das wird nicht leicht sein, denn dieses Land ist uns heilig.

Wir erfreuen uns an diesen Wäldern. Ich weiß nicht – unsere Art ist anders als die Eure.

Glänzendes Wasser, das sich in Bächen und Flüssen bewegt, ist nicht nur Wasser – sondern das Blut unserer Vorfahren. Wenn wir Euch das Land verkaufen, müßt Ihr wissen, daß es heilig ist, und Eure Kinder lehren, daß es heilig ist und daß jede flüchtige Spiegelung im klaren Wasser der Seen von Ereignissen und Überlieferungen aus dem Leben meines Volkes erzählt. Das Murmeln des Wassers ist die Stimme meiner Vorväter. Die Flüsse sind unsere Brüder – sie stillen unseren Durst. Die Flüsse tragen unsere Kanus und nähren unsere Kinder.

Wenn wir unser Land verkaufen, so müßt Ihr Euch daran erinnern und Eure Kinder lehren: **Die Flüsse sind unsere Brüder – und Eure** –, und Ihr müßt von nun an den Flüssen Eure Güte geben, so wie jedem anderen Bruder auch. Der rote Mann zog sich imer zurück vor dem eindringenden weißen Mann – so wie der Frühnebel in den Bergen vor der Morgensonne weicht. Aber die Asche unserer Väter ist heilig, ihre Gräber sind geweihter Boden, und so sind diese Hügel, diese Bäume, dieser Teil der Erde uns geweiht. **Wir wissen, daß der weiße Mann unsere Art nicht versteht.** Ein Teil des Landes ist ihm gleich jedem anderen, **denn er ist ein Fremder, der kommt in der Nacht und nimmt von er Erde, was immer er braucht. Die Erde ist sein Bruder nicht, sondern Feind, und wenn er sie erobert hat, schreitet er weiter. Er läßt die Gräber seiner Väter zurück** – und kümmert sich nicht. **Er stiehlt die Erde von seinen Kindern** – und kümmert sich nicht. Seiner Väter Gräber und seiner Kinder Geburtsrecht sind vergessen. Er behandelt seine Mutter, die Erde, und seinen Bruder, den Himmel, wie Dinge zum Kaufen und Plündern, zum Verkaufen wie Schafe oder glänzende Perlen. Sein Hunger wird die Erde verschlingen und nichts zurücklassen als eine Wüste.

Ich weiß nicht – unsere Art ist anders als die Eure. Der Anblick Eurer Städte schmerzt die Augen des roten Mannes. Vielleicht, weil der rote Mann ein Wilder ist und nicht versteht.

Es gibt keine Stille in den Städten der Weißen. Keinen Ort, um das Entfalten der Blätter im Fühling zu hören oder das Summen der Insekten.

Aber vielleicht nur deshalb, weil ich ein Wilder bin und nicht verstehe. Das Geklappere scheint unsere Ohren nur zu beleidigen. Was gibt es schon im Leben, wenn man nicht den einsamen Schrei des Ziegenmelkervogels hören kann, oder das Gestreite der Frösche am Teich bei Nacht? Ich bin ein roter Mann und verstehe das nicht. Der Indianer mag das sanfte Geräusch des Windes, der über eine Teichfläche streicht – und den Geruch des Windes, gereinigt vom Mittagsregen oder schwer vom Duft der Kiefern. Die Luft ist kostbar für den roten Mann, – denn alle Dinge teilen denselben Atem – das Tier, der Baum, der Mensch – sie alle teilen denslben Atem. **Der weiße Mann scheint die Luft, die er atmet, nicht zu bemerken,** wie ein Mann, der seit vielen Tagen stirbt, ist er abgestumpft gegen den Gestank. Aber wenn wir euch unser Land verkaufen, dürft Ihr nicht vergessen, daß die Luft uns kostbar ist – daß die Luft ihren Geist teilt mit all dem Leben, das sie enthält. Der Wind gab unseren Vätern den ersten Atem und empfängt ihren letzten. Und der Wind muß auch unseren Kindern den Lebensgeist geben. Und wenn wir euch unser Land verkaufen, so müßt Ihr es als ein besonderes und geweihtes schätzen, als einen Ort, wo auch der weiße Mann spürt, daß der Wind süß duftet von den Wiesenblumen.

Das Ansinnen, unser Land zu kaufen, werden wir bedenken, und wenn wir uns entschließen anzunehmen, so nur unter einer Bedingung: **Der weiße Mann muß die Tiere des Landes behandeln wie seine Brüder.**

Ich bin ein Wilder und verstehe es nicht anders. Ich habe tausend verrottende Büffel gesehen, vom weißen Mann zurückgelassen – erschossen aus einem vorüberfahrenden Zug. Ich bin ein Wilder und kann nicht verstehen, wie das qualmende Eisenpferd wichtiger sein soll als der Büffel, den wir nur töten, um am Leben zu bleiben. Was ist der Mensch ohne die Tiere? Wären alle Tiere fort, so stürbe der Mensch an großer Einsamkeit des Geistes. Was immer den Tieren geschieht – geschieht bald auch den Menschen. Alle Dinge sind miteinander verbunden.

Was die Erde befällt, befällt auch die Söhne der Erde. Ihr müßt Eure Kinder lehren, daß der Boden unter ihren Füßen die Asche unserer Großväter ist. Damit sie das Land achten, erzählt ihnen, daß die Erde erfüllt ist von den Seelen unserer Vorfahren. Lehrt Eure Kinder, was wir unsere Kinder lehren: die Erde ist unsere Mutter. Was die Erde befällt, befällt auch die Söhne der Erde. Wenn Menschen auf die Erde spucken, bespeien sie sich selbst. Denn das wissen wir, **die Erde gehört nicht den Menschen, der Mensch gehört zur Erde** – das wissen wir. **Alles ist miteinander verbunden, wie das Blut, das eine Familie vereint. Alles ist verbunden. Was die Erde befällt, befällt auch die Söhne der Erde.** Der Mensch schuf nicht das Gewebe des Lebens, er ist darin nur eine Faser. **Was immer Ihr dem Gewebe antut, das tut Ihr Euch selber an.** Nein, Tag und Nacht können nicht zusammenleben. Unsere Toten leben fort in den süßen Flüssen der Erde, kehren wieder mit des Frühlings leisem Schritt, und es ist ihre Seele im Wind, der die Oberfläche der Teiche kräuselt.

Das Ansinnen des weißen Mannes, unser Land zu kaufen, werden wir bedenken. Aber mein Volk fragt, was denn will der weiße Mann? Wie kann man den Himmel oder die Wärme der Erde kaufen – oder die Schnelligkeit der Antilope? Wie können wir Euch diese Dinge verkaufen – und wie könnt Ihr sie kaufen? Könnt Ihr denn mit der Erde tun, was Ihr wollt – nur weil der rote Mann ein Stück Papier unterzeichnet – und es dem weißen Manne gibt? Wenn wir nicht die Frische der Luft und das Glitzern des Wassers besitzen – wie könnt Ihr sie von uns kaufen? Könnt Ihr die Büffel zurückkaufen, wenn der letzte getötet ist?

Wir werden Euer Angebot bedenken. Wir wissen, wenn wir nicht verkaufen, kommt wahrscheinlich der weiße Mann mit Waffen und nimmt sich unser Land. Aber wir sind Wilde. **Der weiße Mann, vorübergehend im Besitz der Macht, glaubt, er sei schon Gott – dem die Erde gehört. Wie kann ein Mensch seine Mutter besitzen?**

Wir werden Euer Angebot, unser Land zu kaufen bedenken, Tag und Nacht können nicht zusammenleben – wir werden Euer Angebot bedenken, in das Reservat zu gehen. Wir werden abseits und in Frieden leben. Es ist unwichtig, wo wir den Rest unserer Tage verbringen. Unsere Kinder sahen ihre Väter gedemütigt und besiegt. Unsere Krieger wurden beschämt.

Nach Niederlagen verbringen sie ihre Tage müßig – vergiften ihren Körper mit süßer Speise und starkem Trunk.

Es ist unwichtig, wo wir den Rest unserer Tage verbringen. Es sind nicht mehr viele. Noch wenige Stunden, ein paar Winter – und kein Kind der großen Stämme, die einst in diesem Land lebten oder jetzt in kleinen Gruppen durch die Wälder streifen, wird mehr übrig sein, um an den Gräbern eines Volkes zu trauern – das einst so stark und voller Hoffnung war wie das Eure.

Aber warum soll ich trauern über den Untergang meines Volkes, Völker bestehen aus Menschen – nichts anderem. **Menschen kommen und gehen wie die Wellen im Meer. Selbst der weiße Mann, dessen Gott mit ihm wandelt und redet, wie Freund zu Freund, kann der gemeinsamen Bestimmung nicht entgegen. Vielleicht sind wir doch – Brüder. Wir werden sehen.**

Eines wissen wir, was der weiße Mann vielleicht eines Tages erst entdeckt – unser Gott ist derselbe Gott. Ihr denkt vielleicht, daß Ihr ihn besitzt – so wie Ihr unser Land zu besitzen trachtet – aber das könnt Ihr nicht. Er ist der Gott der Menschen – gleichermaßen der Roten und Weißen. Dieses Land ist ihm wertvoll – und **die Erde verletzen heißt ihren Schöpfer verachten.**

Auch die Weißen werden vergehen, eher vielleicht als alle anderen Stämme. Fahret fort, Euer Bett zu verseuchen, und eines Nachts werdet Ihr im eigenen Abfall ersticken. Aber in Eurem Untergang werdet ihr hell strahlen – angefeuert von der Stärke des Gottes, der euch in dieses Land brachte – und Euch bestimmte, über dieses Land um den roten Mann zu herrschen. Diese Bestimmung ist uns ein Rätsel. Wenn die Büffel alle geschlachtet sind – die wilden Pferde gezähmt – die heimlichen Winkel des Waldes, schwer vom Geruch vieler Menschen – und der Anblick reifer Hügel geschändet von redenden Drähten – wo ist das Dickicht – fort, wo der Adler – fort, und was bedeutet es. Lebewohl zu sagen dem schnellen Pony und der Jagd:

Das Ende des Lebens – und den Beginn des Überlebens. Gott gab euch Herrschaft über die Tiere, die Wälder un den roten Mann, aus einem besonderen Grund – doch dieser Grund ist uns ein Rätsel. **Vielleicht könnten wir es verstehen, wenn wir wüßten, wovon der weiße Mann träumt** – welche Hoffnungen er seinen Kindern an langen Winterabenden schildert – und welche Visionen er in ihre Vorstellungen brennt, so daß sie sich nach einem Morgen sehnen. Aber wir sind Wilde – die Träume des weißen Mannes sind uns verborgen, und weil sie uns verborgen sind, werden wir unsere eigenen Wege gehen. **Denn vor allem schätzen wir das Recht eines jeden Menschen, so zu leben, wie er selber es wünscht** – gleich wie verschieden von seinen Brüdern er ist. Das ist nicht viel, was uns verbindet.

Wir werden Euer Angebot bedenken. Wenn wir zustimmen, so nur, um das Reservat zu sichern, das ihr versprochen habt. Dort vielleicht können wir unsere kurzen Tage auf unsere Weise verbringen.

Wenn der letzte rote Mann von dieser Erde gewichen ist und sein Gedächtnis nur noch der Schatten einer Wolke über der Prärie, wird immer noch der Geist meiner Väter in diesen Ufern und diesen Wäldern lebendig sein. Denn sie liebten diese Erde, wie das Neugeborene den Herzschlag seiner Mutter.

Wenn wir Euch unser Land verkaufen, liebt es, so wie wir es liebten, kümmert Euch, so wie wir uns kümmerten, behaltet die Erinnerung an das LAND; so wie es ist; wenn Ihr es nehmt. Und mit all Eurer Stärke, Eurem Geist, Eurem Herzen, erhaltet es für Eure Kinder und liebt es – so wie Gott uns alle liebt.

Denn eines wissen wir – unser Gott ist derselbe Gott. Diese Erde ist ihm heilig. Selbst der weiße Mann kann der gemeinsamen Bestimmung nicht entgehen. Vielleicht sind wir doch – Brüder. Wir werden sehen.

Geheimste DDR-Spione enttarnt:

DER SPIEGEL berichtet auf S. 4 und S. 47 ff. in der Ausgabe Nr. 33 vom 10. August 1992:

»Die Agenten der geheimsten Spionageorganisation der DDR, des Militärischen Nachrichtendienstes, beschafften alles Erreichbare über die Bundeswehr. Doch in der Spezialtruppe kam es auch zu Korruption, Verrat und Mord, Nun drohen den Exspionen Strafverfahren.

Die nationale Volksarmee der DDR unterhielt 37 Jahre lang eine eigene Spionage-Organisation, die sich nach der Wende in aller Stille aufgelöst hat. Erst kürzlich fanden Staatsanwälte in Berlin Akten des geheimsten Geheimdienstes, den die DDR in der Bundesrepublik eingesetzt hatte. Den Ex-Agenten drohen nun Strafverfahren.«

Auf S. 51 werde ich als Top-Spion in der Bundesrepublik mit dem Hinweis auf die SPIEGEL Nr. 23 und 24 von 1976 bezeichnet.

Ich habe versucht, hierzu eine Gegendarstellung im SPIEGEL zu erreichen. DER SPIEGEL hat dies mehrfach verweigert, wie die folgenden Schreiben beweisen. Daher sah ich mich gezwungen, eine einstweilige Anordnung vor Gericht zu erwirken, die jedoch mit der Begründung abgewiesen wurde, die Gegendarstellung mache unzulässigerweise für mein vorliegendes Buch Reklame. Um dies zu widerlegen, sah ich mich nunmehr gezwungen, zahlreiche Passagen aus den Artikeln zu zitieren und entsprechend zu kommentieren.

Es ist mir unerklärlich, warum DER SPIEGEL auf meine berechtigte Forderung zur Gegendarstellung nicht eingegangen ist. Ich kann nur vermuten, daß dies in erster Linie mit dem damals geschlosssenen Vertrag (1975) zwischen dem SPIEGEL und mir zusammenhängt. Denn darin war mir nicht nur ein Betrag von 50 000 DM wegen der Verletzung meiner Persönlichkeitsrechte und deren Verwertung in den SPIEGEL-Artikeln zugesichert worden, sondern auch ein Korrekturrecht vor Erscheinen der Artikel sowie eine Zahlung von 60 000 DM für den Fall, daß mir durch die Veröffentlichung im SPIEGEL Schaden entstehen sollte. Letzteres ist in mehrfacher Hinsicht geschehen. Doch DER SPIEGEL behauptet, er finde den Vertrag von 1975 nicht mehr, obwohl dieser Grundlage der vielbeachteten Artikel war.

Meine Ex-Verlobte Angelika gestand mir erst kürzlich, daß sie damals im Herbst 1975 wegen ihrer »kalten Hände« den mir entwendeten SPIEGEL-Vertrag in Kopie an die Bundesanwaltschaft schickte. Daraufhin sah die Bundesanwaltschaft ein Komplott zwischen Haase und dem SPIEGEL auf sich zukommen und verhaftete mich postwendend. Danach hatte meine Ex-Verlobte wieder warme Hände, und die Bundesanwaltschaft bekam zusehends kalte Füße, als ich meine falschen Geständnisse widerrief. Darauf wurde mir so kräftig eingeheizt, daß mir der Arsch auf Grundeis ging. Derartig extreme Temperaturschwankungen sind noch keinem gut bekommen.

Dieter Haase — 3000 Hannover 1, 19. August 1992
Voßstraße 59

Gegendarstellung

Im Nachrichtenmagazin DER SPIEGEL, Nr. 33/1992 vom 10. August 1992 wird unter dem Titel »Start in ein besseres Leben« (Seite 47 ff.) und im Inhaltsverzeichnis (Seite 4) in bezug auf mich behauptet:

Ich sei unter dem Parteisoldaten Franke, einem Mielke-Duzfreund, als Top-Spion in der Bundesrepublik für die DDR-Spionage (Mil-ND) aktiv gewesen. Dabei wird auf die SPIEGEL-Berichte in der Nr. 23 und 24/1976 Bezug genommen. Außerdem werde ich auf S. 55 des Berichts als »Ost-Spion Haase« bildlich mit dem Zusatz »Gegnerische Spitzen-dokumente« dargestellt. Das ist so falsch.

Richtig ist vielmehr, daß ich u. a. wegen fortgesetzten Landesverrats in einem besonders schweren Fall am 19. Mai 1976 zu einer Freiheitsstrafe von elf Jahren vom Bayerischen Obersten Landesgericht verurteilt worden bin. In der Hauptverhandlung habe ich immer wieder betont, daß ich nicht als »Top-Spion« für den militärischen Nachrichtendienst der DDR tätig war. Das war dem SPIEGEL mindestens seit Frühjahr 1975 bekannt. Ich verweise dazu auch auf den zwischen dem SPIEGEL und mir abgeschlossenen Vertrag. Damals hatte ich den SPIEGEL um Hilfestellung gegen eine mir gegenüber befangene und selbst-involvierte Justiz gebeten.

Bei der abgebildeten Person handelt es sich nicht um mich, sondern um einen Hörsaal-Kameraden aus dem Jahre 1958.

Daß ich nicht »Top-Spion« für den MIL-ND war, ergibt sich auch aus meinem (im Dezember 1992 im LIVRE-Verlag) nunmehr im VDS-Verlag Celle – NORD-PRESS erscheinenden Buch:

»Mein Name ist Haase – ich weiß zuviel. Ein Doppelagent berichtet über unheimliche Dienste, Regierungskriminalität«,

worin auf die SPIEGEL-Artikel von 1976 im einzelnen kritisch und ausführlich eingegangen wird – und die wirklichen ND-Gründe, Verstrickungen und Hintergründe aufgezeigt werden.

gez. D. Haase

Dieter J. Haase

Voßstraße 59
W-3000 Hannover 1
Tel. (05 11) 66 50 07
31.08.1992

Herrn
Dietrich Krause
Justitiariat
DER SPIEGEL
Brandstwiete 19
W-2000 Hamburg 11

Betreff: SPIEGEL Nr. 33/92 – »Start in ein besseres Leben«
Gegendarstellung vom 19.08.1992 – Dieter Haase
Bezug: Ihr Schreiben vom 27. August 1992

Sehr geehrter Herr Krause,

es ist mir nicht verständlich, weshalb meine Darstellung nicht den Bestimmungen des Hamburgischen Pressegesetzes entspricht. Nach den Kommentierungen zu den einschlägigen Pressegesetzen ist es vielmehr so, daß diese Antwort auf ein Gegendarstellungsbegehren nicht dem Hamburgischen Pressegesetz genügt. Die entsprechenden Kommentarstellen wird Ihnen in den nächsten Tagen Herr RA Prof. Lehmann nachreichen.

Bisher hatte ich mit dem SPIEGEL (insbesondere den Herren Mauz, Höhne, Becker, Böhme, Augstein, Hogrefe u. a. m.) grundsätzlich ein gutes Verhältnis. Ich hoffe, das bleibt auch so . . .

Um so mehr erstaunt mich, daß Sie meiner berechtigten Bitte um Gegendarstellung nicht nachkommen wollen. Zumal offensichtlich auf der Hand liegt, daß auf Seite 55 auf dem Bild mit der Unterschrift »Westdeutscher Ost-Spion Haase (r.) »Gegnerische Spitzendokumente« keinesfalls meine

Person dargestellt ist. Hierin sehe ich quasi eine doppelte Persönlichkeitsverletzung, denn – zugegebenermaßen war ich zwar Doppelagent im geteilten Deutschland – niemals aber »Westdeutscher Ost-Spion«. In den letzten 14 Tagen haben mich über 40 Leute auf diese Verwechselung und Verunglimpfung angesprochen. Insofern sehe ich mich auch gezwungen, demnächst mit einer entsprechenden Forderung auf Ausgleich der Persönlichkeitsverletzung auf Sie zuzukommen. Insbesondere deshalb, weil mein Buchprojekt MEIN NAME IST HAASE – ICH WEIß ZUVIEL durch Intrigen zur Buchmesse am 30.09.1992 in Frankfurt verhindert wurde, – und erst jetzt zur Leipziger Buchmesse im Juni 1993 herauskommt: das sich mit diesen Problemen und den SPIEGEL-Artikeln kritisch und ausführlich auseinandersetzt. Auch der Verlag verlangt von mir, eine entsprechende Berichtigung im SPIEGEL zu erreichen.

Ferner beinhaltet der 1975 abgeschlossene Vertrag zwischen mir und dem SPIEGEL eine entsprechende Schadensersatzpflicht von 60.000 DM sowie eine Seite zur Berichtigung nach freier Wahl von mir im SPIEGEL, wenn der SPIEGEL mir durch seine Veröffentlichungen in dieser Sache schadet. Dies wird Ihnen auch Herr RA Lehmann entsprechend bestätigen, der damals schon einer meiner Anwälte war.

Damals konnte ich dem SPIEGEL mitten in einem schwebenden Verfahren nicht in allen Punkten die volle Wahrheit sagen. Zumal ich in meinem Verfahren bei besonders schwerem Landesverrat gegen eine lebenslängliche Freiheitsstrafe kämpfen mußte. In Haft konnte ich mich nach der Verurteilung nicht um die ca. 70 Berichtigungen auf Grund meines Veto-Rechtes aus dem SPIEGEL-Vertrag kümmern, da ich im wahrsten Sinne des Wortes um mein nacktes Überleben kämpfen mußte. Auch Jahre später hatte ich noch ganz andere Sorgen.

Nun, da ich mit einem Teil meiner Memoiren eine Bilanz und Abrechnung mit den damaligen Vorgängen vollziehe, muß ich darauf bestehen, daß mir auch der SPIEGEL zur Rehabilitation und Wiedergutmachung verhilft – und erst recht mich nicht verunglimpft. Daher bitte ich Sie hiermit nochmals, umgehend die erbetene Gegendarstellung an gebührender Stelle und mit einem korrekten Bild von mir erscheinen zu lassen, nachdem Sie von mir ca. ein Dutzend gute Bilder meiner Person erhalten haben.

Der SPIEGEL ist bekannt für seine guten Recherchen und seine zuverlässige Berichterstattung. Da dies in dem vorliegenden Fall ganz offensichtlich nicht zutrifft, sollte man doch vermeiden, diesen guten Ruf zu gefährden bzw. in Frage zu stellen.

Ich würde es sehr bedauern, wenn ich gegen den SPIEGEL hier erst bürokratische und justitielle Schritte unternehmen müßte, um zu meinem Recht zu kommen. Besonders nach der Wiedervereinigung, an die ich immer geglaubt und für die ich gekämpft habe, muß ich darauf bestehen, der

Wahrheit die Ehre zu geben: Ich war Agent und auch Doppel-Agent, aber »Ost-Spion« niemals.

In dem damaligen Verfahren gegen mich habe ich mehrere falsche Geständnisse abgelegt. Einige davon waren offensichtlich widersprüchlich und nachweislich falsch. Meine Hauptabsicht war, möglichst viel zu verschleiern. Meine teilweise überhöhten Geständnisse verleiteten die Justiz, den eigentlichen Landesverrat durch ihre Gutachten usw. selber zu begehen. Nachdem sie dies durchschaut und erkannt hatte, haben mich befangene Richter und eine in sich selbst verstrickte und involvierte Justiz wegen erfundener Lügen erheblich zu hoch verurteilt.

Mit freundlichen Grüßen gez. Dieter Haase

Meine Wiederaufnahme, die seit fast 12 Jahren – und jetzt seit ca. zwei Jahren mit Vorrang – betrieben werden soll, wird leider immer wieder blockiert von den verschiedensten Schwierigkeiten und von anwaltlichem Versagen, von Ausreden und behördlicher Unfähigkeit oder Untätigkeit. So warten wir bereits seit über zwei Jahren auf wichtige Unterlagen der Gauck-Behörde und der Bundesanwaltschaft, die kein Interesse an der objektiven Aufklärung der Wahrheit zu haben scheint. So wurde mir auch niemals Schutz gegen kriminelle Anwälte geboten, die die geheime Anklageschrift sowohl dem SPIEGEL als auch dem MfS verkauften – und auf verschiedene Art und Weise Parteiverrat begingen und/oder begehen... Gewisse Hoffnungen habe ich noch hinsichtlich der seit ca. vier Jahren anhängigen Menschenrechtsbeschwerde beim Europarat in Straßburg.

***

Zu den Sirenengesängen der Ex-Agentin und V-Frau VM 1031

Unsere Sicherheitsdienste haben sich in vielfacher Hinsicht meiner ebenso vielseitigen wie schillernden Ex-Verlobten Angelika Nies bedient. Dies ist unter verschiedenen Gesichtspunkten ein Kuriosum, da diese Dame gleichzeitig von mehreren Dienststellen »ge- und benutzt« wurde. Sie war für das Landeskriminalamt (LKA) Niedersachsen seit Anfang der 70er Jahre im Bereich der Drogenbekämpfung tätig, ebenso für das Bundeskriminalamt (BKA) Wiesbaden seit ca. 1975 für den Bereich der Terroristenabwehr und seit ca. 1979 für den Verfassungsschutz Niedersachsen in gleicher Weise.

Zeitweilig ging alles bunt durcheinander und im wahren Sinne des Wortes drunter und drüber – auch dies in vielfacher Hinsicht.

Der Phantasie sind bei Angelika (allzeit bereit!!) keine Grenzen gesetzt ... Das durfte ich mehrfach am eigenen Leibe erfahren, im Guten wie im Bösen ... So mißbrauchte sie mich auch immer wieder oder ließ sich gegen mich mißbrauchen:
als Kronzeugin der Anklage, als Spitzel oder als agent provocateur als Mata Hari oder als Kurtisane ...

Sicherheitsriskanter ging es kaum noch – und der Dilettantismus unserer beteiligten Sicherheitsbehörden feierte fröhliche Urständ, bzw. wurde geradezu zur Tugend erhoben. »Opa Wiehe läßt grüßen.«

Aus Mangel an Terroristen im eigenen Bundesland wird die Agentin VM1031 in den Jahren 1980 – 1983 vom Niedersächsischen Landesamt für Verfassungsschutz verfassungswidrig mehrfach in den Nahen Osten geschickt, um dort nach Terroristen zu suchen.

Da eine blauäugige Blondine in den heißumkämpften Straßen von Beirut bei dem dort herrschenden »Massentourismus«, ja völlig unauffällig ist, wird ihr angeraten, sich als Journalistin oder Geschäftsfrau zu tarnen. Als sie zur Stützung ihrer Legende daraufhin um einen Presseausweis bittet, wird das nach mehrtägigen Konferenzen beim Geheimdienst abschlägig beschieden mit der Begründung, daß es gegen einen gefälschten Ausweis »rechtliche Bedenken« gebe, und sie für einen echten Ausweis bei der Landespressekonferenz akkreditiert sein müsse, die meisten Journalisten aber ohnehin keinen Presseausweis hätten. Ihr Wunsch nach einer versteckten Kamera wurde ebenfalls abgelehnt, aus Fürsorge sozusagen, weil es für sie angeblich gefährlich werden könnte, wenn man diese entdecken sollte. Noch nicht einmal eine Minox war aufzutreiben, da man bei bundesdeutschen Nachrichtendiensten wohl davon ausgeht, daß internationale Top-Terroristen in geheimen Ausbildungslagern bereitwillig für's Familienphoto posieren werden. Ein solches Maß an Dilettantismus würde selbst jedem drittklassigen Privatdetektiv, der untreue Ehegatten bespitzelt, die Schamröte ins Gesicht treiben; ganz zu schweigen von Top-Leuten der Gegenseite vom Schlage eines »Carlos« oder des »Paten des Terrors« Monzer Al Kassar.

Vielleicht sollte die mangelhafte technische Ausstattung der Agentin jedoch auch nur dazu dienen, es Jahre später dem niedersächsischen Ministerpräsidenten Ernst Albrecht zu erleichtern, die falsche Behauptung aufzustellen, daß die rechtswidrigen Auslandseinsätze der Dame, die sich oft über mehrere Monate im Nahen Osten aufhielt, Privatreisen gewesen seien, die der Verfassungsschutz »leicht mitfinanziert« habe. In Wahrheit wurden sämtliche Kosten vom zuständigen Innenministerium erstattet.

Ja, ja, das liebe Geld! Als VM 1031 sich 1982 über vier Monate lang in Jordanien tummelte, weil sich dort brisante Kontakte fanden, obwohl ursprünglich nur ein Aufenthalt von ca. 4 Wochen geplant war, wurden selbst bei sparsamster Lebensweise die Finanzen knapp. Als sie deshalb ihre Dienststelle anrief und um Überweisung von Geld zur Begleichung ihrer Hotelrechnung bat, hielt sich ihr Gesprächspartner am anderen Ende der Leitung wohl für einen ausgemachten Witzbold, als er lachend und im Klartext sagte: »Ein guter Agent ernährt sich aus dem Lande.« Dieser Oberbuchhalter war anscheinend der Überzeugung, daß jordanische Telefonleitungen, zumal die in den großen internationalen Hotels installierten, nicht abgehört werden – und wenn schon – die Araber verstehen doch sowieso kein Deutsch.

Diese vermeintlich originelle Spruch war sicherlich mitverantwortlich für die Verhaftung der Agentin durch den jordanischen Geheimdienst bei ihrem nächsten Aufenthalt in diesem Land.

Es kostete sie ein mit entsprechenden Methoden geführtes dreitägiges Kreuzverhör im berüchtigten sogenannten »Blue Building« in Amman. Dabei blieb ihr die gesamte Palette demütigender und entwürdigender Verhörmethoden zur Erpressung von Geständnissen nicht erspart – einschließlich Elektroschocks und Vergewaltigung.

Anschließend ca. einwöchige Inhaftierung und endgültige Ausweisung als »persona non grata«, wobei anzumerken bleibt, daß die Freilassung der Agentin ausschließlich der massiven Intervention einiger ihrer höchst einflußreichen arabischen Freunde zu verdanken ist.

Weit weniger »Sparsamkeitseifer« mit dem Geld des Steuerzahlers zeigte das Niedersächsische Innenministerium im Falle des Rauschgiftfahnders Kriminalhauptkommissar (KHK) Horst Kalisch – eines Intimus von Kriminaldirektor Müller –, als dieser sich im hannoverschen Holiday-Inn-Hotel zu Verhandlungen mit internationalen Dealern traf und zur Stützung seiner Legende als Drogenkäufer einen Aktenkoffer mit 750.000 DM Vorzeigegeld mitbrachte. Ergebnis dieser Verhandlung war, daß der Sonderfahnder sich ohne Geldkoffer und Ganoven angekettet an den Heizkörper des Hotelzimmers wiederfand, obwohl in und um das Hotel massiert Observationskräfte zur Absicherung dieser Aktion postiert waren. Trotz der Tatsache, daß Geld und Ganoven bis zum heutigen Tage verschwunden blieben, bewirkte dieses »Husarenstück« nicht etwa, daß Zweifel an den kriminalistischen Fähigkeiten des hochgelobten »Undercover« Fahnders Kalisch laut wurden, oder daß sich zumindest Verwunderung über dessen aufwendigen privaten Lebensstil geregt hätte, der mit dem Gehalt eines KHKs unmöglich finanzierbar war.

Nein, ganz im Gegenteil, nach dieser Eskapade hielt man behördlicherseits diesen »Möchtegern-Ganoven« für besonders prädestiniert als Rauschgift-Kontaktbeamter – auch noch ausgestattet mit diplomatischer Immunität – die BRD in den USA bei der Drug Enforcement Agency (DEA) vertreten zu dürfen. Seit dem 1. April 1988 versieht der so Beförderte dort in Florida nach eigenem Bekunden »seinen Traumjob« im Stile von Miami Vice.

Ganz anders die Behandlung der Agentin VM1031! Als sie im Zuge hausinterner Ermittlungen bei Verfassungsschutz und Landeskriminalamt der Verbindung und den gemeinsamen kriminellen Machenschaften von hochrangigen Beamten, Politikern, üblen Geschäftemachern, Agenten, Kriminalisten und Kriminellen auf die Spur kommt und dabei auch engste freundschaftliche Beziehungen des KHK Kalisch zu Angehörigen des internationalen Waffenhandels und der Organisierten Kriminalität aufdeckt, wird sie urplötzlich von ihrem eigenen Auftraggeber, dem Landesamt für Verfassungsschutz, abgeschaltet, wie das im Fachjargon so schön heißt.

Ihr Agentenführer Klaus Pengel notiert dazu in seinem als sogenannten SPINNER-PAPIER diffamierten Dossier, das akribisch tolldreiste Geschichten aus dem Leben und Wirken von Geheimdienstlern und Kriminalbeamten verzeichnet: »Am 25.11.1983 wurde daraufhin von KHK Kalisch ein Bericht gefertigt und unverzüglich hiesiger Dienststelle zugeleitet. VM1031 wurde darin als unzuverlässige Mitarbeiterin hiesiger Dienststelle dargestellt. Die beabsichtigte Wirkung trat ein. VM1031 wurde abgeschaltet und für den VMF (V-Mann-Führer) wurde ein Kontaktverbot angeordnet.«

An anderer Stelle dieses geheimen Berichtes, der vermutlich durch gezielte Indiskretionen darin Beschuldigter an die Öffentlichkeit gelangte, notiert Klaus Pengel: »Von mir (Pengel) darauf angesprochen, wie es angehen könne, daß ein Beamter wie der KHK Horst Kalisch zukünftig die BRD in den USA als RG-Kontaktbeamter repräsentiert (seit 1.10.1987), wischt MR (Ministerialrat) Vogt damit vom Tisch: ›Seien wir doch froh, daß der weg ist. Bei einer negativen Stellungnahme unsererseits, hätten wir den doch zurückbekommen.‹«

Die Agentin VM 1031 kam nie mehr zurück. Da sie nicht verbeamtet war, brauchte man ihr weder eine faire Anhörung zu den gegen sie erfundenen Vorwürfen zu gewähren, noch sich Gedanken über ihre Pensionsansprüche oder die Versetzung auf einen anderen Posten zu machen. Alle von ihr zu Recht der Rechtsbeugung und weitaus schlimmerer Delikte Verdächtigten wurden inzwischen trotz eindeutiger Beweise für diese Vergehen hochgelobt, weggelobt oder bei vollem Gehalt in Pension geschickt. Einziger Lohn der Agentin, die – nach eigenen Angaben – für »Ehre, Volk und Vaterland« jahrelang Kopf und Kragen riskiert und dem Erhalt des sogenannten demokratischen Rechtsstaates Nerven, Gesundheit und privates Glück und Wohlergehen geopfert hat: Ein noch immer gegen sie schwebendes Verfahren wegen des »Verdachts des Geheimnisverrates«, eröffnet ausgerechnet durch Niedersachsens Obersten Politstaatsanwalt Nikolaus Borchers, der andererseits schützend seine Hand über eine ganze Riege von

Kripo-Beamten hielt, die wegen eklatanter Gesetzesverstöße bei den Düe-Ermittlungen ins Schußfeld öffentlicher Kritik geraten waren. Er wollte Verfahren gegen diese Herren gar nicht erst eröffnen, indem er ihnen schon vorab (so Original-Ton A.N.) bescheinigte, daß sie sich bei ihrem kriminellen Tun in einem »Verbots-Irrtum« befunden hätten in Tateinheit mit mangelndem Unrechtsbewußtsein.

Da ist es für den anscheinend allmächtigen Oberstaatsanwalt, so VM 1031 –, der alle Verfahren mit politischen Einschlag in Niedersachsen an sich zieht, und nicht nur für ihn, doch bedeutend gefahrloser die kleine Agentin VM 1031 zum Bauernopfer in diesem Schachspiel der Mächtigen und Einflußreichen zu machen, statt die wahren Täter und Verantwortlichen zur Rechenschaft zu ziehen. Der eigenen Karriere bekommt diese Verhaltensweise allemal besser, denn mit dem Hinweis auf gemeinsame Leichen im Keller konnte bisher noch fast jede Aufklärung – gerade wenn sie in den allerhöchsten Etagen von Politik und Wirtschaft stattfinden sollte – verhindert werden.

Fazit:

Mafiose Strukturen und Verhaltensweisen sollen bereits Einzug in bundesdeutsche Ämter und Gerichte gehalten haben?

Der Durchschnittsbürger kann's und will's nicht glauben, noch nicht.

Die Ex-Agentin mittlerweile mehrfach von Presse, Funk und Fernsehen nach ihrer jetzigen Einstellung zu den Vorgängen von damals und heute befragt, antwortet lakonisch mit einem Zitat von Heinrich Heine:

»Für die Güte der Republik könnte man denselben Beweis anführen, den Bocaccio für die Religion anführt: Sie besteht trotz ihrer Beamten.«

Bevor ich dieses Buch beende, will ich noch eine Begebenheit der letzten Tage erwähnen, die mich tief beeindruckt hat. Im Dinosaurierpark in Münchehagen bei Loccum in der Nähe des Steinhuder Meeres wurden 1980 in einem Steinbruch ca. 250 Trittsiegel von 7 Dinosaurien und drei Raubsauriern freigelegt, die diese vor ca. 130 Millionen Jahren hinterlassen hatten. Ein fast unvorstellbares Naturdenkmal, wenn man bedenkt, daß die Dinosaurier fast 150 Millionen Jahre die Erde beherschten, bis sie ziemlich plötzlich ausstarben. Ich ging dort durch 500 Millionen Jahre Entwicklungsgeschichte auf einem knapp 2,4 km langen Lehrpfad mit originalgetreuen Nachbildungen der jeweiligen Tierarten. Der Mensch ist dabei ganze 1,8 Millionen Jahre nachweisbar! Was lehrt und dies wohl? Übrigens die Erde ist ca. 4,5 Milliarden Jahre alt... was zählt da ein Menschenalter...?!

* * *

Mittlerweile hat sich auch im Fall Barschel wieder einiges Neue ergeben. Barschel hat sich vor seiner Ermordung mit zumindest einem hochrangigen internationalen Waffenhändler in Genf getroffen. Im November 1992 wurde bekannt, daß ein von der Familie Barschel beauftragter Privatdetektiv kurz vor der Aufdeckung wichtiger Vorgänge und Fakten »verstorben wurde« . . . und gegen Werner Mauss läuft seit 20.11.1992 ein internationaler Haftbefehl. Ich glaube es geht mit ihm langsam zu Ende. Leute aus der Clique um Mauss haben mehrfach mit viel Geld, Drohungen und Einschüchterungen die Fertigstellung und die Herausgabe dieses Buches be- und verhindert – und auch in den letzten drei Monaten das Erscheinen in letzter Minute gestoppt bzw. um Wochen oder gar um einige Monate verzögert. Dies hat mir menschlich und wirtschaftlich großen Schaden zugefügt. Auch mußte ich neue Streichungen und Entschärfungen vornehmen. Am 17. November 1992 verstarb auch noch meine Mutter, und mich ereilten zusätzliche Schicksalsschläge, Bedrohungen und Mordversuche unglaublicher Art. Trotzdem hoffe ich, daß das Buch bald erscheinen wird – und ich es überlebe . . .

Für ein Vorwort oder Schlußwort waren vorgesehen u. a. Ministerpräsident Gerhard Schröder, einer meiner mehr als dreißig Anwälte, – und besonders auch bei der Begnadigung angesetzt auf Hans Jochen Vogel, den ehemaligen Bundesjustizminister, der sich zunächst geweigert hatte, meine Begnadigung zusammen mit Bundespräsident Scheel 1978 zu unterschreiben. Er versprach mir dieses Vorwort beim Tennis im HTV bzw. im DTV Hannover. Leider konnten aus verlegerischen Gründen die Druckfahnen nicht rechtzeitig an ihn übermittelt werden. Nun – da er sogar als Bundeskanzlerkandidat im Gespräch ist, ist dies wohl ein Politikum . . .

Das Gleiche gilt für den Präsidenten des Bundeskriminalamtes in Wiesbaden, Hans Ludwig Zachert, den damaligen Leiter (1970/71) der Ermittlungen der BKA-Sicherungsgruppe Bonn in meinem Fall.

Ebenso wartete noch Gerhard Mauz vom SPIEGEL vergeblich darauf, der sich besonders intensiv mit meiner Person beschäftigt hat.

Vielleicht werden sie dann ihr Vor- oder Schlußwort in der zweiten Auflage nachholen . . .

Nicht zuletzt hatte ich Petra Kelly und Gert Bastian, meine alten Freunde von den GRÜNEN, für ein Vorwort vorgesehen. Gert Bastian war immerhin der General meiner Panzerdivision in Würzburg-Veitshöchheim. Petra lernte ihn über mich kennen –, und ich überredete Gerd Bastian, Mitglied der GRÜNEN zu werden.

Makabrerweise telefonierte ich am 30. September 1992 zwischen 23.00 Uhr und 24.00 Uhr mit Petra Kelly, Gert Bastian hatte sich bereits zu Bett gelegt und wollte mich zurückrufen. Auch deshalb kann ich nicht an einen Selbstmord glauben. Ähnlich wie im Falle Barschel fürchte ich, wird die ganze Wahrheit möglicherweise nie ermittelt werden können.

Petra würde sich im Grabe umdrehen, wüßte sie, welche falschen Freunde sich ihrer berühmten, besonders – wenn ich daran denke, wer sich bei ihren Sargträgern hervortat . . . Der eine bespitzelte sie jahrelang für den CIA und ein anderer für den bundesdeutschen Verfassungsschutz . . . Darüber gäbe es noch Vieles zu berichten, aber das Meiste würde man mir kaum glauben . . .

Trotzdem werde ich im nächsten Buch darüber schreiben können – wie ich hoffe und glaube . . .

***

Nimm dir Zeit, um zu arbeiten,
es ist der Preis des Erfolges.
Nimm dir Zeit, um nachzudenken,
es ist die Quelle der Kraft.
Nimm dir Zeit, um zu spielen,
es ist das Geheimnis der Jugend.

Nimm dir die Zeit, um zu lesen,
es ist die Grundlage des Wissens.
Nimm dir Zeit, um freundlich zu sein,
es ist das Tor zum Glücklichsein.
Nimm dir Zeit, um zu träumen,
es ist der Weg zu den Sternen.

Nimm dir Zeit, um zu lieben,
es ist die wahre Lebensfreude.
Nimm dir Zeit, um froh zu sein,
es ist die Musik der Seele.
Nimm dir Zeit, das Leben zu genießen,
denn du hast nur dieses eine Leben.

Geschrieben besonders für meinen Sohn . . .

Tabellarischer Lebenslauf – Dieter J. Haase

26.8.1937	in Berlin geboren als ältestes von drei Kindern der Eheleute Gerhard und Alice Haase geb. Ferber, selbständiger Sperrholzkaufmann, Im- und Export
1943	evakuiert nach und eingeschult in Würzburg
1945	Kriegsende Werbachhausen, Umzug nach Wertheim/Main Glaubenskrisen: erst Kommunion, später Konfirmation
1947	Einschulung ins Eschenbach-Gymnasium
1949	Scheidung der Eltern, alleine beim Vater
1950	Wiederverheiratung der Mutter in Hannover mit Rechtsanwalt und Notar H. Helferich, Einschulung Ratsgymnasium Hannover, erste Tenniserfolge (DTV-Hannover), Glaubenskrisen, Jugendliebe...
1956	September: Tod des Vaters in München, oft bei Onkel Walter
1958	Ostern Abitur, ab April 18 Monate Wehrdienst
1959	September: Leutnant der Reserve; Okt.: Studienbeginn in Würzburg (Jura, Medizin, Volkswirtschaft), Josi...
1960	September: Studium in Berlin, FU, zusätzlich Politologie, CDU / CSU Beitritt, ASTA-Mitglied, RWPH, ND-Kontakte (Onkel Walter – Wolf – Mielke – Gehlen) CIA, KGB
1961	13. August: Mauerbau, Rückkehr nach Würzburg,
1962	ASTA Uni Würzburg, RWPH Gruppe + BuVo, Fallex-62, SPIEGEL-Affäre, 1. Vaterl. Verdienstorden der DDR, Oberleutnant der NVA – (sicherheitshalber) MfS
1963	Oberleutnant der Reserve. (Bundeswehr) / Hauptmann der Nationalen Volksarmee, 1. Weltreise, BND
1964	Doktorand und Assistent bei Prof. Dr. Dr. v. d. Heydte
1965	Doktorarbeit über NATO, NATO-Preis, 2. Weltreise
1966	1. Staatsexamen Jura, Diplomarbeit Volkswirtschaft, Doktorarbeit: »Der verdeckte Kampf im geteilten Deutschland«, 3.Weltreise (Osten), BND, CIA, Mossad
1967	Referendarzeit Würzburg / Schweinfurt, Diplom in Vwlehre Hauptmann der Res. (BW), Major der NVA (ehrenhalber)
1968	20.4.: Heirat mit Carola Clementz, geb. Reinschmidt, Fallex 68, 4. Weltreise, Naher Osten, Beirut, Amman ...
1969	Okt.: Beginn der Krise mit Carola, Dez.: Verurteilung und Begnadigung in Ost-Berlin, der Anfang vom Ende ...
1970	13.3.1970 Scheidung von Carola vor dem AG Hannover, 26.3.: an Gründonnerstag Verhaftung in Würzburg, eine Vielzahl von Anwälten, werde verschaukelt und verraten

1971	falsches Geständnis, 22.11.: Haftentlassung nach 18 Monaten strenger Einzelhaft im November, RA Dr. Achter
1972	30.12.: Verlobung mit Marianne Krüger, Jurist HLBS Bonn
1973	VHV Hannover, Aug.: 2. Verhaftung für 5 Wochen
1974	8.9.: Geburt des Sohnes Alexander Kurt Christian Krüger
1975	Januar: Verlobung mit Angelika N., Ende September 3. Verhaftung mit geheimer Anklageschrift, Frührente wegen Erwerbsunfähigkeit 70%, Widerruf des falschen Geständnisses, intensives Philosopiestudium, Doktorarbeit über Kant
1976	Februar – Mai Prozeß vor dem Bay. Obersten Landesgericht, 38 Verhandlungstage, Urteil am 19.5.1976: 11 Jahre Freiheitsstrafe wegen besonders schweren Landesverrats, Beginn der Autobiografie u.a.Bücher
1977	Haft in JVA Celle bis 1979, Menschenrechtsbeschwerde Straßburg, Begnadigunsbemühungen, Depressionen . . .
1978	25.7.: Celler Loch (RA Gerhard Schröder), H.J. Vogel
1979	Juli: Haftentlassung, 24.10.: Begnadigung durch Bundespräsident Prof. Carstens, BKA-TE (A.Nies)
1980	Gründungsmitglied der Grünen, 20.10.: Heirat mit Evelin P., Doktorarbeit über Kants Schrift: »Zum ewigen Frieden« in Philosophie, politische Aktivitäten und Resozialisierung – Versuche der Wiederaufnahme
1985	Scheidungsquerelen, schwere Depressionen, Buchmanuskripte: Die Gesellschaft der verlogenen Mörder
1982-87	5. und 6. Weltreise, Ostblock- und Moskaureisen
1988	Diebstahleinbruch von Doktorarbeit u. Manuskripten
1989	Scheidung von Evelin, 21.4.: Heirat mit Regina, Mauerfall Beginn der Deutschen Einheit, Konfliktforschung usw.
1990	Zerfall der Blöcke, Vergangenheitsbewältigung, Autobiografie: MEIN NAME IST HAASE – ICH WEISS ZUVIEL
1992	Scheidung von Regina, Fertigstellung des Buches Verlagsquerelen:Reidar-Betzel-Einfallsreich-Livre 17.11. Tod der Mutter, Absturz des Buches usw.
1993	Erscheinen des Buches: MEIN NAME IST HAASE ICH WEISS . . . ZUVIEL?!

Literaturverzeichnis

Agee, Philip
CIA INTERN Tagebuch 1956-1974
Europäische Verlagsanstalt, Frankfurt 1981

Agee, Philip; Stefan Aust, Manfred Bissinger, Eckart Spoo u. a.
Unheimlich zu Diensten – Medienmißbrauch durch Geheimdienste, Steidl-Verlag Göttingen 1986

Aust, Stefan
Mauss Ein deutscher Agent
Hoffmann und Campe Verlag, Hamburg 1988

Bergier, Jacques
Industriespionage; List-Verlag, München 1970

Bethge, H.; u. a. (Hrsg.)
Die Zerstörung der Demokratie durch Berufsverbote
Pahl-Rugenstein, politik – wissenschaft – zukunft 71, Köln 1976

Bickerich (Hg), Wolfgang
SPD UND GRÜNE – Das neue Bündnis
SPIEGEL-Buch – Rowohlt Taschenbuchverlag,
Reinbek bei Hamburg 1985

Boor de, Prof. Wolfgang
Sozialer Infantilismus
Ursachen der Kriminalität, Verlag Deutsche Polizeiliteratur, Hilden 1990

Brawand, Leo
Die Spiegel-Story – Wie alles anfing
Econ-Verlag GmbH, Düsseldorf 1987

Bulfari, Giuseppe
Mafia – die Männer der ehrenwerten Gesellschaft
Signal-Verlag, Baden-Baden 1973

Butterwegge Christoph
Siegfried Jäger (Hrsg.)
Rassismus in Europa; Bund-Verlag, Köln

Buttlar, Johannes von
Der Supermensch – Die konkrete Vision unserer Zukunft
Reich Verlag, Luzern 1979

Erich Kuby; Franz-Josef Strauß – Ein Typus unserer Zeit
Desch-Verlag, München-Wien-Basel 1963

Calder, Nigel
Schlüssel zum Universum
Das Weltbild der modernen Physik
Hoffmann und Campe 1981

Carre, John le
Der Spion, der aus der Kälte kam
Wilhelm Heyne-Verlag, München 1990

Ditfurth, Jutta
Feuer in die Herzen
Carlsen Verlag, Hamburg 1992

Edgar, Dr. J. H. / Dr. R. J. Armin
Spionage in Deutschland – Ernst Gerdes Verlag; Preetz / Holstein, 1962

Eisenkolb, Gerhard
Die vierzehn Stunden des Peter David
Molden-Verlag, Wien-München-Zürich 1973

Engelmann, Bernt
Berlin – Eine Stadt wie keine andere
Steidl-Verlag , Göttingen 1991

Engelmann, Bernt
Hotel Bilderberg
Tatsachenroman, Steidl Verlag, Göttingen 1991

Elitz, Ernst
Sie waren dabei – Ostdeutsche Profile
von Bärbel Bohley zu Lothar de Maizière
Deutsche Verlagsanstalt, Stuttgart 1991

Fricke, Karl Wilhelm
Die Staatssicherheit – Verlag Wissenschaft und Politik, Köln 1989

Fricke, Karl Wilhelm
MfS intern – Macht, Strukturen, Auflösung der Staatssicherheit
Verlag Wissenschaft und Politik, Köln 1991

Ganter, Bernhard
Wider den Hass – Ausländer – wer ist das?
Betzel-Verlag, Frankfurt am Main 1991

Garrison, Jim
Wer erschoß John F. Kennedy?
Bastei-Lübbe, Bergisch-Gladbach 1992

Gehlen, Reinhard
Der Dienst – Erinnerungen 1942–1971
v. Hase & Koehler Verlag, Mainz-Wiesbaden, 1971

Haase, Dieter
Die Gesellschaft der verlogenen Mörder (Entwurf)
Reidar-Verlag, Hamburg 1990

Hafner, Georg und Edmund Jacoby
Die Skandale der Republik
Herausgegeben von Büchergilde Gutenberg Mainz, ohne Jahr

Hesse, Hermann
Gesammelte Werke Suhrkamp, Frankfurt 1987
Band 7 Der Steppenwolf u. a.

Heydte v. d., Friedrich August Frhr.
›Muss ich sterben, will ich fallen . . .‹
Ein Zeitzeuge erinnert sich
Kurt Vowinkel Verlag, Berg am See 1987

Hogrefe, Jürgen / Eckart Spoo (Herausgeber)
Niedersächsische Skandalchronik Steidl Verlag, Göttingen 1990

Höhne, Heinz
Die Machtergreifung – Deutschlands Weg in die Hitler-Diktatur
Spiegel-Buch, Rowohlt Taschenbuch Verlag GmbH, Reinbek 1983

Illich, Ivan
Vom Recht auf Gemeinheit
Rowohlt Taschenbuchverlag, Hamburg 1982

Jaeggi, Urs
Macht und Herrschaft in der Bundesrepublik
Fischer Bücherei – Frankfurt 1971

John, Otto
Zweimal kam ich heim
Vom Verschörer zum Schützer der Verfassung
Econ Verlag, Düsseldorf-Wien 1969

Kalinka, Werner
Der Fall B. – Der Tod, der kein Mord sein darf
Ullstein Verlag, Frankfurt am Main 1993

Khory, Adel Th.
Was ist los in der islamischen Welt?
Verlag Herder, Freiburg im Breisgau 1991

Knightley, Phillip
Kim Philby – Geheimagent
List-Verlag, München 1989

Koch, Peter-Ferdinand
Das Schalck-Imperium lebt – Deutschland wird verkauft
Pipoer Verlag, München 1992

Kunze, Reiner
Deckname »Lyrik«
Eine Dokumentation von
Fischer Taschenbuch Verlag GmbH, Frankfurt (Main) 1990

Lindlau, Dagobert
Der Mob
Recherchen zum organisierten Verbrechen
Hoffmann und Campe Verlag,
Hamburg 1987

Lindlau, Dagobert
Rakket
Droemersche Verlagsanstalt Th. Knaur Nachf., München
Hoffmann und Campe Verlag, Hamburg 1990

Lindlau, Dagobert
Der Lohnkiller
Eine Figur aus dem Organisierten Verbrechen
Hoffman und Campe Verlag, Hamburg 1992

Mailer, Norman
Gespenster
Das Epos der geheimen Mächte
F.A.Herbig Verlagsbuchhandlung,
München 1991

Matusek, Matthias
Das Selbstmord Tabu
Von der Seelenlosigkeit des SED-Staates
Rowohlt Taschenbuchverlag, Reinbeck bei Hamburg 1992

Mauz, Gerhard
Die Gerechten und die Gerichteten
Verlag Ullstein, Frankfurt-Berlin 1968

Matthies, Volker (Hg.)
Kreuzzug oder Dialog
Die Zukunft der Nord-Süd-Beziehungen
Dietz-Taschenbuch, Bonn 1992

Mesche, Sylvia
Gegendarstellung im Fall Barschel
Anita Tykwe Verlag, Sindelfingen 1993

Meier, Dr. Richard
Geheimdienst ohne Maske
Bastei-Lübbe, Bergisch-Gladbach 1992

Mergen, Armand
Tod in Genf – Ermittlungsfehler im Fall Barschel:
Mordthese vernachlässigt?
Kriminalistik Verlag, Heidelberg 1988

Müller, Michael / Andreas Kanonenberg
Die RAF-Stasi-Connection; Rowohlt Berlin GmbH, Berlin 1992

Müller, Ingo
Furchtbare Juristen – Die unbewältigte Vergangenheit unserer Justiz
Droemersche Verlagsanstalt Th. Knaur Nachf., München, ohne Jahr

Niemetz, Alexander
Die Kokain Mafia
Deutschland im Visier
C. Bertelsmann Verlag GmbH,
München 1990

Ostrovsky, Victor
Der Mossad
Ein Ex-Agent enthüllt Aktionen und Methoden des israelischen Geheimdienstes
Velag Hoffmann und Campe,
Hamburg 1991

Piekalkiewicz, Janusz
Weltgeschichte der Spionage – Agenten – Systeme – Aktionen
Südwest Verlag GmbH & Co. KG, München 1988

Pisar, Samuel
Supergeschäft Ost-West
Der Schlüssel zum Weltfrieden
Hoffmann und Campe, Hamburg 1970

Pötzel, Norbert F.
Der Fall Barschel – Anatomie einer deutschen Karriere
Erweiterte Neuausgabe; War es Mord? Spiegel-Buch
Rowohlt Taschenbuch Verlag GmbH, Reinbek bei Hamburg, Juni 1989

Pötzel, Norbert F.
Total unter Kontrolle
Computerausweis-Volkszählung-Verkabelung
SIEGEL-Buch, Rowohlt-Verlag, Hamburg 1985

Reichenbach, Alexander
Chef der Spione – Die Markus-Wolf-Story
Deutsche Verlags-Anstalt GmbH,
Stuttgart 1992

Rifkin, Jeremy: Genesis zwei
Biotechnik – Schöpfung nach Maß
Rowohlt Taschenbuchverlag, Hamburg 1988

Rittlinger, Herbert
Von hier bis Babylon
Memoiren eines Veteranen vom Geheimen Dienst
Deutsche Verlags-Anstalt, Stuttgart 1965

Rode, Irmgard
Zwischen Liebe und Arbeit
Deutscher Studien Verlag, Weinheim 1990

Salemo, Ralph/John S.Tompkins
Das organisierte Verbrechen
Die Macht und die Mächtigen der Unterwelt
Diana Verlag Zürich 1972

Schell, Manfred / Werner Kalinka
Stasi und kein Ende
Die Personen und Fakten
Verlag Ullstein GmbH
Berlin 1991

Scherer, Peter
Das Netz
Organisiertes Verbrechen in Deutschland
Ullstein Verlag, Frankfurt (Main), Berlin 1993

Schlomann, Friedrich-Wilhelm
Operationsgebiet Bundesrepublik
Universitas-Verlag, München 1985

Schmidt, Helmut
Menschen und Mächte
Goldmann Verlag, Berlin 1987/1990

Schnibben, Cordt / Volker Skierka
Macht und Machenschaften
Die Wahrheitsfindung in der Barschel-Affäre
Ein Lehrstück
Droemersche Verlagsanstalt Th. Knaur Nachf.,
München 1989

Schönbohm, Wulf
Parteifreunde- Roman aus der Provinz
Econ Verlag, Düsseldorf-Wien 1990

Seattle
Wir sind ein Teil der Erde
Walter-Verlag
Olten und Freiburg i. Brsg.

Seifert, Wolfgang/Norbert Treutwein
Die SCHALCK-Papiere. DDR-Mafia zwischen Ost und West
Die Beweise, Paul Zsolnay Verlag, München 1991

Shirer, William L.; u. a.
Geheime Kommandosache
Hinter den Kulissen des Zweiten Weltkrieges
Zwei Bände, Verlag DAS BESTE ,Stuttgart 1965

Simmel, Johannes Mario
Es muß nicht immer Kaviar sein
Aufbeu-Verlag Berlin und Weimar 1990

Stiller, Werner
Im Zentrum der Spionage – von Hase & Köhler Verlag, Mainz 1986

Suhr, Heinz
Der Treuhandskandal – Wie Ostdeutschland geschlachtet wurde
Eichborn Verlag Frankfurt am Main 1991

Treverton, Gregory F.
Top Secret!
Geheime Operationen und ihre politischen Auswirkungen
Verlag BONN AKTUELL GmbHStuttgart 1988

Tuck, Hrsg. Jay; und Karlhans Liebl
Direktorat T – Spionage des Ostens
Kriminalistik Verlag, Heidelberg 1988

Walde, Thomas
ND-Report: Die Rolle der Geheimen Nachrichtendienste
im Regierungssystem der Bundesrepublik Deutschland
R. Piper & Co. Verlag, München, 1971

Wighton, Charles
Meisterspione der Welt
Droste Verlag Düsseldorf 1963

Wildener, Don
Kein Platz für Menschen
Der programmierte Selbstmord
Fischer Taschenbuchverlag Frankfurt am Main 1972

Wisnewski Gerhard; u. a.
Das RAF-Phantom
Wozu Politik und Wirtschaft Terroristen brauchen
Droemersche Verlagsanstalt Th. Knaur Nachf., München 1992

Wolf, Markus
In eigenem Auftrag
Bekenntnisse und Einischten
Schneekluth-Verlag 1991

Wolf, Markus
Die Troika, Aufbau-Verlag Berlin-Weimar 1989

Ziegler, Jan
Die Schweiz wäscht weisser
Die Finanzdrehscheibe des Internationalen Verbrechens
Piper-Verlag, München 1990

Zolling, Hermann/Heinz Höhne
Pullach intern –
General Gehlen und die Geschichte des Bundesnachrichtendienstes
Hoffmann und Campe, Hamburg o. J.

Das nächste Buch:
vorläufige Inhaltsangabe

MEIN NAME IST HAASE ICH WEISS ... NOCH MEHR!

Ein Doppelagent berichtet ...

1.	Vorworte, Einleitung	7
2.	Die **SPIEGEL- und Kuba-Krise** 1962 Hintergründe – Mordanschläge auf Fidel Castro	31
3.	**John-F.-Kennedy-Mord** 1963 Hintergründe – Vietnam-Krieg – Saigon – Hanoi	42
4.	**Weltreisen** – Ostasien – China – Japan **Naher Osten** – Pulverfaß Irak-Kuweit	57
5.	**Einmarsch der WPO in die CSSR 1968** Hintergründe und Folgen	89
6.	**Zerfall der Blöcke** – Wiedervereinigung **Wirtschaftskriminalität**	108
7.	**Mafia im Staat** in Ost und West	139
8.	**Das Schalck-Imperium** – KoKo und die Folgen	160
9.	**Der Treuhandskandal** – Abwicklung und ein baldiges Ende ...	180
10.	**Die Stasi-RAF-Connection** – Sabotage und Terrorismus	220
11.	Die Markus-Wolf-Story	253
12.	Organisierte Kriminalität bedroht uns alle – Sicherheitsapparate	310
13.	Schlußbetrachtungen, Register	335

VDS VERLAG NORD PRESS CELLE
erscheint im Herbst 1993

3 St 13/75

Ausfertigung

11.11.76.

Bayerisches Oberstes Landesgericht

BESCHLUSS

erlassen durch den Vorsitzenden des 3. Strafsenats des Bayerischen Obersten Landesgerichts, den Vorsitzenden Richter am Bayer. Obersten Landesgericht Dr. Gietl,

am 4. November 1976
in dem Strafverfahren
gegen
H a a s e Dieter
wegen
Landesverrats in einem besonders schweren Fall u.a.
hier: Vollzug der Untersuchungshaft

Der Antrag des Untersuchungsgefangenen, ihm bei dem nächsten Besuch seiner Braut in der Justizvollzugsanstalt München-Stadelheim Gelegenheit zur "Zeugung von weiterem Nachwuchs" zu geben, wird abgelehnt.

G r ü n d e :

1. Unter Hinweis auf das mit dem Ziel, seine Existenz und seine familiären Bindungen zu vernichten, von der Justiz seit Jahren betriebene "A-Sozialisierungsverfahren"

(Als Beispiel und Dokument der „Resozialisierung“ und Unmenschlichkeit einer menschenverachtenden Justiz – d. V.)

beantragt der Untersuchungsgefangene mit Schreiben vom 26.8.1976, ihm beim nächsten Besuch seiner Braut Marianne Krüger in der Justizvollzugsanstalt Gelegenheit zur "Zeugung von weiterem Nachwuchs" zu verschaffen. Zur Begründung dieses Antrags trägt er im einzelnen vor:

Durch die "ungerechte Haft" sei die im Dezember 1975 beabsichtigte Eheschließung verhindert worden. Sein am 8.9.1974 geborener Sohn soll nach der bestehenden Familienplanung ein Geschwisterkind haben. Da der Altersunterschied nicht mehr als 3 Jahre betragen soll, sei nunmehr die Zeugung des weiteren Kindes notwendig.

Die Bundesanwaltschaft und die Justizvollzugsanstalt München-Stadelheim wurden zu dem Antrag gehört. Beide nahmen ablehnend Stellung.

2. Weder die vom Antragsteller angeführten Artikel 1, 2, 6 und 103 des Grundgesetzes noch die Bestimmungen der Konvention der Menschenrechte und Grundfreiheiten rechtfertigen es bei Abwägung aller Umstände des Einzelfalles, dem Antrag stattzugeben. Bei der Persönlichkeit des Gesuchstellers kann die Genehmigung eines unbewachten Besuchs in der Justizvollzugsanstalt nicht in Betracht gezogen werden. Die Ordnung der Anstalt läßt zudem einen Besuch zu dem vom Gesuchsteller angeführten Zweck nicht zu.

§§ 119 Abs. 3, 126 Abs. 2 Satz 3 StPO.

Dr. Gietl

COUNCIL OF EUROPE CONSEIL DE L'EUROPE

ESS RELEASE COMMUNIQUÉ DE PRESSE

MENSCHENRECHTE

C (77) 9
7.3.77

KOMMUNIQUE DES SEKRETÄRS DER EUROPÄISCHEN MENSCHENRECHTSKOMMISSION

Dieter HAASE gegen die Bundesrepublik Deutschland Nr. 7412/76

Die Europäische Menschenrechtskommission hat am 3. März 1977 eine mündliche Verhandlung über die Begründetheit einer Beschwerde durchgeführt, die Dieter HAASE gegen die Bundesrepublik Deutschland eingelegt hat. Die Beschwerde bezieht sich auf die Länge des gegen ihn geführten Strafverfahrens und im selben Zusammenhang auf die Länge seiner Untersuchungshaft.

Der Beschwerdeführer wurde vertreten durch K. Hagen, Rechtsanwalt in München, und Prof. K.H. Lehmann, Rechtsanwalt in Hannover. Die Bundesregierung wurde von Frau Irene Maier, Ministerialdirigentin im Bundesjustizministerium, als Verfahrensbevollmächtigte, unterstützt von Dr. Lunz, Bundesanwalt, vertreten.

Herr HAASE wurde am 26. März 1970 zum ersten Mal verhaftet unter der Beschuldigung, seit 1961 für einen Geheimdienst der Deutschen Demokratischen Republik Spionage begangen zu haben. Am 25. August 1975 erhob die Bundesanwaltschaft Anklage gegen den Beschwerdeführer vor dem Bayerischen Obersten Landesgericht als Gericht erster Instanz. Der Beschwerdeführer wurde am 19. Mai 1976 von diesem Gericht verurteilt. Seine Revision wurde vom Bundesgerichtshof am 5. Januar 1977 zurückgewiesen.

Inzwischen war er am 9. November 1971 freigelassen worden. Er war jedoch vom 22. Oktober 1973 bis zum 26. November 1973 wieder in Haft gewesen. Am 29. September 1975 war er erneut festgenommen worden.

Herr HAASE beschwerte sich vor der Kommission in verschiedener Hinsicht über seine Untersuchungshaft und über die angeblich unangemessene Dauer des gegen ihn geführten Strafverfahrens, insbesondere der gerichtlichen Voruntersuchung. Er ist der Meinung, dass dies gegen Art. 6 (1) der Konvention verstiess, der jedermann das Recht auf ein billiges und öffentliches Verfahren

-2-

in angemessener Frist und vor einem unabhängigen und unparteiischen, auf Gesetz beruhenden Gericht garantiert, sowie gegen Art. 5 (3), der vorsieht, dass "jede ... festgenommene oder in Haft gehaltene Person unverzüglich einem Richter oder einem anderen gesetzlich zur Ausübung richterlicher Funktionen ermächtigten Beamten vorgeführt werden muss und Anspruch auf Aburteilung innerhalb einer angemessenen Frist oder auf Haftentlassung während des Verfahrens hat".

Die Kommission hat über den Fall am 20. Mai 1976 beraten und die Parteien aufgefordert, schriftliche Stellungnahmen zur Zulässigkeit der Beschwerde abzugeben, und am 11. Dezember 1976 die Beschwerde für zulässig erklärt. Bei der Bestimmung der Dauer des Verfahrens zog die Kommission die Zeit vom 26. März 1970 bis zum 19. Mai 1976, das heisst mehr als sechs Jahre, in Betracht, und berücksichtigte auch die Länge der Haft.

In der mündlichen Verhandlung trug der Beschwerdeführer vor, dass die für die Untersuchung der gegen ihn erhobenen Beschuldigung aufgewandte Zeit unangemessen lang war, und dass er nicht selbst für irgendwelche Verzögerungen im Verfahren verantwortlich war.

Die Bundesregierung gab zu, dass das Verfahren gegen den Beschwerdeführer ungewöhnlich lang gedauert hatte. Jedoch im Blick auf die Schwierigkeit und den Umfang des Falles und das Prozessverhalten des Beschwerdeführers selbst sei die Zeit, die dazu benötigt wurde, die Untersuchung der gegen ihn erhobenen Beschuldigungen durchzuführen, und ihn vor Gericht zu stellen, nicht unangemessen gewesen.

Die Kommission wird jetzt beraten und sich zur Verfügung der Parteien halten, damit eine gütliche Regelung der Angelegenheit auf der Grundlage der Achtung der Menschenrechte, wie sie in der Konvention niedergelegt sind, erreicht werden kann (Art.28). Wenn es ihr gelingt, eine gütliche Regelung zu erzielen, so wird sie dem Ministerkomitee des Europarates über die erzielte Lösung berichten (Art. 30).

Wenn keine Lösung erzielt wird, wird die Kommission einen Bericht über den Sachverhalt anfertigen und zu der Frage Stellung nehmen, ob sich aus den festgestellten Tatsachen ergibt, dass der betreffende Staat seine Verpflichtungen aus der Konvention verletzt hat (Art. 31).

Dieser Bericht wird dann dem Ministerkomitee vorgelegt, das über die Sache entscheidet, wenn der Fall nicht von der Kommission oder der betreffenden Hohen Vertragschliessenden Partei dem Gerichtshof vorgelegt wird.

ANSICHTSKARTEN SIND ZEITDOKUMENTE

JAZZ CLUB HANNOVER

AM LINDENER BERGE 38
Telefon 45 44 55

Wir sind 1992 26 Jahre alt und damit der älteste ständig aktiv gewesene Jazz Club der Bundesrepublik. Nachfolgend die Aktivitäten des Jazzclubs Hannover e.V.:

Der Jazz Club veranstaltet pro Jahr 80 Clubkonzerte, zwei Festivals und Konzerte außerhalb des Clubs.
Zielsetzung des 1966 gegründeten Vereins ist die Förderung und Verbreitung der Jazzmusik in all ihren Spielarten mit fünf Schwerpunkten:

1. Konzerte
2. Nachwuchsarbeit
3. Probenarbeit
4. Podium für Newcomer
5. Jazzstudium

MEIN NAME IST HAASE, ICH WEISS ... FAST ALLES!

oder

DIE GESELLSCHAFT DER VERLOGENEN MÖRDER...

von Dieter J. Haase

VOM URKNALL BIS ZUM UNTERGANG...

Aphorismen zur Weltliteratur – und zur Weisheit dieser Welt...
(Entstehen und Vergehen – Liebe und Tod)

1. **Einleitung und 12 Vorworte – zum besseren Verständnis** 1

2. **Die Entstehung des Weltalls** – VOM URKNALL – Kosmos – Chaos – Universum – ANFANG UND ENDE – Die Schöpfungsgeschichten – DIE EVOLUTION: Theorie und Praxis... SPIEL DER ARTEN – Prognosen und Analysen – Szenarien der Entstehung... 20

3. **DER MENSCH:** seine „Entwicklung" – Spielarten der Natur... 50
DIE MENSCHHEIT: Die Grenzen des Wachstums – Geschichte – Szenarien – Sokrates – Plato – Aristoteles – Epikur u.a.
Glauben und Hoffnung – Mittelalter und Neuzeit...

4. **DER EWIGE STEINZEITMENSCH:** Krieg und Frieden?! 75
Vom Wert der Dinge – Lehren aus der Geschichte...
Die Unfähigkeit zu lernen... zu leben – zu lieben... zu trauern... – und würdig zu sterben... Vom Tod – Verlust der Mitte... usw.... Realitivität allen Seins...

5. **Autobiografie:** Kindheit – 2. Weltkrieg – Drittes Reich – 100
Holocaust – Identitätskrise – Pubertät – Jugend – Abitur – Religion – Philosophie – Militär – Politik – Berlin: geteilte Stadt – Agent – Weltreisen – Friedenskämpfer und Pazifist – Verlogenheit und Verlorenheit der Politiker – Studium generale... Wandler zwischen den Welten... Verrat – Haft... Prozeß... Justiz und Vollzug... Menschenrechtsverletzung und Begnadigung – Resozialisierung – Utopie und Wirklichkeit... Hoffnung und Depression...

6. **Geschichte und ihre Bedeutung...** TOD UND LIEBE... Faust 140
Aberglauben usw. ... Der Sinn des Lebens
Emanzipation – Die Religionen und Ideologien – Die Kunst des Liebens! – Die Weisheit des Lebens – Philosophie – ihre Möglichkeiten... Vom Unvermögen der Ideologen – Die Mörder und ihre Lügen...

7. **PSYCHOLOGIE DER MASSEN** – das Individuum – Probleme der **ÖKOLOGIE UND ÖKONOMIE** – Anarchismus – Terror – Korruption der „Mächtigen" – Der Anfang vom Ende... ALLE redeten vom FRIEDEN... Isolation – Vereinsamung – Der „kollektive Selbstmord" ... Katastrophen – Das Chaos... 180

8. **Politik und Unsinn** – Macht und Verbrechen – Staaten und Organisationen – Primitivität und Heuchelei – Politische Philosophie – Der Wille zur Macht – Der Übermensch – Kant – Nietzsche – Die Umwertung aller Werte – Untergang der Kulturen – Ohnmacht des Geistes – Genie und Wahnsinn... 230

9. **VOM EWIGEN FRIEDEN** – Hoffnung und Glaube – Die Zukunft des UNGLAUBENS – Liebe und Tod... Das absolute Böse... Die Relativität der Werte... Christus und die Erlösung... 265

10. **DAS ENDE DER MENSCHHEIT:** Apokalypse now – Schuld und Sühne – Szenarien des Untergangs – Offenbarung – Prophezeiung – MEIN TESTAMENT! 330

12 Nachworte – Verweise – Register

VDS VERLAG NORD PRESS CELLE

erscheint voraussichtlich im Frühjahr 1994